国家社会科学基金一般项目
(10BZW054)资助
特此致谢

方李邦琴北京大学人文学科文库出版基金赞助

北大中国文学研究丛书

清代科举文人官年与实年考论

Official Age and Actual Age: Study on Literati from Imperial Examination in Qing Dynasty

张剑 著

图书在版编目(CIP)数据

清代科举文人官年与实年考论/张剑著.—北京:北京大学出版社,2022.11
(北京大学人文学科文库·北大中国文学研究丛书)
ISBN 978-7-301-33459-1

Ⅰ.①清⋯ Ⅱ.①张⋯ Ⅲ.①科举制度—研究—中国—清代②文人—年谱—中国—清代 Ⅳ.①D691.3②K825.4

中国版本图书馆 CIP 数据核字(2022)第 183993 号

书　　　名	清代科举文人官年与实年考论
	QINGDAI KEJU WENREN GUANNIAN YU SHINIAN KAOLUN
著作责任者	张　剑 著
责 任 编 辑	徐　迈
标 准 书 号	ISBN 978-7-301-33459-1
出 版 发 行	北京大学出版社
地　　　址	北京市海淀区成府路 205 号　100871
网　　　址	http://www.pup.cn　新浪微博:@北京大学出版社
电 子 信 箱	pkuwsz@126.com
电　　　话	邮购部 010-62752015　发行部 010-62750672
	编辑部 010-62752022
印 刷 者	大厂回族自治县彩虹印刷有限公司
经 销 者	新华书店
	965 毫米×1300 毫米　16 开本　38 印张　527 千字
	2022 年 11 月第 1 版　2022 年 11 月第 1 次印刷
定　　　价	148.00 元

未经许可,不得以任何方式复制或抄袭本书之部分或全部内容。
版权所有,侵权必究
举报电话:010-62752024　电子信箱:fd@pup.pku.edu.cn
图书如有印装质量问题,请与出版部联系,电话:010-62756370

总 序

袁行霈

　　人文学科是北京大学的传统优势学科。早在京师大学堂建立之初，就设立了经学科、文学科，预科学生必须在五种外语中选修一种。京师大学堂于1912年改为现名，1917年，蔡元培先生出任北京大学校长，他"循思想自由原则，取兼容并包主义"，促进了思想解放和学术繁荣。1921年北大成立了四个全校性的研究所，下设自然科学、社会科学、国学和外国文学四门，人文学科仍然居于重要地位，广受社会的关注。这个传统一直沿袭下来，中华人民共和国成立后，1952年北京大学与清华大学、燕京大学三校的文、理科合并为现在的北京大学，大师云集，人文荟萃，成果斐然。改革开放后，北京大学的历史翻开了新的一页。

　　近十几年来，人文学科在学科建设、人才培养、师资队伍建设、教学科研等各方面改善了条件，取得了显著成绩。北大的人文学科门类齐全，在国内整体上居于优势地位，在世界上也占有引人瞩目的地位，相继出版了《中华文明史》《世界文明史》《世界现代化历程》《中国儒学史》《中国美学通史》《欧洲文学史》等高水平的著作，并主持了许多重大的考古项目，这些成果发挥着引领学术前进的作用。目前北大还承担着《儒藏》《中华文明探源》《北京大学藏西汉竹书》的整理与研究工作，以及《新编新注十三经》等重要项目。

与此同时，我们也清醒地看到，北大人文学科整体的绝对优势正在减弱，有的学科只具备相对优势了；有的成果规模优势明显，高度优势还有待提升。北大出了许多成果，但还要出思想，要产生影响人类命运和前途的思想理论。我们距离理想的目标还有相当长的距离，需要人文学科的老师和同学们加倍努力。

我曾经说过：与自然科学或社会科学相比，人文学科的成果，难以直接转化为生产力，给社会带来财富，人们或以为无用。其实，人文学科力求揭示人生的意义和价值、塑造理想的人格，指点人生趋向完美的境地。它能丰富人的精神，美化人的心灵，提升人的品德，协调人和自然的关系以及人和人的关系，促使人把自己掌握的知识和技术用到造福于人类的正道上来，这是人文无用之大用！试想，如果我们的心灵中没有诗意，我们的记忆中没有历史，我们的思考中没有哲理，我们的生活将成为什么样子？国家的强盛与否，将来不仅要看经济实力、国防实力，也要看国民的精神世界是否丰富，活得充实不充实，愉快不愉快，自在不自在，美不美。

一个民族，如果从根本上丧失了对人文学科的热情，丧失了对人文精神的追求和坚守，这个民族就丧失了进步的精神源泉。文化是一个民族的标志，是一个民族的根，在经济全球化的大趋势中，拥有几千年文化传统的中华民族，必须自觉维护自己的根，并以开放的态度吸取世界上其他民族的优秀文化，以跟上世界的潮流。站在这样的高度看待人文学科，我们深感责任之重大与紧迫。

北大人文学科的老师们蕴藏着巨大的潜力和创造性。我相信，只要使老师们的潜力充分发挥出来，北大人文学科便能克服种种障碍，在国内外开辟出一片新天地。

人文学科的研究主要是著书立说，以个体撰写著作为一大特点。除了需要协同研究的集体大项目外，我们还希望为教师独立探索，撰写、出版专著搭建平台，形成既具个体思想，又汇聚集体智慧的系列研究成果。为此，北京大学人文学部决定编辑出版"北京大学人文学科文库",旨在汇集新时代北大人文学科的优秀成果,弘扬北大人文学科的学术传统,展示北大人文学科的整体实力和研究特色,为推动北大世界一流大学建设、促进人文学术发展做出贡献。

我们需要努力营造宽松的学术环境、浓厚的研究气氛。既要提倡教师根据国家的需要选择研究课题,集中人力物力进行研究,也鼓励教师按照自己的兴趣自由地选择课题。鼓励自由选题是"北京大学人文学科文库"的一个特点。

我们不可满足于泛泛的议论,也不可追求热闹,而应沉潜下来,认真钻研,将切实的成果贡献给社会。学术质量是"北京大学人文学科文库"的一大追求。文库的撰稿者会力求通过自己潜心研究、多年积累而成的优秀成果,来展示自己的学术水平。

我们要保持优良的学风,进一步突出北大的个性与特色。北大人要有大志气、大眼光、大手笔、大格局、大气象,做一些符合北大地位的事,做一些开风气之先的事。北大不能随波逐流,不能甘于平庸,不能跟在别人后面小打小闹。北大的学者要有与北大相称的气质、气节、气派、气势、气宇、气度、气韵和气象。北大的学者要致力于弘扬民族精神和时代精神,以提升国民的人文素质为己任。而承担这样的使命,首先要有谦逊的态度,向人民群众学习,向兄弟院校学习。切不可妄自尊大,目空一切。这也是"北京大学人文学科文库"力求展现的北大的人文素质。

这个文库目前有以下17套丛书:

"北大中国文学研究丛书"　(陈平原 主编)
"北大中国语言学研究丛书"　(王洪君 郭锐 主编)
"北大比较文学与世界文学研究丛书"　(张辉 主编)
"北大中国史研究丛书"　(荣新江 张帆 主编)
"北大世界史研究丛书"　(高毅 主编)
"北大考古学研究丛书"　(沈睿文 主编)
"北大马克思主义哲学研究丛书"　(丰子义 主编)

"北大中国哲学研究丛书"（王博 主编）
"北大外国哲学研究丛书"（韩水法 主编）
"北大东方文学研究丛书"（王邦维 主编）
"北大欧美文学研究丛书"（申丹 主编）
"北大外国语言学研究丛书"（宁琦 高一虹 主编）
"北大艺术学研究丛书"（彭锋 主编）
"北大对外汉语研究丛书"（赵杨 主编）
"北大古典学研究丛书"（李四龙、彭小瑜、廖可斌 主编）
"北大人文学古今融通研究丛书"（陈晓明、彭锋 主编）
"北大人文跨学科研究丛书"（申丹、李四龙、王奇生、廖可斌 主编）①

这 17 套丛书仅收入学术新作，涵盖了北大人文学科的多个领域，它们的推出有利于读者整体了解当下北大人文学者的科研动态、学术实力和研究特色。这一文库将持续编辑出版，我们相信通过老中青学者的不断努力，其影响会越来越大，并将对北大人文学科的建设和北大创建世界一流大学起到积极作用，进而引起国际学术界的瞩目。

---

① 本文库中获得国家社科基金后期资助或入选国家哲学社会科学成果文库的专著，因出版设计另有要求，会在后勒口列出的该书书名上加星号标注，在文库中存目。

"北大中国文学研究丛书"序言

陈平原

不同学科的国际化,步调很不一致。自然科学全世界评价标准接近,学者们都在追求诺贝尔物理学奖、化学奖;社会科学次一等,但学术趣味、理论模型以及研究方法等,也都比较容易接轨。最麻烦的是人文学,各有自己的一套,所有的论述都跟自家的历史文化传统甚至"一方水土"有密切的联系,很难截然割舍。人文学里面的文学专业,因对各自所使用的"语言"有很深的依赖性,应该是最难"接轨"的了。文学研究者的"不接轨""有隔阂",不一定就是我们的问题。非要向美国大学看齐,用人家的语言及评价标准来规范自家行为,即便经过一番励精图治,收获若干掌声,也得扪心自问:我们是否过于委曲求全,乃至丧失了自家立场与根基?

这么说,显得理直气壮;可问题还有另外一面——若过分强调"一方水土"的制约,是否会形成某种自我保护机制,减少突围的欲望与动力?想当然地以为本国学者研究本国文学最为"本色当行",那是不妥的。我们的任务,不是关起门来称老大,而是努力在全球化大潮中站稳自家脚跟,追求国际视野与本土情怀的合一。这么做学问,方才有可能实现鲁迅当年"要出而参与世界的事业"(《而已集·当陶元庆君的绘画展览时》)的期许。

既然打出"北大"的旗帜,出学术精品,那应该是起码的要求。放眼世界,"本国文学研究"做得好的话,是可以出原理、出思想、出精神的。比如你我不做外国文学研究,但照样读巴赫金、德里达、萨义德、哈贝马斯的书。而目前我们最好的人文学著作,在国际上也只是作为"中国研究"成果来征引,极少被当作理论、方法或研究模式。

随着中国政治、经济、社会、文化的迅速崛起,总有一天,我们不仅能为国际学界提供"案例",还能提供"原理"。能不能做到是一回事,敢不敢想或者说心里是否存有这么个大目标,决定了"北大中国文学研究丛书"的视野、标杆与境界。

2017 年 7 月 22 日于京西圆明园花园

目 录

绪 论 …………………………………………………… 1

第一章 官年与实年现象的历史衍变 ………… 10
  一 明前的官年与实年现象 ………………… 10
  二 明代的官年与实年现象 ………………… 12
  三 清代的官年与实年现象 ………………… 22

第二章 官年现象的文化分析 …………………… 32
  一 "六经"无"真"字 ………………………… 34
  二 "诚即真"与文化心理建构 ……………… 37
  三 清代文人对待官年现象的心理和处理方法 … 39
  四 赘语 ……………………………………… 43

第三章 清代科举文人官年与实年的数据分析 ………… 46
  一 官年减岁的比例和岁差 ………………… 46
  二 乡会试中式的平均年龄及减岁平均岁差 …… 53
  三 兼存乡试、会试朱卷的文人官年 ………… 56
  四 官年改岁不改月日的现象 ……………… 60
  小 结 ……………………………………… 64

第四章　清代科举文人官年与实年相异者丛考⋯⋯⋯⋯ 66

第五章　清代科举文人官年与实年相同者丛考⋯⋯⋯⋯ 348

主要参考文献⋯⋯⋯⋯⋯⋯⋯⋯⋯⋯⋯⋯⋯⋯⋯⋯⋯⋯ 547

附　录⋯⋯⋯⋯⋯⋯⋯⋯⋯⋯⋯⋯⋯⋯⋯⋯⋯⋯⋯⋯⋯ 559
　　一　官年与实年相异者科年目录⋯⋯⋯⋯⋯⋯⋯⋯ 559
　　二　官年与实年相同者科年目录⋯⋯⋯⋯⋯⋯⋯⋯ 571
　　三　第四章、第五章人名音序索引⋯⋯⋯⋯⋯⋯⋯ 580

后　记⋯⋯⋯⋯⋯⋯⋯⋯⋯⋯⋯⋯⋯⋯⋯⋯⋯⋯⋯⋯⋯ 600

绪 论

实年即一个人的实际年龄,较好理解。但在中国,还有所谓的官年,即具报官府的年龄,如档案、履历等官册上的年龄。官年与实年本应一致,但在我国古代,长期以来,官员或者科举文人的官年与实年却大量存在着不一致的情况,甚至出现了年龄逆生长,构成了一种独特的文化现象。

对此现象,虽然前人早有觉察,但多是随笔记录和即兴感慨,或是将之视为茶余饭后的掌故谈资①,真正将之作为学术问题的认真研究,却迟至 21 世纪才开始。郗志群《封建科举、职官中的"官年"——从杨守敬的乡试朱卷谈起》(《历史研究》2003 年第 4 期)首肇其端,之后学界渐有关注。如孔学《宋代官员的官年与实年》(《文史知识》2004 年第 1 期)、高楠《试析宋代官员官年与实年不符现象》(《史学月刊》2004 年第 7 期)、陈长文《明代科举中的官年现象》(《史学月刊》2006 年第 11 期)、邱进春和毛晓阳《官年与限年——兼与陈长文兄商榷》(《江西师范大学学报》[哲学社会科学版]2008 年第 2 期)、湛庐(张剑笔名)《清代文人官年与实年不符的家族性》(《文学遗产》2010 年第 2 期)、鲁小俊《清代官年问题再检讨——以多份朱卷所记不同生年为中心》

---

① 如 20 世纪 30 年代,《大公报》副刊《国闻周报》的《凌霄一士随笔》专栏里就有一篇《古代士人的官年与实年》,但多录前人笔记,后半篇又转言榜下择婿,诚谓漫谈。

(《清史研究》2015年第1期)、张剑和叶晔《中国古代文人官年现象综论》(《中国文化研究》2017年第2期)、张剑《清代科举文人官年现象及其规律》(《华南师范大学学报》[社会科学版]2017年第4期)等。一些学位论文、专著和工具书中对此问题亦有涉及，如江庆柏编著《清代人物生卒年表》(人民文学出版社2005年版)一书的"前言"部分(书中不少人物使用了官年资料)、钱茂伟《国家、科举与社会——以明代为中心的考察》(北京图书馆出版社2004年版)、潘星辉《明代文官铨选制度研究》(北京大学出版社2005年版)、漆永祥《清学札记》(北京联合出版公司2018年版)、蒋金星《〈清代朱卷集成〉的文献价值和学术价值研究》(浙江大学2004年博士学位论文)、方芳《〈清代朱卷集成〉研究——以进士履历档案为中心》(浙江大学2006年博士学位论文)等各有论述。但总的说来，成果偏少，相关研究仍存在大量值得开掘的空白。尤其是对于清代科举文人官年与实年的整体性考察，更显薄弱，本书即是基于以上认识而展开，试图对此问题做一相对全面和深入的研究。

　　本书的研究思路为考论结合，结构上分为五章。前三章分别从历史衍变、文化解读、数据分析三方面对清代官年与实年现象做多维度讨论，试图得出一些具有规律性或现实借鉴意义的认识。如对清代科举文人"官年通常不大于实年""官年小于实年者居多""改年不改月日"等命题的分析和判断，应有助于解决诸多学术问题；再如对中国传统文化"诚即真"心理的解读，于今应有一定借鉴作用。第四章、第五章对清代科举文人官年与实年俱可知者做了集中梳理，第四章考辨官年与实年相异者，第五章考辨官年与实年相同者。为前三章提供数据的支撑。

　　载有清代官年的文献非常丰富，除官员履历档案、履历便览、缙绅录、朱卷履历、乡会试录、乡会试同年录、乡会试职官录、题名录、登科录以及各种形式的科举齿录(如乡会试同年齿录、考取教习齿录等)①有集中记录外,还散见于诗文、笔记、日记、年谱等文体中,共同构成了浩瀚的官年文献群。特别是朱卷履历和各种形式的科举齿录,存世数量都在万份以上,形式又较为相近,很容易混为一谈,但其实两者有所不同。如与朱卷履历相比,科举同年齿录更多存在修改和后来重订的现象,兹举两例:清代上海人曹榮,道光九年进士,其会试朱卷填的是"乾隆乙巳年七月二十四日吉时生",即乾隆五十年生;而道光十六年《道光重订九年会试同年齿录》中已更正为"乾隆丙申年七月二十四日未时生",即乾隆四十一年生,两者相差9岁之多。再如曾任军机大臣、文渊阁大学士的苏州人彭蕴章,道光十五年《会试同年齿录(道光乙未科)》载其"乾隆甲寅年七月初七日生",即乾隆五十九年生;但道光二十二年重镌《乙未科会试同年齿录》(张云藻、徐有孚、邱建猷同校)已改为"乾隆壬子年七月初七日吉时生",即乾隆五十七年生,两者相差2岁。后来所改往往已是实年。因此朱卷履历和同年齿录仍应区别研究为宜。为了保证官年数据来源的统一性和操作的可行性,特拟说明如下:

一、本书第四章、第五章中的官年数据皆取自朱卷履历,主要利用顾廷龙主编的《清代朱卷集成》(台北,成文出版社1992年版)和李德龙、董玥主编的《未刊清代朱卷集成》(学苑出版社2019年版),亦收入少量来新夏主编《清代科举人物家传资料汇编》(学苑出版社2006年版)中确为朱卷履历者②,兼取其他经眼的朱卷履历。对于其他集中记

---

① 朱卷、乡会试录、乡会试同年录、乡会试同年齿录、题名录、履历便览的区别,可参马镛《清代乡会试同年齿录研究》第一章,上海:上海科学技术文献出版社,2013年。

② 《清代科举人物家传资料汇编》之"出版说明"云该书"是一部从清代刊印的朱卷中摘录清代科举人物家族背景资料而编成的大型资料书",并强调其"比官刻的登科录、乡试录、会试录以及同年齿录等所载资料要详细得多",但其中却收入很多乡会试同年齿录,未免自乱体例。本书原曾花费大量时间从中辑考出不少数据,后发现此一问题,不得不将其中来自同年齿录者一一剔除。《清代朱卷集成》中亦偶有以齿录补充朱卷中佚失履历者,本书一经发现,即予剔除。

录官年的文献类别,暂不列入本书数据采集和统计的范围①,以待来者。

二、主要官年资料使用简称,如《清代朱卷集成》简称《集成》,《未刊清代朱卷集成》简称《未刊》,《清代科举人物家传资料汇编》简称《家传》。《集成》《未刊》《家传》后边括号内数字为册数及页数,如《集成》(4—99),指人物生年信息见《清代朱卷集成》第4册第99页;《未刊》(2—193、376),指人物生年信息分见《未刊清代朱卷集成》第2册第193页和第376页。

三、一人有不同科份朱卷时,人名后标以"另见"。

四、第四章、第五章人名顺序按不同科第先后排列,依次为会试、乡试、贡卷三部分;每类中又以科举年份归类,乡试与贡生试中又先标举其应试地,后次以科举年份;在每一小类中,又以官年先后为序,官年相同者以《集成》《未刊》册数先后为序。

五、殿试(包括朝考)履历不列入统计数据,但由于皆属于试卷履历,故在论述官年相关问题时会偶尔涉及之。②

六、本书涉及大量古代纪年,为省篇幅,仅于部分干支纪年和年号纪年后括注公元年。

七、本书征引文献对文题过长者稍作节略。

本书使用的"朱卷"一词,非指由誊录所的誊录生用朱笔抄写的朱卷(该朱卷无履历),而主要指中式考生为了纪念或炫耀,于试后自刊

---

① 如俞樾等,虽可由会试同年齿录推测其官年,但由于未获观其会试朱卷,因此不列入本书统计数据。

② 殿试无朱卷,但自书履历时年龄亦存在减岁现象,如李调元乾隆二十八年(1763)殿试卷自书"应殿试举人臣李调元,年二十五岁",彼殿试时实已30岁,减龄5岁。另外,暂未找到朱卷履历,但据史料可知其乡会试减岁者,如张之洞乡试时曾减岁两年。本书既以朱卷履历为数据采集源,亦不将此类文献列入统计数据,但在论述官年实年现象时并不回避将其作为例证。

的考卷①,其格式一般分三部分,第一部分为个人履历及家族谱系、师承,第二部分为科份页,载本科种类(乡、会、贡等)及年份、自己中式名次、主考官姓名及官阶、批语,第三部分为试卷的内容(头场首篇及试帖诗依惯例必刻,其他多少则凭己意),虽以朱卷称之,然实系墨印。但又与当时考试时的原始墨卷有别:一是所刻文章较原始墨卷有所修润,二是所刻履历远较考场墨卷详细,不仅多出师门部分,而且家族谱系内容大大增加。②

还有其他形式的非举子自刻朱卷,有时是"主考在闱中,已将中式者之三场文字择尤发刻,印以朱色,而汇成一卷,名曰闱墨,亦曰朱卷"③;有时是同房中式举子的朱卷汇刻(编者往往难以究明),如《康熙癸未科易三房会试同门朱卷》《康熙丁酉科顺天乡试春秋二房同门朱卷》等,其中副榜、堂备、誊录、荐卷者的履历及试卷亦有收入。此类朱卷汇刻,其履历较举子自刻者简略,多不涉及家族及师承,而且诸人履历集中刻于卷首,所选取的试卷篇目也较举子自刻的朱卷为少。

这些朱卷,当然都后于考场原始墨卷,那么其个人履历部分的生年,是否会如同年齿录那样有所修改,甚至改回实年?如果是这样,无疑会对本书的官年数据构成挑战。不过,就当时乡、会试制度和自刻朱卷风俗来看,这种现象罕见。以贡监生的乡试为例,"应本省乡试,由地方官申送学政录科;应顺天乡试,由本籍地方官申送国子监考到录科。均取具族、邻甘结,加具印结,备造籍贯、年貌、三代清册,分晰官民

---

① 明、清两代乡、会试,为防考官凭辨识笔迹舞弊,考生原卷须弥封糊名,名墨卷;由誊录生照墨卷用朱笔誊写,送交考官批阅者,名朱卷。后考生得中后刊印个人履历及场中作文以备送人者,亦称朱卷。

② 关于朱卷形式及举子自刻朱卷与考场墨卷之别,可参商衍鎏:《清代科举考试述录及有关著作》第二章第七节"乡会试之登科录、试录、同年录等",天津:百花文艺出版社,2004年,第113—114页;龚笃清:《清代湖南朱卷选编·前言》,龚笃清审订,颜建华选编:《清代湖南朱卷选编》,长沙:湖南师范大学出版社,2012年。

③ 钟毓龙:《科场回忆录》,杭州:浙江古籍出版社,1987年,第87页。

字号……"①而且所有乡试考生中式发榜的同时,书吏又要誊写《题名录》,不仅"将三场题目一并开录,并于各姓名下注明年岁"②,除进呈御览外,还要以备磨勘。会试程序与此相仿。举子自刻朱卷多在得知中式后不久即进行,实无任何动机去冒这种更改官册生年的风险。笔者翻阅过的上万份朱卷中,仅发现林丙修一人的朱卷例外,中国国家图书馆藏两种《光绪甲午恩科会试第六房同门朱卷》,均收林氏朱卷,索书号为 110217 的一种(题作《会试乡试朱卷》,收录部分光绪甲午恩科、癸巳恩科、乙酉科朱卷),载林氏"咸丰乙卯年七月十八日吉时生";索书号为 110218 的一种,则载其"咸丰丙辰年七月十八日吉时生",两者有一年之差。但此极可能因换算失误所致,因为原始墨卷中不书皇帝年号与干支,仅书"年若干岁",换算时便易产生偏差;况且也可能是刊刻讹误。总之,此一例外,并不影响本书分析朱卷整体数据的稳定性。

由于清代科举文人实年文献来源不一,歧异比比皆是,即使来源相同,甚至是本人自述,有时亦会出现自相矛盾。本书力求将研究结论建立在严谨的科学性之上,故于实年文献择取求严,特拟说明如下:

一、本书的实年数据力求材料的原始性和可靠性,即以本人自述如日记、自订年谱、诗文集等(官方履历、同年齿录等官年材料除外)优先,次之以亲友记述(如酬唱及庆吊诗文、讣告、家传、行状、墓志铭、家谱、亲友所编年谱、诗社齿录等),次之以正史、地方志及乡贤所编地方人物志,次之以其他文献。文献来源相同然自相矛盾时,则综合推理,谨慎判断。

二、诸工具书中所载清代人物生卒年,未获原始文献勘证者,概不作为实年数据。如高镛泉《锡山历朝名人著述书目考》,朱彭寿《皇清纪年五表》《皇清人物通检》《皇清人物考略》,陈乃乾《清代碑传文通

---

① 《钦定科场条例》卷 5《科举·贡监科举》,台北:文海出版社影印版,1973 年。
② 《钦定科场条例》卷 44《揭晓·进呈题名录》。

检》、陈玉堂《中国近现代人物名号大辞典》、柯愈春《清人诗文集总目提要》、李灵年、杨忠《清人别集总目》、江庆柏《清代人物生卒年表》,以及其他各种《疑年录》、人物传记辞典等。

三、凡仅能推算其大致实际生年而不能准确考知在何年者,不列入统计数据。如嘉庆松江举人李钟潢,同治《上海县志》卷二○载其"充道光己亥滇闱同考官,委运京铜,亲往易安厂采铜,触瘴遽卒,年五十一"。我们只知道他可能卒于道光十九年己亥(1839)或其后不久,但无法凿实,不列入统计数据。傅增湘胞兄(非孪生)傅增渚,傅增湘《藏园遗稿》(1962年油印线装本)卷二《仲兄学渊先生家传》、王式通《吏部文选司主事傅君墓志铭》均云其殁于宣统元年(1909),时年38岁,逆推当生于同治十一年壬申(1872),如此则与傅增湘生于同年,显然有误,当略早于该年,然未能断定其到底生于何年,不列入数据。傅增湘长兄傅增淯的年龄,在其《澄怀堂日记》中有两处记载,一是光绪二十九年九月初六日附记履历"傅增淯,现年三十八岁",一是民国七年九月十一日:"三弟来电话属书履历送部,当检昔年底稿未得,因缮一简明者送去。……傅增淯,现年五十三岁。"官方履历年龄虽不会大于实年,但不一定即是实年,亦不据此逆推生年。另外,前人计年往往爱用"届""近"等不确定之词汇,本书概不作为推算年龄之依据,如曹榮卒于道光二十二年(1842),同治《上海县志》本传云其"年近七十卒于任",因无法据此推出准确年份,不列入统计数据。

四、前人计年常见未满整年而约之以整年的现象,本书凡此皆不以之为推算实年根据,必得其他确凿证据,始列入统计数据。如邓邦述《群碧楼诗钞》卷二《己未元旦》"五十称翁宜未可","五十"系约数(此年其实际五十二岁),不宜为据,而应据邓邦述《群碧楼善本书录》卷四《七戊篇戊辰元日作》"我生值戊辰,忽忽六十一",断其生于同治七年戊辰(1868),列入统计数据。再如顾瑗《西征集》卷一辛丑正月作有《次韵和高子衡观察静中吟》:"三十年来悔已迟。"《宿孟县次韵和闰枝同年题壁诗》:"愧我茫茫三十秋。"如据此(光绪二十七年辛丑,1901

年)逆推,似生于同治十一年壬申(1872),然此皆约指,不可依据。顾璜《顾渔溪先生遗集》卷四《显考殿卿府君行述》:"己卯年,先继祖妣谢世,方挈眷赴都,不孝璘年始十五,不孝瑗与不孝斑才十龄。"光绪五年己卯(1879)时顾瑗十岁,由此逆推,可知顾瑗实生于同治九年庚午(1870)。

五、古人计龄,例用虚岁,然未可一以概之。如赵增瑂《鹅山文稿》卷首高僖敬《鹅山先生传》:"君以同治癸亥年九月十五日生,今七十矣。"传作于民国二十二年癸酉四月初一,此处是按实岁计年无疑。有时本人自记,亦虚实相混。如熊希龄,《双清集》中有《癸亥六月二十五日为余五十五生辰,香儿适于是日赴美留学,余题此诗以赠其行,余与尔母日衰一日,切盼儿学成早日归来,免余悬望也》诗,由民国十二年(1923)按虚岁逆推,其当生于同治八年己巳(1869)六月二十五日;然集中又有《百字令·五七生辰感叹》词序:"丙寅六月二十五日,为余五七生辰。"由民国十五年丙寅(1926)按虚岁逆推,其又当生于同治九年庚午(1870)六月二十五日。《金缕曲·己巳六月六十生日自寿》,由民国十八年己巳(1929)按虚岁逆推,亦可证其生于同治九年(1870)六月。叶景揆为熊希龄所作《凤凰熊君秉三家传》结合朱卷、齿录、遗稿、家谱等,综合得出熊"生于同治九年庚午六月二十五日"。故《癸亥六月二十五日为余五十五生辰……》当系按实岁(实岁不等于实年)计年。本书推算实年,遵照通例以虚岁计之;逢有确定以实岁计年处,辄加按语说明。对于按虚岁计虽有悖情理但证据不充分者,仍遵通例以虚岁推算,而以按语说明之。如杨履晋,官年为咸丰元年辛亥(1851)二月初七日生,实年据常赞春《山西献征》卷三《郡守杨康侯先生事略》,知卒于民国三年(1914),年六十三;如按虚岁,则当生于咸丰二年壬子(1852),违反官年不大于实年之常情,按实岁则与官年相同,较合情理;但由于尚无其他证据,此处仍按虚岁推算列入统计数据(毕竟有官年大于实年的特例),而于按语中说明其反常情况。

经此层层汰选,本书官年与实年俱可考知者,计1091人,其中195

人存在一人多卷(贡生卷、乡试卷、会试卷)现象,因此本书所使用数据实际总计1294人次,以此相对庞大和稳定的数据为基础,希望可以得出较为客观和可靠的判断。固然假以时日,可以不断考补新的人物,但相信不致动摇本文的主要结论。故本书亦可安心暂告一段落。

第一章 官年与实年现象的历史衍变

一 明前的官年与实年现象

官员增减年岁之事,自古有之。汉南阳太守伍袭,举荐东莱太守蔡伯起子蔡琰,改十四为十八,为尚书所劾奏,其疏中就有"增年受选,减年避剧"之语。今人王利器注释此事,以为:"古代服政官有限年之制,于是速成之辈、躁进之徒,往往有匿年以求入仕途者,据此所载,则自汉时已然矣。尔后则官年与实年之弊端,殆与封建制度相终始焉。"①三国魏之司马朗,"十二,试经为童子郎,监试者以其身体壮大,疑朗匿年,劾问。朗曰:'朗之内外,累世长大,朗虽稚弱,无仰高之风,损年以求早成,非志所为也。'"②可见带有政治色彩的增年、减年行为,在两汉时期已初现端倪。到南朝齐、梁之际,朝廷已有"若限岁登朝,必增年就宦,故貌实昏童,籍已逾立"③的顾虑,据《通典》记载,当时梁、陈两朝皆明令未满三十岁不得入仕。但在宋代以前,官员以增岁居多。大抵寒士减年为求腾达,公卿子弟增年为求早仕,故增岁现象向减岁现象的转

---

① 王利器:《风俗通义校注》卷4,北京:中华书局点校本,1981年,第195页。
② 《三国志·魏书》卷15《司马朗传》,北京:中华书局点校本,1971年,第465页。
③ 《梁书》卷1《武帝本纪》,北京:中华书局点校本,1973年,第23页。

变,一定意义上也就是官员铨选的重心由门阀制度向科举制度过渡的一个信号。①

官年问题真正成为一种普遍的社会现象,始于两宋。北宋时期朝廷约束尚严,"此事亦有明禁"②,但已略显此风。如寇准"年十九,举进士。太宗取人,多临轩顾问,年少者往往罢去。或教准增年,答曰:'准方进取,可欺君邪?'"③寇氏虽终未增添年岁,但从其僚友所言可知,当时确有增年一法。

而对于很多官员来说,为了延长自己的官宦生涯,推迟致仕之期,则多减岁以应对之。北宋刘敞曾撰《无为军录事参军马易简可太子中舍致仕》制云:

> 控抟禄利者,至于迁籍损年,饰貌匿衰,以绥退休之期。尔齿未耄,仕无缺行,能决于去,庸非廉乎。自下郡掾升东宫属,归安乡间,足为荣观矣。④

制词称赞马易简没有"迁籍损年"以"控抟禄利""绥退休之期",但从反面正好说明"迁籍损年"已成为一种现象,才需要对未"迁籍损年"者特别提出表彰。常熟人张攀,卒于嘉定十六年(1223),寿七十,其"遇事开诚,无一毫矫饰,幼年郡试,不肯减年为欺"⑤,同样可以从反面推想减岁应试的泛滥。可以说到了南宋,官年现象已极为普遍,在增减年岁一事上,官员们变本加厉、有恃无恐。岳珂《愧郯录》有云:

> 今世出仕者,年至二十,始许莅官。才登七旬,即盍致仕……

---

① 《后汉书·刘平传》载刘平为全椒令时,以德化人,人皆减年从役。此减年是特例,且系平民减年。
② [宋]岳珂:《愧郯录》卷6《官年实年》,《四部丛刊续编》本。
③ 《宋史》卷281《寇准传》,北京:中华书局点校本,1977年,第9527页。
④ [宋]刘敞:《公是集》卷30,《景印文渊阁四库全书》本,台北:台湾商务印书馆,1983—1988年,第1095册,第657页。
⑤ [明]王鏊:《姑苏志》卷54,《景印文渊阁四库全书》本,第493册,第1023页。

世俗多便文自营，年事稍尊者，率损之以远垂车；襁褓奏官者，又增之以觊速仕。士夫相承，遂有官年、实年之别。间有位通显者，或陈情于奏牍间，亦不以为非。①

官员增减年岁，各人目的不同，这在南宋朝野间已成为一个公开的秘密，甚至在官方的奏牍上，也无意加以避讳。杨万里在《陈乞引年致仕奏状》里就公然奏闻："臣犬马之齿，在官簿今年虽六十有六，而实年七十。"②洪迈《容斋随笔》中记载："大抵布衣应举，必减岁数，盖少壮者欲借此为求昏地；不幸潦倒场屋，勉从特恩，则年未六十始许入仕，不得不豫为之图。至公卿任子，欲其早列仕籍，或正在童孺，故率增抬庚甲有至数岁者……于是实年、官年之字，形于制书，播告中外，是君臣上下公相为欺也。"③朝廷不仅无力制止此类现象，反而对这种违法行为采取了默许的态度。朱熹有云："官年、实年之说，朝廷亦明知之。故近年有引实年乞休致者，而朝廷以官年未满却之。"④官年现象已经堂而皇之地渗入各类政府机构，甚至成为统治者制定政策、反馈意见的一种依据。南宋理学兴盛，而诈伪之风亦盛，不能不说带有一些反讽的意味。

二　明代的官年与实年现象

科举制度发展到明代，已经较为完善，有着严格的考试报名制度和学籍管理制度，从最基层的童子试，到颇具规模的乡试、会试，都需要填写三代履历，年龄也是其中一项很重要的个人信息。以乡试为例，礼部

---

① ［宋］岳珂：《愧郯录》卷6《官年实年》，《四部丛刊续编》本。
② ［宋］杨万里：《诚斋集》卷71，《景印文渊阁四库全书》本，第1161册，第2页。
③ ［宋］洪迈：《容斋随笔·四笔》卷3《实年官年》，上海：上海古籍出版社，1996年，第647—648页。
④ ［宋］朱熹：《晦庵先生朱文公文集》卷63《答孙敬甫》，《四部丛刊初编》本。

条约中明确要求"将举人的确年岁、籍贯、经书、备开咨呈与备照乡试录一同送部以凭查对,毋得增减年岁及遗漏不报"①,可见按照正常的管理机制,不应该出现官年与实年不符的现象。但是为了个人仕途的飞黄腾达,不少士子皆选择铤而走险,在增减年岁一事上大做文章。如果说冒籍是科举制度的产物,那么官年则是职官制度的副产品。虽然官年的表象是科举制度中的年龄虚报现象,但其根本动机却是官员们对职官制度中年龄限制的一种逃避。

随着科举制度的日趋完善,传统的恩荫制度下增年以求早仕的现象在明代有所衰减。明代科举中的增年现象,在不同时期有着不同的内在原因。明代前期的增年现象,与明初皇帝对年轻官员的任用态度颇有关系。顾炎武《日知录》有云:

> 洪熙元年四月庚戌,郑府审理正俞廷辅言:"近年宾兴之士,率记诵虚文,求其实才,十无二三。或有年才二十者,未尝学问,一旦挂名科目,而使之临政治民,职事废驰,民受其弊。自今各处乡试,宜令有司先行审访,务得博古通今、行止端重,年过二十五者,许令入试。"上虽嘉纳而未果行。②

这与宋太宗的态度有些类似,国家政权巩固之初,朝廷的一些官员会认为少年官吏未尝学问,没有真才实干,担心在治理国家时会引发诸多弊端。明仁宗虽最终未接受此项奏议,但对此也表示了一定程度的认可。而且明初统治者极为重视荐举一途,欲借此充分挖掘民间的贤能之士,故当时年轻官员多不受重用。《明太宗实录》记洪堪"洪武中由进士授御史,自陈年少,未谙法律,太祖高皇帝令还乡进学,俟年二十

---

① [明]俞汝楫编:《礼部志稿》卷71《题行乡试条约》,《景印文渊阁四库全书》本,第598册,第208页。
② [清]顾炎武《日知录》卷17《年齿》,上海:上海古籍出版社,2006年,第1010页。按原始文献可见《明仁宗实录》卷9下,"中研院"历史语言研究所校勘本,1962年,第289—290页。因《日知录》此条叙述更为简洁,故引用之。

五入仕"①。《南雍志》载"建文二年三月,诏副榜举人年二十五以下、愿复入监者听"②。《明英宗实录》载"(正统四年闰二月)乙酉,行在礼部奏会试取中副榜举人有年及二十五以上者二百三十三人,请送吏部除授教职,年未及者五十八人,例送监及依亲读书"③。可见在当时君臣心目中,25 岁一直是一个官员政治、心理、学问等各方面趋于成熟的年龄分界点。朝廷对年轻官员的不信任态度,必然会影响到士子们的心理状态,增岁以求仕进的情况自然时有发生。但是,未及 25 岁即获取科举功名的士人毕竟是少数,年龄再稍大一些的士人就完全没有增加年岁的必要了,故增年现象在整个科举士人中所占的比重,仍大致维持在一个较低的水平线上。

然而随着明王朝的统治逐步走上正轨,人才选拔的重心从荐举、科举两途并用向科举中的进士一途转移,少年进士便再次成为官员选拔的首选。他们年轻志远,文采出众,在仕途上会有较大的发展空间。从当时人的记载看,至少成化、弘治、正德年间,减年一事已成为官年问题中的突出现象④,增年则相对少见。张志淳自述"昔居京师,见进士减年

---

① 《明太宗实录》卷 16,"中研院"历史语言研究所校勘本,1962 年,第 297 页。
② [明]黄佐:《南雍志》卷 1《事纪一》,《续修四库全书》本,上海:上海古籍出版社,2002 年,第 749 册,第 98 页。
③ 《明英宗实录》卷 52,"中研院"历史语言研究所校勘本,1962 年,第 994 页。亦可参见《明史》卷 69《选举志一》,北京:中华书局点校本,1974 年,第 1681 页。
④ 陈长文《明代科举中的官年现象》(《史学月刊》2006 年第 11 期)据《明人传记资料索引》和"年谱""家谱""族谱"等文献对收集到的明代 45 科"进士登科录""进士同年录""进士履历便览"中可考生年的 1203 名进士的官年与实年进行考察分析,得出明初至明末,都程度不等地存在官年现象。其中洪武至宣德时期较为严重;正统直至嘉靖前期官年现象不算甚烈;嘉靖后期尤其是万历、天启、崇祯三朝,官年现象最为严重。其对正统至嘉靖前期官年现象的分析与本文结论有所不同,这主要是因为陈文是定量分析,受限于文献记载之不足。明代进士有 24586 人,取 1203 人做总体分析有一定意义,但细化为各科的分析则有效性势必减弱。如《明人传记资料索引》在生卒年考订上也有不少错误,被列入统计数据的杨溥(1375—1446)、徐镛(1421—1476)、贺元忠(1437—1516)、朱希周(1463—1546)、(转下页)

年岁益甚"①,李东阳亦有云:"今之仕者,苟有所避,或减年以幸其免;苟有所觊,或减年以幸其留。充其念,自少至老而不能变。"②王瑄、钱仁夫、汪循则是几个可以从反面说明问题的例子:

> 成化戊戌进士三百五十人,莆十人。故事责占年状,王公自庵直署曰:"年四十。"或谕自隐,则笑曰:"自此至致仕三十年,足矣,尚忍欺?"③

> (钱仁夫)既领乡荐,凡四上春官乃得第。人为先生迟之,而先生晏如也。时进士多减年以就格,先生年五十四,具以实言。或导之,曰:"昔人畏始进而欺君,吾不忍也。"闻者悚然,有因而改行者。④

> (汪循)弘治丙辰,中朱希周榜进士,将报家状,有告以减年便进取者,公以未事君而先欺君为不可,卒以实报。及选庶吉士,又

(接上页)陆师道(1511—1574)、沈□(1501—1568)、周怡(1506—1568)、喻时(1506—1570)、陈其学(1514—1593)、栗祁(1531—1578)、宋伯华(1539—1585),据《索引》所提供的传记出处,核查原始文献,这些人的生卒年却应当是杨溥(1372—1446)、徐镛(1444—1499)、贺元忠(1439—1516)、朱希周(1473—1556)、陆师道(1510—1573)、沈堼(1491—1568)、周怡(1505—1568)、喻时(1507—1571)、陈其学(1507—1593)、栗祁(1537—1578)、宋伯华(1538—1585),这些误差,虽不足以动摇据1203人所得的总体结论,但细化到各科进士中,便有可能动摇该科的数据基础。因此本书参以时人的多种记载,力争定量与定性分析相结合。

① [明]张志淳:《南园漫录》卷8《减年》,《景印文渊阁四库全书》本,第867册,第307页。按张志淳为成化甲辰(1484)进士,《南园漫录》前有正德十年(1515)自序。

② [明]李东阳:《怀麓堂集》卷62《送国子助教罗君致仕序》,《景印文渊阁四库全书》本,第1250册,第632页。按罗舜臣举天顺庚辰(1460)进士第,年甫二十三岁,其六十岁乞致仕,时当弘治十年(1497)。

③ [明]林俊:《见素集》卷17《明奉政大夫南京户部郎中致仕自庵王公墓志铭》,《景印文渊阁四库全书》本,第1257册,第186页。

④ [明]顾清:《东江家藏集》卷42《工部员外郎致仕东湖钱君墓志铭》,《景印文渊阁四库全书》本,第1261册,第875页。

有邀其私谒首相者,公曰以正道事君而以私门求进,其如此心何!卒谢不往。①

王瑄登成化十四年(1478)进士,时年40岁;钱仁夫登弘治十二年(1499)进士,时年54岁,汪循登弘治九年(1496)进士,时年45岁。皆可算步入中年,与那些春风得意的少年进士相比,已是垂垂老矣。若按惯例,这样的高龄进士,多授予州县之职,接下来的仕途历程将趋于平淡,不太可能会有平步青云的机会。很多同类进士,大多减岁以博取一个满意的职位,但王瑄、钱仁夫、汪循没有这么做。既然传记作者在传主墓志铭中对此事大书特书,亦可反见当时整个朝廷的政治风气已然败坏。

随着社会思潮的多样化和复杂化,特别是早登美仕的官本位思想和重商逐利风气的盛行,至嘉靖、万历年间,减年现象终成士林一大风尚。嘉靖三十三年至三十六年(1554—1557),名臣海瑞任福建南平县儒学教谕,曾发布《教约》训诫诸生,其中有云:

> 第今人虽知圣门之教有在,而每援"事之无害于义,从俗可也"自恕,则于此不能无忝。试举一事:如册报类减年岁,甚者冒他方籍,顶他人名,原厥心未始不以通弊自诿也;然德之不修,机实在此。孟子曰:"学问之道无他,求其放心而已矣。"盖言所知所行,无非为存心设法也。损年图进,此心已陷于不诚、不一之地矣,更学何事。"君子之过也,如日月之食焉。"请为改图,约诸生五日内一一将年甲、籍贯、三代脚色从实写报,本学请提学道另行更造册籍。诸生凡素行类此者,亦痛自湔洗,勿以恶小而为之,庶乎不远而复,自此无不慊心之事,集义以生浩然之气,为贤为圣,异日为国家建伟业无难矣!②

---

① [明]汪戬:《先公顺天府通判仁峰先生行实》,收入汪循《汪仁峰先生文集·仁峰外集》卷一,《四库全书存目丛书》影印本,济南:齐鲁书社,1997年,集部第47册,第567—568页。

② [明]海瑞:《备忘集》卷7《教约》,《景印文渊阁四库全书》本,第1286册,第188页。

诸生"册报类减年岁",以至于海瑞不得不发布文告,另造册籍,可见减岁风气之烈。万历五年进士沈孚闻的墓志铭所记事例更为典型:

> 四十三而始成进士,仅一为令,四十八而以先公讣归,四十九而弃我于乎是,何成之晚而夺之速也。于是手草君事状以属余,而俾余为之志其墓。君初讳令闻,后改孚闻,字贞孺,尝自号翼亭,后亦更号芷阳……既成进士,刻登科录,当以生齿闻,而君具实数。或谓减不过三岁,而可以预馆选,即毋选,而更五岁,以当给事、御史选,毋害也。且今诸进士谁为不讳齿者。君曰:"甫仕而遽欺吾君,可乎。"于是君之齿在百人后,而列第四人,不顾也。①

据《万历五年进士登科录》所载,沈孚闻登科时"年四十三,三月十二日生",与《墓志铭》相合,他的年龄在该科 301 位进士的实年中本来排在百名之后,但因为不肯减岁,遂在登科录所载的官年中高居榜首(《墓志铭》云"列第四人"有误②)。因此,万历十年(1582)兵部主事王学益有奏疏云:

> 忠臣之事,君当无所不用其忠。窃见各色待用人员,所报年岁,一进仕途,从实写者无几,多有饰虚者。往往公然减年诡报,相习成风,恬不为怪,今已数十年矣。③

至天启、崇祯两朝,末世衰政,风气愈坏。如朱茂暻,据《崇祯十三年庚辰科进士履历便览》,生于天启丙寅(1626)八月十二日;而据《秀水朱氏家谱》,实际生于万历戊午(1618)八月十二日,减年八岁之多,

---

① [明]王世贞:《弇州四部稿·续稿》卷104《文林郎知何南汝宁府光州商城县事芷阳沈君墓志铭》,《景印文渊阁四库全书》本,第1283册,第477页。

② 据陈长文《明代科举中的官年现象》(《史学月刊》2006年第11期)考证,《万历五年进士登科录》中所载四十岁以上进士共七人,沈年龄最长,另有两人亦四十三岁,然月份较沈为小。

③ [明]俞汝楫编:《礼部志稿》卷70《处士子三议》,《景印文渊阁四库全书》本,第598册,第194页。

以致造出其11岁中举人、15岁中进士、22岁亡故的奇迹(朱于崇祯丙子[1636]中乡试第七十三名,庚辰[1640]中会试第一百八十名,顺治丁亥[1647]八月二十八日卒)①。陈长文的研究表明,明代进士登科时"平均少报年龄为5.05岁",但明末的崇祯朝"官年现象较为严重,平均少报11.53岁"。②

明代中后期的减岁大潮,从制度层面看,可能与庶吉士的选拔有较大关系。众所周知,明代职官体系中最有特色的莫过于内阁制度和庶吉士制度,在天顺以后,"非进士不入翰林,非翰林不入内阁,南、北礼部尚书、侍郎及吏部右侍郎,非翰林不任。而庶吉士始进之时,已群目为储相"③。而庶吉士的馆选是有年龄限制的,但似乎并无统一规定。从前引沈孚闻墓志铭"减不过三岁,而可以预馆选"之语看,万历五年(1577)的馆选年龄是40岁以下。而明《万历起居注》载,万历十一年(1583)选庶吉士"照隆庆二年事例,限年四十以下"④。似乎可以证实此点。但天顺四年(1460)进士王徽"选庶吉士,试春雨诗,公仿柏梁体,顷刻赋百余韵。李文达、王忠肃相顾幸得人,会诏限年以选,公不与。两公甚惜之,除南京刑科给事中"⑤。王徽是年33岁,此期馆选年龄定在其下无疑。《国朝典汇》卷六五载,嘉靖十一年(1532)十月,"上命李时等于新进士未选者年三十而下,悉令就试,取二十一人"⑥。似乎馆选年龄是30岁以下。《皇明贡举考》卷一《选进士为庶吉士》引《吏部职掌》云:"凡考选庶吉士,或间科一选……或限年三十五岁以

---

① 见陆林:《金圣叹〈沉吟楼诗选〉所涉交游六人考》,《文学与文化》2015年第1期。
② 陈长文:《明代科举中的官年现象》,《史学月刊》2006年第11期。
③ 《明史》卷70《选举志二》,第1702页。
④ 明抄本《万历起居注》第三册,国家图书馆文献缩微复制中心藏胶卷,第584页。
⑤ [明]储巏:《陕西布政使司左参议王公徽墓志铭》,载焦竑辑《国朝献征录》卷94,明万历四十四年刊本。按王徽卒于正德庚午(1510)七月七日,寿八十三,可推其登科时年龄为三十三岁。
⑥ [明]徐学聚:《国朝典汇》,北京:书目文献出版社影印本,1996年,第1069页。

下,或不限年。"①又有 35 岁以下和不限年之说。《礼部志稿》卷七二《钦定庶吉士名数》又云：

> 嘉靖二十年。先是,大学士翟銮言:今年庶吉士之选,奉圣谕于八月内行,届期值孝康敬皇后大丧,是以未遑。今进士开选在即,宜遵谕举行。欲照嘉靖十四年例,不限年岁,俱引赴文华殿大门外恭候钦试;或止依先年例,臣会同吏、礼二部堂上官并翰林院掌印官于东阁,限三十五岁以下,取考品、列次第进呈,恭候圣明裁定。诏暂照先年例。

可见虽无划一之定则,但大致择年轻而有才学者录之,且以限 35 岁以下为多见。这就很大程度上向那些中年进士关闭了进阶骤升的捷径。而根据对明代历科进士登科录的考察,30—40 岁正是进士及第最普遍的年龄段,如果某一进士在 30 岁之前进士及第,那已是前途不可限量。在这样的选拔机制下,减年以选庶吉士,已成群僚私下默认之惯例。李乐《见闻杂纪》有云:"高大学士仪尝教诸进士曰:'减年入齿录,嘉靖辛丑以前无此事,近日始有之。诸子慎勿为。'卒无人从先生之言者,致齿录与同年叙会大相矛盾,恬然不以为非。"②高仪言此前无减岁现象,乃门面话,不可信,因此就连该科进士也"卒无人从先生之言"。而借减年之法得入庶吉士最终受益者,也确实不乏其人。就隆庆二年(1568)论,二甲进士林景旸,据申时行《赐闲堂集》卷二七《中大夫南京太仆寺卿林公墓志铭》"隆庆戊辰成进士,选翰林院庶吉士……公生于嘉靖庚寅,卒万历甲辰,年七十有五"③,其登科实年 39 岁,而《登科录》中作"年三十四",则减岁五年而得选庶吉士;而三甲进士沈一贯,据顾

---

① ［明］张朝瑞:《皇明贡举考》,《四库全书存目丛书》影印本,史部第 269 册,第 479 页。
② ［明］李乐:《见闻杂纪》卷 9 第 120 条,《四库全书存目丛书》影印本,子部第 242 册,第 349 页。
③ ［明］申时行:《赐闲堂集》卷 27《中大夫南京太仆寺卿林公墓志铭》,《四库全书存目丛书》影印本,集部第 134 册,第 566—567 页。

宪成《泾皋藏稿》卷九《奉寿沈相国龙江先生八十序》"庚戌先生寿八十",则登第时实年 38 岁,而《登科录》中作"年三十二",则减岁六年得选庶吉士。沈氏借此平步青云,官至内阁首辅,位极人臣,可算是因减年而受益的官员典型。

值得注意的是,明代中后期除减岁的主流之外,增年现象也有所增加,这又可能与这一时期明代科道官选拔制度相关。明代"士人自锁闱扬廷之外,其试事最重者,无如吏部之考选科道,内阁之考选庶常,尤为华选"①。可见科道考试受时人的重视程度。根据明代的铨选制度,科道之职"监生及新科进士皆不得与,或庶吉士改授,或取内外科目出身三年考满者考选"②。也就是说,要么是庶吉士散馆改授,要么经三年一次的科道考选而任命。其选拔要求,历年不一,多有变动。"嘉靖、万历间,常令部曹不许改科道,后亦间行之。"③更是进一步缩小了考选的范围。而且年龄限制在 30 岁以上,以科道为风宪之职,承担独立监察的职能,故必须精练老成、阅历丰富的官员来担任。朱国桢《涌幢小品》云:"祖宗旧制,凡给事、御史缺,止于进士内年二十以上者选补,或径入吏部。弘治间始及中、行、评、博。正德始及推官、知县。"④此处"二十"应为"三十"之讹,而地方官员参加科道考选实始于天顺五年(1461),朝廷明令地方"将本处推官、知县内,但有廉能昭著、历练老成、人物端庄、语言真正、年三十以上五十以下、在任三年之上系中举及进士

---

① [明]沈德符:《万历野获编》卷 15《阁试》,北京:中华书局点校本,1959 年,第 391 页。
② 《明史》卷 71《选举志三》,第 1718 页。
③ 同上。
④ [明]朱国桢:《涌幢小品》卷 8《考选台谏》,《四库全书存目丛书》影印本,子部第 106 册,第 306 页。按[明]夏言《夏桂洲文集》卷 12《请补六科事中疏》:"臣考之祖宗旧规,凡给事中有缺,止于进士内年三十以上者考选奏补,弘治始以行人、博士兼选,正德间始以在外推官、知县照御史例选补。"朱文或源自此。又《大明会典》《明政统宗》等亦云"三十以上"。

出身者,不拘员数,从公陆续推举起送"①。正式将科道考选的年龄限定在30—50岁之间,且是有三年以上工作经验的举人以上出身的官员。

至弘治二年(1489),吏部尚书王恕上疏建言,若符合考选标准的"六年以上知县、推官,二年以上进士"员数不够,可"依本部议拟奏准事例,于半年以上进士、曾经一考称职推官、知县内选用"。②可见在缺官严重的情况下,科道的临时考选亦可将考察范围扩大至半年以上进士等,这无疑为新科进士骤升创造了便利条件。因为监察御史、给事中等职,虽只是正七品或从七品的中级官员,但却肩负谏议职责,六科更是直接隶属于皇帝的独立监察机构。故科道之职升迁较快,多三年考满后即外任按察佥事、知府等职,一跃成为正四品至正五品不等的地方高级官员,而这又是他们再次返京调任六部侍郎以上的中央高级官员的一个跳板式的铨选过渡。因此,明人多视科道为"清华之地",杨士聪就曾感慨"官繇科道升者,每苦太速"③。而根据庶吉士散馆的铨选次序,最优秀者入翰林,次给事中,次御史,再次而主事、行人甚至推官、知县之职。因此,科道官的政治清望和社会地位虽不及翰林官员,却远在六部主事及各级府县官员之上。故每在进士登第及观政以后,诸多士人皆翘首以望翰林、科道之职。然而一科进士能入翰林者不足十人,而两京台谏官员累以百计,列名其中的可行性远大于翰林。故明代中期以后,增年以求科道之事亦时有所见。姑举数例:

(高铨)成化乙酉举乡贡,己丑登进士第。或讽使增年,以备台谏。公曰:某不敢为也。授大理寺右评事。④

---

① 《明宪宗实录》卷84,"中研院"历史语言研究所校勘本,1962年,第1634页。
② [明]王恕:《王端毅奏议》卷8《议左都御史马文升陈言裨益治道奏状》,《景印文渊阁四库全书》本,第427册,第597页。
③ [明]杨士聪:《玉堂荟记》卷4,《四库全书存目丛书》影印本,子部第244册,第533页。
④ [明]焦竑辑:《国朝献征录》卷31《资善大夫南京户部尚书致仕赠太子少保高公铨墓表》,《续修四库全书》本,第525册,第542页。

予(葛守礼)遇急缺,风宪行取,时年二十九岁,限以十月到部。旧例,选科道,三十以上方得与。若迟两月,即合例。予平生谓处事最不可用意,才用意,便非顺天命,故依限赴部。吕文选从周诧曰:君年二十九,例不得选台省。予曰:自知无分。居数日,授兵部主事,守山海关。①

安希范,字小范,无锡人。幼有凤慧,弱冠登万历丙戌进士,官行人。当入台省而格于年,有讽以增年者,希范曰:"安生不以台省重也。"迁仪部。②

(万建昆)以卓异征,故事未三十不与给事、御史之选,当轴者重建昆才,谓增年可得要地。建昆持不可,乃授礼部仪制司主事。③

此四人皆以年龄未达30岁而不得选台谏,在拒绝了谎报年龄的建议后,两人授礼部主事,一人授兵部主事,一人授大理寺评事。无论在品阶待遇上,还是仕途前景上,皆不尽如人意。这从反面证明当时铨选亦有增年的现象。

但较之减岁,明代的增年毕竟少见。因为如果减岁得预馆选,以后仍有选科道的机会;但如果增岁以就科道之选,则永远失去馆选之机。对于广大士子来说,当然会选择减岁者居多。如此看来,增岁减岁的根本原因,实逃不脱"功名利禄"四字。

三 清代的官年与实年现象

清承晚明之风,官年、实年的不符现象极为普遍,同样是官场上的一大恶俗,以致不断被口诛笔伐。兹举数例:

---

① [明]王士禛:《池北偶谈》卷5《葛端肃公家训》,北京:中华书局,1982年,第100页。
② [明]陈鼎:《东林列传》卷21《安希范传》,《景印文渊阁四库全书》本,第458册,第439页。
③ 《(雍正)江西通志》卷69《万建昆传》,《景印文渊阁四库全书》本,第515册,第417页。

顺治十二年(1655)上谕礼部云：

> 朕惟人臣事君，勿欺为本。近来进呈登科录及乡、会、殿试等卷，率多隐匿年岁，以老为壮，以壮为少。国家开科取士，本求贤良，进身之始，即为虚伪，将来行事可知。更有相沿陋习，轻联同宗，远托华胄，异姓亲属，混列刊布，俱违正道。朝廷用人，量才授任，岂论年齿家世乎。今科进士登科录及以后各试卷，务据实供写，其余陋风，悉行改正，毋负朕崇诚信、重廉耻至意。①

"率多"二字，已点出官年现象的严重性，以至于要专门下诏礼部，要求整顿。实际上积重难返，收效甚微，在成书于康熙三十年(1691)的《池北偶谈》中，王士禛这样感叹康熙朝的官年风气：

> 三十年来，士大夫履历例减年岁，甚或减至十余年。即同人宴会，亦无以真年告人者，可谓薄俗。②

不仅汉族士大夫恶习难禁，而且此风渐染至汉军八旗。雍正五年(1727)十月上谕曰：

> 初十日奉上谕：朕览文武官员履历，开载年岁，多有不实。或年岁本少而增之为多，或年岁本多而减之为少。此种陋习，汉人最甚，近来汉军亦渐有之。惟满洲官员皆系真实年岁，无意为增减之事。至于外省文武，则年岁不实者尤多，此甚无益而可笑也。国家用人，惟论其才力之可以办事任职，原不以年岁之老少为重轻。如老成望重之人，宜于居官服政，年岁虽多而精神尚健，即属可用之员；若年虽未老而志气委靡，则不可用，是多者不必减之为少也。少年精壮之人，宜于效力宣劳，年虽尚轻而办事勤敏，亦属可用之员；若年齿虽大而才具庸劣，则不可用，是少者不必增之为多也。

---

① 《世祖章皇帝圣训》卷6"顺治十二年乙未四月丙子上谕"，《景印文渊阁四库全书》本，第411册，第143页。

② [明]王士禛：《池北偶谈》卷2《官年》，第44页。

> 人之立身,事事皆当诚实,岂可涉于欺诈。彼增减年岁者,无益于功名,而有关于品行,不可习为固然也。今朕特为训谕,凡各官从前之年岁不实者,俱着即行改正,令以实在年岁开明注册,嗣后文武官员倘仍行增减,甘蹈欺隐之习,则其人甚为无耻,而不足责矣。①

但雍正帝可堪告慰的"满洲官员皆系真实年岁",后来也被打破。如满洲镶黄旗人完颜崇实,据其自订年谱生于嘉庆二十五年(1820),但其朱卷却填写为道光辛巳(1821)七月十八日;志锐,与光绪帝之珍、瑾二妃兄弟行,《清史稿》《清故伊犁将军文贞公行状》均载其卒时年61岁,志锐卒于宣统三年(1911)十一月十九日②,其当生于咸丰辛亥(1851),与朱卷所载生于"咸丰癸丑年(1853)四月二十五日"减少了两岁。两人均依汉族习俗有所减岁。③

另外,雍正帝的上谕里还透露出文武官员履历也有增年的现象,其原因无外乎我们在明代部分分析过的那样,都是求名逐利。

科举中的增年则主要以年迈的考生居多。清代为了安慰落榜士子,逐渐形成一套对老年考生的恩赏制度。④ 如乾隆二十六年(1761)逢皇太后七十寿诞,"特开万寿恩科。所有应试举子年在七十、八十以上者。虽未经入彀。而耆年宿学。恭遇盛典。宜沛渥恩"。于是80

---

① 《世宗宪皇帝上谕内阁》卷62"雍正五年十月上谕",《景印文渊阁四库全书》本,第414册,第710页。

② 公历为1912年1月7日,然古人计岁不以公历,故推算其生年仍当以宣统三年为准。

③ 清制,满洲士人考取生员、举人、进士者,皆试骑射,但童生试15岁以下,会试近视者可免,这就给部分考生可乘之机。八旗童生试中,私减年岁,冀免马射者有之,如嘉庆二十三年(1818)八旗童试年岁不符者达38名;八旗会试中,谎称近视,希图规避者有之,如乾隆四十年(1775),125名参加会试的八旗子弟,称近视者达73人,其中多人系捏报。李世愉《试论科场中的谎报年龄现象》(原载《清史论丛》2011年号,北京:中国广播电视出版社;后收入其《清代科举制度考辩[续]》,沈阳:万卷出版公司,2012年)一文论之甚详,可参看。

④ 可参看贺晓燕:《清代科举落第政策研究》,中国社会科学院研究生院博士论文,2010年;李世愉:《试论科场中的谎报年龄现象》,《清史论丛》2011年号;胡平:《清代福建乡试恩赏年老落第士子举人衔的人数统计分析》,《教育与考试》2019年第2期。

岁以上的会试考生俱赏给翰林院检讨职衔,70 岁以上的会试考生俱赏给国子监学正职衔。① 乾隆五十五年(1790)谕:"据知贡举铁保、姜晟奏:本年会试举子内,九十岁以上者四名,八十岁以上者七十三名,七十岁以上者二十四名,皆三场完竣,未经中式等语。本年届朕八旬,特开万寿恩科。各省举子年老应试者至一百余人之多,庞眉皓首,踊跃观光,洵为升平盛事。"于是各赏给都察院都事职衔、国子监典簿职衔、国子监学正职衔、翰林院典簿职衔不等。② 乾隆年间还多次恩赏年迈的乡试考生,一般是 70 岁以上赏给副榜,80 岁以上赏给举人。如乾隆四十五年(1780)谕:"应试士子内,有年八十、九十以上者,三场完竣,榜发未经中式,念其踊跃观光,至老弗衰,宜沛渥恩,以广化泽。"于是所有 80 岁以上的落第考生及副榜考生俱加恩赏给举人,一体会试。③ 乾隆六十年(1795),对 163 名 70 岁以上未中的乡试考生,80 岁以上者"俱着加恩赏给举人,准其一体会试",70 岁以上未满 80 岁者"俱着加恩赏给副榜"。④

嘉庆十八年(1813),由于恩赏制度日久生弊,各地考生多有"捏报年岁,冀图朦混,而教职、地方官率皆扶同徇隐,曲为申报,故冒滥邀恩者每科皆不能免",据清查"年老诸生近年以来每科乡试多至八九百名,会试多至三百余名,虽向例俱敕部覆核,亦只能就贡册、学册为凭,难保无诡谲之徒填册时预将年岁增多,以为邀恩地步",于是下旨"照旧例递加十岁方准列入,如有捏报朦混情弊,将该生斥革治罪,所有造册出结各官,查明交部分别议处"。⑤ 从此乡试恩赏标准提高,80 岁以

---

① 光绪《大清会典事例》卷 354,《礼部·贡举·恩赐一》,光绪朝刻本。
② 《清实录》第 26 册《高宗纯皇帝实录》卷 1353,乾隆五十五年庚戌四月戊辰,北京:中华书局,1987 年影印本,第 117 页。
③ 《清实录》第 22 册《高宗纯皇帝实录》卷 1119,乾隆四十五年庚子十一月辛卯,第 942 页。
④ 《清实录》第 27 册《高宗纯皇帝实录》卷 1490,乾隆六十年乙卯十一月辛亥,第 941 页。
⑤ [清]英汇修:《科场条例》卷 53《年老举人给衔(附历科乡会试钦赐职衔举人副榜各案)》,清咸丰刻本。

上始赏副榜,90 岁以上始赏举人。

恩赏制度诱惑下,70 岁以上考生未必实年如此,多有妄增年龄所致的现象。《凌霄一士随笔》载道光间福建学政彭蕴章曾发布告示禁童生假称年老,认为这类现象出于"冀借笃老为宗师所怜,易于见录,而乡闱观光,复可以耄龄邀恩赐举人之荣也"①。张之洞光绪元年(1875)任四川学政时曾著《輶轩语》,其中《语行第一》之"戒侥幸"条云:"童试多有年才五六十而填注八九十者,希图幸进,便可叠叨恩榜,坐致词林,以吓愚蒙,为患乡里。"②李慈铭光绪六年应礼部试时,也说:"近来风气,老困童子试者,往往冒增年岁至二十余年,黉缘入学,或捐监生,以冀恩泽。故各省乡试后,大吏奏年老举人,动至数十,公然诬妄,不为怪也。"③说明此种现象具有一定的普遍性。李慈铭的话里还透露出此类增年除自己主观欲望外,还有各省官员的推波助澜。刘声木曾对张之洞"戒侥幸"条加按云:

> 每科各省乡试发榜后,凡未中式之卷,俗谓之落卷,尽拆弥封,发还本县学官,再由本人领取。内监试各官,多有好行其德,每为之代加年岁,譬如年本五六十,代加至七八十,冀邀恩榜,有多至百余卷者。先文庄公历任赣、浙、蜀三省监临,皆是如是。内监试来告,谓为例行公事,不妨宽以邀恩。先文庄公谓:"例事固不可废,为朝廷慎重名器,亦不可太滥。"虽量为裁制,终亦不能尽废也。"④

因为地方官员同样需要笼络当地士子人心和稳定社会秩序,于是

---

① 徐凌霄、徐一士:《凌霄一士随笔》第 2 册《彭蕴章长于文事》,太原:山西古籍出版社,1997 年,第 533 页。

② [清]张之洞著,苑书义等主编:《张之洞全集》第 12 册,石家庄:河北人民出版社,1998 年,第 9775 页。

③ [清]李慈铭:《越缦堂日记》第 12 册《荀学斋日记》甲集下"光绪六年三月十二日",扬州:广陵书社,2004 年,第 8646 页。

④ [清]刘声木:《苌楚斋随笔 续笔 三笔 四笔 五笔》之《五笔》卷 5"张之洞论寿榜"条,中华书局点校本,1998 年,第 992 页。

形成了一种合谋局面,使此风于有清一代,不能止息。当然,清廷对此也有惩罚措施。如道光二十年(1840),山东濮州70多岁的考生张景韩,就贿串学书捏增年岁,希冀恩赐副榜,被揭发后本应杖刑并徒一年,但因"年逾七十,照律收赎"了事,濮州学正游金垣、训导顾士松也照例议处,①但是面对这种上下合谋、法不责众的现象,所谓的规定难以落实,只是偶尔执行,做做样子,大多数情况下沦为一纸空文。

不过具体到士子的正途科考,从清朝开国直至清季,则绝对是以减岁为主。乾隆三十六年(1771)曾下诏云:

> 且生员报考时,豫为将来筮仕计,减少岁数者,十居八九。旧册具在,历历可征。②

这是就乡试而言,而会试减岁势必更甚,从我们对相关乡会试朱卷的统计中亦可看出。③ 顺、康、雍、乾、嘉五朝现存朱卷数量虽然较少,但不乏官年减岁现象。如康熙四十二年进士吴瞻淇,朱卷载其生于康熙十八年己未(1679)四月十三日,而实年生于康熙七年戊申(1668),减了11岁。著名天文历算家、康熙四十四年进士陈厚耀,朱卷载其生于康熙十一年壬子(1672)九月初六日,而其实年为顺治五年戊子(1648),竟减了24岁。康熙五十一年进士谢济世,朱卷载其生于康熙癸酉年(1693)十二月二十六日,而据碑传,实年生于康熙二十八年(1689),减了4岁。再如乾隆十七年进士邓梦琴,朱卷载其生年为雍正四年丙午(1726)六月二十九日,而其实年生于雍正元年癸卯

---

① [清]英汇修:《科场条例》卷53《年老举人给衔(附历科乡会试钦赐职衔举人副榜各案)》,清咸丰刻本。

② 《清实录》第19册《高宗纯皇帝实录》卷894,乾隆三十六年十月戊辰,第998页。按该诏伊始本为谴责年老考生冒增年岁:"世固多人瑞,亦何至士林鲐耇与宾兴者连襼成群,此必若辈见有上年恩旨,各萌幸泽之心,增填年齿,以致多人混冒。"然牵涉所及,反透露出正途科考的减岁现象。

③ 参见本书第三章统计数据。童生试虽无朱卷,但其为士子进身之始,其减岁人数的总量当然更高于乡会试。

(1723)，减了3岁。又如嘉庆十年进士彭浚，朱卷载其生于乾隆三十八年癸巳(1773)七月十九日，而实际生于乾隆三十六年辛卯(1771)，减2岁；嘉庆二十五年进士张祥河，朱卷载其生于乾隆五十二年丁未(1787)正月十四日，而实际乾隆五十年乙巳(1785)生，亦减2岁；同科进士陈銮，朱卷载其乾隆五十五年庚戌(1790)四月二十九日未时生，而实际乾隆五十一年丙午(1786)生，减4岁。此还仅就会试朱卷而言，若加上五朝的乡试朱卷，减岁现象实不容小觑。

道光以降，直至光宣，中央控制能力逐渐下降，世风不古，科举中减岁更加盛行。此期朱卷留存于世和能考知实年者较多，据笔者统计，其中官年减岁者居然占据多数。人们对此似乎司空见惯，连皇帝都安然处之，甚至就此话题与官员拉起家常。如俞樾，登道光三十年(1850)进士，咸丰五年(1855)八月简放河南学政，蒙恩召见，其自记云：

> 赴宫门谢恩，蒙召见一次。问及臣年，奏曰："三十五岁。"上问："是实年否？"奏曰："是。"按，宋岳珂《愧郯录》云："士夫相承，有官年、实年之别，间有位通显或陈情于奏牍间，亦不以为非。"是官年、实年宋已有之。是岁余实年三十五，官年则未及此也。①

咸丰帝能直接询问"是实年否"，可见官年问题已经成为官方不必回避和可以容忍的事情了。按《曲园自述诗》云其"生于道光元年十二月二日"，至咸丰五年确系35岁。但他又说"官年则未及此"，《道光三十年庚戌科会试同年齿录》载俞樾生于道光五年乙酉，此即其官年无疑，比实年减了4岁。

邓华熙系咸丰元年(1851)辛亥科举人，光绪间曾官湖北布政使、江苏布政使、安徽巡抚、山西巡抚、贵州巡抚等职。其日记中记载了光绪二十二年和光绪二十六年两次陛见的经过：

---

① 见[清]俞樾《曲园自述诗》"宫门晓日听传宣，天语亲承御座前。自奏臣年三十五，敢将增损说官年"四句诗注。(《北京图书馆藏珍本年谱丛刊》第165册，北京：北京图书馆出版社，1999年，第137页。)

（光绪二十二年九月十四日[1896年10月20日]）丑正入朝，暂至内务府朝房等候。少顷，入帘门内小屋。卯正传入乾清宫西暖阁。宝座前跪请圣安，免冠叩谢天恩，毕，步至御案旁跪。上问："走了多少天？"奏云："走了二十余日。八月廿一自苏州启程，昨日到京。"……又问："尔年纪？"奏云："臣官册填六十七，实年七十。"

（光绪二十六年廿八日[1900年5月26日]）八点钟辰正，起单传出。（召见一人为一起，名曰起单。）予在第一起，崧锡侯第二起，军机第三起。皇太后、皇上同一御案坐于仁寿殿之西间。请安、叩头、谢恩，各如礼。礼毕，起，再跪，听垂询。太后问由那路来，对以航海。……又问曰："尔年纪？"对曰："官册七十一，实年七十四。"太后云："答得好，不似七十岁，五六十样子。"皇太后左顾皇上曰："尔问他话。"上即垂询："是否由招商局轮船来天津，一路走得好？"对曰："托皇太后、皇上洪福，风平浪静。"少息，皇太后言："尔下去。明天递牌子。"回寓。①

君臣双方对此问题都坦然相对，已可见官年风俗浸润之深，顺治、雍正等开国君主革弊易俗之举终致失败。有意思的是，据邓华熙之言，其官年当生于道光十年庚寅（1830），实年当生于道光七年丁亥（1827）。官年与其乡试朱卷履历所云"道光庚寅四月廿四日吉时生"确实相符，但他在皇帝、皇太后面前所言的"实年"也未必是其真实年龄。文廷式遗稿《闻尘偶记》中明载光绪二十二年"邓华熙、何枢七十三"。② 据此逆推，邓华熙实际生于道光四年甲申（1824）；朱彭寿《清代人物大事纪年》亦云邓华熙道光四年"四月二十四日生"；又云民国四年乙卯（1915）邓华熙卒，"年九十二，谥和简"，由民国四年逆推，亦当

---

① ［清］邓华熙撰，马莎整理：《邓华熙日记》，南京：凤凰出版社，2014年，第176、194—195页。

② 《青鹤》杂志第一卷第一期。

生于道光四年。① 也许道光四年是其注册童生试时的真实年龄？真是扑朔迷离！

官年风俗的浸润，还有可能造成人们懒于恢复真实年龄，索性将官年掩盖到底，就像镜面上的尘垢，太多太厚时也就难以或懒得擦拭了。高枏《高给谏日记》卷七即载："壬寅元旦，官年四十五。"已将官年堂而皇之地记入日记。幸而同年十月二十四日又载："贱之生来五十年矣。"②我们才知光绪二十八年壬寅（1902）他其实已50岁了。高枏将官年郑重其事地载入日记，某种程度上意味着他已不排斥官年融入自己的私生活领域。更值得探究的是江志伊，其光绪二十年甲午（1894）乡试朱卷所填官年为同治元年壬戌十二月二十八日生，光绪二十四年戊戌（1898）会试朱卷所填年龄为36岁，逆推可知其生于同治二年癸亥（1863）；江志伊在自己重修的《济阳江氏金鳌派宗谱》（不分卷，民国十五年版）也载其生于同治二年癸亥。可是如果我们将同治二年生视为他的实年，就无法解释其乡试为何填报生于同治元年，因为依减岁的风俗，他实在没有在乡试之年为自己增加一岁的动机。曾为江志伊重修家谱作序的族中名人江辛，在江志伊去世后撰写了《江志伊传略》，指明其系"清咸丰九年（1859）丁未生"，才为我们解开了谜团。江志伊乡试减了三岁、会试减了四岁，如此才显得符合情理。这个例子似可说明江志伊已将会试时的官年默认为实年，即使在家谱等私人文献中也不予纠正了。

而像邓华熙、江志伊一样，由晚清进入民国的诸名人中，官年小于实年者亦不在少数，如缪荃孙、沈曾植、张謇、熊希龄、曾朴等，余风所煽，至今未息。其背后的文化心理，实在耐人寻味。

还有一点应该留意，就是纳入本书统计数据的人物，其实都是科举的幸运儿，他们或进士，或举人，或拔贡……多少都是科举的成功者，才

---

① 朱彭寿：《清代人物大事纪年》，北京：国家图书馆出版社，2005年，第1194、1728页。
② 高枏：《高给谏日记》，清末民初清翰堂刻本。

能留有自己的朱卷。但是,绝大多数的举子,一生挣扎在科举路上,最后却"颗粒无收",他们虽同样有增年或减年的行为,却没有传刻自己的朱卷,无法纳入我们的研究视野。因此,我这里想举他们中的一个例子,在本书中为这个庞大的群体留下一点痕迹。

江西考生王际文,生于乾隆十五年(1750),大约天资和运气都欠佳,直至乾隆四十六年(1781)32岁时才考中秀才。可能当时他还有乡会试联捷入翰林的梦想,所以填报学册年龄时减了三岁,注为29岁,即官册年龄生于乾隆十八年(1753)。后来连年考试铩羽,年龄老大,不得已捐了个贡生头衔安慰自己,此时壮志成空,已无虚填年龄之必要,于是在贡单上填入自己的实际年龄。数十年光阴弹指间,转瞬到了道光十一年辛卯(1831)恩科乡试,已经徘徊乡试门槛近半个世纪的王际文实年已经82岁,援例可以恩赏副榜,但又被查出按入学官册年龄才79岁,遂不予恩赏。①

王际文年轻时减岁,不仅未能从中获利,反而老来受此牵连,连副榜的虚名也化为泡影。他一辈子蹉跎科场的经历,其实也是那个时代无数考生扭曲和悲剧人生的写照。从这个意义上看,王际文虽然只是一个小人物,却又有着时代的代表性。

---

① 王际文的经历,据清咸丰刻本英汇修《科场条例》卷53:"道光十二年奏准辛卯恩科乡试各省奏到年老诸生查明合例相符者先后奏请恩赏在案。惟江西省老生王际文一名年岁不符,行查该省。兹据该学政查明复称:增贡生王际文入学时年三十二岁,册内误填二十九岁;迨捐贡时复又填写实年,以致扣算不符等情。查各省老生年岁全以学册为凭,如该贡生入学年岁系属一时误填,捐贡时始行更正,自当即时呈明;乃该贡生误填于前,并不呈明于后,未便遽照贡单年岁给予恩赏。所有该贡生年岁自应以学册为断,扣至道光十一年,实止七十九岁,贡单内饬令据实更正。其道光十一年该抚奏请将该贡生给予恩赏之处,核与定例未符,应毋庸议。"

第二章　官年现象的文化分析

年龄不实,既有现实诱因,又有文化原因。其现实动机和诱因,皆由利益驱动。高楠《试析宋代官员官年与实年不符现象》与张涛《古代文人年龄的秘密》①皆有言之,兹再总结和补充为以下数项:

一是为避赋税差役或冒领粮饷。如《隋书·裴蕴传》载:"于时犹承高祖和平之后,禁网疏阔,户口多漏。或年及成丁,犹诈为小;未至于老,已免租赋。"而南宋吕祖谦所批评的"郡兵冗而无用",其中一大原因是郡兵为了领取军饷而虚报年龄,"老弱者厚赂管军增减年甲,有司惮于生事而不复问春秋"。②

二是留恋名位,不愿致仕。明陶安曾指责这一现象说:"彼嗜利者减岁贪位,造戾荷怨,以去官为戚。"③唐代白居易《不致仕》诗对此有生动描绘:"七十而致仕,礼法有明文。何乃贪荣者,斯言如不闻?可怜八九十,齿堕双眸昏。朝露贪名利,夕阳忧子孙。挂冠顾翠绫,悬车惜朱轮。金章腰不胜,伛偻入君门。谁不爱富贵?谁不恋君恩?年高须告老,名遂合

---

① 《古典文学知识》2009 年第 5 期。
② [宋]不著撰人:《群书会元截江网》卷 13《诸儒至论》载吕祖谦语,《景印文渊阁四库全书》本,第 934 册,第 173 页。
③ [明]陶安:《陶学士集》卷 11《送总管贾凫山序》,《景印文渊阁四库全书》本,第 1225 册,第 714 页。

退身。少时共嗤诮,晚岁多因循。贤哉汉二疏,彼独是何人?寂寞东门路,无人继去尘。"

三是避开科举正途,而欲走提前入仕或获得利禄的其他途径。这类现象多出现在宗室、荫补人员和捐纳人员中。如明万历十年(1582),朝廷"定各王府玉牒,每年八月投礼部、宗人府收贮,或有嫡庶混淆、名位舛错、那移封期、增减岁月者,驳回重缮……宗室之子……年十五乃请封给禄米三分之一……天顺八年,定各王府所生子女年至十五方许请封;嘉靖四十年,定各王府所生子五岁即请名;万历时,定各府所生子五岁请名,十岁请封,十五岁选婚;所生女十五岁请封"(《五礼通考》卷一四四)。《凌霄一士随笔》亦有"增年捐官"条云:"清季捐赀授官之例广开,其年长者固恒循减年之习,而贵富之家欲子弟早登仕籍,亦多增年报捐,有童孺而已膺监司郡守头衔者矣。"①

四是科举应试,伺机增减年岁以谋求更大利益。其中减岁为主要表现,本文对此有详细讨论。

五是其他情况。如民间人士和江湖术士,或为获得尊重,或为骗取利益,都有夸大年龄之风。再如女性年龄,也因多种原因常有问题。宋沈作喆《寓简》卷一〇:"有故人喜谐谑,见人家后房或北里倡女,多隐讳年岁,往往不肯出二十以上。故友戏谓曰:'汝等亦有减年恩例,尽被烧丹学仙道人买去。'盖道士多诳诞,动辄年数百岁耳。"如果说倡女(包括道士)还是社会另类,那么再看下面两例,《礼部志稿》卷二四载:"成化元年奏准:……类奏旌表,如有扶同妄将夫亡时年已三十以上,及寡居未及五十妇人增减年甲,举保者被人首发或风宪官核勘得出,就将原保各该官吏、里老人等通行治罪。"为了获得旌表,地方官吏有可能对贞女的年龄做手脚。清代《翁曾翰日记》光绪三年二月十一

---

① 但徐不过引《官场现形记》为据,有夸诞之嫌,其亦意识到此一问题,旋又云:"由童孺捐官推之于尚无其人,为过量之描写,亦充类至尽之意耳。当捐例将停时,增年捐官者最盛,则事实也。"徐凌霄、徐一士:《凌霄一士随笔》第2册,第532—533页。

日（1877年3月25日）载："常熟来信,知奎侄妇患伤寒,正月初六起病,十八未时,竟尔化去,伤哉!（二嫂信云实年只十九岁,十月廿四日生;云二十一岁,伪也。）"为了让女方早日嫁出去,可以适当增加年龄。连贞女和士人之妻都如此,可见年龄不实已成为全社会的普遍问题。

不过,令人感兴趣的是,自汉代以后,中国文化向以儒家为正统,学习、承继、宣扬其学说的文人特别是科举文人,代圣贤而立言,以外不欺君内不欺心自许,那么为什么他们会在年龄的真实性上造假呢?特别是一些著名的理学家,如宋代的杨万里,清代的戴殿泗、程恩培等,他们的年龄也出现问题,似乎和理学诚实不欺的主张自相矛盾,这就不能简单只从社会功利方面寻找原因了,还要从文化心理层面做进一步的探讨。

一 "六经"无"真"字

儒家"六经"是中国古代文化的主脉,同时也是构成民族文化心理的基础。但是,仔细研究就会发现,"六经"里面没有出现过一个"真"字。不仅如此,先秦诸子典籍中除道家外亦罕见"真"字。① 这一现象值得深入分析。

"真"字的繁体字形作"眞",《说文》认为字形从匕,从目,从乚,从八。并释其本义为"仙人变形而登天也"。段注亦认为:"此真之本义也。经典但言诚实,无言真实者,诸子百家乃有真字耳。"诸子百家中唯道家爱用"真"字,《老子》中出现了三次,《庄子》中出现了六十余次,道家称存养本性或修真得道的人为真人,道家多在此层面上使用"真"字。可以说,"真"字从源头上并无真假对立的真实之意。

---

① 如《荀子》仅两见,《劝学》篇"真积力久则入",《非十二子》篇"此真先君子之言也。"此处"真"谓实在,的确,是作副词。《墨子》,仅《辞过》篇出现一"真"字;《管子》,其《心术》上篇有"真人"（原文作"直人",王念孙谓当作"真人"）,皆非真假之"真"。

今人虽对《说文》释"真"有不同意见,如马叙伦引《毛公鼎》怀疑"真"乃"頁之到文而讹者也……死者,人不能立而到于地""頁部训颠为顶,亦后义"。唐兰根据《伯真甗》金文字形,判断"真"较早的字形是"从貝从匕","匕"是"㐱"的古文,也就是"颠"字的表意初文,像颠倒的人形。朱芳圃据唐说认为"真即珍之初文"。张日升据《金文编》认为真"一从貝,一从鼎。貝鼎古通用"。① 蔡英杰则认为:"真,从匕,从鼎,表示鼎内食物味美。古人以味厚为美,故引申为厚重、充实义,由此引申为诚实义,再引申为慎重义、真实义。"②于雪棠认为"真"的词源意义是充实。③ 皆可备一说。不论作何解释,其本义无真假层面上之"真"的意思,则是没有疑义的。

但至少在汉代,"真"已引申有真假对立层面上的"真实"之义了,如《史记·淮阴侯列传》:"大丈夫定诸侯,即为真王耳,何以假为。"即是较为明显的一例。不仅如此,《汉语大词典》关于"真"的十六个义项,在宋前都已经使用,但人们似乎只是很自然地在各种层面使用真的引申义,对于"真"的专门讨论并不多,似乎还没意识到这是一个问题。

宋代儒学复兴,理学兴起,作为本体论的建构,需要体现真实无妄的性质,此一真实无妄的本体,是万物之本,规定和安排着宇宙的秩序。儒家从作为自己理论资源的"六经"中,为它寻找到了"道""一""诚""理"等不同称呼,但唯独找不到那个本来看起来很妥帖的"真"字,这不能不说有点尴尬。宋儒率先发现了这一问题,那么他们又是如何解释的呢?

宋马永卿编《元城语录》,记载了其师刘安世的言论,刘安世字器之,幼受学于司马光,问及"尽心行己之要,可以终身行之者",司马光

---

① 李圃主编:《古文字诂林》第7册,上海:上海教育出版社,2002年,第444—446页。
② 王冬:《反义词"真""假"的不对称研究》(云南大学硕士论文,2013年)第二章"真假在语义层面的不对称"第一节"'真'的历史溯源",第8页。
③ 于雪棠:《词源学视角下"真""真人""真知"意蕴发微》,《清华大学学报》(哲学社会科学版)2022年第1期。

答之以"诚",安世初不得其门而入,后司马光言求"诚"须从"不妄语中入"。安世自此力行,多有所得。他后来对学生说:

> 六经之中绝无真字,所谓诚即真也。①

这是学术史上第一次对此问题的正面回应。后来,南宋孙奕又对此问题做了进一步的发挥:

> 六经之中无真字,非无真字也,夫人而不伪也。是故仙之一字,圣经所不著,圣人所不言,以至于佛若僧若禅,圣人尤不笔之于书,盖其卫道之严也。故佛之敢入中国者,乃在于经籍焚灭之久、礼义衰微之末,二百余年而后始至也。则六经之有功于人也大矣。②

孙奕认为"六经"里无"真"的原因在于"真"的本义是"仙",属于乱力怪神的子不语范围,出于卫道原因,故意讳言。并不是"六经"里不讲真实,只要做人不伪即为"真"。正因为"六经"对异端防范森严,晚至汉代佛禅之道才传入中国。这种说法明显被明代孙绪继承:"隆古时人无诈伪,故六经中无真字,人不知有异端,故六经中无仙佛僧禅字。"③但论其传播接受,仍是刘安世"诚即真"之说最具原创力,影响后世也最大。如明邵宝认为:"无极之真,理也,即太极也,真即诚也。曷不曰诚而曰真,此处殆非言所能尽也。"④不过是"诚即真"的倒装。顾炎武《日知录》"破题用庄子"云:"五经无'真'字,始见于老、庄之

---

① [宋]马永卿编,[明]王崇庆解:《元城语录解》卷中,《景印文渊阁四库全书》本,第863册,第375页。

② [宋]孙奕:《示儿编》卷1,《景印文渊阁四库全书》本,第864册,第414—415页。

③ [明]孙绪:《沙溪集》卷14《杂著·无用闲谈》,《景印文渊阁四库全书》本,第1264册,第630页。

④ [明]邵宝:《容春堂续集》卷8《杂著·读周子书杂解十二首》,《景印文渊阁四库全书》本,第1258册,第521页。

书……"其中有注："今谓真,古曰实;今谓假,古曰伪。"①段玉裁注《说文》"真"字认为"经典但言诚实,无言真实者",均可视作受到刘安世之说的沾溉。

二 "诚即真"与文化心理建构

《说文·言部》释"诚"为"信",释"信"为"诚",段注"信"云："人言则无不信者。"这和《说文》释"真"之意相去甚远。即使从引申义上看,真假之"真"与诚实之"诚"也有着质的区别。

真假之"真",是是非问题,不以人主观意志或感受为转移,相当于科学知识之"真"。而诚实之"诚",却主要是一种信,一种主观意志和感受,不一定与科学知识之"真"重合,有时甚至相反,如人们接受达尔文物种进化论学说之前,多数人相信物种神创论,这明显非真,但不能说那些相信神创论的人不诚。

西方文化在真与诚的问题上最终选择了两分法,即将"诚"的主要部分归于超越性的信仰,在这个层面可以虔诚地信仰上帝;而将"真"的主要部分归于科学,在这个层面,要实事求是,严格遵循科学规律和原则。中国古代文化最终选择了合一论,即将"真"与"诚"打并一处。本来"六经"里就缺少真假之"真",是一种缺憾,也是中国古代科学求实精神不能发达的原因之一。"真"与"诚"的合并无疑加深了这种缺憾,它早在儒家先圣先师孔子那里已经有所表现。我们先来看《论语·子路》中的一则记事：

> 叶公语孔子曰："吾党有直躬者,其父攘羊,而子证之。"孔子曰："吾党之直者异于是：父为子隐,子为父隐,直在其中矣。"

所谓"直躬",即正直立身行事。父亲偷了羊,儿子去告发他,叶公

---

① [清]顾炎武撰：《日知录》卷18,第1056页。

认为这是正直。孔子则认为遇上这种事,父亲为儿子隐瞒,儿子为父亲隐瞒,才是正直。在孔子看来,事实的真相已经不重要了,重要的是父子之间的伦理情感,父子相隐是伦理情感自然表现,这就是诚和信,相反,虽然儿子揭发的是事实,但却是一种不诚和不信。孔子的观点得到了先秦诸子的呼应,《庄子·盗跖》:"直躬证父,尾生溺死,信之患也。"《吕氏春秋·当务》:"直躬之信,不若无信。"在中国文化心理建构中,人情或风俗习惯优先于事实真相成为一种突出现象。

对于这种缺憾,宋儒未思以弥补,反而明确地以"诚"代"真",遂使中国文化心理中对真假之"真"更加漠视,重视的只是主观层面的诚与不诚、信与不信。遇到了真与诚之间出现无法绕过去的矛盾时,宋儒给出了"君子处世,事之无害于义者,从俗可也"①的解决方案。在伸缩空间极大的"义"的规定性下,从"俗"而不从"事",宋儒其实再次强化了人们淡化事实、优先风俗人情的文化心理。这种文化心理直到今天也还发挥着效用。不妨看一下现代史学大家陈垣的说法:

> 史贵求真,然有时不必过真。凡事足以伤民族之感情,失国家之体统者,不载不失为真也。《春秋》之法:为尊者讳,为亲者讳。子为父隐,为尊者讳,父为子隐,为亲者讳,直在其中矣。六经无真字,直即真字也。②

陈先生《通鉴胡注表微》成书于日军侵华时期,其中融进了自己对史学的精辟见解和深沉的民族情怀。在那个特殊的时代,自然无可厚非,而且值得赞扬。但应该注意的是,陈先生依然沿袭了"诚即真"甚至"隐即真"的思路,依然没有把科学的求真与伦理的求诚区分开来。问题是,科学之真要求的是范畴明确、分类明白、概念清晰、逻辑严密,否则只是一种外在的零碎经验的集合,尤其是清晰的概念和明确的范

---

① [宋]程颐:《四书集注·论语集注》卷五"子罕第九",《景印文渊阁四库全书》本,第197册,第45页。

② 陈垣:《通鉴胡注表微·边事篇第十五》,《辅仁学志》1946年第14卷第1、2合期。

畴,构成了形式逻辑的核心和基础。但我们这种倾向混一的文化心理,使我们往往不愿意或者不会用极为精确的概念将事物的内涵与外延讲清楚,尼斯贝特甚至认为:"中国人对范畴不感兴趣,这就使得他们难以发现真正可以解释各种事件的规律。"①事实上,我们从不缺乏想象力,从不缺乏以一个模糊笼统的概念灵活解释一切事物的能力,我们缺乏的是细致分析的能力和追求客观事物本身真相的兴趣。

三 清代文人对待官年现象的心理和处理方法

具体到古代文人的官年现象,毕竟年龄有假对"诚"的表现有一定影响,并不总是能够那么完美地与"诚"契合,因此年龄不实在古人心理上还是造成了一定压力。部分文人拒绝造假,如前举宋代的寇准、张攀,明代的王瑄、钱仁夫、沈孚闻,都有不愿"欺君"或"欺"之语,使用了真实年龄。俞樾《鲍公吴夫人合传》也记载了鲍源深之父对其子的训诫:"世俗应试,辄减年岁,公戒源深曰:'进身之始即欺罔其上邪。'命以实年注籍。"②

而对于那些年龄有问题的文人,他们一部分人采取事后坦白和改正的做法以获得心理平衡。如南宋的徐鹿卿就曾上书云:

> 某官年虽四十有九,实年乃五十有九。早衰多病,健忘乘之,遂至人事书牍悉皆旷废。至此而不以实告,则素餐误国,罪孰甚焉。③

同为南宋人的姚勉,从 23 岁开始,一直用这个年龄注册,直至 38 岁才中进士,后来他专门上奏要求改正年龄:

---

① [美]理查德·尼斯贝特:《思维的版图》,北京:中信出版社,2006 年,第 16 页。
② [清]俞樾:《春在堂杂文三编》二,清光绪刻春在堂全书本,第 20 页 b。
③ [宋]徐鹿卿:《清正存稿》卷 2《七年丁未春正月乞归田里状》,《景印文渊阁四库全书》本,第 1178 册,第 870 页。

应举不增岁数,见前辈无欺君之心;在籍而无官年,验先儒有忱意之学。知而故犯,罪在不原。伏念某方当弱冠之年,尚为举子之学,道心未固,人爵是贪。……谨具状申明,欲望公朝特与敷奏,送所属于仕籍内将年甲改正,所有前此欺罔之罪,拱俟诛斥。①

到了清代,虽然不断有人坦白实年,但似乎并不以为使用官年是"罪孰甚焉"或"罪在不原"的事情。如著名经学家曹元弼,其《复礼堂述学诗》卷三《述诗》云:"元弼年十七(自注:此据实年,较应试注册多二岁,详《述书》注),始治《诗》,读《注疏》及《毛诗稽古编》深好之。"又在卷二《述书》云:"先生(黄体芳)督学时,以经学、经济、气节,提倡多士,元弼年十五(原注:《礼经纂疏序》据应试注册年书十三,历来风气,童子应试报名辄减两岁。此由长老爱怜至情,乐小子之有造,且以见国家教泽之深,士食旧德,易于成才,汤文正时已然。今蒙天恩以实年赐寿,敬谨据书),蒙录取为博士弟子,见先生所颁条教,慨然有志实学,殚力治经四年余,各经粗识途径。"②曹元弼在自己著作中坦承官年,且言皇帝以"实年赐寿",足见官方已对此种风俗予以妥协。而张之洞,咸丰二年(1852)中举时实年16岁,官年才14岁,这一年龄差,张氏并不向人隐讳,时人也心知肚明,照样对其赞誉有加。③又如前举之俞樾,虽对鲍源深以实年应试大加褒扬,但自己依然使用了官年,只是在面圣时自陈实年;邓华熙面圣时则并言官年与实年(虽然其实年未必确实)。这都建立在并不担心坦白实年会获罪的心理基础之上。

---

① [宋]姚勉:《雪坡集》卷27《陈实年甲申省状(庚申)》,《景印文渊阁四库全书》本,第1184册,第188页。

② 见[清]曹元弼:《复礼堂述学诗》卷2《述书》,民国二十五年(1936)刻本,第98页。转引自李科:《曹元弼学术渊源考论》,北京大学硕士学位论文,2016年。

③ [清]翁心存著,张剑整理:《翁心存日记》咸丰二年九月九日:"始见《题名录》。解元为南皮张之洞,年方十四,大儿之门人也。"咸丰二年十月八日:"新科解元张之洞(号香涛)偕其兄之㵺(号远澜)来见,祖庚之受业弟子也。解元实年十六,甚聪慧可喜。"北京:中华书局,2011年,第913、919页。

从官方的实际措施看,历代也只是对增减年龄以躲避差役者予以重惩。如《唐律疏义》卷一二"脱户"条:"脱口及增减年状(谓疾、老、中、小之类)以免课役者,一口徒一年,二口加一等罪,止徒三年。"《明会典·刑部九》卷一三四"脱漏户口"条云:"若隐漏自己成丁人口不附籍,及增减年状,妄作老幼废疾以免差役者,一口至三口,家长杖六十,每三口加一等罪,止杖一百;不成丁三口至五口笞四十,每五口加一等罪,止杖七十,入籍当差。"《大清律例》卷八《户律·户役》"脱漏户口"条:"隐漏自己成丁(十六岁以上)人口不附籍及增减年状,妄作老幼废疾以免差役者,一口至三口家长杖六十,每三口加一等罪,止杖一百;不成丁三口至五口笞四十,每五口加一等罪,止杖七十。"而对于科举应试的官年问题,则多睁只眼闭只眼,极少进行实质性的处罚。

于是,清人就在官年与实年的问题上,找到了一种庶几两全的方法,即欺事不欺人。"欺事"指在使用官年这件事上,依然可以违反有关规定,在填报年龄时例减岁数;"不欺人"指对使用官年不做隐讳,对君主、对师长、对亲友,甚至对天下人都坦承自己的双重年龄。这样也就不违于"诚",况且风俗如此,宋儒不是也说过"从俗可也"的话吗?欺事不欺人,清人也就心安理得地享受起官年带来的各种便利来。乾嘉时期名吏汪辉祖的经历可为我们提供观察这一问题的绝佳视角。

汪辉祖,浙江绍兴人,生于雍正八年(1730),早岁家贫,曾长期佐幕,熟谙地方政务,其博学强干,虽迟至46岁始中乾隆四十年(1775)进士,但在江浙一带已颇有声望。他曾回忆乾隆五十二年赴任湖南宁远知县前谒见湖南巡抚浦霖的经过:

(正月)初九日,至长沙,谒见抚军嘉善浦公霖,藩司汉军郭公世勋,臬司满洲恩公长,时衡永郴桂道满洲世公宁方署岳常澧道,永州府知府太仓王蓬心先生宸兼署道篆,亦在省谒见,并谒长沙府知府钱塘钱公嘉谟。

抚军问余年岁,余对履历年五十一,实年五十八;抚军云曾作幕否?余曰曾习过;抚军云:署事官未必认真,即见两司,速到任办事。余应诺出。向在浙幕时,临汾、祁阳为抚军,新选官到省一二旬,始得见,见亦不令赴任,又不敢禀辞。余甚忧吏之难为。……次日上院,蓬心先生语余曰:顷见大宪,甚赏君诚实,且曰"宁远疲悍,君曾习幕,可望整理"。陈太守言君三十年名幕,谦言习也,且述君幕迹品行甚详。大宪曰:"此人既诚实,又不自衒,大有学识。"①

该年汪辉祖已 58 岁,但官册所注年龄始 51 岁,值得注意的是,此前他已佐幕"三十四年,游江苏九年,浙江二十五年,择主而就凡十六人"②,富有经验。当巡抚问他年岁时,他坦承了官年与实年;当巡抚接着问他是否熟悉吏事时,他谦虚地说曾经学习过。这种表现博得了浦霖的好感,很快被委派赴任。可以清楚看到,在这里,事实本身已经不重要了,重要的是态度,是作为下级的汪辉祖在上级面前的态度,他对于可能成为自己"污点"的官年不加隐瞒,对自己擅长的优点又不夸耀,这样"诚实"自谦而又有才干的下级,当然会得到上司的赏识。不过,从这一事例中也可以看出,官年减岁在当时并不被视为不可接受的事情,相反,坦言反易获得美誉。洪亮吉就称赞汪辉祖:"在家为孝子,入幕为名流,服官为循吏,归里后又为醇儒,律身应物则实心实政。乌乎,君亦可为完人矣!"(《赐进士出身敕授文林郎晋封奉直大夫湖南宁远县知县加三级萧山汪君墓志铭》)

至于那种王士禛所讥讽的"同人宴会,亦无以真年告人者",往往是由于减岁太多,射利目的太明显,明显到只能用姚勉"道心未固,人爵是贪"的话来解释,而无法用风俗惯例来掩饰,于是只好讳莫如深。一般而论,清人对官年减岁尚未到讳莫如深的地步。

当然,有些官年减岁并非当事人有意为之,而是听从家长意见或遵

---

① [清]汪辉祖:《病榻梦痕录》卷下,《北京图书馆藏珍本年谱丛刊》第 107 册,北京:北京图书馆出版社,1999 年,第 143—145 页。

② [清]汪辉祖:《病榻梦痕录》卷上,第 108 页。

循当地风俗习惯的结果,而事情一旦成为风俗习惯,人们就很难再思考其是否公正,是否科学,是否违反道义和规则。很多清代科举文人的官年减岁始于应童子试时,彼时年岁既轻,心志未定,更易接受习俗的影响。如前举曹元弼言"历来风气,童子应试报名辄减两岁。此由长老爱怜至情,乐小子之有造"。而一旦减岁注册,在官方留下了痕迹,改起来多少有些麻烦,以后也多听之任之。这样又反过来助长了减岁的薄俗,形成恶性循环。

无论如何,官年减岁这一捏造事实的行径理应受到道义的谴责。因为与道义相比,改回实年,根本不该被深受儒家思想洗礼的科举文人看作麻烦。自童子试始,清代科举文人一生要经历许多次需要注册年龄的考试,他们不是没有改正年龄的机会,但改正者并不多见;相反,很多人在更高级别的考试中还变本加厉地再次减岁,这就只能说是有意而为了。有了"诚即真"的心理底色,有了民风习俗的变相借口,利益最终战胜了道义,代圣人立言的朱卷就这样成为一份份带有嘲讽性的历史见证。

四 赘语

"诚即真"的文化心理结构,积淀为一种集体无意识,造成了中国人在为人处事方面颇为微妙的表里不一又和谐共存的现象。不仅官年与实年方面如此,而且日常生活中屡见不鲜。因为风俗如此、人情如此、惯例如此,讲真相会伤害你所处身的各种人情,于己不利,于他人有害,而从俗从人情,为长者隐、为尊者隐、为同事隐,则"诚"在其中矣。长此以往,谁会较真,谁会认真?这与科学的求真精神完全是两套价值观念。

也许有人会对此提出异议,难道中国古代有着异常丰富成果的考据学不是在求真吗?仔细分析,我们堪称发达的考据学其实一直主要围绕着儒家经学在打转。中国儒家一向重视社会人伦,而相对忽视客观自然,虽云"格物",实是以心中所存"道"(也可称之为"天理")来格物,并非从分析事物中总结客观规律。而这个能够总揽一切、涵盖古今所有问题的"道",人们相信就存在于相传是圣贤所言所作的"六经"中。如宋代朱熹言:"道在六经,何必他求。"①明成祖朱棣言:"厥初圣人未生,道在天地;圣人既生,道在圣人;圣人已往,道在六经。六经者,圣人为治之迹也;六经之道明,则天地圣人之心可见,而至治之功可成。"②清代陆陇其亦言:"六经者,圣人代天地言道之书也。六经未作,道在天地;六经既作,道在六经。"③类似言论,不胜枚举。"六经"中不仅有至理,而且能够经天纬地,倘"六经之道明",则"至治之功可成"。于是学者研求目录、版本、校勘、文字、音韵、训诂、辑佚、辨伪,极尽考订之能事,虽美其名曰求真务实,然只是于"六经"文字之求真务实,并非求"六经"文字之外自然万物之真实,也就难以发展出科学知识,换言之,现代化所必需的自然科学知识及其求真原则在经学里几乎是缺席的。而在民族危机深重的中国近现代,声光化电等科学知识正为中国所亟需。经学于此无能为力,也就无法满足近代以来中国现代化过程中出现的多种问题,无法整体应对民族走向现代化进程中遇到的各种挑战,再加上治经者往往抱残守缺,陷入自闭似的自说自话,遂使儒家经典的经世致用,成为现代社会中的臆语空言。

今日我们必须走出对儒家经学万能论的崇拜,认识到经学既无法成为超越性宗教,又无法提供现代化所必需的科学求真精神,其更多的价值,是体现一种精神力量和文化智慧,增强国人的文化认同感和归属感。六经既无"真"字,一定向其中求索,只能是缘木求鱼。讳疾忌医,

---

① [宋]朱熹:《晦庵集》卷30《答汪尚书》,《景印文渊阁四库全书》本,第1143册,第656页。
② [清]朱彝尊撰,林庆彰等主编:《经义考新校》卷256《胡氏广等四书大全》朱棣《御制序》,上海:上海古籍出版社,2010年,第4581—4582页。
③ [清]陆陇其:《三鱼堂外集》卷4《经学》,《景印文渊阁四库全书》本,第1325册,第239页。

智者不取。时代要求我们提供能够面对现实的新知,而不是陷入烦琐的经学考据和随意的经学阐释。每个时代必须有自己的知识重构,以解决新的时代产生的新问题。从以经学为主脉的中国传统文化中析出其适应时代的固有的文化智慧,凝聚成一种民族自信的精神力量,并大力补充和弘扬求真的科学精神,使两者不仅并行不悖,而且比翼双飞,才是一条充满活力和值得期待的道路。相信历经千百年风雨而屹立不倒的伟大的中华民族,会走上这条康庄大道。

第三章 清代科举文人官年与实年的数据分析

本章所用数据的出处与考证,详见第四章、五两章中所列1091人、1294人次的官年与实年丛考。因为存在一人有不同科第朱卷的现象,为了便于操作,本章统计数据除特别标注外,一般以"人次"为计量单位。另外,为了数据直观,本章的年龄计算虽都以阴历干支为准,但在形式上却呈现为公历纪年,如1842年表示的即是与之相对的完整的道光二十二年壬寅。至于阴历干支与公历纪年相对照的绝对年份和转换日期,可以参见第四章和第五章的丛考。

一 官年减岁的比例和岁差

首先来看清代历朝官年与实年异同人数的对比。

表3-1 清代历朝官年与实年异同人次对比表

年号	官年实年相异				官年实年相同			
	会试	乡试	贡生试	历朝合计	会试	乡试	贡生试	历朝合计
顺治	0	0	0	0	0	0	0	0
康熙	8	3	0	11	5	0	0	5
雍正	0	0	0	0	0	0	0	0
乾隆	1	9	1	11	6	18	0	24
嘉庆	15	10	2	27	9	5	1	15

续 表

年号	官年实年相异				官年实年相同			
	会试	乡试	贡生试	历朝合计	会试	乡试	贡生试	历朝合计
道光	60	42	12	114	22	34	8	64
咸丰	21	34	5	60	10	15	3	28
同治	47	80	28	155	26	50	14	90
光绪	158	184	29	371	121	158	35	314
宣统	0	0	2	2	0	0	3	3
各科合计	310	362	79	751	199	280	64	543

表 3-1 所列 1294 人次朱卷生年与实年对比数据，官年与实年相异者 751 例，相同者 543 例，百分比分别为 58.04% 和 41.96%。参加会试的人次共 509 例，相异者与相同者的百分比分别为 60.90% 和 39.10%。参加乡试的人次共 642 例，相异者与相同者的百分比分别为 56.39% 和 43.61%。参加贡生试的人次共 143 例，相异者与相同者的百分比分别为 55.24% 和 44.76%。而且，数据最为集中的道、咸、同、光四朝，官年与实年相异者在会试、乡试、贡生各方面的数据，几乎都高于相同者。① 这说明，在有清一代，特别是清代后期，官年与实年不符现象非常突出，已经成为一种带有某种普遍性的社会现象。

那么，在官年与实年相异的 751 例中，官年较之实年，是减岁者多还是增岁多呢？又都是增减多少岁呢？我们来看表 3-2：

---

① 只有贡生试数据两者在咸丰朝持平，在光绪朝相同者高于相异者，但贡生试整体数据偏少，不足以解释问题。

表 3-2　官年与实年相异者的岁差比例表

官年与实年岁差		人次	百分比	官年减岁/增岁总人次及比例	
官年比实年减岁	0.5 岁	1	0.13%	736	98%
	1 岁	112	14.91%		
	2 岁	248	33.02%		
	3 岁	150	19.97%		
	4 岁	83	11.05%		
	5 岁	48	6.39%		
	6 岁	31	4.13%		
	7 岁	14	1.86%		
	8 岁	15	2.00%		
	9 岁	10	1.33%		
	10 岁	16	2.13%		
	11 岁	5	0.67%		
	12 岁	1	0.13%		
	14 岁	1	0.13%		
	24 岁	1	0.13%		
官年比实年增岁	1 岁	9	1.20%	15	2%
	2 岁	1	0.13%		
	3 岁	2	0.27%		
	4 岁	1	0.13%		
	5 岁	1	0.13%		
	10 岁	1	0.13%		

(按:因小数点四舍五入,增减岁各分项相加比例,与总人次的比例微有误差;以下各表均有此种微不相应的现象,不再一一说明)

综合表 3-1 和表 3-2,可以看出两点规律:

其一,官年与实年相比,其基本规律是"官年通常不大于实年"(或小于实年,或与实年相同),其中又以官年小于实年者居多。表 3-1 的

1294 例和表 3-2 的 751 例中，出现官年比实年增岁的只有 15 例。分别是张儒珍增 10 岁，王泰东增 5 岁，吴元甫增 4 岁，陈宝、吴从庚增 3 岁，朱锟增 2 岁，杨履晋、李祖年、胡崚、张兆兰、刘玉璋、屠寄、孙国桢、刘彤光、袁思铧增 1 岁。其中增岁最多的张儒珍中举时实年 80 岁，王泰东中举时实年 81 岁，已无减岁必要，增岁反而更易获得尊敬和优待，张儒珍增 10 岁还依例被赐举人。其他诸例有的可能是文献流传中的讹误或计算疏失（尤其是增 1 岁者）所致，不一定真是增岁；只有个别可以确证文献无误，如张兆兰，亦因比例太小，几乎可以忽略不计。

其二，减岁岁差以 2 岁最多，3 岁、1 岁、4 岁顺序次之，总量皆超过了 10%，岁差 1—4 岁者合计，竟达总量的 78.95%。关于减岁岁差，前人曾有所论。曹元弼《复礼堂述学诗》卷二《述书》云："历来风气，童子应试报名辄减两岁。"朱彭寿《安乐康平室随笔》："旧时所刻乡会试朱卷……盖循俗例应试时少填一岁耳。"①郗志群《封建科举、职官中的"官年"——从杨守敬的乡试朱卷谈起》认为"一般以一至二岁为多"。本书的研究结果，最接近曹元弼所述，自童生注册考试时即少填两岁，之后递相沿袭，遂成减岁现象之大宗。

掌握以上规律，至少有利于我们将"官年"作为人物生平考订中的一个重要参照标准，对人物实年做相对合理的推测和判断，从而解决文献学上的一些疑难。如文献中出现官年大于实年的情况时，一般而言，不是考据有误，即是文献本身讹误所致。兹举数例：

王治：朱卷官年生于乾隆五十七年壬子（1792）。王治《木兰书斋诗钞》癸卯年所作《邛崃坂怀古》诗有"五十巡邛筦"之句，由道光癸卯（1843）逆推，则其实年约生于乾隆五十九年（1794）。如此官年大于实年，疑误。检王治《木兰书斋诗钞》庚戌年所作《贱辰自娱》："生辰恰值我生辰，六十一年甲子新。"由道光三十年庚戌（1850）逆推，可知其实生于乾隆五十五年庚戌（1790）。《邛崃坂怀古》"五十巡邛筦"之句，

---

① ［清］朱彭寿：《安乐康平室随笔》卷一，北京：中华书局 1982 年，第 161 页。

"五十"系约指,不足为凭。

符葆森:朱卷官年生于嘉庆丙寅十一年(1806)。而题作苻葆森所撰的《咸丰三年避寇日记》中,八月十五日有诗志感,云:"四十无成空老大,不堪回首数年华。"有论者据此逆推,定其生年为 1814 年。① 然如此官年大于实年,疑误。今细检《咸丰三年避寇日记》内容,实非符氏所作,此一疑团涣然可释矣。

姚济:朱卷官年生于嘉庆十二年丁卯(1807),张文虎序姚济《一树梅花老屋诗》云:"子齿少我一年耳。"按张文虎生于公元 1808 年,则姚济实年似为公元 1809 年。然官年大于实年,疑误。今检姚济《一树梅花老屋诗》,中有《己巳元旦郭友松以除夕诗见示即步原韵》:"频年身世叹劳薪,六十三回岁又新。"由同治八年己巳(1869)逆推,知姚济实生于嘉庆十二年丁卯(1807),如此反而比张齿长一岁,张文虎当误记或误书。

谢质卿:朱卷官年生于嘉庆十四己巳年(1809)。有论者据王权《笠云山房诗文集》卷四《寿陕安兵备道蔚青谢公(质卿)六十》,认为诗作于同治九年(1870)秋冬之际,故谢生年当为嘉庆十六年辛未(1811)②。如此官年大于实年,疑误。今检谢质卿《转蕙轩诗存》卷七《闰生草》注:"同治戊辰四月十三日,为余六旬初度。"由同治七年戊辰(1868)逆推,可知其实生于嘉庆十四年己巳(1809)。

袁鹏图:朱卷官年生于道光二十七年丁未(1847)十二月十一日,《袁太史诗文遗钞》附有陶模《天台袁海帆太史墓志铭》:"呕血越一昼夜而卒……光绪十九年九月初七日也,春秋四十有四。"由光绪十九年(1893)逆推,知其生年为道光三十年庚戌(1850)。如此官年大于实年,疑误。查《国朝天台耆旧传》有其传:"袁先生鹏图,字德恩,号海帆……同治丁卯举于乡,庚辰成进士,授庶吉士,癸未散馆,出知建安

---

① 江庆柏:《清代人物生卒年表》,北京:人民文学出版社,2005 年,第 725 页。
② 朱则杰:《清诗考证》,北京:人民文学出版社,2012 年,第 166 页。

县,抵任四阅月卒。"知袁鹏图实卒于光绪九年癸未(1883),逆推知其实生于道光二十年庚子(1840),墓志附入诗文集时误将"光绪九年"衍为"光绪十九年"。①

傅增濬:朱卷官年生于同治九年庚午(1870)。然据王式通《志盦文稿》卷三《吏部文选司主事傅君墓志铭》:"宣统己酉,惊闻君疾殁于天津。……殁年三十八。"由宣统己酉(1909)逆推,则傅增濬当生于同治十一年壬申(1872)。如此官年大于实年,疑误。按傅增濬为傅增湘同胞非孪生兄,傅增湘实生于同治十一年,故傅增濬生年定早于此年而又早不过其官年同治九年,当生于同治九年或同治十年。可判断王式通记载有误。

为使我们进一步了解减岁现象在不同科份中的比例,还可将表3-2进一步细化制成表3-3如下:

表3-3 不同科份官年与实年相异者的岁差比例表

会试岁差	人数(310)	百分比	乡试岁差	人数(362)	百分比	贡生试岁差	人数(79)	百分比
减0.5	0	0.00%	减0.5	1	0.28%	减0.5	0	0.00%
减1	35	11.29%	减1	61	16.85%	减1	18	22.78%
减2	71	22.90%	减2	152	41.99%	减2	26	32.91%
减3	62	20.00%	减3	70	19.34%	减3	17	21.52%
减4	35	11.29%	减4	42	11.60%	减4	5	6.33%
减5	30	9.68%	减5	15	4.14%	减5	4	5.06%

---

① 笔者《清代科举文人官年现象及其规律》(《华南师范大学学报》2017年第4期)一文,即据《袁太史诗文遗钞》附有陶模《天台袁海帆太史墓志铭》,误将袁鹏图视为增3岁的例子。据邓政阳先生赐示《天台袁氏宗谱》所载墓志铭:"呕血越一昼夜而卒……光绪十年九月初七日也,春秋四十有四。"如是则《袁太史诗文遗钞》所附墓志乃衍"九"字;由光绪十年(1884)逆推,则当生于道光二十一年辛丑(1841),宗谱《庵公派系传》中亦云其"生于道光廿一年辛丑十二月十一日寅时,光绪十年甲申九月七日巳时卒于建安县署"。然如此与"癸未散馆,出知建安县,抵任四阅月卒"时间不合,存疑待考。

续 表

会试岁差	人数(310)	百分比	乡试岁差	人数(362)	百分比	贡生试岁差	人数(79)	百分比
减 6	21	6.77%	减 6	6	1.66%	减 6	4	5.06%
减 7	12	3.87%	减 7	1	0.28%	减 7	1	1.27%
减 8	9	2.90%	减 8	4	1.10%	减 8	2	2.53%
减 9	10	3.23%	减 9	0	0.00%	减 9	0	0.00%
减 10	15	4.84%	减 10	1	0.28%	减 10	0	0.00%
减 11	5	1.61%	减 11	0	0.00%	减 11	0	0.00%
减 12	0	0.00%	减 12	0	0.00%	减 12	1	1.27%
减 14	1	0.32%	减 14	0	0.00%	减 14	0	0.00%
减 24	0	0.00%	减 24	1	0.28%	减 24	0	0.00%
增 1	3	0.96%	增 1	5	1.38%	增 1	1	1.27%
增 2	0	0.00%	增 2	1	0.28%	增 2	0	0.00%
增 3	0	0.00%	增 3	1	0.28%	增 3	1	1.27%
增 4	1	0.32%	增 4	0	0.00%	增 4	0	0.00%
增 5	0	0.00%	增 5	1	0.28%	增 5	0	0.00%
增 10	0	0.00%	增 10	1	0.28%	增 10	0	0.00%

从表3-3可以看出,1至4岁的减岁级差中,除贡生试有微调外(减1岁跃居次席,减3岁位列第三),其他排序与表3-2相同,在乡会贡试中,依然以减两岁者居多。但是,将表3-3、表3-4与表3-2相比,仍可发现一较大变化,即科举级别愈高,减岁的岁差愈大。减岁岁差超过6岁(含6岁)的94例中,会试占了73例。

这一发现符合生活常识和经验。因为童生试、乡试、会试三级考试中,考试级别愈高则往往应试时的年龄愈大,多减岁数的愿望和需要也愈强烈,因此造成会试中的减岁力度最大。

必须说明的是,表3-1至表3-3为了说明恩赏增岁现象,包含了张儒珍、王泰东两位老年考生外,表3-4至表3-9均不包括张儒珍、王泰东这样应试当年超过70岁的考生(这部分考生在《集成》中亦占有一定比例),本章的研究只限于正途科考出身的文人,而不包括因年老而得恩赏之流。这既因为客观上未能考出其实年,又因为惯例古人七十致仕,七十以上仍然应考者,考察其官年、实年已经变得意义不是很大。

二 乡会试中式的平均年龄及减岁平均岁差

表3-3的问题还可借乡会试中式的平均年龄及减岁平均岁差等数据做进一步说明。①

表3-4 清代进士、举人中式平均年龄数据表

会试(总504人)		乡试(总637人)		贡生试(总143人)	
官年平均年龄(岁)	实年平均年龄(岁)	官年平均年龄(岁)	实年平均年龄(岁)	官年平均年龄(岁)	实年平均年龄(岁)
31.86	34.29	28.47	29.91	29.78	31.28

表3-5 官年总减岁平均值及不同科份官年岁差平均值

科 份	官年减岁平均值	统计人次
会试	4.07岁	306
乡试	2.63岁	352
贡生试	2.84岁	77
总计	3.25岁	735

表3-4的统计因要求进士、举人中式的整体平均值,故包括所有参加乡会试者;表3-5的统计因要求减岁平均值,故只包括减岁的乡

---

① 本书第四章、第五章的会试官年数据,列有道光二十七年何兆瀛、道光二年郭熊飞、光绪二年吴重熹的誊录卷履历、道光二十年章华的荐卷和梁焕奎的堂备卷履历;乡试官年数据,列有乾隆十七年钱大培的副榜卷履历、道光十一年张佐堂的誊录卷和张际亮的荐卷履历;因皆未中本科,故不列入表4、表5统计数据。另外,张儒珍和王泰东属于70岁以上的增岁考生,情况特殊,亦不列入乡试中式年龄的统计数据。

会贡试者(不包括增岁者,亦未包括本科只中誊录、荐卷、副榜者)。统计表明,表3-4的会试中式的实年平均值比官年平均值减2.43岁,乡试中式的实年平均值比官年平均值减1.44岁,会试减岁力度更大。表3-5的会试官年减岁平均值为4.07岁,高出官年减岁总平均值0.82岁,高出乡试官年减岁平均值1.44岁,与表3-3的结论正好相应。

为了更直观地印证这一点,我们将表3-3会试官年减岁超过6岁的52例具体统计如下,并对应以其科试当年的官年与实年:

表3-6 会试当年减岁6岁以上者官年实年对比表

姓名	官年(岁)	实年(岁)	岁差	姓名	官年(岁)	实年(岁)	岁差
姚光发	35	42	7	崔国榜	30	39	9
华日新	30	37	7	李兆梅	39	48	9
贾世陶	28	35	7	姚承恩	30	39	9
何桂芬	38	45	7	沈秉成	26	35	9
贡璜	33	40	7	徐宝谦	54	64	10
刘书年	28	35	7	童祥熊	30	40	10
黄锡彤	32	39	7	陈遹声	31	41	10
谭钧培	27	34	7	秦赓彤	40	50	10
袁鹏图	34	41	7	韩钦	30	40	10
柯劭憼	40	47	7	仇炳台	33	43	10
王庆平	36	43	7	郑贤坊	36	46	10
赵鹤龄	37	44	7	陈康祺	22	32	10
莫炽	42	50	8	王兰升	36	46	10
李嘉宾	38	46	8	翟伯恒	29	39	10
刘廷枚	42	50	8	董沛	40	50	10
陆廷黻	29	37	8	张嘉禄	23	33	10
陆宗郑	43	51	8	吕凤岐	31	41	10
周晋麒	30	38	8	唐壬森	33	43	10

续表

姓名	官年(岁)	实年(岁)	岁差	姓名	官年(岁)	实年(岁)	岁差
周之桢	29	37	8	葛金烺	39	47	8
姚丙然	23	31	8	吴传绂	32	42	10
徐琪	23	32	9	王广荫	35	46	11
叶维藩	34	43	9	宗元醇	36	47	11
沈镕经	24	33	9	吴瞻淇	25	36	11
盛沅	32	41	9	钱振常	36	47	11
莫焜	36	45	9	张景祁	37	48	11
俞树风	32	41	9	何乃莹	25	39	14

52例中,实年低于会试中式平均值34.29岁的只有谭钧培、陈康祺、张嘉禄、姚丙然、徐琪、沈镕经6人,另外46人年龄均超过或达到平均值。明清两代,进士得馆选者往往易于升迁高位,因此举子无不以能够馆选为荣。虽然相较明代而言,清代翰林院庶吉士的选拔不仅人数众多,而且没有明确的年龄限制,但是仍须重新科进士中选择"年貌合格、文字雅醇"①者,"除要求文章优等外,尚须观其仪度,核其年龄。因进士中有年老体衰者,已无培养前途,无须再入馆学习,因而年龄较小者多膺其选"②。这样就造成参加会试时实际年龄较大者往往会有减岁之举。由上分析可以看出,考试级别愈高或应试时年龄愈大,减岁力度相应愈大。

需要说明的是,由于数据来源不同,本书统计会试中式平均年龄与其他学者略有差异。张杰根据光绪十二年《丙戌科题名》,统计清代士人中进士的年龄,平均在37岁左右。③ 方芳的博士论文《〈清代朱卷集成〉研究——以进士履历档案为中心》利用《中国历史人物生卒年表》,

---

① 《清朝文献通考》卷47《选举一》,上海:商务印书馆1936年,第5303页。
② 邸永君:《清代翰林院制度》,北京:社会科学文献出版社,2007年,第79页。
③ 张杰:《清代科举家族》,北京:社会科学文献出版社,2003年,第159页。

对 65 名清代进士做了统计,发现他们登科的实际年龄平均为 32.569 岁,朱卷记录的平均年龄为 30.154 岁。蒋金星、肖夫元对《清代朱卷集成》第 3—60 册会试朱卷有确切出生年月的 898 进士做了统计,得出"他们中式的平均年龄是 32.1 岁"。① 本书则统计出实年与官年中式的平均年龄分别为 34.29 岁和 31.86 岁,颇为接近郭培贵对明代进士平均中式年龄约为 33.3 岁的考述②。这一发现对研究明清两代人才智力和能力的发展规律、科举制度对于人才培养和选拔等,也许不无裨益。

三 兼存乡试、会试朱卷的文人官年

以上还只是静态的统计描述,一名科举文人在人生不同阶段面对不同等级的考试,其官年较之实年,会呈现什么状态?我们可以对 195 名拥有不同级别朱卷的文人,做一抽样动态分析。195 名文人中,仅存贡生卷与会试卷的计 9 人,仅存贡生卷与乡试卷的共 22 人,仅存乡试卷与会试卷的计 156 人,兼存贡生卷、乡试卷、会试卷的计 8 人。对兼存贡生卷、乡试卷、会试卷的科举文人进行官年、实年的数据分析,列表 3-7 如下:

表 3-7 兼存贡生卷、乡试卷、会试卷者官年、实年数据表(括号内为实年)

姓名	实际生年	贡生试		乡试		会试		减岁
		朱卷生年	应试年及官实年龄比	朱卷生年	应试年及官实年龄比	朱卷生年	应试年及官实年龄比	
刘树屏	1857	1857	1885/29(29)	1857	1888/32(32)	1857	1890/34(34)	0/0/0
汪康年	1860	1860	1888/29(29)	1860	1889/30(30)	1860	1892/33(33)	0/0/0

---

① 蒋金星、肖夫元:《清代举子中式的平均年龄研究》,《北京理工大学学报》(社会科学版)2005 年第 3 期。

② 郭培贵:《明代举人数量及进士平均中式年龄考述》,《全球化下明史研究之新视野论文集》(一),台北:东吴大学历史系,2008 年,第 259 页。

续表

姓名	实际生年	贡生试		乡试		会试		减岁
		朱卷生年	应试年及官实年龄比	朱卷生年	应试年及官实年龄比	朱卷生年	应试年及官实年龄比	
吴品珩	1856	1857	1876/20(21)	1857	1881/25(26)	1859	1886/28(31)	1/1/3
雷尃	1809	1810	1840/31(32)	1810	1843/34(35)	1813	1847/35(39)	1/1/4
秦绶章	1849	1852	1876/25(28)	1852	1879/28(31)	1852	1883/32(35)	3/3/3
李经世	1851	1852	1870/20(21)	1852	1876/25(26)	1856	1880/25(30)	1/1/5
姚光发	1799	1799	1825/27(27)	1799	1828/30(30)	1806	1840/35(42)	0/0/7
张景祁	1827	1830	1861/32(35)	1830	1862/33(36)	1838	1874/37(48)	3/3/11

从表 3-7 可以看出官年、实年始终一致者只有刘树屏和汪康年 2 人,其他 6 人均在会试时减岁。减岁的 6 人中,姚光发在会试减 7 岁,吴品珩、雷尃、李经世三人贡生试和乡试均减 1 岁,会试辄减三五岁不等;秦绶章贡生试、乡试、会试均减 3 岁;张景祁贡生试、乡试均减 3 岁,至会试时减了 11 岁。可见会试减岁最为常见。

仅存乡试卷与会试卷的 156 人中,官年与实年在乡、会试中均保持一致者计 55 人,有所变化者计 101 人。此 101 人,又分四类情况:第一类乡会试官年俱减岁,岁差保持一致,计 58 人,其中金蓉镜岁差最大,乡会试俱减 6 岁。第二类乡会试官年俱减岁,岁差有所不同,计 24 人,其中钱振常岁差最大,乡试减 4 岁,会试减 11 岁,以致出现了乡试时官年 39 岁、会试时官年反而 36 岁的年龄"逆生长奇迹";而屠寄乡试增 1 岁,会试减 3 岁,属于待考的特殊情况。第三类乡试未减岁而会试减岁,计 8 人,其中童祥熊减岁最大,达 10 岁。第四类乡试减岁,而会试又改回实年,计 11 人(吴重熹光绪二年会试誊录履历亦计入),此类较特殊,列表 3-8 分析如下:

表 3-8　乡试减岁、会试改回实年者数据表（括号内为实年）

姓名	实际生年	乡试		会试		减岁
		朱卷生年	应试年及官实年龄比	朱卷生年	应试年及官实年龄比	
陆润庠	1841	1842	1873/32(33)	1841	1874/34(34)	1/0
陈聿昌	1825	1827	1865/39(41)	1825	1871/47(47)	2/0
李士瓒	1834	1836	1870/35(37)	1834	1876/43(43)	2/0
徐时栋	1816	1818	1843/26(28)	1816	1845/30(30)	2/0
吴大衡	1837	1839	1864/26(28)	1837	1876/40(40)	2/0
吴重熹	1838	1840	1862/25(27)	1838	1876/39(39)	2/0
梁肇晋	1844	1847	1870/24(27)	1844	1874/31(31)	3/0
王继香	1846	1849	1865/17(20)	1846	1889/44(44)	3/0
王廷材	1857	1860	1882/23(26)	1857	1898/42(42)	3/0
李慈铭	1829	1835	1870/36(42)	1829	1880/52(52)	6/0
方克猷	1870	1872	1889/18(20)	1870	1890/21(21)	2/0

按当时世风人情，此十一人既然在乡试中曾经减岁，会试时至少应保持岁差以与乡试官册一致，但却都反常地改回了实年。个中原因，难以一一究明。但至少表明了这样一种可能性，即使在官年减岁的士子里面，也不是所有人都认同这种浇薄侥幸之风，尚有士子能够幡然悔悟并改过自新。据徐时栋《烟屿楼笔记》卷二载：

> 司马郎十二试经为童子郎。监试者以朗身体壮大，疑其匿年，劾问。然则古时固有匿年之禁，今日就试者无不匿年。**究之，甚觉无谓**。吾幼时试童子，亦匿三年。后既达籍于部，不能追改。甚悔之。今世以试年为册年，谓填写于册也。吾试童子，匿三年；子舟匿二年。吾以甲戌十一月生，子舟以丙子四月生。及癸卯，余得优贡，子舟中乡举，并刻行卷。书履历年岁，一时未及检点，改年不改月，于是吾以丁丑十一月生，子舟以戊寅四月生。或见而疑之曰："闻二君同母者也，天下岂有隔四月复生子者耶？"闻之不觉自笑，

甚矣,作伪之拙也。①

徐时栋即徐时樑(字子舟)之兄,他回忆兄弟俩从考秀才时即开始减岁,自减3岁而弟减2岁,直至道光二十三年癸卯(1843)报考时依然如此,该年徐时栋得优贡,徐时樑中举人,双喜临门,于是合刻朱卷以光宗耀祖。但徐时栋生于嘉庆十九年甲戌(1814)十一月,徐时樑生于嘉庆二十一年丙子四月,兄弟俩实际相差不到两岁,兄减三岁弟减两岁后就变成了徐时栋生于嘉庆二十二年丙子十一月,徐时樑生于嘉庆二十三年戊寅四月,合刻朱卷的生年和简介部分是并列的,因此被明眼人一下看出破绽,闹了笑话。

也许正是这件事给徐氏兄弟留下深刻印象,才导致徐时栋认为匿年减岁甚"无谓",而徐时樑在会试中干脆改回了实年。李慈铭乡试时减了6岁,十年后应光绪六年(1880)礼部试时已52岁,本来应该加大减岁力度,但也许过了天命之年,他反而填报了实年。但邓之诚《骨董续记》卷二《李莼客殿试策》却说李慈铭在进士考试中又自减了10岁:"有人得其试策,楷法不工,毫无馆阁气;自填年四十六岁,实少实年十岁。"②这种说法不甚可信,按其记载是年李氏实年当为56岁,显然错误,那么"自填年四十六岁"之说恐亦不实。③ 而且当时参试的李慈铭对考生年龄不实的现象相当不以为然:

> 是日见胶州人庄姓,自云年九十二,实年八十四,戊辰入学,庚午赐副榜,去年赐举人,今年例得赐检讨衔。近来风气,老困童子

---

① [清]徐时栋:《烟屿楼笔记》卷2,《清代笔记小说》本,石家庄:河北教育出版社,1996年。

② 邓之诚:《骨董续记》卷2,北京:中华书局2008年,第340页。

③ 李在乡试中曾减岁6年,疑有人对李慈铭不满,移挪为殿试减龄之说;也不可能是李在会试填了实年,殿试又予减岁,彼实无动机冒此风险。笔者尚未见过同科殿试卷年龄与会试卷年龄不同的现象,如黄思永殿试自书"应殿试举人臣黄思永,年三十九岁"与其光绪六年会试朱卷所载"道光壬寅年正月初五日吉时生"相符;洪钧殿试卷自书"应殿试举人洪钧,年三十岁",与其同治七年会试朱卷所载"道光己亥年十二月初八日吉时生"相符。

试者,往往冒增年岁至二十余年,夤缘入学,或捐监生,以冀恩泽。故各省乡试后,大吏奏年老举人,动至数十,公然诬妄,不为怪也。①

说的虽然是增岁,但也可用来解释他此时对待减岁的态度,即他反对用虚报年龄的手段"以冀恩泽"。这可能代表了一部分士人的想法,虽然还不足以抗衡减岁的整体大潮,却也显得难能可贵。

四 官年改岁不改月日的现象

最后再来附带讨论一项前人已经注意但尚可深化的问题,徐时栋曾云减岁通常"改年不改月",朱彭寿亦云官年"生日可据而生年未足尽信"②,即他们都注意到官年与实年的年份有可能不一,月或日却通常一致。鲁小俊对照了《清代朱卷集成》500余名考生的不同级别的朱卷履历,第一次运用较大规模的数据得出了较为明确的结论:

(《集成》)所记出生年份可能不同,但月份、日期、时辰一般相同。在500余人的多份朱卷中,月、日、时有抵牾者仅14例。其中有两份朱卷者:叶百川、郑炽昌、胡燏棻(胡国栋)、余诚格,相隔1天;张明毅,相隔6天;恽毓嘉,相隔9天;汤复苏,月份不同。王保奭有三份朱卷,会试卷月日与乡试卷、贡卷不同。以上8例,生年皆同。柯劭憼(柯劭敬)、许正绶(许正阳)、程利川、何元泰、何咸亨、何宗逊6例,月、日、时或有差异,年份也不同(也即生年不同的154例中,月、日、时有别者6例)。除了这14例特殊情况,多份朱卷所记月、日、时皆相一致。由此可见,士子参加科举考试填写履

---

① 李慈铭:《越缦堂日记》第12册《荀学斋日记》甲集下"光绪六年三月十二日",扬州:广陵书社,2004年,第8646页。
② 朱彭寿编著:《清代人物大事纪年·〈原皇清纪年五表〉例言》,北京:国家图书馆出版社,2005年。

历,若要虚报出生时间信息,主要针对生年,而月、日、时较少改动。①

但鲁文对照的是不同朱卷的履历,理论上来说属于官年与官年的对照,如果以实年与官年相对照,其结论会怎样?本书抽取第四章、第五章中官年与实年皆至少具体到月份者,得有效样本500例,详见表3-9:

表3-9 官年与实年月日对比表(括号内数字均为人次)

官年对应数据	实年年月日时俱知者(148)				实年知年月日未知时者(319)				实年仅知年月者(33)			
	年同(72)		年不同(76)		年同(165)		年不同(154)		年同(15)		年不同(18)	
	月日相同	月日不同	月日俱同	月日不同	月日同	月日不同	月日同	月日不同	月同	月不同	月同	月不同
	71	1	74	2	161	4	142	12	14	1	18	0

表3-9中,实年的年月日时俱可知者虽有148例,但148例中的官年兼具年月日时者仅有钱骏祥、许宝蕙、于邦、何绍基、施煃、李慈铭7例(李慈铭乡会试皆有朱卷,计2例),7例中有改年者,亦有未改年者,但月日时却完全一致。其余141例与此相类,除许正绶、王宗毅、乔尚谦特殊②,其他无论改年与否,月日均未变动。

表3-9中,实年的年月日兼备但时辰未知者有319例,无论改年与否,月日不变者303例,变动者仅16例。变例中,有些是朱卷主人为了弥补改岁造成的漏洞而故意修改,如实年有闰月出生者,所改之年未必闰此月,故须相应更动,这样的例子至少有3处:谭宗浚,实年生于道光二十六年丙午(1846)闰五月十三日,官年记作道光二十八年戊申五月

---

① 鲁小俊:《清代官年问题再检讨——以多份朱卷所记不同生年为中心》,《清史研究》2015年第1期。

② 许正绶官年为嘉庆三年戊午(1798)正月初十日生,实年为乾隆六十年(1795)十二月二日辰时生,实年依据为许氏门人所编稿本《许斋生先生年谱》,存疑待考。王宗毅官年为同治二年(1863)四月二十三日生,实年为同治二年三月二十四日亥时生,实年据稿本家谱,疑误抄。乔尚谦官年为同治四年乙丑(1865)闰五月初四日生,实年为同治四年乙丑五月初四日寅时生,疑实年误脱一"闰"字。

十三日生,道光二十八年无闰五月,故将"闰"字删去;陈虬,实年生于咸丰元年辛亥(1851)闰八月二十五日,官年记作咸丰三年癸丑八月二十日,咸丰三年八月无闰,故亦删"闰"字;彭诒孙,实年生于同治十二年癸酉(1873)闰六月二十四日,乡会试朱卷官年皆改作光绪元年乙亥(1875)七月二十四日生,因该年无闰,故删"闰"字,并将"六月"改为"七月"①。

多数情况可能是文献传刻或传抄致误。如唐执玉,官年作康熙十二年癸丑(1673)二月十二日生,实年作康熙八年己酉(1669)三月十三日生,月日之中的"二"与"三"极易相讹;叶景葵,官年作同治十三年甲戌(1874)七月十四日生,实年作同治十三年甲戌七月十八日生,不排除讹"四"为"八"之可能;钱寿琛,官年为同治八年己巳四月十四日生,实年依据《海虞禄园钱氏振鹿公支谱》,谓生于同治六年丁卯四月二十五日,不排除家谱传刻致误之可能;王以慜,乡会试卷皆作咸丰五年乙卯六月十四日生,而实年依据的是王乃徵所撰《王梦湘墓志铭》,谓生于咸丰五年乙卯六月四日,一字之差,不排除墓志脱字之可能;胡玉缙,官年作咸丰九年己未七月二十五日生,实年作咸丰九年己未七月二十日生,实年取自讣告,不排除讣告匆忙间漏字的可能;杨增新,官年作同治三年甲子正月十八日生,实年作同治三年甲子正月二十八日生,不排除衍字之可能。

这种现象,我们在清末数学家方克猷的生年文献中找到了实证,方克猷自幼聪慧异常,13岁中秀才,16岁选拔贡,20岁中举人,21岁成进士,可谓天才。他的乡会试朱卷和墓志都有存留,乡试朱卷载其生于同治十一年壬申(1872)八月廿五日,会试朱卷载其生于同治九年庚午八月廿五日,上海图书馆藏武林叶氏抄本吴士鉴《含嘉室文存》收有所撰

---

① 但也有不少闰月生的朱卷主人,改年后并未改闰,如杨同颖,《常熟恬庄杨氏家乘》载其生于"咸丰四年闰七月廿六日丑时",朱卷官年则为咸丰七年丁巳闰七月二十六日,但咸丰七年只有闰五月而无闰七月。这也说明社会风气对改年者的宽容,才使其敢于自露马脚。

方氏墓志,谓其"生同治九年正月",方氏孙女方玫卿主编《天目山房诗文集 西菩山房诗词稿》亦收此方墓志,谓其"生同治九年八月"。可见方氏实年在同治九年,考举人时遵从风俗少报了两岁,以官年应考;次年参加会试,因为实际年龄才21岁,已经非常年轻,没有必要再减岁,因此是以实际年龄考中了进士。值得注意的是叶氏抄本所载方氏生月在"正月",与朱卷和方玫卿本所载"八月"不同,今杭州临安区方元村的方克猷墓碑上亦取"八月"之说,足证叶氏抄本的"正月"是传抄而误。

已知文献中,只有何宗逊是个例外,他光绪十四年的优贡卷官年为同治三年甲子正月二十五日,其实年据其手书日记为同治元年壬戌正月二十五日生,官年减了两岁,这本正常;但是,光绪二十三年(1897)他的乡试卷官年则改为同治元年壬戌六月初四日生,仅比实年减了五个多月,而且月日俱不同,难解其故,存疑待考。

有些则可能是本书所依托的实年资料本身的某些缺陷造成。如莫庭芝,官年为嘉庆二十二年丁丑(1817)八月二十四日生,实年依据其侄莫绳孙书札,谓生于嘉庆二十二年丁丑八月十七日,不排除莫绳孙记忆误差的可能性;何藻翔,官年为同治九年庚午八月初四日生,实年依据吴天任《何翙高先生年谱》,而吴氏又系从何藻翔之子处听闻而来,不排除辗转相传致误的可能性。

表3-9中,实年仅知年月两项者有33例,无论改年与否,其中32例月份一致,月份不一的只有刘可毅,刘可毅朱卷官年为咸丰五年乙卯(1855)十月二十三日生,实年依据其弟刘树屏《伯兄葆真家传》,谓其咸丰五年乙卯十二月生,但刘树屏连乃兄生日亦未记住,也很难说他记的月份就一定是对的。存疑待考。

表3-9的500例样本中,官年与实年相比,月日未变者计480例,占总量的96%;月日变化者计20例,占总量的4%。这充分说明,虽然由于不同原因,朱卷可能存在举子故意改动月日或文献传刻致月日有误等现象,但与不改月日的例子相比,毕竟罕见。改年不改月日的规律

可以认为基本成立。

利用此一规律,可以较好地解决清代人物传记中知出生年而不知出生月、日、时辰的问题,为人物生年补上月日;尤其在考订生于岁末的人物时,此规律具有更重要的学术价值。如陈光绪,宗稷辰《陈石生墓志铭》谓"其生在乾隆戊申,享年六十有八",逆推当生于嘉庆元年丙辰,公元1796年,当对照朱卷资料后,发现其生于该年十二月初七日,当系于公元1797年1月4日。再如陈启泰,陈继训《清江苏巡抚陈公墓表》谓其宣统元年"薨于位,春秋六十有八",逆推可知其生于道光二十二年,当系于公元1842年,据朱卷知其生于十二月十九日,则其生年已属公历1843年2月7日。此类现象在第四章、第五章中为数不少,此处不再枚举。

小　结

通过以上不同数据的组合分析,相信我们对清代科举文人官年与实年现象的特点,以及朱卷的学术价值和意义都有了进一步的了解,兹就其中主要结论略做归纳如下:

1. 官年与实年相比,其基本规律是"官年通常不大于实年"(或小于实年,或与实年相同),其中又以官年小于实年者居多(58.04%),与官年、实年相同者(41.96%)比,几乎达到六四开;说明清代科举文人的官年与实年不符现象非常突出,已经成为一种带有普遍性的社会问题。

2. 官年减岁平均数约为3.25岁;减岁岁差以2岁最多,绝大多数的减岁在1—4岁之间;超过10岁的减岁较为少见。

3. 考试级别愈高或应试时年龄愈大,减岁力度相应愈大。

4. 清代科举文人进士中式的平均年龄大致为实年34.29岁,举人中式的平均年龄,大致为实年29.91岁,从举人到进士所需要的平均年限,大致在四五年之间。①

5. 减岁不减月日时,朱卷中出生"年"虽可疑,但出生月、日、时辰却通常可以信赖。

6. 朱卷的官年规律,可以作为人物生平考订中的一个重要参照标准,用来解决文献学上的一些疑难。如文献中出现官年大于实年时,多数情况下不是考据有误,即是文献本身讹误所致。文献中仅知人物之生年而缺月日时等项时,可利用朱卷予以补充;文献所载出生月日与朱卷所载不合时,亦有必要重新审视文献的来源和可信度。

---

① 笔者《清代科举文人官年现象及其规律》(《华南师范大学学报》[社会科学版]2017年第4期)一文中所做乡会试实年平均年龄分别为32.97岁和28.84岁,当时是按实岁计算,此次数据量有所广大,且据体例统一改为虚岁计算,因此整体数据均高一岁左右。

第四章　清代科举文人官年与实年相异者丛考

会试

康熙癸未(1703)科

汪份

官年:顺治十七年庚子七月十九日生(1660)

实年:顺治十二年乙未生(1655)

征考:《未刊》(2—193、376):"汪份,字武曹,行一,庚子年七月十九日生,江南苏州府长洲县民籍,监生。"官年取此。

方苞《望溪文集》卷一二《汪武曹墓表》:"君姓汪氏,讳份,字武曹,长洲人也……辛丑冬,奉命提督云南学政,未之官,竟卒,享年六十有七。"由康熙六十年辛丑(1721)逆推,知其生于顺治十二年乙未(1655)。实年取此。

秦源宽

官年:康熙九年庚戌(1670)十一月初一日生

实年:康熙六年丁未(1667)十一月初一日生

征考:《未刊》(2—208)(3—99):"秦源宽,字未能,号岵云,行一,庚戌年十一月初一日生,江南常州府无锡县附学生。"官年取此。

《锡山秦氏宗谱》卷九:"源宽,綮元孙,台锡子,字未能,号岵云,邑庠生,中康熙己卯江南乡试,癸未登王式丹榜进士,候补内阁中书,生康熙丁未十一月初一,卒雍正癸丑十二月廿六,寿六十七。"实年取此。

唐执玉

官年:康熙十二年癸丑(1673)二月十二日生

实年:康熙八年己酉(1669)三月十三日生

征考:《未刊》(2—157、331)(3—465):"唐执玉,字益功,号□□,行二,癸丑年二月十二日生,顺天府大兴县廪膳生。"官年取此。

唐鼎元(唐执玉八世孙)编《清大司马蓟门唐公年谱》:"清圣祖康熙八年己酉公生,公讳执玉字益功,号蓟门……母戴氏以是岁三月十三日生公于郡城西庙沟祖宅。"实年取此。

赵殿最

官年:康熙十二年癸丑(1673)二月十八日生

实年:康熙七年戊申(1668)二月十八日卯时生

征考:《未刊》(2—172)(3—448):"赵殿最,字奏功,号□□,癸丑年二月十八日生,浙江杭州府仁和县民籍。"官年取此。

赵昱《铁岩公行状》:"公生于康熙戊申年二月十八日卯时,卒于乾隆甲子年五月十二日亥时,年七十有七。"(据《中国家谱资料选编》第4册《传记卷》第508页)鲁曾煜《秋塍文钞》卷一一《经筵讲官工部尚书铁岩赵公墓志铭》:"先生讳殿最,字奏功,又字铁岩……先生以乾隆甲子年五月十二日亥时薨,距其生春秋七十有七。"由乾隆九年甲子(1744)逆推,知其生于康熙七年戊申(1668)。实年取此。

葛斗南

官年:康熙十七年戊午(1678)五月二十日生

实年:康熙十三年甲寅(1674)五月二十日生

征考:《未刊》(1—268)(2—463)(3—274):"葛斗南,字梁公,戊午年五月二十日生,山东兖州府单县附生。"官年取此。

(民国)《单县志》卷二〇《艺文》杨绳武《政葛公墓志铭》:"康熙壬午举于乡,癸未成进士……公生于康熙十三年甲寅五月二十日,卒于雍正九年辛亥十二月十七日,年五十有八。"实年取此。

吴瞻淇

官年:康熙十八年己未(1679)四月十三日生

实年:康熙七年戊申(1668)生

征考:《未刊》(1—283)(3—137):"吴瞻淇,字卫猗,号漪堂,行三,己未年四月十三日生,江南徽州府歙县人,民籍。"官年取此。

李果《在亭丛稿》卷七《二吴先生传》:"东岩先生讳瞻泰,字艮斋,漪堂先生讳瞻淇,徽州歙县人,姓吴氏,同母兄弟也……岁乙卯,东岩年七十九,夏四月卒,漪堂哭之哀,至冬亦卒,年六十八。"由雍正十三年乙卯(1735)逆推,知吴瞻淇生于康熙七年戊申(1668)。实年取此。

陈世倌

官年:康熙二十一年壬戌(1682)九月二十五日生

实年:康熙十九年庚申(1680)九月二十五日生

征考:《未刊》(1—196、253):"陈世倌,字秉之,号□□,行四,壬戌年九月二十五日生,浙江杭州府海宁县岁贡生。"官年取此。

《碑传集》卷二六史贻直《予告光禄大夫太子太保特进太子太傅文渊阁大学士兼工部尚书兼管礼部事务加二级文勤陈公世倌墓志铭》:"公生于康熙十九年庚申九月二十五日寅时,卒于乾隆二十三年戊寅四月十五日卯时,享年七十有九。"实年取此。

康熙壬辰(1712)科

谢济世

官年:康熙三十二年癸酉(1693)十二月二十六日生

实年:康熙二十八年己巳(1689)生

征考:《集成》(3—35):"谢济世,字石霖,一字梅庄,癸酉年十二月二十六日生,广西桂林府全州,民籍,习《易经》。"官年取此。

《碑传集》卷八三三《诰授奉政大夫掌山东道监察御史湖南盐驿长宝道按察司副使谢公济世小传》:"年二十,领康熙戊子乡荐第一,壬辰,成进士……家居十有二年卒,年六十八。"由康熙四十七年戊子(1708)逆推,可知其生于康熙二十八年己巳(1689)。实年取此。

乾隆壬申(1752)科
邓梦琴
官年:雍正四年丙午(1726)六月二十九日生

实年:雍正元年癸卯(1723)生

征考:《未刊》(4—245、261、341、389):"邓梦琴,字虞挥,号箕山,行一,丙午年六月二十九日生,江西饶州府浮梁县廪膳生,民籍,习《易经》。"官年取此。

邓梦琴《楸亭文稿》卷首恽敬《皇清赐同进士出身诰授朝议大夫陕西汉中府知府护汉兴道事邓公墓志铭》:"嘉庆十有三年十一月庚辰,前汉中府知府邓公卒于福建罗源县之署舍……年八十有六。"黄诏《皇清赐同进士出身诰授朝议大夫陕西汉中府知府护汉兴道事邓公家传》:"年十八为诸生,越三年食饩,乾隆甲子举于乡,壬申恩科成进士……戊辰冬卒于官舍,年八十有六。"由嘉庆十三年戊辰(1808)逆推,知其生于雍正元年癸卯(1723)。实年取此。

嘉庆丙辰(1796)恩科
戴殿泗
官年:乾隆十六年辛未(1751)二月二十九日生

实年:乾隆十年乙丑(1745)生

征考:《集成》(4—99):"戴殿泗,字东瞻,号东珊,行三,乾隆辛未年二月二十九日生,浙江金华府浦江县民籍,庚子优贡生,镶黄旗官学教习,候选知县,丙午顺天乡试中式三十四名举人。"官年取此。

戴殿泗《风希堂诗集》卷四《伯兄履斋先生行述》:"伯兄讳殿江……至年二十四五,先君子先大父相继去世,始任家椽……生雍正乙卯八月二十日辰时,卒嘉庆己卯正月初七日未时,年八十有五。……殿泗回思年十三以前,先君子在堂,兄惟怡怡不加声色;十四十五时,蒙督责,不督责惧其渐入非僻也,十七从盘洲师游,学武林,自此后至今六十年中,有言罔弗从,有行罔弗合,泗自思……"按兄年二十四、弟年十四时(即1758年)父卒,逆推可知戴殿泗生于乾隆十年乙丑(1745)。实年取此。

俞日炤

官年:乾隆三十四年己丑(1769)十月十三日生

实年:乾隆三十年乙酉(1765)生

征考:《集成》(4—67):"俞日炤,字禄昌,号鹤亭,行二,乾隆己丑年十月十三日生,广信府广丰县附学生,民籍。……戊申乡试第六十六名。"官年取此。

(同治)《广丰县志》卷八之二"俞日炤":"俞日炤,字禄昌,号鹤亭,赋性聪敏,年二十四举于乡,嘉庆丙辰恩科进士。"俞氏于乾隆五十三年戊申(1788)乡试,由此逆推,知其生于乾隆三十年乙酉(1765)。实年取此。

嘉庆辛酉(1801)恩科

朱方增

官年:乾隆四十四年己亥(1779)十一月十九日生

实年:乾隆四十二年丁酉(1777)生

征考:《集成》(4—297):"朱方增,字寿川,号虹舫,一号秀笙,行二,乾隆己亥年十一月十九日生,浙江嘉兴府学,增广生,考取选拔海盐县灶籍。"官年取此。

朱方增《求闻过斋文集》卷三《皇清敕封儒林郎例晋承德郎翰林院编修加二级显考升岩府君行述》:"丁酉冬,不孝方增生。"实年取此。

嘉庆乙丑(1805)科

习家駼

官年:乾隆二十五年庚辰(1760)十月二十日生

实年:乾隆二十二年丁丑(1757)生

征考:《未刊》(6—298、315、349、366、417、434):"习家骏,字卓伦,号德斋,行八,乾隆庚辰年十月二十日生,江西袁州府学廪膳生,分宜县民籍。"官年取此。

民国《分宜县志》卷八《人物·文苑》本传:"庚午夏月卒,时年五十四。"由嘉庆十五年庚午(1810)前推,可知其生年为乾隆二十二年丁丑(1757)。实年取此。

彭浚

官年:乾隆三十八年癸巳(1773)七月十九日生

实年:乾隆三十六年辛卯(1771)生

征考:《集成》(4—407):"彭浚,字映旎,号宝臣,行三,乾隆癸巳七月十九吉时,湖南衡州府衡山县优贡生,民籍,镶黄旗官学教习。"官年取此。

彭浚《赐砚堂诗集·时遇集》之《彭雅泉先生(希郑)五旬初度作咏怀诗四律见寄即次原韵奉答》其一"淄尘记隔十三年"下注:"先生以庚申归里,迄今十三年。"按知此年为嘉庆癸酉(1813)。其三"自愧不才荒岁月,四旬有五隙驹虚。"下注:"余登第后九载冰衔,今忽忽四十有五矣。"按从嘉庆癸酉逆推四十五年,可知其于乾隆三十六年辛卯(1771)。实年取此。

聂铣敏

官年:乾隆四十四年己亥(1779)一月二十三日巳时生

实年:乾隆四十二年丁酉(1777)生

征考:《未刊》(6—209、264、383、400):"聂铣敏,字普光,号蓉峰,又号廉泉,行三,乾隆己亥年一月二十三日巳时生,湖南衡州府衡山县民籍。乙卯科正取优贡第一名,本科乡试中式第二十一名,会试中式第十五名,覆试钦取第一等第六名,殿试第二等第二十名,钦点翰林院庶吉士。"官年取此。

聂铣敏《蓉峰诗话》卷二:"余以十二龄补弟子员,十三龄食廪饩,俱受知于仁和忍斋张师。后石琢堂师以优行首贡成均;旋膺宋小坡、章葆庸两夫子之知,得登贤书,其时仅十九龄。诸先生均以第一流人相期许,乃五上公车,始得遂登瀛之愿。计赋鹿鸣之日,相距已十年。"按其乾隆六十年乙卯(1795)恩科举人时年十九逆推,知其生于乾隆四十二年丁酉(1777)。实年取此。

嘉庆戊辰(1808)科
杨岳东(另见)

官年:乾隆二十九年甲申(1764)十一月十二日戌时生

实年:乾隆二十六年辛巳(1761)生

征考:《未刊》(7—2):"杨岳东,字晓岩,号凤皋,一字愚山,行五,乾隆甲申年十一月十二日戌时生,山东登州府宁海州优廪生,民籍。"官年取此。

《国朝耆献类征初编》卷二四七《守令三十三·杨岳东》:"君讳岳东,字晓岩,一字愚山,晚号凤泉,姓杨氏,世山东宁海州五台南村人……乾隆五十四年本省乡试中式,嘉庆十三年成进士……道光二年至四川,逾年署荣县,又逾年补营山,再逾年署合州,明年以俸满送部引见,道感疾,乃乞长解归,七年而卒,春秋七十有三。"由道光二年(1822)至解归后"七年而卒",时当道光十三年(1833),逆推知其生于乾隆二十六年辛巳(1761)。实年取此。

嘉庆辛未(1811)科
莫焜

官年:乾隆四十一年丙申(1776)生

实年:乾隆三十二年丁亥(1767)生

征考:《未刊》(7—166、200、272):"莫焜,字序五,号豫堂,行三,年三十六岁,十月十八日吉时生,系顺天府大兴县附生,民籍。"官年取此。

平步青《樵隐昔寱》卷一七《诰赠通奉大夫礼部祠祭司员外郎翰林院庶吉士豫堂莫公家传》:"公讳焜,字叙五,豫堂其号也……嘉庆戊辰恩科乡试,年四十有二矣。"由嘉庆十三年戊辰(1808)逆推,可知其生于乾隆三十二年丁亥(1767)。实年取此。

朱壬林

官年:乾隆四十七年壬寅(1782)十一月十三日生

实年:乾隆四十五年庚子(1780)生

征考:《集成》(5—111):"朱壬林,原名霞,字礼卿,一字建标,号小云,行二,乾隆壬寅年十一月十三日吉时生,浙江嘉兴府平湖县学附生,民籍。"官年取此。

朱壬林《小云庐晚学文稿》有顾广誉序:"于时年盖七十有七矣……咸丰六年季夏同里顾广誉拜撰。"据咸丰六年(1856)逆推,可知其生于乾隆四十五年庚子(1780)。实年取此。

汤储璠

官年:乾隆五十年乙巳(1785)六月十七日生

实年:乾隆四十七年壬寅(1782)生

征考:《未刊》(7—75、218、254、308):"汤储璠,字茗孙,行六,乾隆乙巳年六月十七日生,江西抚州府临川县民籍。"官年取此。

(同治)《临川县志》卷四三《人物·文苑》"汤储璠"条:"嘉庆庚申科,年十九,中副车,考取宗学教习,庚午科以第一人举于乡,明年成进士。"由嘉庆五年庚申(1800)十九岁,可推知其生年为乾隆四十七年壬寅(1782),实年取此。

嘉庆丁丑(1817)科

赵柄

官年:乾隆五十三年戊申(1788)十月初二日申时生

实年:乾隆五十年乙巳(1785)生

征考:《集成》(5—393):"赵柄,字寄权,号斗垣,行四,乾隆戊申年十月初二日申时生,江苏松江府上海县附监生,民籍。"官年取此。

姚椿《樗寮文续稿》有《刑科掌印给事中赵君墓版文》:"君讳柄,字衡西,号斗垣……卒以道光七年五月,年四十有三。"由道光七年(1827)逆推,可知其生于乾隆五十年乙巳(1785)。实年取此。

邵堂

官年:乾隆五十四年己酉(1789)十月十七日生

实年:乾隆五十二年丁未(1787)生

征考:《集成》(5—375):"邵堂,字真如,号子山,一号芷衫,行二,乾隆己酉十月十七日吉时生,江苏松江府青浦县附生,民籍。"官年取此。

朱绶《知止堂文集》之《敕授文林郎河南汜水县知县邵君墓志铭(丙戌)》:"道光四年甲申正月十有九日,河南汜水知县邵君以疾卒于官……君讳堂,字真如,号子山……年三十八卒。"由道光四年(1824)逆推,可知其生于乾隆五十二年丁未(1787)。实年取此。

嘉庆庚辰(1820)科

陆沅

官年:乾隆五十一年丙午(1786)二月十一日生

实年:乾隆五十年乙巳(1785)二月十一日亥时生

征考:《未刊》(8—59):"陆沅,字冠湘,号芷江,行二,乾隆丙午年二月十一日吉时生,浙江嘉兴府平湖县学附生,国史馆誊录,议叙以知县用,民籍。"官年取此。

朱壬林《小云庐晚学文稿》卷六《河南宁陵县知县陆君事状》:"君姓陆氏,讳沅,字冠湘,号芷江……君生于乾隆五十年二月十一日亥时,卒于道光二十六年三月初九日卯时,享年六十有二。"(光绪)《平湖县志》卷一六《人物·列传二》:"陆沅,字冠湘,号芷江……生而颖异,甫十岁,即已遍诵十三经及《史》《汉》《文选》诸书,举嘉庆辛酉乡试,年仅十有七,庚辰成进士,改翰林院庶吉士。"由嘉庆六年辛酉(1801)逆推,亦可知其生年乾隆五十年乙巳(1785)。实年取此。

张祥河

官年:乾隆五十二年丁未(1787)正月十四日生

实年:乾隆五十年乙巳(1785)生

征考:《集成》(6—243)"张祥河,原名公璠,字符卿,号诗舲,行一,乾隆丁未年正月十四日生,江苏松江府娄县学廪膳生,民籍,会典馆膳录兼充绘图,两次优叙,即用知县。"官年取此。

张祥河之子张茂新等《先温和公年谱》:"乾隆年乙巳正月十四日酉时,先君生于松江东门外寿星桥王氏宅。"实年取此。

陈銮

官年:乾隆五十五年庚戌(1790)四月二十九日未时生

实年:乾隆五十一年丙午(1786)生

征考:《集成》(6—297):"陈銮,字玉生,号芝楣,行五,乾隆庚戌年四月二十九日未时生,湖北武昌府江夏县学廪膳生,河南候咨知县,原系蕲州青山里民籍。"官年取此。

方宗诚《柏堂集后编》卷一三《赠太子少保江苏巡抚署两江总督陈公神道碑铭(代)》:"道光十九年,江苏巡抚署两江总督江夏陈公薨于位……公生于某年月日,薨于道光十九年某月日,年五十有四。"由道光十九年(1839)逆推,可知其生于乾隆五十一年丙午(1786)。实年取此。

道光壬午(1822)恩科

何熙绩

官年:乾隆五十一年丙午(1786)九月二十五日生

实年:乾隆四十九年甲辰(1784)生

征考:《集成》(6—401):"何熙绩,字亮臣,号春民,行一,又行二,乾隆丙午年九月二十五日吉时生,山西直隶霍州灵石县监生,民籍,现充国史馆誊录,议叙候选盐场大使。"官年取此。

何熙绩《月波舫遗稿》有姚景衡序:"道光八年余来玉民官舍,与通信问,盖不相见者已二十年,旋闻其病且剧,俄而凶问遽至,年四十有五焉。"由道光八年(1828)逆推,可知其生于乾隆四十九年甲辰(1784)

生。实年取此。

何耿绳

官年:乾隆五十三年戊申(1788)十一月二十四日生

实年:乾隆五十一年丙午(1786)生

征考:《集成》(6—401):"何耿绳,字正甫,号玉民,行二,又行四,乾隆戊申年十一月二十四日吉时生,山西直隶霍州灵石县监生,民籍,嘉庆丙子科挑取誊录。"官年取此。

何耿绳《退学诗斋诗集》卷三《四十自述四首》在《乙酉秋闱分校青门即事四首》之前,当作于道光五年(1825)、卷五《六十生日自述》接《乙巳年正月二十四日雨雪……》后,当作于道光二十五年(1845),逆推皆可知其生于乾隆五十一年丙午(1786)。实年取此。

王藻

官年:乾隆五十四年己酉(1789)五月初九日生

实年:乾隆五十二年丁未(1787)生

征考:《未刊》(8—345):"王藻,字燕镐,号菽原,又号蔼人,行四,乾隆己酉年五月初九日吉时生,江苏通州学廪膳生,民籍。"官年取此。

陈奂《三百堂文集》上《恩晖堂诗集跋(辛亥)》:"菽原方伯与奂交四十年矣。……奂长菽原一岁。"陈奂生于乾隆五十一年(1786),故知王藻生于乾隆五十二年丁未(1787)。实年取此。

郭熊飞[①]

官年:乾隆五十六年辛亥(1791)十月十六日申时生

实年:乾隆五十四年己酉(1789)十月十六日生

征考:《未刊》(8—98、134、230、289、306):"郭熊飞,字□溪,一字次虎,号兰垞,行一,乾隆辛亥年十月十六日申时生,山东莱州府潍县附生,民籍。"官年取此。

民国《潍县志》卷二八《人物》"郭熊飞"条后附赵申嘉撰《直隶布

---

① 郭熊飞本科仅取誊录,因系朱卷履历,故列入统计数据。

政使司布政使次虎郭公行状》:"公生于乾隆五十四年十月十六日,卒于道光二十七年八月十二日,年五十九岁。"实年取此。

徐栋

官年:乾隆五十八年癸丑(1793)十一月二十六日(1793年12月28日)生

实年:乾隆五十七年壬子(1792)十一月二十六日子时(1793年1月8日)生

征考:《集成》(6—375):"徐栋:字惠发,号南荣,别号笑陆,行五,乾隆癸丑年十一月二十六日吉时生,直隶保定府安肃县廪膳生,民籍,嘉庆庚辰科考取教习。"官年取此。

徐栋自编、徐炳华续《致初年谱》:"乾隆五十七年岁在壬子,冬十一月二十六日子时,生于保定府王字街之东宅。"实年取此。

道光癸未(1823)科

王广荫

官年:乾隆五十四年己酉(1789)七月二十四日生

实年:乾隆四十三年戊戌(1778)生

征考:《未刊》(9—164):"王广荫,字薆棠,号萱堂,行一,乾隆己酉年七月二十四日吉时生,江苏通州学增广生,民籍。"官年取此。

陈奂《师友渊源记》"王广荫"条:"薆堂长余八岁,交最亲。"陈奂生于乾隆五十一年(1786),可知王广荫当生于乾隆四十三年戊戌(1778)。实年取此。

黄光焯(另见)

官年:嘉庆五年庚申(1800)八月初五日生

实年:嘉庆二年丁巳(1797)八月初五日生

征考:《集成》(7—79):"黄光焯,字望仑,号槐江,又号怀茳,行二,嘉庆庚申年八月初五日生,安徽徽州府休宁县副贡生,民籍。"官年取此。

秦翰才抄本《黄光煋自订年谱》载其生于"嘉庆二年丁巳八月初五日"。实年取此。

道光丙戌(1826)科
朱昌颐
官年:乾隆五十七年壬子(1792)七月十四日生

实年:乾隆五十六年辛亥(1791)生

征考:《集成》(7—215):"朱昌颐,字吉求,号朵山,行九,乾隆壬子年七月十四日吉时生,浙江嘉兴府学拔贡生,海盐县灶籍,现任户部广西司候补主事兼云南司行走。"官年取此。

李瀚章《朵山朱公传》:"同治元年七月二十日卒,春秋七十有二。"由同治元年壬戌(1862)逆推,知其生于乾隆五十六年辛亥(1791)。朱昌颐《鹤天鲸海焚余稿》卷六《丁巳六月二十九日次孙安民举子,初得曾孙,弥月志喜》其一:"计我七旬三岁少,人欣四世一堂同。"由咸丰丁巳(1857)逆推,可知其生于乾隆五十六年辛亥(1791)。实年取此。

顾夔
官年:乾隆五十八年癸丑(1793)正月十九日午时生

实年:乾隆五十五年庚戌(1790)生

征考:《集成》(7—249):"顾夔,原名恒,字卿裳,号荃士,行四,乾隆癸丑年正月十九日午时生,江苏松江府华亭县学增生,宣城县教谕,民籍。"官年取此。

张文虎《覆瓿集续刻·鼠壤余蔬》有《山西灵石县知县顾公墓表》:"公姓顾,氏讳夔……(道光三十年)得疾归,卒,年六十有一。"由道光三十年(1850)逆推,可知其生于乾隆五十五年庚戌(1790)。实年取此。

道光己丑(1829)科
许正绶
官年:嘉庆三年戊午(1798)正月初十日生

实年:乾隆六十年乙卯(1795)十二月二日辰时(1796年1月11日)生

征考:《集成》(8—181):"许正绶(榜名正阳),字若庭,又字箬亭,号藜生,行一,又行八,嘉庆戊午年正月初十日生,浙江绍兴府上虞县附生,民籍,原籍会稽县。"官年取此。

《广清碑传集》卷一一谭献《复堂文集》卷二《许教授家传》:"二十四年,年五十,复授湖州教授……咸丰十年,君年六十六岁……明年卒。"另许氏门人编《许廌生先生年谱》稿本载许正绶生于"乾隆六十年十二月二日辰时"。实年取此。

俞树风

官年:嘉庆三年戊午(1798)六月廿九日生

实年:乾隆五十四年己酉(1789)生

征考:《集成》(8—87):"俞树风,字德加,一字虞琴,号松石,行一,嘉庆戊午年六月廿九日吉时生,江西广信府广丰县学优增生,民籍。"官年取此。

(同治)《广丰县志》卷八之二:"俞树风,字虞琴,一字松石……成道光己丑进士……辛酉年已七十三矣,因引疾归……年八十四无疾而终。"由咸丰十一年辛酉(1861)逆推,知其生于乾隆五十四年己酉(1789)。实年取此。

钱福昌

官年:嘉庆六年辛酉(1801)八月十二日申时生

实年:嘉庆四年己未(1799)八月十二日生

征考:《集成》(7—413):"钱福昌,原名攀龙,字超衢,号辰田,又号宝斋,行一,嘉庆辛酉年八月十二日申时生,浙江嘉兴府学廪膳生,平湖县民籍。"官年取此。

朱壬林《小云庐晚学文稿》卷六《内阁侍读学士钱君墓表》:"君讳福昌……君以嘉庆四年八月十二日生,年五十二岁。"实年取此。

朱兰

官年:嘉庆七年壬戌(1802)十一月初九日生

实年:嘉庆五年庚申(1800)生

征考:《集成》(8—165):"朱兰,字心如,号久香,行二,嘉庆壬戌年十一月初九日吉时生,浙江绍兴府学附生,余姚县民籍。"官年取此。

朱兰《补读室诗稿》卷首《余姚县志传》:"(同治)十二年卒于家,年七十有四。"由同治十二年(1873)逆推,可知其生于嘉庆五年庚申(1800),实年取此。

道光壬辰(1832)恩科

吴钟骏

官年:嘉庆六年辛酉(1801)七月十五日生

实年:嘉庆四年己未(1799)七月十五日生

征考:《集成》(8—329):"吴钟骏,字吷声,号崧甫,一号殊舫,行七,嘉庆辛酉七月十五日吉时生,江南苏州府吴县副贡生,民籍,丙戌科挑取誊录。道光壬辰恩科。"官年取此。

1915年木活字本《洞泾吴氏支谱》载:"字遹声,号崧甫,又号殊舫,行四,又行七,嘉庆己未七月十五日生……咸丰癸丑六月初六日卒于福建学政任,年五十五。"民国二十二年铅印本《吴县志》卷六六下载:"吴钟骏,字吷声……道光壬辰一甲一名进士……咸丰三年卒于福建学政任,赐祭葬,年五十有五。"由咸丰三年癸丑(1853)逆推,亦可知其生于嘉庆四年己未(1799)年。实年取此。

道光癸巳(1833)科

陈光绪

官年:嘉庆元年丙辰(1796)十二月初七日(1797年1月4日)生

实年:乾隆五十三年戊申(1788)生

征考:《集成》(9—229):"陈光绪,原名诗,字子修,号石生,行七,嘉庆丙辰年十二月初七日吉时生,浙江绍兴府会稽县廪膳生,民籍。"

官年取此。

宗稷辰《躬耻斋文钞》卷一○《陈石生墓志铭》："其生在乾隆戊申，享年六十有八。……君元名诗，后改名光绪，字子修。"实年取此。

宗元醇

官年：嘉庆三年戊午(1798)十月十八日生

实年：乾隆五十二年丁未(1787)生

征考：《未刊》(9—240)："宗元醇，字厚伯，号爕堂，行五，戊午相十月十八日吉时生，河南直隶汝州鲁山县廪膳生，民籍。"官年取此。

吴曾三《宗五大人——清代进士宗元醇事略》(中国人民政治协商会议鲁山县委员会文史资料研究委员会《鲁山文史资料资料》第2辑)据宗氏后裔宗宪泽之回忆："关于宗元醇之生卒，据云小于林则徐二岁，晚卒于林则徐十年，以此推算，当为一七八七年至一八六零年。"实年取此。

金树本

官年：嘉庆六年辛酉(1801)八月二十二日巳时生

实年：乾隆六十年乙卯(1795)生

征考：《集成》(9—89)："金树本，字培生，号佩荪，行二，嘉庆辛酉年八月二十二日巳时生，浙江绍兴府诸暨县附生，民籍，现充咸安宫教习。"官年取此。

宗稷辰《躬耻斋文钞》卷一○《署广西柳州知府培生金君墓志铭》："丙午都下再见，得其所刻近著……其时君已将作郡西粤，惜其投荒远去，握手不忍别，明年余以忧归，闻君守柳州，已而知于是春三月卒于柳……年仅五十有三。"丙午明年为道光丁未年(1847)，金去世，逆推可知其生于乾隆六十年乙卯(1795)。实年取此。

王锡九

官年：嘉庆六年辛酉(1801)八月二十四日生

实年：嘉庆二年丁巳(1797)八月生

征考：《未刊》(9—259)："王锡九，字六谦，号兰史，行二，又行一，嘉庆辛酉年八月二十四日吉时生,山西汾州府汾阳县监生民籍。"官年取此。

《中国家谱资料选编》第4册《传记卷》收沈同芳《赠光禄大夫江苏吴县知县王公家传》(原载《绍兴新河王氏族谱》卷六,民国木活字本):"公讳锡九,字兰史,浙江山阴人,寄籍山西汾阳。嘉庆丁巳八月生于山邑万安坊之心印堂……壬子十二月卒,年五十六。"实年取此。

姚承恩

官年:嘉庆九年甲子(1804)十二月十二日(1805年1月12日)生

实年:乾隆六十年乙卯(1795)生

征考:《家传》(98—513):"姚承恩,字桐云,号朗山,行八,嘉庆甲子年十二月十二日吉时生,直隶天津府天津县府学增广生,民籍。"官年取此。

(民国)《天津县新志》卷二一之三本传:"承恩字桐云,号朗山,府学生,道光二年举于乡,十三年成进士,宰河南遂平……咸丰元年卒于任,年五十有七。"由咸丰元年辛亥(1851)逆推,知其生于乾隆六十年乙卯(1795)。实年取此。

方大淳

官年:嘉庆十四年己巳(1809)七月十七日生

实年:嘉庆十一年丙寅(1806)生

征考:《集成》(9—219):"方大淳,字希程,号澹人,别号稼轩,行一,嘉庆己巳年七月十七日吉时生,湖南岳州府巴陵县附生,民籍。"官年取此。

杜贵墀撰《巴陵人物志》(收入《桐华阁丛书》)卷二《方稼轩先生传》:"先生讳大纯,字希程,一字稼轩,道光癸巳进士,授兵部主事,选取军机章京。……年二十,领乙酉乡荐。……未及有为,三十而卒。"按乙酉为道光五年(1825),是年二十,可推知其生于嘉庆丙寅年(1806)。实年取此。

道光乙未(1835)科

孙铭恩

官年:嘉庆十七年壬申(1812)正月十五日生

实年:嘉庆十五年庚午(1810)正月十五日子时生

征考:《集成》(9—339):"孙铭恩,字书常,号兰检,行二,嘉庆壬申正月十五日吉时生,江苏通州附生,民籍。"官年取此。

《中华历史人物别传集》第49册秦登瀛《兰检府君行述》:"府君生于嘉庆庚午年正月十五日子时,恸以咸丰甲寅年五月十五日,享年四十有五。"实年取此。

乔松年(另见)

官年:嘉庆二十五年庚辰(1820)六月十九日生

实年:嘉庆二十年乙亥(1815)六月十九日生

征考:《未刊》(9—312):"乔松年,字健侯,号鹤侪,行一,嘉庆庚辰年六月十九日吉时生,山西太原府徐沟县监生,民籍。"官年取此。

方濬颐《二知轩文存》卷三二《太子少保东河总督乔公墓志铭》:"公姓乔,氏讳松年,字健侯,号鹤侪……嘉庆二十年六月十九日生……(光绪元年)二月十四日薨,享年六十有一。"实年取此。

道光丙申(1836)恩科

庄缙度(另见)

官年:嘉庆七年壬戌(1802)七月十六日生

实年:嘉庆四年己未(1799)七月十六日生

征考:《未刊》(9—409):"庄缙度,字景裴,号伯邕,一字眉叔,行一,嘉庆壬戌年七月十六日吉时生,江苏常州府阳湖县附监生,民籍。"官年取此。

庄怡孙纂光绪元年《毗陵庄氏增修族谱》卷一○:"生于嘉庆己未七月十六日,卒于咸丰壬子三月初八日。"实年取此。

蔡振武

官年:嘉庆十九年甲戌(1814)十一月二十四日(1815年1月4日)生

实年:嘉庆十八年癸酉(1813)生

征考:《集成》(10—1):"蔡振武,字宜之,号麟洲,行三,嘉庆甲戌年十一月二十四日吉时生,浙江杭州府学附生,仁和县民籍。"官年取此。

蔡振武《瑶华山馆试帖》后有其子蔡纶书跋:"先大夫麟洲廉访为先大父小霞制府公第三子,六龄失怙,依兄以居,即能刻苦自励,道光甲申,年十二,初出应试,为杜文端公识拔,以第七名入县庠,旋中辛卯举人,丙申会魁,入翰林。"按由道光甲申(1824)逆推,可知其生于嘉庆十八年癸酉(1813)。实年取此。

道光戊戌(1838)科

钱以同(另见)

官年:嘉庆十五年庚午(1810)七月二十六日生

实年:嘉庆九年甲子(1804)生

征考:《集成》(11—1):"钱以同,字同生,号小蓝,一号桐荪,行一,嘉庆庚午年七月二十六日吉时生,江苏松江府华亭县优贡生,民籍。"官年取此。

宗稷辰《躬耻斋文钞》卷一〇《掌山东道监察御史小蓝钱君墓志铭》:"咸丰六年冬小蓝钱君遭母夫人之丧,日在苫块,朝夕奠酹,一泣一呼,声甚哀,如是数月不止,毁瘠甚,至二月而疾作,逾月医莫能疗,竟以三月十二日不起,君年已五十有四矣。……君讳以同,字桐荪,号小蓝。"知钱卒于咸丰七年(1857),由此逆推知其生于嘉庆甲子(1804)。实年取此。

道光庚子(1840)科
卜葆鈖(另见)

官年:嘉庆十年乙丑(1805)十月初一日生

实年:嘉庆八年癸亥(1803)生

征考:《集成》(11—121):"卜葆鈖,字尹甫,号达庵,一号玉生,行二,嘉庆乙丑年十月初一日吉时生,系浙江嘉兴府平湖县副榜贡生,民籍。"官年取此。

(光绪)《平湖县志》卷一六《人物·列传二》本传:"庚子成进士……甲辰题补大邑……逾年卒,年四十三。"甲辰次年为道光二十五年乙巳(1845),由此逆推,知其生于嘉庆八年癸亥(1803)。实年取此。

姚光发(另见)

官年:嘉庆十一年丙寅(1806)二月十六日生

实年:嘉庆四年己未(1799)生

征考:《集成》(11—167):"姚光发,字汝铨,号衡堂,一号蘅塘,嘉庆丙寅二月十六日吉时生,江南松江府娄县拔贡生,现任扬州府高邮州训导。"官年取此。

闵萃祥《式古训斋文集》下《皇清诰授通议大夫三品顶戴户部主事姚公墓志铭》:"光绪二十年甲午,户部主事衡堂姚公年九十有六……夏四月具牍,中丞奎俊公秋八月将上奏,而公病卒里第……公讳光发,字汝铨,衡堂其号也。"由光绪二十年(1894)逆推,可知其生于嘉庆四年己未(1799)。实年取此。

范梁

官年:嘉庆十九年甲戌(1814)三月十二日生

实年:嘉庆十三年戊辰(1808)生

征考:《集成》(11—159):"范梁,字昴生,号楣孙,行一,嘉庆甲戌年三月十二日吉时生,浙江杭州府钱塘县学附生,民籍。官年取此。"

贺涛《贺先生文集》卷一《广西布政使范公家传》:"公讳梁,字昴生,又字楣孙……(光绪)九年十一月卒于家,年七十有六。"由光绪九年(1883)逆推,可知其生于嘉庆十三年戊辰(1808)。实年取此。

道光辛丑(1841)科

王瑞庆

官年:嘉庆六年辛酉(1801)五月初三日生

实年:嘉庆元年丙辰(1796)生

征考:《集成》(11—399):"王瑞庆,字庚心,号冶锋,行二,嘉庆辛酉年五月初三日吉时生,直隶保定府清苑县附生,民籍,祖籍浙江绍兴府山阴县。"官年取此。

(民国)《清苑县志》卷四《人物上》本传:"王瑞庆,字庚心,号冶锋,道光辛丑进士……同治丙寅因亲老告归田里,己巳年卒,年七十有四。"由同治八年己巳(1869)逆推,知其生于嘉庆元年丙辰(1796)。实年取此。

彭涵霖

官年:嘉庆十九年甲戌(1814)三月二十二日生

实年:嘉庆十三年戊辰(1808)生

征考:《集成》(12—251):"彭涵霖,字迪修,号养田,行一,嘉庆甲戌年三月二十二日吉时生,袁州府萍乡县学廪膳生,民籍。"官年取此。

(同治)《萍乡县志》卷一〇《列传·儒林》:"彭涵霖,字养田,少颖异,博学能文,年三十登贤书,三十四,成进士,授编修。"由道光二十一年辛丑(1841)逆推,知其生于嘉庆十三年戊辰(1808)。实年取此。

道光甲辰(1844)科

吴元甫

官年:乾隆五十六年辛亥(1791)八月十九日生

实年:乾隆六十年乙卯(1795)生

征考:《未刊》(40—488):"吴元甫,字抡伯,号仲山,行三,乾隆辛亥年八月十九日吉时生,丙子乙酉荐卷,安徽直隶六安州廪膳生,民籍。"官年取此。

(同治)《六安州志》卷三七《笃行》本传:"吴元甫,字仲山……道光甲辰恩科举于乡,年已五十矣。屡试春官,复不第,竟以课读终其身。"由道光二十四年甲辰(1844)逆推,知其生于乾隆六十年乙卯(1795)。实年取此。然违反官年不会大于实年之常情,是否方志有误,待考。

莫炽

官年:嘉庆八年癸亥(1803)十一月二十三日(1804年1月5日)生

实年:乾隆六十年乙卯(1795)生

征考:《集成》(12—419):"莫炽,乡榜名毓岗,字以南,号岳臣,行四,嘉庆癸亥年十一月二十三日生,广西平乐府荔浦县岁贡生,民籍。"官年取此。

(光绪)《滋阳县志》卷一一《艺文志上》有黄恩彤撰《奉直大夫同知衔滋阳知县以南莫君墓志铭》:"咸丰辛酉正月二十一日,前滋阳令莫君卒于衮城公寓……年六十有七。"由咸丰十一年辛酉(1861)逆推,知其生于乾隆六十年乙卯(1795)。实年取此。

华日新

官年:嘉庆二十年乙亥(1815)十一月初六日生

实年:嘉庆十三年戊辰(1808)生

征考:《未刊》(10—220):"华日新,字学修,号又斋,行三,嘉庆乙亥年十一月初六日吉时生,江西广信府铅山县学廪膳生,民籍。"官年取此。

(同治)《铅山县志》卷一五《人物》"华日新"条:"遽卒,年五十有五,时同治元年正月六日也。"由同治元年逆推,知其生于嘉庆十三年戊辰(1808)。实年取此。

方濬颐

官年:嘉庆二十一年丙子(1816)三月初六日生

实年:嘉庆二十年乙亥(1815)生

征考：《集成》(13—195)："方濬颐，字子贞，号饮苕，行一，嘉庆丙子年三月初六日吉时生，安徽凤阳府定远县副榜贡生，内阁候补中书，民籍，原籍休宁县。"官年取此。

《广清碑传集》卷一三金天翮《方濬颐浚师传》："方濬颐，字子箴……同治甲戌，年六十矣。"方濬师《退一步斋诗集》卷八有《(甲戌)子箴兄今年六十……》。由同治甲戌(1874)逆推，可知其生于嘉庆二十年乙亥(1815)。实年取此。

贾世陶

官年：嘉庆二十二年丁丑(1817)二月十六日生

实年：嘉庆十五年庚午(1810)生

征考：《未刊》(10—245)："贾世陶，字唐民，号翰生，一号少嵋，行五，大行十，嘉庆丁丑年二月十六日吉时生，山西太原府太谷县优行增广生，民籍。"官年取此。

常赞春《山西献征》卷三《郡守贾晓嵋先生事略)》附载其子贾世陶传："世陶，字唐民……咸丰己未卒，年五十岁。"由咸丰九年己未(1859)逆推，知其生于嘉庆十五年庚午(1810)。实年取此。

道光乙巳(1845)恩科

何桂芬

官年：嘉庆十三年戊辰(1808)正月初八日生

实年：嘉庆六年辛酉(1801)生

征考：《集成》(14—209)："何桂芬，原名其盛，字茂园，号新甫，行四，嘉庆戊辰年正月初八日吉时生，江苏江宁府上元县副榜贡生，大挑一等，签制四川试用知县，民籍。"官年取此。

何忠万《何子清先生遗文》下《先中宪府君行述》："先大夫年二十补博士弟子员，又二十五年擢甲科，又二十二年膺特简、握陕篆二载，设施未竟……(同治)七年秋……九月十三日酉时弃养矣。"知其中进士之年(1845)四十五岁，逆推可知其生于嘉庆六年辛酉(1801)。实年取此。

贡璜(另见)

官年:嘉庆十八年癸酉(1813)十一月初四日生

实年:嘉庆十一年丙寅(1806)生

征考:《集成》(14—135):"贡璜,字以黼,号荆山,一号掌梅,行一,嘉庆癸酉年十一月初四日吉时生,浙江金华府汤溪县拔贡生,民籍,吏部七品小京官,考功司行走,记名军机章京。"官年取此。

(民国)《汤溪县志》卷一〇《人物上》本传:"贡璜,字以黼,号荆山……同治丁卯,畿辅旱荒,以赈抚积劳,卒于庞谷庄差次,年六十二。"由同治丁卯(1867)逆推,可知其生于嘉庆十一年丙寅(1806)。实年取此。

吴昌寿(另见)

官年:嘉庆二十年乙亥(1815)四月十九日生

实年:嘉庆十五年庚午(1810)生

征考:《集成》(13—441):"吴昌寿,字仁甫,号少邨,行一,嘉庆乙亥年四月十九日吉时生,浙江嘉兴府嘉兴县拔贡生,民籍。"官年取此。

《广清碑传集》卷一二沈曾植《广西巡抚吴公昌寿墓志铭》:"(卒)年五十八,时同治六年七月九日。"由同治六年(1867)逆推,可知其生于嘉庆庚午年(1810)。实年取此。

刘书年

官年:嘉庆二十三年戊寅(1818)六月十三日生

实年:嘉庆十六年辛未(1811)六月十三日生

征考:《集成》(14—45):"刘书年,字竹史,号仙石,行四,嘉庆戊寅年六月十三日吉时生,直隶河间府献县拔贡生,民籍。"官年取此。

《献陵刘氏家乘》上册载张之洞《诰授中宪大夫花翎名简用道贵州贵阳知府刘君墓碑》:"咸丰十一年太岁在辛酉十月七日,中宪大夫献县刘君卒于家,年五十一。"下册《世系图》载:"书年,字竹史,号仙石,别号秋冶子,生嘉庆十六年六月十三日,卒咸丰十一年十月初七日,寿五十一。"实年取此。

金鹤清

官年:道光元年辛巳(1821)七月十一日生

实年:嘉庆二十一年丙子(1816)生

征考:《集成》(13—417):"金鹤清,字田叔,号翰皋,又号稚谷,行三,道光辛巳年七月十一日吉时生,浙江嘉兴府桐乡县学优廪生,民籍,候补觉罗官学汉教习。"官年取此。

张金镛《躬厚堂杂文》卷七《哀金翰皋文》:"咸丰阏逢摄提之岁秋七月二十七日,南书房翰林桐乡金君以瘵疾卒于京寓……君名鹤清,翰皋其字,卒年三十有九。"咸丰阏逢摄提即咸丰甲寅(1854),由此年逆推,可知其生于嘉庆二十一年丙子(1816)。实年取此。

道光丁未(1847)科

傅培峰

官年:嘉庆十年乙丑(1805)正月初四日生

实年:嘉庆九年甲子(1804)生

征考:《道光二十七年丁未科会试同门姓氏朱卷》:"傅培峰,字擘三,号藕村,行五,通行六,嘉庆乙丑年正月初四日卯时生,甘肃凉州府镇番县民籍。"①官年取此。

李元度《天岳山馆文钞》卷一二《宜黄县知县傅君别传》:"君讳培峰,字藕村,甘肃镇番人……戊午……八月……二十日……君卒,年五十有五。"由咸丰八年戊午(1858)逆推,知其生于嘉庆九年甲子(1804)。实年取此。

何兆瀛②(另见)

官年:嘉庆十六年辛未(1811)六月初二日生

---

① 此份朱卷原书傅之生年为"嘉庆甲子相乙丑年正月初四日卯时生",同时出现"甲子""乙丑"两个生年,甚为奇特,傅卷出第十三房,通观《道光丁未科会试第十三房同门姓氏朱卷》,皆云"年"不云"相",故定"甲子相"为衍,取"乙丑年"。

② 按何未中本科进士,只挑取誊录朱卷,但由于其有本科朱卷履历,故亦列入统计数据。

实年:嘉庆十四年己巳(1809)六月初二日生

征考:《道光二十七年丁未科会试第九房同门姓氏何兆瀛誊录朱卷》:"何兆瀛,字青耜,号通甫,行二,嘉庆辛未年六月初二日吉时生,江苏江宁府江宁县监生,民籍,前充国史馆誊录,候选知州,现官户部额外郎中。丙午顺天乡试中式第五十一名举人。"官年取此。

南京图书馆藏抄本何兆瀛《心公自订年谱》:"嘉庆十四年己巳……六月初二日酉时生于金陵甘雨巷。"何兆瀛《老学后庵自订诗序》:"时在同治辛未,年六十三矣……光绪十三年岁在丁亥十二月澈叟书于武林寄庐,时年七十有九。"由同治辛未(1871)和光绪十三年(1887)分别逆推,皆可知其生年为嘉庆十四年己巳(1809)。何汝霖《知所止斋自订年谱》嘉庆十四年己巳载:"六月,次子兆瀛生。"实年取此。

雷尃(另见)

官年:嘉庆十八年癸酉(1813)九月二十九日生

实年:嘉庆十四年己巳(1809)生

征考:《集成》(14—377):"雷尃,字蕴峰,号荻窗,行二,嘉庆癸酉九月二十九日生,江苏松江府华亭县廪膳生,庚子优贡中式副榜,民籍。"官年取此。

黄金台《木鸡书屋文五集》卷四《龙山县知县雷君蕴峰传》:"君讳尃,号荻窗,江南华亭人……以(咸丰)乙卯七月朔日殁于省垣,年只四十有七。"由咸丰乙卯(1855)逆推,可知其生于嘉庆十四年己巳(1809)。实年取此。

叶维藩

官年:嘉庆十九年甲戌(1814)十一月二十二日(1815年1月2日)生

实年:嘉庆十年乙丑(1805,乙丑十一月二十日为1806年1月11日)生

征考:《集成》(15—293):"叶维藩,字价人,号辰生,行一,嘉庆甲戌年十一月二十二日吉时生,浙江处州府松阳县咨部优行廪膳生,民

籍,国史馆誊录,候选知县。"官年取此。

《广清碑传集》卷一二方濬颐《叶辰生墓表》:"(咸丰)十一年……君与李太守咸骂贼不屈,死之……年甫五十七岁。"由咸丰十一年(1861)逆推,可知其生于嘉庆乙丑年(1805)。实年取此。

唐壬森

官年:嘉庆二十年乙亥(1815)六月十六日生

实年:嘉庆十年乙丑(1805)生

征考:《集成》(15—139):"唐壬森,原名楷,字叔未,一字学庭,号根石,行三,乙亥年六月十六日吉时生,浙江金华府兰溪县优贡生,候选训导,民籍。"官年取此。

(光绪)《兰溪县志》唐壬森序:"光绪十四年岁次戊子春月……唐壬森撰,时年八十有四。"由光绪十四年(1888)逆推,可知其生于嘉庆十年乙丑(1805)。实年取此。

沈桂芬

官年:嘉庆二十四年己卯(1819)九月初五日生

实年:嘉庆二十三年戊寅(1818)生

征考:《集成》(15—57):"沈桂芬,字步云,一字金生,号经笙,行二,嘉庆己卯年九月初五日吉时生,顺天府学附生,宛平县民籍,祖籍江苏吴江县。"官年取此。

《续碑传集》卷六《沈桂芬传》:"(光绪)七年正月以疾终,年六十有四。"由光绪七年(1881)逆推,可知其生于嘉庆二十三年戊寅(1818)。实年取此。

刘其年

官年:嘉庆二十五年庚辰(1820)正月二十四日生

实年:嘉庆二十二年丁丑(1817)正月二十四日生

征考:《集成》(15—117):"刘其年,字子曼,号芝泉,行六,嘉庆庚辰年正月二十四日吉时生,直隶河间府献县副贡生,民籍。"官年取此。

中国国家图书馆藏《清芬丛钞》中收有徐青所撰《景廉堂年谱》,系刘书年、刘其年之父刘廷楠之谱,其中有载:"嘉庆二十二年丁丑,年六十五岁。六子其年生,字芝泉。"《献陵刘氏家乘》下册《世系图》:"其年,字芝泉,号子曼,别号亦迦,生嘉庆二十二年正月二十四日,卒同治九年六月初五日,寿五十四。"实年取此。

何璟

官年:嘉庆二十五年庚辰(1820)六月八日生

实年:嘉庆二十二年丁丑(1817)生

征考:《道光二十七年丁未科会试同门姓氏朱卷》:"何璟,字伯玉,号小宋,又号松岩,行一,又行五,嘉庆庚辰年六月初八日吉时生,广东广州府香山县监生,民籍。"官年取此。

《碑传集三编》卷一四《何璟传》:"何璟,字伯玉,号小宋,香山县人……年十七,以监生应道光二十三年顺天乡试,中举人。二十七年,成进士……卒年七十二。"由道光二十三年(1843)逆推,知其生于嘉庆二十二年丁丑(1817)。实年取此。

熊其光(另见)

官年:嘉庆二十五年庚辰(1820)九月二十九日生

实年:嘉庆二十二年丁丑(1817)生

征考:《集成》(15—151):"熊其光,字雨华,号苏林,行一,嘉庆庚辰九月二十九日吉时生,系江苏松江府青浦县附生,民籍。"官年取此。

《碑传集补》卷一一陆曰爱《熊农部哀辞》:"农部青浦人,姓熊氏,名其光……(咸丰五年)九月,君以积劳感疾卒,年三十九。"同卷诸可宝《熊其光传》:"咸丰五年积劳病卒,年三十有九。"由咸丰五年(1855)逆推,可知其生于嘉庆二十二年丁丑(1817)。实年取此。

许彭寿(另见许寿身)

官年:道光元年辛巳(1821)七月二十九日生

实年:嘉庆二十五年庚辰(1820)生

征考:《集成》(14—311):"许彭寿,元名寿身,以字行,号仁山,行一,又行十,道光辛巳年七月二十九日吉时生,浙江杭州府钱塘县附贡生,工部郎中,民籍。"官年取此。

据许恪儒先生提供《高阳许氏家谱系表》,许寿身又名许彭寿,生卒年为嘉庆二十五年至光绪八年(1820—1882)。实年取此。

丁寿昌

官年:道光二年壬午(1822)十二月初一日生

实年:嘉庆二十三年戊寅(1818)十二月初一日午时生

征考:《集成》(15—9):"丁寿昌,字颐伯,号鞠泉,行一,道光壬午年十二月初一日生,江苏淮安府山阳县优贡生,民籍。"官年取此。

丁寿昌《睦州存稿·灵鹊书巢初稿》卷首附丁寿祺《诰授中宪大夫道衔浙江严州府知府伯兄颐伯先生行状》:"嘉庆二十三年十二月初一日午时生。"卷一《怪石歌用韩昌黎石头鼓韵》下注:"十四岁作,辛卯。"辛卯为道光十一年(1831),逆推可知其生年为嘉庆二十三年(1818)。另卷八《奉政大夫同知衔候选知县从兄子静墓志铭》:"兄讳寿徵,字子静,二伯父出,长余三岁……生于嘉庆乙亥十二月二十三日,年仅五十。"亦可知丁寿昌生于嘉庆二十三年。实年取此。

潘斯濂

官年:道光三年癸未(1823)十月初六日生

实年:嘉庆二十五年庚辰(1820)生

征考:《集成》(15—227):"潘斯濂,字兆端,别字莲舫,行一,道光癸未年十月初六日吉时生,系广东广州府南海县江浦司民籍,南海县监生。"官年取此。

(宣统)《南海县志》卷一四《列传》本传:"庚辰四月充考试奉天汉教习阅卷大臣,其秋试事将竣,斯濂语其子,言母当告归。乃试锦州还,途中感寒,痰喘发病剧,知不起。自言受国厚恩,不克报称,谕诸儿当努力,以终我未竟之志。语毕端坐移时,逝,年六十有一。"由光绪庚辰(1880)逆推,可知其生于嘉庆二十五年庚辰(1820)。实年取此。

李德仪

官年:道光三年癸未(1823)十月初八日生

实年：嘉庆二十三年戊寅（1818）生

征考：《集成》(15—1)："李德仪，字吉羽，号小麐，又号筱舥，行一，又行四，道光癸未年十月初八日吉时生，江苏苏州府新阳县附监生，民籍。"官年取此。

（光绪）《昆新两县续修合志》卷二四《列传》本传："字吉羽，号筱舥……（咸丰）庚申正月卒于邛州，年四十三。"由咸丰十年庚申（1860）逆推，知其生于嘉庆二十三年戊寅（1818）。实年取此。

李鸿章

官年：道光四年甲申（1824）正月初五日生

实年：道光三年癸未（1823）正月五日生

征考：《未刊》(10—393)："李鸿章，派名章铜，字子黻，号少荃，行二，道光甲申年正月初五日吉时生，安徽庐州府合肥县优贡生，民籍。"官年取此。

《续碑传集》卷七朱孔彰撰《李文忠别传》："光绪二十七年七月议定和约十二款。九月二十七日，薨于京师之贤良寺，年七十有九。"同卷吴汝纶撰《文华殿大学士直隶总督赠太傅一等侯李文忠公墓志铭》亦云："公薨以二十七年九月二十七日，寿七十有九。"张之洞《李文忠公七秩寿序》："恭祝诰授光禄大夫宫太傅中堂一等肃毅伯七秩寿序，皇帝御极之十有八年，八纮翔洽，百度贞明。维时居首揆者实惟傅相合肥公……是年正月五日，为公七旬岳降之辰。"综此，推知其生年为道光三年癸未（1823）正月五日。实年取此。

庞钟璐

官年：道光四年甲申（1824）七月初十日生

实年：道光二年壬午（1822）七月十日生

征考：《集成》(14—317)："庞钟璐，字华玉，号宝生，一字蕴山，行一，道光甲申年七月初十日吉时生，系江苏苏州府常熟县附生，民籍。"官年取此。

庞钟璐撰，庞鸿文等补《知非录》："道光二年壬午七月初十日亥时,钟璐生于贻安旧宅中堂之西室,乳名曰文龙。"后附翁同龢所撰《皇清诰授光禄大夫刑部尚书谥文恪常熟庞公墓志铭》:"生于道光二年七月十日,薨于光绪二年闰五月六日,年五十有五。"实年取此。

张修府(另见)

官年:道光四年甲申(1824)九月初四日生

实年:道光二年壬午(1822)九月四日生

征考:《集成》(14—327):"张修府,字允六,号东墅,一号企崖,行一,道光甲申年九月初四日吉时生,江苏太仓直隶州嘉定县学廪膳生,民籍。"官年取此。

(光绪)《嘉定县志》卷一六本传:"光绪庚辰卒,年五十九。"稿本《张修府日记》同治十三年九月四日记:"予齿五十有三矣,归计茫然。"光绪五年九月四日记:"予五十八生辰。"(据李青枝、胡政《〈张修府日记〉手稿及其史料价值举例》,《古籍整理研究学刊》2011年第1期)由光绪庚辰(1880)、同治十三年(1874)、光绪五年(1879)分别逆推,可知其生于道光二年九月四日(1822)。实年取此。

道光庚戌(1850)科

季念诒

官年:嘉庆二十二年丁丑(1817)十月初一日生

实年:嘉庆十八年癸酉(1813)十月一日生

征考:《集成》(17—57):"季念诒,字钧谋,一字君梅,行三,又行一,嘉庆丁丑年十月初一日吉时生,江苏常州府江阴县监生,民籍。"官年取此。

季芝昌《丹魁堂自订年谱》:"癸酉二十三岁……十月富甲生,后名念诒,妾郭氏出。"又季芝昌日记中多次言"十月一日"为念诒生日。故知嘉庆十八年(1813)癸酉十月一日为念诒生日。实年取此。

陆增祥(另见)

官年:嘉庆二十三年戊寅(1818)九月初四日生

实年:嘉庆二十一年丙子(1816)生

征考:《集成》(15—371):"陆增祥,字魁仲,号星农,一号亦文,行二,嘉庆戊寅年九月初四日吉时生,江苏太仓直隶州学廪膳生,民籍。"官年取此。

俞樾《春在堂杂文四编》之三《湖南辰永沅靖兵备道陆君墓志铭》:"其卒以光绪八年六月丁卯,年六十有七。"由光绪八年(1882)逆推,可知其生于嘉庆二十一年丙子(1816)。实年取此。

崇实(另见)

官年:道光元年辛巳(1821)七月十八日生

实年:嘉庆二十五年庚辰(1820)七月十八日寅时生

征考:《集成》(16—99):"(完颜氏)崇实,字子华,号朴山,行一,又行三,道光辛巳年七月十八日吉时生,内务府镶黄旗满洲积庆佐领下俊秀贡生,候选员外郎。"官年取此。

崇实编《惕盦年谱》:"嘉庆二十五年庚辰一岁,秋七月十八日寅时,实生于京师东四牌楼南勾栏胡同祖宅之西厢。"实年取此。

杨庆麟

官年:道光十年庚寅(1830)三月初一日生

实年:道光六年丙戌(1826)生

征考:《集成》(16—67):"杨庆麟,字敬士,号振甫,行一,道光庚寅年三月初一日吉时生,江苏苏州府吴江县监生,民籍。"官年取此。

(民国)《吴县志》卷七六《列传》本传:"光绪初为广东布政使,所至勤慎守法,在粤三载,遭本生母之丧,阅一月亦病殁藩署,年五十有四。"按《刘坤一奏疏》卷一四有光绪五年正月二十日所上《藩司积劳后丧母毁终请予优恤折》:"窃前任广东布政使杨庆麟,据报于光绪四年十二月二十八日丁本生母忧,业经臣等具折奏报在案。嗣闻该藩司丁忧后,哀毁太过,患病甚危……竟于本年正月初三日在苫次一恸而绝。"据此可知其卒年为光绪五年己卯(1879)正月三日,逆推可知其生年为道光六年丙戌(1826)。实年取此。

咸丰壬子(1852)恩科
胡履吉

官年:嘉庆十三年戊辰(1808)八月十六日生

实年:嘉庆八年癸亥(1803)生

征考:《集成》(17—417):"胡履吉,原名家锟,字道坦,号理生,嘉庆戊辰年八月十六日生,江苏松江府青浦县廪生,祖籍安徽歙县。"官年取此。

(光绪)《青浦县志》卷一九《人物三·文苑传》本传:"原名家锟,字理生……同治壬戌七月十四日攻城,冒暑得霍乱疾回郡,甫闻城复而卒,年六十。"由同治壬戌(1862)逆推,可知其生于嘉庆八年癸亥(1803)。实年取此。

郭长清

官年:嘉庆二十年乙亥(1815)三月十七日生

实年:嘉庆十八年癸酉(1813)生

征考:《郭长清咸丰二年壬子恩科会试朱卷》:"郭长清,字廉夫,号怪琴,行一,又行三,嘉庆乙亥年三月十七日吉时生,直隶永平府临榆县民籍,拔贡生。"官年取此。

《大清畿辅先哲传》三五:"郭长清,字怪琴,号廉夫,临榆人,道光二十三年举人……(光绪)六年升郎中,寻卒,年六十八。"由光绪六年庚辰(1880)逆推,知其生于嘉庆十八年癸酉(1813)。实年取此。

张鼎辅

官年:嘉庆二十二年丁丑(1817)十月十六日生

实年:嘉庆十六年辛未(1811)十月十六日酉时生

征考:《集成》(18—21):"张鼎辅,原名珩,字楚佩,一字节佩,号小峰,行一,嘉庆丁丑年十月十六日吉时生,浙江宁波府鄞县学附生,内阁中书,民籍。"官年取此。

张恕《南兰文集》卷五有《大儿鼎辅事略》:"(戊辰)九月循例告

养,不及赴曹州本任,挈眷而归……岁暮旋里,见其形容蕉萃,犹谓长途辛苦使然,支持五阅月,至六月大病。今年入春渐能行动,三月廿一二犹出书房课读,喜其病有转机,孰知数日前痰中见血,禁家人不得声张。至廿七日大呕不止,延至三十日午刻身亡……恕生三子,冢子即鼎辅,生于嘉庆十六年十月十六日酉时。由邑庠生中式道光十四年甲午科举人……咸丰二年壬子恩科中式进士……(同治)八年以防守武定府军功奉旨加盐运使衔,赏戴花翎……呜呼,吾儿年周甲子死,不为夭。"实年取此。按(光绪)《鄞县志》卷四四《人物传》本传谓同治八年加盐运使衔后"以亲老告养归。归二年卒,年六十"。由同治十年辛未(1871)逆推,则似生于嘉庆十七年壬申(1812),然县志系按实岁计,仍当以张鼎辅之父所说生于嘉庆十六年为是。

杨光仪(另见)

官年:道光五年乙酉(1825)闰三月初一日生

实年:道光二年壬午(1822)生

征考:《杨光仪咸丰二年壬子顺天乡试朱卷》:"杨光仪,字子厚,号香吟,一号杏农,行一,道光乙酉年闰三月初一日吉时生,直隶天津府天津县廪膳生,民籍。"官年取此。

《大清畿辅先哲传》二六《文学八》:"杨光仪,字香吟,晚号庸叟,先世由浙江义乌北迁,占籍静海……庚子拳匪乱作,光仪方病卧危城中,炮丸坏其庐,不为动,时作小诗自娱。八月三日卒,年七十有九。"由光绪二十六年庚子(1900)逆推,知其生于道光二年壬午(1822)。实年取此。

俞奎垣(另见)

官年:道光六年丙戌(1826)十二月初一日生

实年:道光四年甲申(1824)生

征考:《集成》(18—123):"俞奎垣,字袭芸,行三,道光丙戌年十二月初一日吉时生,直隶顺天府大兴县附学生,民籍,原籍浙江湖州府德清县。咸丰壬子恩科。"官年取此。

《大清畿辅先哲传》卷四〇《孝友二》:"俞奎垣,字袭芸,大兴人……其在鄂时,蝶忽粉白色,而文宗哀诏适至。在甘肃,蝶又粉白色,奎垣知有变,劝其父辞官。甫戒行,而平凉诸处皆失守。行至涿州,以母病亲汲水和药,失足堕井卒,年三十有八。"由咸丰十一年(1861)逆推,知其生于道光四年甲申(1824)。实年取此。

陈承裘

官年:道光十年庚寅(1830)九月初四日生

实年:道光七年丁亥(1827)生

征考:《集成》(18—83):"陈承裘,字孝锡,号子良,行四,道光庚寅年九月初四日吉时生,福建福州府闽县学廪膳生,民籍。"官年取此。

谢章铤《赌棋山庄文又续集》卷二《诰授中宪大夫晋封光禄大夫陈公墓志铭》:"公讳承裘,子良字也,春秋六十有九,光绪二十一年六月丙子日加丑,考终于螺洲里第。"由光绪二十一年(1895)逆推,可知其生于道光七年丁亥(1827)。实年取此。

咸丰丙辰(1856)科

秦赓彤

官年:嘉庆二十二年丁丑(1817)正月十二日生

实年:嘉庆十二年丁卯(1807)正月十二日生

征考:《集成》(20—89):"秦赓彤,原名丽昌,字汝采,号临士,一号庚甫,行三,嘉庆丁丑年正月十二日吉时生,江苏常州府学廪生,金匮县民籍。"官年取此。

《锡山秦氏宗谱》卷八中:"秦赓彤,原名勋,又名丽昌,字汝采,号临士……生嘉庆丁卯正月十〔三〕(二),卒光绪甲申四月初六。"按《锡山秦氏宗谱》有多种续修本,为取其生卒年的信息完整性,本书采该支秦氏为样本时,皆用民国十五年秦敦世等纂修的《锡山秦氏宗谱》九修活字本,但此处生日与官年日期不合,遂取较早的同治十二年本《锡山秦氏宗谱》核之,其生日正为"十二日",民国十五年续修时误刊为"十三日"(民国十七年活字本亦沿误),故此处以同治本校改之。实年取此。

洪昌燕

官年:嘉庆二十五年庚辰(1820)十一月十九日生

实年:嘉庆二十三年戊寅(1818)十一月十九日寅时生

征考:《集成》(19—195):"洪昌燕,字敬传,号张伯,行一,嘉庆庚辰年十一月十九日吉时生,浙江杭州府学咨部优行廪膳生,钱塘县民籍,觉罗官学汉教习。"官年取此。

洪昌燕《务时敏斋存稿》(光绪本)附洪衍庆《诰授中宪大夫工科掌印给事中先考张伯府君行述》:"府君姓洪氏,讳昌燕,字敬传,号张伯……府君生嘉庆二十三年戊寅十一月十九日寅时,卒同治八年五月初一日申时,享年五十二岁。"实年取此。

韩钦

官年:道光七年丁亥(1827)八月初七日生

实年:嘉庆二十二年丁丑(1817)生

征考:《集成》(20—351):"韩钦,字孟仙,号螺山,行一,道光丁亥年八月初七日吉时生,系绍兴府萧山县学廪膳生,民籍。"官年取此。

(民国)《萧山县志稿》卷一九《人物六》本传:"光绪戊戌十月卒,年八十二。"由光绪戊戌年(1898)逆推,可知其生于嘉庆丁丑年(1817)。实年取此。

徐景轼

官年:道光十一年辛卯(1831)十二月十九日(1832 年 1 月 31 日)生

实年:道光七年丁亥(1827)十二月十九日戌时(1828 年 2 月 4 日)生

征考:《集成》(19—251):"徐景轼,字同瞻,号肖坡,行二,道光辛卯年十二月十九日吉时生,安徽徽州府歙县监生,民籍,辛亥恩科举人,癸丑考取觉罗学教习,国子监学正学录,内阁中书。"官年取此。

徐景轼《草心阁自订年谱》:"道光七年丁亥十二月十九日戌时,余生于京师宣武门外棉花四条胡同寓宅。"实年取此。

沈秉成

官年:道光十一年辛卯(1831)九月初十日生

实年:道光二年壬午(1822)生

征考:《集成》(20—109):"沈秉成,原名秉辉,字玉材,号仲复,又号听蕉,行四,道光辛卯年九月初十日吉时生,浙江湖州府归安县附贡生,民籍,壬子科会试挑取誊录,由吏部咨送实录馆充补额内汉誊录官。"官年取此。

俞樾《春在堂杂文六编》之四《安徽巡抚沈公墓志铭》:"(光绪)二十一年,派充安徽阅兵大臣……七月丙辰,卒于耦园,年七十有三。"由光绪二十一年(1895)逆推,可知其生于道光癸未年(1823)。然严辰《墨花吟馆诗钞》卷六有作于咸丰十年庚申的《题沈仲复前辈秉成织帘读书图》:"嗟我与君皆壬午,三十九年读书苦。生年月日时略同,虞山蒙叟今再睹。"下注:"《三命会通》载钱牧斋尚书生年月日时并与君同,予则□差日支一字耳,亦奇事也。"由咸丰十年庚申(1860)逆推,沈秉成实生道光二年壬午(1822),俞樾此处推算误差一年。实年取此。

盛植型

官年:道光十三年癸巳(1833)十二月初三日(1834年1月12日)生

实年:道光九年己丑(1829)生

征考:《集成》(20—125):"盛植型,字钧士,号心竹,又号蓉舟,行四,道光癸巳年十二月初三日吉时生,浙江宁波府学增广生,镇海县民籍。"官年取此。

(民国)《镇海县志》卷二七《人物传》本传:"光绪十三年春卒于官署,年五十有九。"《上海图书馆藏赴闻集成》第2册有陈三立撰《湖北安襄郧荆兵备道盛公家传》:"丁亥正月,公劬瘁致疾卒官,年五十有九。"由光绪十三年丁亥(1887)逆推,知其生于道光九年己丑(1829)。

实年取此。

咸丰己未(1859)科
周光祖
官年:道光二年壬午(1822)九月十九日生

实年:嘉庆二十一年丙子(1816)生

征考:《未刊》(12—62):"周光祖,字锡侯,号雪瓯,行二,道光壬午年九月十九日吉时生,系浙江绍兴府山阴县学增广生,民籍。"官年取此。

周光祖《耻白集》李慈铭序:"以乙丑夏卒,年甫五十也。"由同治四年乙丑(1865)逆推,知其生于嘉庆二十一年丙子(1816)。实年取此。

严辰
官年:道光五年乙酉(1825)八月三十日生

实年:道光二年壬午(1822)八月三十日子时生

征考:《集成》(22—67):"严辰,乡榜名仲泽,教习榜名镛,字子钟,号缁生,行二,道光乙酉八月三十日吉时生,浙江嘉兴府桐乡县民籍,由寄籍贵州贵筑县监生中式举人改归原籍,觉罗正黄旗教习期满即选知县,现任刑部四川司主事。"官年取此。

严辰《桐溪达叟自编年谱》:"余生于道光壬午八月三十日子时……道光二年壬午,一岁。"实年取此。

黄锡彤
官年:道光八年戊子(1828)十月初十日生

实年:道光元年辛巳(1821)生

征考:《集成》(21—207):"黄锡彤,派名维孂,原名兆白,字子受,号晓岱,行三,道光戊子年十月初十日吉时生,湖南长沙府善化县学附生,民籍。咸丰己未科。"官年取此。

黄锡彤《芝霞庄诗存》卷三有庚午年作《五十生辰宿清苑》。由同治九年庚午(1870)逆推,可知其生于道光元年辛巳(1821)。实年取此。

孙家鼐（另见）

官年：道光九年己丑（1829）三月十二日生

实年：道光七年丁亥（1827）生

征考：《集成》（22—185）："孙家鼐，字燮臣，行五，道光己丑年三月十二日吉时生，安徽凤阳府寿州拔贡生，民籍。"官年取此。

马其昶《抱润轩文集》卷一四《武英殿大学士赠太傅孙文正公神道碑文（庚戌）》："宣统元年十月癸巳，武英殿大学士孙公薨于位……于是公年八十有二矣。逾岁病笃，犹时驾车正阳门外，欷歔望阙良久而归，自草遗疏，惓惓以知人用人为戒，呜乎，忠矣。"知其寿终于八十三岁。由宣统元年（1909）逆推，可知其生于道光七年丁亥（1827）。《上海图书馆藏赴闻集成》第2册有其孙（孙多焌）撰《讣告》："太府君恸于宣统元年己酉十月十七日辰时寿终京寓正寝，距生于道光七年丁亥三月十二日午时，享寿八十有三岁。"实年取此。

孙念祖（另见）

官年：道光九年己丑（1829）十月初三日生

实年：道光六年丙戌（1826）生

征考：《集成》（21—51）："孙念祖，字仲修，一字心农，号渌湖，道光己丑年十月初三日吉时生，系浙江绍兴府学优行附生，民籍，由举人充左翼宗学汉教习，考授国子监学正学录，内阁中书，记名同知，工部额外郎中，虞衡司行走，随带加二级纪录七次。"官年取此。

孙德祖《寄龛文存》卷三《心农兄家传》："年十九冠府试，入郡庠；二十四以第十一人登乡贤；三十四以第十人捷礼宫，其年殿试以一甲第二人授编修……兄名念祖，字心农。"由道光己丑（1829）其34岁，可逆推知其生于道光六年丙戌（1826）。实年取此。

周家楣

官年：道光十七年丁酉（1837）七月初六日生

实年：道光十四年甲午（1834）七月初六日生

征考：《集成》（22—33）："周家楣，字云生，号小棠，行一，又行四，道光丁酉年七月初六日吉时生,江苏常州府宜兴县附生,民籍,现充左翼宗学汉教习。"官年取此。

《国山周氏世谱》卷三五周志靖《少宰公年谱》:"道光十四年甲午七月初六日公生。"《上海图书馆藏赴闻集成》第 3 册有其弟子乔树枏所撰《行状》:"师生于道光甲午七月初六日,卒于光绪丙戌四月二十九日,享年五十三岁。"实年取此。

咸丰庚申(1860)恩科

刘湘年

官年:道光四年甲申(1824)五月初七日

实年:道光二年壬午(1822)生

征考:《集成》(22—297):"刘湘年,字蜀生,号树君,行一,道光甲申年五月初七日吉时生,顺天府学拔贡生,大城县民籍,现任保定府完县教谕。"官年取此。

《大清畿辅先哲传》卷三五本传曰:"刘湘年,字树君,大城人。父毓瑶,官四川石泉知县,道光八年卒于官。扶柩归里,时年七岁……(咸丰)九年举于乡,明年成进士……光绪五年改道员,卜居扬州。十七年卒,年七十。"由光绪十七年(1891)逆推,可知其生于道光壬午年(1822)。实年取此。

林天龄

官年:道光十二年壬辰(1832)十二月初六日(1833 年 1 月 26 日)生

实年:道光十年庚寅(1830)十二月初六日辰时(1831 年 1 月 19 日)生

征考:《未刊》(12—131):"林天龄,字受恒,号锡三,行二,道光壬辰年十二月初六日吉时生,福建福州府副榜贡生,长乐县民籍。"官年取此。

林开章等撰《皇清诰授中宪大夫晋封资政大夫弘德殿行走日讲起

居注官提督江苏学政翰林院侍读学士先考锡三府君行状》:"府君生于道光庚寅年十二月初六日辰时,终于光绪戊寅年十一月初四日酉时,历寿四十有九岁。"实年取此。

徐致祥

官年:道光二十年庚子(1840)十月十一日生

实年:道光十八年戊戌(1838)十月十一日生

征考:《集成》(22—213):"徐致祥,字季和,号霭如,行四,又行二,道光庚子年十月十一日吉时生,江苏太仓州嘉定县监生,民籍。"官年取此。

孙葆田《校经室文集》卷四《兵部右侍郎徐公神道碑铭》:"光绪二十五年夏四月癸未,提督安徽学政兵部右侍郎徐公薨于太平使院……公生于道光十八年十月十一日,享年六十有二。"实年取此。

同治壬戌(1862)科

仇炳台

官年:道光十年庚寅(1830)十二月二十七日(1831年2月9日)生

实年:嘉庆二十五年庚辰(1820,庚辰十二月二十七日为1821年1月30日)生

征考:《集成》(23—223):"仇炳台,原名治泰,字伯阶,号祝平,又号竹屏,行一,道光庚寅十二月二十七日吉时生,江苏松江府娄县拔贡生,民籍,户部山东司主事,前充正黄旗官学汉教习,同知衔,特用知县。"官年取此。

顾莲《素心簃文集》卷三《翰林院庶吉士加四级仇笏东先生墓表》:"先生讳炳台,字竹屏……光绪二十一年五月二十二日卒,年七十有六。"由光绪二十一年(1895)逆推,可知其生于嘉庆二十五年庚辰(1820)。实年取此。

谭钧培

官年:道光十六年丙申(1836)二月十二日生

实年:道光九年己丑(1829)生

征考:《集成》(23—411):"谭钧培,字宾寅,号序初,行三,道光丙申年二月十二日吉时生,贵州镇远府优廪贡生,民籍,原籍广东高州府茂名县。"官年取此。

俞樾《春在堂杂文六编》之五《云南巡抚谭公墓碑》:"光绪二十年十一月丙申,云南巡抚兼署云贵总督谭公薨于位。……年六十有六。"由光绪二十年(1894)逆推,可知其生于道光己丑年(1829)。实年取此。

翁曾源

官年:道光十七年丁酉(1837)五月二十二日生

实年:道光十四年甲午(1834)五月二十二日生

征考:《集成》(24—93):"翁曾源,字仲渊,号竹泉,行二,道光丁酉年五月二十二日吉时生,江苏苏州府常熟县监生,民籍,现任国子监学正。"官年取此。

《海虞翁氏族谱》:翁曾源"道光甲午五月二十二日生"。实年取此。

徐郙(另见)

官年:道光十七年丁酉(1837)九月三十日生

实年:道光十六年丙申(1836)生

征考:《集成》(23—419):"徐郙,字汝亭,号颂阁,行五,道光丁酉年九月三十日吉时生,江苏太仓州嘉定县附监生,民籍,刑部候补主事,江西司兼河南司行走。"官年取此。

《翁同龢日记》光绪二十一年九月十九日:"祝颂阁六十寿,即归……颂阁赐寿,慈圣扁额,闻明日尚有面赐,极优渥。"据光绪二十一年(1895)逆推,徐郙生于道光十六年丙申(1836)。实年取此。

同治癸亥(1863)恩科

白桓

官年:道光二年壬午(1822)十一月十二日生

实年:道光元年辛巳(1821)生

征考:《未刊》(12—273):"白桓,字叔璋,号贞甫,一号建侯,行三,道光壬午年十一月十二日吉时生,顺天府通州副榜贡生,民籍。"官年取此。

《李慈铭日记》光绪十七年十月十四日:"邸钞:'前兵部右侍郎白桓卒。'桓字建侯,顺天通州人,前刑部尚书镕之孙,癸亥进士,官吏部郎掌选,清介绝俗,骤擢至卿贰,勤慎一辙。卒年七十一。"由光绪十七年辛卯(1891)逆推,知其生于道光元年辛巳(1821)。实年取此。

廖寿恒(另见)

官年:道光二十一年辛丑(1841)六月十四日生

实年:道光十九年己亥(1839)六月十四日生

征考:《集成》(26—43):"廖寿恒,字沅生,号仲山,行二,又行六,道光辛丑年六月十四日吉时生,江南太仓州嘉定县附贡生,民籍,原籍福建汀州府永定县。"官年取此。

《碑传集补》卷五冯煦《皇清诰授光禄大夫太子少保礼部尚书廖公墓志铭》:"公姓廖氏,讳寿恒,字仲山……公生道光十九年六月十四日,卒光绪二十九年八月十五日,年六十有五。"实年取此。

龚显曾(另见)

官年:道光二十四年甲辰(1844)五月初五日生

实年:道光二十一年辛丑(1841)生

征考:《集成》(25—239):"龚显曾,字毓沂,号咏樵,行一,道光甲辰年五月初五日吉时生,泉州府晋江县学优廪膳生,民籍。"官年取此。

龚显曾《薇花吟馆诗存》卷一《短歌行》题下署"戊午,时年十八"。戊午为咸丰八年(1858),由此逆推,可知其生于道光二十一年辛丑(1841)。实年取此。

同治乙丑(1865)科

刘凤苞

官年:道光六年丙戌(1826)六月十七日生

实年：道光元年辛巳(1821)六月生

征考：《集成》(26—189)："刘凤苞,字毓秀,号采九,行一,道光丙戌年六月十七日吉时生,系湖南常德府武陵县廪生,民籍,现充国史馆誊录,考取国子监学正学录,奉旨记名。"官年取此。

方勇点校刘凤苞《南华雪心编》前言云："刘凤苞……据《彭城堂刘氏族谱》,生于道光辛巳年。"刘凤苞《晚香堂古近体诗》卷四《初度感怀诗》其一："渐看白发侵明镜,信有黄杨厄闰年。"下注："予以六月生,是年闰六月。"据此知其当生于道光元年辛巳(1821)六月。实年取此。按诗注中的"是年"非指其出生之年,而指其服官滇南的同治十二年癸酉(1873),该年闰六月。《晚香堂杂文》中收有其《家慈胡太恭人七旬寿序》："以甲戌年重九节为太恭人七旬寿诞,凤苞权守榆城。"甲戌为同治十三年,榆城为大理府简称。闰六月之年若是其生年,则当为嘉庆二十一年丙子(1816),该年其母胡氏才12岁,显然不可能。另咸丰五年乙卯科《直省乡试同年齿录》载刘凤苞"道光己丑年六月十七日吉时生",此道光九年己丑(1829)亦为官年。

李嘉宾

官年：道光八年戊子(1828)十月初二日生

实年：嘉庆二十五年庚辰(1820)生

征考：《集成》(27—399)："李嘉宾,字苹三,号屏山,行一,道光戊子年十月初二日吉时生,安徽宁国府太平县廪生,民籍。"官年取此。

张鸣珂《寒松阁骈体文续》之《百花洲修禊记》："会者八人:通州雷树人绶云年七十七,南昌梅启熙少岩年七十六,南昌罗士瀛松园年七十五,吴县郑榜诏仙根年七十二,庐江凌锦章云卿年七十二,广顺但培良幼湖年七十一,嘉兴张鸣珂公束年七十一,山阴傅钟麟子纯年六十九,期而未至者太平李嘉宾苹三年八十,仪征李岳年筱浦年七十六也。光绪己亥三月三日记。"由光绪二十五年己亥(1899)逆推,知其生于嘉庆二十五年庚辰(1820)。实年取此。

顾云臣

官年：道光九年己丑（1829）五月十六日生

实年：道光八年戊子（1828）生

征考：《集成》（27—109）："顾云臣，字持白，一字芷清，号琴生，行一，道光己丑年五月十六日吉时生，优廪生，辛酉科拔贡，系江苏淮安府山阳县民籍。"官年取此。

顾云臣《抱拙斋集》自序："七十之年，行将已至就木……光绪二十三年岁在丁酉冬山阳顾云臣自序。"由光绪二十三年（1897）逆推，可知其生于道光八年戊子（1828）。实年取此。

费延釐

官年：道光十八年戊戌（1838）八月十七日生

实年：道光十五年乙未（1835）生

征考：《集成》（26—307）："费延釐，字履绥，号芸舫，行九，道光戊戌年八月十七日吉时生，系江南苏州府吴江县学廪贡生，民籍，咸丰戊午科顺天乡试挑取誊录，保举五品衔。"官年取此。

《碑传集补》卷九洪良品《皇清诰授中宪大夫詹事府右春坊右中允费君墓志铭》："君卒于光绪十九年岁癸巳夏四月十九日，年五十有九。"由光绪十九年癸巳（1893）逆推，知其生于道光十五年乙未（1835）。实年取此。

汪鸣銮（另见）

官年：道光二十一年辛丑（1841）六月初一日生

实年：道光十九年己亥（1839）六月朔寅时生

征考：《集成》（26—359）："汪鸣銮，字嘉乐，号柳门，行一，道光辛丑年六月初一日吉时生，浙江杭州府钱塘县附监生，商籍，原籍安徽徽州府休宁县，现充国史馆誊录。"官年取此。

叶昌炽《奇觚庼文集》下《前吏部右侍郎总理各国事务大臣郎亭汪公墓志铭》："公遽以光绪丁未七月初六日丑时薨……距生于道光己亥六月朔寅时，年六十九岁。"许玉瑑《诗契斋诗钞》卷五有戊子年诗《偶检旧作,知柳门今年五十矣,爰述昔款,用抒今怀,得八百字寄之》:"昔岁在戊辰,君年正三十。"由光绪十四年戊子(1888)和同治七年戊辰(1868)分别逆推,亦可知其生于道光十九年己亥(1839)。实年取此。

张英麟

官年:道光二十二年壬寅(1842)四月十四日生

实年:道光十八年戊戌(1838)生

征考:《集成》(28—57):"张英麟,字振卿,号枕清,一号菊坪,行三,道光壬寅年四月十四日吉时生,山东济南府历城县学附生,民籍,镶黄旗觉罗官学汉教习。"官年取此。

《清史稿》卷四四一本传:"乙丑冬,卒,年八十有八。"张英麟编《消寒唱和诗》附庚戌(1910)消寒同人纪年:"张振卿总宪英麟,山东历城人,年七十三岁。"由民国十四年乙丑(1925)和宣统二年庚戌(1910)分别逆推,可知其生于道光十八年戊戌(1838)。实年取此。

曹秉哲(另见)

官年:道光二十二年壬寅(1842)十二月初二日(1843年1月2日)生

实年:道光二十一年辛丑(1841)生

征考:《集成》(28—109):"曹秉哲,字仲明,号吉三,行二,大排行七,道光壬寅年十二月初二日吉时生,系广东广州府番禺县捕属,民籍,充番禺县学官,附生。"官年取此。

曹秉哲《紫荆吟馆诗集》卷首附《国史本传》:"(光绪)十七年,卒。"卷二《丁丑初度》其二:"三十七年春梦过。"丁丑为光绪三年(1877),由此逆推,可知其生于道光辛丑(1841)。实年取此。

唐景崧

官年:道光二十四年甲辰(1844)十一月二十七日(1845年1月5日)生

实年:道光二十一年辛丑(1841)十一月二十七日(1842年1月8日)生

征考:《未刊》(12—461):"唐景崧,字仲申,号薇卿,行二,道光甲辰年十一月二十七日吉时生,广西桂林府学廪膳生,灌阳县民籍,候补国子监学正,学录。"官年取此。

熊光嵩《唐景崧传略》(《灌阳文史资料》第 1 辑,政协灌阳文史资料委员会编):"唐景崧生于清道光二十一年农历十一月二十七日(公元 1842 年 1 月 8 日)。"实年取此。

同治戊辰(1868)科
刘廷枚

官年:道光七年丁亥(1827)八月十一日生

实年:嘉庆二十四年己卯(1819)生

征考:《集成》(31—207):"刘廷枚,字赞虞,号叔涛,一号迈皋,行六,道光丁亥年八月十一日吉时生,江南苏州府学优廪生,吴县民籍,实录馆誊录,徐州府宿迁县教谕。"官年取此。

刘廷枚《慊斋诗钞》卷下《戊辰元日》:"天鸡晓唱岁华新,我已平头五十人。"后又接《五十述怀八首》。戊辰为同治七年(1868)。由此逆推,可知其生于嘉庆二十四年己卯(1819)。实年取此。

赵继元(另见)

官年:道光十二年壬辰(1832)九月十八日生

实年:道光八年戊子(1828)九月生

征考:《集成》(29—15):"赵继元,字子方,一字梓芳,号养斋,行一,又行三,道光壬辰年九月十八日吉时生,安徽安庆府太湖县拔贡生,民籍,户部员外郎,试用知府。"官年取此。

赵畇撰,赵继元等补《遂翁自订年谱》:"戊子二十一岁,应江南乡试报罢,九月,长子继元生。"实年取此。

郑贤坊

官年:道光十三年癸巳(1833)六月二十一日生

实年:道光三年癸未(1823)生

征考:《集成》(31—97):"郑贤坊,字舆仙,号小漙,又号酝林,行一,道光癸巳年六月二十一日吉时生,浙江宁波府镇海县优贡生,民籍,候选内阁中书。"官年取此。

董沛《正谊堂文集》卷二〇《朝议大夫直隶宣化府知府郑公行状》:"公讳贤坊……年六十有五。……丙戌四月引疾乞休,上官允之,遂于五月由海道甫归……丁亥四月,招西人治之,亦不验,延至七月五日,殁于里第。"由光绪十三年丁亥(1887)逆推,可知其生于道光三年癸未(1823)。实年取此。

陈以咸

官年:道光十三年癸巳(1833)九月十八日生

实年:道光十年庚寅(1830)生

征考:《集成》(30—121):"陈以咸,字秉鸿,一字韶次,行十九,又行三,道光癸巳年九月十八日吉时生,浙江杭州府钱塘县增贡生,候选郎中,商籍,祖籍绍兴府萧山县。"官年取此。

薛福成《庸庵海外文编》卷四《诰授朝议大夫户部侍郎云南司郎中陈君墓表(甲午)》:"君讳以咸……以光绪九年十月二十二日卒,春秋五十有四。"由光绪九年(1883)逆推,可知其生年为道光十年庚寅(1830)。实年取此。

陈钦铭

官年:道光十五年乙未(1835)正月初六日生

实年:道光十二年壬辰(1832)正月初六日寅时生

征考:《集成》(31—377):"陈钦铭,字少希,号寿彝,行一,道光乙未年正月初六日吉时生,系福建福州府学附生,侯官县民籍,工部候补主事,都水司行走,记名总理各国事务章京。"官年取此。

《中国家谱资料选编》第4册《传记卷》收陈世恩等《先考少希府君行实》(原载陈韶虞纂修《平阳陈氏族谱》,清光绪三十一年刻本):"道光壬辰,府君生于文儒坊祖宅……府君以道光壬辰年正月初六日寅时生,卒于光绪辛卯年七月十四日辰时,享寿六十岁。"实年取此。

吴大澂

官年：道光十七年丁酉(1837)五月十一日生

实年：道光十五年乙未(1835)生

征考：《集成》(28—273)："吴大澂，字止敬，号清卿，行二，道光丁酉年五月十一日吉时生，系江南苏州府吴县附贡生，民籍，候选训导。"官年取此。

《清史稿》卷四五〇本传："二十八年，卒，年六十八。"由光绪二十八年(1902)逆推，可知其生于道光十五年乙未(1835)。实年取此。

崔国榜

官年：道光十九年己亥(1839)正月二十日生

实年：道光十年庚寅(1830)正月二十日丑时生

征考：《集成》(30—343)："崔国榜，字子金，号第春，行二，道光己亥年正月二十日吉时生，江南宁国府太平县附生，民籍，原保蓝翎运同衔知县，补缺后以同知用。"官年取此。

《中国家谱资料选编》第4册《传记卷》收刘坤一《资政大夫崔公国榜墓志铭》(原载崔森纂修《仙源崔敦五堂支谱》卷一〇，1929年木活字本)："君以道光庚寅年正月二十日丑时生，光绪丙申年九月二十九日卯时殁，春秋六十七。"实年取此。

何如璋

官年：道光二十一年辛丑(1841)二月十九日生

实年：道光十八年戊戌(1838)生

征考：《集成》(30—379)："何如璋，字衍信，号璞山，别号子峨，行三，道光辛丑年二月十九日吉时生，系广东潮州府大埔县民籍，县学廪膳生，五品衔即选知县。"官年取此。

《茶阳三家文钞·何少詹文钞》卷首附温廷敬《清詹事府少詹何公传》："得脚气病，辛卯八月复发，卒于韩山院舍，享年五十有四。"《中国家谱资料选编》第4册《传记卷》收何寿朋《先府君行述》(原载何毓琪等纂修《庐江郡何氏大同宗谱》卷二〇，1921年铅印本)："辛卯八月，府君以旧病骤发,脚气上冲,医治无效,终于韩山院舍,年五十四。"由光绪十七年辛卯(1891)逆推,可知其生于道光十八年戊戌(1838)。实年取此。

龚镇湘

官年:道光二十一年辛丑(1841)九月二十一日生

实年:道光十九年己亥(1839)生

征考:《集成》(31—43):"龚镇湘,派名运震,字子修,号省吾,一号筱梧,行一,道光辛丑年九月二十一日吉时生,湖南长沙府善化县增生,民籍。"官年取此。

龚镇湘《静园词钞后集》收有《沁园春·七旬初度宴客黄鹄山头景贤堂步小石尚书致祝原韵纪事》《前调(指《沁园春》——引者)赠程子大观察·光绪戊申九月二十一日予古稀初度……》,由光绪戊申(1908)逆推,知其生于道光十九年己亥(1839)。实年取此。

嵩申

官年:道光二十二年壬寅(1842)八月初七日生

实年:道光二十一年辛丑(1841)八月初七日生

征考:《集成》(31—259):"(完颜氏)嵩申,字伯屏,号犉山,行一,道光壬寅年八月初七日吉时生,内务府镶黄旗满洲唐武塞佐领下一品荫生,户部贵州司学习郎中,赏戴花翎。同治戊辰科。"官年取此。

贺涛《贺先生文集》卷二《太子少保刑部尚书嵩公五十寿序》:"皇帝御极之十有六年六月二十八日,二旬圣寿,泛布大泽,罔弗沾溉,人怀慕思。越三十八日八月初吉,为太子少保刑部尚书嵩公五十诞辰。"由光绪十六年庚寅(1890)逆推,知其生于道光二十一年辛丑(1841)八月初七日。实年取此。

潘衍桐

官年:道光二十四年甲辰(1844)八月十三日生

实年:道光二十一年辛丑(1841)生

征考:《集成》(29—9):"潘衍桐,原名汝桐,字辇廷,一字峄琴,号孝则,行二,大排行十六,道光甲辰年八月十三日吉时生,系广东广州府南海县拔贡生,民籍。"官年取此。

《碑传集三编》卷一〇《翰林院侍读学士潘君传》(据《南海县志》):"光绪二十五年卒于家,年五十有九"由光绪二十五年(1899)逆推,可知其生于道光二十一年辛丑(1841)。实年取此。

沈镕经

官年:道光二十五年乙巳(1845)九月二十七日生

实年:道光十六年丙申(1836)生

征考:《集成》(31—387):"沈镕经,字雪仲,号芸阁,行二,道光乙巳年九月二十七日吉时生,浙江湖州府乌程县学廪膳生,民籍,钦加盐提举衔,赏戴蓝翎,遇缺即选训导。"官年取此。

谭献《复堂文续》卷四《皇清诰授资政大夫广东布政使司布政使沈公行状》:"浙江湖州府乌程县贯沈镕经年五十二状……(光绪)十三年某月寿终。"由光绪十三年(1887)逆推,可知其生于道光十六年丙申(1836)。实年取此。

许景澄

官年:道光二十七年丁未(1847)九月二十二日生

实年:道光二十五年乙巳(1845)九月廿二日生

征考:《集成》(28—401):"许景澄,原名癸身,字拱辰,号竹篔,行一,道光丁未年九月二十二日吉时生,浙江嘉兴府嘉兴县学优廪生,民籍。"官年取此。

俞樾《春在堂杂文六编补遗》之五《故吏部左侍郎许公神道碑》曰:"庚子为光绪二十六年……遂于是年七月壬寅与太常寺卿袁公同于难。"高树《许文肃公年谱》曰:"公讳景澄,字竹篔,姓许氏,原名癸身,浙江嘉兴人……清宣宗道光二十五年乙巳(一八四五),公一岁。九月廿二日,公生于嘉兴城东甪里街附近祖宅。(据家伯父友声先生言。)"实年取此。

陈启泰

官年:道光二十七年丁未(1847)十二月十九日(1848年1月24日)生

实年:道光二十二年壬寅生(1842,壬寅十二月十九日为1843年2月7日)

征考:《集成》(29—1):"陈启泰,派名文璠,字宝孚,一字鲁生,号伯屏,行七,年二十二岁,十二月十九吉时生,湖南长沙府长沙县学附生,民籍。"同治七年(1868)二十二岁,故知其生于道光二十七年丁未(1847)。官年取此。

陈继训《猨庵文草》卷六《清江苏巡抚陈公墓表》:"公姓陈氏,长沙人,讳启泰,字伯屏……宣统己酉五月三日日加申,薨于位,春秋六十有八。"由宣统己酉(1909)逆推,可知其生于道光二十二年壬寅年(1842)。实年取此。

张人骏(另见)

官年:道光二十九年己酉(1849)正月二十九日生

实年:道光二十六年丙午(1846)生

征考:《集成》(31—419):"张人骏,字万里,号安圃,一号健庵,行二,道光己酉年正月二十九日吉时生,直隶遵化州丰润县监生,民籍。"官年取此。

张人骏之子张允亮等《先府君行述》:"乙丑,府君八十生日,又蒙赐寿……丙寅岁暮,微感疾,翌年元日少间……七日癸酉,薨于津寓,春秋八十有二。"乙丑为民国十四年(1925),丙寅之"翌年"为民国十六年丁卯(1927),由此逆推,可知其生于道光二十六年丙午(1846)。实年取此。

同治辛未(1871)科
钱振常(另见)

官年:道光十六年丙申(1836)四月二十五日生

实年：道光五年乙酉(1825)生

征考：《集成》(34—287)："钱振常,字仲彝,号笆仙,行二,道光丙申年四月二十五日吉时生,浙江湖州府归安县廪贡生,民籍。"官年取此。

《钱玄同自撰年谱》(《鲁迅研究月刊》1999年第5期)："一八八七强圉大渊献(二七二八)七月廿五日申时公生。公名师黄,字德潜,先子命也。因先子晚年处境多逆,欲使勉为诗人。黄,黄庭坚也；德潜,沈德潜也。公后以目睹青年之无爱国心,咸务变夏于夷,毅然以明种姓为己任,因更名曰夏……一八九八著雍阉茂(二七三九)十二岁。是岁仍请冯师教《左传》。八月初一日,先子病痢,九日寅时先子卒,年七十四岁。"按钱振常为钱玄同之父,由光绪二十四年(1898)其卒时七十四岁,可推知其生于道光五年乙酉(1825)。实年取此。

另按黎锦熙《钱玄同先生传》(《民国人物碑传集》[下]卷七)①："先生姓钱,名夏,玄同以字行……二十八年一月,病没于医院,年五十二。"又言："父振常,清光绪间举人,年六十始生先生。"钱玄同生于1887年,是年钱振常并非六十岁整,而是六十三岁,黎说不确。

赵环庆

官年：道光二十一年辛丑(1841)九月初五日生

实年：道光十八年戊戌(1838)九月生

征考：《集成》(35—117)："赵环庆,字子敦,号再盦,行四,又行九,道光辛丑年九月初五日吉时生,安徽安庆府太湖县监生,民籍,同知衔湖南补用通判。"官年取此。

赵畇编、赵继元等补《遂翁自订年谱》："戊戌三十一岁,会试报罢……九月,侄继厚生,后改名环庆。"实年取此。

---

① 《民国人物碑传集》有两种,一为卞孝萱、唐文权编,团结出版社,1995年；一为中国社会科学院近代史资料编辑室编,四川人民出版社,1997年。今凡引卞孝萱本皆作《民国人物碑传集》(下),以示区别。

陆继辉(另见)

官年:道光二十二年壬寅(1842)十二月二十日(1843年1月20日)生

实年:道光二十年庚子(1840)生

征考:《集成》(32—125):"陆继辉,字槭士,号蔚庭,行二,道光壬寅年十二月二十日吉时生,江苏太仓直隶州副贡生,候选国子监学正,民籍。"官年取此。

(民国)《乙亥志稿》:"三十一年卒于官,年六十六。"由光绪三十一年乙巳(1905)逆推,知其生于道光二十年庚子(1840)。实年取此。

陆廷黻(另见)

官年:道光二十三年癸卯(1843)四月十五日生

实年:道光十五年乙未(1835)四月十五日生

征考:《集成》(34—27):"陆廷黻,谱名家铭,字己云,号屿孙,又号渔笙,行一,道光癸卯年四月十五日吉时生,浙江宁波府鄞县副贡生,民籍。"官年取此。

陆廷黻《镇亭山房诗集》卷一四《感事集·乙未四月望日生日感事,示崇实书院及门诸子,次日复成一叠韵至五叠韵(五首)》其一:"甲子平头又一年,生逢四月月初圆。"由光绪二十一年乙未(1895)逆推,可知其生于道光十五年乙未(1835)四月十五日。实年取此。另《镇亭山房诗集》卷一一《陇韬集·五十一岁生辰和毛溪芷广文琅去年寄示五十自述原韵(十首)》后附毛琅原作十首,其四注云:"丙子岁庐舍被焚时,年四十二,交丙运,日者谓丙运交丙年,屡有此厄。"其九注云:"陆渔笙太史生辰后余三日。"按丙子岁为光绪二年丙子(1876),逆推可知毛琅生于道光十五年乙未(1835),亦可证陆氏生于该年。

田我霖(另见)

官年:道光二十八年戊申(1848)八月二十八日生

实年:道光二十三年癸卯(1843)八月二十八日亥时生

征考:《集成》(35—267):"田我霖,字雨田,号少坪,行一,又行六,道光戊申年八月二十八日吉时生,河南开封府祥符县附生,民籍。"官年取此。

田佽纂修《田氏家谱》:"(田我霖)字雨田,春坪公之子也,同治癸亥科试入学,甲子科乡试举人,生于道光二十三年八月二十八日亥时。"实年取此。

陈康祺

官年:道光三十年庚戌(1850)十月初八日生

实年:道光二十年庚子(1840)生

征考:《集成》(33—1):"陈康祺,谱名守鸿,字钧堂,号颐仲,别号兰思,行二,又行六,道光庚戌年十月初八日吉时生,浙江宁波府鄞县咨部优行廪膳生,民籍,刑部学习员外郎,安徽司行走,坐办奉天司事,加五级纪录二次。"官年取此。

《广清碑传集》卷一三《徐时栋时梁陈劢陈康祺郭传璞陈继聪董沛忻江明应朝光传》(《重修浙江通志》):"陈康祺,字钧堂……光绪十六年卒,年五十一。"由光绪十六年(1890)逆推,可知其生于道光二十年庚子(1840)。实年取此。

张佩纶(另见)

官年:咸丰二年壬子(1852)十月二十九日生

实年:道光二十八年戊申(1848)十月二十九日生

征考:《集成》(32—291):"张佩纶,字言如,号幼樵,一号赞思,行六,咸丰壬子年十月二十九日吉时生,直隶遵化州丰润县监生,民籍。"官年取此。

《广清碑传集》卷一六陈宝琛《张篑斋学士墓志铭》:"以癸卯正月七日卒,年五十有六。"由光绪二十九年癸卯(1903)逆推,可知其生于道光二十八年戊申(1848)。张佩纶《涧于日记》光绪十八年十月二十九日:"余生日。"光绪二十年十月二十九日:"余生日。"可知其出生月日。实年取此。

瞿鸿禨

官年:咸丰三年癸丑(1853)六月十五日生

实年:道光三十年庚戌(1850)生

征考:《集成》(35—37):"瞿鸿禨,字子玖,行三,大行九,年十九岁,癸丑六月十五日生,由府学附生中式,同治庚午科本省乡试举人,湖南长沙府善化县民籍。"官年取此。

《辛亥人物碑传集》卷一三刘宗向《瞿鸿禨传》:"民国七年戊午月日卒,年六十有九。"陈三立《散原精舍文集》卷一〇《诰授光禄大夫协办大学士外务部尚书军机大臣善化瞿文慎公墓志铭》:"戊午三月十五日,得疾薨,春秋六十有九。"由民国七年戊午(1918)逆推,可知其生于道光三十年庚戌(1850)。《上海图书馆藏赴闻集成》第12册有余肇康撰《清故诰授光禄大夫经筵讲官军机大臣协办大学士外务部尚书瞿文慎公行状》:"公生以道光十五年庚戌六月之望。"实年取此。

同治甲戌(1874)科

陆宗郑(另见)

官年:道光十二年壬辰(1832)三月十八日生

实年:道光四年甲申(1824)生

征考:《集成》(36—311):"陆宗郑,字希樵,一字恬伯,又字莆申,行一,道光壬辰年三月十八日吉时生,江苏松江府青浦县增贡生,民籍。"官年取此。

闵萃祥《式古训斋文集》下《皇清诰授资政大夫知府衔云南开化府安平同知覃恩加五级陆姚公墓表》:"卒以光绪十三年二月十七日,春秋六十有四。"由光绪十三年(1887)逆推,可知其生于道光甲申年(1824)。实年取此。

李兆梅(另见)

官年:道光十六年丙申(1836)四月初九日生

实年:道光七年丁亥(1827)生

征考：《未刊》(13—478)："李兆梅,字瓯臣,号和生,又号肖岩,行二,又行四,道光丙申年四月初九日吉时生,山东济南府历城县优行增生,民籍。"官年取此。

(民国)《续修历城县志》卷四〇《列传二》本传："(光绪)十九年,调署抚宁县……明年,卒于官,年六十八。"由光绪二十年甲午(1894)逆推,知其生于道光七年丁亥(1827)。实年取此。

张景祁(另见)

官年：道光十八年戊戌(1838)十一月初十日生

实年：道光七年丁亥(1827)生

征考：《集成》(37—369)："张景祁,原名左钺,字蘩甫,号蕴梅,又号玉湖,行一,道光戊戌年十一月初十日吉时生,浙江杭州府钱塘县拔贡生,商籍,国史馆誊录,奉旨以知县选用。"官年取此。

张景祁《掣雅堂诗》卷一一《冬月十日为余七十五弧辰,家人传歌称祝,却之不获,席间戏作》,按本卷皆为光绪二十七年辛丑(1901)诗,由该年逆推,可知其生年为道光七年丁亥(1827)。实年取此。

王兰升

官年：道光十九年己亥(1839)三月初五日生

实年：道光九年己丑(1829)生

征考：《家传》(97—195)："王兰升,字芷廷,号秋湘,行二,道光己亥年三月初五日吉时生,山东登州府莱阳县拔贡生,民籍,镶白旗官学汉教习,候选教谕……辛酉科选拔贡生第一名,壬戌考取镶白旗官学汉教习第四名,丁卯科挑取誊录第一名,庚午补丁卯科本省乡试中式第一名,会试中式第二百四十二名。"官年取此。

何家琪《天根文钞》卷三《翰林院编修王先生墓志铭》："先生姓王氏,讳兰升,字芷庭,莱阳人……(光绪)六年十一月戊子,先生卒,年五十有二。"由光绪六年(1880)逆推,知其生于道光九年己丑(1829)。实年取此。

杨钦琦

官年:道光二十年庚子(1840)十月十七日生

实年:道光十八年戊戌(1838)生

征考:《集成》(38—67):"杨钦琦,字魏卿,号亦韩,一号叶航,行一,道光庚子年十月十七日吉时生,江苏太仓直隶州廪膳生兼袭云骑尉世职,民籍。"官年取此。

(民国)《乙亥志稿》:"光绪十九年卒,年五十六。"由光绪十九年癸巳(1893)逆推,知其生年为道光十八年戊戌(1838)。实年取此。

周晋麒(另见)

官年:道光二十五年乙巳(1845)九月初一日生

实年:道光十七年丁酉(1837)生

征考:《集成》(38—145):"周晋麒,谱名有曾,字玉臣,号珊梅,又号雨塍,行一,道光乙巳九月初一日吉时生,浙江宁波府慈溪县副贡生,民籍刑部学习主事,奉天司行走。"官年取此。

(光绪)《慈溪县志·列传附编》本传:"光绪五年充山西乡试正考官,六年五月卒于都,年四十四。"由光绪六年(1880)逆推,可知其生于道光十七年丁酉(1837)。实年取此。

翟伯恒

官年:道光二十六年丙午(1846)七月初四生

实年:道光十六年丙申(1836)七月初四日生

征考:《集成》(37—221):"翟伯恒,字东泉,号保之,行一,道光丙午年七月初四日吉时生,江苏通州泰兴县拔贡生,民籍。"官年取此。

《碑传集补》卷一九张謇《福建延建邵兵备道翟君伯恒墓表》:"公姓翟氏,讳伯恒,字保之,号东泉,生于道光十六年七月初四日,殁于光绪二十三年七月二十五日,年六十有二。"实年取此。

诸可炘

官年:道光二十六年丙午(1846)八月初五日生

实年:道光二十四年甲辰(1844)生

征考:《集成》(36—357):"诸可炘,原名可兴,字起斋,号又塍,行十,道光丙午年八月初五日吉时生,系浙江杭州府钱塘县学附生,民籍。"官年取此。

诸可宝《畴人传三编》卷四本传:"先十兄原名可兴,字起斋,号又塍,曾从仲兄习算……同治十三年成进士,改翰林院庶吉士,散馆授编修,充史馆纂修官;光绪八年秋方分修河渠志,稿未定,病卒,年三十有八。"由光绪八年壬午(1882)逆推,为道光二十五年乙巳(1845)。然其胞弟(非孪生)诸可宝实生于该年,故诸可炘当生于道光二十四年甲辰(1844),言"三十有八",系以实岁计年。实年取此。

谭宗浚

官年:道光二十八年戊申(1848)五月十三日生

实年:道光二十六年丙午(1846)闰五月十三日生

征考:《集成》(38—187):"谭宗浚,原名懋安,字叔裕,行三,道光戊申年五月十三日吉时生,系广东广州府南海县监生,民籍,钦加内阁中书衔。"官年取此。

唐文治《茹经堂文集》卷六《诰授中议大夫云南粮储道谭叔裕先生墓表(甲子)》:"先生以道光丙午年闰五月十三日生,以光绪戊子年三月二十八日卒,春秋四十有三。"实年取此。

光绪丙子(1876)恩科

王炳燮

官年:道光四年甲申(1824)十一月三十日生

实年:道光元年辛巳(1821)生

征考:《集成》(40—67):"王炳燮,原名炳,谱名延璎,字璞臣,号绀斋,行一,道光甲申年十一月三十日吉时生,江苏苏州府元和县附生,民籍,祖籍安徽徽州府婺源县,中式同治甲子补戊午科本省乡试举人,五品衔保留直隶知县。"官年取此。

王炳燮《毋自欺室文集》卷七《运同衔保升知府新河县知县竹雏公

墓志铭》:"公为某季父行,而少于某十年……公生于道光十一年十月十九日,卒以同治九年闰十月十五日,年四十。"由王世榦(字竹雏)生年道光十一年(1831)减十岁,知王炳燮生于道光元年辛巳(1821)。实年取此。

李廷实

官年:道光十九年己亥(1839)九月二十三日生

实年:道光十四年甲午(1834)生

征考:《集成》(39—343):"李廷实,字遂庵,号茂中,行二,道光己亥年九月二十三日吉时生,山西太原府榆次县副贡生,民籍。"官年取此。

(民国)《榆次县志》卷一七《文儒录》本传:"同治庚午中副榜,光绪乙亥举于乡,明年联捷成进士……民国六年卒于家,年八十四岁。"由民国六年丁巳(1917)逆推,知其生于道光十四年甲午(1834)。实年取此。

陈履亨

官年:道光二十三年癸卯(1843)六月二十日生

实年:道光十八年戊戌(1838)生

征考:《未刊》(15—1、97、181、193、431):"陈履亨,字谦六,一字绥农,号砚塘,行二,道光癸卯年六月二十日吉时生,山西平阳府临汾县民籍。"官年取此。

常赞春《山西献征》卷三《郡守陈砚塘先生事略》:"先生讳履亨,字砚塘……丙午卒,年六十九岁。"由光绪三十二年丙午(1906)逆推,可知其生年为道光十八年戊戌(1838)。实年取此。

殷李尧(另见)

官年:道光二十四年甲辰(1844)十一月二十六日生

实年:道光二十二年壬寅(1842)生

征考:《集成》(40—29):"殷李尧,字瀛琛,号厚培,行二,道光甲辰年十一月二十六日吉时生,江苏苏州府昭文县选拔优廪生,民籍。"官年取此。

殷李尧《退晚堂诗草》之《访旧集》卷二《二月十九日第八子暾宝生》："六十有二岁，还生第八儿。"诗作于光绪二十九年癸卯（1903），逆推可知其生于道光二十二年壬寅（1842）生。实年取此。

冯文蔚（另见）

官年：道光二十五年乙巳（1845）六月二十四日生

实年：道光二十二年壬寅（1842）生

征考：《集成》（39—383）："冯文蔚，原名文源，字修盦，别号联棠，行二，道光乙巳年六月二十四日吉时生，浙江湖州府乌程县监生，民籍，刑部候补主事。"官年取此。

缪荃孙《艺风堂文漫存辛壬稿》卷二《内阁学士兼礼部侍郎衔冯公墓志铭》："公卒于光绪二十三年十一月二十八日，年五十有六。"由光绪二十三年（1897）逆推，可知其生于道光二十二年壬寅（1842）。实年取此。

吴传绂

官年：道光二十五年乙巳（1845）十二月初九日（1846年1月6日）生

实年：道光十五年乙未（1835）生

征考：《集成》（41—51）："吴传绂，字仲先，一字麟洲，行二，道光乙巳年十二月初九日吉时生，系安徽安庆府怀宁县民籍，监生，户部河南司候补主事。"官年取此。

（民国）《怀宁县志》卷一八《仕业》本传："十一年正月卒于任所，年五十一。"由光绪十一年乙酉（1885）逆推，知其生于道光十五年乙未（1835）。实年取此。

赵曾重（另见）

官年：道光二十九年己酉（1849）五月二十三日生

实年：道光二十七年丁未（1847）五月生

征考：《集成》（39—45）："赵曾重，字伯远，一字衡甫，号蘅浦，一号味琴,行一,道光己酉年五月二十三日吉时生,安徽安庆府太湖县优廪生,民籍,现官内阁中书。"官年取此。

马其昶《抱润轩文集》卷一六《赵编修墓表》:"壬子七月卒,年六十七。"由民国元年壬子(1912)逆推,为道光二十六年丙午(1846)。然赵畇编,赵继元等补《遂翁自订年谱》载:"丁未四十岁……五月,长孙曾重生,继元妇王氏出。"知赵曾重实生道光二十七年丁未五月(1847)。实年取此。

陶方琦(另见)

官年:道光二十九年己酉(1849)十月二十八日生

实年:道光二十五年乙巳(1845)生

征考:《集成》(40—183):"陶方琦,字汉愨,号子缜,行六,道光己酉年十月二十八日吉时生,浙江绍兴府会稽县学附生,民籍。"官年取此。

谭献《复堂文续》卷四《陶编修传》:"陶君名方琦,字子珍,浙江会稽人……光绪十年十二月,卒于京邸,年甫四十。"由光绪十年甲申(1884)逆推,可知其生于道光二十五年乙巳(1845)。实年取此。

缪荃孙(另见)

官年:道光三十年庚戌(1850)八月初九日生

实年:道光二十四年甲辰(1844)八月九日亥时生

征考:《集成》(39—117):"缪荃孙,字炎之,号小珊,行五,道光庚戌年八月初九日吉时生,江苏常州府江阴县监生,民籍。"官年取此。

缪荃孙自订《艺风老人年谱》:"道光二十四年甲辰八月九日癸卯亥时,荃孙生于江阴申港镇祖居西宅。"另《民国人物碑传集》(下)卷七柳诒徵《缪荃孙传》:"己未冬十月卒,年七十有六。"亦可证其生于道光二十四年。《上海图书馆藏赴闻集成》第8册有其子缪禄保、缪僧保撰《显考艺风府君行述》:"生于道光二十四年甲辰八月初九日亥时,卒于己未年十一月初一日未时,享寿七十有六岁。"实年取此。

袁昶

官年：咸丰二年壬子(1852)八月初八日生

实年：道光二十六年丙午(1846)八月初八日酉时生

征考：《袁昶光绪二年丙子恩科会试朱卷》："袁昶，字重黎，原名振蟾，字碛秋，一字穉符，又字穉岩，行一，又行七，咸丰壬子年八月初八日生，浙江省严州府桐庐县学荫廪生，民籍，肄业诂经精舍、龙门书院，前充国史馆誊录，内阁额外中书。"又见《未刊》(15—328)。官年取此。

甘鹏云《潜庐续稿》卷八《清太常寺卿袁忠节公墓志铭》(代)："公以道光丙午八月初八日酉时生，被难时年五十五。"实年取此。

闵荷生

官年：咸丰二年壬子(1852)十月十四日生

实年：道光二十六年丙午(1846)生

征考：《集成》(41—181)："闵荷生，字殿香，一字少窗，行二，咸丰壬子年十月十四日吉时生，南昌府奉新县学附生，民籍。光绪丙子恩科。"官年取此。

《漫社三集·特别社友题名》(癸亥年)："闵荷生，字少窗，江西奉新人，七十八岁。"由民国十二年(1923)逆推，可知其生于道光二十六年丙午(1846)。实年取此。

陈琇莹

官年：咸丰五年乙卯(1855)正月初七日生

实年：咸丰三年癸丑(1853)生

征考：《集成》(40—323)："陈琇莹，字泽颖，号芸敏，行一，咸丰乙卯年正月初七日吉时生，福州府侯官县拔贡生，民籍。"又见《未刊》(14—428、445)(15—69、210)。官年取此。

叶大庄《写经斋文稿》有《故兵科给事中河南提督学政陈君行状》："君讳琇莹，号芸敏……光绪二年成进士……辛卯九月二十三日卒，年三十有九。"由光绪十七年辛卯(1891)逆推，可知其生于咸丰三年癸丑(1853)。实年取此。

陈邦瑞(另见)

官年:咸丰五年乙卯(1855)五月十五日生

实年:咸丰元年辛亥(1851)生

征考:《集成》(41—405):"陈邦瑞,谱名作邦,字辑侯,号瑶圃,行二,又行四,咸丰乙卯年五月十五日吉时生,宁波府慈溪县学附生,民籍。"官年取此。

章梫《一山文存》卷一二《陈瑶圃侍郎六旬寿叙(庚戌)》,庚戌为1910年,可推知陈之生年为咸丰元年辛亥(1851)。实年取此。

顾璜(另见)

官年:咸丰十年庚申(1860)六月十四生

实年:咸丰七年丁巳(1857)生

征考:《集成》(39—199):"顾璜,字渔磎,亦字瑜彬,行二,咸丰庚申年六月十四日吉时生,河南开封府祥符县廪膳生,民籍,原籍江苏。"官年取此。

顾璜《顾渔溪先生遗集》卷一《丁巳年四月至沪谒善化师相,蒙赐诗,以去岁璜六十初度为言,荣幸感悚,谨依韵赋谢》。"去岁"为民国五年丙辰(1916),由此逆推,可知其生于咸丰七年丁巳(1857)。另《己未元旦试笔》注"仆今年六十有二,是汉马伏波据鞍欲征蛮之年"。亦可证其生于咸丰七年。实年取此。

光绪丁丑(1877)科

曹庆恩(另见)

官年:道光十五年乙未(1835)四月三日生

实年:道光十一年辛卯(1831)四月三日生

征考:《集成》(42—351):"曹庆恩,字锡蕃,号蕴琛,又号韵笙,行三,道光乙未四月初三日吉时生,系江苏苏州府昭文县附贡生,候选训导,民籍。光绪丁丑科。"官年取此。

常熟《曹氏族谱》载曹庆恩生于"道光十一年四月初三"。实年

董沛

官年:道光十八年戊戌(1838)十一月二十七日生

实年:道光八年戊子(1828)生

征考:《集成》(42—143):"董沛,字孟如,号觉轩,又号韦庵,行一,又行九,道光戊戌年十一月二十七日吉时生,六品顶戴浙江宁波府鄞县学咨部优行增广生,民籍。"官年取此。

《续碑传集》卷八一董缙祺《知州衔封朝议大夫江西建昌知县董府君行状》:"府君讳沛,字孟如……卒于光绪二十一年乙未二月二十三日,年六十有八。"由光绪二十一年(1895)逆推,可知其生于道光八年戊子(1828)。实年取此。

杨文莹

官年:道光二十三年癸卯(1843)十月十一日生

实年:道光十八年戊戌(1838)生

征考:《集成》(42—151):"杨文莹,原名文銮,字粹伯,号雪渔,行一,道光癸卯年十月十一日吉时生,浙江杭州府学廪膳生,钱塘县民籍,咸安宫教习期满以知县用。"官年取此。

杨文莹《幸草亭诗稿》卷首有其七十一岁遗像,卷末有吴庆坻跋:"庚戌假归,则君先二年卒。"庚戌为宣统二年(1910),"先二年"为1908年,逆推可知其生于道光十八年戊戌(1838)。实年取此。

吕凤岐

官年:道光二十七年丁未(1847)九月十二日生

实年:道光十七年丁酉(1837)九月十二日申时生

征考:《集成》(44—297):"吕凤岐,派名烈芝,字瑞田,号睡甜,行四,道光丁未年九月十二日吉时生,安徽宁国府学附生,旌德县民籍,内阁中书,本衙门撰文,玉牒馆帮纂修、国史馆校对,管理诰敕房事务。"官年取此。

吕凤岐《静然斋杂著》附《石柱山农行年录》一卷:"道光十七年丁

酉一岁。(府君三十三岁,九月十二日申时生凤岐于本县庙首垂裕堂新宅。)"实年取此。

冯锡仁(另见)

官年:咸丰元年辛亥(1851)生

实年:道光二十九年己酉(1849)二月十八日午时生

征考:《集成》(45—103):"冯锡仁,派名志槼,字伯育,号莘垞,行三,本行一,年二十七岁,湖南辰州府沅陵县学廪生,民籍。"光绪丁丑(1877)会试其二十七岁,逆推知其生于咸丰元年辛亥(1851)。官年取此。

《湖南人物年谱》第5册有冯锡仁之子冯士杰所编《先给事中府君年谱》:"道光二十九年己酉二月十八日午时,公生。"实年取此。

按陈衍《石遗室文续集》之《清工科给事中莘垞冯先生墓表》:"以庚戌某月某日卒于家,年六十有一岁。"由宣统二年(1910)逆推,其生年为道光三十年(1850)。今实年依《年谱》,不取《墓表》之说。

李崇洸(另见)

官年:咸丰四年甲寅(1854)九月十八日生

实年:咸丰二年壬子(1852)生

征考:《未刊》(16—28):"李崇洸,字绍武,号峻臣,行六,又行一,咸丰甲寅年九月十八日吉时生,陕西西安府长安县附生,民籍。"官年取此。

(民国)《续修陕西通志稿》卷八四《人物十一》本传:"光绪丙子应县试、院试皆第一,遂入学,是年秋举于乡,丁丑联捷成进士……民国二年卒,年六十有二。"由民国二年癸丑(1913)逆推,知其生于咸丰二年壬子(1852)。实年取此。

王骧

官年:咸丰四年甲寅(1854)十二月二十三日(1855年2月9日)生

实年:咸丰元年辛亥(1851)十二月二十三日(1852年2月12日)生

征考：《未刊》(16—200)："王骧，字孝泗，号少莪，一号寿夫，行一，又行二，咸丰甲寅年十二月二十三日吉时生，福建福州府侯官县附生，民籍。"官年取此。

民国二十四年重修《西清王氏族谱》："十三世孝泗，维藩公长子，讳骧，字少莪，光绪乙亥恩科举人，丁丑科进士，翰林院庶吉士，户部山东广西陕西司主事，生咸丰元年辛亥十二月二十三日。"实年取此。

蒋式芬

官年：咸丰五年乙卯(1855)十一月二十四日(1856年1月1日)生

实年：咸丰元年辛亥(1851)十一月二十四日(1852年1月14日)生

征考：《未刊》(15—489)："蒋式芬，字清箓，号艺圃，行二，咸丰乙卯年十一月二十四日吉时生，系直隶保定府蠡县拔贡生，民籍。"官年取此。

王树枏《陶庐文集》卷一二《前广东盐运使蒋公墓志铭(壬戌)》："今秋重阳，余游西山，忽传公凶问……公生于咸丰元年十一月二十四日某时，卒于壬戌九月三日亥时，享年七十有二。"实年取此。

张嘉禄

官年：咸丰五年乙卯(1855)十二月十六日(1856年1月11日)生

实年：道光二十五年乙巳(1845，乙巳十二月十六日为1846年1月13日)生

征考：《集成》(44—59)："张嘉禄，字受百，一字稼麓，号肖莽，又号惕吾，行一，咸丰乙卯年十二月十六日吉时生，系浙江宁波府学咨部优行廪膳生，鄞县民籍。"官年取此。

《广清碑传集》卷一五金天翮《兵科掌印给事中张公家传》："生十一岁而孤，实咸丰乙卯……庚子二月卒官。"由咸丰乙卯(1855)逆推，可知其生于道光二十五年乙巳(1845)。《重修浙江通志稿》本传："以二十六年卒于京师，年五十六。"由光绪二十六年(1900)逆推，亦可知其生年为道光二十五年。《上海图书馆藏赴闻集成》第10册有其子张寿镛撰《先考兵科掌印给事中记名繁缺道张公行状》："公讳嘉禄，字肖

庵,一字受百,以道光二十五年乙巳十二月十六日生……卒于任,时光绪二十六年庚子二月二十六日也。"实年取此。

光绪庚辰(1880)科
徐宝谦
官年:道光七年丁亥(1827)四月二十九日生

实年:嘉庆二十二年丁丑(1817)四月廿九日丑时生

征考:《集成》(50—429):"徐宝谦,原名荐谦,字子尊,一字寿斋,号亚陶,又号迂裪,行一,道光丁亥年四月二十九日吉时生,浙江嘉兴府石门县学廪贡生,民籍,即用训导,员外郎衔,刑部提牢厅江西贵州陕西司主事,总理各国事务衙门章京。"官年取此。

徐益藩纂《崇德徐氏家谱》西支七世:"克祥长子,宝谦初名荐谦,字子牧,号亚陶,更名后字子尊,号迂裪,一字公之矗,又号矗斋……生嘉庆廿二年四月廿九日丑时,卒光绪廿三年六月十七日酉时,年八十有一。"实年取此。

顾莲(另见)
官年:道光二十三年癸卯(1843)六月初三日生

实年:道光二十一年辛丑(1841)六月三日生

征考:《集成》(45—211):"顾莲,字子爱,号香远,又号复斋,行二,道光癸卯年六月初三日吉时生,江苏松江府华亭县优廪贡生,民籍。"官年取此。

顾莲《素心簃文集》附高燮《清封朝议大夫候选员外郎四川梁山县知县翰林院庶吉士私谥贞献先生顾公行状》:"公以宣统二年庚戌九月二十四日感疾卒,距生于道光二十一年辛丑六月三日,春秋七十。"实年取此。

顾绍成(另见)
官年:道光二十四年甲辰(1844)十二月二十五日(1845年1月22日)生

实年:道光二十一年辛丑(1841)生

征考:《集成》(45—383):"顾绍成,原名景魏,字仲苏,号颂素,行二,道光甲辰年十二月二十五日吉时生,系江苏常州府无锡县附生,民籍。"官年取此。

顾森书辑《勤斯堂诗汇编》收有顾绍成《味菜轩遗稿》,卷首有顾森书所撰《仲苏公诗小传》:"族叔仲苏公讳绍成……以庚寅春重至齐,是秋即殂谢,时年五十。"由光绪十六年庚寅(1890)逆推,可知其生于道光二十一年辛丑(1841)。实年取此。

袁鹏图

官年:道光二十七年丁未(1847)十二月十一日生

实年:道光二十年庚子(1840)生

征考:《集成》(46—217):"袁鹏图,字德恩,别字海帆,行一,道光丁未年十二月十一日寅时生,浙江台州府天台县学咨部优行廪膳生,民籍。"官年取此。

袁鹏图《袁太史诗文遗钞》附有陶模《天台袁海帆太史墓志铭》:"呕血越一昼夜而卒……光绪十九年九月初七日也,春秋四十有四。"由光绪十九年(1893)逆推,知其生年为道光三十年庚戌(1850)。然违反官年不会大于实年之常情,疑误。查《国朝天台耆旧传》有其传:"袁先生鹏图,字德恩,号海帆……同治丁卯举于乡,庚辰成进士,授庶吉士,癸未散馆,出知建安县,抵任四阅月卒。"知袁鹏图实卒于光绪九年癸未(1883),逆推知其实生于道光二十年庚子(1840)。实年取此。按据邓政阳先生赐示《天台袁氏宗谱》所载墓志铭:"呕血越一昼夜而卒……光绪十年九月初七日也,春秋四十有四。"由光绪十年(1884)逆推,则当生于道光二十一年辛丑(1841),宗谱《庵公派系传》中亦云其"生于道光廿一年辛丑十二月十一日寅时,光绪十年甲申九月七日巳时卒于建安县署"。然如此与"癸未散馆,出知建安县,抵任四阅月卒"时间不合,存疑待考。

王颂蔚(另见)

官年:道光三十年庚戌(1850)十月十四日生

实年:道光二十八年戊申(1848)十月十四日生

征考:《集成》(47—337):"王颂蔚,原名叔炳,字笔佣,号芾卿,又号蒿隐,行三,道光庚戌年十月十四日吉时生,江苏苏州府长洲县咨部优行廪膳生,民籍。"官年取此。

王季烈《螾庐未定稿》卷一《先考资政公事略》:"府君讳颂蔚……府君生于道光戊申年十月十四日……竟于乙未七月初一日骤染时疫,殁于京师。"实年取此。

沈曾植(另见)

官年:咸丰二年壬子(1852)二月二十九日生

实年:道光三十年庚戌(1850)二月二十九日酉时生

征考:《集成》(46—247):"沈曾植,字子培,号薏盦,行四,又行二,咸丰壬子年二月二十九日吉时生,浙江嘉兴府嘉兴县俊秀监生,民籍,候选部寺司务。"官年取此。

《碑传集三编》卷八谢凤孙《学部尚书沈公墓志铭》:"先生卒于宣统壬戌十月三日,享年七十有三。"《清史稿》卷四七二本传:"壬戌冬,卒,年七十三。"由民国十一年壬戌(1922)逆推,可知其生于道光三十年庚戌(1850)。许全胜《沈曾植年谱长编》:"清宣宗道光三十年庚戌(1850),一岁。二月二十九日,酉时,公生于京师。"实年取此。

杨崇伊(另见杨同桂)

官年:咸丰二年壬子(1852)二月二十九日生

实年:道光三十年庚戌(1850)二月二十九日寅时生

征考:《集成》(46—375):"杨崇伊,原名同桂,字思大,号正甫,又号莘伯,行二,咸丰壬子年二月二十九日吉时生,江南苏州府常熟县学附生,民籍。同治庚午科补行壬戌恩科举人。"官年取此。

杨沂孙编《常熟恬庄杨氏家乘》:"同奎(桂),道光三十年二月二十九日寅时。"《上海图书馆藏赴闻集成》第12册有杨鉴莹撰《讣告》:"莘伯府君痛于宣统元年七月十六日卯时寿终苏寓正寝,距生于道光三十年二月十九日寅时,享年六十六岁。"实年取此。

志锐

官年:咸丰三年癸丑(1853)四月二十五日生

实年:咸丰元年辛亥(1851)生

征考:《集成》(50—373):"(他塔喇氏)志锐,字伯愚,号公颖,行四,咸丰癸丑年四月二十五日吉时生,镶红旗满洲惠昆佐领下一品荫生。"官年取此。

《碑传集补》卷三四吴庆坻《志将军传》载宣统三年"十一月十九日",志锐遇害。新疆大学图书馆藏《清故伊犁将军文贞公行状》稿本载志锐遇害时"年六十一岁"。由宣统三年辛亥(1911)逆推,可知其生于咸丰元年辛亥(1851)。实年取此。

黄绍箕

官年:咸丰五年乙卯(1855)正月十二日生

实年:咸丰四年甲寅(1854)正月十二日生

征考:《集成》(45—237):"黄绍箕,幼名睦钤,字中弢,一字穆琴,行一,又行三,咸丰乙卯年正月十二日卯时生,浙江温州府瑞安县民籍,廪贡生。"官年取此。

《广清碑传集》卷一七宋慈抱《黄绍箕传》:"以三十三年十二月卒于官,年五十四。"由光绪三十三年(1907)逆推,可知其生于咸丰四年(1854)。张扬编《黄鲜盦先生年谱初稿》一卷,言黄生于"咸丰四年正月十二日"。实年取此。

何乃莹

官年:咸丰六年丙辰(1856)二月十八日生

实年:道光二十二年壬寅(1842)生

征考:《集成》(48—257):"何乃莹,字润夫,号鲁孙,行二,又行四,咸丰丙辰年二月十八日吉时生,山西霍州直隶州灵石县监生,民籍,户部候补主事,湖广司行走。"官年取此。

张英麟编《消寒唱和诗》附庚戌(1910)消寒同人纪年:"何梅叟副宪乃莹,山西灵石人,年六十九岁。"由庚戌年逆推,可知其生于道光二十二年壬寅(1842)。实年取此。

李经世(另见)

官年:咸丰六年丙辰(1856)八月二十二日生

实年:咸丰元年辛亥(1851)八月二十二日辰时生

征考:《集成》(50—295):"李经世,字伟卿,号丹崖,又号冰谷,行一,咸丰丙辰年八月二十二日吉时生,系安徽庐州府合肥县优贡生,民籍,朝考钦取知县,工部营缮司学习郎中。"官年取此。

《合肥李氏宗谱》卷一二:"(李经世)生于咸丰辛亥年八月二十二日辰时。"实年取此。

于式枚

官年:咸丰六年丙辰(1856)十月二十六日生

实年:咸丰三年癸丑(1853)生

征考:《集成》(46—1):"于式枚,字晦若,小名穗生,行一,咸丰六年十月二十六日吉时生,广西平乐府贺县监生,民籍,祖籍四川顺庆府营山县。"官年取此。

陈三立《散原精舍文集》卷七《祭于晦若侍郎文》:"乙卯岁七月某日,谨以清酌庶羞,敬祭于吏部左侍郎于公之灵。"《清史稿》卷四四三本传:"卒,年六十三。"由民国四年乙卯(1915)逆推,可知其生于咸丰三年癸丑(1853)。实年取此。

郭曾炘

官年:咸丰八年戊午(1858)八月二十二日生

实年:咸丰五年乙卯(1855)八月廿三日生

征考:《集成》(50—233):"郭曾炘,字亲绳,号春榆,行一,咸丰戊午年八月二十二日吉时生,福建福州府侯官县学优增生,民籍。"官年取此。

《辛亥人物碑传集》卷一三王树枏《赐进士出身诰授光禄大夫太子

太保头品顶戴署典礼院掌院学士郭文安公神道碑》:"(戊辰)十一月二十四日,卒于京师,春秋七十有四。"由民国十七年戊辰(1928)逆推,可知其生于咸丰五年乙卯(1855)。《漫社三集·特别社友题名》(癸亥年):"郭曾炘,字春榆,号匏庵,福建侯官人,咸丰乙卯八月廿三日生,六十九岁。"《上海图书馆藏赴闻集成》第18册有郭则沄《先文安公行述》:"……生于咸丰乙卯八月二十二日,春秋七十有四。"实年取此。

徐琪(另见)

官年:咸丰八年戊午(1858)十二月二十九日(1859年2月1日)生

实年:道光二十九年己酉(1849)十二月二十九日巳时(1850年2月10日)生

征考:《集成》(46—181):"徐琪,字涵哉,号花农,行一,咸丰戊午年十二月二十九日吉时生,系浙江杭州府仁和县学优行廪膳生,民籍。"官年取此。

《李慈铭日记》光绪十五年十二月二十八日:"明日为徐花农四十生日,作书贺之。"由光绪十五年己丑(1889)逆推,为道光三十年庚戌(1850)十二月二十九日。邓政阳先生赐示徐琪《诵芬咏烈编》(清光绪十六年刻本)卷六八《世次谱第二》:"(二十九年己酉)若洲公三十七岁,是年冬游焦山,有题寺壁诗。是时公卸任居扬州禾嘉巷,十二月二十九日巳时,先母郑太宜人生琪于扬州。"实年取此。

盛炳纬(另见)

官年:咸丰九年己未(1859)三月十六日生

实年:咸丰五年乙卯(1855)生

征考:《集成》(50—55):"盛炳纬,原名炳耀,字星旋,号耒农,又号养园,行二,咸丰己未年三月十六日吉时生,浙江宁波府镇海县学附生,民籍。"官年取此。

盛炳纬《养园剩稿》卷首附陈三立《前江西学政翰林院编修盛君家传》:"庚午七月卒,享年七十有六。"由民国十九年庚午(1930)逆推,可知其生于咸丰五年乙卯(1855)。实年取此。

梁鼎芬

官年：咸丰十一年辛酉(1861)六月初六日生

实年：咸丰九年己未(1859)生

征考：《未刊》(16—369)："梁鼎芬，字节庵，号星海，一号琴庄，咸丰十一年六月初六日吉时生，系广东广州府番禺县监生，民籍。"官年取此。

《碑传集三编》卷九汪兆镛《梁文忠公别传》："梁鼎芬，字伯烈，号节庵，番禺人。光绪二年，以国子监生应顺天乡试，中举人；六年，成进士，入翰林，散馆授编修。十年四月，疏劾北洋大臣直隶总督李鸿章，言可杀之罪八，几罹重谴，军机大臣阎敬铭持之而免。十一年六月，奉上谕交部严加议处，部议降五级调用；九月九日，祭酒宗室盛昱等三十人饯之于崇效寺静观室，各赋诗赠行，自镌'年二十七罢官'小印，归里。"由光绪十一年乙酉(1885)逆推，知其生于咸丰九年己未(1859)。按胡钧《梁文忠公年谱》、吴天任《梁节庵先生年谱》均作咸丰九年生。然《节庵先生遗诗》卷四《壬辰岁朝》："三十三年弹指过，拖泥带水竟如何。"由光绪十八年壬辰(1892)逆推，似其生于咸丰十年庚申(1860)，按此当系以实岁计之，仍定生于咸丰九年己未。梁鼎芬门人杨敬安辑《节庵先生遗稿》前附《节庵先生事略》："戊午八月得风疾，次年己未十一月十四日卒，年六十一。"由民国八年己未(1919)逆推，其生于咸丰九年己未(1859)。卷三《杂文》有《捐赠京师广东学堂书藏藏书记(庚戌)》："光绪二年，鼎芬赴顺天乡试……榜发，鼎芬幸得中式举人……鼎芬时年十八岁……鼎芬今年五十二。"后署日期为"宣统二年九月"。由光绪二年(1876)和宣统二年(1910)逆推，亦可确认其生于咸丰九年己未(1859)。实年取此。

光绪癸未(1883)科

顾曾烜(另见)

官年：道光十八年戊戌(1838)十二月二十五日(1839年2月8

日)生

实年:道光十五年乙未(1835)十二月二十五日(1836年2月11日)生

征考:《集成》(54—273):"顾曾烜,初名曾烺,字升初,号姓谷,又号容叔,行三,道光戊戌年十二月二十五日吉时生,江苏通州学选拔优行廪膳生,民籍。"官年取此。

范当世《范伯子文集》卷六《顾醴泉先生寿序》:"今年春,顾启我孝廉及其弟聘耆舍人、未航孝廉,并自京师抵书天津,将以六月七日为其父醴泉先生及其母孙宜人举六十寿觞……然先生之生也,实以十二月二十五日,前此为孙宜人耳。"该文作于光绪二十年(1894),故顾曾烜生于道光十五年乙未十二月二十五日。实年取此。

王祖畲

官年:道光二十五年乙巳(1845)十月二十二日生

实年:道光二十二年壬寅(1842)十月二十二日子时生

征考:《集成》(54—27):"王祖畲,字岁三,号漱山,又号紫翔,行一,道光乙巳年十月二十二日吉时生,江苏太仓州镇洋县学廪膳生,民籍。光绪癸未科。"官年取此。

《文贞王先生行状》:"先生姓王氏,讳祖畲,字岁三,号漱山,一号紫翔,江苏太仓州镇洋县人……咸丰己未年十八,受知于邑侯吴公梁,冠童子军,明年补博士弟子员……癸酉乡举第二人,旋应江苏书局襄校之聘……癸未会试中式,先生年四十二矣……以戊午五月二十二日卒于里第,春秋七十有七。"《王紫翔先生事略》:"先生姓王氏,名祖畲,字岁三,号漱山,一号紫翔,江苏太仓州镇洋县人,由廪生中式同治癸酉科本省乡试第二名举人,光绪癸未科会试中式一百六十一名贡士,殿试三甲,朝考一等,改庶吉士……生于道光壬寅十月二十二日,卒于今戊午五月二十二日,年七十七。"王祖畲自订《溪山老农年谱》:"道光二十二年壬寅一岁,十月二十二日子时,生于州城太平桥东恭寿堂。"实年取此。

葛金烺

官年:道光二十五年乙巳(1845)十一月十六日生

实年:道光十七年丁酉(1837)生

征考:《集成》(54—111):"葛金烺,字景亮,号毓山,又号煜珊,行一,道光乙巳年十一月十六日吉时生,浙江嘉兴府平湖县副贡生,内阁中书,民籍,庚辰科会试堂备卷。"官年取此。

许景澄《许文肃公外集》卷五《户部郎中葛府君墓志铭》:"君讳金烺,字景亮,姓葛氏……以光绪十六年正月卒于里第,春秋五十有四。"由光绪十六年庚寅(1890)逆推,可知其生于道光十七年丁酉(1837)。实年取此。

贺福元

官年:道光二十六年丙午(1846)八月初七日生

实年:道光二十三年癸卯(1843)生

征考:《未刊》(17—203):"贺福元,字锡五,行三,道光丙午年八月初七日吉时生,系江苏镇江府丹阳县副贡生,民籍。"官年取此。

(民国)《丹阳县续志》卷一二《名臣》本传:"戊戌河决……福元驰赴河干,日夕督役。明年春合龙,奏奖以道员用,留杨庄任善后,擢总办,由是日在工次,忍饥疲,暴烈日,冒风雨,浸以感疾,治事如常,疾笃,始返省,越日卒,春秋五十有七。"由光绪二十五年己亥(1899,即戊戌之明年)逆推,可知其生年为道光二十三年癸卯(1843)。实年取此。

张九章

官年:道光二十八年戊申(1848)六月初八日生

实年:道光二十七年丁未(1847)生

征考:《未刊》(18—393):"张九章,字充甫,号愚溪,一号憬唐,道光戊申年六月初八日吉时生,山西平定直隶州优增生,民籍。"官年取此。

常赞春《山西献征》卷二《观察张衮甫先生事略》:"先生讳九章,字衮甫,平定州人……民国元年卒于家,六十六岁。"由民国元年(1912)

逆推,知其生于道光二十七年丁未(1847)。实年取此。

包宗经(另见)

官年:道光三十年庚戌(1850)八月二十五日生

实年:道光二十五年乙巳(1845)生

征考:《集成》(52—423):"包宗经,字乃畬,号伯琴,行二,道光庚戌年八月二十五日吉时生,浙江宁波府镇海县学廪膳生,民籍。"又见《未刊》(17—424、442)(18—2)。官年取此。

(民国)《镇海县志》卷二七《人物传六》本传:"光绪五年举人,九年成进士……十九年调宣城,甫数月卒,年四十九。"其卒当在光绪十九年(1893),逆推其生年,当在道光二十五年(1845)。实年取此。

杨履晋

官年:咸丰元年辛亥(1851)二月初七日生

实年:咸丰二年壬子(1852)生

征考:《集成》(56—249):"杨履晋,字康侯,号西岩,行二,咸丰辛亥相二月初七日吉时生,系山西直隶忻州优廪生,民籍。"官年取此。

常赞春《山西献征》卷三《郡守杨康侯先生事略》:"先生讳履晋,字康侯……(民国)三年疾,返里,卒,年六十三。"由民国三年(1914)逆推,可知其生于咸丰二年壬子(1852)。实年取此。然违反官年不大于实年之常情,存疑待考。

方铸

官年:咸丰元年辛亥(1851)六月十三日生

实年:道光三十年庚戌(1850)生

征考:《集成》(55—71):"方铸,字子陶,号剑华,行九,又行四,咸丰辛亥六月十三日吉时生,安徽安庆府桐城县学附生,民籍,留陕补用知县。"官年取此。

方铸《华胥赤子古今体诗》卷一〇《华胥赤子歌》序:"己未人日夜大雪,梦人持数字示余……"诗云:"华胥赤子是何人,七十年来老病身。"由民国八年己未(1919)逆推,可知其生于道光三十年庚戌

(1850)。实年取此。

张亨嘉

官年:咸丰元年辛亥(1851)十一月二十八日(1852年1月18日)生

实年:道光二十七年丁未(1847)生

征考:《未刊》(18—1、244、375):"张亨嘉,字燮钧,行一,咸丰辛亥年十一月二十八日吉时生,福建福州府侯官县民籍。"官年取此。

吴曾祺《漪香山馆二集》有《张文厚公墓志铭》:"公姓张氏,讳亨嘉……以宣统二年十二月二十一日卒于京邸,年六十有四。"由宣统二年(1910)逆推,可知其生于道光二十七年丁未(1847)。实年取此。

李梦莹

官年:咸丰元年辛亥(1851)生

实年:道光三十年庚戌(1850)生

征考:《集成》(51—335):"李梦莹,派名世璘,字公执,号荔邺,行一,年三十三岁,系湖南长沙府长沙县学候廪生,民籍。"光绪癸未科(1883)年三十三岁逆推,可知其生于咸丰元年辛亥(1851)。官年取此。

李梦莹《薛荔村舍遗诗》前有欧阳中鹄《长沙李主事传》:"光绪二十六年……以疾卒,年五十有一。"由光绪二十六年庚子(1900)逆推,可知其生于道光三十年庚戌(1850)。实年取此。

秦绶章(另见)

官年:咸丰二年壬子(1852)三月十五日生

实年:道光二十九年己酉(1849)三月十五日生

征考:《集成》(51—47):"秦绶章,字仲稣,号佩鹤,行二,咸丰壬子年三月十五日吉时生,江苏太仓州嘉定县优贡生,民籍,朝考一等,钦用知县。"官年取此。

唐文治《茹经堂文集三编》卷八《清故光禄大夫建威将军兵部左侍郎镶黄旗满洲副都统秦公墓志铭》:"公道光二十九年三月十五日生,

乙丑年二月十三日卒,春秋七十有七。"实年取此。

田恂

官年:咸丰二年壬子(1852)五月二十四日生

实年:道光三十年庚戌(1850)五月二十四日生

征考:《集成》(54—81):"田恂,字信卿,号子笠,行一,又行二,咸丰壬子年五月二十四日吉时生,系河南开封府祥符县优廪生,民籍,咸安宫官学汉教习。"官年取此。

徐金铭《六慎斋文存》卷三《田子笠大令墓志铭代柳纯斋作》:"乃卒,年七十,共和己未夏历七月廿日也……君生于道光三十年五月二十四日。"实年取此。

刘尚伦

官年:咸丰三年癸丑(1853)三月十二日生

实年:道光三十年庚戌(1850)生

征考:《未刊》(17—424、442)(18—2):"刘尚伦,字佩五,号彝庭,行七,咸丰癸丑年三月十二日吉时生,正红旗汉军皂成佐领下廪膳生。"官年取此。

(民国)《涿县志》第六编《人物》第一卷《仕迹》:"年二十举茂才,光绪八年登乡,次年连捷成进士……生于清道光三十年,卒于民国二十二年,年八十四。"实年取此。

童祥熊(另见)

官年:咸丰四年甲寅(1854)九月二十三日生

实年:道光二十四年甲辰(1844)生

征考:《集成》(55—101):"童祥熊,谱名坚国,字小镕,号次山,行八,咸丰甲寅年九月二十三日吉时生,浙江宁波府鄞县学附生,民籍,五品衔候选教谕。"官年取此。

《天津文史资料选辑》第35辑中有陈隽如《记清季遗老真率会》一文,其文先引劳乃宣《十老图跋》云:"甲寅之春……赵(次珊)、童(次山)、李(惺园)皆七十一。"陈文云:"十老年齿官籍……童祥熊,七十一,字次山,浙江省鄞县人。癸未(清光绪九年,公元 1883 年)翰林。"甲寅为民国三年(1914),则童氏当生于道光二十四年甲辰(1844)。实年取此。

李葆实

官年:咸丰四年甲寅(1854)十月初六日生

实年:道光三十年庚戌(1850)生

征考:《集成》(55—367):"李葆实,字秋圃,号稚川,行一,咸丰甲寅十月初六日吉时生,山东济南府历城县兼袭云骑尉廪膳生,民籍,原籍济阳县。"官年取此。

(民国)《续修历城县志》卷四〇《列传二》本传:"甲午记名御史,其年皇太后六旬万寿,掌院学士派翰林四人撰联,葆实预焉,向用方隆,遽遘时疾,卒于京师,年四十五。"由光绪二十年甲午(1894)逆推,知其生于道光三十年庚戌(1850)。实年取此。

周锡恩

官年:咸丰五年乙卯(1855)十二月二十三日(1856 年 1 月 30 日)生

实年:咸丰二年壬子(1852)十二月二十三日(1853 年 1 月 31 日)生

征考:《集成》(52—169):"周锡恩,派名德正,字荫常,号伯晋,亦号幼珊,行一,咸丰乙卯年十二月二十三日吉时生,湖北黄州府罗田县优贡生,民籍,尽先选用训导。"官年取此。

《碑传集补》卷九王葆心《清故翰林院编修周是园先生墓志铭》:"生于咸丰二年十二月二十三日,以光绪二十□年某月葬于石源河祠堂湾某首某趾。"实年取此。

孙传奭

官年:咸丰六年丙辰年(1856)七月十五日生

实年:咸丰四年甲寅(1854)生

征考:《家传》(98—299):"孙传奭,字偶卿,号少鼎,行一,咸丰丙辰年七月十五日吉时生,安徽凤阳府寿州廪生,民籍……壬午科江南乡试中式第六十八名,癸未科会试中式第一百五十一名,保和殿覆试二等,殿试第二甲第七十名,赐进士出身。"官年取此。

马其昶《抱润轩文集》卷一八《四品衔刑部奉天司主事孙君墓志铭(丁未)》:"君以光绪卅一年,年五十有二卒。"由光绪三十一年(1905)逆推,知其生于咸丰四年甲寅(1854)。实年取此。

曹福元(另见)

官年:咸丰九年己未(1859)十月十四日生

实年:咸丰三年癸丑(1853)生

征考:《集成》(53—215):"曹福元,原名元焱,字邃翰,号再韩,行二,咸丰己未年十月十四日吉时生,江南苏州府吴县优贡生,民籍,原籍安徽歙县。"官年取此。

曹福元《花萼交辉阁集》卷三《张翰伯继凫诗草序》:"丁巳夏,君手定吟稿两卷,曰继凫诗草,出以见示,乞余一言……君今年七十有七,余亦六十有五。"由民国六年丁巳(1917)逆推,可知其生于咸丰三年癸丑(1853)。曹福元之子曹岳申等撰《哀启》言其"同治己巳,年十七,补博士弟子员。"由同治八年己巳(1869)逆推,亦可知其生于咸丰三年癸丑(1853)。《上海图书馆藏赴闻集成》第15册秦绶章撰《皇清诰授光禄大夫谥文慤曹公墓志铭》载:"以庚申八月十三日卒于里第,年六十有八。"由民国九年庚申(1920)逆推,亦生于咸丰三年癸丑(1853)。实年取此。

荣庆

官年:咸丰十年庚申(1860)十二月初八日(1861年1月18日)生

实年:咸丰九年己未(1859)十二月初八日(1859年12月31日)生

征考:《集成》(52—279):"(鄂卓尔氏)荣庆,字实夫,号华卿,一号寿峰,行二,咸丰庚申年十二月初八日吉时生,系正黄旗蒙古志瑞佐领下监生。光绪癸未科。"官年取此。

《辛亥人物碑传集》卷一三王季烈《蒙古鄂卓尔文恪公家传》:"咸

丰己未,建威公官重庆镇总兵,督师犍为,静亭公侍军中。十二月初八日,公生于重庆镇署,因名之曰庆,小名曰犍。"实年取此。

严修

官年:咸丰十一年辛酉(1861)三月十二日生

实年:咸丰十年庚申(1860)三月十二日生

征考:《家传》(98—491):"严修,字梦扶,号范孙,行二,咸丰辛酉年三月十二日吉时生,直隶天津府天津县府学廪膳生,民籍……乡试中式第一百九十一名,保和殿覆试钦定一等第十六名,会试中式第三名,保和殿覆试钦定二等第七十一名,殿试二甲第十一名,朝考一等第十名,钦点翰林院庶吉士。"又见《未刊》(18—286)。官年取此。

《民国人物碑传集》(下)之卢弼《清故光禄大夫学部左侍郎严公墓碑》:"先生生于清咸丰庚申三月十二日,卒于中华民国十八年三月十五日,享年七十。"《退思斋诗存》有诗题为《己巳三月十二日值严范老七十生日,择庐白海棠盛开,主人集社友续城南诗会,兼设香花致祭。严先生纪之以诗,分韵得日字》,亦可为证。实年取此。

陈荣

官年:同治元年壬戌(1862)六月十四生

实年:咸丰十年庚申(1860)六月十四日生

征考:《集成》(53—77):"陈荣,字桐村,号小圃,行四,同治壬戌年六月十四日吉时生,云南府昆明县民籍,优贡生,考取知县,原籍江左。"官年取此。

方树梅《滇南碑传集》云陈荣"生咸丰庚申六月十四日,卒民国二十四年乙亥十月二十日"(亦见其《滇贤生卒考》,该考弁言"余既辑滇南碑传为一集,复摘碑传中前贤生卒年月日汇为一卷")。实年取此。

光绪丙戌(1886)科

王守训

官年:道光二十九年己酉(1849)正月初三日生

实年:道光二十五年乙巳(1845)生

征考:《集成》(57—373):"王守训,字仲彝,一字菘畦,行二,又行三,道光二十九年正月初三日吉时生,山东登州府黄县廪膳生,民籍,同治庚午并补行丁卯科副榜,内阁汉票签中书舍人。"官年取此。

孙葆田《校经室文集》卷五《翰林院检讨王君墓志铭》:"以光绪二十三年二月甲戌卒于京邸,年五十有三。"由光绪二十三年(1897)逆推,可知其生于道光二十五年乙巳(1845)。实年取此。

贺涛

官年:咸丰二年壬子(1852)三月二十九日生

实年:道光二十九年己酉(1849)生

征考:《集成》(56—421):"贺涛,字松坡,号啸岩,行一,咸丰壬子年三月二十九日吉时生,直隶深州武强县廪膳生,民籍,考取国子监学正,大名县教谕。"官年取此。

《碑传集补》卷五三赵衡《贺先生行状》:"先生讳涛,字松坡,姓贺氏……享年六十有四,先生之没,实惟中华民国元年五月一日。"由民国元年(1912)逆推,可知其生于道光二十九年己酉(1849)。实年取此。

鹿瀛理

官年:咸丰二年壬子(1852)六月初九日生

实年:咸丰元年辛亥(1851)生

征考:《集成》(61—45):"鹿瀛理,字安仲,号乔笙,行一,又行二,咸丰壬子年六月初九日吉时生,直隶保定府定兴县增监生,民籍。"官年取此。

《大清畿辅先哲传》卷三三《贤能六》附传:"二十六年两宫西狩,陕当其冲,力疾驰驱,所在职办,寻以劳致疾,卒于官,年五十。"由光绪二十六年庚子(1900)逆推,知其生于咸丰元年辛亥(1851)。实年取此。

李翊煌

官年:咸丰二年壬子(1852)十二月十五日(1853年1月23日)生

实年:道光三十年庚戌(1850)生

征考:《未刊》(19—163):"李翊煌,字博孙,号乐三,行一,咸丰壬子年十二月十五日吉时生,江西抚州府临川县监生,民籍。"官年取此。

陈三立《散原精舍文集》卷九《清故三品衔河南候补道李君墓表》:"君讳翊煌,字博孙,姓李氏……丙辰十月去上海,明年三月七日病卒南昌里第,享年六十有八。"由民国六年丁巳(1917)逆推,知其生于道光三十年庚戌(1850)。实年取此。

陈田

官年:咸丰五年乙卯(1855)六月二十二日生

实年:道光二十九年己酉(1849)生

征考:《未刊》(19—107):"陈田,原名琅,号松珊,行四,咸丰乙卯年六月二十二日吉时生,贵州贵阳府附生,民籍,原籍江西抚州府临川县。"官年取此。

罗振玉《辽居稿》有《掌印给事中贵阳陈公传》:"辛酉仲冬卒以忧愤捐馆于京师……请恤,略称前掌印给事中陈田以光绪丙戌科进士起家,授职编修,戊戌保送江南道监察御史,壬寅转山西道巡视东城,乙巳升补给事中,丁未补授掌印给事中,辛亥冬请假去官,以今月身故,年七十三岁。"由民国十年辛酉(1921)逆推,知其生于道光二十九年己酉(1849)。实年取此。

盛沅

官年:咸丰五年乙卯(1855)六月二十七日生

实年:道光二十六年丙午(1846)生

征考:《集成》(60—343):"盛沅,榜名恺华,字子彬,一字萍旨,行七,咸丰乙卯年六月二十七日吉时生,浙江嘉兴府秀水县附生,民籍,现任台州临海县教谕。"官年取此。

陶玉珂《兰薰馆遗稿》盛沅序署:"夏正丁巳五月,浙西七十二老民同社姻弟盛沅谨序。"由民国六年丁巳(1917)逆推,可知其生于道光二十六年丙午(1846)。另王迈常《部昀府君年谱》(王甲荣年谱)载:"中华民国七年戊午,府君六十九岁。三月沈乙盦师(曾植)、陶拙存丈(葆廉)皆自上海来会,流连诗酒,府君乐甚,谓其快无能状之。与沈师暨吴子梨丈(受福)、盛萍旨丈(沅)、岳斐君丈(廷彬)、金甸丞丈(蓉镜)会于南湖高士祠,以欧法写景,府君题曰'六老图',作《六老图记》。时吴年最长,七十有四,盛七十三,岳七十二,沈与府君同,金齿为殿,亦六十有二矣。"又载民国十一年(1922):"盛萍旨丈七十七。"由此逆推,皆可证其生于道光丙午年。实年取此。

邹福保(另见)

官年:咸丰五年乙卯(1855)九月十一日生

实年:咸丰二年壬子(1852)生

征考:《集成》(58—179):"邹福保,字永俌,号咏春,行一,咸丰乙卯年九月十一日吉时生,江苏苏州府学咨部优行廪膳生,国史馆誊录,元和县民籍。"官年取此。

曹允源《复盦续稿》卷三《翰林院侍讲邹君家传》:"君名福保,字咏春,一字芸巢……乙卯五月二十八日以疾终于里第,春秋六十有四。"由民国四年(1915)逆推,可知其生于咸丰二年壬子(1852)。实年取此。

沈曾桐

官年:咸丰五年乙卯(1855)九月十二日生

实年:咸丰三年癸丑(1853)九月生

征考:《沈曾桐光绪十二年丙戌科会试朱卷》:"沈曾桐,字子封,号同叔,行五,又行三,咸丰乙卯年九月十二日吉时生。浙江嘉兴府嘉兴县民籍,俊秀监生。"官年取此。

许全胜《沈曾植年谱长编》:"(咸丰三年)九月,弟曾桐子封生。"实年取此。

陈逽声

官年：咸丰六年丙辰(1856)八月十四日生

实年：道光二十六年丙午(1846)八月十四日生

征考：《集成》(57—227)："陈逽声(乡榜名潚),字骏公,号悔门,又号蓉曙,行二,咸丰丙辰年八月十四日吉时生,浙江绍兴府诸暨县优廪生,正取优贡,民籍,候选教谕。"官年取此。

陈逽声稿本《畸园三次写定诗稿》第10册《海上集》下(庚戌八月至十二月)有《自题照像四首》,其二"清朝六十四年人"下注："余年六十五,未知能度岁否也。"由宣统二年庚戌(1910)逆推,可知其生于道光二十六年丙午(1846)。又《八月十四日红袖君以余生辰置酒寓楼得诗五十七首》其一："藐躬膺天谴,降谪自丙午。八月十四日,悬弧辉门户。"知其生于丙午年八月十四日。其五十七："继始书甲子,道光丙午人。"亦可证其生于道光二十六年丙午。实年取此。

曾福谦

官年：咸丰七年丁巳(1857)四月初九日生

实年：咸丰元年辛亥(1851)四月九日亥时生

征考：《集成》(60—207)："曾福谦,原名宗鲁,字成屋,号伯厚,别号景兴,行一,又行四,咸丰丁巳年四月初九日吉时生,福州府闽县学附生,民籍,大挑教谕。"官年取此。

曾福谦《梅月龛诗》附曾克端《先大父行述》："公生于咸丰辛亥四月九日亥时,卒于民国壬戌年十月一日寅时,享寿七十二岁。"实年取此。

高觐昌(另见)

官年：咸丰八年戊午(1858)二月二十八日生

实年：咸丰六年丙辰(1856)二月二十八日戌时生

征考：《集成》(58—293)："高觐昌,字葵北,号绍芬,行一,咸丰戊午年二月二十八日吉时生,江苏镇江府丹徒县廪膳生,卫籍。"官年取此。

高觐昌《葵园遯叟自订年谱》:"咸丰六年丙辰二月二十八日戌时,生于江苏丹徒县南乡沿街村庄姓寓宅。"实年取此。

于齐庆

官年:咸丰九年己未(1859)三月十六日生

实年:咸丰六年丙辰(1856)生

征考:《集成》(56—295):"于齐庆,字安甫,号海帆,一字伯思,行一,又行五,咸丰己未年三月十六日吉时生,江南扬州府江都县附生,民籍。"又见《未刊》(20—1)。官年取此。

王式通《志庵文稿》卷三《清故资政大夫署理广东提学使于君墓志铭》:"卒于民国八年十二月十日,春秋六十有四。"由民国八年(1919)逆推,可知其生于咸丰六年丙辰(1856)。实年取此。

吴品珩(另见)

官年:咸丰九年己未(1859)九月十一日生

实年:咸丰六年丙辰(1856)九月十一日酉时生

征考:《集成》(58—265):"吴品珩,字韵玱,号佩葱,一号纬苍,又号亦园,行一,咸丰己未年九月十一日吉时生,浙江金华府东阳县副贡生,民籍,候选复设教谕,充左翼镶白旗觉罗学汉教习。"官年取此。

吴品珩子吴昌鼎撰《讣闻》:"佩葱府君痛于民国十七年夏正闰二月十九日申时寿终正寝,距生于清咸丰六年丙辰九月十一日酉时,享寿七十有三岁。"吴士鉴《清故诰授荣禄大夫赏戴花翎安徽布政使吴公墓志铭》:"戊辰闰二月十九日卒,距其生咸丰丙辰九月十一日,春秋七十有三。"实年取此。按此二条资料据鲁小俊《清代官年问题再检讨》一文转录。

姚丙然(另见)

官年:咸丰九年己未(1859)九月二十八日生

实年:咸丰元年辛亥(1851)生

征考:《集成》(58—317):"姚丙然,字菊仙,号澹人,行一,咸丰己未年九月二十八日吉时生,浙江杭州府钱塘县学优行廪膳生,商籍。"

官年取此。

《民铎报》1926年第2期载严振声《祭姻丈姚菊坡先生文》："先生名丙然,字菊坡,存年六十六岁……时维中华民国五年岁次丙辰三月庚午朔,越七日丙子,门下走严振声谨以馨香束刍释奠于菊坡先生之灵曰……"民国五年铅印本《尚贤堂纪事》载《纪本堂为姚菊坡先生开追悼会事》明载："本年旧历正月十一日,先生遽以疾归道山。"由民国五年丙辰(1916)逆推,知其生于咸丰元年辛亥(1851)。另《宗圣学报》第2卷第5期(1916年)有陈焕章《孔教会追悼姚菊坡先生演说词(丙辰七月之望)》："若夫躬亲事务,以分焕笔墨之劳者,惟先生一人而已。先生于壬子之岁,年已六十有二。"由民国元年壬子(1912)逆推,可知其生于咸丰元年辛亥(1851)。实年取此。

史绪任

官年:同治三年甲子(1864)正月初二日生

实年:同治二年癸亥(1863)生

征考:《集成》(61—177):"史绪任,字小周,号荷樵,行二,又行五,同治甲子相正月初二日吉时生,系河南卫辉府学优廪生,辉县民籍。"官年取此。

《中州先哲传》卷八《名臣八》:"甲子四月四日卒,年六十有二。"由民国十三年甲子(1924)逆推,知其生于同治二年癸亥(1863)。实年取此。

光绪己丑(1889)科

赵继泰

官年:道光二十一年辛丑(1841)九月初四日生

实年:道光十六年丙申(1836)九月生

征考:《集成》(66—305):"赵继泰,原名复泰,字子开,号密庵,更号惺庵,行三,又行七,道光辛丑年九月初四日吉时生,江南安庆府太湖县监生,民籍,花翎四品衔河南补用同知,直隶州知州。"官年取此。

赵畇编,赵继元等补《遂翁自订年谱》:"丙申二十九岁,会试下第,南归……九月,侄继和生,后改名复泰。"实年取此。

柯劭憼

官年:道光二十七年丁未(1847)八月初三日生

实年:道光二十年庚子(1840)生

征考:《集成》(63—385):"柯劭憼,字敬孺,一字君孺,号麟伯,行三,又行一,道光丁未年八月初三日吉时生,山东莱州府胶州附学生,民籍,大挑二等,候选教谕。"官年取此。

《吴汝纶全集》第1册附有吴闿生所作《文集笺证》,言吴氏《柯敬儒六十寿序》作于"光绪二十五年。柯名劭憼,劭忞学使之兄。"序作于光绪二十五年(1899),可推知其生年为道光二十年(1840)。实年取此。

温仲和(另见)

官年:咸丰元年辛亥(1851)三月二十一日生

实年:道光二十九年己酉(1849)三月十一日生

征考:《未刊》(20—441):"温仲和,字位中,号慕柳,又号定初,别号柳介,行二,咸丰辛亥元年三月二十一日吉时生,广东嘉应州优贡生。"官年取此。

温仲和《求在我斋集》附丘逢甲《诰授奉直大夫翰林院检讨加四级柳介温公墓志铭》:"君生道光二十九年己酉三月十一日,卒光绪三十年甲辰八月十三日,年五十六……将以其年十月二十二日葬君于长冈岈山仔下之原。"实年取此。

文明钦

官年:咸丰元年辛亥(1851)五月十九日生

实年:道光二十七年丁未(1847)生

征考:《光绪十五年己丑科会试同门姓氏朱卷》:"文明钦,字潛川,号静川,行一,咸丰辛亥年五月十九日吉时生,贵州贵阳府贵阳县附生,民籍。"官年取此。

姚华《弗堂类稿》卷一〇《清故诰授中宪大夫四品衔同知直隶州用山西右玉县知县私谥靖康文先生墓志铭》:"丙辰五月,先生年政七十,余赋诗为寿。已病废经年,不能烺烺诵,而吟咏反复,意犹轩举,六月疾剧不起,则二十九日也……先生讳明钦,字潚川,静川其号也。"由民国五年丙辰(1916)逆推,知其生于道光二十七年丁未五月(1847)。实年取此。

吴丙湘(另见)

官年:咸丰三年癸丑(1853)七月十二日生

实年:道光三十年庚戌(1850)生

征考:《未刊》(20—467):"吴丙湘,原名进泉,字次潇,号滇生,一字潇碧,又号瘦梅,行六,咸丰癸丑年七月十二日吉时生,系江苏扬州府仪征县学廪贡生,民籍。"官年取此。

孙葆田《校经室文集》卷四《河南候补道兼袭骑都尉又一等云骑尉吴君墓表》:"光绪二十二年十月乙丑,河南补用道吴君卒于寓邸,春秋四十有七。"由光绪二十二年丙申(1896)逆推,可知其生于道光三十年庚戌(1850)。实年取此。

郑永贞

官年:咸丰四年甲寅(1854)九月十八日生

实年:道光二十九年己酉(1849)九月十八日生

征考:《未刊》(21—126、220、238):"郑永贞,字元根,号拙庵,行一,又行四,咸丰甲寅年九月十八日吉时生,山西大同府大同县民籍。"官年取此。

王树枏《陶庐文集》卷一二《太原郑君墓表(癸亥)》:"君姓郑氏,讳永贞,字元根……乙酉举于乡,己丑成进士,年四十一矣……君之生以道光二十九年九月十八日,其卒以壬戌四月十一日,春秋七十有四。"实年取此。

杨德镠(另见)

官年:咸丰五年乙卯(1855)十二月二十五日(1856年2月1日)生

实年:咸丰三年癸丑(1853,癸丑十二月二十五日为1854年1月23日)生

征考:《集成》(65—437):"杨德鑅,字仲琪,号耀珊,行二,咸丰乙卯年十二月二十五日吉时生,江苏松江府上海县廪膳生,民籍。"官年取此。

(民国)《上海县志》卷一五《人物下》本传:"民国十六年卒,年七十五。"由民国十六年(1927)逆推,可知其生于咸丰三年癸丑(1853)。实年取此。

戚扬

官年:咸丰十年庚申(1860)五月十七日生

实年:咸丰七年丁巳(1857)生

征考:《集成》(63—1):"戚扬,谱名继奏,字显臣,一字升淮,别字眉轩,行二,咸丰庚申年五月十七日吉时生,浙江绍兴府山阴县学优行廪膳生,民籍。"官年取此。

《绍兴文史资料选辑》第5辑有朱仲华口述、谢宗元整理《忆同学罗家伦》:"一九三六年,其父七十寿辰的那一年,罗氏父子曾来绍兴,并参加绍兴'西园诗巢'。当时适值诗巢成员朱仲华四十岁,孙家骥(子松)五十岁,周知浚(颜修)六十岁,朱允中(秋农)七十岁,李镜燧(槐青)七十岁,戚扬(升槐)八十岁。罗家伦亦撰诗词为之祝寿。"由民国二十五年丙子(1936)逆推,可知戚扬生于咸丰七年丁巳(1857)。又朱彭寿《安乐康平室随笔》卷六:"余生平所见耆老,年届八十者,尚不乏人,今汇记之以志盛遇……此外现时生存诸人(其年龄系以今岁己卯计之),则有……"其中刘承幹有校补:"江西候补道、侯官沈鲁青观察(璘庆);江苏松江府知府、山阴戚升淮太守扬,现均八十三。丁巳生。"亦可证其生于咸丰七年。实年取此。

王同愈(另见)

官年:咸丰十年庚申(1860)十二月十七日(1861年1月27日)生

实年:咸丰五年乙卯(1855)十二月十七日(1856年1月24日)生

征考：《集成》(61—325)："王同愈，号胜之，字文若，一字栩缘，行四，咸丰庚申年十二月十七日吉时生，江苏苏州府元和县附贡生，民籍。"官年取此。

《民国人物碑传集》（下）卷四顾廷龙《清江西提学使王公行状》："辛巳三月十一日，诵放翁《示儿诗》而逝，距生于咸丰乙卯十二月十七日，享年八十有七。"实年取此。

金蓉镜（另见）

官年：同治元年壬戌（1862）十二月十二日（1863 年 1 月 30 日）生

实年：咸丰六年丙辰（1856，丙辰十二月十二日为 1857 年 1 月 7 日）生

征考：《集成》(64—133)："金蓉镜，谱名义田，字港范，号莘甫，又号甸丞，行一，同治壬戌年十二月十二日吉时生，浙江嘉兴府秀水县民籍，职监生，国史馆誊录，祖籍休宁，商籍仁和。"官年取此。

金兆蕃《安乐乡人文》卷六《从兄永顺君事略》："君讳蓉镜，初名鼎元……己巳十二月以微疾卒于家，年七十有四。"由民国十八年己巳（1929）逆推，可知其生于咸丰六年丙辰（1856）。实年取此。

于宗潼

官年：同治二年癸亥（1863）七月十八日生

实年：咸丰十年庚申（1860）生

征考：《光绪十五年己丑科会试同门姓氏朱卷》："于宗潼，字梓生，号西园，行三，同治癸亥年七月十八日吉时生，山东登州府福山县优贡生，民籍。"官年取此。

于宗潼《浣薇书屋遗稿》卷首王树枏《四川全省劝业道福山于君家传》："君姓于氏，讳宗潼，字梓生，号西园，山东福山人也……甲戌七月二十四日卒于里第，春秋七十有五。"由民国二十三年甲戌（1934）逆推，知其生于咸丰十年庚申（1860）。实年取此。

恽毓鼎

官年：同治四年乙丑（1865）八月初十日生

实年:同治二年癸亥(1863)八月初十日生

征考:《集成》(65—403):"恽毓鼎,字薇孙,一字伯铭,行一,又行四,同治乙丑年八月初十日吉时生,系顺天府大兴县附学生,民籍。"官年取此。

《辛亥人物碑传集》卷一四曹允源《诰授资政大夫赠头品顶戴原任日讲起居注官二品衔翰林院侍读学士恽府君墓志铭》:"生于同治癸亥八月初十日,春秋五十有六。"实年取此。

光绪庚寅(1890)恩科

吴荫培(另见)

官年:咸丰三年癸丑(1853)正月二十六日生

实年:咸丰元年辛亥(1851)正月二十六日生

征考:《集成》(67—297):"吴荫培,字树百,号颖芝,一号岳云,又号云盦,行二,又行一,咸丰癸丑年正月二十六日吉时生,江苏苏州府吴县附生,民籍,辛未丙子庚辰三科会试堂备,咸安宫学汉教习,大挑二等,尽先选用教谕,己丑会试挑取誊录,充方略馆誊录。"官年取此。

《辛亥人物碑传集》卷一四曹元弼《皇清诰授资政大夫二品衔记名提学使贵州镇远府知府前翰林院撰文吴公神道碑》:"公以咸丰辛亥正月二十六日生……庚午十二月二十九日卒,年八十。"实年取此。

汪庆生

官年:咸丰三年癸丑(1853)二月二十四日生

实年:道光三十年庚戌(1850)生

征考:《集成》(71—79):"汪庆生,字崧甫,一字菘圃,号松抚,行二,又行六,咸丰癸丑年二月二十四日吉时生,江苏镇江府学增生,丹徒县民籍。"官年取此。

李恩绶《丹徒县志摭余》卷八《人物五·儒林文苑》:"汪庆生……光绪乙亥年二十六举于乡……壬子六月卒,年六十三。"由民国元年壬子(1912)逆推,可知其生于道光三十年庚戌(1850)。实年取此。

王庆平(另见)

官年:咸丰五年乙卯(1855)十一月十八日生

实年:道光二十八年戊申(1848)生

征考:《集成》(71—253):"王庆平,字克宽,号耘云,行一,咸丰乙卯年十一月十八日吉时生,江苏松江府上海县学附生,民籍,内阁中书。"官年取此。

王庆平《鹤寮遗稿叙》:"岁在庚申孟秋之月朔日,同宗七三叟王庆平顿首拜书。"由民国九年(1920)逆推,可知其生于道光二十八年戊申(1848)。实年取此。按《民国人物碑传集》(下)卷一三王燮功《王耘云方伯传》:"以庚申九月初一日殁。"知其卒于民国九年(1920)。

黄绍第

官年:咸丰六年丙辰(1856)五月二十日生

实年:咸丰五年乙卯(1855)生

征考:《集成》(69—55):"黄绍第,幼名睦笙,字长生,一字叔颂,行一,又行四,咸丰丙辰年五月二十日吉时生,浙江温州府瑞安县民籍,优贡生,朝考一等,以知县用,己丑科会试挑取誊录。"又见《未刊》(22—1)。官年取此。

黄绍第《缦庵遗稿》附冒广生《祭外舅黄缦庵先生文》:"维今岁之五月兮,揽揆一周乎甲子。"又有冒氏跋云:"甲寅七夕后二日冒广生跋于瓯隐园之永嘉诗人祠堂。"甲寅为民国三年(1914),逆推一甲子,可知其生于咸丰五年(1855)。实年取此。

江仁徵(另见)

官年:咸丰七年丁巳(1857)八月二十三日生

实年:咸丰二年壬子(1852)生

征考:《集成》(73—235):"江仁徵,字定甫,一字亭芙,号惩荞,又号姓湖,行一,咸丰丁巳八月二十三日生,浙江宁波府鄞县学咨部优行增生,己卯科副贡,民籍。"官年取此。

张寿镛《江亭芙先生家传》:"江亭芙先生既没之三十六年……忆

先君子诏小子曰,先生敦笃君子也,实少余七岁,联之以文酒,劘之以道义,更使汝兄弟师事之,师其人非仅师其文也……先生姓江氏,讳仁徵,字定甫,一字亭芙……戊辰年十七,为弟子员,有声庠序……己亥四月,赵太夫人卒,寿镛往吊之哭泣之哀有逾孺子,先生则年已四十有八矣……宣统元年己酉七月二十七日以疾卒,春秋五十有八。"由宣统元年己酉(1909)逆推,可知其生于咸丰二年壬子(1852)。实年取此。

米毓瑞

官年:咸丰八年戊午(1858)八月三十日生

实年:咸丰四年甲寅(1854)生

征考:《未刊》(22—68):"米毓瑞,字玉生,号兰田,行一,咸丰戊午年八月三十日吉时生,系山西忻州直隶州优贡生,民籍。"官年取此。

常赞春《山西献征》卷一《侍御米兰田先生事略》:"先生讳毓瑞,字兰庭,后改兰田……己酉春秋以疾归,卒于途,年五十六岁。"由宣统元年己酉(1909)逆推,知其生于咸丰四年甲寅(1854)。实年取此。

吴怀清

官年:同治二年癸亥(1863)十二月初六日生

实年:咸丰十一年辛酉(1861)生

征考:《集成》(70—395):"吴怀清,派名茂椿,字廉期,号莲溪,一号慎初,行一,同治癸亥年十二月初六日吉时生,陕西商州山阳县优廪生,民籍,祖籍湖北武昌府通山县。"官年取此。

吴怀清《哑道人传》(民国《增修山阳县志》卷一〇):"哑道人,秦南鄙产,盖始终乱离人也。厥生之次年,花门煽乱,发匪窜扰,秦大不宁,南山为甚,山阳城陷者再。"按陕甘回乱及太平军入陕西事在同治元年壬戌(1862),故知吴怀情生于咸丰十一年辛酉(1861)。实年取此。按民国《续修陕西通志稿》卷八四《人物十一》本传:"民国十七年卒,年五十有八。"由民国十七年戊辰(1928)逆推,吴则生于同治十年辛未(1871),《续修陕西通志稿》所载有误,此处"五十有八"疑为"六十有八"之讹。

刘瞻汉(另见)

官年:同治五年丙寅(1866)十一月初五日生

实年:同治三年甲子(1864)十一月初五日生

征考:《集成》(71—211):"刘瞻汉,字叔南,号蘅士,行三,同治丙寅年十一月初五日吉时生,江苏常州府阳湖县监生,民籍。"官年取此。《武进西营刘氏家谱》卷三第十九世:"瞻汉,行三,字叔南,号蘅士,同治甲子年十一月初五日生。"实年取此。

杨家骥(另见)

官年:同治十年辛未(1871)十二月十七日(1872年1月24日)生

实年:同治五年丙寅(1866)十二月十七日(1867年1月22日)生

征考:《集成》(70—293):"杨家骥,字德生,号德孙,行五,从行八,同治辛未年十二月十七日吉时生,浙江宁波府慈溪县学优附生,民籍。"官年取此。《恽毓鼎澄斋日记》光绪三十一年(1905)十二月十七日:"由署出至宁波会馆,祝杨德孙四十寿。"由光绪三十一年逆推,可知其生于同治五年丙寅十二月十七日。实年取此。

光绪壬辰(1892)科

吴宝镕(另见)

官年:道光二十年庚子(1840)二月十二日生

实年:道光十八年戊戌(1838)生

征考:《集成》(75—295):"吴宝镕,字玉民,号希玉,又号蔗农,行三,道光庚子年二月十二日吉时生,光绪己卯正贡,浙江杭州府仁和县咨部优廪生,商籍,赏戴蓝翎,五品衔遇缺即选训导,安徽歙县原籍,现主讲德清县清溪书院。"官年取此。另《集成》第86册光绪二十四年戊戌(1898)科又误收入此卷,然旁注"缺科份页及文章"。吴宝镕《茧蕉盦诗钞》(中国社科院文学研究所藏稿本)夹有张一麐跋:"君壬辰以进士得县令,需次江西。"

吴宝镕《茧蕉盦诗钞》(中国社科院文学研究所藏稿本)卷首所粘附件中有俞樾手书题诗《蔗农孝廉见示诗词诸集,率题四绝句》,其一"阿孙叨与君同岁,小校于君三十年"下注:"余孙陛云与君为乙酉同年,然君长于余孙三十岁也。"又有张一麐跋:"吴蔗农君为乙酉乡举同年,君长余二十九岁。"俞陛云生于同治七年(1868),张一麐生于同治六年(1867),皆可推出吴生于道光十八年戊戌(1838)。实年取此。

孙培元(另见)

官年:咸丰五年乙卯(1855)正月初二日生

实年:咸丰四年甲寅(1854)生

征考:《集成》(74—413):"孙培元,字雨甘,号子钧,一号植堂,行二,咸丰乙卯年正月初二日吉时生,江苏太仓直隶州崇明县附生,民籍,拣选知县。"官年取此。

唐文治《茹经堂文集二编》卷八《孙君子钧墓志铭(丁巳)》:"十五补博士弟子员,光绪乙亥登贤书,成进士……遂以丙辰七月卒,春秋六十有三。"由民国五年丙辰(1916)逆推,知其生于咸丰四年甲寅(1854)。实年取此。按民国《崇明县志》本传言其:"年十八,由县学生中光绪元年举人。"由光绪年乙亥(1875)逆推,则得出其生咸丰八年戊午(1858),明显有误,今不取。

张心镜(另见)

官年:咸丰七年丁巳(1857)六月二十一日生

实年:咸丰五年乙卯(1855)生

征考:《集成》(77—103):"张心镜,字健生,号铸江,行一,咸丰丁巳年六月二十一日吉时生,江苏松江府青浦县学廪膳生,民籍。"官年取此。

秦锡圭《见斋文稿》有《张铸江先生事迹》:"民国二年四月锡圭以第一届国会议员来京师,张君仁寿邀寓其邸,越日令弟仁彦至自甘肃,盖先德铸江先生于今年正月四日疾终兰州寓中……卒年五十有九。"由民国二年(1913)逆推,可知其生于咸丰五年乙卯(1855)。实年取此。

陈伯陶

官年:咸丰八年戊午(1858)三月十七日生

实年:咸丰五年乙卯(1855)生

征考:《陈伯陶光绪十八年壬辰科会试朱卷》:"陈伯陶,字象华,一字子砺,行二,咸丰戊午年三月十七日吉时生,系广东省广州府东莞县民籍,充东莞县学附生,咸安宫教习,记名内阁中书。"又见《未刊》(23—2)。官年取此。

《碑传集三编》卷二一《江宁提学使陈文良公传》:"公讳伯陶,字子砺,姓陈氏,广东东莞县凤冲乡人……庚午八月二十日以病卒于九龙寓邸,春秋七十有六。"由民国十九年(1930)逆推,知其生于咸丰五年乙卯(1855)。实年取此。

屠寄(另见)

官年:咸丰九年己未(1859)四月十五日生

实年:咸丰六年丙辰(1856)四月十五日午时生

征考:《未刊》(24—206):"屠寄,字归甫,一字师虞,号敬山,行一,咸丰己未年四月十五日吉时生,顺天府大兴县民籍,府学附学生,呈请改归江苏常州府武进县原籍。"官年取此。

屠孝实等编《屠寄年谱》一卷稿本(是谱又名《先君年谱》):"咸丰六年岁丙辰夏四月十五日午时先君生。"实年取此。

陆廷桢(另见)

官年:咸丰十年庚申(1860)四月十九日生

实年:咸丰五年乙卯(1855)生

征考:《集成》(76—367):"陆廷桢,谱名古桢,字福康,一字贞木,号幹甫,行二,咸丰庚申年四月十九日吉时生,系江南苏州府吴江县监生,民籍。"官年取此。

费树蔚《韦斋文钞》之《陆幹甫先生传》:"以丁巳三月廿六日卒,年六十三。"由民国六年丁巳(1917)逆推,可知其生于咸丰五年乙卯(1855)。实年取此。

谢甘盘

官年:咸丰十年庚申(1860)五月二十九日生

实年:咸丰九年己未(1859)生

征考:《未刊》(24—136、311、389、425):"谢甘盘,字澄清,号幼铭,行二,咸丰庚申年五月二十九日吉时生,系江西建昌府南城县优廪生,民籍。"官年取此。

陈三立《散原精舍文集》卷一〇《清故吏部主事南城谢君家传》:"君谢氏,名甘盘,字幼盟……戊午八月卒,年六十。"由民国七年戊午(1918)逆推,知其生年为咸丰九年己未(1859)。"实年取此。

汤寿潜

官年:咸丰十年庚申(1860)六月初二日巳时生

实年:咸丰六年丙辰(1856)生

征考:《集成》(73—383):"汤寿潜(乡榜名震),小名丙僧,字孝起,一字翼仙,今字蛰仙,行一,咸丰十年六月初二日巳时生,浙江绍兴府山阴县副贡,民籍,考取中书,挑取誊录,五品衔即选知县。"官年取此。

《辛亥人物碑传集》卷九马浮《绍兴汤先生墓志铭》:"春秋六十二,中华民国六年六月,以疾卒于里。"由民国六年丁巳(1917)逆推,可知其生于咸丰六年丙辰(1856)。实年取此。

张其淦

官年:咸丰十一年辛酉(1861)四月二十三日生

实年:咸丰十年庚申(1860)生

征考:《光绪十八年壬辰科会试同门姓氏朱卷》:"张其淦,字汝襄,号豫荃,行三,咸丰辛酉年四月二十三日吉时生,系广东广州府东莞县优附生,民籍。"又见《未刊》(24—206)。官年取此。

朱彭寿《安乐康平室随笔》卷六记所闻见年八十以上者,中云:"此外现时生存诸人(其年龄系以今岁己卯计之),则有……安徽候补道、东莞张豫泉观察其淦,现年八十一(己未生)。"然张其淦《梦痕仙馆诗钞》卷二《己丑除夕时年三十》:"三十年华数向前,年年家里度新年。无端又说新年至,除夕他乡损夜眠。"由光绪十五年己丑(1889)逆推,知其生于咸丰十年庚申(1860)。实年取此。

施启宇(另见)

官年:咸丰十一年辛酉(1861)八月二十日生

实年:咸丰六年丙辰(1856)生

征考:《集成》(74—323):"施启宇,字雨农,号穉桐,又号禹平,行一,咸丰辛酉年八月二十日吉时生,景山官学教习,江苏太仓州崇明县监生,民籍。"官年取此。

孙雄《旧京文存》卷四《施太守雨农家传》:"卒于共和七年夏正戊午五月十九日,年六十有三。"由民国七年(1918)逆推,可知其生于咸丰六年丙辰(1856)。实年取此。

张镇芳

官年:同治六年丁卯(1867)十二月二十八日生

实年:同治二年癸亥(1863)生

征考:《光绪十八年壬辰科会试同门姓氏朱卷》:"张镇芳,字馨庵,号芝园,行一,同治丁卯年十二月二十八日吉时生,河南陈州府项城县拔贡生。"官年取此。

《民国人物碑传集》之钟广生《清故光禄大夫署直隶总督张会馨庵墓志铭》:"公讳镇芳,字馨庵,河南项城人……壬申公寿七十……明年癸酉五月二十日以微疾终于津邸,春秋七十有一。"由民国二十二年癸酉(1933)逆推,知其生于同治二年癸亥(1863)。实年取此。

李希圣(另见)

官年:同治六年丁卯(1867)生

实年:同治三年甲子(1864)生

征考:《集成》(73—291):"李希圣,字亦元,行五,年二十六岁,湖南长沙府湘乡县学优廪生,民籍。"由光绪壬辰(1892)科逆推,可知其生于同治六年丁卯(1867)。官年取此。

成本璞《澹盦文存》之《李先生墓表》:"卒于堂中……光绪三十一年某月日也,年四十有二。"由光绪三十一年乙巳(1905)逆推,可知其生于同治三年甲子(1864)。实年取此。

程利川(另见)

官年:同治九年庚午(1870)三月十八日生

实年:同治四年乙丑(1865)生

征考:《集成》(78—409):"程利川,字有光,号如方,又号曙舫,行一,同治庚午年三月十八日吉时生,浙江宁波府镇海县附生,民籍。"官年取此。

王荣商《容膝轩文集》卷五《程参议传》:"程利川,字如方……(宣统)三年秋,告归营葬,顷之卒,年四十七。"由宣统三年(1911)逆推,可知其生于同治四年乙丑(1865)。实年取此。

陈乃赓

官年:同治九年庚午(1870)五月初七日生

实年:同治五年丙寅(1866)五月初七日生

征考:《集成》(74—383):"陈乃赓,字公扬,号虞臣,又号菼纫,别署愚陈,行一,同治庚午五月初七日吉时生,浙江杭州府海宁州学优廪生,灶籍。"官年取此。

《海宁渤海陈氏宗谱》卷一七:"乃赓,字容甫,号虞臣,廪生。光绪己丑恩科乡试第六十名,壬辰会试第四十八名。殿试第三甲第三十五名……生同治丙寅五月七日,卒光绪壬寅十月十四日,年三十七。"实年取此。

何藻翔

官年:同治九年庚午(1870)八月初四日生

实年:同治四年乙丑(1865)正月二十三日生

征考:《集成》(75—305):"何藻翔,字溥廷,号翙高,行三,庚午年八月初四日吉时生,广东广州府顺德县监生,民籍。"官年取此。

吴天任《何翙高先生年谱》:"先生姓何氏,初名国炎,冠号溥廷,更名藻翔,字翱高……清穆宗同治四年乙丑(公元一八六五年),先生一岁。正月二十三日,先生生于广东顺德县东马宁乡之黄甲坊。(叔准述)"按叔准为何藻翔之子。实年取此。

黄炳元

官年:同治十年辛未(1871)八月三日生

实年:同治六年丁卯(1867)生

征考:《集成》(77—299):"黄炳元,字伯霞,号香孙,又号谦斋,行一,又行三,同治辛未八月初三日吉时生,江南苏州府昭文县增生,民籍。"官年取此。

张鸿《蛮巢诗稿·八月二日偕胡君修……心悬悬耳》自注:"余与倚虹、谦斋同年生。"倚虹,徐兆玮号;谦斋,黄炳元号。张鸿与徐兆玮均生于同治六年,故知黄炳元亦生于同治六年丁卯(1867)。实年取此。

熊希龄

官年:同治十二年癸酉(1873)生

实年:同治九年庚午(1870)六月二十五日生

征考:《集成》(75—77):"熊希龄,号秉三,行二,年二十岁,系湖南凤凰直隶厅学优廪生,民籍,原籍江西南昌府丰城县。"由光绪壬辰(1892)科逆推,可知其生于同治十二年癸酉(1873)。官年取此。

熊希龄《双清集》中有多首诗词,自证不一。如《癸亥六月二十五日为余五十五生辰,香儿适于是日赴美留学,余题此诗以赠其行,余与尔母日衰一日,切盼儿学成早日归来,免余悬望也》,由民国十二年(1923)逆推,可知其生于同治八年己巳(1869)六月二十五日;《戊辰泉儿三十初度》云"我年六十汝三旬",由民国十七年(1928)逆推,亦可证其生于同治八年(1869)。然其词《百字令·五七生辰感叹》序:"丙寅六月二十五日,为余五七生辰。"由民国十五年丙寅(1926)逆推,又可知其生于同治九年庚午(1870)六月二十五日。《金缕曲·己巳六月六十生日自寿》,由民国十八年己巳(1929)逆推,亦可证其生于同治九年

(1870)六月。该集后有其女熊芷跋:"己巳六月二十五日,为家君六秩诞辰。"亦可证熊希龄生于同治九年六月二十五日。无论其生于同治八年或九年,较《集成》皆为实岁。按叶景揆为熊希龄所作《凤凰熊君秉三家传》结合朱卷、齿录、遗稿、家谱等,综合得出熊希龄"生于同治九年庚午六月二十五日,享年六十有八",今取叶说。实年取此。

另按《辛亥人物碑传集》卷七赵叔雍《熊希龄传》:"年十八,中进士。"由光绪壬辰科(1892)逆推,得出其生于光绪元年乙亥(1875),此说有误,不取。

张元济(另见)

官年:同治十二年癸酉(1873)九月二十八日生

实年:同治六年丁卯(1867)九月二十八日生

征考:《集成》(74—351):"张元济,字筱斋,号菊生,行二,同治癸酉年九月二十八日吉时生,浙江嘉兴府海盐县廪贡生,民籍。"官年取此。

张人凤、柳和城编著《张元济年谱长编》:"(同治六年)10月25日(九月二十八日)生于广州。"实年取此。

彭诒庠(另见)

官年:光绪元年乙亥(1875)七月二十四日生

实年:同治十二年癸酉(1873)闰六月二十四日生

征考:《集成》(74—183):"彭诒庠,字砺如,号畏岩,行二,光绪乙亥年七月二十四日吉时生,江苏苏州府元和县附生,民籍。"官年取此。

彭岱钟纂修《彭氏宗谱》卷二:"生于同治癸酉闰六月二十四日,卒于光绪己亥五月初三日。"实年取此。

光绪甲午(1894)恩科

王会釐

官年:咸丰三年癸丑(1853)五月初三日生

实年:道光三十年庚戌(1850)五月三日生

征考:《集成》(80—249):"王会鳌,派名自桨,字季和,号筱东,行四,咸丰癸丑年五月初三日吉时生,系湖北黄州府学优廪生,调入经义治事学舍,江汉书院肄业上舍生,光绪壬午科本省中式四十八名举人,己丑科考取觉罗学教习第二名,传补正红旗教习期满录用知县,保准分省后归候补班并加同知衔,居黄冈县中和乡毛集区,民籍。"官年取此。

《碑传集三编》卷一〇林纾《翰林院编修黄冈王君墓志铭》:"君以癸丑九月十六日卒,享寿六十岁。"由民国二年癸丑(1913)逆推,知其生于咸丰四年甲寅(1854)。然违反官年不会大于实年之常情,疑误。今据邓政阳先生赐示王宗耆纂修《王氏续编宗谱》(清光绪十二年木活字本)卷五《一分长房天全祖支》有王会鳌小传:"自桨,字淑季,号筱东,榜名会厘,郡优廪生,科岁试六列一等,光绪乙亥、己卯等科房荐,壬午科乡试举人,癸未、丙戌科会试房荐,道光庚戌五月初三生。"知其实生道光三十年庚戌(1850)五月三日,享寿六十四岁,林文当脱"四"字。实年取此。

陶世凤(另见)

官年:咸丰五年乙卯(1855)五月初一日生

实年:咸丰二年壬子(1852)生

征考:《集成》(79—37):"陶世凤,字端一,号端翼,行二,咸丰乙卯年五月初一日吉时生,江苏常州府金匮县优廪生,民籍,国史馆誊录。"官年取此。

《锡金游庠同人自述汇刊》之同治十一年壬申科案《陶世凤节略》:"今岁辛未,先生年八十。"由民国二十年辛未(1931)逆推,可知其生于咸丰二年壬子(1852)。实年取此。

江春霖

官年:咸丰六年丙辰(1856)五月初六日生

实年:咸丰五年乙卯(1855)生

征考:《集成》(81—413):"江春霖,字仲默,号杏邨,序一,又行九十四,咸丰丙辰年五月初六日吉时生,福建兴化府学优廪生,莆田县民籍。"官年取此。

《清史稿·列传》卷二三二本传:"宣统改元……明年,又劾江西巡抚冯汝骙……朝旨再责之,令回原衙门行走。春霖遂称疾归,越八年卒。"知其卒于民国七年(1918)。又由《碑传集补》卷一〇林纾所撰《清中议大夫翰林院检讨前新疆道御史梅阳江公墓志铭》:"公以某岁婴疾,卒于里第,年六十有四岁。"由民国七年戊午(1918)逆推,知其生于咸丰五年乙卯(1855)。实年取此。

杨士燮(另见)

官年:咸丰七年丁巳(1857)十月十八日生

实年:咸丰三年癸丑(1853)生

征考:《未刊》(25—421):"杨士燮,字芝房,号味春,一号渭春,又号味莼,行一,咸丰丁巳年十月十八日吉时生,安徽泗州副贡生,民籍。"官年取此。

《广清碑传集》卷一七陈灂一《杨公士燮家传》:"癸丑上巳梁君启超招集耆宿名流于燕郊万牲园修禊,公犹扶杖与会赋诗。及秋,以夕卒,年六十有一。"由民国二年癸丑(1913)逆推,可知其生于咸丰三年癸丑(1853)。实年取此。

吴式钊

官年:咸丰九年己未(1859)七月十八日生

实年:咸丰五年乙卯(1855)生

征考:《集成》(81—381):"吴式钊,字小谷,号刌其,一号完奇,小字芝生,行二,又行三,咸丰九年七月十八日吉时生,云南永昌府保山县民籍,监生,大挑部选宣威州学正,保荐经学特赏内阁中书衔,原籍陕西西安府三原县。"官年取此。

吴式钊《强静斋诗录》卷五光绪丙戌(1886)《行年》诗云:"行年三十二,一半落江湖。失怙持家早,长贫念母劬……"由光绪十二年丙戌(1886)逆推,可知其生于咸丰五年(1855)。实年取此。

吴筠孙（另见）

　　官年：同治元年壬戌（1862）正月初十日生

　　实年：咸丰十一年辛酉（1861）生

　　征考：《集成》（82—263）："吴筠孙，字叔坚，号竹楼，行三，同治壬戌年二月十九日吉时生，江苏扬州府仪征县附贡生，民籍，原籍安徽徽州府歙县。花翎，五品衔截取主事，内阁中书，记名总理各国事务衙门章京。"官年取此。

　　（民国）《江都县新志》卷一一《人物传六》"吴筠孙"条："筠孙，兄弟三人次居季，少仲兄引孙十岁，生三岁而孤，母周太夫人抚教之……筠孙年十七补诸生，举光绪戊子顺天乡试，考取内阁中书，甲午以二甲第一名成进士。"按其仲兄吴引孙生于咸丰元年辛亥（1851），故知吴筠孙生于咸丰十一年辛酉（1861）。实年取此。

夏启瑜（另见）

　　官年：同治六年丁卯（1867）十二月十二日（1868年1月6日）生

　　实年：同治四年乙丑（1865）十二月十二日（1866年1月28日）生

　　征考：《集成》（81—181）："夏启瑜，字伯瑾，号同甫，行一，同治丁卯年十二月十二日吉时生，浙江宁波府鄞县学优行廪膳生，民籍，肄业崇实书院。"官年取此。

　　陈诗《凤台山馆诗续钞》卷上《甲乙集》叶十五有《寿夏同甫先生七十》一题，在《甲戌岁晚赠四明寥士》一题之前。小注："名启瑜，浙江鄞县人。甲午翰林。十二月十二日生辰，乙亥冬卒。"则《寿夏同甫先生七十》此诗当作于甲戌年（1934），逆推可知其生于同治四年乙丑（1865）十二月十二日（1866年1月28日）。《上海图书馆藏赴闻集成》第32册有张寿镛所撰《夏同甫先生家传》："生于同治乙丑十二月十二日，卒于民国二十四年十二月十八日，享年七十有一。"实年取此。

李祖年

　　官年：同治七年戊辰（1868）六月初五日生

　　实年：同治八年己巳（1869）生

征考:《集成》(81—153):"李祖年,榜名组绅,字摺臣,号纪堂,别字思潭,行一,又行三,同治戊辰年六月初五日吉时生,系江苏常州府武进县监生,民籍。光绪甲午恩科。"官年取此。

《清代毗陵名人小传稿》:"李祖年,字摺臣,武进人……(民国)十七年某月乘车出门,未及数武即遭颠踬,血管爆裂,遂至不起,卒年六十。"由民国十七年(1928)逆推,应生于同治八年己巳(1869),实年取此。然违反官年不会大于实年之常情,存疑。按《毗陵名人疑年录》载李祖年"生清同治七年戊辰,卒共和十六年(夏正丁卯)",可参。

顾祖彭

官年:同治十年辛未(1871)正月初十日生

实年:同治七年戊辰(1868)生

征考:《集成》(82—167):"顾祖彭,字寿人,号癙铿,行一,同治辛未年正月初十日吉时生,江苏江宁府上元县副贡生,民籍。光绪甲午恩科。"官年取此。

《漫社三集·特别社友题名》(癸亥年):"顾祖彭,字寿人,江苏江宁人,五十六岁。"由民国十二年癸亥(1923)逆推,知其生于同治七年戊辰(1868)。实年取此。

楼守愚(另见)

官年:同治十年辛未(1871)九月十七日生

实年:同治六年丁卯(1867)生

征考:《集成》(81—347):"楼守愚,谱名亿铨,字木安,行一,同治辛未年九月十七日吉时生,浙江绍兴府诸暨县附生,民籍。"官年取此。

蔡元培《楼木安家传》:"君讳守愚,字木安,姓楼氏,诸暨县人……民国七年卒,春秋五十有二。"由民国七年(1918)逆推,可知其生于同治六年丁卯(1867)。实年取此。按楼守愚乡试《集成》谓己生于同治五年丙寅(1866),然违反官年不会大于实年之常情,疑系蔡元培误以实岁计年,待考。

叶泰椿

官年:同治十一年壬申(1872)三月二十九日生

实年:同治七年戊辰(1868)生

征考:《叶泰阶光绪二十年甲午科会试朱卷》:"叶泰椿,字迪康,号鹤巢,行一,同治壬申年三月二十九日吉时生,江西南昌府武宁县附生,民籍。"官年取此。

叶泰椿《岛居遗稿》附魏元旷《宗人府主事叶泰椿传》:"叶泰椿,字鹤巢,武宁人也……卒年五十六。"又附陈毅《叶鹤巢先生墓表》:"鹤巢,武宁叶氏,讳泰椿,字鹤巢也。光绪戊子举人,甲午成进士,官内阁中书,擢宗人府主事。国变,百僚并废,府主事独不裁,故得幸卒于官,宣统癸亥六月辛亥也,年五十六。"由民国十二年癸亥(1923)逆推,知其生于同治七年戊辰(1868)。实年取此。

沈同芳

官年:同治十一年壬申(1872)六月十七日生

实年:同治九年庚午(1870)生

征考:《集成》(79—187):"沈同芳,乡榜名志贤,字初草,一字友卿,号越石,同治壬申年六月十七日生,系江苏常州府附生,武进县民籍,祖籍太仓州崇明县。"官年取此。

《万物炊累室文》乙集一《送庄纫秋之陕西叙》:"岁在昭阳月躔单阏……君今春秋二十,仆又长二岁。"从光绪十七年辛卯(1891)逆推,可知庄氏生于同治十一年壬申(1872),沈同芳"长二岁",其生于同治九年庚午(1870)。实年取此。

刘廷琛

官年:同治十二年癸酉(1873)八月十三日生

实年:同治七年戊辰(1868)生

征考:《集成》(81—301):"刘廷琛,谱名礼珍,字席儒,号幼云,行一,同治十二年八月十三日吉时生,江西九江府德化县县学廪生,卫籍。"官年取此。

刘希亮《显考刘公幼云府君行状》："庚午八月猝感风疾……明年秋，自知不起，拟自挽之词……又明年春疾益笃，于六月初二日子刻卒于青寓正寝，春秋六十有五。"庚午延后两年为民国二十一年壬申（1932），由此逆推，可知其生于同治七年戊辰（1868）。实年取此。

关冕钧

官年：同治十三年甲戌（1874）九月初四日生

实年：同治七年戊辰（1868）九月四日生

征考：《集成》（80—297）："关冕钧，字耀芹，号伯衡，行一，同治甲戌年九月初四日吉时生，系广西梧州府苍梧县学增生，民籍。"官年取此。

《民国人物碑传集》（下）叶恭绰《关伯衡先生墓碑》："民国二十二年三月十日，关先生伯衡以疾卒于北平……以清同治七年九月四日生，卒年六十有三。"实年取此。

章华①（另见）

官年：光绪三年丁丑（1877）生

实年：同治十一年壬申（1872）七月二十二日生

征考：《光绪甲午恩科会试第六房同门姓氏章氏荐卷》："章华，字曼仙，号啸苏，行三，光绪丁丑年□月□日吉时生，湖南长沙府□□县□生，民籍。"官年取此。

章华《倚山阁诗》卷首王树枏《长沙章曼仙传》："章君讳华，字曼仙，先世居河间，避乱南徙，占籍湖南之长沙，世为名族……乙未成进士……君亦继卒，时庚午闰六月二十二日也，享年五十有九。"郑沅《章君曼仙墓志铭》："君讳华，字曼仙，长沙人也……中癸巳顺天举人，乙未成进士……君以壬申年七月二十二日生，以庚午闰六月二十二日卒，年五十有九。"实年取此。

---

① 按章华未中本科（次年中光绪二十一年进士），只被荐卷，但由于其有本科朱卷履历，故亦列入统计数据。

光绪乙未(1895)科
袁绪钦

官年:咸丰七年丁巳(1857)八月十二日生

实年:咸丰四年甲寅(1854)生

征考:《集成》(83—307):"袁绪钦,字敬祜,一字叔舆,小字慈翼,行三,咸丰丁巳年八月十二日吉时生,湖南长沙府长沙县优增生,民籍。"官年取此。

袁绪钦《涵鉴斋文录》有《自题斋中读书小象并序》,序曰:"己亥长夏避暑汉阳郡城外藕湖仙馆,时绪钦年四十有六矣。"由光绪二十五年(1899)逆推,可知其生于咸丰四年甲寅(1854)。实年取此。

赵鹤龄

官年:咸丰九年己未(1859)六月初六日生

实年:咸丰二年壬子(1852)生

征考:《集成》(84—45):"赵鹤龄,字孟云,号与九,行一,咸丰己未年六月初六日吉时生,系云南丽江府鹤庆州监生,民籍。光绪乙未科。"官年取此。

方树梅《续滇南碑传集》卷七《赵鹤龄小传》:"赵鹤龄,字孟云,鹤庆人,光绪乙未进士……民国二十七年戊寅卒,年八十七。"由民国二十七年戊寅(1938)逆推,知其生于咸丰二年壬子(1852)。实年取此。

姚炳熊(另见)

官年:咸丰十一年辛酉(1861)十一月初六日生

实年:咸丰五年乙卯(1855)生

征考:《集成》(83—433):"姚炳熊,原名学源,字本泉,行二,咸丰辛酉年十一月初六日吉时生,浙江乌程县拔贡生,民籍,吏部候补主事。"官年取此。

朱彭寿《安乐康平室随笔》卷六记所闻见年八十以上者云:"江苏太仓直隶州知州、乌程姚本泉同年炳熊,八十四(咸丰乙卯生,戊寅年卒)。"由民国二十七年戊寅(1938)逆推,知其生于咸丰五年乙卯(1855)。实年取此。

吕传恺

官年:同治五年丙寅(1866)九月二十六日生

实年:同治三年甲子(1864)生

征考:《集成》(84—295):"吕传恺,乡榜名师传,字晓叔,行二,同治丙寅年九月二十六日吉时生,浙江金华府永康县学优行廪膳生,民籍,国史馆誊录,议叙知县。"官年取此。

吕传恺《虚谷文》卷一《寄母舅应刺史书(庚子正月)》:"某生三十七年矣。"由光绪二十六年庚子(1900)逆推,可知其生于同治三年甲子(1864)。实年取此。

胡峻

官年:同治八年己巳(1869)七月初九日生

实年:同治九年庚午(1870)生

征考:《集成》(83—233):"胡峻,派名友霖,字伯骏,号雨岚,行一,同治己巳年七月初九吉时生,四川成都府学附生,华阳县籍,原籍江西。"官年取此。

胡明麒《先考府君行述》:"先考府君讳峻,字雨岚,别号贞盦,年四十岁,四川成都府华阳县人……光绪十七年中本省乡试举人,时府君才二十二。"由光绪十七年辛卯(1891)逆推,可知其生于同治九年庚午(1870)。《华阳人物志》卷一〇本传亦云其"呕血以卒,年仅四十。"《赵熙集》之《香宋诗集》卷三有作于1909年春的《哭胡雨岚五首》,后有林思进跋:"光绪三十四年戊申残腊,赵尧生来成都,即主雨岚家中,同游草堂题名,次年己酉元夕始去。不过二十日,雨岚咯血大发,竟以不起。其家尚未及赴,余先报尧生。此卷五首诗,即尧生拉杂写以答余者。"以宣统元年己酉(1909)逆推,则亦生于同治九年庚午(1870)。实年取此。然违反官年不会大于实年之常情,存疑。

朱彭寿(另见)

官年:同治十年辛未(1871)六月二十二日生

实年:同治八年己巳(1869)生

征考:《集成》(84—215):"朱彭寿,字述盦,号小汀,行三,同治辛未年六月二十二日吉时生,系浙江嘉兴府海盐县学附生,灶籍,四品衔内阁遇缺即补侍读,本衙门撰文。"官年取此。

朱彭寿《安乐康平室随笔》自序:"己卯秋日,彭寿自识,时年七十有一。"由民国二十八年(1939)逆推,可知其生年为同治八年己巳(1869)。实年取此。

李瑞清(另见)

官年:同治十年辛未(1871)生

实年:同治六年丁卯(1867)生

征考:《集成》(85—1):"李瑞清,字仲霖,号雨农,易号梅痴,行二,年二十五岁,江西省抚州府临川县人。"由光绪乙未科(1895)逆推,可知其生于同治十年(1871)。官年取此。

《民国人物碑传集》(下)卷一二吴宗慈《李瑞清传》:"九年十月(旧历庚申八月)卒,年五十有四。"由民国九年(1920)逆推,可知其生于同治六年丁卯(1867)。实年取此。

赵炳麟

官年:光绪二年丙子(1876)十一月二十六日(1877年1月10日)生

实年:同治十二年癸酉(1873)十一月二十六日(1874年1月14日)生

征考:《集成》(83—403):"赵炳麟,派名浙杭,又名长荣,字竺垣,一字炳粤,行一,光绪丙子年十一月二十六日吉时生,系桂林府全州学附生,民籍。"官年取此。

赵炳麟《潜并庐诗存》卷二《庚申十一月二十六日,为炳麟四十八岁生日,在太原庆华春酒楼成二十二韵》,即生于同治十二年十一月二十六日,实年取此。按赵炳麟自述其年龄不一,江庆柏《清代人物生卒年表》辨之已详,今取其表达最明确者。

光绪戊戌(1898)科
章际治(另见)

官年:咸丰十一年辛酉(1861)五月七日生

实年:咸丰五年乙卯(1855)五月七日生

征考:《集成》(86—381):"章际治,字琴若,一字芩石,行一,咸丰辛酉年五月初七日吉时生,江苏常州府江阴县学廪膳生,民籍,内阁中书,本衙门撰文。"又见《未刊》(27—224、324、342)。官年取此。

唐文治《茹经堂文集二编》卷八《章君琴若墓志铭(癸亥)》:"君讳际治,琴若其字……生于咸丰五年乙卯五月七日,卒于今癸亥七月十六日,春秋六十有九。"《江阴章氏支谱》卷四:"章际治,讳凤衔,行一,又行二,字琴若,一字芩石……光绪壬午举人……戊戌殿试二甲进士……生咸丰五年乙卯五月初七日卯时。"实年取此。

李福简(另见)

官年:咸丰十一年辛酉(1861)十一月十二日生

实年:咸丰五年乙卯(1855)生

征考:《集成》(87—117):"李福简,字子修,号竹书,又号廉叔,行三,咸丰辛酉年十一月十二日吉时生,浙江金华府东阳县优行廪膳生,民籍,考取景山官学汉教习,大挑一等,签分甘肃知县。"官年取此。

《陇西木香李氏宗谱》卷一《行传》中有吴品珩《诰授奉直大夫翰林院庶吉士李子修太史(李福简)行传》:"至戊戌成进士,选翰林庶吉士,其时年四十四矣,已不无美人迟暮之感……君体素丰硕,倏于辛丑之四月间,猝中风痰,遽不起,其年只四十有七。"由光绪二十七年辛丑(1901)逆推,可知其生于咸丰五年乙卯(1855)。实年取此。

江志伊(另见)

官年:同治二年癸亥(1863)生

实年:咸丰九年己未(1859)生

征考:《未刊》(27—137):"江志伊,原名翰瀛,字乐尧,号莘农,一字迁生,号渔笙,行一,又行二,年三十六岁,安徽宁国府旌德县廪贡生,国史馆誊录,民籍。"是科为光绪二十四年戊戌(1898),由此逆推,为同治二年癸亥(1863)。官年取此。

民国十五年(1926)江志伊重修《济阳江氏金鳌派宗谱不分卷》世系(济阳61世,金鳌42世)中所载江志伊小传:"字觉民,号莘农,一字迁生,号遁庐,生同治癸亥,光绪甲午举人,戊戌进士,癸卯编修……娶洋村王氏渔琴,生同庚。妾贵阳颜氏,生光绪丙戌;无为周氏,生光绪甲辰。子五:洙、沂、濂、守谦、绳武。"此处疑江志伊据其会试时官年。周邦道等《近代教育先进传略》"江志伊"条:"清咸丰九年己未生……十八年冬殁,年七十有一。"此传系据江志伊同时代族人江辛所撰《江志伊传略》,故较可信。实年取此。

杨增荦

官年:同治三年甲子(1864)生

实年:咸丰十年庚申(1860)九月二十五日生

征考:《未刊》(26—404、480)(28—71、89、108):"杨增荦,系名封灿,原名孚申,一名垣,字昀谷,一字公荦,又字□巢,行□,同治甲子年□月□日吉时生,系江西南昌府新建县民籍,廪生。"官年取此。

杨增荦《杨昀谷先生遗诗》卷首陈中岳序:"……自叙爵里,名增荦,更名僧若,派名封炎,字昀谷,一字延真,号滋阳山人,清咸丰十年庚申九月二十五日生,江西新建籍。"实年取此。

周应昌(另见)

官年:同治六年丁卯(1867)十一月初五日生

实年:同治三年甲子(1864)生

征考:《集成》(87—275):"周应昌,字效期,一字啸溪,号稚侯,行六,同治丁卯年十一月初五日吉时生,江苏扬州府东台县附生,民籍,本科大挑二等候选教谕。"官年取此。

周应昌《霞栖诗三钞》卷端次行题"东台周应昌啸溪甫",叶二十六有《七十自述作七歌用吴陋轩韵》一题,在《癸酉正月六日野樵招集慎园,以春灯春酒命题,七律各一首,限春字》一题之后,《新历元旦(癸酉冬月十六)》一题之前。则当作于癸酉(1933)本年。叶四十三又有《七一初度自寿》一题,在《甲戌春日即事次和杨梦梅》一题之后,《乙亥元月答赵梅元贺岁代柬》之前,则当作于甲戌(1934)。由此两年逆推,皆可得其生于同治三年甲子(1864)。实年取此。

蒋炳章(另见)

官年:同治八年己巳(1869)五月九日生

实年:同治三年甲子(1864)五月九日巳时生

征考:《未刊》(27—177):"蒋炳章,字季和,号虎丞,行四,又行六,同治己巳年五月初九日吉时生,江苏苏州府优行廪膳生,吴县民籍。"官年取此。

《蒋季和先生哀思录》中收有常德陈方梠所撰《蒋太史季和公传》:"公讳炳章,字季和,江苏吴县人……公于清同治三年五月九日巳时生,于民国十九年五月二十二日卯时卒,享年六十有七。"实年取此。

王世相

官年:同治九年庚午(1870)十二月十八日(1871年2月7日)生

实年:同治八年己巳(1869)生

征考:《未刊》(28—30):"王世相,字说岩,号梦沅,行一,大行二,同治庚午年十二月十八日吉时生,甘肃兰州府皋兰县学廪生,民籍。"官年取此。

任承允《桐自生斋文集》卷五《安肃道尹王君悦岩墓碑》:"癸亥二月望后七日,安肃道尹悦岩王君殁于官……年仅五十有五。"由民国十二年癸亥(1923)逆推,知其生于同治八年己巳(1869)。实年取此。

王仪通(王式通)

官年:同治十年辛未(1871)十月二十四日生

实年:同治五年丙寅(1866)生

征考:《集成》(87—381):"王仪通,原名耀奎,字志盦,一字鲲庐,号书衡,行二,同治辛未年十月二十四日吉时生,山西汾州府汾阳县监生,民籍,祖籍浙江山阴县,光绪十七年辛卯科顺天乡试中式第二百十二名举人,内阁候补中书,光绪二十四年戊戌科会试中式第二百二十二名贡士,殿试三甲第八十八名,钦用主事,签分刑部。"官年取此。

《漫社三集·特别社友题名》(癸亥年):"王式通,原名仪通,字书衡,号志庵,浙江会稽人,五十八岁。"由民国十二年(1923)逆推,知其生于同治五年丙寅(1866)。实年取此。

石光暹

官年:同治十年辛未(1871)十月二十五日生

实年:同治九年庚午(1870)生

征考:《集成》(87—1):"石光暹,字旭初,号月峰,一号煦初,行二,堂行三,同治辛未年十月二十五日吉生,安徽安庆府宿松县民籍,附生,景山官学汉教习。"官年取此。

民国《宿松县志》卷四〇《列传·文苑》本传:"庚子乱,六飞播越,暹平居幽思孔多,重以京师震惊,故凡而器用财贿悉委寄之,将遣妻子南归,已独随跸西,踟躇奔走间忽患沉疴,危甚,遂归,甫抵家,行在征召,至,病革不起,赍忠愤以终,时年三十二。"其至西安时间当在光绪二十七年辛丑(1901),由此逆推,知其生于同治九年庚午(1870)。实年取此。

孟锡珏

官年:同治十一年壬申(1872)十月二十七日生

实年:同治九年庚午(1870)生

征考:《集成》(86—131):"孟锡珏,字玉双,行二,又行七,同治壬申年十月二十七日吉时生,系顺天府宛平县府学附生,民籍,祖籍天津县。"官年取此。

关赓麟(颖人)、张祖铭(织云)合撰《广饴乡集》卷二《孟玉双(锡钰)与余同日生,是年适五十,有诗来贺,赋答》,其后附孟锡钰(玉双)

原作二首《己未十月二十七日为颖人先生四十诞辰,仆亦于是日五十初度,因念两人俱起甲科,嗣缙路局转参事前此遭际……》由民国八年己未(1919)逆推,可知其生于同治九年庚午(1870)。实年取此。

光绪辛丑(1901)并壬寅(1902)科
王世澂
官年:光绪元年乙亥(1875)正月初四日生

实年:同治十三年甲戌(1874)生

征考:《未刊》(28—203):"王世澂,字荄孙,行一,光绪乙亥年正月初四日吉时生,系福建福州府学廪膳生,侯官县民籍。"官年取此。

民国二十四年重修《西清王氏族谱》载有王世澂为其母所写《先母林太夫人启》:"甲戌生不孝世澂。"甲戌当为同治十三年甲戌(1874)。实年取此。

光绪癸卯(1903)补行辛丑(1901)壬寅(1902)恩正并科
章钰(另见)
官年:同治五年丙寅(1866)五月二十一日生

实年:同治四年乙丑(1865)五月二十一日生

征考:《集成》(89—81):"章钰,谱名鸿钰,字式之,号坚孟,行二,同治丙寅年五月二十一日吉时生,江苏苏州府学优廪膳生,长洲县民籍,原籍浙江诸暨县,学古堂斋长,苏省高等学堂教习,奏保经济特科。"官年取此。

《碑传集三编》卷四一有张尔田丁丑四月作《章式之先生传》:"年七十有三,以疾考终于北部寓寝。"由民国二十六年丁丑(1937)逆推,可知其生于同治四年乙丑(1865)。朱彭寿《安乐康平室随笔》卷六:"今记诸人生日如左,援《清尊集》例也……长洲章式之钰,乙丑五月二十一日(丁丑夏卒)。"实年取此。

袁祖光
官年:同治八年己巳(1869)十一月二十一日生

实年：同治六年丁卯（1867）生

征考：《集成》(89—393)："袁祖光，字瞿，又字骥孙，号晓邨，行一，同治己巳年十一月二十一日吉时生，安徽安庆府太湖县副贡生，民籍。"官年取此。

袁祖光《瞿园诗草》包括《辛亥集》《壬子集》《癸丑集》《甲寅集》。其中《辛亥集》有《改官津门徙居感赋》："行年忽忽四十五，卜居转徙长艰难。"由宣统三年辛亥（1911）逆推，可知其生于同治六年丁卯（1867），按《壬子集》有《丁卯以后，更名晦，自号暖公，歌以识之》："我生丁卯十月朔，见梦王父星次房……行年今逾四十五，初志未遂悲亡羊。"亦可证其生于丁卯年。另《甲寅集》中有《读元遗山诗集》："行年四十七，身世我同君。"由民国三年甲寅（1914）逆推，似又生于同治七年戊辰（1868），然此处当按实岁推，如此则生于同治六年丁卯无疑。实年取此。

金兆丰（另见）

官年：光绪二年丙子（1876）十二月二十七日（1877年2月9日）生

实年：同治九年庚午（1870）十二月二十七日（1871年2月6日）生

征考：《集成》(88—219)："金兆丰，字瑞六，号雪孙，行一，光绪丙子年十二月二十七日吉时生，浙江金华府金华县学咨部优行廪膳生，民籍，郡城中学堂师范高才生。"官年取此。

《民国人物碑传集》（下）卷七王树枬《清封二品衔记名提学使翰林院编修金雪荪君行状》："君生于清同治九年庚午，以民国二十三年甲戌病殁于北平私邸，享年六十有五岁。"由民国二十三年（1934）逆推，可知其生于同治九年庚午（1870）。孙雄《旧京诗存》卷三《庚午仲秋赓社周而复始，重印社友题名，喜赋二律，索同人和》附"社友十二人"：其中"金兆丰，字雪孙，浙江金华人，年六十一（同治庚午十二月二十七日生，住北长街）"。实年取此。

郭则沄（另见）

官年：光绪十年甲申（1884）八月二十八日生

实年：光绪八年壬午（1882）八月二十八日生

征考：《集成》（89—1）："郭则沄，字养云，号筱陆，又号桂岩，行一，序二，光绪甲申年八月二十八日吉时生，系福建福州府学附生，侯官县民籍，保荐经济特科。"官年取此。

《辛亥人物碑传集》（下）卷一五《清故诰授光禄大夫头品顶戴赏戴花翎浙江提学使司提学使侯官郭公墓表》："公生于光绪壬午年八月二十八日，卒于丙戌年十二月十七日，年六十有五。"朱孝臧等撰《沤社词钞·沤社词集同人姓字籍齿录》："蛰云，郭则沄，啸麓，闽侯，光绪壬午生。"实年取此。

光绪甲辰（1904）恩科

章圭瑑（另见）

官年：同治九年庚午（1870）八月十四日生

实年：同治八年己巳（1869）生

征考：《集成》（91—365）："章圭瑑，字籀苍，一字聘盦，号篆生，行二，同治庚午年八月十四日吉时生，江苏太仓州嘉定县学优廪生，民籍。"官年取此。

章圭瑑《勤生堂诗存》卷六《戊辰周甲，偶忆清汤文正公斌有"六十老翁何所求"一语，用辘轳体衍成五首》，据民国十七年（1928）逆推，可知其生于同治八年己巳（1869）。实年取此。

忻江明（另见）

官年：光绪元年乙亥（1875）九月三日生

实年：同治十三年甲戌（1874）生

征考：《集成》（91—169）："忻江明，谱名元彭，字祖年，一字谷堂，号兆曙，又号绍如，行二，光绪元年九月三日生，浙江宁波府鄞县学咨部优行廪膳生，民籍，肄业崇实、课成学堂。"官年取此。

《广清碑传集》卷一三《徐时栋时梁陈劢陈康祺郭传璞陈继聪董沛忻江明应朝光传》（据《重修浙江通志》）："忻江明，字绍如……民国二十九年卒,年六十七。"由民国二十九年(1940)逆推,可知其生于同治十三年甲戌(1874)。实年取此。

周之桢

官年:光绪二年丙子(1876)二月十六日生

实年:同治七年戊辰(1868)生

征考:《集成》(91—1):"周之桢,谱名名鸿,字子幹,号止盦,别号愿堂,行一,又行四,光绪丙子年二月十六日吉时生,湖北汉阳府汉阳县廪贡生,汉阴里民籍,前主讲涪州钩深书院。"官年取此。

《汉阳县志·人物》:"周之桢(1867—1933),字贞亮,号子幹,又号退舟,汉阳县蔡甸镇人……光绪三十年(1904)举人,次年成进士……抗战前病逝于武昌珞珈山,终年66岁。"按周之桢1933年卒于教席,以虚龄计,当生于同治七年戊辰(1868)。实年取此。

王鸿𦥛(另见)

官年:光绪三年丁丑(1877)生

实年:同治十三年甲戌(1874)九月十三日生

征考:《集成》(90—97):"王鸿𦥛,原名抱一,号啸龙,字熙广,又字无离,见年二十八岁,国子监赐舍肄业生,福建福州府闽县民籍。"由光绪甲辰科(1904)逆推,可知其生于光绪三年丁丑(1877)。官年取此。

《西清王氏重修族谱》卷一五《贤丰公世系·十二世鸿𦥛公》:"生同治十三年甲戌九月十三日,卒民国十五年丙寅三月初八日。"实年取此。

章祖申(另见)

官年:光绪四年戊寅(1878)正月初八日生

实年:光绪二年丙子(1876)生

征考:《集成》(90—57):"章祖申,字苢生,号篸渔,行一,光绪戊寅正月初八日吉时生,浙江湖州府乌程县学优行廪生,民籍。"官年取此。

《辛亥人物碑传集》卷八章祖纯《先兄苢生公行略》:"(民国)十四年四月二十四日午时逝世,年五十。"由民国十四年(1925)逆推,可知其生于光绪二年丙子(1876)。实年取此。

乡试
顺天

康熙丁酉(1717)科
张揆方

官年:康熙三十四年乙亥(1695)九月十四日生

实年:康熙三十年辛未(1691)生

征考:《康熙五十六年丁酉科顺天乡试同门姓氏朱卷》:"张揆方,字道营,号同夫,行四,乙亥年九月十四日生,江南苏州府嘉定县俊秀监生,民籍。"官年取此。

张揆方《米堆山人诗钞》卷六《庚申岁朝余与机又年皆五十赋诗束之》:"瓦盆岁酒酌芳辛,五十平头百感新。"由乾隆五年庚申(1740)逆推,知其生于康熙三十年辛未(1691)。实年取此。

乾隆戊午(1738)科
孙梦逵

官年:康熙四十七年戊子(1708)六月二十三日生

实年:康熙四十五年丙戌(1706)生

征考:《家传》(91—359):"孙梦逵,字中伯,号矼门,行一,戊子年六月二十三日生,江南苏州府常熟县副榜贡生,宗学教习,民籍,习《书经》……乡试第三十六名。"官年取此。

邵齐焘《玉芝堂文集》卷四《宗人府主事孙君墓志铭》:"君讳梦逵,字中伯,姓孙氏,江苏昭文人……以二十八年三月五日卒官,春秋五十有八。"由乾隆二十八年癸未(1763)逆推,知其生于康熙四十五年丙戌(1706)。实年取此。

陆广霖

官年:康熙五十年辛卯(1711)十月初二日生

实年:康熙四十五年丙戌(1706)十月初二日生

征考:《家传》(91—453):"陆广霖,字用宾,一字钩望,号省斋,行五,辛卯年十月初二日生,江南常州府武进县民籍,习五经……乡试第八十三名。"官年取此。

赵怀玉《亦有生斋文集》卷一七《故广西恭城县知县署百色同知陆君墓志铭》:"君姓陆,氏讳广霖……乾隆三年以国子监生应顺天乡试,中五经举人,明年成进士,入二甲,以知县即用……君生于康熙四十五年十月初二日,卒于乾隆四十五年六月二十四日,年七十有五。"由乾隆四十五年(1780)逆推,知其生于康熙四十五年丙戌(1706)。实年取此。

庄有恭

官年:康熙五十三年甲午(1714)四月二十九日生

实年:康熙五十二年癸巳(1713)生

征考:《家传》(91—329):"庄有恭,字容可,号□□,行二,甲午年四月二十九日生,广东广州府番禺县拔贡生,右翼宗学教习,民籍,习《易经》……乡试第二十一名。"官年取此。

钱大昕《潜研堂文集》卷四二《巡抚福建兵部右侍郎都察院右副都御史前太子少保协办大学士刑部尚书庄公墓志铭》:"上御极之四年……番禺庄公以第一甲第一名登第……乾隆三十二年七月二日寝疾终于福州官署,享年五十有五。"由乾隆三十二年(1767)逆推,知其生于康熙五十二年癸巳(1713)。实年取此。

庄熊芝

官年:康熙五十四年乙未(1715)四月二十五日生

实年:康熙五十二年癸巳(1713)四月二十五日生

征考:《家传》(91—481):"庄熊芝,字根晦,原字仲雅,号谧庵,行二,乙未年四月二十五日生,江南常州府阳湖县民籍,监生,习春秋……乡试第九十六名。"官年取此。

《毗陵庄氏增修族谱》卷一〇"熊芝,行二,字仲雅,一字根晦,号谧庵。乾隆戊午举人,己未进士……生于康熙癸巳四月二十五日,卒于乾隆乙卯三月二十一日,寿八十有三。"实年取此。

魏大名

官年:康熙六十一年壬寅(1722)十二月初四(1723年1月10日)生

实年:康熙五十九年庚子(1720)生

征考:《家传》(92—105):"魏大名,字伯启,号复泉,行一,壬寅年十二月初四日生,直隶大名府南乐县附学生,民籍,习春秋。"官年取此。

魏大名《一箕山人集》卷一己巳十月《留须》:"我生日月三十年,十月丙申初留须。"由乾隆十四年己巳(1749)逆推,知其生于康熙五十九年庚子(1720)。卷六甲子七月跋《与曲秀才绝交书》:"余年二十五作是书。"亦可为证。实年取此。

乾隆壬申(1752)恩科

钱大培①

官年:雍正八年庚戌(1730)三月初八日生

实年:雍正七年己酉(1729)生

征考:《未刊》(32—241):"钱大培,字树棠,号悦圃,行一,庚戌年三月初八日生,浙江嘉兴府秀水县俊秀监生,民籍。"官年取此。

《国朝耆献征录》卷二五〇《僚佐二》"钱大培条":"年二十四中顺天副榜。久而不遇,乾隆甲寅始以资叙补盱眙教谕,年已六十六矣。十一月舁疾至任所,明年乙卯闰二月二十七日卒。"《江震人物续志》:"年六十七卒。"由乾隆六十年乙卯(1795)逆推,知其生于雍正七年己酉(1729)。实年取此。

---

① 本科钱大培仅中副榜,因系朱卷履历,故列入统计数据。

道光乙酉(1825)科
赵德潾
官年：嘉庆二年丁巳(1797)十二月二十八日生

实年：乾隆五十八年癸丑(1793)生

征考：《集成》(95—119)："赵德潾,字石亭,号又泉,行三,又行七,嘉庆丁巳年十二月二十八日生,江西建昌府南丰县副贡生,民籍,镶白旗教习。"官年取此。

金应麟《豸华堂文钞》卷八《江苏按察使南丰赵公墓志铭》："春秋五十有一,时二十三年也。"由道光二十三年癸卯(1843)逆推,可知其生于乾隆五十八年癸丑(1793)。实年取此。

道光辛卯(1831)恩科
陈潮
官年：嘉庆七年壬戌(1802)八月十一日生

实年：嘉庆六年辛酉(1801)生

征考：《未刊》(36—243、370、437、471)(37—141、192)："陈潮,字宗海,号东之,一号侨甫,行一,又行二,嘉庆壬戌年八月十一日吉时生,江苏通州泰兴县民籍。"官年取此。

方濬颐《二知轩文存》卷二七《泰兴三高士传》："陈潮,字东之……年才三十九卒于客邸,与龚定庵友善,人目为陈龚云。"《续碑传集》卷七九杨亮《陈东之家传》："道光辛卯中顺天举人,会试不第,乙未卒于星伯先生家,年三十五。"今当从《家传》。由道光十五年乙未(1835)逆推,可知陈潮生于嘉庆六年辛酉(1801)。实年取此。

张佐堂[①]
官年：嘉庆十五年庚午(1810)生

实年：嘉庆十三年戊辰(1808)生

[①] 本科张佐堂仅中誊录,因系朱卷履历,故列入统计数据。

征考:《未刊》(37—321):"张佐堂,嘉庆庚午年□月□日□时生,陕西西安府蓝田县监生,民籍。"官年取此。

(道光)《蓝田县志》卷一四《忠孝传》:"辛卯应京兆试,以额溢挑誊录,房师况澄惜焉。壬辰八月初四日寓内城,薄暮得母疾耗,驰出城,比至署,母已逝,哀毁骨立,坐是得咯血疾。十二月,父以事至保定,犹力疾拜送,越二日病笃,曰'母死不获见,今死不获见父,不孝极矣'。言讫逝,年二十五。"由道光十二年壬辰(1832)逆推,知其生于嘉庆十三年戊辰(1808)。实年取此。

道光壬辰(1832)科

程祖诰

官年:嘉庆二十年乙亥(1815)五月十八日生

实年:嘉庆十六年辛未(1811)五月十八日生

征考:《集成》(96—157):"程祖诰,字罩叔,行三,嘉庆乙亥年五月十八日生,浙江杭州府仁和县商籍附贡生,安徽休宁县民籍。"官年取此。

《翁同龢日记》咸丰十年庚申五月十八日:"晴。诣各处谢寿。祝程罩叔五十寿,夜饮其斋中。"由咸丰十年庚申(1860)逆推,知程祖诰生于嘉庆十六年辛未(1811),实年取此。

道光甲午(1834)科

乔松年(另见)

官年:嘉庆二十五年庚辰(1820)六月十九日生

实年:嘉庆二十年乙亥(1815)六月十九日生

征考:《集成》(96—245):"乔松年,字健侯,号鹤侪,行一,嘉庆庚辰年六月十九日吉时生,山西太原府徐沟县监生,民籍。"官年取此。

实年征考见会试"乔松年"条。

道光丁酉(1837)科
袁修谦

官年:嘉庆十七年壬申(1812)十二月十八日寅时生

实年:嘉庆十三年戊辰(1808)生

征考:《集成》(97—369):"袁修谦,字敬仲,亦字希肃,一字执斋,行三,嘉庆壬申年十二月十八日寅时生,江苏松江府华亭县监生,民籍。"官年取此。

宗稷辰《躬耻斋文钞后编》卷四《袁希肃山长家传》:"乙丑春患失血,未几渐剧,于二月二十五日遽卒,年仅五十有八。"由同治四年乙丑(1865)逆推,可知其生于嘉庆十三年戊辰(1808)。实年取此。

道光庚子(1840)恩科
钱世铭

官年:嘉庆二十二年丁丑(1817)四月初四日生

实年:嘉庆二十年乙亥(1815)四月初四日生

征考:《集成》(98—127):"钱世铭,字颂芬,号警斋,行一,嘉庆丁丑年四月初四日吉时生,江苏太仓州镇洋县学附监生,民籍,己亥科誊录。"官年取此。

钱世铭《钱警斋公年谱》(清宣统三年镇洋钱氏刻本):"嘉庆二十年乙亥一岁,四月初四日生。"实年取此。

道光癸卯(1843)科
徐宗勉

官年:嘉庆八年癸亥(1803)六月十三日生

实年:嘉庆五年庚申(1800)六月十三日生

征考:《集成》(99—157):"徐宗勉,字仲修,一字骥人,号霁吟,行四,嘉庆癸亥年六月十三日吉时生,江苏通州副贡生,民籍,现任中书科中书。"官年取此。

徐咏绯编《徐霁吟公年谱》稿本载徐宗勉生于"嘉庆五年庚申六月十三日"。实年取此。

崇实（另见）

官年：道光元年辛巳（1821）七月十八日生

实年：嘉庆二十五年庚辰（1820）七月十八日寅时生

征考：《集成》（99—131）："（完颜氏）崇实，字子华，号朴山，行一，又行三，道光辛巳年七月十八日吉时生，内务府镶黄旗满洲积庆佐领下俊秀贡生，候选同知。"官年取此。

实年征考见会试"崇实"条。

道光甲辰（1844）恩科

华翼纶

官年：嘉庆二十一年丙子（1816）正月二十七日生

实年：嘉庆十七年壬申（1812）生

征考：《集成》（99—199）："华翼纶，原名国成，字赞卿，号篆秋，行一，嘉庆丙子年正月二十七日吉时生，江苏常州府金匮县副贡生，民籍，庚子誊录，八旗教习。"官年取此。

《广清碑传集》卷一三薛福成《知府衔分发补用同知前知江西永新县华君家传》："年七十有六，以光绪十三年八月十七日卒。"由光绪十三年（1887）逆推，可知其生于嘉庆十七年壬申（1812）。实年取此。

孙衣言

官年：嘉庆二十二年丁丑（1817）八月十七日生

实年：嘉庆二十年乙亥（1815）生

征考：《集成》（99—211）："孙衣言，字克绳，又字劭闻，号琴西，行一，嘉庆丁丑年八月十七日吉时生，浙江温州府瑞安县副榜贡生，民籍，现充国子监琉球教习。"官年取此。

孙衣言《逊学斋文》刊于同治十二年三月，卷首有"琴西先生五十二岁小象"，后有丙寅新秋孙衣言自赞："行年五十有二而未尝有善于其身。"由同治五年丙寅(1866)逆推,可知其生于嘉庆二十年乙亥(1815)。其《逊学斋诗续钞》卷四有《光绪甲申予行年七十矣……成诗二十章,粗述鄙怀,兼示同志》之诗,甲申为光绪十年(1884),逆推亦可知其生年应为嘉庆二十年(1815)。实年取此。

道光丙午(1846)科
何兆瀛(另见)
官年:嘉庆十六年辛未(1811)六月初二日生

实年:嘉庆十四年己巳(1809)六月初二日生

征考:《集成》(99—369):"何兆瀛,字青耜,号通甫,行二,嘉庆辛未年六月初二日吉时生,江苏江宁府江宁县监生,民籍,前充国史馆誊录,候选知州,现官户部额外郎中。"官年取此。

实年征考见会试"何兆瀛"条。

袁保恒
官年:道光八年戊子(1828)七月十四日生

实年:道光六年丙戌(1826)生

征考:《集成》(100—111):"袁保恒,字贞叔,号少午,一号月卿,行一,又行三,道光戊子年七月十四日吉时生,系河南陈州府项城监生,民籍。"官年取此。

吴汝纶《桐城吴先生文集》卷三《光禄大夫刑部左侍郎袁文诚公神道碑》:"遽卒,光绪四年四月六日也……死时春秋五十有三。"由光绪四年(1878)逆推,可知其生于道光六年丙戌(1826)。实年取此。

道光己酉(1849)科
俞奎垣(另见)
官年:道光六年丙戌(1826)十二月初一日生

实年:道光四年甲申(1824)生

征考:《集成》(100—423):"俞奎垣,字袭芸,行三,道光丙戌年十二月初一日吉时生,顺天府大兴县附学生,民籍,原籍浙江湖州府德清县。"官年取此。

实年征考见会试"俞奎垣"条。

咸丰辛亥(1851)恩科
孙家鼐(另见)

官年:道光九年己丑(1829)三月十二日生

实年:道光七年丁亥(1827)生

征考:《集成》(101—225):"孙家鼐,字燮君,号质生,行五,道光己丑年三月十二日吉时生,安徽凤阳府寿州拔贡生,候选教谕,民籍。"官年取此。

实年征考见会试"孙家鼐"条。

孙楫

官年:道光十年庚寅(1830)十二月十八日(1831年1月31日)生

实年:道光七年丁亥生(1827,丁亥十二月十八日为1828年2月13日)

征考:《集成》(101—35):"孙楫,字济川,号驾航,行一,又行八,道光庚寅年十二月十八日吉时生,山东济宁直隶州俊秀监荫生,民籍,工部学习员外郎,屯田司行走。"官年取此。

孙楫《郢亭词集》有"光绪丁酉重阳前四日,七十一叟孙楫自题"。由光绪二十三年丁酉(1897)逆推,可知其生于道光七年丁亥(1827)。实年取此。

咸丰壬子(1852)科
杨光仪(另见)

官年:道光五年乙酉(1825)闰三月初一日生

实年:道光二年壬午(1822)生

征考:《未刊》(42—432):"杨光仪,字子厚,号香吟,一号杏农,行一,道光乙酉年闰三月初一日吉时生,直隶天津府天津县廪膳生,民籍。"官年取此。

实年征考见会试"杨光仪"条。
恽彦琦
官年:道光十一年辛卯(1831)六月十六日生

实年:道光八年戊子(1828)生

征考:《集成》(102—193):"恽彦琦,字亦韩,号莘农,行一,道光辛卯年六月十六日吉时生,顺天府大兴县民籍,正七品荫生,候选知县。"官年取此。

俞樾《春在堂杂文五编》卷五《湖北汉黄德道恽君墓志铭》:"君讳彦琦,字莘农,姓恽氏。南宋时,有讳继恩者始迁阳湖,遂为江苏阳湖人,至君之考中丞公,以顺天大兴籍成进士,故又籍大兴……(光绪)十九年十月癸丑卒于里第,年六十有六。"由光绪十九年(1893)逆推,可知其生于道光八年戊子(1828)。实年取此。

咸丰戊午(1858)科
陆懋宗
官年:道光二十一年辛丑(1841)正月二十九日生

实年:道光十七年丁酉(1837)正月二十九日生

征考:《陆懋宗咸丰戊午科顺天乡试朱卷》:"陆懋宗,字德生,号云孙,行三,道光辛丑年正月二十九日吉时生,江南苏州府常熟县附贡生,民生,祖籍太仓直隶州。"官年取此。

翁斌孙《清故奉政大夫翰林院编修五品衔特赏检讨陆公墓志铭》:"公讳懋宗,字云孙,又字德生,姓陆氏,江苏常熟人也……公生于道光丁酉正月二十九日,殁于乙卯九月十六日,春秋七十有九。"实年取此。

咸丰己未(1859)恩科
赵继元(另见)
官年:道光九年己丑(1829)九月十八日生

实年:道光八年戊子(1828)生

征考:《集成》(104—1):"赵继元,字子方,一字梓芳,号养斋,行一,又行三,道光己丑年九月十八日吉时生,安徽安庆府太湖县拔贡生,民籍,现任户部广东司员外郎。"官年取此。

实年征考见会试"赵继元"条。

徐郙(另见)

官年:道光十七年丁酉(1837)九月三十日时生

实年:道光十六年丙申(1836)生

征考:《集成》(103—321):"徐郙,字汝亭,号颂阁,行五,道光丁酉年九月三十日吉时生,江苏太仓州嘉定县附监生,民籍,刑部候补主事,江西司行走。"官年取此。

实年征考见会试"徐郙"条。

戴燮元

官年:道光十七年丁酉(1837)十一月初六日生

实年:道光十五年乙未(1835)十一月初六日戌时生

征考:《集成》(103—363):"戴燮元,字和甫,一字少梅,号八愚,行一,又行八,道光丁酉年十一月初六日吉时生,江南镇江府丹徒县监生,民籍。"官年取此。

《京江锡礼堂戴氏家乘》卷三《世系表》二十世第三十五:"燮元,肇辰长子,字和甫,一字少梅……生于道光十五年乙未十一月初六日戌时。"实年取此。

咸丰辛酉(1861)科

廖寿恒(另见)

官年:道光二十一年辛丑(1841)六月十四日生

实年:道光十九年己亥六月十四日生(1839)六月十四日生

征考:《集成》(104—321):"廖寿恒,字沅生,号仲山,行二,又行六,道光辛丑年六月十四日吉时生,江南太仓州嘉定县附贡生,民籍,原籍福建汀州府永定县。"官年取此。

实年征考见会试"廖寿恒"条。

同治壬戌(1862)恩科
嵇有庆

官年:道光十二年壬辰(1832)六月初四日生

实年:道光九年己丑(1829)生

征考:《集成》(105—137):"嵇有庆,字伯润,号晓峰,行一,道光壬辰年六月初四日吉时生,江苏常州府无锡县监生,候选知县,民籍。"官年取此。

李桢《畹兰斋文集》卷四《河南候补知府嵇君墓志铭》"公讳有庆……以光绪十四年六月廿一日卒,春秋六十。"由光绪十四年(1888)逆推,可知其生于道光九年己丑(1829)。实年取此。

同治甲子(1864)科
汪鸣銮(另见)

官年:道光二十一年辛丑(1841)六月初一日生

实年:道光十九年己亥(1839)六月一日寅时生

征考:《集成》(105—249):"汪鸣銮,字嘉乐,号柳门,行一,道光辛丑年六月初一日吉时生,系浙江杭州府钱塘县附监生,商籍,原籍安徽徽州府休宁县,现充国史馆誊录。"官年取此。

实年征考见会试"汪鸣銮"条。

同治庚午(1870)科
李士瓒(另见)

官年:道光十六年丙申(1836)五月十六日生

实年:道光十四年甲午(1834)生

征考:《集成》(109—1):"李士瓒,字秬尊,号玉舟,行一,道光丙申年五月十六日吉时生,系江苏苏州府昭文县学廪贡生,民籍,分发试用训导。"官年取此。

庞鸿书《清故礼部郎中建昌府知府李君墓志铭》:"君讳士瓒,字秬尊……岁在壬子十月朔,以疾终,年七十有九。"由民国元年壬子(1912)逆推,可知其生于道光甲午年(1834)。潘文熊《宝砚斋诗稿·易安词稿》之《壶中天(题镜影图)序》:"图中六人,最长者李君玉舟士瓒,七十九岁,次则陈君芝生(名维淅,寄寓吾邑),七十八岁,次则余七十一岁。"此序作于民国元年,逆推亦可证其生于道光甲午(1834)。实年取此。

张兆兰

官年:道光二十二年壬寅(1842)七月二十日生

实年:道光二十三年癸卯(1843)生

征考:《集成》(108—383):"张兆兰,字畹九,号秋苏,行一,道光壬寅年七月二十吉时生,江苏扬州府仪征县民籍,荫生,辛酉科挑取誊录,四品衔兵部郎中,职方司行走。"官年取此。

严玉森《虚阁遗稿》卷六《张畹九四十寿序》:"壬午秋初,畹九四十寿辰。"由光绪八年壬午(1882)逆推,知其生于道光癸卯(1843)。实年取此。此虽实年小于官年,不合情理,然系特例,并无错误。按张集馨《道咸宦海见闻录》载其道光二十三年癸卯年事:"七月二十日午时,大儿兰官生,邵夫人所出也。"是年张集馨四十四岁,中年得子,喜出望外。还记以诗:"四十生儿定衍宗,充闾佳章郁葱茏。"这里四十当然是约数,但张兆兰生于道光二十三年癸卯七月二十日是毫无疑问的。该书后附詹嗣贤《时晴斋主人年谱》道光二十三年癸卯亦云:"公四十四岁……七月,成长子兆兰生,邵夫人出也。"

赵赓麟

官年:道光二十四年甲辰(1844)二月初五日生

实年:道光二十二年壬寅(1842)生

征考:《集成》(108—131):"赵赓麟(原名九经),字凤虞,号仪宣,行一,道光甲辰年二月初五日吉时生,奉天府开原县附生,民籍,丁卯科誊录。"官年取此。

(民国)《开原县志》卷三本传:"同治辛未联捷南宫,廷试授礼部主事……充光绪壬辰会试提调,当入□时,先已患虚喘之症,嗣因差务积劳,转而增剧,奉特旨出外就医,抵寓未数日卒,年仅五十一。"由光绪十八年壬辰(1892)逆推,知其生于道光二十二年壬寅(1842)。实年取此。

张佩纶(另见)

官年:道光三十年庚戌(1850)十月二十九日生

实年:道光二十八年戊申(1848)生

征考:《集成》(107—349):"张佩纶,字言如,号幼樵,一号赞思,行六,道光庚戌年十月二十九日吉时生,系直隶遵化州丰润县监生,民籍。"官年取此。

实年征考见会试"张佩纶"条。

王仁堪

官年:咸丰元年辛亥(1851)三月初七日生

实年:道光二十九年己酉(1849)三月七日辰时生

征考:《集成》(108—131):"王仁堪,字可庄,行二,咸丰辛亥年三月初七日吉时生,系福建福州府闽县监生,民籍。顺天乡试同治庚午科。"官年取此。

王仁堪《王苏州遗书》卷首《国史循吏本传·王仁堪传》:"(光绪十九年)十月,举冬防,子夜出巡,中寒卒……仁堪卒年四十有六,未竟其用,时论惜之。"卷首又有王孝缉《先公年谱》一卷:"道光二十九年己酉一岁。是年二月文勤公转通政司副使,公以三月初七日辰时生于京寓……光绪十九年癸巳四十五岁。大府举循良第一,奉旨报可。七月调苏州府知府,视事甫三月,于十月十八夕赴宴回署,疝气加剧……至二十日子时弃不孝等而长近矣。"按当从年谱。实年取此。

同治癸酉(1873)科

刘玉璋

官年:道光二十二年壬寅(1842)五月初三日生

实年:道光二十三年癸卯(1843)生

征考:《集成》(110—1):"刘玉璋,字特舟,号澧兰,一号琴山,行三,道光壬寅年五月初三日生,四川夔州府奉节县民籍,庚午科优贡,辛未朝考二等,以知县用,甲戌掣签分发福建试用知县。"官年取此。

刘玉璋《夔夔堂诗略》卷首有其民国六年春二月孙世璈谨题"先大父七十三岁摄影"。然题写之年不一定是摄影之年,不可据此推算。集中另有《游子叹》序:"丁卯秋,侨居蓉城,旅愁郁攒,苦忆慈亲,走笔摅怀,不自知其辞之觍也。"诗云:"同治丁卯二月,儿与母别……儿生二十五年矣,未尝一日离母侧。"由同治丁卯(1867)逆推,可知其生于道光二十三年癸卯(1843),实年取此。然违反官年不会大于实年之常情,存疑。

陆润庠(另见)

官年:道光二十二年壬寅(1842)五月初四日生

实年:道光二十一年辛丑(1841)五月初四日生

征考:《集成》(109—309):"陆润庠,字云洒,号凤石,行三,又行一,道光壬寅年五月初四日吉时建生,江苏苏州府元和县优贡生,民籍,朝考一等,钦用知县。"官年取此。

《广清碑传集》卷一五叶昌炽《皇清诰授光禄大夫太保东阁大学士赠太傅陆文端公墓志铭》:"公以道光辛丑五月生于润州学舍。"《上海图书馆藏赴闻集成》第6册有吴郁生撰《陆文端公行状》:"公生于道光二十一年辛丑五月初四日,卒年七十五。"实年取此。

许祐身

官年:道光三十年庚戌(1850)七月二十二日生

实年:道光二十八戊申(1848)生

征考:《集成》(110—357):"许祐身,字芷沅,号子原,行三,总行二十二,道光庚戌年七月二十二日吉时生,杭州仁和县学附贡生,民籍,庚午科顺天乡试挑取誊录,刑部江西司候补主事。"官年取此。

据许恪儒先生提供《高阳许氏家谱系表》:"祐身(子原公),道光二十八年—民国元年(1848—1912)。"实年取此。

沈曾植(另见)

官年:咸丰二年壬子(1852)二月二十九日生

实年:道光三十年庚戌(1850)二月二十九日生

征考:《集成》(109—337):"沈曾植,字子培,行四,咸丰壬子年二月二十九日吉时生,浙江嘉兴府嘉兴县俊秀监生,民籍,候选部寺司务。"官年取此。

实年征考见会试"沈曾植"条。

王宗沂

官年:咸丰五年乙卯(1855)六月十五日生

实年:咸丰二年壬子(1852)六月十五日寅时生

征考:《集成》(111—269):"王宗沂,字景舆,号企曾,行一,咸丰乙卯年六月十五日吉时生,顺天府大兴县拔贡生,民籍,祖籍江苏,国史馆誊录。"官年取此。

王焕功纂修《王氏族谱》卷三"世传"第七世:"企曾公讳宗沂,字景舆……生于清咸丰二年壬子六月十五日寅时,光绪二年丙子五月初七日未时卒于京邸,年二十有五。"实年取此。

光绪乙亥(1875)恩科

冯文蔚(另见)

官年:道光二十五年乙巳(1845)六月二十四日生

实年:道光二十二年壬寅(1842)生

征考:《集成》(111—349):"冯文蔚,原名文源,字修盦,别号联棠,行二,道光乙巳年六月二十四日吉时生,浙江湖州府乌程县监生,民籍,刑部候补主事。"官年取此。

实年征考见会试"冯文蔚"条。

光绪丙子(1876)科

徐树兰

官年:道光二十八年戊申(1848)四月二十六日生

实年:道光十八年戊戌(1838)生

征考:《集成》(114—209):"徐树兰,字仲佳,一字仲凡,号检盦,行一,道光戊申年四月二十六日吉时生,浙江绍兴府会稽县优行增贡生,民籍,候选训导。"官年取此。

(民国)《绍兴县志资料》"徐树兰"条:"光绪二十八年五月卒,年六十五。"由光绪二十八年壬寅(1902)逆推,知其生于道光十八年戊戌(1838)。实年取此。

王仁东

官年:咸丰四年甲寅(1854)十一月初四日生

实年:咸丰二年壬子(1852)生

征考:《集成》(115—1):"王仁东,字旭庄,又字勖专,行四,咸丰甲寅年十一月初四日吉时生,福建闽县民籍,国子监肄业生,考取誊录。"官年取此。

张謇《张季子诗录》卷九光绪二十九年癸卯诗有《王司直属寿其季父旭庄太守仁东,旭庄时知通州,逾其五十初度已二年矣,成诗六韵》,按该诗前有《明杨龙友秦淮雪后泛舟》诗,序云:"庚子二月十六日大雪,直客授江宁,今二月初六七日亦大雪,继以阴雨浃旬不辍,复以事至江宁,奋笔题此,不自知百感之横集也。"据《张謇日记》,光绪二十九年(1903)二月张謇以事至江宁,知诗作于该年。由该年逆推,可知其生于咸丰壬子年(1852)。实年取此。

程恩培

官年:咸丰六年丙辰(1856)七月二十四日生

实年:咸丰四年甲寅(1854)生

征考:《集成》(113—349):"程恩培,谱名大任,字伯湛,号少门,行一,咸丰丙辰年七月二十四日吉时生,系河南光州直隶州光山县监生,民籍,同知衔湖北试用知县。"官年取此。

李兴武点校《程恩培集》附录《年表》:咸丰四年"生于安徽颍州东柳沟邨"。实年取此。

吴焘

官年:咸丰六年丙辰(1856)八月十四日生

实年:咸丰四年甲寅(1854)生

征考:《集成》(112—403):"吴焘,字子明,号季寅,一号兰吟,行一,又行四,咸丰丙辰年八月十四日吉时生,云南永昌府保山县监生,民籍,原籍系江西抚州府金溪县。"官年取此。

《许宝蘅日记》甲子(1924):"十四日(2月18日)……六时赴伯纲与汪仲虎约,仲虎有《山亭宴》词嘱和,同集者奭召南(良,七十六)、吴子明(焘,七十一)、夏闰枝(孙桐,六十八)、吴子和(煦,六十□)、章曼仙(华,五十)、赵剑秋椿年、俞阶丈、吴印丞、金篯孙(四君皆五十七),余居末座,仲虎(五十九),伯纲(五十三)。"由民国十三年甲子(1924)逆推,知吴焘生于咸丰四年甲寅(1854)。实年取此。

光绪己卯(1879)科

张铨

官年:道光二十六年丙午(1846)五月初四日生

实年:道光十八年戊戌(1838)生

征考:《集成》(116—201):"张铨,字士选,号衡斋,又字伯平,行一,道光丙午年五月初四日吉时生,直隶保定府清苑县优贡生,民籍,实录馆誊录,肄业莲池书院,原籍浙江绍兴府上虞县。"官年取此。

《大清畿辅先哲传》卷三五:"张铨,字衡斋,清苑人。同治十二年拔贡生,考取誊录,入实录馆。光绪五年举于乡……三十一年卒,年六十八。"由光绪三十一年(1905)逆推,可知其生于道光十八年戊戌(1838)。实年取此。

秦绶章（另见）

官年：咸丰二年壬子（1852）三月十五日生

实年：道光二十九年己酉（1849）三月十五日生

征考：《集成》（116—19）："秦绶章，字仲龢，号佩鹤，又号培萼，行二，咸丰壬子年三月十五日吉时生，江苏太仓州嘉定县优贡生，民籍，朝考一等，钦用知县。"官年取此。

实年征考见会试"秦绶章"条。

宋承庠（另见）

官年：咸丰二年壬子（1852）六月十一日生

实年：道光二十八年戊申（1848）六月十一日生

征考：《集成》（116—1）："宋承庠，原名觐光，字养初，号莲漪，行二，咸丰壬子年六月十一日吉时生，江苏松江府华亭县拔贡生，民籍，考取军机工部都水司主事兼司务厅行走。"官年取此。

张锡恭《茹荼轩续集》卷五《皇清特赠四品卿衔湖广道监察御史宋公行状》："公姓宋氏讳承庠……乃仰药死之，实光绪二十六年七月二十二日子时也。……公生于道光二十八年六月十一日，距正命之年，享年五十有三。"实年取此。

翁葆昌

官年：咸丰九年己未（1859）九月二十六日生

实年：咸丰六年丙辰（1856）生

征考：《集成》（115—303）："翁葆昌，字林森，号礼卿，行二，咸丰己未九月二十六日吉时生，保定府清苑县附生，民籍。"官年取此。

（民国）《清苑县志》卷五《金石下》吴廷燮《山西平遥县知县翁君墓志铭》："公讳葆昌这，字理卿……宣统元年正月丁亥卒，年五十有四。"由宣统元年己酉（1909）逆推，知其生于咸丰六年丙辰（1856）。实年取此。

光绪壬午(1882)科
陶玉珂(另见)

官年：道光二十九年己酉(1849)三月二十七日生

实年：道光二十七年丁未(1847)生

征考：《集成》(116—265)："陶玉珂，字振声，号子佩，行二，道光己酉年三月二十七日吉时生，浙江嘉兴府秀水县优贡生，录用知县，民籍。"官年取此。

陶玉珂《兰薰馆遗稿》陶昌善跋："先君子于光绪甲申冬应北洋之聘，殁于津邸。"卷首金蓉镜《传》："北洋李相闻其名，延司笔札，未旬而卒，年仅三十有八。"由光绪十年甲申(1884)逆推，可知其生于道光二十七年丁未(1847)。实年取此。

光绪乙酉(1885)科
徐鄂

官年：道光二十六年丙午(1846)二月十五日生

实年：道光二十四年甲辰(1844)生

征考：《未刊》(63—403)："徐鄂，字诵宣，号午阁，一号友褒，行一又行七，道光丙午年二月十五日吉时生，系江苏省太仓州嘉定县廪贡生，民籍。"官年取此。

(民国)《嘉定县续志》卷一一《文学》："(徐鄂)年六十，卒于家……庚申兵燹，被掳至金陵，以计脱归，知母殉节，昼夜号泣，遍觅骸骨于邑之长桥庙北乡，沥血得之，与父合葬，时年仅十七。"知咸丰十年庚申(1860)其十七岁，可推其生年为道光二十四年甲辰(1844)。实年取此。

钱骏祥

官年：道光三十年庚戌(1850)四月二十六日寅时生

实年：道光二十八年戊申(1848)四月二十六日寅时生

征考：《集成》(118—133)："钱骏祥，原名贻元，谱名颐仁，字念蘐，号新甫,行二,道光庚戌四月二十六日寅时生,浙江嘉兴府嘉兴县副榜贡生,民籍,兵部候补郎中,职方司行走。"官年取此。

孙雄《旧京文存》卷八《翰林院侍读嘉兴钱公新甫行状》:"公生于道光戊申年四月二十六日寅时,卒于共和纪元十有九年,岁在庚午,旧历四月初十日巳时,享寿八十有三。"实年取此。

屠寄(另见)

官年:咸丰五年乙卯(1855)四月十五日生

实年:咸丰六年丙辰(1856)四月十五日生

征考:《集成》(118—225):"屠寄,字师虞,号敬山,行一,咸丰旃蒙单阏之岁四月十五日吉时生,顺天府大兴县民籍,府学附学生,改归原籍江苏常州府武进县。"旃蒙单阏为咸丰乙卯。官年取此。

实年征考见会试"屠寄"条。

王同愈(另见)

官年:咸丰九年己未(1859)十二月十七日(1860年1月9日)生

实年:咸丰五年乙卯(1855)十二月十七日(1856年1月24日)生

征考:《集成》(119—111):"王同愈,字文若,一字胜之,行四,咸丰己未年十二月十七日吉时生,江苏苏州府元和县附贡生,民籍。"官年取此。

实年征考见会试"王同愈"条。

施启宇(另见)

官年:咸丰十一年辛酉(1861)八月二十日生

实年:咸丰六年丙辰(1856)生

征考:《集成》(118—335):"施启宇,字雨农,号穉桐,又号禹平,行一,咸丰辛酉年八月二十日吉时生,江苏太仓州崇明县监生,民籍。"官年取此。

实年征考见会试"施启宇"条。

华学澜

官年:同治元年壬戌(1862)十月十四日生

实年:咸丰十年庚申(1860)生

征考:《未刊》(62—475):"华学澜,字瑞安,号莱山,行三又行一,同治壬戌年十月十四日吉时生,直隶天津府天津县学附学生,民籍。"官年取此。

(民国)《天津县新志》卷二一之四:"光绪十一年举人,明年成进士……二十八年充贵州乡试副考官,明年会试同考官……三十二年升撰文,越二日病再发,遽卒,年四十有七。"由光绪三十二年丙午(1906)逆推,知其生于咸丰十年庚申(1860)。实年取此。

刘瞻汉(另见)

官年:同治四年乙丑(1865)十一月初五日生

实年:同治三年甲子(1864)十一月初五日生

征考:《集成》(119—287):"刘瞻汉,字叔南,号蘅士,行三,同治乙丑年十一月初五日吉时生,江苏常州府阳湖县监生,民籍。"官年取此。

实年征考见会试"刘瞻汉"条。

光绪戊子(1888)科

温仲和(另见)

官年:咸丰元年辛亥(1851)三月二十一日生

实年:道光二十九年己酉(1849)三月十一日生

征考:《集成》(119—371):"温仲和,字位中,号慕柳,又号定初,别号柳介,行二,咸丰辛亥元年三月二十一日吉时生,广东嘉应直隶州优贡生,候选训导,民籍,学海堂专课生,国子监肄业生,世居松口堡。"官年取此。

实年征考见会试"温仲和"条。

史恩培

官年:咸丰二年壬子(1852)九月初五日生

实年:道光二十七年丁未(1847)九月初五日酉时生

征考:《集成》(120—285):"史恩培,字竹孙,号惺石,一字葵盦,行二,又行三,咸丰壬子年九月初五日吉时生,直隶遵化州州学优廪生,同治癸酉科拔贡,应补教谕,民籍。"官年取此。

稿本《原任山东鱼台县知县史公年谱》:"公姓史氏,讳恩培,字竹孙,号葵盦,一号惺史,晚岁美须髯,又自号惺髯,直隶遵化州人……以道光二十七年九月初五日酉时生公于广东按察司之狱署。时公父以按察司经历署司狱。"实年取此。

吴丙湘(另见)

官年:咸丰三年癸丑(1853)七月十二日生

实年:道光三十年庚戌(1850)生

征考:《集成》(120—251):"吴丙湘,原名进泉,字次潇,号滇生,一字潇碧,又号瘦梅,行六,咸丰癸丑年七月十二日吉时生,系江苏扬州府仪征县学廪贡生,民籍,世袭骑都尉,又一云骑尉世职。"官年取此。

实年征考见会试"吴丙湘"条。

杨士燮(另见)

官年:咸丰五年乙卯(1855)十月十八日生

实年:咸丰三年癸丑(1853)生

征考:《集成》(120—59):"杨士燮,字赞元,号味春,一号渭春,又号味莼,行一,咸丰乙卯年十月十八日吉时生,安徽泗州民籍,副榜贡生,工部候补主事,会典馆协修。"官年取此。

实年征考见会试"杨士燮"条。

俞明震

官年:咸丰十一年辛酉(1861)生

实年:咸丰十年庚申(1860)生

征考:《集成》(121—75):"俞明震,字恪士,一字启东,行一,年二十八岁,顺天宛平县监生,民籍,原籍浙江山阴县。光绪戊子科。"由光绪戊子(1888)科逆推,可知其生于咸丰十一年辛酉(1861)。官年取此。

俞明震《觚庵诗存》有陈诗跋:"以戊午十一月廿二日卒于湖上,年垂六十矣。"另陈诗《尊瓠室诗话》卷一："山阴俞恪士提学明震,一号觚斋……晚号觚庵,戊午冬卒,年五十九。"与之相合。由民国七年戊午(1918)逆推,其生于咸丰十年庚申(1860)。实年取此。

吴筠孙(另见)

官年:同治元年壬戌(1862)正月初十日生

实年:咸丰十一年辛酉(1861)生

征考:《未刊》(65—186)："吴筠孙,字叔坚,号竹楼,行三,同治壬戌年二月十九日吉时生,江苏扬州府仪征县附贡生,民籍,原籍安徽徽州府歙县。"官年取此。

实年征考见会试"吴筠孙"条。

金蓉镜(另见)

官年:同治元年壬戌(1862)十二月十二日(1863年1月30日)生

实年:咸丰六年丙辰(1856,丙辰十二月十二日为1857年1月7日)生

征考:《集成》(120—99)："金蓉镜,谱名义田,字学范,号莘甫,又号甸丞,行一,同治壬戌年十二月十二日吉时生,浙江嘉兴府秀水县民籍,职监生,国史馆誊录,祖籍休宁,商籍仁和。"官年取此。

实年征考见会试"金蓉镜"条。

孟怀谦

官年:同治二年癸亥(1863)十二月初八日(1864年1月16日)生

实年:同治元年壬戌(1862)生

征考:《家传》(95—199)："孟怀谦,字益庵,号柳溪,别号秋帆,行一,同治癸亥年十二月初八日吉时生,直隶大名府元城县廪膳生,民籍。"官年取此。

(民国)《大名县志》卷一八本传:"光绪戊子中式,截取州同,签分四川补用……十五年编纂县志,诸务勤慎,以积劳病故,年六十有五。"由民国十五年丙寅(1926)逆推,知其生于同治元年壬戌(1862)。实年取此。

葛嗣溁(另见)

官年:同治三年甲子(1864)八月二十五日生

实年:同治元年壬戌(1862)生

征考:《集成》(120—29):"葛嗣溁,字弢甫,号云威,行一,又行三,同治甲子年八月二十五日吉时生,浙江嘉兴府平湖县拔贡生,民籍,户部七品小京官,江南司行走。光绪戊子科。"官年取此。

《广清碑传集》卷一八陈宝琛《葛君云威墓表》:"竟以毁卒,则光绪庚寅夏六月也,年仅二十有九。"由光绪十六年庚寅(1890)逆推,可知其生于同治元年壬戌(1862)。实年取此。

毕光祖

官年:同治五年丙寅(1866)二月初六日生

实年:同治三年甲子(1864)生

征考:《集成》(120—227):"毕光祖,字振楣,号枕梅,行一,同治丙寅年二月初六日吉时生,江苏太仓州优贡生,候选教职,民籍。"官年取此。

唐文治《茹经堂文集三编》卷七《毕君枕梅传(癸酉)》:"吾友毕君枕梅,讳光祖,江苏太仓人……光绪戊寅,君年十五,余年十四……辛未春,诸乡人会饮,与君谈少年事,余笑谓君曰:逾数年,君重游泮水矣。君默不语。是年冬,凶问卒至。"由民国二十年(1931)逆推,可知其生于同治三年甲子(1864)。实年取此。

何成浩

官年:同治五年丙寅(1866)十二月二十三日生

实年:同治三年甲子(1864)生

征考:《家传》(96—27):"何成浩,字霭礼,号璧流,行一,同治丙寅年十二月二十三日吉时生,系广东广州府顺德县例贡生,赏戴花翎,户部郎中,江南司兼山西司行走……顺天乡试中式第二十七名。"官年取此。

《碑传集三编》卷二一张学华《福建汀漳龙道何君墓志铭》:"君讳

成浩,字璧流,姓何氏,广东顺德良教乡人……中光绪戊子科顺天乡试举人……甲戌某月以疾卒于里第,春秋七十有一。"由民国二十三年甲戌(1934)逆推,知其生于同治三年甲子(1864)。实年取此。

光绪癸巳(1893)恩科
华世奎

官年:同治六年丁卯(1867)五月二十三日生

实年:同治三年甲子(1864)生

征考:《家传》(98—139):"华世奎,字鲁躔,号璧臣,一号弼宸,行一,又行七,同治丁卯年五月二十三日吉时生,直隶天津府天津县民籍,优贡生,内阁候补中书,本衙门撰文,万寿庆典撰文……乙酉科考取优贡第三名,朝考二等,以教职用,癸巳恩科乡试中式第二十七名,覆试第一等第十一名。"官年取此。

华世奎《思闇诗集》卷上《甲寅冬十一月自题小照二首》(时年五十一岁),由民国三年甲寅(1914)逆推,可知其生于同治三年甲子(1864)。另《六十生日述怀四首》注"戊寅,年十五",亦可为证。实年取此。

章华(另见)

官年:光绪二年丙子(1876)生

实年:同治十一年壬申(1872)七月二十二日生

征考:《未刊》(75—248):"顺天乡试朱卷光绪癸巳恩科,中式第八十九名举人章华,年一十八岁,湖南长沙府长沙县监生,民籍。"由光绪十九年癸巳(1893)逆推,可知其生于光绪二年丙子(1876)。官年取此。

实年征考见会试"章华"条。

光绪甲午(1894)科
庄清华

官年:咸丰十年庚申(1860)六月十六日生

实年：咸丰五年乙卯(1855)生

征考：《集成》(126—181)："庄清华,字仲咸,一字颂诚,号晓澂,行二,咸丰庚申年六月十六日吉时生,系江苏常州府阳湖县监生,民籍。顺天乡试光绪甲午科。"官年取此。

《清代毗陵名人小传稿》："庄清华,原名宝华,邑庠生,阳湖人……卒于辛巳闰六月十八日,寿八十有七。"由民国三十年辛巳(1941)逆推,知其生于咸丰五年乙卯(1855)。实年取此。

邓岚

官年：咸丰十一年辛酉(1861)二月二十二日生

实年：咸丰十年庚申(1860)生

征考：《未刊》(78—177、373)："邓岚,字峰伯,号晓山,一号秋坪,行一又行五,咸丰辛酉年二月二十二日吉时生,直隶保定府新城县廪生。"官年取此。

(民国)《新城县志》卷一一本传："宣统二年,年五十一卒。"由宣统二年庚戌(1910)逆推,知其生于咸丰十年庚申(1860)。实年取此。

杨恩元

官年：光绪四年戊寅(1878)十一月二十五日生

实年：光绪三年丁丑(1877)生

征考：《光绪二十年甲午科顺天乡试第十四房同门姓氏朱卷》："杨恩元,字覃生,号泽涵,行一,光绪戊寅年十一月二十五日吉时生,贵州安顺府普定县监生。"又见《未刊》(78—177、373)。官年取此。

杨恩元《三不惑斋诗稿》之《腊月九日内子诞辰追述往事成诗四章寄以为寿》其一的"万里于归岂夙因"下注："岳丈建安华公与先严同年至好,戊子余年十二,公过安顺,面试以诗……"由光绪十四年戊子(1888)逆推,知其生于光绪三年丁丑(1877)。实年取此。

光绪丁酉(1897)恩科

沈钊

官年：咸丰八年戊午(1858)七月初八日生

实年:咸丰六年丙辰(1856)生

征考:《家传》(94—335):"沈钊,字念劬,号康士,行一,咸丰戊午年七月初八日吉时生,系山东济南府运学恩功生,民籍,祖籍浙江会稽县,八旗官学同文馆汉教习。"官年取此。

(民国)《续修历城县志》卷四〇《列传二》本传:"宣统二年遘时疫卒,年五十有五。"由宣统二年庚戌(1910)逆推,知其生于咸丰六年丙辰(1856)。实年取此。

何宗逊(另见)

官年:同治元年壬戌(1862)六月初四日生

实年:同治元年壬戌(1862)正月二十五日生

征考:《集成》(128—343):"何宗逊,字笠农,号耕心,行二,同治壬戌年六月初四日吉时生,安徽徽州府黟县学优廪膳优贡生,即用知县,民籍。"官年取此。

《何宗逊日记》宣统三年正月二十八日有《五十自述(十二首)》其一:"五十年前堕地时,棣花新放第三枝。赤符肇纪中兴业(同治元年壬戌正月生),朱芾初庚小雅诗。"又光绪三十四年戊申(1908年)正月二十五日:"为余四十有七初度之辰,承同幕黄适庵、郝剑晴、马仙洲、袁芷渔、王孙仲、杜凌九、傅锡三、于星樵、张伯梁诸君,在庆福居备午酌相邀。丁俊卿亦于本日生日,与余同作客。"由此知其实年为同治元年壬戌正月二十五日生(1862)。实年取此。按此官年仅比实年小半岁左右,甚为特殊。

吴昌绶

官年:同治八年己巳(1869)五月十四日生

实年:同治七年戊辰(1868)生

征考:《家传》(94—401):"吴昌绶,字伯宛,号印臣,行一,同治己巳年五月十四日吉时生,浙江杭州府仁和县附监生,商籍,原籍安徽歙县……乡试中式第六名。"官年取此。

吴昌绶《松邻遗集》有诗《师郑以生日自述诗并忧吁集见示赋绝句

为寿》其二:"我少先生又二春。"孙雄生于 1866 年,知吴昌绶生于同治七年戊辰(1868)。实年取此。

光绪壬寅(1902)补行庚子(1900)辛丑(1901)恩正并科
杨朝庆(杨圻)

官年:光绪元年乙亥(1875)十月三十日生

实年:同治十一年壬申(1872)生

征考:《集成》(129—1):"杨朝庆,字羽王,号云史,又号洞灵,一字汉忠,行二,光绪乙亥年十月三十日吉时生,江苏苏州府常熟县附生,民籍,同文馆学生,花翎,户部福建司员外郎。顺天乡试光绪壬寅补行庚子辛丑恩正并科。"官年取此。

《民国人物碑传集》(下)卷九陈瀔一《杨云史先生家传》:"先生讳圻,字云史,初名朝庆,易名鉴莹,复改今名……戊寅秋,挈眷南下,晚境益困,婴疾殁于港寓,年六十有七。"由民国二十七年戊寅(1938)逆推,知其生于同治十一年壬申(1872)。实年取此。

王鸿銑(另见)

官年:光绪三年丁丑(1877)生

实年:同治十三年甲戌(1874)九月十三日生

征考:《集成》(129—69):"王鸿銑,原名抱一,号啸龙,字熙广,又字无离,见年二十六岁,国子监赐舍肄业生,福建福州府闽县民籍。"由光绪二十八年壬寅科(1902)逆推,可知其生于光绪三年丁丑(1877)。官年取此。

实年征考见会试"王鸿銑"条。

江南

康熙乙酉(1705)科
陈厚耀

官年:康熙十一年壬子(1672)九月初六日生

实年:顺治五年戊子(1648)九月初六日寅时生

征考:《未刊》(30—353):"陈厚耀,字泗源,号曙峰,行一,壬子年九月初六日生,江南扬州府泰州民籍。"官年取此。

陈厚耀之子陈传华《陈厚耀行述》:"先君生于顺治戊子年九月初六日寅时……卒于康熙壬寅年三月十七日申时,享年七十有五。"《清史列传》卷六八《儒林传下》本传:"(康熙)六十一年卒,年七十五。"由康熙六十一年壬寅(1722)逆推,知其生于顺治五年戊子(1648)。实年取此。

康熙癸巳(1713)科
储龙光

官年:康熙三十一年壬申(1692)六月十一日生

实年:康熙二十七年戊辰(1688)生

征考:《未刊》(31—36):"储龙光,字于宾,号□□,行一,壬申年六月十一日生,江南常州府宜兴县附学生,民籍。"官年取此。

储掌文《云溪文集》卷一《廉使东溪公传》:"廉使公名龙光,字于宾,号东溪……公年二十有六,中康熙癸巳恩科举人,越雍正癸卯恩科,中礼部式,甲辰补殿试赐二甲进士出身。"由康熙五十二年癸巳(1713)逆推,知其生于康熙二十七年戊辰(1688)。实年取此。

乾隆癸卯(1783)恩科
赵佩湘

官年:乾隆二十八年癸未(1763)正月二十一日生

实年:乾隆二十五年庚辰(1760)正月二十一日丑时生

征考:《家传》(92—477):"赵佩湘,字兰溪,号芸浦,行三,年二十一岁,正月二十一日生,江南镇江府丹徒县学附生,民籍,习《诗经》。"官年取此。

赵佩湘之子赵志彤、赵珥彤撰《皇清诰授朝议大夫例晋中宪大夫礼科掌印给事中加五级纪录六次又军功加二级显考芸浦府君行述》:

"癸卯府君年二十四,乡试中式第八十一名……癸丑府君年三十四,三月会试中式第六十二名……府君生于乾隆二十五年庚辰正月二十一日丑时,卒于嘉庆二十一年丙子八月二十五日戌时,享寿五十有七。"实年取此。

乾隆己酉(1789)恩科
许嗣茅

官年:乾隆三十一年丙戌(1766)十一月十三日生

实年:乾隆二十九年甲申(1764)生

征考:《集成》(131—23):"许嗣茅,字绪南,号澹人,行二,乾隆丙戌年十一月十三日生,松江府娄县附学生,民籍。"官年取此。

姚椿《晚学斋文集》卷八《许君澹生墓志铭》:"君讳嗣茅,字绪南……嘉庆二十五年在兰溪病笃……卒,年五十七。"由嘉庆二十五年庚辰(1820)逆推,可知其生于乾隆二十九年甲申(1764)。实年取此。

嘉庆辛酉(1801)科
张兴镛

官年:乾隆二十九年甲申(1764)三月廿一日生

实年:乾隆二十七年壬午(1762)三月二十一日生

征考:《集成》(131—163):"张兴镛,字金冶,号远春,行二,乾隆甲申年三月廿一日生,华亭县选拔优廪贡生,庚戌东巡召试二等,恩赏缎匹,肄业国子监,民籍。"官年取此。

陶澍《陶文毅公全集》卷四五《安徽无为州学正、诰封中宪大夫、例晋通议大夫、河南按察使司按察使张君墓志铭》:"君讳兴镛,字金冶……君生于乾隆二十七年三月二十一日,卒于道光十七年七月二十八日,年七十有六。"实年取此。

嘉庆丁卯(1807)科
梅春

官年:乾隆四十一年丙申(1776)九月初七日生

实年:乾隆四十年乙未(1775)生

征考:《集成》(131—261):"梅春,字寿枏,号小庚,行一,乾隆丙申九月初七日生,江南松江府华亭县学附生,民籍,原籍宁国府宣城县。"官年取此。

姚椿《晚学斋文集》卷八《梅君小庚墓志铭》:"君名春,字健男,又曰小庚……君卒于嘉庆二十二年七月,年四十三。"由嘉庆二十二年丁丑(1817)逆推,可知其生于乾隆四十年乙未(1775)。实年取此。

王庆麟

官年:乾隆五十一年丙午(1786)十一月十四日生

实年:乾隆四十九年甲辰(1784)生

征考:《集成》(131—275):"王庆麟,字治祥,号澹渊,行二,乾隆丙午十一月十四日生,江苏松江府学附生,华亭县民籍。"官年取此。

王庆麟《洞庭集》自序:"是时麟年十四……后十年,兄亡。"即兄亡时其二十四岁,而集中《宁远轩遗文序》明记其兄"丁卯七月"病故。由嘉庆十二年(1807)逆推,可知其生于乾隆四十九年甲辰(1784)。实年取此。

嘉庆戊辰(1808)恩科

刘彦矩

官年:乾隆三十六年辛卯(1771)二月初八日生

实年:乾隆三十五年庚寅(1770)二月初八日寅时生

征考:《集成》(131—329):"刘彦矩,字稚常,一字芷裳,号狷斋,行一,乾隆辛卯年二月初八日生,江南扬州府宝应县廪膳生,民籍。"官年取此。

刘彦矩《研秋斋诗文略》附刘鹓《加三级显考芷裳府君行述》:"府君姓刘讳彦矩……府君生于乾隆三十五年二月初八日寅时,卒于道光二年四月十三日未时,享年五十有三。"实年取此。

嘉庆癸酉(1813)科

沈巍皆①

官年:乾隆四十九年甲辰(1784)十月二十一日生

实年:乾隆四十七年壬寅(1782)生

征考:《集成》(132—1):"沈巍皆,字讲虞,号舜卿,一号朴斋,行四,乾隆甲辰年十月二十一日吉时生,安徽直隶六安州拔贡生,民籍。"官年取此。

祁寯藻《祁寯藻集》之《〈朱履〉诗,沈舜卿先生为其弟春湖观察作也,先生兄弟相约年七十乃著朱履,今春湖果以七十致仕,喜而赋诗寄示,次韵二首贺之》其一注:"舜翁、质翁,今年均七十有五。"诗作于丙辰年(1856)十一月冬至前,逆推可知其生于乾隆四十七年壬寅(1782)。实年取此。

刘枢

官年:乾隆五十四年己酉(1789)九月二十九日生

实年:乾隆五十二年丁未(1787)生

征考:《集成》(132—13):"刘枢,字星旋,一字鸿黼,行三,乾隆己酉九月二十九日戌时生,江苏松江府上海县副贡生,就职直隶州州判,民籍。"官年取此。

刘枢辑《梦草集》:"今仲坚没十五年矣,萸裳没且数年矣。一亭年六十余,须发皓白,余亦三十有五岁矣。"落款:"道光元年九月三十日中表弟刘枢书于清江舟次。"由道光元年(1821)逆推,可知其生于乾隆五十二年丁未(1787)。实年取此。

陆旦华

官年:乾隆五十三年戊申(1788)十一月十二日生

---

① 《清代朱卷集成》第6册第31—47页收有沈巍皆嘉庆二十二年丁丑科会试朱卷,但履历部分失,补以齿录,生年作"乾隆丁未年十月二十一日"。但据本书体例,齿录与履历须分开,齿录留待以后专门研究,故其会试齿录生年不列入统计数据。

实年：乾隆五十一年丙午(1786)生

征考：《集成》(132—123)："陆旦华，字焕虞，号缦卿，行一，乾隆戊申年十一月十二日生，江南松江府学增广生，上海县民籍。"官年取此。

陆旦华《三癸东庄诗稿》中有乙未年所作《五十书怀》，由道光十五年乙未(1835)逆推，可知其生于乾隆五十一年丙午(1786)。实年取此。

嘉庆戊寅(1818)恩科
戴寿南

官年：乾隆五十四年己酉(1789)三月二十五日生

实年：乾隆五十一年丙午(1786)生

征考：《集成》(132—349)："戴寿南，字瑞符，号萼峰，行一，又行二，乾隆己酉年三月二十五日生，江南苏州府长洲县学附生，民籍。"官年取此。

(光绪)《昆新两县续修合志》卷三四《游寓》本传："咸丰三年卒，年六十八。"由咸丰三年癸丑(1853)逆推，知其生于乾隆五十一年丙午(1786)。实年取此。

嘉庆己卯(1819)科
朱大韶

官年：乾隆五十八年癸丑(1793)五月初一午时生

实年：乾隆五十六年辛亥(1791)生

征考：《集成》(132—359)："朱大韶，字仲钧，一字虞钦，行二，乾隆癸丑五月初一午时生，江苏松江府娄县优贡生，民籍。"官年取此。

张文虎《覆瓿集续刻·鼠壤余蔬》之《朱虞钦学博家传》："讳大韶，字仲钧，别号虞钦……二十四年循铨补江宁教谕，未抵任，以病卒，年五十四。"由道光二十四年(1844)逆推，可知其生于乾隆五十六年辛亥(1791)。实年取此。

道光戊子(1828)科
朱右曾

官年:嘉庆五年庚申(1800)十月初八日生

实年:嘉庆四年己未(1799)生

征考:《集成》(134—237):"朱右曾,字尊鲁,一字序周,号咀霞,行二,嘉庆庚申年十月初八日吉时生,江苏太仓州嘉定县增生,民籍。"官年取此。

(光绪)《嘉定县志》卷一六《人物志一》本传:"戊午卒官,年六十。"由咸丰八年戊午(1858)逆推,可知其生于嘉庆四年己未(1799)。实年取此。

道光壬辰(1832)科
李清凤

官年:嘉庆八年癸亥(1803)十二月二十六日生

实年:嘉庆六年辛酉(1801)生

征考:《集成》(135—99):"李清凤,字翔千,号古廉,又号味琴,行一,嘉庆癸亥年十二月二十六日吉时生,江南苏州府新阳县学廪膳生,民籍。"官年取此。

(光绪)《昆新两县续修合志》卷二四《列传三》本传:"咸丰九年卒于家,年五十有九。"由咸丰九年(1859)逆推,可知其生于嘉庆六年辛酉(1801)。实年取此。

道光乙未(1835)恩科
庄缙度(另见)

官年:嘉庆七年壬戌(1802)七月十六日生

实年:嘉庆四年己未(1799)七月十六日生

征考:《集成》(136—9):"庄缙度,字景裴,号伯邕,一字眉叔,行一,嘉庆壬戌年七月十六日吉时生,江苏常州府阳湖县附监生,民籍。"

官年取此。

实年征考见会试"庄缙度"条。

钱以同（另见）

官年：嘉庆十二年丁卯（1807）七月二十六日生

实年：嘉庆九年甲子（1804）生

征考：《集成》（136—113）："钱以同，字同生，号小蓝，一号桐苏，行一，嘉庆丁卯七月二十六日生，江苏松江府华亭县优贡生，民籍。"官年取此。

实年征考见会试"钱以同"条。

道光癸卯（1843）科

雷尃（另见）

官年：嘉庆十五年庚午（1810）九月二十九日生

实年：嘉庆十四年己巳（1809）生

征考：《集成》（138—183）："雷尃，字辰启，号蕴峰，行二，嘉庆庚午九月二十九日生，江苏松江府华亭县廪膳生，庚子优贡，中式副榜，候选复设教谕，民籍。"官年取此。

实年征考见会试"雷尃"条。

道光甲辰（1844）科

陈克家

官年：嘉庆十七年壬申（1812）正月初九日生

实年：嘉庆十五年庚午（1810）生

征考：《集成》（139—1）："陈克家，字子刚，号梁叔，行一，嘉庆壬申年正月初九日生，江南苏州府元和县廪生，民籍。江南乡试道光甲辰恩科。"官年取此。

陈克家《蓬莱阁诗录》卷二《除夕》："休言三十来朝是，烂醉喧哗到五更。"诗作于道光戊戌年（1838），由此逆推二十八年，可知其生于嘉庆十五年庚午（1810）。实年取此。

陆增祥(另见)

官年:嘉庆二十三年戊寅(1818)九月初四日生

实年:嘉庆二十一年丙子(1816)生

征考:《集成》(138—425):"陆增祥,字魁仲,号星农,一号亦文,行二,嘉庆戊寅年九月初四日吉时生,江苏太仓直隶州学廪膳生,民籍。"官年取此。

实年征考见会试"陆增祥"条。

道光丙午(1846)科

张修府(另见)

官年:道光四年甲申(1824)九月初四日生

实年:道光二年壬午(1822)九月四日生

征考:《集成》(139—195):"张修府,字允六,号东墅,一号企崖,行一,道光甲申年九月初四日吉时生,江苏太仓直隶州嘉定县学廪膳生,民籍。"官年取此。

实年征考见会试"张修府"条。

道光己酉(1849)科

尹耕云

官年:嘉庆二十年乙亥(1815)三月二十一日生

实年:嘉庆十九年甲戌(1814)生

征考:《集成》(140—29):"尹耕云,字瞻甫,号杏农,行三,嘉庆乙亥年三月二十一日吉时生,系江苏淮安府桃源县拔贡生,民籍。江南乡试道光己酉科。"官年取此。

尹耕云《心白日斋集》卷四《杂著·诰授光禄大夫山盱营守备显考荆门府君墓表》:"府君讳涟,字荆门……府君生于乾隆三十九年甲午十二月十九日,殁于道光七年丁亥七月十三日,享年五十有四。"吴昆田《河陕汝道尹君墓表》:"年十四居父丧,哀毁骨立……二十四岁补博士弟子员,逾年丁内艰……嗣于道光己酉科选充拔贡,遂中式本省乡试举人,庚戌成进士,以主事分礼部……"由其父殁时道光七年(1827)逆推,可知其生于嘉庆十九年甲戌(1814)。实年取此。

咸丰辛亥(1851)恩科
黄昌辅

官年:道光元年辛巳(1821)九月二十六日生

实年:嘉庆二十三年戊寅(1818)生

征考:《集成》(140—357):"黄昌辅,字虎卿,号相宜,行一,道光辛巳年九月二十六日吉时生,江苏扬州府江都县附生,民籍,原籍安徽歙县。"官年取此。

(同治)《续纂扬州府志》卷之九《人物·黄昌辅》:"(同治)十三年七月卒于任,年五十七。"由同治十三年(1874)逆推,可知其生于嘉庆二十三年戊寅(1818)。实年取此。

黄家麟

官年:道光四年甲申(1824)八月二十九日生

实年:道光二年壬午(1822)生

征考:《集成》(140—373):"黄家麟,字宝恬,号少卿,行一,道光甲申年八月二十九日吉时生,江苏松江府青浦县增生,民籍。"官年取此。

黄家麟《杏庐文钞》卷端次行题"长洲诸福坤元简"。卷五叶五《黄宝田先生墓志铭(代)》曰:"光绪十年二月十四日,黄先生告终……先生姓黄,讳家麟,号哲生,宝田其字。先世居松江府青浦县之张墅泾,自其大父岁贡君徙居松江,遂为郡人。咸丰纪元举于乡……先生享年六十有三。"由光绪十年甲申(1884)逆推,知其生于道光二年壬午(1822)。实年取此。

咸丰壬子(1852)科
邵琛

官年:嘉庆十六年辛未(1811)三月初九日生

实年:嘉庆十二年丁卯(1807)三月初九日生

征考:《邵琛咸丰壬子科江南乡试朱卷》:"邵琛,字芝阁,一字子谷,行一,嘉庆辛未年三月初九日吉时生,江南苏州府昭文县附监生,民籍。"官年取此。

《邵氏宗谱》载邵琛生于"嘉庆十二年三月初九"。实年取此。

顾瑞清

官年:嘉庆二十四年己卯(1819)正月二十四日生

实年:嘉庆二十二年丁丑(1817)生

征考:《集成》(141—193):"顾瑞清,字河之,又字和之,行一,嘉庆己卯正月二十四日吉时生,江南苏州府廪膳生,吴县民籍。"官年取此。

张瑛《知退斋稿》卷五《河之顾君传》:"吾郡乾嘉间宿儒顾涧蘋先生有孙曰瑞清,字河之……同治癸亥夏五月感暑疾,七日而殁……卒年四十八岁。"由同治二年癸亥(1863)逆推,可知其生于嘉庆二十一年丙子(1816)。然张星鉴《仰萧楼文集·怀旧记》:"顾孝廉瑞清,字河之……同治二年夏殁于上海,年四十七。"逆推则生年为嘉庆二十二年丁丑(1817)。张星鉴,字问月,与顾瑞清交情深厚,顾去世后,其曾为之作传,故其言可信。实年取此。

按《李慈铭日记》咸丰十年(1860)九月初九日己亥:"昆山张问月明经星鉴来访。其人精于小学,与顾河之交最挚,新自四川学政幕中入都。"又同治二年(1863)六月二十三日:"张问月来。钟眘斋来。得吴硕卿片,告顾河之孝廉疫死沪上,涧蘋先生遂不祀矣。河之安贫守学,今年四十余,穷死无子,天道安可问耶!"七月乙巳朔:"得问月书,以新作《顾河之传》见商。"

陈亮畴

官年:道光四年甲申(1824)五月十五日生

实年:道光三年癸未(1823)生

征考:《集成》(141—403):"陈亮畴,原名之纯,字蕙生,号鲁农,行一,道光甲申年五月十五日吉时生,江苏常州府武进县拔贡生,民籍,候选教谕。"官年取此。

《清代毗陵名人小传稿》:"乞假漫游,卒于武昌,年四十七,时同治八年也。"由同治八年己巳(1869)逆推,知其生于道光三年癸未(1823)。实年取此。

咸丰己未(1859)恩科并补行乙卯(1855)正科
王承坝

官年:道光十一年辛卯(1831)四月十一日生

实年:道光十年庚寅(1830)闰四月十一日子时生

征考:《集成》(143—11):"王承坝,字叶五,一字寅侯,号友篯,行五,道光辛卯年四月十一日吉时生,江苏松江府上海县学增生,议叙员外郎衔,民籍。"官年取此。

王焕功纂修《王氏族谱》卷三"世传"第六世:"友篯公讳承坝,字叶五,又字寅侯……生于道光十年庚寅闰四月十一日子时,光绪二十四年戊戌五月二十七日亥时殁于京邸,寿六十有九。"实年取此。

沈树镛

官年:道光十三年癸巳(1833)六月二十八日生

实年:道光十二年壬辰(1832)六月二十八日生

征考:《集成》(143—207):"沈树镛,字友笙,号韵初,行一,道光癸巳六月二十八日吉时生,江苏松江府学优廪生,川沙厅南汇县民籍。"官年取此。

秦翰才《沈树镛毓庆父子金石书画年谱初稿》之沈树镛独谱:"清道光十二年壬辰,一岁。六月二十八日生于清江苏省松江府川沙厅,今上海市,川沙县南城王前街本宅。"实年取此。

同治甲子(1864)科并补行咸丰戊午(1858)科
徐凤鸣

官年:嘉庆二十三年戊寅(1818)六月十一日生

实年:嘉庆二十一年丙子(1816)生

征考:《集成》(144—99):"徐凤鸣,字桐生,号子喈,行一,嘉庆戊寅年六月十一日吉时生,江苏松江府上海县优行增广生,民籍。"官年取此。

徐凤鸣《一经轩诗存》吴大澂序:"时君年八十一,而予才六十有二云。光绪二十二年丙申六月朔旦,年愚弟吴大澂拜手。"由光绪二十二年丙申(1896)逆推,可知其生于嘉庆二十一年丙子(1816)。实年取此。

杨恒福

官年:道光十二年壬辰(1832)十一月二十二日生

实年:道光十年庚寅(1830)生

征考:《集成》(144—31):"杨恒福,字行芬,号玉铭,一字月如,行二,道光壬辰年十一月二十二日吉时生,江南太仓州嘉定县咨部优行增广生,民籍。"官年取此。

杨恒福《云岫退庐文稿·食德斋古今体诗遗稿序》:"光绪二十九年岁次癸卯夏五,云岫退叟杨恒福,时年七十有四。"由光绪二十九年(1903)逆推,可知其生于道光十年庚寅(1830)。实年取此。

吴大衡(另见)

官年:道光十九年己亥(1839)十二月二十二日(1840年1月26日)生

实年:道光十七年丁酉(1837)十二月二十二日(1838年1月17日)生

征考:《集成》(144—419):"吴大衡,字正之,号谊卿,行三,道光己亥年十二月二十二日吉时生,系江南苏州府吴县附监生,民籍。"官年取此。

《苏州史志资料选辑》有吴本齐《吴大衡墓志铭》:"(光绪)二十二年十一月二十四日卒,距生道光十七年十二月二十二日,春秋六十。"实年取此。

同治丁卯(1867)科并补行咸丰辛酉(1861)科

宗廷辅

官年:道光六年丙戌(1826)八月初三日生

实年:道光五年乙酉(1825)生

征考:《集成》(145—315):"宗廷辅,原名邦彦,字子赞,号月锄,一号穗生,行一,道光丙戌年八月初三日吉时生于粤东省垣,系江苏苏州府常熟县候廪生,民籍。"官年取此。

《宗月锄先生遗书八种》之《壬子秋试行记》序"予以道光丙午始应乡举,至金陵旬日抱病而返,己酉丁外艰,辛亥又以事阻,今岁始克成行。"后跋:"予记此时年甫二十有八……己亥三月十日佛懒老人又记。"由咸丰二年壬子(1852)逆推,可知其生于道光五年乙酉(1825)。实年取此。

陈宝

官年:道光十四年甲午(1834)十二月二十七日亥时(1835年1月25日)生

实年:道光十七年丁酉(1837,丁酉十二月二十七日为1838年2月19日)生

征考:《集成》(148—117):"陈宝,字百生,号兰奴,行一,道光甲午年十二月二十七日亥时生,江苏扬州府东台县民籍,附贡生,升衔知县用,分发试用,遇缺即选训导。"官年取此。

朱铭盘《桂之华轩文集》卷一《翰林院检讨陈君墓表》:"(光绪)四年八月十七日卒于京师馆舍,年四十有二。"由光绪四年(1878)逆推,可知其生于道光十七年丁酉(1837)。陈宝《小迦陵馆文集》卷首所附朱铭盘《墓表》,文字相同。实年取此。然违反官年不大于实年的常情,待考。

秦际唐

官年:道光二十年庚子(1840)十月初八日生

实年:道光十七年丁酉(1837)生

征考:《集成》(148—201):"秦际唐,字伯虞,号霁潭,行一,道光庚子年十月初八日吉时生,江苏江宁府上元县学拔贡生,民籍。"官年取此。

陈作霖《可园文存》卷一二《秦伯虞司马诔》:"君讳际唐,字伯

虞……光绪三十四年夏四月二十八日卒于里第,历春秋七十有二。"由光绪三十四年(1908)逆推,可知其生于道光十七年丁酉(1837)。实年取此。

顾莲(另见)

官年:道光二十三年癸卯(1843)六月初三日生

实年:道光二十一年辛丑(1841)六月三日生

征考:《集成》(148—421):"顾莲,字子爱,号香远,又号复斋,行二,道光癸卯年六月初三日吉时生,江苏松江府华亭县优廪贡生,民籍。"官年取此。

实年征考见会试"顾莲"条。

庞鸿治

官年:道光二十六年丙午(1846)二月二十八日生

实年:道光二十二年壬寅(1842)二月二十八日生

征考:《集成》(146—93):"庞鸿治,字缜庵,号叔廉,行三,道光丙午二月二十八日吉时生,系江苏苏州府常熟县附生,民籍。江南乡试同治丁卯科并补行咸丰辛酉科。"官年取此。

《海虞庞氏家谱》卷一〇载其生于"道光壬寅二月二十八日"。实年取此。

同治庚午(1870)科并补行壬戌(1862)恩科

杨长年

官年:嘉庆十八年癸酉(1813)三月初八日生

实年:嘉庆十六年辛未(1811)三月初八日卯时生

征考:《集成》(151—365):"杨长年,字健行,号朴庵,又号西华,行四,嘉庆癸酉年三月初八日吉时生,江宁府学增生,试用训导,江宁县民籍。"官年取此。

杨长年《妙香室集》卷首载有其子所撰《行略》:"府君讳长年,字健行,号朴庵,又号西华,姓杨氏,江宁县人。于兄弟行次居第四……生于嘉庆十六年辛未三月初八日卯时,卒于光绪十九年癸巳十二月初六日午时,享寿八十有三。"实年取此。

周桓

官年:道光九年己丑(1829)九月二十七日生

实年:道光七年丁亥(1827)生

征考:《集成》(149—371):"周桓,字伯庆,号友翘,道光己丑年九月二十七日吉时生,江苏松江府娄县学增生,民籍。"官年取此。

顾莲《素心簃文集》卷三《大常寺博士衔拣选知县举人周君墓志铭》:"君讳桓,字伯庆……洎同治丁卯中江南乡试,君年四十有一矣……(光绪廿八年)六月二十九日,感疟疾卒,距生于道光七年某月某日,年七十有六。"实年取此。

丁士涵

官年:道光十年庚寅(1830)六月二十三日生

实年:道光八年戊子(1828)六月二十三日生

征考:《集成》(153—125):"丁士涵,字永之,一字刚臣,行四,道光十年六月二十三日生,江苏苏州府元和县附贡生,工部都水司行走员外郎,民籍。"官年取此。

丁士涵纂《丁氏宗谱》卷二世系二:"士涵,锦涛四子,字永之……道光八年戊子六月二十三日生,配王氏。"旁有墨笔添"光绪十九年十二月初七日亥时卒"。实年取此。

庞钟瑚

官年:道光十一年辛卯(1831)八月二十五日生

实年:道光九年己丑(1829)八月二十五日生

征考:《集成》(151—129):"庞钟瑚,字子珊,号铁生,又号云槎,行一,道光辛卯年八月二十五日吉时生,系江苏苏州府常熟县候廪生,民籍。"官年取此。

《海虞庞氏家谱》卷一三:庞钟瑚"道光己丑八月二十五日生"。实年取此。

蒋士骥

官年：道光十三年癸巳(1833)正月二十五日生

实年：道光十一年辛卯(1831)生

征考：《集成》(155—195)："蒋士骥，字北野，号石枫，行二，道光癸巳年正月二十五日吉时生，系江南苏州府常熟县廪膳生，民籍。"官年取此。

孙雄《旧京文存》卷六《常熟蒋北野先生墓表》："先生卒于光绪二十四年戊戌五月十八日，春秋六十有八。"由光绪二十四年(1898)逆推，可知其生于道光十一年辛卯(1831)。实年取此。

邵震亨

官年：道光十四年甲午(1834)五月初一日生

实年：道光十二年壬辰(1832)五月初一日生

征考：《集成》(156—95)："邵震亨，字复初，号曼如，又号叕盦，行一，道光甲午年五月初一日吉时生，江苏苏州府昭文县附生，民籍。"官年取此。

常熟《虞山邵氏宗谱世系图表》载邵震亨"道光十二年五月初一日生"。实年取此。

李慎传

官年：道光十五年乙未(1835)十一月十八日生

实年：道光十三年癸巳(1833)生

征考：《集成》(151—403)："李慎传，字子薪，号君胄，行一，道光乙未年十一月十八日吉时生，江苏镇江府丹徒县廪贡生，国子监典籍衔候选训导。"官年取此。

李慎传《植庵集》卷首《申送植庵诗文钞详稿》："光绪八年三月初四日卒于泰州，父在堂，弟在扬州，未及归，可哀也，年五十。"由光绪八年(1882)逆推，可知其生于道光十三年癸巳(1833)。实年取此。

顾曾烜(另见)

官年：道光十八年戊戌(1838)十二月二十五日(1839年2月8

日)生

实年:道光十五年乙未(1835)十二月二十五日(1836 年 2 月 11 日)生

征考:《集成》(150—73):"顾曾烜,初名曾焜,字升初,号姓谷,一号蓉叔,行三,道光戊戌年十二月二十五日吉时生,江南通州学选拔优行廪膳生,民籍。"官年取此。

实年征考见会试"顾曾烜"条。

陆继辉(另见)

官年:道光二十二年壬寅(1842)十二月二十日(1843 年 1 月 20 日)生

实年:道光二十年庚子(1840)生

征考:《集成》(153—129):"陆继辉,字樾士,号蔚庭,行二,道光壬寅年十二月二十日吉时生,国史馆誊录,同治丁卯科并补行辛酉科副榜候选国子监学正,江苏太仓直隶州民籍。"官年取此。

实年征考见会试"陆继辉"条。

潘文熊

官年:道光二十四年甲辰(1844)正月初一日生

实年:道光二十二年壬寅(1842)生

征考:《集成》(150—129):"潘文熊,字渭渔,号幼南,行一,道光甲辰年正月初一日吉时生,系江苏苏州府常熟县增生,民籍。"官年取此。

潘文熊《宝砚斋诗稿·易安吟稿》辛亥年作下注"时年七十"。由宣统三年辛亥(1911)逆推,可知其生于道光二十二年壬寅(1842)。实年取此。

朱赓尧

官年:道光二十四年甲辰(1844)六月二十七日生

实年:道光十九年己亥(1839)生

征考:《集成》(152—1):"朱赓尧,谱名宏声,号祝礽,行一,道光甲辰年六月二十七日吉时生,江苏松江府华亭县廪膳生,民籍。"官年取此。

朱赓尧《泾南诗稿》卷上《戊戌六十生辰自述》其一："平仲藏楸日，欧阳画荻风。"下注："本生先赠公于道光庚戌十月考终，时余年十二，弟六岁，赖太宜人抚孤成立。"其二："芹藻流芬后"下注："咸丰乙卯游于庠，时年十七。"由道光三十年庚戌(1850)和咸丰五年乙卯(1855)分别逆推，知其生于道光十九年己亥(1839)。实年取此。

庞鸿文

官年：道光二十七年丁未(1847)八月二十七日生

实年：道光二十五年乙巳(1845)生

征考：《集成》(150—415)："庞鸿文，字伯䌹，号䌹堂，行一，道光丁未年八月二十七日吉时生，江苏苏州府常熟县监生，民籍。"官年取此。

《广清碑传集》卷一六《重修常昭合志·庞鸿文传》："宣统元年卒，年六十五。"由宣统元年(1909)逆推，可知其生于道光二十五年乙巳(1845)。实年取此。

章成义

官年：道光二十八年戊申(1848)三月初八日生

实年：道光二十五年乙巳(1845)生

征考：《集成》(156—271)："章成义，字宜甫，号师竹，行二，又行三，道光戊申年三月初八日吉时生，江苏常州府江阴县附生，民籍。"官年取此。

陈衍《石遗室文三集》之《清中宪大夫直隶延庆州知州宜甫章君墓表》："君姓章氏，讳成义，字宜甫……光绪二十年以太夫人春秋高，不欲久宦，请假修墓归，遽伤暑，病卒，享年厪五十。"由光绪二十年逆推，可知其生于道光二十五年乙巳(1845)。实年取此。

赵曾重(另见)

官年：道光二十九年己酉(1849)五月二十三日生

实年：道光二十七年丁未(1847)五月生

征考：《集成》(150—309)："赵曾重，字伯远，号恒甫，一号蘅浦，行一,道光己酉年五月二十三日吉时生,安徽安庆府太湖县廪膳生,民籍,优贡会考正取。"官年取此。

实年征考见会试"赵曾重"条。

王庆平(另见)

官年:道光三十年庚戌(1850)十一月十八日生

实年:道光二十八年戊申(1848)生

征考:《集成》(155—247):"王庆平,字佑宸,号自耘,又号侍芸,行一,道光庚戌年十一月十八日吉时生,江苏松江府上海县学附生,民籍。"官年取此。

实年征考见会试"王庆平"条。

王庆善

官年:咸丰元年辛亥(1851)正月十九日生

实年:道光二十九年己酉(1849)生

征考:《集成》(156—295):"王庆善,字积余,号长卿,一号伯云,行一,咸丰辛亥年正月十九日吉时生,江苏太仓州嘉定县监生,民籍,世袭云骑尉。"官年取此。

王庆善《也侬诗草》卷首其弟继善光绪辛丑序云:"乙亥公车怀才不遇,没于保阳,年二十七。"由光绪元年乙亥(1875)逆推,可知其生于道光二十九年己酉(1849)。实年取此。

杨同桂(另见杨崇伊)

官年:咸丰二年壬子(1852)二月二十九日生

实年:道光三十年庚戌(1850)二月二十九日寅时生

征考:《集成》(151—57):"杨同桂,字思大,号正甫,行二,咸丰壬子年二月二十九日吉时生,系江南苏州府常熟县学附生,民籍。"官年取此。

杨沂孙编《常熟恬庄杨氏家乘》:"同奎(桂),道光三十年二月二十九日寅时。"实年取此。

吴荫培(另见)

官年:咸丰三年癸丑(1853)正月二十六日生

实年:咸丰元年辛亥(1851)正月二十六日生

征考:《集成》(153—225):"吴荫培,字树百,号颖芝,行一,咸丰癸丑年正月二十六日吉时生,江苏苏州府口县附生,民籍。"官年取此。

实年征考见会试"吴荫培"条。

同治癸酉(1873)科

曹庆恩(另见)

官年:道光十五年乙未(1835)四月三日生

实年:道光十一年辛卯(1831)四月三日生

征考:《曹庆恩同治癸酉科江南乡试朱卷》:"曹庆恩,字锡蕃,号蕴琛,又号韵笙,行三,道光乙未四月初三日吉时生,系江苏苏州府昭文县附贡生,候选训导,民籍。"官年取此。

实年征考见会试"曹庆恩"条。

何延庆

官年:道光二十二年壬寅(1842)九月十三日生

实年:道光二十年庚子(1840)九月十三日生

征考:《集成》(158—327):"何延庆,字善伯,行一,道光壬寅年九月十三日吉时生,江苏江宁府江宁县增生,民籍。"官年取此。

何延庆《寄沤遗集》卷首附陈作霖《传》:"君何氏,讳延庆,字善伯……卒于军,年五十有一。"顾云《墓志》:"君生道光二十年九月十三日,卒光绪十六年七月十六日,年五十有一。"实年取此。

华鸿模(另见)

官年:道光二十三年癸卯(1843)九月二十四日生

实年:道光二十年庚子(1840)九月二十四日生

征考:《集成》(157—163):"华鸿模,字范三,号子才,一号咨垂,行一,道光癸卯年九月二十四日吉时生,江苏常州府学选拔优廪生,金匮县民籍。"官年取此。

据宣统三年《华氏宗谱》:"(华鸿模)字范三,号子才,晚号子随,郡庠优廪生,同治癸酉拔贡,本科举人,内阁中书……生道光二十年九月二十四日"。实年取此。

杨楫

官年:咸丰六年丙辰(1856)十月二十日生

实年:咸丰四年甲寅(1854)十月二十日生

征考:《集成》(157—187):"杨楫,字祖江,号石渔,一号稻孙,行七,又行四,咸丰丙辰年十月二十日吉时生,江苏常州府附生,无锡县民籍。"官年取此。

《无锡杨氏三叶传记碑志集》之杨楫《榆庵七十自述》:"庚申,年七岁……丁丑,年二十四岁……丙申,年四十三岁。"又有杨恺龄《先祖考石渔府君暨先祖妣潘太淑人行状》:"府君讳楫,字祖江,号石渔……逊清咸丰四年甲寅十月二十日生。"《锡金游庠同人自述汇刊》之同治十一年壬申科案《杨楫自述》:"咸丰四年甲寅生。"实年取此。

许文勋

官年:咸丰八年戊午(1858)十二月二十一日生

实年:咸丰五年乙卯(1855)生

征考:《集成》(156—415):"许文勋,字廷铭,号篆卿,行二,咸丰戊午年十二月二十一日吉时生,嘉兴府平湖县学廪膳生,民籍。"官年取此。

《墨花吟馆感旧怀人集》"许篆卿孝廉侄婿文勋"条:"君为吾郡平湖人,家居乍浦,年甫十九中同治癸酉举人。"由同治十二年癸酉(1873)逆推,知其生于咸丰五年乙卯(1855)。实年取此。

光绪乙亥(1875)恩科

曾之撰

官年:道光二十四年甲辰(1844)十二月十八日(1845 年 1 月 15

日)生

实年:道光二十二年壬寅(1842)十二月十八日(1843 年 1 月 18 日)生

征考:《集成》(160—35):"曾之撰,原名令章,字圣与,号君表,又号君望,行二,道光甲辰年十二月十八日吉时生,江南苏州府常熟县副贡生,民籍,刑部学习郎中,河南司行走。"官年取此。

《海虞曾氏家谱》世系叙第三:曾之撰"道光二十二年十二月十八日生,光绪二十三年七月二十一日卒,享年五十有六"。实年取此。

庞鸿书

官年:道光三十年庚戌(1850)八月十五日生

实年:道光二十八年戊申(1848)生

征考:《未刊》(54—302):"庞鸿书,字仲劬,号劬庵,行二,道光庚戌年八月十五日吉时生,江苏苏州府常熟县监生,民籍。"官年取此。

金兆蕃《安乐乡人文》卷六《庞劬盦先生神道碑》:"宣统三年夏,陆军部侍郎贵州巡抚庞公谢政,还常熟里第,归不数月,武昌军遂起,后四年秋七月壬午,公薨,春秋六十有八。"宣统三年后四年为民国四年乙卯(1915),由此逆推,知其生于道光二十八年戊申(1848)。实年取此。

黄元芝

官年:咸丰元年辛亥年(1851)十二月二十九日(1852 年 2 月 18 日)生

实年:道光二十六年丙午(1846,丙午十二月二十九日为 1847 年 2 月 14 日)生

征考:《集成》(160—89):"黄元芝,字商龄,号沅芷,行一,咸丰辛亥年十二月二十九日吉时生,江南苏州府震泽县学附生,民籍。"官年取此。

李澄宇《未晚楼文稿》卷三《知县用太仓直隶州学正黄公墓志铭》曰:"公讳元芝,字商龄,一字沅芷,吴江人……甲子,洪氏覆……乙亥举于乡……生清道光丙午十二月,卒民国三年一月,寿六十有八岁。"

实年取此。

孙培元（另见）

官年：咸丰五年乙卯（1855）正月初二日生

实年：咸丰四年甲寅（1854）生

征考：《集成》（159—189）："孙培元，字雨甘，号子钧，一号植堂，行二，咸丰乙卯年正月初二日吉时生，江苏太仓直隶州崇明县附生，民籍。"官年取此。

实年征考见会试"孙培元"条。

薛培树

官年：咸丰五年乙卯（1855）九月十八日生

实年：咸丰二年壬子（1852）生

征考：《薛培树光绪乙亥恩科江南乡试朱卷》："薛培树，字俊千，号君敏，又号叔誉，行三，咸丰乙卯年九月十八日吉时生，系江苏苏州府常熟县附生，民籍。"官年取此。

俞钟颖《薛大令家传》载其"民国二年卒，年六十二"。由民国二年（1913）逆推，知其生于咸丰二年壬子（1852）。实年取此。

杨志濂

官年：咸丰五年乙卯（1855）九月二十五日生

实年：咸丰二年壬子（1852）九月二十五日生

征考：《集成》（160—1）："杨志濂，字评莲，号小荔，行一，咸丰乙卯年九月二十五日吉时生，江苏常州府无锡县附生，世袭云骑尉，民籍。"官年取此。

杨志濂《寒翠居吟草》有《七十述怀》，述至辛亥年有"年当耳顺多逆闻"之句，其下注"时年六十"。由宣统三年辛亥（1911）逆推，可知其生于的咸丰二年壬子（1852）。陶世凤序亦称"岁辛未，余与筱荔谱弟年同八十"。由民国二十年辛未（1931）逆推，亦可知其生于咸丰二年（1852）。《锡金游庠同人自述汇刊》之同治十年辛未岁案《杨志濂自述》："以咸丰二年九月二十五日生。"实年取此。

朱绍颐

官年:道光十三年癸巳(1833)六月二十日生

实年:道光十二年壬辰(1832)生

征考:《集成》(162—351):"朱绍颐,字子期,一字养和,行一,又行三,道光癸巳年六月二十日吉时生,江苏江宁府溧水县附贡生,试用训导,民籍。"官年取此。

陈作霖《可园文存》卷一一《朱子期孝廉传》:"君姓朱氏,讳绍颐,字子期……壬午冬以微疾卒于军,年五十有一。"由光绪八年壬午(1882)逆推,可知其生于道光十二年壬辰(1832)。实年取此。

蒋萼

官年:道光二十年庚子(1840)六月二十二日生

实年:道光十五年乙未(1835)六月二十二日生

征考:《集成》(160—307)(又见《家传》38—441):"字跗棠,号缵园,又号醉园,行一,道光庚子年六月二十二日吉时生,江南常州府宜兴县增生,民籍。"官年取此。

(民国)《丹徒县志摭余》卷六《名宦》本传:"光绪乙亥举人,任高邮学正,乙巳复选本邑教谕,年已七十有一,会科举法罢,校官成虚设。"由光绪三十一年乙巳(1905)逆推,知其生于道光十五年乙未(1835)。蒋兆兰等《先考府君年谱》(亦名《醉园府君年谱》):"清道光十五年乙未六月二十二日府君生。讳萼字跗棠,自号醉园,姓蒋氏……五年丙寅,府君年三十二,补县学生……光绪元年乙亥,府君年四十一,秋,省试中式……四年乙卯夏,时二月二十二日,府君考终里第。"实年取此。

顾绍成(另见)

官年:道光二十四年甲辰(1844)十二月二十五日(1845年1月22日)生

实年:道光二十一年辛丑(1841)生

征考:《集成》(161—403):"顾绍成,原名景魏,字仲苏,号颂素,行二,道光甲辰年十二月二十五日吉时生,江苏常州府无锡县附生,民籍。"官年取此。

实年征考见会试"顾绍成"条。

光绪丙子(1876)科
李经世(另见)

官年:咸丰二年壬子(1852)八月二十二日生

实年:咸丰元年辛亥(1851)八月二十二日辰时生

征考:《集成》(163—1):"李经世,字伟卿,号丹崖,行一,咸丰壬子年八月二十二日吉时生,安徽卢州府合肥县优贡生,朝考钦取知县,候选郎中,官生,民籍。"官年取此。

实年征考见会试"李经世"条。

李经邦

官年:咸丰三年癸丑(1853)十二月二十日(1854年1月18日)生

实年:咸丰二年壬子(1852)十二月二十日午时(1853年1月28日)生

征考:《集成》(163—3):"李经邦,字达夫,号巽之,行二,咸丰癸丑年十二月二十日吉时生,安徽卢州府合肥县优廪生,民籍。江南乡试光绪丙子科。"官年取此。

《合肥李氏宗谱》卷一二:"(李经邦)生于咸丰壬子年十二月二十日午时,卒于宣统庚戌年六月初五日寅时。"实年取此。

光绪己卯(1879)科
缪巩

官年:咸丰三年癸丑(1853)五月二十五日生

实年:咸丰元年辛亥(1851)生

征考:《集成》(167—219):"缪巩,字坚士,一字次封,行七,咸丰癸丑年五月二十五日吉时生,江苏镇江府溧阳县附贡生,候选员外郎,民籍。"官年取此。

(光绪)《溧阳县续志》卷一一本传:"丁亥春谒选入都,触暑遂卒,年三十七。"由光绪十三年丁亥(1887)逆推,知其生于咸丰元年辛亥(1851)。实年取此。

邹福保(另见)

官年:咸丰五年乙卯(1855)九月十一日生

实年:咸丰二年壬子(1852)生

征考:《集成》(168—97):"邹福保,字永俌,号咏春,又号铁簜,行一,咸丰乙卯年九月十一日吉时生,江苏苏州府咨部优廪生,元和县民籍。江南乡试光绪己卯科。"官年取此。

实年征考见会试"邹福保"条。

杨德鏿(另见)

官年:咸丰五年乙卯(1855)十二月二十五日(1856年2月1日)生

实年:咸丰三年癸丑(1853,癸丑十二月二十五日为1854年1月23日)生

征考:《集成》(167—287):"杨德鏿,字仲琪,号耀珊,行二,又行三,咸丰乙卯年十二月二十五日吉时生,江苏松江府上海县廪膳生,民籍。"官年取此。

实年征考见会试"杨德鏿"条。

裴景福(另见)

官年:咸丰六年丙辰(1856)十二月初二日生

实年:咸丰五年乙卯(1855)生

征考:《集成》(167—353):"裴景福,字伯谦,号仰山,又号殿臣,行一,咸丰丙辰年十二月初二日吉时生,安徽颍州府霍邱县拔贡生,刑部七品小京官,民籍。"官年取此。

《广清碑传集》卷一七金天翮《裴大中景福传》:"十五年卒,得年七十有二。"由民国十五年(1926)逆推,知其生年为咸丰五年乙卯(1855)。实年取此。

朱家驹

官年:咸丰九年己未(1859)六月初十日生

实年:咸丰七年丁巳(1857)生

征考:《集成》(167—339):"朱家驹,字季良,号昂若,行五,咸丰己未年六月初十日吉时生,江苏松江府奉贤县学咨部优行廪膳生,民籍。"官年取此。

《民国人物碑传集》(下)卷一三沈其光《奉贤朱遁庸先生行状》:"生咸丰七年丁巳,享寿八十有六。"实年取此。

光绪壬午(1882)科

朱孔彰

官年:道光二十六年丙午(1846)四月二十五日生

实年:道光二十二年壬寅(1842)四月二十五日寅时生

征考:《集成》(170—221):"朱孔彰,字仲我,一字仲武,行二,原名孔阳,道光丙午年四月二十五日吉时生于黟县学署,江苏苏州府增生,长洲县民籍,祖籍徽州。"官年取此。

《广清碑传集》卷一五夏孙桐《处士朱君墓志铭》:"民国八年十月十一日卒,年七十有八。"朱孔彰《半隐庐丛稿》末附朱师辙撰《先考仲我府君行状》:"生于道光壬寅四月二十五日寅时,卒于民国八年十月十一日巳时,享年七十有八。"实年取此。

王鉴

官年:道光二十九年己酉(1849)十月二十一日生

实年:道光二十七年丁未(1847)生

征考:《未刊》(59—327):"王鉴,号翕廷,一字季初,道光己酉年十月二十一日吉时生,江南扬州府仪征县副榜贡生,民籍。"官年取此。

王鉴《怀荃室诗存·自序》:"不觉年八十矣……丙寅孟冬上浣王鉴识。"民国十五年丙寅(1926)王鉴八十,逆推可知其生年为道光二十七年丁未(1847)。实年取此。

杨同登

官年：咸丰二年壬子(1852)八月十八日生

实年：咸丰元年辛亥(1851)八月十八日生

征考：《集成》(172—27)："杨同登,字步云,号宝书,又号岩仙,行二,咸丰壬子年八月十八日吉时生,江南苏州府学附生,昭文县民籍。"官年取此。

《常熟田庄杨氏世谱》卷下："同登,英福次子,字宝书,号步云……咸丰辛亥八月十八日生,光绪辛丑八月二十二日卒,年五十一岁。"实年取此。

曹福元（另见）

官年：咸丰五年乙卯(1855)十月十四日生

实年：咸丰三年癸丑(1853)生

征考：《集成》(170—389)："曹福元,原名元焭,字邃翰,号再韩,行二,咸丰乙卯年十月十四日吉时生,江南苏州府吴县本科优贡生,民籍。"官年取此。

实年征考见会试"曹福元"条。

周尔润

官年：咸丰六年丙辰(1856)四月十八日生

实年：咸丰四年甲寅(1854)生

征考：《集成》(170—153)："周尔润,字漱泉,号泽民,行四,咸丰丙辰年四月十八日吉时建生,安徽凤阳府定远县廪生,民籍。"官年取此。

周尔润《颐生诗文摘存》有《癸卯五旬初度,适与宛陵科试,感赋》。由光绪二十九年癸卯(1903)逆推,可知其生于咸丰四年甲寅(1854)。实年取此。

李经方

官年：咸丰六年丙辰(1856)六月初六日生

实年：咸丰五年乙卯(1855)六月初六日丑时生

征考:《集成》(170—1):"李经方,字端甫,号伯行,行一,又行四,咸丰丙辰年六月初六日吉时生,安徽卢州府合肥县廪贡生,候选郎中官生,民籍。"官年取此。

陈三立《散原精舍文集》卷一七《清授资政大夫署邮传部左侍郎合肥李公墓志铭》:"甲戌秋八月二十日,以疾卒,年八十。"由民国甲戌(1934)逆推,可知其生于咸丰五年乙卯(1855)《合肥李氏宗谱》卷一二:"(李经方)生于咸丰乙卯年六月初六日丑时。"实年取此。

张心镜(另见)

官年:咸丰六年丙辰(1856)六月二十一日生

实年:咸丰五年乙卯(1855)生

征考:《集成》(168—371):"张心镜,字健生,号铸江,行一,咸丰丙辰年六月二十一日吉时生,江苏松江府青浦县学廪膳生,民籍。"官年取此。

实年征考见会试"张心镜"条。

王廷材(另见)

官年:咸丰十年庚申(1860)六月初四日生

实年:咸丰七年丁巳(1857)六月四日生

征考:《集成》(171—413):"王廷材,原名廷栻,字企张,号季达,行七,咸丰庚申年六月初四日吉时生,江苏松江府娄县附生,民籍,肄业龙门书院。"官年取此。

王廷材《达斋遗文》卷首姚文枏《王君墓志铭》:"……君讳廷材,谱名廷栻,企张其字也……君生于咸丰七年六月四日……光绪二十五年八月二十八日撄疾卒于江宁城中吴氏馆舍,春秋四十有三。"实年取此。

唐文治

官年:同治五年丙寅(1866)十月十六日生

实年:同治四年乙丑(1865)十月十六日生

征考:《集成》(169—169):"唐文治,字新民,号蔚芝,又号儒极,同治丙寅年十月十六日吉时生,江苏太仓州附生,卫籍。江南乡试光绪壬午科。"官年取此。

《广清碑传集》卷一九王蘧常《记唐蔚芝先生》:"先生于民国纪元前四十七年,即清同治四年十月十六日诞生于太仓州镇洋县岳王市陆氏之静观堂。"唐文治自订《茹经年谱》:"同治四年乙丑一岁。十月十六日亥时生于太仓州镇洋县岳王市陆氏之静观堂。"实年取此。

光绪乙酉(1885)科

高觐昌(另见)

官年:咸丰八年戊午(1858)二月二十八日生

实年:咸丰六年丙辰(1856)二月二十八日戌时生

征考:《集成》(172—365):"高觐昌,字葵北,号绍芬,行一,咸丰戊午年二月二十八日吉时生,江苏镇江府丹徒县廪膳生,卫籍。"官年取此。

实年征考见会试"高觐昌"条。

杨士骧

官年:咸丰十一年辛酉(1861)六月二十七日生

实年:咸丰十年庚申(1860)生

征考:《集成》(175—237):"杨士骧,字超甫,号莲府,亦号莲史,行四,咸丰辛酉年六月二十七日吉时生,安徽泗州选拔贡生,民籍。"官年取此。

吴闿生《北江文集》卷三《诰授光禄大夫直隶总督兼北洋大臣赠太子少保文敬杨公行状》:"公讳士骧,字莲府……宣统元年五月十日薨于位,年五十。"《广清碑传集》卷一八金天翮《杨士骧传》:"宣统元年五月卒,得年五十。"由宣统元年(1909)逆推,可知其生于咸丰十年庚申(1860)。实年取此。

葛绳正

官年:同治二年癸亥(1863)三月二十五日生

实年:同治元年壬戌(1862)生

征考:《集成》(174—211):"葛绳正,字从木,亦字崇穆,号镜芙,行二,又行三,同治癸亥年三月二十五日吉时生,江苏江宁府江浦县学附生,民籍。江南乡试光绪乙酉科。"官年取此。

《苔岑吟社尚齿表》(聊园半野草堂编,民国十二年):"葛绳正,从木,六十二,江苏六合,六合板门口。"由民国十二年癸亥(1923)逆推,知其生于同治元年壬戌(1862)。实年取此。

孙启泰

官年:同治三年甲子(1864)二月二十七日生

实年:咸丰十年庚申(1860)二月二十七日生

征考:《集成》(173—113):"孙启泰,字瞿山,号叔平,又号束萍,行三,同治甲子年二月二十七日吉时生,江苏江宁府学本科拔贡生,上元县民籍。江南乡试光绪乙酉科。"官年取此。

《江宁碑传初辑》之《孙叔平自述》:"余以咸丰庚申二月壬戌日,生于江宁北乡之纪家边。"实年取此。

光绪戊子(1888)科
沈嘉澍

官年:道光十七年丁酉(1837)九月初八日生

实年:道光十五年乙未(1835)生

征考:《集成》(176—367):"沈嘉澍,字生万,字子复,行二,又行四,道光丁酉九月初八日吉时生,江苏太仓州监生,民籍。"官年取此。

(民国)《乙亥志稿》人物一:"光绪二十一年卒,年六十一。"由光绪二十一乙未(1895)逆推,知其生于道光十五年乙未(1835)。实年取此。

严崇德

官年:道光二十一年辛丑(1841)十二月初十日生

实年:道光十三年癸巳(1833)生

征考:《集成》(178—115):"严崇德,字隽云,号馨吾,行一,道光辛丑年十二月初十日吉时生,江苏扬州府仪征县恩贡生,民籍,内阁中书衔,现任南汇县训导。"官年取此。

《碑传集三编》卷二六汪兆镛《归善县知县严君家传》:"君讳崇德,字峻耘,姓严氏,江苏仪征人……卒官,时光绪丁酉七月也……春秋六十有五。"由光绪二十三年丁酉(1897)逆推,知其生于道光十三年癸巳(1833)。实年取此。

刘法曾

官年:咸丰七年丁巳(1857)十月十一日生

实年:咸丰五年乙卯(1855)生

征考:《集成》(178—27):"刘法曾,字心伯,号挚纯,一字穉尊,行一,咸丰丁巳年十月十一日吉时生,江苏扬州府泰州优行廪膳生,民籍。"官年取此。

刘法曾《覆瓿漫存》卷四《六十自述》有序:"……今年冬,马齿六十……时在甲寅十月。"由民国三年甲寅(1914)逆推,知其生于咸丰五年乙卯(1855)。实年取此。

王铁珊

官年:咸丰十年庚申(1860)五月十六日生

实年:咸丰六年丙辰(1856)生

征考:《集成》(177—157):"(王乐洋)王铁珊,字海门,行一,咸丰庚申年五月十六日吉时生,江南六安州英山县附生,民籍。江南乡试光绪戊子科。"官年取此。

金鹤望《皖志列传稿》卷八《王铁珊传》:"王铁珊,原名乐洋,而字海门,伯唐其自字,英山人也……年二十七入泮,三十三而举于乡,明年乙丑成进士……铁珊年四十五,生咸丰丙辰。"实年取此。

朱锟

官年:同治五年丙寅(1866)十一月十四日生

实年:同治七年戊辰(1868)十一月十四日生

征考:《集成》(176—199):"朱锟,字剑泉,一字少鸿,号砚涛,同治丙寅年十一月十四日吉时生,江南宁国府泾县监生,民籍,花翎,员外郎衔刑部浙江司主事。"官年取此。

冯煦《清故光禄大夫头品顶戴江苏候补道朱君墓志铭并序》:"君姓朱氏,讳锟,字砚涛,一字念陶。先世家婺源,与文公同系。有曰中孚者迁泾东黄田村,遂为泾县人……君幼颖异,十三能为文,下笔惊其长老。以例奖花翎、员外郎衔,刑部浙江司学习主事,与同部鹿邃斋、黄小农、金博如诸君以问学相砥厉,有乾、嘉先辈风。乙酉假归,娶于奉新宋氏小墅宫保女孙也。丙戌,奉母之浙江,与刘光珊、吴唐林、陈叔明诸君,襄羊湖上,数共觞咏,有《襟痕集》。继迁安徽会馆之继园,又有《继园唱酬集》。戊子,举江南乡试……丙寅正月初二日,以疾卒于沪寓。距其生同治戊辰十一月十四日,年五十有九。"上海总商会编印1918年4月所编《上海总商会入会同人录》(上海市工商业联合会档案史料室藏):"朱念陶(锟),安徽泾县,51岁。"亦可知其确生于同治七年(1868)。实年取此。然违反官年不会大于实年之常情,其因待考。

李曾麟

官年:同治七年戊辰(1868)十一月十五日生

实年:同治五年丙寅(1866)生

征考:《集成》(177—347):"李曾麟,字振卿,号趾卿,行二,同治戊辰年十一月十五日吉时生,江苏扬州府甘泉县附生,民籍。"官年取此。

(民国)《江都县新志》卷一〇人物传:"李曾麟,字振青,父端诗,笃行君子,甫中年,侘傺以卒,曾麟十六而孤……辛酉冬闻母病,乞归,明年母殁,时曾麟年五十七,自此遂不复出……以庚午十一月卒,年六十有五。"由民国十年辛酉次年(即民国十一年壬戌,1922)逆推,知其生于同治五年丙寅(1866);由民国十九年庚午(1930)其卒年逆推,亦可知其生于同治五年丙寅(1866)。实年取此。

光绪己丑(1889)恩科

陶世凤(另见)

官年:咸丰五年乙卯(1855)五月初一日生

实年:咸丰二年壬子(1852)生

征考:《集成》(181—55):"陶世凤,字端翼,号端一,行二,咸丰乙卯年五月初一日吉时生,江苏常州府金匮县优廪生,民籍。"官年取此。

实年征考见会试"陶世凤"条。

庄兴

官年:咸丰六年丙辰(1856)十月初八日生

实年:咸丰三年癸丑(1853)生

征考:《集成》(180—365):"庄兴,字士兰,号澹村,行二,咸丰六年十月初八日吉时生,江苏常州府阳湖县廪贡生,民籍。"官年取此。

《清代毗陵名人小传》卷九:"于光绪甲午年病殁于粤,年四十有二。"由光绪二十年甲午(1894)逆推,知其生于咸丰三年癸丑(1853)。实年取此。

桂邦杰

官年:咸丰八年戊午(1858)十一月二十一日生

实年:咸丰六年丙辰(1856)生

征考:《未刊》(67—409):"桂邦杰,字伟臣,号蔚丞,一字少衢,行三,又行一,咸丰戊午年十一月二十一日吉时生,江苏扬州府甘泉县廪贡生,民籍。"官年取此。

《民国江都县新志》本传:"戊辰五月卒,年七十有三。"由民国十七年戊辰(1928)逆推,知其生于咸丰六年丙辰(1856)。实年取此。

孙宝书

官年:咸丰八年戊午(1858)十二月初八日生

实年:咸丰七年丁巳(1857)生

征考:《集成》(180—113):"孙宝书,字敬铭,号石渠,行一,咸丰戊午年十二月初八日吉时生,江苏通州优行廪膳生,民籍。"官年取此。

(民国)《南通县图志》卷一九列传一:"孙宝书,字敬铭,进士,户部主事,民国二年九月以积瘵亡,年五十七。"由民国二年癸丑(1913)逆推,知其生于咸丰七年丁巳(1857)。实年取此。

陆廷桢(另见)

官年:咸丰十年庚申(1860)四月十九日生

实年:咸丰五年乙卯(1855)生

征考:《集成》(179—375):"陆廷桢,谱名古桢,字福康,一字贞木,号斡甫,行二,咸丰庚申年四月十九日吉时生,江南苏州府吴江县监生,民籍。"官年取此。

实年征考见会试"陆廷桢"条。

杨振录

官年:同治三年甲子(1864)正月二十三日生

实年:同治元年壬戌(1862)生

征考:《集成》(182—235):"杨振录,字伟才,号味吟,行一,同治甲子年正月二十三日吉时生,江南松江府上海县附生,民籍。"官年取此。

(民国)《上海县志》卷一五本传:"民国六年卒,年五十六。"由民国六年丁巳(1917)逆推,知其生于同治元年壬戌(1862)。实年取此。

李经藩

官年:同治四年乙丑(1865)五月十六日生

实年:同治元年壬戌(1862)五月十六日戌时生

征考:《集成》(180—279):"李经藩,字价丞,号勷廷,一号香亭,又号芎庭,行一,又行四,同治乙丑年五月十六日吉时生,安徽庐州府合肥县优贡生,官生,民籍。"官年取此。

《合肥李氏宗谱》卷一二:李经藩"生于同治壬戌年五月十六日戌时,卒于民国己未年正月初五日辰时。"实年取此。

章钰(另见)

官年:同治五年丙寅(1866)五月二十一日生

实年:同治四年乙丑(1865)五月二十一日生

征考:《集成》(179—103):"章钰,谱名鸿钰,字式之,一字汝玉,号坚孟,行二,同治丙寅年五月二十一日吉时生,江苏苏州府学优廪生,长洲县民籍,原籍浙江诸暨县。"官年取此。

实年征考见会试"章钰"条。

周应昌(另见)

官年:同治六年丁卯(1867)十一月初五日生

实年:同治三年甲子(1864)生

征考:《集成》(181—137):"周应昌,字效期,一字啸溪,号月生,行六,同治丁卯年十一月初五日吉时生,江苏扬州府东台县附生,民籍。"官年取此。

实年征考见会试"周应昌"条。

光绪辛卯(1891)科

孙国桢

官年:同治元年壬戌(1862)七月初六日生

实年:同治二年癸亥(1863)生

征考:《集成》(184—57):"孙国桢,字木强,号筱川,又号幹臣,行一,同治壬戌年七月初六日吉时生,系江苏苏州府学增广生,常熟县民籍,著有《壮学室类稿》。"官年取此。

孙雄《诗史阁丛刊》卷四《清故户部主事孙君筱川墓表(丁卯)》:"庚子拳祸起,君间道省亲南归,终日忧愤,次年五月感疾卒,年三十九。"据光绪二十七年辛丑(1901)逆推,当生于同治二年癸亥(1863)。实年取此。然违反官年不会大于实年之常情,疑系以实岁计年,待考。

董毓兰

官年:道光十五年乙未(1835)正月十四日生

实年:道光十二年壬辰(1832)生

征考:《集成》(184—199):"董毓兰,字玉荪,号春圃,一号半樵,行一,道光乙未年正月十四日吉时生,安徽宁国府宣城县岁贡生,前署卢州府训导,民籍。"官年取此。

董毓兰《澡雪山房文集》有崔国霖序:"宣城董君春圃孝廉,余旧友也。同治丁卯春始识君于太平府之金柱关……是年秋余幸举于乡,而春圃荐而未售,时年已三十六矣。(光绪乙未四月崔国霖)"由同治丁卯(1867)逆推,可知其生于道光十二年壬辰(1832)。实年取此。

程松生

官年:同治元年壬戌(1862)十二月十二日(1863年1月30日)生

实年:咸丰九年己未(1859)生

征考:《集成》(184—225):"程松生,字梦侯,号筠甫,行四,同治壬戌年十二月十二日吉时生,安徽徽州府廪膳生,歙县民籍。江南乡试光绪辛卯科。"官年取此。

《苔岑吟社尚齿表》(聊园半野草堂编,民国十二年):"程松生,筠甫,六十五,安徽歙县,盐城南门。"由民国十二年癸亥(1923)逆推,知其生于咸丰九年己未(1859)。实年取此。

胡炳益

官年:同治六年丁卯(1867)九月二十二日生

实年:同治四年乙丑(1865)生

征考:《集成》(185—315):"胡炳益,字谦仲,又字忱修,别号镜沂,行二,同治六年九月二十二日吉时生,系江南苏州府昭文县增生,民籍。江南乡试光绪辛卯科。"官年取此。

据《虞社社友录》(1931年)所载年龄推算,胡炳益当生于同治四年。实年取此。

沈惟贤

官年:同治七年戊辰(1868)十二月二十七日(1869年2月8日)生

实年:同治五年丙寅(1866,丙寅十二月二十七日为1867年1月21日)生

征考:《集成》(182—359):"沈惟贤,字贤生,号思齐,行一,同治戊

辰年十二月二十七日吉时生,江苏松江府华亭县优行廪贡生,候选教谕。"官年取此。

金兆蕃《安乐乡人文》卷六《沈思齐墓志铭》:"君卒于中华民国二十九年三月二十三日,年七十有五。"由民国二十九年(1940)逆推,可知其生于同治五年丙寅(1866)。实年取此。

程先甲

官年:同治十二年癸酉(1873)十二月二十五日(1874 年 2 月 11 日)生

实年:同治十年辛未(1871)十二月二十五日(1872 年 1 月 23 日)生

征考:《集成》(185—173):"程先甲,号鼎丞,字一夔,行二,同治癸酉年十二月二十五日吉时生,江苏江宁府江宁县附生,民籍。"官年取此。

《广清碑传集》卷一九冒广生《程君一夔传》:"生同治十年十二月二十五日,卒民国二十一年七月二十六日,年六十有二。"实年取此。

姚鹏图

官年:同治十三年甲戌(1874)十月十七日

实年:同治十一年壬申(1872)生

征考:《集成》(185—125):"姚鹏图,字纯子,号柳屏,行一,同治甲戌年十月十七日吉时生,江苏太仓州镇洋县附生,民籍。"官年取此。

唐文治《茹经堂文集二编》卷六《姚君柳屏传略》(亦见《广清碑传集》卷一九《姚君柳屏传略》):"辛卯君登贤书,年才二十。"由光绪十七年辛卯(1891)逆推,可知其生于同治十一年壬申(1872)。实年取此。

曾朴

官年:光绪元年乙亥(1875)正月二十二日生

实年:同治十二年癸酉(1873)正月二十二日生

征考:《集成》(185—81):"曾朴,谱名朴华,字孟朴,号铭珊,行一,光绪乙亥正月二十二日吉时生,江苏苏州府附生,民籍。"官年取此。

《海虞曾氏家谱》世系叙第三:"同治十二年正月二十二日生。"《上海图书馆藏赴闻集成》第 44 册有其子曾燾(虚白)所撰《曾孟朴先生年谱》:"生于公历一八七一年。"实年取此。

彭谔庠(另见)

官年:光绪元年乙亥(1875)七月二十四日生

实年:同治十二年癸酉(1873)闰六月二十四日生

征考:《集成》(184—27):"彭谔庠,字砺如,号畏垒,行二,光绪乙亥年七月二十四日吉时生,江苏苏州府元和县附生,民籍。"官年取此。

实年征考见会试"彭谔庠"条。

光绪癸巳(1893)恩科

蒋炳章(另见)

官年:同治五年丙寅(1866)五月初九日生

实年:同治三年甲子(1864)五月九日巳时生

征考:《集成》(188—273):"蒋炳章,字季和,号虎㕙,行四,又行六,同治丙寅年五月初九日吉时生,江苏苏州府优行廪膳生,吴县民籍。"官年取此。

实年征考见会试"蒋炳章"条。

王嘉宾

官年:同治七年戊辰(1868)三月十七日生

实年:同治四年乙丑(1865)生

征考:《集成》(186—309):"王嘉宾,字仲益,号麓铭,行二,年二十六岁,同治戊辰三月十七日吉时生,江苏江宁府高淳县优廪生,民籍。"官年取此。

钱振锽《名山文约》卷五《哀王鹿鸣文》:"畴昔之日,岁在乙酉,君从学于先君子之门。君年二十一,我年十一。"由光绪十一年乙酉(1885)逆推,可知其生于同治四年乙丑(1865)。实年取此。

王凤璘

官年:同治八年己巳(1869)四月十一日生

实年:同治七年戊辰(1868)生

征考:《集成》(189—139):"王凤璘,字彬儒,号瑞如,行二,同治己巳年四月十一日吉时生,江苏太仓直隶州镇洋县学附生,兼袭云骑尉,民籍。"官年取此。

(民国)《乙亥志稿·人物一》王寿桪附传:"(寿桪)子凤璘,字彬儒,光绪十九年举人……父殁,哀毁,得咯血症,逾三年卒,年三十。"其父王寿桪殁于光绪二十年,卒年五十五,知凤璘当殁于光绪二十三年丁酉(1897),由此逆推,知其生于同治七年戊辰(1868)。实年取此。

钮永建

官年:同治十二年癸酉(1873)二月初八日生

实年:同治九年庚午(1870)二月初八日生

征考:《集成》(188—245):"钮永建,字惕生,行四,同治十二年癸酉二月初八日生,江苏松江府上海县附学生员,民籍。江南乡试光绪癸巳恩科。"官年取此。

《民国人物碑传集》(下)卷二杨恺龄《钮惕生先生家传》:"公生于同治九年二月初八日。"实年取此。

光绪甲午(1894)科

宋文蔚(另见)

官年:咸丰六年丙辰(1856)正月二十六日生

实年:咸丰四年甲寅(1854)正月二十六日寅时生

征考:《集成》(192—147):"宋文蔚,字澄之,一字彬儒,行二,咸丰丙辰年正月二十六日吉时生,江苏镇江府溧阳县副贡生,光禄寺署正衔荆溪学训导,民籍。"官年取此。

《崇仁里宋氏宗谱》载宋文蔚:生于咸丰甲寅四年(1854)正月二十六日寅时。实年取此。按此条资料据鲁小俊《清代官年问题再检讨》

一文转录。

江志伊(另见)

官年:同治元年壬戌(1862)十二月二十八日(1863 年 2 月 15 日)生

实年:咸丰九年己未(1859)生

征考:《集成》(195—415):"江志伊,原名翰瀛,字觉民,号莘农,一字迂生,号渔笙,行一,同治壬戌年十二月二十八日吉时生,安徽宁国府旌德县廪贡生,己丑恩科顺天乡试挑取誊录,民籍。"官年取此。

实年征考见会试"江志伊"条。

曹元忠

官年:同治六年丁卯(1867)二月初七生

实年:同治四年乙丑(1865)生

征考:《集成》(191—383):"曹元忠,字君直,号夔一,行一,同治丁卯年二月初七日吉时生,江南苏州府吴县本科优贡生,民籍,原籍安徽歙县。"官年取此。

曹元忠《笺经室遗集》卷首附曹元弼《诰授通议大夫内阁侍读学士君直从兄家传》:"兄讳元忠,字夔一,号君直……癸亥元旦时加寅,卒,年五十有九。"由民国十二年癸亥(1923)逆推,可知其生于同治四年乙丑(1865)。实年取此。

沈恩孚

官年:同治六年丁卯(1867)四月二十七日生

实年:同治三年甲子(1864)生

征考:《集成》(192—275):"沈恩孚,字信卿,号虚舟,又号挈梧,行七,又行九,同治丁卯年四月二十七日吉时生,江苏苏州府吴县附贡生,民籍。"官年取此。

《民国人物碑传集》(下)卷五蒋维乔《沈信卿先生传》:"至甲午始举于乡,先生年已三十一矣……以民国三十三年四月四日卒,寿八十有一。"由民国三十三年甲申(1944)逆推,可知其生于同治三年甲子(1864)。实年取此。

钱同寿

官年：同治七年戊辰(1868)六月初七日生

实年：同治六年丁卯(1867)生

征考：《集成》(192—69)："钱同寿，字复初，号敬持，行一，同治戊辰六月初七日吉时生，江苏松江府学优廪生，本科副取优贡，华亭县民籍，肄业南菁书院。"官年取此。

钱同寿《待烹生文集》卷首田毓璠《钱征君墓志铭》："殁于乙酉夏六月己亥，享年七十九。"由民国三十四年乙酉(1945)逆推，可知其生于同治六年丁卯(1867)实年取此。

夏庆绂

官年：同治八年己巳(1869)三月十七日生

实年：同治四年乙丑(1865)生

征考：《集成》(194—61)："夏庆绂，字文之，号绍钵，行三，又行八，同治己巳年三月十七日吉时生，江苏江宁府学廪膳生，江宁县民籍。"官年取此。

夏庆绂《聱斋诗稿》有《和金瑞甫(用元韵，名钟麟，江宁人，现任夏邑知事)》，"三十五年四游汴"下注："清光绪丙戌年二十二岁，自北京随李小轩年伯赴汴，由汴回宁。癸卯甲辰借汴闱会试，又两游汴；民国五年丙辰随杨道尹由汴到洛，计游汴四次三十五年矣。"由光绪十二年丙戌(1886)逆推，可知其生于同治四年乙丑(1865)。实年取此。

徐公修

官年：同治九年庚午(1870)七月二日生

实年：同治五年丙寅(1866)生

征考：《集成》(195—29)："徐公修，字迈生，又字品之，号慎侯，行三，又行二，同治庚午七月初二日吉时生，江苏松江府青浦县廪贡生，候选训导，民籍。"官年取此。

胡渔山《味痴剩墨》(民国十二年印)卷八《神交录》徐公修传："徐慎侯，字公修，号署芸，年五十八岁，江苏青浦人。"另《苔岑吟社尚齿表》(聊园半野草堂编,民国十二年):"徐公修,慎侯,五十八,江苏青浦,青浦东门内下塘街。"由民国十二年癸亥(1923)逆推,可知其生于同治五年丙寅(1866)。实年取此。

高煌

官年:同治九年庚午(1870)十一月二十六日(1871年1月16日)生

实年:同治七年戊辰(1868,戊辰十一月二十六日为1869年1月8日)生

征考:《集成》(196—211):"高煌,字金望,号望之,行一,同治庚午年十一月二十六日吉时生,江苏松江府金山县学优行廪膳生,民籍。"官年取此。

高煌《潜庐文稿》卷首田毓璠《孝靖高先生墓志铭》:"先生讳煌,字望之,卒以癸未年春正月庚戌,享年七十有六。"由民国三十二年癸未(1943)逆推,可知其生于同治七年戊辰(1868)。实年取此。

汪曾武

官年:同治十年辛未(1871)十二月初三日(1872年1月12日)生

实年:同治五年丙寅(1866)十二月生

征考:《集成》(196—299):"汪曾武,字威子,号仲虎,一号师麟,又号君刚,行四,同治辛未年十二月初三日吉时生,江苏太仓直隶州镇洋县学优附生,民籍。"官年取此。

《许宝蘅日记》甲子(民国十三年,1924年):"十四日(2月18日)……六时赴伯绚与汪仲虎约,仲虎有《山亭宴》词嘱和,同集者奭召南(良,七十六)、吴子明(焘,七十一)、夏闰枝(孙桐,六十八)、吴子和(煦,六十口)、章曼仙(华,五十)、赵剑秋椿年、俞阶丈、吴印丞、金篯孙(四君皆五十七),余居末座,仲虎(五十九),伯绚(五十三)。"同书1949年(己丑)9月3日:"十一日丙申……闻汪仲虎自苏州来平,年八十四矣,不得安居乡里,可叹。"由该年逆推,知汪曾武生于同治五年丙寅(1866)。而同书1956年(丙申)1月13日:"十二月初一己卯……十

二时到仲虎处,为其九十生日公局致祝。"此虽未言该日为其生日,然其生日在同治五年丙寅(1866)十二月无疑。实年取此。

赵继椿

官年:同治十二年癸酉(1873)二月二十一日生

实年:同治十一年壬申(1872)二月生

征考:《集成》(194—291):"赵继椿,字春木,号承斋,亦号灵谷,行三,又行十八,同治癸酉年二月二十一日吉时生,安徽安庆府太湖县优行廪生,民籍,本科优贡会考正取。江南乡试光绪甲午科。"官年取此。

赵昀编、赵继元等补《遂翁自订年谱》:"壬申六十五岁,主敬敷书院讲,二月,三子继椿生,妾马氏出。"实年取此。

钱树声

官年:同治十三年甲戌(1874)四月二十三日生

实年:同治十一年壬申(1872)生

征考:《集成》(192—1):"钱树声,字君实,一字京卿,号西凤,行一,同治甲戌年四月二十三日吉时生,江苏苏州府学附生,昭文县民籍。江南乡试光绪甲午科。"官年取此。

钱育仁《荔圆楼集》卷一《祭家钧石夫子文》载其卒于"光绪二十九年癸卯春",年三十二。据光绪二十九年癸卯(1903)逆推,知其生于同治十一年壬申(1872)。实年取此。

冒广生

官年:光绪元年乙亥(1875)三月十五日生

实年:同治十二年癸酉(1873)三月十五日生

征考:《集成》(195—375):"冒广生,号鹤亭,一号同生,行一,光绪乙亥年三月十五日吉时生,系江苏通州如皋县优行附生,民籍。"官年取此。

孙雄《旧京诗存》卷三《庚午仲秋赓社周而复始重印社友题名喜赋二律索同人和》附"社友十二人":"冒广生,字鹤亭,江苏如皋人,年五十八(同治癸酉三月十五日生,住东城东厂胡同)。"实年取此。

许承尧

官年:光绪三年丁丑(1877)十一月十三日生

实年:同治十三年甲戌(1874)十一月十三日生

征考:《集成》(196—113):"许承尧,字际唐,号霁塘,又号啸仙,行一,光绪丁丑年十一月十三日吉时生,安徽徽州府学附生,歙县民籍。"官年取此。

《广清碑传集》卷二〇吴立奇《许疑庵先生墓表》:"同治十三年十一月十三日生,民国三十五年七月六日卒,享年七十有三。"实年取此。

光绪丁酉(1897)科

俞钟銮

官年:咸丰六年丙辰(1856)十月二十八日生

实年:咸丰二年壬子(1852)十月廿八日生

征考:《集成》(197—403):"俞钟銮,幼名炉庆,号金门,一字次辂,行二,咸丰丙辰年十月二十八日吉时生,系江苏苏州府昭文县恩贡生,民籍。"官年取此。

孙雄辑《漫社三集·特别社友题名》:"俞钟銮,字金门,一字次辂,号养浩,江苏常熟人,道光庚戌十月廿八日生,七十四岁。"蒋元庆《常熟俞金门先生事略》(《鲫楼烬余稿》,瞿凤起抄本):"卒于民国丙寅七月初十,年七十五。"由民国十五年丙寅(1926)逆推,则生于咸丰二年壬子(1852)。皆为乡贤所记,而生年不一。查《翁同龢日记》光绪二十七年辛丑(1901)十月二十日:"金门甥五十生朝,到余处避喧。"可定俞钟銮生于咸丰二年。实年取此。

袁希涛

官年:同治七年戊辰(1868)九月初三日生

实年:同治五年丙寅(1866)九月初三日生

征考:《集成》(200—193):"袁希涛,字观澜,行嗣一,同治戊辰年九月初三日吉时生,江苏太仓州宝山县学附生,民籍,肄业上海龙门书院。"官年取此。

《民国人物碑传集》(下)卷五黄炎培等《袁观澜先生事略》:"以清同治五年九月三日,诞生先生于杭州板儿巷旅邸。"实年取此。

钱寿琛

官年:同治八年己巳(1869)四月十四日生

实年:同治六年丁卯(1867)四月二十五日生

征考:《集成》(200—127):"钱寿琛,字甘学,号耕玉,行一,同治己巳年四月十四日吉时生,江苏省苏州府学优廪生,常熟县民籍。江南乡试光绪丁酉科。"官年取此。

《海虞禄园钱氏振鹿公支谱》世系表《三十五世》载:"寿琛,字耕玉,号甘学……光绪丁酉科举人……生于同治六年丁卯四月二十五日,殁于民国十一年壬戌六月十七日,寿五十六。"实年取此。

归宗郙

官年:光绪六年庚辰(1880)十月十六日生

实年:光绪四年戊寅(1878)生

征考:《集成》(200—219):"归宗郙,字荫甫,号印侯,又号印阁,行一,光绪庚辰年十月十六日吉时生,系江南苏州府常熟县学附生,民籍。江南乡试光绪丁酉科。"官年取此。

《京兆归氏世谱》卷二载其"光绪四年"生。实年取此。

何震彝

官年:光绪八年壬午(1882)正月十六日生

实年:光绪六年庚辰(1880)生

征考:《集成》(200—163):"何震彝,字鬯威,号元起,行一,光绪壬午年正月十六日吉时生,江苏常州府江阴县监生,民籍。"官年取此。

(民国)《江阴县续志》:"年十八,领光绪丁酉乡荐,甲辰成进士。"由光绪二十三年丁酉(1897),知其生于光绪六年庚辰(1880)。实年取此。

光绪壬寅(1902)补行庚子(1900)辛丑(1901)恩正并科
章圭琢(另见)

官年:同治九年庚午(1870)八月十四日生

实年:同治八年己巳(1869)生

征考:《集成》(203—27):"章圭琢,字籍苍,一字聘盦,号篆生,行二,同治庚午年八月十四日吉时生,江苏太仓州嘉定县学优廪生,民籍。"官年取此。

实年征考见会试"章圭琢"条。

山西

同治壬戌(1862)科
田延年

官年:道光十六年丙申(1836)九月初三日

实年:道光十二年壬辰(1832)生

征考:《家传》(93—431):"田延年,字友羲,号古愚,一号野鸿,行二,又行三,道光丙申年九月初三日吉时生,系山西大同府浑源州廪膳生,民籍……乡试中式第五十八名。"官年取此。

田延年《希达斋存稿》上卷《辛巳九月初三日五十初度感赋》,据光绪七年辛巳(1881)逆推,知其生于道光十二年壬辰(1832)。书后附有其子应璜甲子季秋月谨述:"岁壬戌,举于乡,年三十一矣。"由同治元年壬戌(1862)逆推,亦可知其生于道光十二年。实年取此。

山东

乾隆己酉(1789)科
杨岳东(另见)

官年:乾隆二十九年甲申(1764)十一月十二日戌时生

实年:乾隆二十六年辛巳(1761)生

征考:《杨岳东乾隆五十四年己酉山东乡试恩科朱卷》:"杨岳东,字晓岩,号凤皋,行五,甲申年十一月十二日戌时生,山东登州府宁海州优廪生,民籍,试易经。"又见《未刊》(33—320)。官年取此。

实年征考见会试"杨岳东"条。

道光丁酉(1837)科
孔宪彝

官年:嘉庆十五年庚午(1810)五月二十五日生

实年:嘉庆十三年戊辰(1808)生

征考:《集成》(212—1):"孔宪彝,字叙仲,号绣山,一号秀珊,别号诗愚,行五,嘉庆庚午年五月二十五日吉时生,山东兖州府四氏学俊秀监生,儒籍。"官年取此。

孔宪彝《对岳楼诗续录》卷四《岁暮自嘲》:"四十九年贫已惯,拆除原不为诗名。"前诗有《顾祠展禊》序:"丙辰四月三日余与叶润臣前辈置酒亭林先生祠……"由咸丰六年丙辰(1856)逆推,可知其生于嘉庆十三年戊辰(1808)。实年取此。

咸丰辛亥(1851)恩科
林牟贻

官年:道光二年壬午(1822)正月廿一日生

实年:嘉庆二十二年丁丑(1817)生

征考:《集成》(203—341):"林牟贻,字次来,原字有农,号禄泉,行二,又行四,道光壬午年正月廿一日吉时生,山东莱州府掖县儒学优廪生,民籍。"官年取此。

《掖县全志·三续掖县志》卷四《艺文·墓志》收有尹琳基《直隶赤城县知县林公墓志铭》:"先生讳牟贻,字冷饮店来,号禄泉,掖县人……以光绪十二年九月五日卒,年七十。"由光绪十二年丙戌(1886)逆推,知其生于嘉庆二十二年丁丑(1817)。实年取此。

咸丰戊午(1858)科
严组璋
官年:道光十六年丙申(1836)十二月初三日生

实年:道光十一年辛卯(1831)生

征考:《集成》(213—33):"严组璋,字佩珩,号少雨,又号笠樵,行四,道光丙申年十二月初三日吉时生,山东济南府学附生,系历城县民籍。"官年取此。

(宣统)《山东通志》卷一六九《人物》:"有《四书讲义》,兼通医卜,尤精星学,光绪癸卯卒。"(民国)《续修历城县志》卷四〇《列传》本传:"晚年以著述自娱,有《增删四书》《益智录》待梓,卒年七十三。"由光绪二十九年癸卯(1903)逆推,知其生于道光十一年辛卯(1831)。实年取此。

咸丰己未(1859)科
楚登鳌
官年:道光七年丁亥(1827)九月二十五日生

实年:道光六年丙戌(1826)生

征考:《家传》(97—147):"楚登鳌,字笔峰,亦字晓岩,号渔村,道光丁亥年九月二十五日吉时生,山东济南府副贡,历城县民籍……戊午乡试副榜第十名,己未乡试第八名。"官年取此。

(民国)《续历城县志》卷四〇《列传二·楚登鳌》:"光绪二年进士……二十八年卒于家,年七十七。"由光绪二十八年(1902)逆推,知其生于道光六年丙戌(1826)。实年取此。

同治壬戌(1862)恩科并咸丰辛酉(1861)正科
李兆梅(另见)
官年:道光十一年辛卯(1831)四月初九日生

实年:道光七年丁亥(1827)生

征考：《集成》(216—143)："李兆梅,字瓯臣,号和生,又号肖岩,行二,又行四,道光辛卯年四月初九日吉时生,山东济南府历城县优行增生,候选训导,民籍。"官年取此。

实年征考见会试"李兆梅"条。

张兆楷

官年：道光七年丁亥(1827)十一月二十五日生

实年：道光五年乙酉(1825)生

征考：《集成》(216—367)："张兆楷,字叔则,号玉山,行三,又行四,道光丁亥年十一月二十五日吉时生,山东莱州府学副贡生,系潍县民籍,候选训导。"官年取此。

孙葆田《校经室文集》卷四《兴化知县张君墓表》："以光绪五年闰三月卒于官,享年五十有五。"由光绪五年己卯(1879)逆推,可知其生于道光五年乙酉(1825)。实年取此。

吴重憙（另见）

官年：道光二十年庚子(1840)二月初七日生

实年：道光十八年戊戌(1838)二月初七日生

征考：《集成》(217—59)："吴重憙,字仲怿,号苏园,一字仲饴,行二,道光庚子年二月初七日吉时生,山东武定府海丰县学廪生,民籍。"官年取此。

章钰《四当斋集》卷八《海丰吴抚部墓志铭并序》："公讳重憙,字仲怿……年二十五举本省乡试……于夏正戊午年六月二十二日考终津寓上,距生道光十八年二月初七日,寿八十有一。"实年取此。

同治庚午(1870)科并补行丁卯(1867)科

柯劭忞

官年：咸丰二年壬子(1852)三月十一日生

实年：道光二十九年己酉(1849)生

征考：《集成》(219—281)："柯劭文,榜名劭忞,字凤孙,一字鹏孙,号翾初,行二,又行四,咸丰壬子年三月十一日吉时生,山东莱州府胶州附学生,系民籍。山东乡试同治庚午科并补行丁卯科。"官年取此。

《民国人物碑传集》(下)卷七张尔田《清故学部左丞柯君墓志铭》:"君年八十有三,虽笃老,犹能健谈。相与叹息世变日亟,祸之不可免,其言绝悲。又二年,而君卒,实岁癸酉。"由民国二十二年癸酉(1933)逆推,知其生于道光二十九年己酉(1849)。实年取此。

同治癸酉(1873)科
孙文楷

官年:道光二十七年丁未(1847)九月初五日生

实年:道光二十六年丙午(1846)生

征考:《未刊》((52—25)):"孙文楷,字模山,号菊溪,行一,又行五,道光丁未年九月初五日吉时生,山东青州府府学优廪生,益都县民籍。"官年取此。

《辛亥殉节录》本传:"同治癸酉拔贡生,其年秋中式举人,屡试礼部不利⋯⋯辛亥湖北兵变,文楷日忧之,闻东抚孙宝琦奏请独立,愈益愤慨,迄逊位诏下,家人秘不以闻,明年青州兵乱,经月已定,乃告之。文楷忽入城访诸亲友,留数日别归,次日遂仰药自尽⋯⋯年六十有七。"由民国元年壬子(1912)逆推,知其生于道光二十六年丙午(1846)。实年取此。

光绪壬午(1882)科
张僖

官年:咸丰八年戊午(1858)八月十九日生

实年:咸丰六年丙辰(1856)生

征考:《集成》(220—261):"张僖,字龢甫,号韵舫,行三,又行八,咸丰戊午年八月十九日吉时生,系山东莱州府潍县优贡,候选训导,民籍。"官年取此。

(民国)《潍县志稿》卷二八《人物·事功》:"未几以劳卒于任,年四十三,时戊戌秋八月也。"由光绪二十四年戊戌(1898)逆推,知其生于咸丰六年丙辰(1856)。实年取此。

光绪辛卯(1891)科

刘彤光

官年:道光二十九年己酉(1849)闰四月生

实年:道光三十年庚戌(1850)生

征考:《未刊》(71—146):"刘彤光,字燕宸,号雪鸥,行二又行七,道光己酉年闰四月吉日吉时生,曹州府巨野县副贡生,民籍,委用教谕。"官年取此。

(民国)《续修巨野县志》卷五上《文职》:"(宣统)庚戌……罢官后薄游沈阳、奉天将军锡清弼先生抚晋时知其才,留充要差,六月十一日卒于奉天督署,年六十一。"由宣统二年庚戌(1910)逆推,知其生于道光三十年庚戌(1850)。实年取此。然违反官年不会大于实年之常情,疑方志计算微误一岁,待考。

周彤桂

官年:道光三十年庚戌(1850)七月二十九日生

实年:道光二十六年丙午(1846)生

征考:《集成》(71—383):"周彤桂,字赤初,号复卿,行一,又行二,道光庚戌年七月二十九日戌时生,山东济南府长清县廪膳生,民籍。"官年取此。

孙葆田《校经室文集》卷六《长清周君墓志铭》:"君讳彤桂,字复卿……君卒于光绪三十四年六月己巳。"由光绪三十四年戊申(1908)逆推,知其生于道光二十六年丙午(1846)。实年取此。

河南

同治甲子(1864)科
田我霖(另见)

官年:道光二十六年丙午(1846)八月二十八日生

实年:道光二十三年癸卯(1843)八月二十八日亥时生

征考:《集成》(225—143):"田我霖,字雨田,号少坪,行一,堂行六,道光丙午相八月二十八日吉时生,系河南开封府祥符县附生,民籍。"官年取此。

实年征考见会试"田我霖"条。

光绪乙亥(1875)恩科
顾璜(另见)

官年:咸丰十年庚申(1860)六月十四生

实年:咸丰七年丁巳(1857)生

征考:《集成》(226—237):"顾璜,字渔硖,号瑜彬,行二,咸丰庚申年六月十四日吉时生,河南开封府祥符县廪膳生,民籍。"官年取此。

实年征考见会试"顾璜"条。

光绪丙子(1876)科
熊起磻

官年:道光二十七年丁未(1847)十一月十七日生

实年:道光二十四年甲辰(1844)十一月十七日酉时生

征考:《集成》(227—29):"熊起磻,谱名承彝,号燮臣,字慕吕,行一,道光丁未相十一月十七日吉时生,系河南直隶光州光山县附生,民籍。"官年取此。

崔寿祺编《再青先生年谱》:"道光二十四年甲辰,十一月十七酉时,先生生于光山西南乡熊家北冲。"实年取此。

光绪戊子(1888)科
杨敬秩
官年:咸丰十一年辛酉(1861)五月二十六日午时生

实年:咸丰七年丁巳(1857)生

征考:《未刊》((66—59):"杨敬秩,字叙五,号幼坡,又号西村,行一,咸丰辛酉相五月二十六日午时生,归德府夏邑县学优廪膳生,民籍。"官年取此。

(民国)《夏邑县志》卷六《人物志·儒修》"杨敬秩"条:"(民国)七年十二月病故,寿六十有二。"由民国七年戊午(1918)逆推,知其生于咸丰七年丁巳(1857)。实年取此。

光绪丁酉(1897)科
张嘉谟
官年:光绪二年丙子(1876)三月二十九日生

实年:同治十三年甲戌(1874)生

征考:《未刊》(81—193):"张嘉谟,字忠甫,行一,光绪丙子相三月二十九日吉时生,系南阳府学选拔贡生,南阳县民籍。"官年取此。

《南阳张氏先芬录》中有吴闿生《张中孚先生墓碑铭》:"君讳嘉谟,字中孚……(辛巳)八月五日卒于家,享年六十有八。"自民国三十年辛巳(1941)逆推,知其生于同治十三年甲戌(1874)。实年取此。

光绪癸卯(1903)科
谢霈
官年:光绪三年丁丑(1877)三月十七日生

实年:同治十三年甲戌(1874)生

征考:《集成》(229—327):"谢霈,字作霖,行一,光绪丁丑年三月十七日吉时生,系河南归德府商邱县监生,民籍,祖籍江苏。河南乡试光绪癸卯恩科。"官年取此。

《苔岑吟社尚齿表》(聊园半野草堂编,民国十二年):"谢霈,作霖,五十,江苏武进,北京南池子葡萄院。"由民国十二年癸亥(1923)逆推,知其生于同治十三年甲戌(1874)。实年取此。

陕西

嘉庆戊寅(1818)恩科
王治

官年:乾隆五十七年壬子(1792)十一月初八日生

实年:乾隆五十五年庚戌(1790)生

征考:《集成》(229—373):"王治,字熙哉,号平轩,行九,壬子相十一月初八日子时生,陕西西安府三原县留坊里六甲民籍,优贡生。"官年取此。

王治《木兰书斋诗钞》庚戌年所作《贱辰自娱》:"生辰恰值我生辰,六十一年甲子新。"由道光三十年庚戌(1850)逆推,可知其生于乾隆五十五年庚戌(1790)。实年取此。按癸卯年所作《邛郲阪怀古》有"五十巡邛笮"之句,但此"五十"系约指,不足为凭。

光绪丙子(1876)科
李崇洸(另见)

官年:咸丰四年甲寅(1854)九月十八日生

实年:咸丰二年壬子(1852)生

征考:《未刊》(56—175):"李崇洸,字绍武,号峻臣,行六,又行一,咸丰甲寅年九月十八日吉时生,陕西西安府长安县附生,民籍。"官年取此。

实年征考见会试"李崇洸"条。

光绪戊子(1888)科
霍勤燡

官年:同治八年己巳(1869)十月初九日生

实年:同治六年丁卯(1867)十月初九日亥时生

征考:《家传》(47—341):"霍勤燡,字爔廷,一字竹汀,行五,大行九,同治己巳年十月初九日吉时生,陕西同州朝邑县优附生,民籍……本科备取优贡一名,乡试中式第三十名。"官年取此。

霍勤燡《悟云轩全集》之《悟云轩年谱》:"清同治六年丁卯十月初九日亥时,余始生于京都宣武门外教场五条胡同蒲城公馆……十四年戊子,年二十二岁,五月,偕叔兄旋里乡试……榜发,余幸中式三十名,仲兄乃中副车,岂真场内论命不论文耶。"实年取此。

浙江

道光辛卯(1831)恩科

邵懿辰

官年:嘉庆十七年壬申(1812)二月初六日生

实年:嘉庆十五年庚午(1810)生

征考:《集成》(235—385):"邵懿辰,字映垣,号蕙西,行二,嘉庆壬申年二月初六日吉时生,杭州府仁和县学廪膳生,商籍。"官年取此。

邵懿辰《半岩庐遗集》卷首有曾国藩《皇清诰授中宪大夫追赠道衔刑部湖广司员外郎邵君位西墓志铭》:"以十一年十二月朔日殉难。"又有《国史儒林本传》:"十一年城陷,骂贼死,年五十有二。"由咸丰十一年辛酉(1861)逆推,可知其生于嘉庆十五年庚午(1810)。实年取此。

道光壬辰(1832)科

叶元墀

官年:嘉庆五年庚申(1800)五月初十日生

实年:嘉庆三年戊午(1798)生

征考:《集成》(236—279):"叶元墀,字绍兰,号午生,行一,又行十六,嘉庆庚申年五月初十日吉时生,宁波府慈溪县廪贡生,候补主事,民籍。"官年取此。

吴德旋《初月楼文续钞》卷七《午生叶君墓志铭》:"慈溪叶君讳元墀,字绍兰,一字午生……三十五举于乡,以入赘候补刑部主事,卒京师,年三十六。"由道光十三年(1833)逆推,可知其生于嘉庆三年戊午(1798)。实年取此。

陆以湉

官年:嘉庆九年甲子(1804)八月廿三日生

实年:嘉庆六年辛酉(1801)生

征考:《集成》(236—311):"陆以湉,字松盘,号定圃,行一,嘉庆甲子年八月廿三日吉时生,浙江嘉兴府桐乡县咨部优行廪膳生,民籍。"官年取此。

叶廷琯辑《蜕翁所见诗录·感逝集》卷二辑陆以湉《冷庐诗钞》,后有传:"甲子春,大府委以编纂忠义录,因挈家赴苏次主浙中聘,主紫阳讲席,皆与余时通手札,乃在杭仅半年即逝,齿六十四。"由同治三年甲子(1864)逆推,可知其生于嘉庆六年辛酉(1801)。实年取此。

道光甲午(1834)科

姚燮

官年:嘉庆十二年丁卯(1807)七月二十日生

实年:嘉庆十年乙丑(1805)生

征考:《集成》(237—23):"姚燮,原名世烈,字梅伯,号野桥,行一,嘉庆丁卯年七月二十日吉时生,宁波府学廪膳生,本科录取优贡,镇海县民籍。浙江乡试道光甲午科。"官年取此。

匏庐编《姚大梅先生年谱》稿本云姚生于"嘉庆十年乙丑"。董沛《正谊堂文集》卷一七《姚复庄先生墓表》:"同治三年四月二十三日卒,年六十。"由同治三年(1864)逆推,亦可知其生于嘉庆十年乙丑(1805)。实年取此。

道光己亥(1839)科
卜葆鈖(另见)
官年:嘉庆十年乙丑(1805)十月初一日生

实年:嘉庆八年癸亥(1803)生

征考:《集成》(238—):"卜葆鈖,字尹甫,号达庵,一号玉生,行二,嘉庆乙丑年十月初一日吉时生,嘉兴府平湖县学咨部优行廪膳生,丁酉科副贡,民籍。"官年取此。

实年征考见会试"卜葆鈖"条。

道光庚子(1840)科
陈持敬
官年:嘉庆七年壬戌(1802)七月二十四日生

实年:嘉庆元年丙辰(1796)七月二十四日生

征考:《集成》(240—173):"陈持敬,字见宾,号仲山,行二,壬戌年七月二十四日吉时生,杭州府海宁州附监生,灶籍。浙江乡试道光庚子恩科。"官年取此。

《海宁渤海陈氏宗谱》卷一二《世传》:"欣时子,持敬,字见宾,号仲山,郡庠生,入北雍,中道光庚子乡试第八十一名举人,生嘉庆丙辰七月二十四日,卒咸丰戊午十一月二十二日,年六十三。"实年取此。

钱宝青
官年:道光二年壬午(1822)十月十一日生

实年:嘉庆二十五年庚辰(1820)生

征考:《集成》(239—275):"钱宝青,字初纯,号萍矼,行一,道光壬午年十月十一日吉时,嘉兴府嘉善县学附生,民籍。"官年取此。

严辰《墨花吟馆诗钞》有多处言及钱宝青,如卷五《以新出荡寇志为萍矼同年寿并侑以山阴酒一瓮因赋长句奉赠》:"君今年才三十九,已自安排作耆耇。但须饱看此书醉此酒,领取太平宰相十年后(有术士相君四十八岁当入阁)。"此诗作于咸丰八年戊午(1858)。卷六有咸丰十年庚申年(1860)《哭钱萍矼副宪师一百韵》"今公复继之,春秋略相似"后注:"翰皋寿三十九,公寿四十一。"由此逆推,皆可知其生于嘉庆二十五年庚辰(1820)。实年取此。

道光癸卯(1843)科
王大经
官年:嘉庆十七年壬申(1812)九月初二日戌时生

实年:嘉庆十五年庚午(1810)生

征考:《集成》(241—157):"王大经,字经畬,号梦莲,更号晓莲,行三,嘉庆壬申年九月初二日戌时生,嘉兴府平湖县学廪膳生,庚子科优贡,候选训导,民籍。"官年取此。

王大经《哀生阁初稿》卷二《先太夫人行略》:"太夫人初举伯兄不育,年三十六乃生不孝,以得子晚,保抱不去……太夫人生于乾隆四十年九月二十八日酉时,终于咸丰十年十月初四日申时,享寿八十有六。"由咸丰十年(1860)可推王母三十六岁当嘉庆十五年(1810),即王大经生年。实年取此。

周绍濂
官年:嘉庆十八年癸酉(1813)二月初九日生

实年:嘉庆十年乙丑(1805)生

征考:《集成》(241—229):"周绍濂,字质卿,号廉泉,行一,嘉庆癸酉年二月初九日吉时生,宁波府学优行增广生,鄞县民籍。"官年取此。

徐时栋《烟屿楼文集》卷二五《中宪大夫知金山县署知丹徒华亭县加同知衔周君墓表(乙丑)》:"君讳绍濂……以同治二年四月五日卒于官,年五十九。"由同治二年(1863)逆推,可知其生于嘉庆十年乙丑(1805)。实年取此。

徐时樑(另见)
官年:嘉庆二十三年戊寅(1818)四月十一日生

实年:嘉庆二十一年丙子(1816)四月生

征考:徐时栋《烟屿楼笔记》卷二:"吾试童子,匿三年;子舟匿二年。吾以甲戌十一月生,子舟以丙子四月生。及癸卯,余得优贡,子舟中乡举,并刻行卷。书履历年岁,一时未及检点,改年不改月,于是吾以丁丑十一月生,子舟以戊寅四月生。或见而疑之曰:'闻二君同母者也,天下岂有隔四月复生子者耶?'闻之不觉自笑。"子舟为徐时樑之号,由此可知道光二十三年癸卯其兄徐时栋中优贡,而其中浙江乡试(其会试朱卷云其"宁波府学附生"),当时朱卷履历填写为嘉庆"戊寅四月生"。官年取此。

实年征考见会试"徐时樑"条。

陈德纯

官年:道光元年辛巳(1821)八月十四日生

实年:嘉庆二十五年庚辰(1820)生

征考:《集成》(241—167):"陈德纯,字惟一,号鹫峰,行一,道光辛巳年八月十四日生,浙江金华府永康县增广生,民籍,肄业诂经精舍。"官年取此。

陈德纯《鹫峰诗钞》(永康十孝廉诗钞)前附小传:"道光癸卯举人,甲辰会试,四书文已经呈荐,忽发天花,三场不到,殁于金华会馆,年二十三,士论惜之。"由道光二十四年甲辰(1844)逆推,其生于道光二年壬午(1822),然如此不合官年不大于实年之常情。此处"二十三"当系"二十五"岁之误。查(光绪)《永康县志》卷八《人物·文苑》:"癸卯中举时年二十有四。"由道光二十三年癸卯(1843)逆推,则其生于嘉庆二十五年庚辰(1820)。实年取此。

王思沂

官年:道光四年甲申(1824)五月二十一日生

实年:道光二年壬午(1822)五月生

征考:《集成》(241—89):"王思沂,字瑞卿,一字仰曾,号与轩,行二,道光甲申年五月二十一日吉时生,湖州府归安县学附生,民籍。"官年取此。

据《中国家谱资料选编》第 4 册《传记卷》引王树荣等纂修《王氏族谱》卷六《世表》:"王思沂生于清道光二年五月,卒于光绪十一年八月。"实年取此。然《王氏族谱》卷一○王树荣《与轩公行述》云:"丙戌秋病疴,摈绝医药……临终遗属不刊遗稿,不撰行状,不刻墓志铭。"知其卒于光绪十二年丙戌(1886)。

道光甲辰(1844)科
许寿身(另见许彭寿)

官年:道光元年辛巳(1821)七月二十九日生

实年:嘉庆二十五年庚辰(1820)生

征考:《集成》(241—311):"许寿身,字彭寿,号仁山,行一,又行十,道光辛巳年七月二十九日吉时生,浙江杭州府钱塘县附贡生,民籍。"官年取此。

据许恪儒先生提供《高阳许氏家谱系表》,许寿身又名许彭寿,生卒年为嘉庆二十五年至光绪八年(1820—1882)。实年取此。

道光丙午(1846)科
钟文烝

官年:嘉庆二十四年己卯(1819)正月十六日生

实年:嘉庆二十三年戊寅(1818)生

征考:《集成》(242—77):"钟文烝,字殿才,号子勤,行一,嘉庆己卯年正月十六日吉时生,浙江嘉兴府嘉善县学廪膳生,民籍,肄业诂经精舍。"官年取此。

李邦黻《李征士遗稿》有《先师钟子勤先生行略》:"先生姓钟氏,讳文烝,字殿才,号子勤……浙江嘉善人……光绪三年六月朔卒于敬业书院,时年六十。"由光绪三年(1877)逆推,知其生于嘉庆二十三年戊寅(1818)。实年取此。

道光己酉(1849)科
孙念祖(另见)

官年:道光九年己丑(1829)十月初三日生

实年:道光六年丙戌(1826)生

征考:《集成》(242—265):"孙念祖,字仲修,号渌湖,一号心农,行三,道光己丑年十月初三日吉时生,浙江绍兴府学优行附生,会稽县民籍。"官年取此。

实年征考见会试"孙念祖"条。

咸丰辛亥(1851)恩科
吴翰

官年:嘉庆十一年丙寅(1806)七月七日生

实年:嘉庆九年甲子(1804)生

征考:《集成》(244—131):"吴翰,字鲁香,号鲈乡,又号晚卢,行一,又行三,嘉庆丙寅年七月初七日吉时生,宁波府镇海县恩贡生,民籍。"官年取此。

徐时栋《烟屿楼文集》卷二一《吴孝廉墓志铭(乙丑)》:"年五十八病革,家人问遗命,泫然曰:阿母在堂,所耿耿耳。见其母立床头,呼不孝者再,而卒,咸丰十一年七月八日也。"由咸丰十一年(1861)逆推,知其生于嘉庆九年甲子(1804)。实年取此。

孙福清(另见)

官年:道光六年丙戌(1826)十二月初五(1827年1月2日)生

实年:道光四年甲申(1824,甲申十二月五日为1825年1月23日)生

征考:《集成》(243—159):"孙福清,字补璇,号介廷,又号稼亭,行二,道光丙戌十二月初五日生,浙江嘉兴府嘉善县民籍,咨部优行选拔贡生,肄业诂经精舍。"官年取此。

孙福清《望云仙馆遗稿》癸酉年有《新州元日》注:"予今年正五

十。"由同治十二年癸酉(1873)逆推,可知其生于道光四年甲申(1824)。实年取此。

王文韶

官年:道光十二年壬辰(1832)十月二十一日生

实年:道光十年庚寅(1830)生

征考:《集成》(244—179):"王文韶,字耕娱,号球石,又号夔石,行一,道光壬辰年十月二十一日吉时生,杭州府仁和县学附生,商籍。"官年取此。

《清史稿》本传:"三十四年,乡举重逢,赐太子太保。其冬,卒,年七十九。"由光绪三十四年(1908)逆推,可知其生于道光十年庚寅(1830)。实年取此。

傅钟麟

官年:道光十四年甲午(1834)正月二十一日生

实年:道光十一年辛卯(1831)生

征考:《集成》(244—319):"傅钟麟,字趾仁,又字子淳,号芳洲,行十二,道光甲午年正月二十一日吉时生,浙江绍兴府山阴县学附生,民籍。浙江乡试咸丰辛亥恩科。"官年取此。

张鸣珂《寒松阁骈体文续》之《百花洲修禊记》:"会者八人:通州雷树人绶云年七十七,南昌梅启熙少岩年七十六,南昌罗士瀛松园年七十五,吴县郑榜诏仙根年七十二,庐江凌锦章云卿年七十二,广顺但培良幼湖年七十一,嘉兴张鸣珂公束年七十一,山阴傅钟麟子纯年六十九,期而未至者太平李嘉宾苹三年八十,仪征李岳年筱浦年七十六也。光绪己亥三月三日记。"由光绪二十五年己亥(1899)逆推,知其生于道光十一年辛卯(1831)。实年取此。

咸丰壬子(1852)科

陈烺

官年:道光五年乙酉(1825)十二月十一日生

实年:道光四年甲申(1824)生

征考:《集成》(245—45):"陈烺,谱名思镳,字君扬,号子炳,行二,道光乙酉年十二月十一日吉时生,宁波府鄞县学附生,民籍。"官年取此。

王诒寿《缦雅堂骈体文》卷六《兰溪训导陈君诔》:"惟光绪丁丑四月十有二日兰溪训导陈君病殚于官舍,年仅五十有四。"由光绪三年丁丑(1877)逆推,知其生于道光四年甲申(1824)。实年取此。

颜宗仪

官年:道光六年丙戌(1826)二月二十五日生

实年:道光二年壬午(1822)生

征考:《集成》(246—25):"颜宗仪,字用逵,号雪炉,又号子伟,行一,道光丙戌年二月二十五日吉时生,嘉兴府海盐县学咨部优行廪膳生,本科正取优贡生,肄业诂经精舍,民籍。"官年取此。

颜宗仪《清邃堂遗诗》有其孙颜家骥跋:"以咸丰壬子乡试至癸丑会试为卷首,时年三十一至三十二岁;以咸丰己未大考奉使滇南至庚申行次成都为卷二,时年三十八至三十九岁……以光绪己卯官粤至辛巳谢世为卷六,时年五十八至六十岁。"由光绪七年辛巳(1881)逆推,知其生于道光二年壬午(1822)。实年取此。

沈宝森

官年:道光八年戊子(1828)十月二十三日生

实年:道光六年丙戌(1826)生

征考:《集成》(245—371):"沈宝森,字晓湖,行一,道光戊子年十月二十三日吉时生,绍兴府山阴县学增广生,民籍。"官年取此。

沈宝森《因树书屋诗稿》卷九《六十初度》:"我生岁丙戌。"知其生于道光六年丙戌(1826)。实年取此。

咸丰戊午(1858)科

邵允昌

官年:嘉庆二十二年丁丑(1817)三月初二日生

实年:嘉庆十九年甲戌(1814)生

征考:《集成》(247—99):"邵允昌,谱名树模,字谷辰,号谷人,行七,嘉庆丁丑年三月初二日吉时生,宁波府镇海县学增广生,民籍。"官年取此。

(民国)《镇海县志》:"卒于光绪戊子年,七十有五。"由光绪十四年戊子(1888)逆推,知其生于嘉庆十九年甲戌(1814)。实年取此。

杨泰亨

官年:道光十二年壬辰(1832)十月二十日生

实年:道光六年丙戌(1826)生

征考:《集成》(247—231):"杨泰亨,字履安,号理庵,行二,道光壬辰年十月二十日吉时生,宁波府慈溪县学咨部优行廪膳生,民籍,肄业诂经精舍。"官年取此。

杨泰亨《饮雪轩诗集》卷首孙德祖《诰封通奉大夫原任翰林院检讨杨公墓表》:"公殁于光绪二十年秋七月,年六十有九。"由光绪二十年(1894)逆推,知其生于道光六年丙戌(1826)。实年取此。

咸丰己未(1859)恩科

王泰东

官年:乾隆三十九年甲午(1774)十二月十八日生

实年:乾隆四十四年己亥(1779)生

征考:《集成》(249—3):"王泰东,字翼犹,号星槎,行一,乾隆甲午年十二月十八吉时生,湖州府长兴县副贡生,民籍。浙江乡试咸丰己未恩科。"官年取此。

《浙江忠义录》卷八《周学濂传(附王泰东、钮福海)》:"王泰东,长兴人,年八十一,以副贡生中咸丰己未科举人。"由咸丰九年己未(1859)逆推,知其生年为乾隆四十四年己亥(1779)。实年取此。

陈懋量

官年:嘉庆十七年壬申(1812)九月廿六日生

实年:嘉庆九年甲子(1804)生

征考:《集成》(248—257):"陈懋量,字概之,号小轩,行二,嘉庆壬申年九月廿六日吉时生,宁波府镇海县学附生,民籍。"官年取此。

(民国)《镇海县志》:"同治三年卒,年六十一。"由同治三年甲子(1864)逆推,知其生于嘉庆九年甲子(1804)。实年取此。

朱逌然

官年:道光十八年戊戌(1838)三月十一日生

实年:道光十六年丙申(1836)生

征考:《集成》(248—279):"朱逌然,字肯夫,又字啸甫,号味莲,行二,道光戊戌年三月十一日吉时生,浙江绍兴府余姚县副贡生,即选教谕,民籍,咸丰壬子科顺天乡试挑取誊录,乙卯科堂备卷。"官年取此。

钱保塘《清风室文钞》卷一〇《成都浙馆先贤祠小传》:"馀姚朱公逌然……(光绪)八年十二月十一日,遽卒,年四十七。"由同治八年(1882)逆推,知其生于道光十六年丙申(1836)。实年取此。

同治乙丑(1865)补行咸丰辛酉(1861)科并同治壬戌(1862)恩科

陈聿昌(另见)

官年:道光七年丁亥(1827)十二月十七日(1828年1月21日)生

实年:道光五年乙酉(1825,乙酉十二月十七日为1826年1月24日)生

征考:《集成》(251—371):"陈聿昌,字尔修,号楚颖,行一,道光丁亥年十二月十七日吉时生,浙江宁波府镇海县副贡生,民籍。"官年取此。

王荣商《容膝轩文集》卷五《陈尔修传》:"陈聿昌,字尔修……甲申正月卒于南昌,年六十。"由光绪十年甲申(1884)逆推,可知其生于道光五年乙酉(1825)。实年取此。

张景祁(另见)

官年:道光十年庚寅(1830)十一月初十日生

实年:道光七年丁亥(1827)生

征考:《集成》(250—219):"张景祁,原名左钺,字铁生,号蕴梅,又号玉湖,行一,道光庚寅年十一月初十日吉时生,浙江杭州府钱塘县拔贡生,肄业诂经精舍,商籍。"官年取此。

实年征考见会试"张景祁"条。

洪衍庆

官年:道光二十三年癸卯(1843)十月二十八日生

实年:道光十九年己亥(1839)十月生

征考:《集成》(251—261):"洪衍庆,字宣孙,行一,道光癸卯年十月二十八日吉时生,杭州府钱塘县官监生,民籍。浙江乡试同治乙丑补行咸丰辛酉科并同治壬戌恩科。"官年取此。

洪昌燕《务时敏斋存稿》(光绪本)附洪衍庆《诰授中宪大夫工科掌印给事中先考张伯府君行述》:"戊戌吾母蒋恭人来归,己亥十月,不孝生。"实年取此。

陈汉章

官年:道光二十三年癸卯(1843)十一月二十二日(1844年1月11日)生

实年:道光二十年庚子(1840)十一月二十二日生

征考:《集成》(252—411):"陈汉章,字倬云,号珊蕆,行三,祖行八,道光癸卯年十一月二十二日吉时生,浙江绍兴府山阴县学廪生,民籍。"官年取此。

(民国)《绍兴县志资料》第一辑《人物列传》本传(据王继香所撰之传):"光绪辛卯正月以病乞休假旋里,二月朔日卒于里第,距生道光庚子十一月二十二日,得年五十有二。"实年取此。

王继香(另见)

官年:道光二十九年己酉(1849)二月十八日丑时生

实年:道光二十六年丙午(1846)生

征考:《集成》(251—307):"王继香,字芝仙,号兰祖,又号梦白,行四,道光己酉年二月十八日吉时生,浙江绍兴府会稽县廪膳生,民籍。"官年取此。

王继香《止轩集》稿本第七册光绪乙酉年诗有《四十初度》,第十册光绪乙未年诗有《五十初度》,逆推可知其生于1846年。实年取此。

同治丁卯(1867)科并补行甲子(1864)科
郭传璞

官年:道光三年癸未(1823)八月二十九日生

实年:道光二年壬午(1822)八月二十九日生

征考:《集成》(254—225):"郭传璞,字恬士,号晚香,行一,道光癸未八月二十九日吉时生,浙江宁波府鄞县学拔贡生,民籍,承袭云骑尉世职。"官年取此。

郭庆湘纂修《宁波鄞县郭氏宗谱》(宣统二年刻本)卷七《世系纪上》:"传璞,行五十五,字再纯,又字恬士,号晚香……生道光壬午八月二十九日,卒光绪壬辰正月初四日。"实年取此。按王莳蕙《抱泉山馆文集》卷一《与郭晚香同年书》:"足下今年六十有一,老矣;仆四十有九,亦垂垂老矣。"知郭长王十二岁。王莳蕙《抱泉山馆诗集》卷三有《三十九生辰自感诗》,下注"闰六月十八日"。知同治十二年(1873)闰六月,王三十九岁,郭当为五十一岁,逆推郭似生于道光三年癸未(1823),然疑王莳蕙以实龄计岁,如此方能与宗谱中道光二年壬午(1822)相合。又《抱泉山馆诗集》卷六《乙亥元旦》:"卌年事业林泉在,四壁烟霞气象新。"此卌年亦系约数或以实岁计龄,按虚岁计龄,光绪元年乙亥(1875)王四十一岁矣。

钱振常(另见)

官年:道光九年己丑(1829)四月二十五日生

实年:道光五年乙酉(1825)生

征考:《集成》(254—133):"钱振常,字仲彝,号笆仙,行二,道光己丑年四月二十五日吉时生,浙江湖州府学官字廪贡生,试用训导,归安县民籍。"官年取此。

实年征考见会试"钱振常"条。

蔡篯

官年：道光十五年乙未(1835)十月初六日生

实年：道光十四年甲午(1834)生

征考：《集成》(256—153)："蔡篯，字仲歔，一字竹孙，小名福田，行二，道光乙未年十月初六日吉时生，浙江台州府黄岩县拔贡生，民籍，前肄业诂经精舍。"官年取此。

蔡篯《写经堂诗文钞》有王翰屏跋："乃辛未下第南归，遘疾，扶病抵家。月余，遂卒，年三十八耳。"落款："光绪上章执徐重九同研弟王翰屏跋于小樊川之分云书屋。"又有王蜕叙："同治十年四月余在京让始闻蔡君竹孙之赴，既为文以哭。"由同治十年辛未逆推，知其生于道光十四年甲午(1834)。实年取此。

张天翔

官年：道光十六年丙申(1836)十一月初八日生

实年：道光十四年甲午(1834)生

征考：《集成》(255—259)："张天翔，原名文梧，字用九，号梦龙，行五，道光丙申年十一月初八日吉时生，浙江嘉兴府平湖县附生，民籍，著有《梦龙草堂诗集》，待梓。"官年取此。

张天翔《潜园诗存》卷三有《癸未十一月五十初度，避喧至西湖，雨中遣兴，得六截句》，由光绪九年癸未(1883)逆推，可知其生于道光十四年甲午(1834)。实年取此。

朱彭年

官年：道光十九年己亥(1839)三月二十三日生

实年：道光十七年丁酉(1837)三月二十三日生

征考：《集成》(253—387)："朱彭年，字莘潜，行二，道光己亥年三月二十三日生，浙江杭州府富阳县学咨部优行廪膳生，民籍。"官年取此。

朱彭年编，朱澍生补《春渚草堂居士年谱》："道光十七年丁酉三月二十三日居士生。"实年取此。

周福清

官年：道光二十一年辛丑（1841）十二月二十七日（1842年2月6日）生

实年：道光十七年丁酉（1837）十二月二十七日午时（1838年1月22日）生

征考：《周福清同治六年丁卯浙江乡试朱卷》："周福清，原名致福，字震生，一字介孚，号梅仙，行八，道光辛丑年十二月二十七日吉时生，浙江绍兴府会稽县学附生，民籍。"官年取此。

《越城周氏支谱》："福清原名致福，字震生，号介孚，行八，同治丁卯并补甲子科举人，辛未进士，钦点翰林院庶吉士，四川荣昌县、江西金溪县知县，钦加同知升衔，光绪丙子科江西同考官，生道光丁酉十二月二十七日午时。"实年取此。

孙德祖

官年：道光二十三年癸卯（1843）八月二十五日生

实年：道光二十年庚子（1840）生

征考：《集成》（254—1）："孙德祖，字岘卿，号寄龛，行二，道光癸卯八月二十五日吉时生，绍兴府会稽县优行廪贡生，候选训导，民籍。"官年取此。

孙德祖《寄龛文存》有《孙氏宗谱后叙》："光绪己卯夏四月，家兄润香增辑宗谱成，授德祖读，且命之以后叙……德祖之生也，后于兄五年，年亦四十。"由光绪五年己卯（1879）逆推，为道光二十年庚子（1840）。该书又有《赠陈钧堂叙》："揆贱子之初度，凉秋方中，岁在庚子，夕月再圆，而为比部悬弧之始。"知其定生于道光二十年庚子。实年取此。又马绹章《效学楼述文》卷二《先友记略》："孙先生彦清讳德祖，号寄龛，会稽人，少先子五岁……光绪三十四年卒。"卷二《先府君行状》记马父生于"道光十五年正月二十一日"。由该年推后五岁，亦可知其生于道光二十年庚子。

陶方琦(另见)

官年:道光二十七年丁未(1847)十月二十八日生

实年:道光二十五年乙巳(1845)生

征考:《集成》(254—361):"陶方琦,字仲珣,号子珍,行六,道光丁未年十月二十八日吉时生,浙江绍兴府会稽县学附生,民籍。"官年取此。

实年征考见会试"陶方琦"条。

同治庚午(1870)科

胡揩中

官年:嘉庆二十一年丙子(1816)十一月二十六日(1817年1月13日)生

实年:嘉庆二十年乙亥(1815)生

征考:《集成》(258—175):"胡揩中,字圭山,号惺斋,行一,嘉庆丙子年十一月二十六日吉时生,金华府永康县恩贡生,泰顺学教谕。"官年取此。

(光绪)《永康县志》卷七:"光绪丁亥复受本府陈仲英太守聘,课其子,竟以此致疾而卒,年七十有三。"由光绪十三年丁亥(1887)逆推,知其生于嘉庆二十年乙亥(1815)。实年取此。

黄炳垕

官年:嘉庆二十二年丁丑(1817)七月二十七日生

实年:嘉庆二十年乙亥(1815)七月二十七日生

征考:《集成》(258—33):"黄炳垕,字蔚廷,号蔚亭,行二,嘉庆丁丑年七月二十七日吉时生,浙江绍兴府余姚县学廪膳生,本科正取优贡,肄业诂经精舍,民籍。"官年取此。

黄炳垕《八旬自述百韵诗》注出生"时嘉庆乙亥七月二十七日也"。实年取此。

陈继聪

官年：道光五年乙酉(1825)十月十四日生

实年：道光二年壬午(1822)生

征考：《集成》(258—137)："陈继聪，字骏孙，号亚秋，行一，道光乙酉年十月十四日吉时生，宁波府镇海县岁贡生，民籍。"官年取此。

(民国)《镇海县志》卷二七《人物传》"陈继聪"条："陈继聪，字骏孙……由岁贡生中同治九年举人，年已四十九矣。"由同治九年庚午(1870)逆推，知其生于道光二年壬午(1822)。实年取此。

赵铭

官年：道光十年庚寅(1830)九月十四日生

实年：道光八年戊子(1828)生

征考：《集成》(258—61)："赵铭，字新，又号彝斋，别斋桐孙，行一，道光庚寅年九月十四日吉时生，浙江嘉兴府秀水县学咨部优行廪贡生，军功历保分发补用直隶州知州，赏戴花翎，肄业诂经精舍、崇文书院，民籍。"官年取此。

赵铭《琴鹤山房遗稿》卷四《乙酉元旦》："行年五十还加八，马齿频增实愧余。"由光绪十一年乙酉(1885)逆推，可知其生于道光八年戊子(1828)。实年取此。

李慈铭(另见)

官年：道光十五年乙未(1835)十二月二十七日(1836年2月13日)辰时生

实年：道光九年己丑(1829)十二月二十七日(1830年1月21日)辰时生

征考：《集成》(257—275)："李慈铭，原名模，字惌伯，号越缦，又号霞川，小字蓴客，行一，道光乙未年十二月二十七日辰时生，浙江绍兴府会稽县廪贡生，民籍，户部陕西司兼广西司行走郎中，甲子科顺天乡试挑取誊录。"官年取此。

《越缦堂日记》第一册前附李慈铭《大事记》："宣宗成皇帝九年

(1829),岁在己丑冬十二月二十七日辰时,余生。"《广清碑传集》卷一四孙宝圭《会稽李慈铭传》:"生于道光九年十二月二十七日。"陈仲瑜编《李慈铭年谱》(1960年稿本)云李生于"道光九年己丑十二月二十七日辰时"。实年取此。

同治癸酉(1873)科
钱锡宷

官年:道光二十九年己酉(1849)十月十九日生

实年:道光二十五年乙巳(1845)生

征考:《集成》(259—267):"钱锡宷,字亮臣,号惠仲,行二,道光己酉年十月十九日吉时生,浙江杭州府仁和县附生,民籍。浙江乡试同治癸酉科。"官年取此。

钱锡宷《闻妙香室诗稿》卷四《六十自述六十韵》下注:"甲辰春季作。"由光绪三十年甲辰(1904)逆推,可知其生于道光二十五年乙巳(1845)。实年取此。

王仁厚(王迪中)

官年:道光二十九年己酉(1849)十月二十五日生

实年:道光二十六年丙午(1846)生

征考:《集成》(261—359):"王仁厚,字再培,号砚云,又号二琴,行二,道光己酉岁十月二十五日吉时生,浙江宁波府慈溪县学附生,民籍,肄业诂经精舍。浙江乡试同治癸酉科。"官年取此。

王仁厚《二琴居诗钞》卷二《寿张月亭夫子智钊七十并序》序:"忆自庚申之岁,迪中始从先生游。"其诗云:"忆从十五列门墙"。由咸丰十年庚申(1860)逆推,可知其生于道光二十六年丙午(1846)。实年取此。

光绪乙亥(1875)恩科
蒋学溥

官年:道光二十八年戊申(1848)十月初六日生

实年：道光二十六年丙午（1846）十月初六日生

征考：《集成》（264—165）："蒋学溥，字长孺，号泽山，行十三，道光戊申年十月初六日吉时生，浙江杭州府海宁州学咨部优行廪膳生，试用训导，民籍，肄业诂经精舍。"官年取此。

俞樾《春在堂杂文五编》卷五《蒋泽山墓志铭》"君讳学溥，字长孺，一字泽山，莪庐其自号也。浙江海宁人，南宋初有讳兴者从高宗南渡，是居蒋村……君生于道光二十六年十月戊午，卒于光绪十六年闰二月丁卯，年四十有五。"实年取此。

虞申嘉

官年：道光三十年庚戌（1850）八月二十四日生

实年：道光二十七年丁未（1847）生

征考：《集成》（262—229）："虞申嘉，谱名国梁，字宜叔，号亚青，又号蝶仙，道光庚戌八月二十四日吉时生，浙江嘉兴府秀水县学附生，民籍，癸酉科荐卷。"官年取此。

《鸳湖求旧录》卷三《虞君亚青传》："岁庚戌，寿母年百有五矣，忽无疾弃养，阅数月，君以哀毁卒，年六十有四。"由宣统二年庚戌（1910）逆推，知其生于道光二十七年丁未（1847）。实年取此。

官年：咸丰二年壬子（1852）六月初五日生

实年：道光三十年庚戌（1850）六月初五日生

征考：《集成》（262—25）："，字修甫，号慕清，行一，咸丰二年六月初五日吉时生，浙江杭州府钱塘县学附生，肄业诂经精舍，民籍。"官年取此。

丁立中编《先考松生（丁丙）府君年谱》卷一："（道光）三十年庚戌，十九岁。六月初五日，从兄立诚生。（是为先伯父竹舟公长子，字修甫，号慕清。）"实年取此。

陈邦瑞（另见）

官年：咸丰四年甲寅（1854）五月十五日生

实年:咸丰元年辛亥(1851)生

征考:《集成》(264—75):"陈邦瑞,谱名作邦,字辑侯,号瑶圃,行二,又行四,咸丰甲寅年五月十五日吉时生,宁波府慈溪县学附生,民籍。"官年取此。

实年征考见会试"陈邦瑞"条。

光绪丙子(1876)科
查光华

官年:道光三十年庚戌(1850)九月初七日生

实年:道光二十八年戊申(1848)生

征考:《集成》(266—345):"查光华,字藻甫,号子春,行三,咸丰庚戌年九月初七日吉时生,杭州府海宁州学拔贡生,朝考二等,选授嘉兴府桐乡县训导,民籍。"按咸丰无庚戌,此当为道光三十年庚戌(1850)。官年取此。

朱彭寿《安乐康平室随笔》卷六记所闻见年八十以上者云:"安徽望江县知县、海宁查子春先生光华,八十一(道光戊申生,戊辰年卒)。"实年取此。

光绪己卯(1879)科
任塍

官年:道光二十年庚子(1840)十二月初二日生

实年:道光十六年丙申(1836)生

征考:《集成》(268—383):"任塍,字似庄,号秋田,行五,道光庚子年十二月初二日吉时生,浙江绍兴府会稽县优廪贡生,乙亥恩科副贡,云和县教谕,国子监学正衔,民籍。"官年取此。

任塍《倚柁吟遗稿》卷二《戊子八月初九日生子,以产于黔,命之曰黔,口占二律》,其一"推算行年说竟符,今朝庭舍乃悬弧"。注:"娄秉衡比部推星命,谓五十三始有子。"由光绪十四年戊子(1888)逆推,知其生于道光十六年丙申(1836)。实年取此。

包宗经(另见)

官年:道光二十八年戊申(1848)八月二十五日生

实年:道光二十五年乙巳(1845)生

征考:《集成》(270—37):"包宗经,字乃畬,号伯琴,行二,道光戊申年八月二十五日吉时生,浙江宁波府镇海县学廪膳生,民籍。"官年取此。

实年征考见会试"包宗经"条。

孙礼煜

官年:咸丰四年甲寅(1854)七月初七日生

实年:咸丰二年壬子(1852)七月初七日未时生

征考:《集成》(266—179):"孙礼煜,字耀先,行一,咸丰四年七月初七日吉时生,浙江杭州府钱塘县学增生,民籍,肄业诂经精舍。"官年取此。

《中国家谱资料选编》第4册《传记卷》收孙智敏《先考耀先公行述》(原载孙智敏纂修《重修南壁孙氏宗谱》,民国抄本):"十四年戊子春,选授永嘉县学教谕,并加国子监学正衔。方整装赴任,以时疾误于庸医,旬日而逝,时为八月二十四日酉时,距生于咸丰二年壬子七月初七日未时,年三十有七。"实年取此。

姚丙然(另见)

官年:咸丰四年甲寅(1854)九月二十八日生

实年:咸丰元年辛亥(1851)生

征考:《集成》(268—103):"姚丙然,字菊仙,号澹人,行一,咸丰甲寅年九月二十八日吉时生,浙江杭州府钱塘县学咨部优行廪膳生,商籍。"官年取此。

实年征考见会试"姚丙然"条。

盛炳纬(另见)

官年:咸丰九年己未(1859)三月十六日生

实年:咸丰五年乙卯(1855)生

征考：《集成》(268—175)："盛炳纬,原名炳耀,字星旋,号末农,行二,咸丰己未年三月十六日吉时生,浙江宁波府镇海县学附生,民籍。"官年取此。

实年征考见会试"盛炳纬"条。

包显达(包履吉)

官年：同治元年壬戌(1862)六月十一日生

实年：咸丰八年戊午(1858)生

征考：《集成》(269—217)："包履吉,包显达,谱名瑞烂,字坂云,号蕉舫,别号补园,行三,同治壬戌年六月十一日吉时生,鄞县学附生,民籍。浙江乡试光绪己卯科。"官年取此。

包履吉《补园剩稿》卷首有袁尧年《包君补园权厝铭》："君姓包氏,讳履吉,原名显达,字蕉舫,别自号补园……而竟死矣,实光绪二十有九年四月二十二日也,年四十有六。"由光绪二十九年(1903)逆推,知其生于咸丰八年戊午(1858)。实年取此。

光绪壬午(1881)科

谢烺枢

官年：道光三十年庚戌(1850)二月二十九日生

实年：道光二十八年戊申(1848)生

征考：《集成》(270—333)："谢烺枢,原名季英,字肖榆,一字小渔,行四,道光庚戌年二月二十九日吉时生,浙江绍兴府余姚县优行廪贡生,民籍,肄业浙东西书院,历膺湖南、河南学院襄校。"官年取此。

谢烺枢《麻园遗集》卷首有其子谢抡元宣统元年七月述："……弃养,距生于道光戊申,享年五十二岁。"知其生于道光二十八年戊申(1848)。实年取此。

吴品珩(另见)

官年：咸丰七年丁巳(1857)九月十一日生

实年：咸丰六年丙辰(1856)九月十一日酉时生

征考:《集成》(271—143):"吴品珩,字韵珑,号佩葱,又号亦园,行一,咸丰丁巳年九月十一日吉时生,浙江金华府东阳县副贡生,就职教谕试用训导,民籍,肄业诂经精舍、敷文、崇文、紫阳三书院。"官年取此。

实年征考见会试"吴品珩"条。

光绪乙酉(1885)科

张儒珍

官年:嘉庆元年丙辰(1796)四月廿六日生

实年:嘉庆十一年丙寅(1806)生

征考:《集成》(275—95):"张儒珍,字俊士,号琔修,行一,嘉庆丙辰年四月廿六日吉时生,浙江宁波府镇海县副贡生,民籍。"官年取此。

(民国)《镇海县志》卷二七《人物传》本传:"张儒珍,字挺秀,久困童子试,光绪乙亥年七十,始游庠,其秋恩科得赐副贡生,乙酉复值恩科赐举人。久任义学教务及董鲲池书院事,人服其诚信。从弟鸿远原名汝缨,字簪卿,乙亥举人,尝教象山书院,多著述说;汝槐,字术山,虽商而有儒行,工诗古文词,尤精篆泰,三人年皆逾八十。"由光绪元年乙亥(1875)逆推,知其生于嘉庆十一年丙寅(1806)。实年取此。然违反官年不会大于实年之常情,可能系老年考生恩赏制度所致。

吴宝镕(另见)

官年:道光二十年庚子(1840)二月十二日生

实年:道光十八年戊戌(1838)生

征考:《集成》(272—259):"吴宝镕,字新叔,号希玉,又号蔗农,行三,道光庚子年二月十二日吉时生,浙江仁和县岁贡生,商籍,赏戴蓝翎五品衔,遇缺即选训导,原籍安徽歙县。"官年取此。

实年征考见会试"吴宝镕"条。

许湘祥

官年:道光二十七年丁未(1847)八月二十日生

实年:道光二十一年辛丑(1841)八月二十日生

征考:《集成》(274—33):"许滧祥,原名诵禾,字贡之,号子颂,又作仲行,行十,道光丁未年八月二十日吉时生,浙江杭州府海宁州优贡生,民籍,五品衔补用知县,前肄业诂经精舍、敷、崇、紫阳书院。"官年取此。

许楣《真意斋遗著》后其犹子许滧祥题跋:"壬戌四月犹子滧祥敬校,时年八十有二。"由民国十一年壬戌(1922)逆推,知其生于道光二十一年辛丑(1841)。许滧祥《七十自述诗》自言生于"道光辛丑八月二十日"。实年取此。

李福简(另见)

官年:咸丰七年丁巳(1857)十一月十二日生

实年:咸丰五年乙卯(1855)生

征考:《集成》(274—73):"李福简,字子修,号竹书,又号廉叔,行三,咸丰丁巳年十一月十二日吉时生,金华府东阳县学咨部优行廪膳生,民籍,肄业紫阳书院,兼考崇文、敷文及诂经精舍。"官年取此。

实年征考见会试"李福简"条。

程良驭

官年:咸丰十年庚申(1860)五月二十八日生

实年:咸丰七年丁巳(1857)五月二十八日生

征考:《集成》(274—245):"程良驭,字质侯,号紫缙,行一,咸丰庚申年五月二十八日吉时生,杭州府学咨部优行廪膳生,钱塘县商籍。浙江乡试光绪乙酉科。"官年取此。

程良驭编《拙园老人壬申自述》一卷:生于"咸丰七年五月二十八日"。《上海图书馆藏赴闻集成》第20册有程学銮《先府君行述》:"生于咸丰七年五月廿八日,享寿八十有二。"实年取此。

杨家骥(另见)

官年:同治七年戊辰(1868)十二月十七日(1869年1月29日)生

实年:同治五年丙寅(1866)十二月十七日(1867年1月22日)生

征考:《集成》(272—347):"杨家骥,字德生,号德孙,行五,从行八,同治戊辰年十二月十七日吉时生,浙江宁波府慈溪县学优行附生,官字民籍。"官年取此。

实年征考见会试"杨家骥"条。

曹元弼(另见)

官年:同治八年己巳(1869)正月初八日生

实年:同治六年丁卯(1867)正月初八日酉时生

征考:《曹元弼光绪十一年乙酉科乡试朱卷》:"曹元弼,字谷孙,号叔彦,行三,同治己巳年正月初八日吉时生,江南苏州府吴县本科拔贡生,民籍,原籍安徽歙县。"官年取此。

《民国人物碑传集》(下)收有王大隆《吴县曹先生行状》:"卒于农历癸巳九月十五日丑时,距生于清同治六年丁卯正月初八日酉时,享年八十有七。"实年取此。

光绪戊子(1888)科

刘锦藻

官年:同治二年癸亥(1863)八月二十七日生

实年:同治元年壬戌(1862)生

征考:《集成》(277—231):"刘锦藻,原名安江,字澄如,号橙墅,行二,同治癸亥年八月二十七日吉时生,浙江湖州府乌程县学咨部优行廪膳生,民籍。"官年取此。

《广清碑传集》卷一八陈三立《清故内阁侍读学士刘君墓志铭》:"君遂以甲戌岁八月十二日病卒于上海旅第,享年七十有三。"由民国二十三年甲戌(1934)逆推,可知其生于同治元年壬戌(1862)。实年取此。另卷一七宋慈抱《汤寿潜传(附刘锦藻)》谓:"刘锦藻,号澄如,吴兴人,光绪二十年进士……民国十八年卒,年七十有五。"所记有误,不取。

朱彭寿(另见)

官年:同治十年辛未(1871)六月二十二日生

实年:同治八年己巳(1869)六月二十二日生

征考:《集成》(276—381):"朱彭寿,号小汀,又号述盦,行三,同治辛未年六月二十二日吉时生,浙江嘉兴府海盐县学附生,灶籍。"官年取此。

实年征考见会试"朱彭寿"条。

光绪己丑(1889)恩科

陈虬

官年:咸丰三年癸丑(1853)八月二十日生

实年:咸丰元年辛亥(1851)闰八月二十五日生

征考:《集成》(282—151):"陈虬,原名国珍,派名庆宋,字志三,号蛰卢,行三,咸丰癸丑年八月二十日吉时生,浙江温州府乐清县民籍,廪贡生。"官年取此。

陈谧《陈蛰庐先生年表》(系《东瓯三先生年表》之一,《浙江省立图书馆馆刊》第4卷第1期):"(西历)一八五一年,清文宗咸丰元年(民国纪元前六一年),是岁辛亥闰八月二十五日,蛰庐先生生。"实年取此。

程利川(另见)

官年:同治六年丁卯(1867)三月十八日生

实年:同治四年乙丑(1865)生

征考:《集成》(280—211):"程利川,字有光,号如方,又号海舫,行一,同治丁卯年四月十六日吉时生,浙江宁波府镇海县附生,民籍。"官年取此。

实年征考见会试"程利川"条。

夏启瑜(另见)

官年:同治六年丁卯(1867)十二月十二日(1868年1月6日)生

实年:同治四年乙丑(1865)十二月十二日(1866年1月28日)生

征考:《集成》(278—385):"夏启瑜,字伯瑾,号同甫,行一,同治丁卯年十有二月十二日吉时生,浙江省宁波府鄞县学咨部优行廪膳生,民籍,肄业崇实书院。"官年取此。

实年征考见会试"夏启瑜"条。

张元济(另见)

官年:同治八年己巳(1869)九月二十八日生

实年:同治六年丁卯(1867)九月二十八日生

征考:《集成》(278—253):"张元济,字筱斋,号菊生,行二,同治己巳年九月二十八日吉时生,浙江嘉兴府海盐县学廪贡生,民籍。"官年取此。

实年征考见会试"张元济"条。

方克猷(另见)

官年:同治十一年壬申(1872)八月廿五日生

实年:同治九年庚午(1870)八月生

征考:《集成》(278—227):"方克猷,一名凤池,字祖叔,号子壮,行一,同治壬申年八月廿五日吉时生,杭州府於潜县选拔贡生,兼袭轻车都尉,民籍。"官年取此。

吴士鉴《清光绪六部主事法部员外郎方克猷墓志铭》(收入方克猷孙女方玫卿主编《天目山房诗文集·西菩山房诗词稿》,2004年自印本):"会以积劳,卒于京邸,时(光绪)三十三年十月也。距其生同治九年八月,春秋三十有八。"由光绪三十三年(1907)逆推,知其生于同治九年庚午(1870)。实年取此。

按上海图书馆藏武林叶氏抄本吴士鉴《含嘉室文存》中有《法部主事方君墓志铭》,然生年所载不同:"距其生同治九年正月,春秋三十有八。"据朱卷不改月日之规律,此处"正月"当为"八月"之讹。《天目山房诗文集·西菩山房诗词稿》所收墓志应系方克猷孙女方玫卿据墓志整理,应更可靠。

光绪辛卯(1891)科
丁立中

官年:同治六年丁卯(1867)十二月二十二日(1868年1月16日)生

实年:同治五年丙寅(1866)十二月二十二日(1867年1月27日)生

征考:《集成》(282—343):"丁立中,谱名立诚,字和甫,号慕陆,行一,总行三,同治丁卯年十二月二十二日吉时生,杭州府学附学生,钱塘县商籍。"官年取此。

丁立中编《先考松生(丁丙)府君年谱》卷二:"(同治)五年丙寅,三十五岁。十二月二十二日,不孝立中生(先妣陆太宜人)。"实年取此。

光绪甲午(1894)科
李景祥

官年:道光二十四年甲辰(1844)十一月二十三日(1845年1月1日)生

实年:道光二十一年辛丑(1841)生

征考:《集成》(287—311):"李景祥,本姓张,原名嘉照,字炳甫,号书云,行一,道光二十四年十一月二十三日吉时生,宁波府鄞县岁贡生,民籍。"官年取此。

(民国)《鄞县通志·文献志》:"李景祥,字书云,一字炳甫。少不得志科场,年五十五,始登光绪二十一年进士,授奉天广宁县知县……在任六年,以劳卒。"由光绪二十一年乙未(1895)逆推,知其生于道光二十一年辛丑(1841)。实年取此。

朱仁寿

官年:同治七年戊辰(1868)十二月初四日生

实年:同治五年丙寅(1866)生

征考：《集成》(287—279)："朱仁寿，字步曾，号旭辰，又号静庵，行二，同治戊辰十二月初四日吉时生，浙江嘉兴府海盐县增贡生，委用训导，灶籍。"官年取此。

金兆蕃《安乐乡人文》卷六《朱旭辰墓志铭》："君讳仁寿，旭辰其字也，以民国三十一年八月三十日卒，年七十有七。"由民国三十一年（1942）逆推，可知其生于同治五年丙寅（1866）。实年取此。

光绪丁酉(1897)科
郑永禧

官年：同治七年戊辰（1868）六月十一日生

实年：同治五年丙寅（1866）六月十一日生

征考：《集成》(290—1)："郑永禧，字纬臣，号渭川，行一，同治戊辰年六月十一日吉时生，钦加内阁中书衔浙江衢州府西安县副贡。"官年取此。

《广清碑传集》卷一九余绍宋《衢县郑公墓志铭》："以疾卒，时二十年辛未二月二十八日也……公生于同治五年六月十一日，卒年六十有六。"实年取此。

陈其谦

官年：同治八年己巳（1869）五月十四日生

实年：同治六年丁卯（1867）五月十四日生

征考：《集成》(292—237)："陈其谦，字受益，号吉堂，行二，同治己巳五月十四日吉时生，浙江杭州府海宁州学廪膳生，灶籍。浙江乡试光绪丁酉科。"官年取此。

《海宁渤海陈氏宗谱》卷一四《世传》："荫清继子，其谦，字受益，号吉堂，宁州廪生，光绪丁酉乡试中试第六十三名举人，五品衔，两淮候补盐课大使，著有《莳花馆吟草》《燕游日记》《客中随记》，生同治丁卯五月十四日。"实年取此。

蔡汝霖（另见）

官年：同治十二年癸酉（1873）五月十六日生

实年：同治七年戊辰(1868)生

征考：《集成》(291—371)："蔡汝霖，字雨香，号商卿，行二，同治癸酉年五月十六日吉时建生，浙江金华府东阳县选拔增生，民籍，肄业敷文、崇文，兼考诂经精舍。"官年取此。

《蔡宅村志·人物》蔡汝霖传谓："蔡汝霖(1868—1916)，讳人锵，字雨香，号商卿。光绪二十三年(1897)春，由徐学宪选为丁酉科拔贡。是年浙江乡试秋闱，中第四十八名举人……(民国五年)农历十二月十七日病故蔡宅'听春雨楼'，年仅49岁。"由民国五年(1916)逆推，可知其生于同治七年戊辰(1868)。实年取此。

光绪壬寅(1902)补行庚子(1900)辛丑(1901)恩正并科

王毓岱

官年：道光二十九年己酉(1849)二月二日生

实年：道光二十五年乙巳(1845)二月二日生

征考：《集成》(299—207)："王毓岱，字海帆，号少舫，行一，道光己酉年二月初二日吉时生，杭州府余杭县岁贡生，民籍，候选训导。"官年取此。

郑逸梅《南社丛谈·南社社友事略》"王海帆"条曰："王生于前清道光乙巳(一八四五年)二月二日，名毓岱，一字少舫，别号舟枕山人……海帆于一九一七年逝世。"实年取此。

费寅

官年：同治六年丁卯(1867)四月十三日生

实年：同治五年丙寅(1866)生

征考：《集成》(297—1)："费寅，谱名明寅，字敬安，又字景韩，行五，同治丁卯年四月十三日吉时生，浙江杭州府海宁州学廪膳生，民籍。"官年取此。

费寅《复斋先生遗集》附张宗祥《复斋先生遗集序》："费姑夫景韩夫子殁后一年，岁次甲戌，归里省亲……乙丑之岁，姑夫年六十矣。"由民国十四年乙丑(1925)逆推,可知其生于同治五年丙寅(1866)。实年取此。

金兆丰(另见)

官年:同治十三年甲戌(1874)十二月二十七日(1875年2月3日)生

实年:同治九年庚午(1870)十二月二十七日(1871年2月6日)生

征考:《集成》(298—23):"金兆丰,字瑞六,号雪孙,行一,同治甲戌年十二月二十七日吉时生,浙江金华府金华县学咨部优行廪膳生,民籍,肄业郡城中学堂。"官年取此。

实年征考见会试"金兆丰"条。

忻江明(另见)

官年:光绪元年乙亥(1875)九月三日生

实年:同治十三年甲戌(1874)生

征考:《集成》(296—1):"忻江明,谱名元彭,字祖年,号绍如,行二,光绪乙亥九月初三日吉时生,宁波府鄞县学咨部优行廪膳生,民籍,肄业崇实书院。"官年取此。

实年征考见会试"忻江明"条。

章祖申(另见)

官年:光绪四年戊寅(1878)正月初八日生

实年:光绪二年丙子(1876)生

征考:《集成》(295—87):"章祖申,字茝生,号篆渔,行一,光绪戊寅正月初八日吉时生,浙江湖州府乌程县学优行廪生,民籍,咨送游学日本宏文学院师范科。"官年取此。

实年征考见会试"章祖申"条。

光绪癸卯(1903)恩科

洪承鲁(另见)

官年:光绪七年辛巳(1881)八月十六日生

实年:光绪五年己卯(1879)生

征考:《集成》(302—129):"洪承鲁,字小愚,号啸渔,行一,光绪辛巳年八月十六日吉时生,金华府汤溪县学优廪生,民籍,庚子科正取第一名优贡,朝考一等,钦用知县,庚子辛丑荐卷,现充金华中书堂教习。"官年取此。

(民国)《汤谿县志》卷一〇《人物》本传:"光绪乙未补县学生员时年十七,壬寅以廪膳生领优贡,癸卯举于乡,旋以优贡朝考知县……丙寅七月卒,年四十八。"由民国十五年丙寅(1926)逆推,知其生于光绪五年己卯(1879)。实年取此。

江西

道光丁酉(1837)科

萧浚兰

官年:道光四年甲申(1824)九月初十日午时生

实年:道光二年壬午(1822)生

征考:《集成》(304—151):"萧浚兰,字仪卿,号芗泉,行一,大行六,道光甲申年九月初十日午时生,瑞州府学附生,高安县民籍。"官年取此。

方濬颐《二知轩文存》卷三〇《云南布政使萧公家传》:"公姓萧氏,讳浚兰,字仪卿……以道光壬午年九月初十日生……于癸酉十月三十日卒,年五十有二。"由同治十二年癸酉(1873)逆推,可知其生于道光二年壬午(1822)。实年取此。

咸丰辛亥(1851)科

陈宝箴

官年:道光十三年癸巳(1833)正月二十日生

实年:道光十一年辛卯(1831)生

征考:《陈宝箴咸丰元年江西乡试朱卷》:"陈宝箴,字相真,一字右铭,号宬臣。行三,大行十二,道光癸巳年正月二十日吉时生。江西南昌府义宁州学附学生,民籍。"官年取此。

陈三立《散原精舍文集》卷五《皇授光禄大夫头品顶戴赏戴花翎原任兵部侍郎都察院右副都御史湖南巡抚先府君行状》:"年二十一,以附生举辛亥恩科乡试……(光绪二十六年)六月廿六日,忽以微疾卒,享年七十。"由光绪二十六年庚子(1900)逆推,知其生于道光十一年辛卯(1831)。实年取此。

同治壬戌(1862)恩科并补行咸丰戊午(1858)正科
甘常俊

官年:道光十五年乙未(1835)二月二十九日生

实年:道光十年庚寅(1830)二月二十九日卯时生

征考:《集成》(307—279):"甘常俊,字用章,号甸方,行一,大行四,道光乙未年二月二十九日吉时生,南昌府奉新县学附生,二十九都五图民籍。"官年取此。

邓蓉镜《诵芬堂文存》有《调补福安县知县署侯官县事甘公墓志铭》云:"若奉新甘公甸方者……中同治壬戌恩科举人,辛未成进士……卒于光绪庚寅年三月初十日酉时,距生于道光庚寅年二月二十九日卯时,春秋六十有一……公讳常俊,字用章,甸方其号也。"实年取此。

同治丁卯(1867)科
程志和

官年:道光二十六年丙午(1846)八月初三日生

实年:道光二十三年癸卯(1843)生

征考:《集成》(308—357):"程志和,字钧年,号乐庵,一号少耘,行六,道光丙午年八月初三日吉时生,南昌府新建县学附生,民籍。"官年取此。

魏元旷《潜园文集》卷五《虞衡程公雏庵墓志铭》："公讳志和,字雏庵……公自光绪乙未退身,迄宣统逊位后之乙卯冬十月卒,家居二十一年……享年七十有三。"由民国四年乙卯(1915)逆推,知其生于道光二十三年癸卯(1843)。实年取此。

光绪乙亥(1875)恩科
胡湘林

官年:咸丰九年己未(1859)七月十九日生

实年:咸丰七年丁巳(1857)生

征考:《集成》(309—211):"胡湘林,字竹沅,号揆甫,行六,咸丰己未年七月十九日吉时生,南昌府新建县学附生,民籍。"官年取此。

《辛亥人物碑传集》卷一三陈三立《皇清诰授光禄大夫护理两广总督广东布政使胡公墓志铭》："以乙丑八月十二日卒,享年六十有九。"由民国十四年乙丑(1925)逆推,可知其生于咸丰七年丁巳生(1857)。实年取此。

光绪癸巳(1893)恩科
李瑞清(另见)

官年:同治十年辛未(1871)生

实年:同治六年丁卯(1867)生

征考:《集成》(313—255):"李瑞清,字仲霖,一字雨农,号梅痴,行二,年二十三岁,江西抚州府临川县职监生,民籍。"由光绪癸巳科(1893)逆推,可知其生于同治十年(1871)。官年取此。

实年征考见会试"李瑞清"条。

胡思敬

官年:同治十三年甲戌(1874)十月初三日生

实年:同治九年庚午(1870)生

征考:《未刊》(77—197):"胡思敬,字笑缘,号绍堂,一号瘦唐,行一,同治甲戌年十月初三日吉时生,瑞州府新昌县学优廪生,民籍。"官年取此。

胡思敬《退庐诗集》卷首刘廷琛《胡公漱唐行状》："公讳思敬，字漱唐，江西新昌人……光绪癸巳举于乡，次年成进士……壬戌夏，复出至南昌，四月晦日，病卒，年五十有三。"由民国十一年壬戌（1922）逆推，知其生于同治九年庚午（1870）。实年取此。

湖北

同治壬戌（1862）恩科并补行咸丰辛酉（1861）科
杨守敬

官年：道光二十年庚子（1840）四月十五日生

实年：道光十九年己亥（1839）四月十五日丑时生

征考：据郗志群《封建科举、职官中的"官年"——从杨守敬的乡试朱卷谈起》（《历史研究》2003年第4期）引《邻苏老人乡试朱卷》，杨守敬为"道光庚子年四月十五日吉时生"。官年取此。

杨守敬自订《邻苏老人年谱》："己亥（道光十九年）一岁，四月十五日丑时吾以生。"实年取此。

光绪壬寅（1902）补行庚子（1900）辛丑（1901）恩正并科
万廷献

官年：光绪二年丙子（1876）二月二十四日生

实年：同治十二年癸酉（1873）生

征考：《未刊》（84—314）："万廷献，字胪声，号仲篪，行二，光绪丙子年二月二十四日吉时生，武昌府武昌县学附生，神乡三里民籍。"官年取此。

鄂州市政协文史资料委员会编《鄂州文史资料》第十四辑载万群《回忆先父万廷献在辛亥革命前后》："先父廷献，字仲篪，湖北鄂城人，生于一八七三年。"知其实生于同治十二年癸酉（1873）。实年取此。

傅岳棻

官年：光绪四年戊寅（1878）九月初十日生

实年：光绪三年丁丑（1877）九月初九日生

征考：《集成》（320—103）："傅岳棻，谱名斯馨，字治芗，号韵嵩，行一，光绪戊寅年九月初十日吉时生，武昌府学廪生，江夏县永丰一里民籍。"官年取此。

《咫社词钞》（1953年油印本）附《咫社词钞作者姓名录》（辛卯秋编，以齿为序）："娟净，傅岳棻，治芗，湖北，七十五（正月殁）。"由1951年辛卯逆推，知其生于光绪三年丁丑（1877）。又《许宝蘅日记》"丙戌（民国三十五年，1946年）"三月初三日戊申（4月4日）："三时赴张伯驹约修禊，至者卅余人……傅治芗（七十）。""丁亥（民国三十六年，1947年）九月初十日乙亥（10月23日）："十二时赴藏园约，沅叔今年乡举周甲，今日为放榜期，故召客为庆，集者……傅治芗（七十一）。"由此逆推，亦知傅岳棻生于光绪三年丁丑（1877）。朱彭寿《安乐康平室随笔》卷六："今记诸人生日如左，援《清尊集》例也……江夏傅治芗岳棻，丁丑九月初九日。"实年取此。

湖南

道光癸卯（1843）科
李杭

官年：道光四年甲申（1824）十月二十九日生

实年：道光元年辛巳（1821）十月二十九日丑时生

征考：《未刊》（40—339："李杭，字孟龙，号梅生，一号香树，行一，道光甲申年十月二十九日吉时生，湖南长沙府湘阴县学廪膳生，民籍。"官年取此。

王柏心《百柱堂全集》卷四三《翰林院编修李君墓志铭》："君姓李，氏讳杭，字孟龙……君生道光元年辛巳十月二十九日丑时，卒道光二十有八年戊申三月二十三日子时,年财二十有八。"实年取此。

道光己酉(1849)科
黄式度

官年:道光五年乙酉(1825)二月十五日生

实年:道光元年辛巳(1821)二月十五日生

征考:《集成》(322—351):"黄式度,字若波,号兰臣,行二,道光乙酉年二月十五日吉时生,长沙府学附生,善化县民籍。"官年取此。

黄维申《报晖堂集》卷二八《盐运使衔湖北补用道德安府知府黄君行状》:"君姓黄,氏讳式度,字若波,号兰丞……君生于道光元年辛巳二月十五日,卒于光绪四年戊寅八月二十四日,春秋五十有八。"实年取此。

同治癸酉(1873)科
欧阳中鹄

官年:咸丰元年辛亥(1851)生

实年:道光二十九年己酉(1849)生

征考:《集成》(324—247):"欧阳中鹄,字品三,号节吾,行一,年二十三岁,湖南长沙府浏阳县拔贡生,民籍,肄业岳麓城南南台书院。"由同治癸酉(1873)科逆推,知其生于咸丰元年辛亥(1851)。官年取此。

欧阳中鹄《瓣蘁先生自书诗稿》有自识云:"三十八岁以前所作绝少,自去岁季秋至嘉平三四月间骤得百余首,以质当世诗家,谬相称许,遂自缮写成帙。诸诗在风雅中不知有无位置之处,但非以诗求诗,则固余所自信者。戊子天贶日瓣蘁精舍主人自识。"戊子(1888)当合作者四十岁,由此逆推,可知其生于道光二十九年己酉(1849)。实年取此。

光绪丙子(1876)科
李瀚昌

官年:咸丰二年壬子(1852)生

实年:咸丰元年辛亥(1851)生

征考：《集成》(325—395)："李瀚昌，派名兴灏，字叔愚，号植生，一号石贞，别号痴生，行十七年，二十五岁，湖南长沙府宁乡县廪膳生，民籍。"由光绪二年丙子科(逆推)，知其生于咸丰二年壬子(1852)。官年取此。

《中国家谱资料选编》第4册《传记卷》收李正堃《仲父石贞公行述》(李兴濬等纂修《楚南沩宁东山李氏四修家谱》，1928年木活字本)："仲父长堃十四龄，同居且周二纪有奇，少相习，长相亲也……辛酉九月二十八日，启手足于潭城鸥次，春秋七十有一。"由民国十年辛酉(1921)逆推，知其生于咸丰元年辛亥(1851)。实年取此。

粟奉之

官年：咸丰三年癸丑(1853)四月二十一日生

实年：道光二十九年己酉(1849)四月二十一日生

征考：《集成》(325—413)："粟奉之，派名显申，字赓笆，行一，咸丰癸丑年四月二十一日吉时生，湖南长沙府长沙县学附生，民籍，肄业城南书院。"官年取此。

《粟奉之日记》光绪七年辛巳(1881)四月二十一："芝山、慎生以是日系余生辰，置酒为寿，兼邀王雨丞会饮。余也春秋三十有三。"又光绪十二年丙戌(1886)四月二十一："以生日之故，与蒋苹生酌杏仙录事处，计余春秋三十有八矣，日月不居，蹉跎如昔，强颜中酒，职用怆怀。"由此逆推，可知其生年为道光二十九年己酉(1849)四月二十一日。实年取此。

冯锡仁(另见)

官年：咸丰元年辛亥(1851)生

实年：道光二十九年己酉(1849)二月十八日午时生

征考：《集成》(326—29)："冯锡仁，派名志樘，字伯育，号莘垞，行三，本行一，年二十六岁，湖南辰州府沅陵县学廪生，民籍，肄业岳麓书院。"光绪丙子(1876)其二十六，逆推知其生于咸丰元年辛亥(1851)。官年取此。

实年征考见会试"冯锡仁"条。

光绪辛卯(1891)科
李希圣(另见)

官年:同治五年丙寅(1866)生

实年:同治三年甲子(1864)生

征考:《集成》(327—371):"李希圣,字亦元,行五,年二十六岁,湖南长沙府湘乡县学优廪生,民籍,本科考取优贡第一名,肄业校经堂。"由光绪辛卯(1891)科逆推,可知其生于同治五年丙寅(1866)。官年取此。

实年征考见会试"李希圣"条。

光绪癸巳(1893)恩科
王礼培

官年:同治五年丙寅(1866)生

实年:同治三年甲子(1864)十二月初一日生

征考:《集成》(328—49):"王礼培,字佩初,年二十八岁,湖南省长沙府湘乡县例监生,民籍。"由光绪癸巳(1893)逆推,知其生于同治五年丙寅(1866)。官年取此。

王礼培《小招隐馆后甲子诗编刊辞》:"余生之岁,当有清同治三年甲子,今年七十又四矣……丁丑四月潜虚老人佩初氏题记。"另其《小招隐馆谈艺录》自序:"乙亥秋夕,湘乡王礼培自序于长沙望麓园寓斋,时年七十又二。"另外易新农、夏和顺《王礼培辑·前言》:"王礼培生于清同治三年(1864)农历十二月初一……1943年4月7日(农历三月初三),王礼培病逝于故居石塴上,享年80岁。"实年取此。

光绪丁酉(1897)科
黄兆枚

官年:同治七年戊辰(1868)生

实年:同治五年丙寅(1866)九月十六日生

征考:《集成》(330—265):"黄兆枚,派名经翊,字功卜,一字公朴,元字宇逵,号僴斋,年三十岁,长沙府长沙县学增生,民籍,肄业思贤讲舍、岳麓城南书院。"由光绪丁酉(1897)逆推,可知其生于同治七年戊辰(1868)。官年取此。

黄兆枚《芥沧馆文》卷三《五十生日自序》:"予之生同治丙寅九月十六日也。至于宣统辛亥得四十六年,又四年至乙卯,得年五十。"实年取此。

黄纯垓

官年:同治八年己巳(1869)生

实年:同治七年戊辰(1868)生

征考:《集成》(329—177):"黄纯垓,字图九,行四,年二十九岁,湖南郴州直隶州优廪生,民籍。"由光绪丁酉(1897)逆推,知其生于同治八年己巳(1869)。官年取此。

黄纯垓《小醉山草堂文集》卷二二《戊申清明》文:"三月初五日清晨起,独坐愁思,凄然欲泣,余生四十有一年矣。"《述旧梦二》:"昔戊子岁,余年二十一。"由光绪三十四年戊申(1908)、光绪十四年戊子(1888)逆推,知其生于同治七年戊辰生(1868)。实年取此。

光绪癸卯(1903)恩科

黄逢元

官年:同治六年丁卯(1867)生

实年:同治二年癸亥(1863)生

征考:《集成》(331—53):"黄逢元,字木父,号少云,行一,年三十七岁,湖南长沙府善化县学廪生,肄业岳麓、两湖书院、思贤讲舍。"由光绪癸卯(1903)逆推,知其生于同治六年丁卯(1867)。官年取此。

黄逢元《怡云室文集》自序:"仆年六十矣……壬戌冬十一月朔善化霞山村民黄逢元自序于怡云室。"由民国十一年(1922)逆推,知其生于同治二年癸亥(1863)。实年取此。

四川

同治丁卯(1867)科带补壬戌(1862)恩科
缪荃孙(另见)

官年:道光二十八年戊申(1848)八月初九日生

实年:道光二十四年甲辰(1844)八月九日亥时生

征考:《缪荃孙同治六年丁卯科带补壬戌恩科朱卷》:"缪荃孙,字小珊,号楚芗,行一,又行五,道光戊申年八月初九日吉时生,四川成都府华阳县监生,民籍,原籍江苏江阴。"官年取此。

实年征考见会试"缪荃孙"条。

福建

咸丰己未(1859)恩科并补行戊午(1858)正科
龚显曾(另见)

官年:道光二十四年甲辰(1844)五月初五日生

实年:道光二十一年辛丑(1841)生

征考:《集成》(337—51):"龚显曾,字毓沂,号咏樵,行一,道光甲辰年五月初五日吉时生,泉州府晋江县学优廪膳生,民籍。"官年取此。

实年征考见会试"龚显曾"条。

同治乙丑(1865)补行甲子(1864)科
陈宝琛

官年:咸丰元年辛亥(1851)九月二十三日生

实年:道光二十八年戊申(1848)九月廿三日生

征考:《集成》(337—151):"陈宝琛,字敬嘉,号伯潜,行一,咸丰辛亥年九月二十三日吉时生,福建福州府闽县学附生,民籍。"官年取此。

《漫社三集·特别社友题名》:"陈宝琛,字伯潜,号弢庵,福建闽县人,道光戊申九月廿三日生,七十六岁。"另陈三立《散原精舍文集》卷一七《清故太傅赠太师陈文忠公墓志铭》:"岁在旃蒙大渊献春二月庚辰朔,太傅闽县陈公薨于旧京寓邸,年八十有八。"陈懋复等《诰授光禄大夫晋赠太师特谥文忠太傅先府君行述》:"道光戊申,生于螺洲里第……卒不效……实乙亥二月初一日卯时,春秋八十有八。"亦可证其生于道光二十八年。实年取此。

光绪辛卯(1891)科
郑孝柽

官年:同治四年乙丑(1865)十二月初五日(1866年1月21日)生

实年:同治元年壬戌(1862)十二月生

征考:《未刊》(74—155):"郑孝柽,字道凡,号稚辛,行五,又行十九,同治乙丑年十二月初五日吉时生,福建福州府学,闽县民籍。"官年取此。

叶参、陈邦直、党庠周合编《郑孝胥传·年谱》同治元年壬戌:"先生年三岁,是年十二月,先生之弟稚辛先生孝柽生。"实年取此。

光绪癸巳(1893)科
林旭

官年:光绪四年戊寅(1878)九月十五日生

实年:光绪元年乙亥(1875)生

征考:《林旭光绪癸巳恩科福建乡试朱卷》:"林旭,字暾谷,行一,又行二,光绪戊寅年九月十五日吉时生,福建福州府学附生,侯官县民籍。"官年取此。

《清史稿》卷四六四本传:"林旭,字暾谷,福建侯官人。年十九,举本省乡试第一……遂命与谭嗣同等同参机务,诏谕多旭起草。及变起,同戮于市,年二十有四。"由光绪二十四年戊戌(1898)和光绪十九年癸巳(1893)分别逆推,知其生于光绪元年乙亥(1875)。实年取此。

光绪甲午(1894)科
李宣龚

官年:光绪三年丁丑(1877)五月初七日生

实年:光绪二年丙子(1876)五月初七日生

征考:《集成》(340—15):"李宣龚,字祖泽,号拔可,行一,光绪丁丑年五月初七日吉时生,福建福州府闽县学附生,民籍。"官年取此。

李宣龚《硕果亭诗》自序"岁乙亥,年六十",由民国二十四年乙亥(1935)逆推,可知其生于光绪二年丙子(1876)。又其《硕果亭文剩》有《碧楼诗词序》"光绪乙酉,余方十龄",亦可证其光绪二年生。陈祖壬《好怀庐集》有《墨巢先生墓志铭》:"岁壬辰秋九月三日,墨巢先生疾终上海,会而哭者数百人。晚近诗人,未之有也。先生闽县李氏,讳宣龚,字拔可,一字观槿……卒年七十有七。"由壬辰(1952)逆推,亦为光绪二年丙子生(1876)。《上海图书馆藏赴闻集成》第50册有《李墨巢先生寿挽录》,前有遗像一帧,并注有生卒年信息:"公生于公元一八七六年岁次丙子闰五月初七日□时,卒于公元一九五二年岁次壬辰九月初三日未时,享寿七十七岁。"实年取此。

光绪壬寅(1902)补行庚子(1900)辛丑(1901)恩正并科
郭则沄(另见)

官年:光绪十年甲申(1884)八月二十八日生

实年:光绪八年壬午(1882)八月二十八日生

征考:《集成》(340—99):"郭则沄,字养云,号筱陆,又号桂岩,行一,序二,光绪甲申年八月二十八日吉时建生,福建福州府学附生,侯官县民籍。"官年取此。

实年征考见会试"郭则沄"条。

广东

咸丰辛亥(1851)科

邓华熙

官年:道光十年庚寅(1830)生

实年:道光四年甲申(1824)生

《征考》:《邓华熙咸丰辛亥恩科广东乡试朱卷》:"邓华熙,字灿西,别字小赤,行一,道光庚寅四月廿四日吉时生,系广州府顺德县民籍,充顺德县学附生。"又见《未刊》(42—317)。官年取此。《邓华熙日记》光绪二十二年丙申九月十四日(1896年10月20日):"奏云:臣官册填六十七,实年七十。"由光绪二十二年逆推,亦可知其官年为道光十年庚寅(1830)。按因其对皇帝亦未必言真实年岁,不宜据此推实年。

《青鹤》杂志第1卷第1期有文廷式遗稿《闻尘偶记》:"余曾记朝列中长年者,兹以丙申年正月计之。大学士张之万八十六(官年如此,或云九十矣),李鸿章七十四,徐桐七十八,额勒和布七十一,尚书李鸿藻、薛允升七十七,孙家鼐七十,侍郎钱应溥七十三,徐树铭七十四,徐用仪七十一,内阁学士陈彝七十,副都御史杨颐七十六,外吏中总督谭钟麟七十六,巡抚谭继洵七十四,许振祎七十,署河督任道镕七十四,布政使游智开八十四,邓华熙、何枢七十三。"由光绪二十二年丙申(1896)逆推,知其生于道光四年甲申(1824)。实年取此。朱彭寿《清代人物大事纪年》亦云邓华熙道光四年"四月二十四日生";又云民国四年乙卯(1915)邓华熙卒,"年九十二,谥和简",由民国四年逆推,亦可知其生于道光四年甲申。

同治壬戌(1862)恩科并补行咸丰己未(1859)恩科

曹秉哲(另见)

官年:道光二十二年壬寅(1842)十二月初二日(1843年1月2日)生

实年：道光二十一年辛丑(1841)生

征考：《集成》(341—59)："曹秉哲,号吉三,行二,大排行七,道光壬寅年十二月初二日吉时生,系广州府番禺县捕属,民籍,充番禺县学官附生。"官年取此。

实年征考见会试"曹秉哲"条。

同治庚午(1870)科

梁肇晋(另见)

官年：道光二十七年丁未(1847)九月二十九日生

实年：道光二十四年甲辰(1844)生

征考：《集成》(341—359)："梁肇晋,字振康,别字少亭,行四,道光丁未年九月二十九日吉时生,系广东广州府番禺县学官附生,民籍。"官年取此。

梁庆桂《式洪室遗稿》之《少亭公家传》："公讳肇晋,字振康,号少亭……(光绪)八年壬午偶病,遽卒,年仅三十有九。"由光绪八年(1882)逆推,可知其生于道光甲辰年(1844)。实年取此。

同治癸酉(1873)科

沈锡晋

官年：道光十八年戊戌(1838)十一月初二日生

实年：道光十六年丙申(1836)十一月初二日生

征考：《集成》(342—107)："沈锡晋,字季蕃,一字继帆,号笔香,行八,道光戊戌年十一月初二日吉时生,系广东广州府番禺县捕属,民籍,充番禺县学优廪贡生,候选训导,世居省城新城内青云直街。"官年取此。

李澄宇《未晚楼文存》卷三《清故资政大夫江宁府知府沈公墓表》曰："公讳锡晋,字季蕃,一字笔香,广东番禺人也……同治癸酉,年三十八,举于乡,甲戌成进士……公道光丙申十一月初二日生,光绪壬辰六月初二日卒,寿六十有六。"实年取此。

光绪己卯(1879)科
吴桂丹
官年:咸丰六年丙辰(1856)十月二十二日生

实年:咸丰五年乙卯(1855)十月二十二日生

征考:《未刊》(58—375):"吴桂丹,字万程,别字秋舫,行一,咸丰丙辰年十月二十二日吉时生,系广东肇庆府高要县民籍,充肇庆府学生。"官年取此。

陈伯陶《瓜庐文剩》卷四《翰林院编修记名御史吴君秋舫墓表》:"君讳桂丹,字万程,一字秋舫……君生咸丰乙卯十月二十二日……壬寅六月二十日卒于京邸,年四十八。"实年取此。

光绪甲午(1894)科
徐绍桢
官年:同治七年戊辰(1868)五月十五日生

实年:咸丰十一年辛酉(1861)生

征考:《集成》(345—291):"徐绍桢,号固卿,行九,同治七年五月十五日吉时生,广东广州府番禺县监生,民籍。"官年取此。

《辛亥人物碑传集》卷六徐承庶等《徐绍桢行述》:"及廿五年九月五日,偶撄痢疾,医治罔效,以十三日卒于上海蒲柏路吉益里寓庐,春秋七十有六。"由民国二十五年丙子(1936)逆推,可知其生于咸丰十一年辛酉(1861)。实年取此。

光绪丁酉(1897)科
冯愿
官年:同治十一年壬申(1872)七月初六日生

实年:同治七年戊辰(1868)生

征考:《未刊》(82—24):"冯愿,字贲蕃,号侗若,行五,又行七,同治壬申年七月初六日吉时生,广东广州府南海县民籍,充南海县学优行增广生员。"官年取此。

广东省立中山图书馆编《广东省立中山图书馆志》第十章"人物"第一节"传略——馆务主领":"冯愿(1868—1943),字侗若,广东南海人,光绪二十二年举人。"知其实生同治七年戊辰(1868)。实年取此。

广西

同治癸酉(1873)科

周炳蔚

官年:咸丰七年丁巳(1857)九月初三日生

实年:咸丰三年癸丑(1853)九月初三日生

征考:《集成》(346—369):"周炳蔚,字升华,号虎如,一号虎卿,行二,又行三,咸丰丁巳年九月初三日吉时生,广西桂林府灵川县学附生,民籍,祖籍湖南道州濂溪后裔。"官年取此。

孙雄《旧京文存》卷八《清故直隶补用道灵川周公虎如墓志铭》:"公生于咸丰三年癸丑九月初三日,卒于民国十年辛酉夏历二月十五日,享年六十有九。"实年取此。

光绪己丑(1889)科

陆辅清

官年:同治十一年壬申(1872)五月初八日生

实年:同治八年己巳(1869)生

征考:《集成》(347—239):"陆辅清,派名炳麟,字福源,号绍渊,行一,同治壬申年五月初八日吉时生,系广西桂林府学增生,灌阳县民籍。"官年取此。

《广清碑传集》卷一九赵炳麟《陆绍渊考功郎墓表》:"二十第进士,以主事用,分吏部考功司,是为光绪十六年也……(壬寅)遂逝,年三十四。"由光绪二十八年壬寅(1902)逆推,知其生于同治八年己巳

(1869)。实年取此。

副贡

顺天

同治甲子(1864)科

陆廷黻(另见)

官年:道光二十三年癸卯(1843)四月十五日生

实年:道光十五年乙未(1835)四月十五日生

征考:《集成》(354—95):"陆廷黻,谱名家铭,字已云,号屿孙,又号渔笙,行一,道光癸卯年四月十五日吉时生,浙江宁波府鄞县监生,民籍。"官年取此。

实年征考见会试"陆廷黻"条。

周晋麒(另见)

官年:道光二十三年癸卯(1843)九月初一日生

实年:道光十七年丁酉(1837)生

征考:《集成》(354—107):"周晋麒,字玉麐,号珊梅,行一,道光癸卯九月初一日吉时生,浙江宁波府慈溪县监生,民籍。"官年取此。

实年征考见会试"周晋麒"条。

同治丁卯(1867)科

孙凤钧

官年:道光二十二年壬寅(1842)正月廿一日生

实年:道光十九年己亥(1839)生

征考:《集成》(354—153):"孙凤钧,字铨百,行一,道光壬寅年正月廿一日吉时生,浙江杭州府海宁州民籍,附贡生,兵部学习主事,武库司行走。"官年取此。

钟元赞《还读我书斋钞存》卷四《舅父孙铨百公家传(甲子)》："光绪甲辰岁卒于海宁故里,年六十有六。"由光绪三十年甲辰(1904)逆推,可知其生于道光十九年己亥(1839)。实年取此。

光绪乙酉(1885)科
王福曾

官年:咸丰二年壬子(1852)九月二十六日生

实年:咸丰元年辛亥(1851)九月二十六日生

征考:《家传》(98—1):"王福曾,字荷叔,一字公莆,号桐孙,行五,又行一,咸丰壬子年九月二十六日吉时生,顺天府文安县优贡生,民籍,署定兴县训导,现任博野县训导,尽先选用教谕……己卯科考取优贡第六名,朝考二等第十四名,引见以教职用,乡试中式副榜第三十名。"官年取此。

王福曾《归砚草堂诗存》有《老民》:"撒手光阴六十春,今朝六十一年人。"诗作于辛亥年。其后《壬子元日口占仍前韵》其二:"人间尚游戏,六十二年春。"书后附陈宝琛《山东堂邑县知县王君家传》:"君姓王氏讳福曾,字桐孙,晚自号老民,直隶文安县胜芳里人……君于光绪己卯科选优贡生,乙酉科副贡,选博野县学训导,调沧州训导,以海运劳保知县选授山东堂邑县知县……丁巳五月京师喋血,君北望郁悒,遂病,以是年六月二十一日卒,年六十有七。"王树枏《文安王君墓志铭》(王树枏《陶庐文集》卷七题作《清棠邑知县王君墓志铭》):"君讳福曾,字桐孙,姓王氏……乙酉再上公车,误中其副……君生于咸丰元年九月二十六日,卒于丁巳年六月二十一日,享年六十有七。"另其子祖纲等有《清诰授奉政大夫花翎同知衔山东堂邑县知县先考桐孙府君行述》:"先考生于咸丰元年九月二十六日亥时,卒于丁巳年六月二十一日丑时,享年六十有七。"实年取此。

光绪壬寅(1902)补行庚子(1900)辛丑(1901)恩正并科
顾迪光
官年:同治十一年壬申(1872)二月二十二日生

实年:同治十年辛未(1871)生

征考:《集成》(355—195):"顾迪光,字启后,号华伯,行一,同治壬申年二月二十二日吉时生,浙江绍兴府会稽县俊秀监生,民籍,分部学习主事。"官年取此。

顾迪光《漱尘室集》卷四《五十感怀兼以自寿用纪往事》(庚申),由民国九年庚申逆推,可知其生于同治十年辛未(1871)。实年取此。

江南

嘉庆戊寅(1818)恩科
黄光焊(另见)
官年:嘉庆三年戊午(1798)八月初五日生

实年:嘉庆二年丁巳(1797)八月初五日生

征考:《集成》(355—305):"黄光焊,字望仑,号槐江,又号怀矼,嘉庆戊午年八月初五日吉时生,安徽徽州府休宁县学附生,民籍。"官年取此。

实年征考见会试"黄光焊"条。

道光庚子(1840)恩科
雷䥽(另见)
官年:嘉庆十五年庚午(1810)九月二十九日生

实年:嘉庆十四年己巳(1809)生

征考:《集成》(356—1):"雷䥽,字辰启,号蕴峰,行二,嘉庆庚午九月二十九日生,江苏松江府华亭县优贡生,民籍。江南副贡道光庚子恩科。"官年取此。

实年征考见会试"雷尃"条。

道光癸卯(1843)科
倪骏煦(倪若驹)

官年:嘉庆五年庚申(1800)十一月十四日生

实年:嘉庆四年己未(1799)生

征考:《集成》(356—129):"倪骏煦,原名倪若驹,字慈梦,号冀埜,行一,嘉庆庚申年十一月十四日吉时生,江苏松江府青浦县学增广生,民籍。江南副贡道光癸卯科。"官年取此。

熊其英《耻不逮斋集》卷三《倪诸二先生合传》:"倪骏煦,原名倪若驹,字冀野……卒,春秋六十有三……时辛酉二月也。"由咸丰十一年辛酉(1861)逆推,知其生于嘉庆四年己未(1799)。实年取此。

同治丁卯(1867)科并补行咸丰辛酉(1861)科
陈士翘

官年:道光十六年丙申(1836)二月十八日生

实年:道光十五年乙未(1835)二月十八日寅时生

征考:《集成》(357—75):"陈士翘,字楚庭,号杏生,行二,道光丙申二月十八日吉时生,江苏松江府华亭县学廪膳生,民籍。"官年取此。

张锡恭《茹荼轩续集》卷五《陈先生行状》:"先生陈氏讳士翘……先生生于道光十五年乙未二月十八日寅时,年六十有四。"实年取此。

同治庚午(1870)科并补行壬戌(1862)恩科
黄文涛

官年:道光十四年甲午(1834)八月初八日生

实年:道光十一年辛卯(1831)生

征考:《集成》(357—277):"黄文涛,字幼亭,号语松,行一,道光甲午八月初八日吉时生,江苏江宁府江宁县附学生,民籍。"官年取此。

秦锡田《享帚录》卷二《内阁中书衔候选教谕江宁又亭黄公行状

(丁巳)》:"公讳黄,氏讳文涛,字语松……庚戌八月八日,公八十悬弧……民国六年夏建丁巳二月八日卒,寿八十有七。"由民国六年丁巳(1917)逆推,知其生于道光十一年辛卯(1831)。实年取此。

光绪乙酉(1885)科
李祖锡

官年:咸丰三年癸丑(1853)三月二十八日生

实年:道光三十年庚戌(1850)生

征考:《集成》(359—119):"李祖锡,号子莲,字永怀,行一,咸丰癸丑年三月二十八日吉时生,江苏松江府学增生,上海县民籍。江南副贡光绪乙酉科。"官年取此。

(民国)《上海县志》卷一五:"(民国)七年旧疾复发卒,年六十九。"由民国七年戊午(1918)逆推,知其生于道光三十年庚戌(1950)。实年取此。

浙江

同治丁卯(1867)科并补甲子(1864)科
王咏霓

官年:道光十九年己亥(1839)十一月初六日生

实年:道光十八年戊戌(1838)生

征考:《集成》(363—241):"王咏霓,字子裳,小名仙骥,号六潭,道光己亥年十一月初六日吉时生,台州府黄岩县咨部优行廪膳生,民籍,肄诂经精舍。"官年取此。

杨晨《崇雅堂文稿》卷二《王六潭太守传》:"王咏霓,字子裳,六潭其自号也……乙卯冬卒,年七十八矣。"由民国四年乙卯(1915)逆推,可知其生于道光十八年戊戌(1838)。实年取此。

同治癸酉(1873)科
范寅

　　官年:道光十三年癸巳(1833)二月二十八日生

　　实年:道光十年庚寅(1830)二月二十八日酉时生

　　征考:《集成》(363—371):"范寅,字虎臣,号啸风,行二,少名广济,号仰川,道光癸巳年二月二十八日吉时生,浙江绍兴府会稽县学增生,遇缺先即选训导,民籍。"官年取此。

　　范寅《扁舟子丛稿七种》第一种《扁舟子自记履历》:"大清道光十年岁次庚寅二月建己卯二十八日丁亥(前一日丙戌巳刻春分)己酉时生于会稽县之东北乡。"实年取此。

光绪丙子(1876)科
吴品珩(另见)

　　官年:咸丰七年丁巳(1857)九月十一日生

　　实年:咸丰六年丙辰(1856)九月十一日酉时生

　　征考:《集成》(364—133):"吴品珩,字韵玱,号葱然,行一,咸丰丁巳年九月十一日吉时生,金华府东阳县附生,民籍,肄业紫阳书院,兼考敷文、崇文书院及诂经精舍。浙江副贡光绪丙子科。"官年取此。

　　实年征考见会试"吴品珩"条。

光绪己卯(1879)科
江仁徵(另见)

　　官年:咸丰五年乙卯(1855)八月二十三日生

　　实年:咸丰二年壬子(1852)生

　　征考:《集成》(364—267):"江仁徵,字定甫,一字亭芙,号惩莽,行一,咸丰乙卯岁八月二十三日生,浙江宁波府鄞县学咨部优行增广生,民籍。"官年取此。

　　实年征考见会试"江仁徵"条。

优贡

江南

嘉庆戊午(1798)科

王蔚宗

官年:乾隆二十八年癸未(1763)十二月初三日(1764公历1月5日)生

实年:乾隆二十二年丁丑(1757)十二月生

征考:《集成》(369—169):"王蔚宗,字亦显,号春野,行一,乾隆癸未年十二月初三日生,江南松江府娄县学廪膳生,民籍。江南优贡嘉庆戊午。"官年取此。

(光绪)《娄县续志》卷一七《人物下》:"王蔚宗,字春野,乾隆己卯举人,永祺孙,嘉庆戊午科优贡生……嘉庆丙子宁国荒,奉宪檄发赈,亲历各乡查勘饥户,因劳遘疾,遂卒于任。"王蔚宗《端居室集》卷六《建丑之月,予四十九生辰,儿辈各献酒肴为寿,戏示》作于嘉庆十年乙丑(1805),据此逆推,可知其生于乾隆二十二年丁丑(1757)十二月。实年取此。按"建丑之月"即夏历十二月。

同治丁卯(1867)补行咸丰乙卯(1855)戊午(1858)辛酉(1861)同治甲子(1864)科

沈祥龙

官年:道光十七年丁酉(1837)正月初五生

实年:道光十五年乙未(1835)生

征考:《集成》(370—1):"沈祥龙,字讷生,号约斋,行一,道光丁酉年正月初五日吉时生,江苏松江府学优廪生,娄县民籍。"官年取此。

沈祥龙《乐志簃文录》卷首小像题识:"乐志翁六十有七岁小像。辛丑仲春朱鹤绘。"由光绪二十七年辛丑(1901)逆推,可知其生于道光十五年乙未(1835)。实年取此。

同治庚午(1870)科并补行丁卯(1867)科

钱溯耆

官年:道光二十六年丙午(1846)十月初七日生

实年:道光二十四年甲辰(1844)十月初七日申时生

征考:《集成》(370—109):"钱溯耆,字钥龢,号伊臣,行一,道光丙午年十月初七日吉时生,江苏太仓州学廪膳生,民籍。"官年取此。

施赞黄《蜕尘轩诗存》卷一《海上寓公吴仓硕俊卿、缪小山荃孙、钱听邠溯耆并年七十,淞社同人醵筵称祝叠百老吟韵为诗二章以寿之》,缪生于道光二十四年,故知钱亦生于道光二十四年甲辰(1844)。秦绶章《清故诰授资政大夫花翎二品衔补用道直隶深州直隶州知州钱君墓志铭》:"夏正丁巳四月二十八日卯时以疾卒于寓寝,距生于道光二十四年甲辰十月初七日申时,年七十四。"(据朱则杰《清诗考证续编》转录)实年取此。

潘庆澜

官年:道光二十八年戊申(1848)八月初九日生

实年:道光二十六年丙午(1846)生

征考:《集成》(370—169):"潘庆澜,字安涛,行一,道光戊申年八月初九日吉时生,安徽宁国府泾县学廪膳生,民籍。"官年取此。

潘镇《意莲诗钞》有潘庆澜序:"光绪乙巳蒙恩简放四川顺庆府,过芜湖,遇兄,则年皆六旬矣。"由光绪三十一年乙巳(1905)逆推,可知其生于道光二十六年丙午(1846)。实年取此。

李经世(另见)

官年:咸丰二年壬子(1852)八月二十二日生

实年:咸丰元年辛亥(1851)八月二十二日辰时生

征考:《集成》(370—187):"李经世,字伟卿,号丹崖,行一,咸丰壬子年八月二十二日吉时生,安徽卢州府合肥县廪膳生,民籍。"官年取此。

实年征考见会试"李经世"条。

光绪丙子(1876)科
秦绶章(另见)

官年:咸丰二年壬子(1852)三月十五日生

实年:道光二十九年己酉(1849)三月十五日生

征考:《集成》(370—339):"秦绶章,字仲稣,号佩鹤,又号培莘,行二,咸丰壬子三月十五日吉时生,江苏太仓州嘉定县廪膳生,民籍。"官年取此。

实年征考见会试"秦绶章"条。

光绪乙酉(1885)科
李钟珏

官年:咸丰四年甲寅(1854)十二月十六日(1855年2月2日)生

实年:咸丰三年癸丑(1853)十二月十六日(1854年1月14日)生

征考:《集成》(371—283):"李钟珏,原名安曾,字平书,一字君玉,行一,咸丰甲寅年十二月十六日吉时生,江苏松江府上海县学廪生,民籍。江南优贡光绪乙酉科。"官年取此。

李钟珏《且顽七十岁自叙》:"咸丰三年癸丑十二月十六日生于宝山县之高桥镇。"实年取此。

光绪戊子(1888)科
何宗逊(另见)

官年:同治三年甲子(1864)正月二十五日生

实年:同治元年壬戌(1862)正月二十五日生

征考:《集成》(372—127):"何宗逊,字笠农,号荔秋,行三,又行四,同治甲子年正月二十五日吉时生,系安徽徽州府黟县学廪膳生,民籍。"官年取此。

实年征考见乡试"何宗逊"条。

何声焕

官年:同治五年丙寅(1866)十月二十二日生

实年:同治四年乙丑(1865)生

征考:《集成》(372—103):"何声焕,字仲燊,一字仲吕,号竹坡,行二,同治丙寅年十月二十二日吉时生,安徽安庆府望江县学优行廪膳生,民籍。"官年取此。

章炳麟《太炎文录续编》卷五下《清故分省补用道何君墓志铭》曰:"君讳声焕,字仲吕,安徽望江人……年二十四以优行生贡国子监,明年考授知县……是岁举乡试,再赴会试,不中式……年六十六,终于上海……时民国十九年秋十月也。"由民国十九年(1930)逆推,可知其生于同治四年乙丑(1865)。实年取此。

光绪辛卯(1891)科
金鉽

官年:同治十一年壬申(1872)五月二十三日生

实年:同治八年己巳(1869)生

征考:《集成》(372—315):"金鉽,字范才,号蘅裛,一字式金,行一,同治壬申年五月二十三日吉时生,江苏通州泰兴县廪膳生,民籍。"官年取此。

沙元炳《志颐堂诗文集》有金鉽《序》:"予弱冠时以诸生就试旧郡,同邑沈文瀚海秋介交于君。君长于予五岁,海秋长予四岁。"按沙元炳生于同治三年(1864),故知金生于同治八年己巳(1869)。实年取此。

浙江

同治甲子(1864)科
李宗庚

官年:道光九年己丑(1829)十一月十五日生

实年:道光七年丁亥(1827)生

征考:《集成》(376—119):"李宗庚,字次垣,号子长,又号济之,行一,道光己丑年十一月十五日吉时生,浙江嘉兴府嘉兴县学咨部优行廪膳生,肄业诂经精舍,民籍。"官年取此。

谭献《复堂文续》卷五《清授前广西太平府明江同知故桂平知县嘉兴李君墓志铭》:"君讳宗庚,字子长……卒于光绪十七年六月,年六十五。"由光绪十七年(1891)逆推,可知其生于道光七年丁亥(1827)。实年取此。

朱采

官年:道光十三年癸巳(1833)六月二十三日生

实年:道光十一年辛卯(1831)生

征考:《集成》(376—63):"朱采,字亮生,号丽卿,行三,道光癸巳年六月二十三日吉时生,浙江嘉兴府嘉兴县学廪膳生,民籍。"官年取此。

朱采《清芬阁集》卷首其照片旁有赵滨彦题字:"嘉兴朱雷琼亮生亲家年六十九之像,光绪辛丑滨彦题。"假如赵氏题字之年便是朱氏摄照之年,则由光绪二十七年辛丑(1901)逆推,其似生于道光十三年癸巳(1833)。然朱采之子朱焞正《先考亮生府君行述》:"先府君抑郁既久,病痼以深,饮食起居不减常度,故虽参药杂进,终见疲蘦,遂及绵掇。盖光绪二十有五年五月初二也……府君讳采字亮生,生于道光辛卯年六月二十三日卯时……"可见其实生于道光十一年辛卯(1831)。实年取此。

同治庚午(1870)科

徐多鏿

官年:道光二十三年癸卯(1843)七月十一日生

实年:道光二十一年辛丑(1841)七月十一日亥时生

征考:《集成》(376—173):"徐多鏿,字廷瑞,号蓉史,又号云书,行三,道光癸卯年七月十一日吉时生,浙江嘉兴府石门县学咨部优行廪膳生,民籍。"官年取此。

徐益藩纂《崇德徐氏家谱》西支八世:"宝谦次子,多鉁字廷瑞号蓉史,又号云书……生道光廿一年七月十一日亥时,卒光绪十八年十二月初八日丑时,年五十有二。"实年取此。

光绪己卯(1879)科
陶玉珂(另见)

官年:道光二十九年己酉(1849)三月二十七日生

实年:道光二十七年丁未(1847)生

征考:《集成》(376—293):"陶玉珂,字振声,号子佩,行二,道光己酉年三月二十七日吉时生,浙江嘉兴府秀水县廪生,民籍,肄业诂经精舍、敷文、崇文、紫阳三书院、鸳湖书院,乙亥恩科荐卷。"官年取此。

实年征考见乡试"陶玉珂"条。

光绪辛卯(1891)科
王祖询

官年:同治八年己巳(1869)十月二十一日生

实年:同治五年丙寅(1866)生

征考:《集成》(377—139):"王祖询,字慕唐,号次欧,行三,同治己巳十月二十一日吉时生,浙江嘉兴府秀水县廪膳生,民籍。"官年取此。

王祖询《受福富昌镜室日记》光绪三十一年十月二十一日:"余四十初度,秘不人知,而亲友咸集",由光绪三十一年乙巳(1905)逆推,知其生于同治五年丙寅(1866)。实年取此。

光绪壬寅(1902)科补行庚子(1900)科
洪承鲁(另见)

官年:光绪七年辛巳(1881)八月十六日生

实年:光绪五年己卯(1879)生

征考:《集成》(377—375):"洪承鲁,字小愚,号肖愚,一号啸渔,行一,光绪辛巳年八月十六日吉时生,金华府汤溪县学优行廪膳生,民籍,肄业中学堂师范高才生。"官年取此。

实年征考见乡试"洪承鲁"条。

湖南

咸丰乙卯(1855)科补试壬子(1852)科
易佩绅

官年:道光十年庚寅(1830)生

实年:道光六年丙戌(1826)十二月八日(1827年1月5日)生

征考:《集成》(379—365):"易佩绅,字秉良,号笏山,行二,年二十六岁,常德府龙阳县学优廪生,民籍。"由咸丰五年乙卯(1855)逆推,知其生年为道光十年庚寅(1830)。官年取此。

易佩绅《函楼诗钞》卷二有丁巳年(1857)所作《三十有二初度述怀》,卷二〇有己亥年(1899)作《腊八日七十有四初度,李秀峰投诗述丁酉年是日上林寺之会,依韵答之》,据此逆推,可知其生于道光六年丙戌十二月八日。实年取此。

同治丁卯(1867)科
谭鑫振

官年:道光二十九年己酉(1849)生

实年:道光二十四年甲辰(1844)十一月二十五日(1845年1月3日)生

征考:《集成》(380—29):"谭鑫振,字贡三,号丽生,行二,本行一,年十九岁,湖南衡州府儒学优廪生,衡山县民籍。"由同治六年丁卯(1867)逆推,知其生于道光二十九年(1849)。官年取此。

郭嵩焘《养知书屋文集》卷二一《翰林院编修谭君墓志铭》:"君讳

鑫振,字贡三,一字丽生,姓谭氏,衡山人……君生于道光二十四年甲辰十一月二十五日,卒于光绪七年四月二十四日。"实年取此。

拔贡

江南

乾隆丁酉(1777)科
陈廷庆

官年:乾隆二十一年丙子(1756)十一月初七日生

实年:乾隆十九年甲戌(1754)生

征考:《集成》(381—349):"陈廷庆,字兆同,号桂堂,又号六峰,行三,乾隆丙子十一月初七生,江南松江府奉贤县廪生,丁酉拔贡,现任桃源县学,民籍,习《书经》。"官年取此。

陈廷庆《谦受堂全集》卷首附《传》:"嘉庆癸酉,复游武林,触暑热,匆遽僦居山房,遂卒,年六十。"由嘉庆十八年癸酉(1813)逆推,知其生于乾隆十九年甲戌(1754)。实年取此。另附有卢荫溥《皇清诰授朝议大夫湖南辰州府知府护理辰沅永靖道前翰林院庶吉士户部广西司主事迁员外郎己酉山东副考官桂堂陈公墓志铭》:"奉贤陈公桂堂以嘉庆癸酉赴同年两浙江南盐运使柳州张公之招,适杭州,遂卒于杭之吴山道院,时七月八日也。"可证其卒年具体信息。

道光丁酉(1837)科
叶法

官年:嘉庆十四年己巳(1809)正月二十九日生

实年:嘉庆七年壬戌(1802)正月二十九日未时生

征考:《集成》(382—287):"叶法,字春生,号湘筠,行一,又行四,嘉庆己巳年正月二十九日吉时生,江南安庆府怀宁县廪膳生,民籍。"

官年取此。

《中国家谱资料选编》第4册《传记卷》收《叶坤厚(法)自著年谱》:"嘉庆七年壬戌正月二十九日未时生。"实年取此。按年谱原载叶传润主编《大缘叶氏族谱》卷三,后有善镕附述,知叶法享寿八十八岁。

王承基

官年:嘉庆十八年癸酉(1813)九月二十一日生

实年:嘉庆十六年辛未(1811)九月二十一日酉时生

征考:《集成》(382—163):"王承基,字禹封,号竹侯,行一,嘉庆癸酉年九月二十一日吉时生,江苏松江府上海县学优廪生,议叙八品衔,民籍。"官年取此。

王焕功纂修《王氏族谱》卷三《世传》第六世:"竹鸥公讳承基,字禹封,别号竹侯……生于嘉庆十六年辛未九月二十一日酉时,殁于光绪二十五年己亥九月二十八日卯时,寿八十有九。"实年取此。

道光己酉(1849)科

冯晋昌

官年:嘉庆二十年乙亥(1815)六月初二日生

实年:嘉庆十九年甲戌(1814)生

征考:《集成》(382—347):"冯晋昌,字树卿,一字子康,行一,嘉庆乙亥年六月初二日吉时生,江苏松江府学咨部优行廪膳生,华亭县民籍。"官年取此。

沈祥龙《乐志簃文录》卷三《桃源县学教谕冯君墓志铭》:"君姓冯氏,讳晋昌……君卒于光绪七年七月,年六十有八。"由光绪七年(1881)逆推,知其生于嘉庆十九年(1814)。实年取此。

赵崇庆

官年:嘉庆二十五年庚辰(1820)七月二十八日子时生

实年:嘉庆十七年壬申(1812)七月二十八日生

征考:《集成》(383—25):"赵崇庆,原名塘,字隼公,号铁筠,嘉庆庚辰七月二十八日子时生,江苏镇洋县优廪生,民籍,遵例改归太仓州学。"官年取此。

赵崇庆《松冠堂诗钞》卷二《潞河舟次三十初度自讼诗》:"我我岁壬申,忽忽告辛丑。"《松冠山人自订年谱》:"岁壬申月戊申日戊戌时壬戌,山人生于太仓州城之敬义堂东楼(案戊戌乃七月二十八日)。"实年取此。

同治癸酉(1873)科
章耒(章汝梅)
官年:道光十三年癸巳(1833)闰九月初九日生

实年:道光十二年壬辰(1832)生

征考:《集成》(384—135):"章耒,原名汝梅,号次柯,又号韵之,行二,道光癸巳闰九月初九日吉时生,江苏松江府学优廪生,娄县民籍。江南拔贡同治癸酉科。"官年取此。

叶昌炽《奇觚庼文集》卷下《章韵之广文家传》:"先生讳汝梅,以生而有文在手,曰耒,遂更名耒,字韵之……光绪十二年丙戌九月十一日,距生于道光十二年壬辰,年五十有五。"实年取此。

王有赞
官年:道光二十年庚子(1840)六月十四日生

实年:道光八年戊子(1828)生

征考:《集成》(384—13):"王有赞,字虞臣,号襄卿,行一,道光庚子年六月十四日吉时生,江南苏州府吴县学咨部优行廪膳生,世袭云骑尉,民籍。"官年取此。

(民国)《吴县志》卷六六下《列传四》:"光绪甲辰卒,年七十七。"由光绪三十年甲辰(1904)逆推,知其生于道光八年戊子(1828)。实年取此。

吴从庚
官年:道光二十三年癸卯(1843)六月十一日生

实年:道光二十六年丙午(1846)生

征考:《集成》(385—251):"吴从庚,字有揆,号敬一,行一,道光癸卯年六月十一日吉时生,江苏太仓州镇洋县学优行廪膳生,民籍。"官年取此。

《乙亥志稿·人物一》:"光绪二十九年卒,年五十八。"由光绪二十九年癸卯(1903)逆推,知其生于道光二十六年丙午(1846)。实年取此。然违反官年不会大于实年之常情,不知是否唐文治书写时间有误,存疑待考。

华鸿模(另见)

官年:道光二十三年癸卯(1843)九月二十四日生

实年:道光二十年庚子(1840)九月二十四日生

征考:《集成》(384—287):"华鸿模,字范三,号子才,一号咨垂,行一,道光癸卯年九月二十四日吉时生,江苏常州府学优廪生,金匮县民籍。"又见《未刊》(87—110)。官年取此。

实年征考见乡试"华鸿模"条。

刘至健

官年:道光二十四年甲辰(1844)四月二十七日辰时生

实年:道光二十三年癸卯(1843)四月二十七日生

征考:《集成》(384—247):"刘至健,字文田,号嘉禾,行三,道光甲辰四月二十七日辰时生,江苏松江府上海县学咨部优行增广生,民籍。"又见《未刊》(87—193)。官年取此。

张锡恭《茹荼轩续集》卷六《刘嘉禾大令家传》:"君氏刘讳至健……君以宣统癸丑九月十二日卒,距生于道光二十三年四月二十七日,享年七十有一。"实年取此。

杨同武

官年:道光二十九年己酉(1849)八月初三日生

实年:道光二十五年乙巳(1845)八月初三日子时生

征考:《集成》(384—85):"杨同武,字达原,号纬堂,行一,道光己酉年八月初三日吉时生,江苏苏州府常熟县学优行廪膳生,民籍。江南拔贡同治癸酉科。"官年取此。

杨沂孙编《常熟恬庄杨氏家乘》载杨同武生于"道光廿五年八月初三日子时"。实年取此。

俞钟颖

官年:道光二十九年己酉(1849)十二月二十八日(1850年2月9日)生

实年:道光二十七年丁未(1847)生

征考:《集成》(384—1):"俞钟颖,字君宝,号又澜,一号祐莱,行一,又行三,道光己酉年十二月二十八日吉时生,江苏苏州府学优行廪生,昭文县民籍。"官年取此。

王庆芝《涵春馆诗稿三编》附录《庚申消寒雅集记》:"与会者俞佑莱钟颖,年七十四;邵伯英松年,年七十三;杨调甫同楣,年七十;邹士希鲁望,年六十五;丁虞庵学恭,年六十一;王瑞峰庆芝,年五十七;李镜宇士玙,年五十四;陆圭如琦,年四十九;丁芝孙祖荫,年五十;瞿良士启甲,年四十八;丁序生学谦,年四十六;丁幼威崇庚,年三十。"由民国九年庚申(1920)前推,知俞钟颖生于道光二十七年丁未(1847),实年取此。

宋承庠(另见)

官年:咸丰二年壬子(1852)六月十一日生

实年:道光二十八年戊申(1848)六月十一日生

征考:《集成》(384—157):"宋承庠,原名觐光,字养初,号莲漪,行二,咸丰壬子年六月十一日吉时生,江苏松江府华亭学优廪生,民籍。"官年取此。

实年征考见乡试"宋承庠"条。

吴引孙

官年:咸丰三年癸丑(1853)六月十六日生

实年:咸丰元年辛亥(1851)六月十六日生

征考:《集成》(385—137):"吴引孙,字福茨,一字仲申,行二,咸丰癸丑年六月十六日吉日,江苏扬州府学优廪生,仪征县民籍,原籍安徽徽州府歙县。"又见《未刊》(57—20)。官年取此。

《吴引孙自述年谱》:生于"咸丰辛亥年六月十六日"。实年取此。

裴景福(另见)

官年:咸丰六年丙辰(1856)十二月初二日生

实年:咸丰五年乙卯(1855)生

征考:《集成》(386—51):"裴景福,字仰山,号伯谦,又号臻全,行一,咸丰丙辰年十二月初二日吉时生,安徽颍州府霍邱县学增生,民籍。"官年取此。

实年征考见乡试"裴景福"条。

光绪乙酉(1885)科

何广生

官年:道光二十九年己酉(1849)四月十二日生

实年:道光二十六年丙午(1846)生

征考:《未刊》(88—111):"何广生,字芸卿,行二,道光己酉年四月十二日吉时生,江苏扬州府甘泉县学优廪生,民籍。"官年取此。

何广生《苏台吟草》卷首有俞钟銮丙辰秋七月所撰《传》:"今春三月,邻邑有警,銮避地沪滨,五月十五夜梦见先生,次日得凶闻……享年七十有一。"由民国五年丙辰(1916)逆推,知其生于道光二十六丙午(1846)。实年取此。

杨同颖

官年:咸丰七年丁巳(1857)闰七月二十六日生

实年:咸丰四年甲寅(1854)闰七月廿六日丑时生

征考:《集成》(386—145):"杨同颖,谱名崇光,字思达,号实甫,又号次仲,行四,咸丰丁巳年闰七月二十六日吉时生,江苏苏州府常熟县优廪生,民籍,壬午科顺天乡试挑取誊录。"官年取此。

杨沂孙编《常熟恬庄杨氏家乘》载杨同颖生于"咸丰四年(1854)闰七月廿六日丑时"。实年取此。按咸丰七年丁巳只有闰五月而无闰七月,此系改官年未改月份所致。

夏慎大

官年:咸丰八年戊午(1858)九月初二日生

实年:咸丰六年丙辰(1856)九月初二日寅时生

征考:《未刊》(88—172):"夏慎大,字仲勤,号眉生,一号安生,行二,咸丰戊午年九月初二日吉时生,安徽徽州府休宁县咨部优行廪膳生,民籍。"官年取此。

夏慎大《山城菊隐自编年谱》(安徽省博物院藏):"咸丰六年丙辰,予一岁:九月初二日寅时生,初名褒大,字敬仲。"实年取此。

恽炳孙

官年:咸丰九年己未(1859)七月初二日生

实年:咸丰四年甲寅(1854)生

征考:《集成》(386—393):"恽炳孙,字季文,号石松,一号幼云,咸丰己未年七月初二日吉时生,江苏常州府学优行廪膳生,阳湖县民籍。"官年取此。

恽炳孙《澹如轩诗钞》有《乙卯除夕》:"来朝六十加三岁。"该书后有恽毓龄跋:"光绪纪元乙亥,毓龄年十九,始谒公于澄江试寓……戊午之春,公捐馆舍。"由民国四年乙卯(1915)逆推,知其生于咸丰四年甲寅(1854)。实年取此。

徐乃枏

官年:咸丰十年庚申四月初三日生(1860)

实年:咸丰八年戊午生(1858)

征考:《集成》(387—223):"徐乃枏,字衡三,号少瑜,行一,咸丰庚申年四月初三日吉时生,江苏太仓直隶州学优增生,民籍。"官年取此。

《乙亥志稿·人物一》:"光绪三十四年卒,年五十一。"由光绪三十四年戊申(1908)逆推,知其生于咸丰八年戊午(1858)。实年取此。

陈浏

官年:同治五年丙寅(1866)十一月十五日生

实年:同治二年癸亥(1863)十一月十五日生

征考:《集成》(386—87):"陈浏,字亮伯,号銙嵩,行一,同治丙寅年十一月十五日吉时生,江南江宁府江浦县优廪生,卫籍。"官年取此。

钟广生《湖滨补读庐丛刻》之二《愻庵文集》卷二《清授资政大夫福建盐法道陈公行状(庚午)》:"公以同治癸亥十一月生于仪征之泗源沟。"《漫社二集·社友题名》:"陈浏,字亮伯,一字孝威,号寂园,又号垂叟,江苏江浦人,同治癸亥十一月十五日生,六十岁。"实年取此。

曹元弼(另见)

官年:同治八年己巳(1869)正月初八日生

实年:同治六年丁卯(1867)正月初八日酉时生

征考:《曹元弼江苏光绪十一年乙酉科拔贡朱卷》:"曹元弼,字谷孙,号叔彦,行三,同治己巳年正月初八日吉时生,江南苏州府吴县优廪生,民籍,原籍安徽歙县。"官年取此。

实年征考见乡试"曹元弼"条。

光绪丁酉(1897)科
汪荣宝

官年:光绪六年庚辰(1880)十月初一日生

实年:光绪四年戊寅(1878)生

征考:《集成》(388—273):"汪荣宝,字名彦,号怀之,又号衮甫,行一,又行三,光绪庚辰年十月初一日吉时生,江苏苏州府元和县学优廪生,民籍。"官年取此。

《辛亥人物碑传集》卷八章炳麟《故驻日本公使汪君墓志铭》:"八国联军入京师,君年二十三矣……二十二年七月,卒于北平。"由光绪二十六年庚子(1900)逆推,知其生于光绪四年戊寅(1878)。实年取此。

宣统己酉(1909)科
徐秉成
官年:同治四年乙丑(1865)十一月二十五日生

实年:同治二年癸亥(1863)生

征考:《集成》(391—77):"徐秉成,字泰生,行三,同治四年乙丑十一月二十五日吉时生,江苏常州府武进县廪贡生,候选训导,呈请注销职贡,仍归附生,民籍。江南拔贡宣统己酉科。"官年取此。

《苕岑吟社尚齿表》(聊园半野草堂编,民国十二年):"徐秉成,泰生,六十一,江苏武进,常州打索巷。"由民国十二年癸亥(1923)逆推,可知其生于同治二年癸亥(1863)。实年取此。

宗威
官年:光绪三年丁丑(1877)十二月十八日(1878年1月20日)生

实年:同治十三年甲戌(1874)十二月十八日(1875年1月25日)生

征考:《集成》(390—305):"宗威,原名嘉□,字子威,一字子畏,行三,光绪三年十二月十八日吉时生,江苏游学预备科优等毕业,苏州府昭文县优附生,民籍。江南拔贡宣统己酉科。"官年取此。

《漫社三集·特别社友题名》(癸亥年):"宗威,字子威,江苏常熟人,同治甲戌十二月十八日生,五十岁。"实年取此。

山东

光绪丁酉(1897)科
孔繁裕
官年:同治十年辛未(1871)十一月初六日生

实年:同治八年己巳(1869)生

征考:《集成》(392—209):"孔繁裕,字仲光,号振卿,行二,同治辛未年十一月初六日吉时生,山东兖州府四氏学优廪膳生,儒籍,移奖分部郎中。山东拔贡光绪丁酉科。"官年取此。

《苔岑吟社尚齿表》(聊园半野草堂编,民国十二年):"孔繁裕,仲光,五十五,山东曲阜,曲阜城内东门大街。"由民国十二年癸亥(1923)逆推,可知其生于同治八年己巳(1869)。实年取此。

浙江

道光丁酉(1837)科
陈劢
官年:嘉庆十四年己巳(1809)正月二十七日生

实年:嘉庆十年乙丑(1805)正月二十七日生

征考:《集成》(393—311):"陈劢,字子相,初字劢生,号咏桥,行一,嘉庆己巳年正月十七日生,宁波府鄞县学咨部优行廪膳生,民籍。"官年取此。

陈劢《运甓斋赠言录》卷一附徐时栋《陈子相先生六十寿序》:"于是吾友陈子相先生年六十矣……正月二十七日,先生生日也……同治三年岁在甲子正月。"由同治三年(1864)逆推,知其生于嘉庆十年乙丑(1805)正月二十七日。另附王棻《咏桥征士陈先生暨配李孺人六十双寿序》:"曩岁甲子孟陬,为亲家咏桥征士陈先生六十初度。"董沛《咏桥仁丈陈先生七十寿序》:"同治十三年一月二十七日,咏桥先生七十寿。"亦可为证。实年取此。

吴昌寿(另见)
官年:嘉庆十八年癸酉(1813)四月十九日生

实年:嘉庆十五年庚午(1810)生

征考:《集成》(393—227):"吴昌寿,字仁甫,号少村,行一,嘉庆癸酉年四月十九日吉时生,嘉兴府嘉兴县学附生,民籍。"官年取此。

实年征考见会试"吴昌寿"条。

陈景高

官年:嘉庆十九年甲戌(1814)六月十二日生

实年:嘉庆十七年壬申(1812)六月十二日子时生

征考:《集成》(393—219):"陈景高,字子峻,号云山,又号筠珊,行一,嘉庆甲戌年六月十二日吉时生,浙江嘉兴府学廪膳生,海盐县民籍。"官年取此。

陈景高《绿蕉馆诗钞》卷首附其子陈方瀛撰《皇清敕授文林郎诰赠通议大夫显考筠珊府君行状》:"府君生于嘉庆十七年六月十二日子时……二十九年己酉有须江之游,中途示疾,闰四月初五日回家,初六日卒,春秋三十有八。"实年取此。

朱泰修

官年:嘉庆二十一年丙子(1816)二月初一日生

实年:嘉庆十七年壬申(1812)生

征考:《集成》(393—249):"朱泰修,字亦华,号镜香,行一,嘉庆丙子年二月初一日吉时生,浙江嘉兴府海盐县学生咨部优行,灶籍,肄业诂经精舍。"官年取此。

朱泰修《竹南精舍诗钞》卷四《七十述怀四首》并叙:"自辛未作六十述怀诗后,忽忽又十年矣。"由同治辛未(1871)逆推,知其生于嘉庆十七年壬申(1812)。实年取此。

道光己酉(1849)科

孙福清(另见)

官年:道光六年丙戌(1826)十二月初五(1827年1月2日)生

实年:道光四年甲申(1824,甲申十二月五日为1825年1月23日)生

征考:《集成》(394—219):"孙福清,字补璇,号介庭,又号稼亭,行二,道光丙戌十二月初五生,嘉兴府嘉善县咨部优行廪膳生,肄业诂经精舍,民籍。"官年取此。

实年征考见乡试"孙福清"条。

陈政揆

官年：道光八年戊子(1828)十一月初三日生

实年：道光三年癸未(1823)十一月三日辰时生

征考：《集成》(394—325)："陈政揆，字子端，字冕三，号茗生，行一，道光戊子年十一月初三日吉时生，浙江宁波府学优行廪膳生，鄞县民籍，肄业诂经精舍。"官年取此。

陈劢《运甓斋文稿续编》卷三《貤赠奉政大夫拔贡生陈君子端墓志铭》："子端生道光三年十一月三日辰时，卒咸丰六年正月五日丑时，年三十五。"实年取此。

咸丰辛酉(1861)科

张景祁（另见）

官年：道光十年庚寅(1830)十一月初十日生

实年：道光七年丁亥(1827)生

征考：《集成》(395—71)："张景祁，原名左钺，字铁生，号蕴梅，又号玉湖，行一，道光庚寅年十一月初十日吉时生，浙江杭州府钱塘县学咨部优行廪膳生，咸丰戊午科备取优贡第一名，肄业诂经精舍，商籍。"官年取此。

实年征考见会试"张景祁"条。

张鸣珂

官年：道光十四年甲午(1834)十二月二十日(1835年1月18日)生

实年：道光九年己丑(1829)十二月二十日子时(1830年1月14日)生

征考：《集成》(395—97)："张鸣珂，谱名国检，字公束，一字玉珊，行五，道光甲午年十二月二十日吉时生，浙江嘉兴府学咨部优行廪膳生，嘉兴县民籍，保举即选训导，赏戴蓝翎。"官年取此。

张鸣珂《寒松老人自序》云生于"道光己丑十二月二十日子时"。另张鸣珂《寒松阁游艺琐录》卷首有其像，旁题："寒松老人七十六岁小影,甲辰八月秀水潘振节写。"其《寒松阁骈体文续》之《百花洲修禊记》:"会者八人:通州雷树人绶云年七十七,南昌梅启熙少岩年七十六,南昌罗士瀛松园年七十五,吴县郑榜诏仙根年七十二,庐江凌锦章云卿年七十二,广顺但培良幼湖年七十一,嘉兴张鸣珂公束年七十一,山阴傅钟麟子纯年六十九,期而未至者太平李嘉宾苹三年八十,仪征李岳年筱浦年七十六也。光绪己亥三月三日记。"亦可证其生于道光九年(1829)。实年取此。

沈景修

官年:道光十八年戊戌(1838)三月初八日生

实年:道光十五年乙未(1835)生

征考:《集成》(395—105):"沈景修,谱名维銮,字勉之,一字蒙叔,号梦粟,又号次嫚,行二,道光戊戌年三月初八日吉时生,浙江嘉治府秀水县学咨部优行廪膳生,钦加五品衔,赏戴蓝翎,民籍。"官年取此。

沈景修《蒙庐诗存》卷三甲申岁诗有《五十初度述怀》,由光绪十年甲申(1884)逆推,知其生于道光五年乙酉(1835)。另卷四戊子年诗有《先父母今年九十先兄年六十……》:"先君当时同我岁,身轻足健众人夸……二十七年孤露子。"下注:"予二十七岁遭先君大故,今又二十七年矣。"知光绪十四年戊子(1888),逆推亦可知其生于道光十五年乙未(1835)。实年取此。

同治癸酉(1873)科

詹嗣曾

官年:道光十四年甲午(1834)十二月十二日(1835年1月10日)生

实年:道光十二年壬辰(1832)生

征考:《集成》(397—211):"詹嗣曾,字省三,号鲁侪,别号癯仙,行一,又行三,道光甲午年十二月十二日吉时生,浙江衢州府西安县学咨部优行廪膳生,民籍。"官年取此。

詹嗣曾《扫云仙馆诗钞》卷一辛亥年有《二十自寿》,据咸丰元年辛亥(1851)逆推,知其生于道光十二年壬辰(1832)。另周世滋《淡永山窗诗集》卷一一辛酉年有《鲁斋三十初度索赠八首》,由咸丰十一年辛酉(1861)逆推,亦知其生于道光十二年(1832)。实年取此。

光绪乙亥(1875)恩科
徐琪(另见)

官年:咸丰元年辛亥(1851)十二月二十九日(1852年2月18日)生

实年:道光二十九年己酉(1849)十二月二十九日巳时(1850年2月10日)生

征考:《集成》(263—163):"徐琪,字涵哉,号花农,行一,咸丰辛亥年十二月二十九日吉时生,杭州府仁和县学优行廪膳生,民籍,著有《汉书天文五行沟洫志考》《性理卮言》《似玉盦骈体文存》《香海盦诗词类稿》,肄业敷文、崇文、紫阳书院、诂经精舍。"官年取此。

实年征考见会试"徐琪"条。

光绪乙酉(1885)科
姚炳熊(另见)

官年:咸丰十一年辛酉(1861)十一月初六日生

实年:咸丰五年乙卯(1855)生

征考:《集成》(398—271):"姚炳熊,原名学源,字本泉,行二,咸丰辛酉年十一月初六日吉时生,湖州府乌程县学咨部优行廪膳生,民籍。"官年取此。

实年征考见会试"姚炳熊"条

葛嗣溁(另见)

官年:同治三年甲子(1864)八月二十五日生

实年:同治元年壬戌(1862)生

征考:《集成》(398—217):"葛嗣溁,字叕甫,号云威,行一,又行三,同治甲子年八月二十五日吉时生,浙江嘉兴府平湖县学咨部优行廪膳生,民籍。浙江拔贡光绪乙酉科。"官年取此。

实年征考见乡试"葛嗣溁"条。

光绪丁酉(1897)科
傅振海

官年:咸丰十一年辛酉(1861)八月二十七日生

实年:咸丰五年乙卯(1855)八月二十七日酉时生

征考:《集成》(401—105):"傅振海,字炳涵,一字秉中,号晓渊,行一,咸丰辛酉八月二十七日吉时生,浙江绍兴府诸暨县学咨部优行廪膳生,民籍,肄业诂经精舍,兼考敷文、崇文、紫阳书院。"官年取此。

《杜门傅氏宗谱》卷一二《傅振海行传》:"讳炳涵,学讳振海,字秉中,号晓渊,晚号逸庐。生于清咸丰乙卯八月廿七日酉时……卒于民国丙寅七月十三日子时。"实年取此。

蔡汝霖(另见)

官年:同治十年辛未(1871)五月十六日生

实年:同治七年戊辰(1868)生

征考:《集成》(401—231):"蔡汝霖,字雨香,号商卿,行二,同治辛未年五月十六日吉时生,金华府东阳县学咨部优行增广生,民籍,肄业敷文、崇文,兼考诂经精舍。"官年取此。

实年征考见乡试"蔡汝霖"条。

江西

同治癸酉(1873)科
李有棻

官年:道光二十六年丙午(1846)生

实年:道光二十二年壬寅(1842)五月二十一日寅时生

征考:《集成》(405—239):"李有棻,字报春,一字芎垣,行二,年二十八岁,江西省袁州府萍乡县学优廪生,观化乡清江里一图一甲民籍。"由同治十二年癸酉(1873)逆推,知其生年为道光二十六年丙午(1846)。官年取此。

《上海图书馆藏赴闻集成》第6册《李有棻讣告》:"芗垣太府君痛于光绪丁未年八月二十四日寅时因公殁于南康府火焰山舟次,距生于道光壬寅年五月二十一日寅时,享年六十有六。"实年取此。

贵州

咸丰辛酉(1861)科

袁思铧

官年:道光十七年丁酉(1837)十二月初三日生

实年:道光十八年戊戌(1838)生

征考:《集成》(408—117):"袁思铧,字倩萼,号棣臣,又号孺和,行九,道光丁酉年十二月初三日吉时生,贵州贵阳府修文县学优行廪生,民籍。"官年取此。

贵阳罗文彬《清故诰授中议大夫盐运使衔广西补用知府袁君墓志铭》:"君讳思铧,锡臣其字也,又字稚岩,先世自四川迁贵州修文县……君在广东行省,以光绪十四年十一月十五日卒,年五十有一。"由光绪十四年戊子(1888)逆推,可知其生于道光十八年戊戌(1838)。实年取此。然违反官年不会大于实年之常情,此处疑当未按虚岁计年,待考。

岁贡

江南

同治壬申(1872)科

顾炳

官年:道光十二年壬辰(1832)十二月初五日(1833年1月25日)生

实年:道光十年庚寅十二月(1830,庚寅十二月初五日为1831年1月18日)

征考:《集成》(409—377):"顾炳,原名庭萱,字兆龙,号菊舫,又号恕皆,行一,道光壬辰年十二月初五日吉时生,江苏松江府华亭县廪膳生,民籍。"官年取此。

张锡恭《茹荼轩续集》卷六《皇清敕授修职郎候选训导顾君墓碣》:"光绪十五年冬十月某日以疾卒,距生于道光十年十二月某日,享年六十有一。"实年取此。

光绪壬辰(1892)科
苏绍柄

官年:咸丰二年壬子(1852)二月十四日生

实年:咸丰元年辛亥(1851)生

征考:《集成》(411—357):"苏绍柄,字远峰,号稼秋,一号梦盦,行四,又行六,咸丰壬子年二月十四日吉时生,江苏松江府上海县廪生,候选训导,分省补用府经历,民籍。"官年取此。

(民国)《上海县志》卷一五本传:"齐卢构兵,避难来沪,因迭受惊恐,劳顿益甚,病匝月而卒,年七十四。"齐卢战争爆发于1924年9月,据此前推,可知苏绍柄生于咸丰元年辛亥(1851)。实年取此。

恩贡
江南

光绪壬辰(1892)科
杨思义

官年:咸丰四年甲寅(1854)十一月十五日生

实年:咸丰二年壬子(1852)生

征考:《集成》(419—91):"杨思义,字肯堂,号蜀亨,又号次厓,行一,咸丰甲寅十一月十五日吉时生,江苏松江府南汇县学优廪生,民籍。"官年取此。

杨思义《次厓遗稿》有《辛丑春,四儿初生已六岁矣,体素强健,忽传染天花,本属平善,余因误听医者恐其无浆之说,贸然猛进参芪,遂致变症百出,绵延十六七日,溃烂而毙,悔痛奚似,赋此当哭》:"我身何不幸,六子五夭亡……行年方五十,两鬓已堆霜。"由光绪二十一年辛丑(1901)逆推,知其生于咸丰二年壬子(1852)。实年取此。

第五章 清代科举文人官年与实年相同者丛考

会试

康熙癸未(1703)科

查慎行

官年:顺治七年庚寅(1650)五月初七日生

实年:顺治七年庚寅(1650)生

征考:《未刊》(1—180)(2—314)(3—120):"查慎行,字悔余,号查田,行一,庚寅年五月初七日生,浙江杭州府钱塘县监生,海宁县人。"官年取此。

方苞《望溪文集》卷一〇《翰林院编修查君墓志铭》:"君讳嗣琏,字夏重,后更名慎行,浙江海宁人也……君卒于雍正五年,年七十有八。"由雍正五年丁未(1727)逆推,知其生于顺治七年庚寅(1650)。实年取此。

吴廷桢

官年:顺治十年癸巳(1653)二月二十日生

实年:顺治十年癸巳(1653)二月生

征考:《未刊》(2—208)(3—99):"字山抡,号南村,行一,癸巳年二月二十日生,江南苏州府长洲县监生,民籍。"官年取此。

吴廷桢《古剑书屋诗钞》卷一《送朱龙章通守莱州》:"与君

同属癸巳生,少小约结鸡坛盟。君生六月我二月,较长百日称为兄。"实年取此。

刘岩

官年:顺治十三年丙申(1656)二月二十二日生

实年:顺治十三年丙申(1656)二月二十二日亥时生

征考:《未刊》(1—410)(2—16、67、259):"刘岩,字大山,号无垢,行一,丙申年二月二十二日生,江南江浦县拔贡生。"官年取此。

吴楫编《刘大山先生年谱》:"先生生于顺治十三年二月二十二日亥时……丙申六月二十二日先生卒。"实年取此。

宋至

官年:顺治十三年丙申(1656)七月初八日生

实年:顺治十三年丙申(1656)生

征考:《未刊》(2—52、299)(3—169、184)(4—1):"宋至,字山言,丙申年七月初八日生,河南归德府商丘县副榜贡生。"官年取此。

方苞《望溪文集》卷一二《宋山言墓表》:"君讳至,字山言,河南商丘人……卒于雍正三年十月,享年七十。"由雍正三年乙巳(1725)逆推,知其生于顺治十三年丙申(1656)。实年取此。

陈嵩

官年:顺治十八年辛丑(1661)正月二十六日生

实年:顺治十八年辛丑(1661)正月二十六日生

征考:《未刊》(1—217、370)(2—86)(3—239):"陈嵩,字巨高,号峻斋,行四,辛丑年正月二十六日生,浙江嘉兴府海盐县民籍。"官年取此。

《海宁渤海陈氏宗谱》卷八《世传》载:"嵩,字巨高,号峻斋,居城中中北寺巷,岁贡生,中康熙丙子乡试第六十五名,癸未会试第十五名,殿试第二甲第二十六名……生顺治辛丑正月二十六日,卒康熙丙申六月二日,年五十六。"实年取此。

乾隆壬戌(1742)科
窦光鼐
官年:康熙五十九年庚子(1720)十月初二日戌时生

实年:康熙五十九年庚子(1720)生

征考:《未刊》(4—176):"窦光鼐,字元调,号荆阳,一号东皋,行一,庚子年十月初二日戌时生,山东青州府诸城县副榜贡生,民籍,习《诗经》。"官年取此。

秦瀛《小岘山人文集》卷五《都察院左都御史窦公墓志铭》:"公之生以康熙五十九年十月初二日,卒以乾隆六十年九月二十二日,年七十有六。"实年取此。

乾隆壬申(1752)恩科
林有席
官年:康熙五十四年乙未(1715)八月二十三日生

实年:康熙五十四年乙未(1715)八月二十三日生

征考:《未刊》(4—229、237、277、293、325、373):"林有席,字儒珍,号平园,行七,乙未年八月二十三日生,江西袁州府分宜县廪膳生,民籍,习《书经》。"官年取此。

邓梦琴《楸亭文稿》卷一五《林平园墓志铭》:"分宜林平园,余同年友也,余少平园八岁,而乡举先一科……平园讳有席,字儒珍,生于康熙乙未八月二十三日,卒于嘉庆乙丑十一月十三日,享年九十有一。"实年取此。

乾隆辛卯(1771)恩科
方昂
官年:乾隆五年庚申(1740)五月十四日酉时生

实年:乾隆五年庚申(1740)五月十四日生

征考:《集成》(3—337):"方昂,字叔驹,号纫荪,行三,乾隆庚申年五月十四日酉时生,山东济南府历城县廪膳生,习《诗经》。"官年取此。

《碑传集》卷八七纪昀《江苏布政使司布政使方公昂墓志铭》:"生于乾隆庚申五月十四日,卒于嘉庆庚申闰四月二十八日,年六十有一。"逆推得其生年为乾隆五年庚申(1740),实年取此。

乾隆乙未(1775)科
赵钧肜

官年:乾隆七年壬戌(1742)十月初一日戌时生

实年:乾隆七年壬戌(1742)生

征考:《集成》(3—357):"赵钧肜,字絜平,号澹园,又号慕堂,行二,壬戌年十月初一日戌时生,山东登州府莱阳县学增广生,民籍,治《礼记》。"官年取此。

(民国)《莱阳县志》卷三之三上有王埁《赵澹园居士钧肜传》,曰:"澹园,名钧肜,字絜平,别号澹园居士,姓赵氏……乾隆辛卯举于乡,乙未成进士……戍伊犁,是为乾隆四十七年癸卯。越八年,归自戍所,母亡兄死,而澹园年五十矣……嘉庆七年己丑卒,年六十有四。"按其中讹字颇多,乾隆四十八年始癸卯年,此处"四十七"当作"四十八"。"嘉庆七年己丑"亦为"嘉庆十年乙丑"之讹。赵氏归自戍所时在乾隆五十六年(1791),是年五十,六十四岁卒,时正在嘉庆十年(1805)。知其生年在乾隆七年壬戌,实年取此。

乾隆辛丑(1781)科
汪长龄

官年:乾隆十四年己巳(1749)六月二十五日子时生

实年:乾隆十四年己巳(1749)生

征考:《集成》(3—399):"汪长龄,字西庭,号学山,行八,乾隆己巳年六月二十五日子时生,山东济南府历城县廪膳生,系民籍,习《诗经》。"官年取此。

(民国)《续历城县志》卷三九《列传一》本传:"长龄,字西庭,号学山,镛弟,乾隆四十一年高宗东巡以诸生应召试钦取二等第四名,四十二年举于乡,四十六年成进士,以知县分发四川……戊寅秋夜,飓风雷雨,电火激射,州城官廨屋瓦皆飞,长龄捧印敕露立庭中达旦。明年兼摄陵水县篆,感疾卒,年七十一。"戊寅次年为嘉庆二十四年己卯(1819),逆推知其生于乾隆十四年己巳(1749),实年取此。

乾隆己酉(1789)科
彭希郑(另见)

官年:乾隆二十九年甲申(1764)四月二十一日生

实年:乾隆二十九年甲申(1764)四月二十一日亥时生

征考:《集成》(4—1):"彭希郑,字含英,号苇间,行五,甲申年四月二十一日生,江南苏州府长洲县,民籍。"官年取此。

彭希郑《酌雅斋文集》附其侄彭翊《叔从常德府知府苇间府君述》:"道光十一年六月叔父常德太守苇间府君卒于陆墓之远尘精舍……年六十八岁,生于乾隆二十九年四月二十一日亥时,卒于道光十一年六月二十一日亥时。"另正篇中有《亡室瞿恭人行略》:"庚申春夏交,闻太夫人病……而太夫人讣已至……余年仅三十七,而两鬓苍然。"亦可推知其生于乾隆甲申年,实年取此。

嘉庆己未(1799)科
郝懿行

官年:乾隆二十二丁丑(1757)七月初六日生

实年:乾隆二十二丁丑(1757)七月初六日午刻生

征考:《未刊》(5—100):"郝懿行,字恂九,一字兰皋,行一,丁丑年七月初六日午时生,山东登州府栖霞县民籍,廪膳生。"官年取此。

《续碑传集》卷七二胡培翚《郝兰皋先生墓表》:"栖霞郝兰皋先生以嘉庆己未成进士,官户部主事……君以道光五年五月二十七日卒,年六十八。"由道光五年(1825)逆推,可知其生于乾隆二十二年丁丑(1757)。许维遹编《郝兰皋夫妇年谱》据家谱、墓志铭,考郝懿行生于清高宗乾隆二十二年丁丑"七月初六日午刻"。实年取此。

嘉庆辛酉(1801)恩科
丁步曾

官年:乾隆二十七年壬午(1762)十一月二十三日(1763年1月6日)生

实年:乾隆二十七年壬午(1762)生

征考:《未刊》(5—169、203、220、322):"丁步曾,字淳甫,号毅斋,行二,壬午年十一月二十三日吉时生,江西建昌府泸溪县民籍,廪膳生。"官年取此。

(同治)《濂溪县志》卷九《人物下》:"丁步曾,字淳甫,一字毅斋……嘉庆辛酉会试,成进士……壬戌冬卒于家,年四十有一。"由嘉庆七年壬戌(1802)逆推,知其生于乾隆二十七年壬午(1762)。实年取此。

秀宁

官年:乾隆三十九年甲午(1774)十二月廿三日申时(1775年1月24日)生

实年:乾隆三十九年甲午(1774)生

征考:《集成》(4—273):"(他塔喇氏)秀宁,字琪原,号楚翘,一号松坪,行二,甲午年十二月廿三日申时生,正蓝旗满洲都统奇勒炳阿佐领下,增广生。"官年取此。

秀宁《只自怡悦诗钞》于道光壬寅小春下瀚自记:"明年余七十平头。"逆推可知其生于乾隆甲午年(甲午十二月已入1775年)。实年取此。

嘉庆壬戌(1802)科
王楚堂

官年:乾隆三十五年庚寅(1770)三月初三日生

实年:乾隆三十五年庚寅(1770)三月初三日寅时生

征考:《集成》(4—349):"王楚堂,字授方,号芸榭,行一,庚寅年三月初三日生,浙江杭州府学廪膳生,仁和县民籍。"官年取此。

王楚堂《云翁自订年谱》:"乾隆三十五年岁次庚寅,三月初三日寅时,余生于仁和平安坊小夹道巷。"实年取此。

卿祖培

官年:乾隆四十一年丙申(1776)八月二十四日生

实年:乾隆四十一年丙申(1776)生

征考:《集成》(4—403):"卿祖培,字敦夫,号滋圃,行三,乾隆丙申年八月二十四日生,广西桂林府灌阳县选拔贡生,民籍。"官年取此。

陶澍《印心石屋文钞》卷二八《诰授通议大夫太常寺少卿卿公墓表》:"公讳祖培,字锡祚,号滋圃,姓卿氏……(壬午)十一月初九日卯时疾卒,年四十有七。"逆推知其生年,实年取此。

嘉庆戊辰(1808)科

茅润之

官年:乾隆三十九年甲午(1774)六月十三日生

实年:乾隆三十九年甲午(1774)生

征考:《未刊》(6—451):"茅润之,原名栋,字松坪,号怡庵,行一,乾隆甲午年六月十三日生,江南镇江府丹徒县卫籍。"官年取此。

茅润之《挹青阁诗集》有顾莼序:"戊辰岁君举进士……丙戌岁卒于家。"卷五《癸未初春同人焦山看梅风雨连夕澹生有诗遣兴即次其韵》云"我生百年已及半",后注"今年政五十"。由道光三年癸未(1823)前推,可知其生于乾隆三十九年甲午(1774)。实年取此。

嘉庆辛未(1811)科

周天爵

官年:乾隆四十年乙未(1775)四月十八日生

实年:乾隆四十年乙未(1775)生

征考:《未刊》(7—75、218、254、308):"周天爵,字敬修,号檀荪,行一,乾隆乙未年四月十八日生,山东泰安府东阿县民籍。"官年取此。

(宣统)《山东通志》卷一七一《人物》"周天爵"条:"(咸丰)三年粤匪陷武昌,饬赴小孤山防者,旋署皖抚,时金陵已陷,淮北盗贼蜂起。天爵驻隘扼守徐州,是时年已七十九……九月卒于军。"由咸丰三年(1853)逆推,可知其生于乾隆四十年乙未(1775)。实年取此。

易良俶

官年:乾隆四十二年丁酉(1777)五月初十日生

实年:乾隆四十二年丁酉(1777)生

征考:《未刊》(7—75、218、254、308):"易良俶,字倜之,号屏山,行二,乾隆丁酉年五月初十日生,湖南沅州府黔阳县民籍。"官年取此。

《国朝耆献类征初编》卷二四七"易良俶"条:"丁未先生殁,年七十有一。"由道光二十七年丁未(1847)逆推,可知其生于乾隆四十二年丁酉(1777)。实年取此。

嘉庆甲戌(1814)科

贺熙龄

官年:乾隆五十三年戊申(1788)五月初七日午时生

实年:乾隆五十三年戊申(1788)五月初七日生

征考:《未刊》(7—385):"贺熙龄,字光甫,号蔗农,行六,乾隆戊申年五月初七日午时生,湖南长沙府善化县学附生,民籍。"官年取此。

唐鉴《唐确慎公集》卷四《诰授朝议大夫掌四川道监察御史贺君墓志铭》:"君讳熙龄,字光甫,蔗农其号也……君生于乾隆戊申五月初七日,卒于道光丙午十月二十四日,年五十有九。"实年取此。

道光壬午(1822)恩科

吉年

官年:嘉庆元年丙辰(1796)九月十九日亥时生

实年:嘉庆元年丙辰(1796)生

征考:《集成》(6—329):"吉年,字秋畚,号碧栖,行四,嘉庆丙辰年九月十九日亥时生,镶蓝旗满洲和伦佐领下,监生,现任刑部笔帖式,委署主事。"官年取此。

宗稷辰《躬耻斋文钞》卷一〇下《奉天府府尹鄂卓君墓表》:"君鄂卓氏,讳吉年……咸丰二年三月十四日卒于家,年仅五十有七。"由咸丰二年(1852)逆推可知其生于嘉庆丙辰年(1796)。实年取此。

道光丙戌(1826)科
程庭桂

官年:嘉庆元年丙辰(1796)八月初十日生

实年:嘉庆元年丙辰(1796)八月初十日生

征考:《集成》(7—277):"程庭桂,字芳仲,号楞香,又号琴孙,行二,嘉庆丙辰年八月初十日吉时生,江南苏州府吴县学廪膳生,民籍。道光丙戌科。"官年取此。

程庭桂《楞香公自叙年谱》一卷:"嘉庆丙辰一岁,庭桂生于嘉庆元年八月初十日。"实年取此。

道光己丑(1829)科
汪本铨

官年:嘉庆十五年庚午(1810)九月二十四日生

实年:嘉庆十五年庚午(1810)生

征考:《集成》(8—105):"汪本铨,字衡甫,行一,嘉庆庚午年九月二十四日吉时生,江苏常州府阳湖县附生,民籍。"官年取此。

《续碑传集》卷三五谢应芝《特赠太仆寺卿浙江布政使汪公神道碑铭》:"道光丁亥,公年十八,补县学生……年四十五,卒于咸丰四年闰七月辛巳。"由咸丰四年(1854)逆推可知其生于嘉庆庚午年(1810)。实年取此。

道光丙申(1836)恩科
何绍基

官年:嘉庆四年己未(1799)十二月初五日寅时生

实年:嘉庆四年己未(1799)十二月初五日寅时生

征考:《集成》(10—167):"何绍基,字子贞,行一,嘉庆己未年十二月初五日寅时生,湖南永州府道州优贡生,民籍。"官年取此。

何庆涵《皇清诰授中宪大夫翰林院编修加六级貤封资政大夫候选道加四级显考何公子贞府君墓志》:"府君讳绍基,字小槎,一字子贞,五十六岁自号蝯叟……生于嘉庆四年己未岁十二月初五日寅时。"实年取此。

李汝峤(另见)

官年:嘉庆五年庚申(1800)十月初五日生

实年:嘉庆五年庚申(1800)十月初五日午时生

征考:《集成》(10—219):"李汝峤,字方壶,号少峰,一号子瀛,行五,嘉庆庚申年十月初五日吉时生,江苏太仓州镇洋县拔贡生,民籍,前任清河南汇县学训导。"官年取此。

李汝峤《梦瀛居士自订年谱》:"嘉庆五年庚申一岁……赁居宣武门外魏染胡同,以是年十月初五日午时生峤于京邸。"实年取此。

沈兆霖

官年:嘉庆六年辛酉(1801)九月九日生

实年:嘉庆六年辛酉(1801)生

征考:《集成》(10—113):"沈兆霖,字尺生,号朗亭,一号子莱,行三,嘉庆辛酉年九月九日生,浙江杭州府钱塘县学廪膳生,民籍,正黄旗觉罗官学教习。"官年取此。

钱保塘《清风室文钞》卷一〇《成都浙馆先贤祠小传》:"钱塘沈兆霖……(同治六年)七月初行至平番县之三道沟,山水暴至,没于水,年六十三。"由同治六年(1867)逆推可知其生于嘉庆辛酉(1801)。实年取此。

郭沛霖

官年:嘉庆十四年己巳(1809)

九月二十三日生实年:嘉庆十四年己巳(1809)生

征考:《集成》(10—27):"郭沛霖,原名立材,字仲济,号雨三,行二,嘉庆己巳年九月二十三日吉时生,湖北黄州府蕲水县学优廪膳生,民籍。"官年取此。

胡增廓撰《郭光禄公家传》:"郭公讳沛霖,字仲齐,号雨三,湖北黄州府蕲水县人……一悍贼从后刺公,伤足堕马,寇丛刺,阵亡,咸丰九年六月十八日也,时年五十有一。"由咸丰九年(1859)逆推可知其生于嘉庆己巳(1809)。实年取此。

王启曾

官年:乾隆六十年乙卯(1795)四月初七日生

实年:乾隆六十年乙卯(1795)生

征考:《集成》(10—339):"王启曾,字诒孙,号秋浦,行六,乾隆乙卯年四月初七日吉时生,山东登州府蓬莱学附生,民籍,候补国子监学正。"官年取此。

(光绪)《蓬莱县续志》卷一三《艺文志中·传》收有周悦让所写《王观察传》:"君名启曾,字贻孙,秋浦其号也,道光十六年进士……同治庚午四月九日卒,年七十有六。"由同治九年庚午(1870)逆推,知其生于乾隆六十年乙卯(1795)。实年取此。

道光庚子(1840)科

刘宝楠

官年:乾隆五十六年辛亥(1791)二月初五日生

实年:乾隆五十六年辛亥(1791)二月初五日子时生

征考:《集成》(11—149):"刘宝楠,字楚桢,号念楼,行十,乾隆辛亥年二月初五日吉时生,江苏扬州府宝应县优贡生,民籍。"官年取此。

刘文兴《宝应刘楚桢先生年谱附著述考》(《辅仁学志》第四卷第一期):"清乾隆五十六年辛亥二月初五日子时,先生生于宝应东门里第之韫山楼。"实年取此。

冯桂芬

官年:嘉庆十四年己巳(1809)九月初十日生

实年:嘉庆十四年己巳(1809)九月初十日生

征考:《集成》(11—83):"冯桂芬,字景亭,号林一,又号梦奈,行三,嘉庆己巳九月初十日生,江南苏州府吴县副贡生,民籍。"官年取此。

柳商贤《蘧盦文钞》之《三品衔詹事府右春坊右中允冯先生行状》:"先生讳桂芬,姓冯氏,字林一,又字景亭,自号懔叟……生于嘉庆十四年九月初十日,卒于同治十一年四月十三日,年六十有六。"实年取此。按冯卒于同治十三年,《行状》"同治十一年"当作"同治十三年",亦始与"年六十六"相合。

道光辛丑(1841)恩科

赵畇

官年:嘉庆十三年戊辰(1808)八月初三生

实年:嘉庆十三年戊辰(1808)八月初三日子时生

征考:《集成》(12—65):"赵畇,字芸谱,号岵存,行三,嘉庆戊辰年八月初三日吉时生,安徽安庆府太湖县优贡生,民籍,正蓝旗官学教习,记名国子监学正学录。"官年取此。

赵畇编、赵继元等补《遂翁自订年谱》:"嘉庆十三年戊辰八月初三日子时生。"实年取此。

潘曾莹(另见)

官年:嘉庆十三年戊辰(1808)十一月初四日生

实年:嘉庆十三年戊辰(1808)十一月初四日未时生

征考:《集成》(12—35):"潘曾莹,字申甫,号星斋,行二,嘉庆戊辰年十一月初四日吉时生,江苏苏州府吴县附贡生,内廷国史馆誊录,议叙知县,国子监学正。"官年取此。

《潘曾绶日记》道光二十七年丁未(1847)十一月四日:"二兄四十生日。"逆推知潘曾莹生于嘉庆十三年(1808)十一月初四日。俞樾《春在堂杂文四编》之三《吏部左侍郎潘公墓志铭》:"公生于嘉庆十三年十一月乙丑,夫人生于是年七月癸酉,至是岁皆七十有一。"《大阜潘氏支谱》卷六:"(曾莹)生于清嘉庆十三年戊辰十一月四日,卒于清光绪四年戊寅三月三日,年七十有一。"《上海图书馆藏赴闻集成》第1册有潘曾莹之子潘祖同、潘祖喜撰《潘曾莹夫妇行述》:"府君生于嘉庆十三年戊辰十一月四日未时,先妣生于是年七月九日酉时,寿并七十有一。"实年取此。

道光甲辰(1844)科
王家璧

  官年:嘉庆十九年甲戌(1814)闰二月二十五日子时生

  实年:嘉庆十九年甲戌(1814)生

  征考:《集成》(13—305):"王家璧,字孝凤,号月卿,一号连城,行二,又行一,嘉庆甲戌年闰二月二十五日子时生,湖广武昌府武昌县拔贡生,市二里民籍,旧籍黄州府黄冈县。"官年取此。

  杨琪光《博约堂文钞》卷四《光禄寺少卿王公传》:"公讳家璧,字孝凤……(光绪)九年正月某日以疾卒官,年七十。"由光绪九年(1883)逆推,可知其生于嘉庆十九年甲戌(1814)。实年取此。

何秋涛

  官年:道光四年甲申(1824)十一月二十日(1825年1月9日)生

  实年:道光四年甲申(1824,甲申十一月二十日为1825年1月9日)生

  征考:《集成》(13—259):"何秋涛,字巨源,一字海槎,号愿船,行一,道光甲申年十一月二十日吉时生,福建邵武府光泽县学廪膳生,民籍。"官年取此。

  黄彭年《陶楼文钞》卷七《刑部员外郎何君墓表》:"君卒以同治元年六月四日,年三十有九。"由同治元年(1862)逆推,可知其生于道光甲申年。实年取此。

道光乙巳(1845)恩科
徐时楝(另见)

官年:嘉庆二十一年丙子(1816)四月十一日生

实年:嘉庆二十一年丙子(1816)四月生

征考:《集成》(13—373):"徐时楝,字次楣,号憧桥,又号子舟,行十四,嘉庆丙子年四月十一日生,宁波府学附生,鄞县民籍。"官年取此。

陈劢《运甓斋文稿续编》卷四《刑部主事子舟徐君墓志铭》:"竟先柳泉而卒,实同治十二年十月十三日也,年五十有八。"由同治十二年(1873)逆推,可知其生于嘉庆二十一年丙子(1816)。又徐时栋《烟屿楼笔记》卷二:"吾试童子,匿三年;子舟匿二年。吾以甲戌十一月生,子舟以丙子四月生。及癸卯,余得优贡,子舟中乡举,并刻行卷。书履历年岁,一时未及检点,改年不改月,于是吾以丁丑十一月生,子舟以戊寅四月生。或见而疑之曰:'闻二君同母者也,天下岂有隔四月复生子者耶?'闻之不觉自笑。"子舟即徐时楝,由是知其生于嘉庆二十一年丙子四月生(1816)。实年取此。

李仁元

官年:道光六年丙戌(1826)十二月十八日(1827年1月15日)生

实年:道光六年丙戌(1826,丙戌十二月十八日为1827年1月15日)生

征考:《集成》(14—67):"李仁元,字伯元,一字资斋,号子健,行一,道光丙戌年十二月十八日吉时生,河南怀庆府济源县附生,民籍。道光乙巳恩科。"官年取此。

《碑传补》卷三一郝植恭《乐平县知县李君传》:"李君,名仁元,字资斋……(咸丰三年)死时年二十有八。"由咸丰三年(1853)逆推,可知其生于道光丙戌年。实年取此。

道光丁未(1847)科
任瑛
官年:嘉庆八年癸亥(1803)八月二十八日生

实年:嘉庆八年癸亥(1803)八月二十八日生

征考:《道光丁未科会试同门姓氏朱卷》:"任瑛,字尹甫,号憩棠,一号屺棠,行二,嘉庆癸亥年八月二十八日吉时生,江苏常州府宜兴县增广生,民籍。"官年取此。

郭嵩焘《养知书屋文集》卷一八《任府君家传》:"君讳瑛,字憩棠,姓任氏,先世自宋南渡时由河南偃师迁宜兴……举甲午科乡试,又十四年丁未成进士,年四十有五矣……君生于癸亥八月二十八日,卒于甲申二月十三日,年八十有二。"实年取此。

廖宗元
官年:嘉庆十五年庚午(1810)生

实年:嘉庆十五年庚午(1810)生

征考:《道光丁未科会试同门姓氏朱卷》:"廖宗元,字恢祖,号芷亭,别号梓臣,行一,嘉庆壬申年九月二十七日吉时生,湖南长沙府宁乡县附生,民籍。"官年取此。

民国《宁乡县志·先民传》二六"廖宗元"条:"(咸丰十一年五月),退保杭州……殒,年五十二。"由咸丰十一年(1861)逆推,知其生于嘉庆十五年庚午(1810)。实年取此。

李宗羲
官年:嘉庆二十三年戊寅(1818)七月二十一日生

实年:嘉庆二十三年戊寅(1818)七月二十一日生

征考:《道光丁未科会试同门姓氏朱卷》:"李宗羲,原名宗喜,字润农,号雨亭,一号小逸,行一。嘉庆戊寅年七月二十一日吉时生,四川夔州府开县廪膳生,民籍。"官年取此。

李宗羲《开县李尚书政书》卷首《事实》:"公姓李氏,讳宗羲,字雨亭,四川夔州府开县人……公生于嘉庆戊寅年七月二十一日寅时,薨于光绪甲申年闰五月初四酉时。"另有李本芳所撰《行述》:"府君姓李氏,讳宗羲,字雨亭……生于嘉庆戊寅年七月二十一日寅时,享年六十有七。"实年取此。

道光庚戌(1850)科
吴可读

官年:嘉庆十七年壬申(1812)十二月十一日(1813年1月13日)生

实年:嘉庆十七年壬申(1812,壬申十二月十一日为1813年1月13日)生

征考:《集成》(16—247):"吴可读,字柳堂,号兰冶,一号南冶,行一,嘉庆壬申年十二月十一日吉时生,甘肃兰州府皋兰县优增生,民籍,甲辰科,大挑二等,伏羌县训导。"官年取此。

吴可读《携雪堂文集》卷四《遗训》:"光绪己卯三月二十二日自马伸桥三义庙内手泐,父柳堂绝笔。"知其卒年光绪五年(1879)、卷三《柳堂氏感遇感怀赋此俚言七律一首》:"回头六十八年中,往事空谈爱与忠。"下有杨庆生注云"即绝命诗",知其享年六十八岁。由光绪五年逆推,可知其生于嘉庆十七年壬申(1812)。实年取此。

高钦中

官年:嘉庆二十一年丙子(1816)六月十五日生

实年:嘉庆二十一年丙子(1816)生

征考:《集成》(16—163):"高钦中,字敬直,号恒溪,又号爽亭,行一,堂行五,嘉庆丙子相六月十五日吉时生,河南陈州府项城县拔贡,民籍。"官年取此。

(宣统)《项城县志》卷二二《人物志一·儒林》高钦中本传:"二十二,列道光丁酉拔贡……甲子春,视弟钊中于京师,未两月忽犯前症,两日夜遂卒。"由道光丁酉(1837)逆推,可知其生于嘉庆丙子年(1816)。实年取此。

成琦

官年:嘉庆二十二年丁丑(1817)十二月十二日(1818年1月18日)生

实年:嘉庆二十二年丁丑(1817)十二月十二日亥时(1818年1月18日)生

征考:《集成》(16—359):"(格济勒氏)成琦,字魏卿,号小韩,一号效韩,行二,嘉庆丁丑年十二月十二日吉时生,正黄旗满洲都统阿琳佐领下监生,现官都察院笔帖式、委署经历。"官年取此。

成琦《主善堂主人年谱》:"嘉庆二十有二年丁丑十二月十二日亥时琦生。"实年取此。

咸丰壬子(1852)恩科
潘祖荫

官年:道光十年庚寅(1830)十月初六日生

实年:道光十年庚寅(1830)十月初六日酉刻生

征考:《集成》(17—129):"潘祖荫,字东镛,号伯寅,一号凤笙,又号郑庵,行大,又行三,道光庚寅年十月初六日吉时生,江苏苏州府吴县监生,记名国子监学正学录。"官年取此。

潘祖年编《潘文勤(祖荫)公年谱》:"以道光十年庚寅十月初六日生于京都米市胡同。"潘曾绶《潘绂庭自订年谱》:"(道光)十年庚寅,十月初六日酉刻,子祖荫生。"《大阜潘氏支谱》卷六潘祖荫:"生于清道光十年庚寅十月六日,卒于清光绪十六年庚寅十月三日,年六十有一。"实年取此。

咸丰丙辰(1856)科
蒋彬蔚

官年:嘉庆二十二年丁丑(1817)十一月十三日生

实年:嘉庆二十二年丁丑(1817)生

征考:《集成》(19—1):"蒋彬蔚,字颂芬,号子良,又号芷梁,行一,嘉庆丁丑年十一月十三日吉时生,江苏苏州府吴县监生,民籍。"官年取此。

《续碑传集》卷一九锡缜《刑科给事中蒋君墓志铭》:"以同治十二年九月十三日卒,年五十七。"由同治十二年(1873)逆推,可知其生于嘉庆丁丑年(1817)。实年取此。

卓景濂

官年:道光十一年辛卯(1831)十月初十日生

实年:道光十一年辛卯(1831)生

征考:《集成》(19—277):"卓景濂,字少鹤,号友莲,行二,道光辛卯年十月初十日吉时生,四川成都府华阳县国学生,民籍,甲寅科考取国史馆誊录。"官年取此。

刘孚京《南丰刘先生文集》卷二行状《外舅卓公行状》:"公讳景濂,字友莲……年五十有八,以光绪十四年九月十一日卒于官。"由光绪十四年(1888)逆推,可知其生于道光辛卯年(1831)。实年取此。

李应莘(另见)

官年:道光十二年壬辰(1832)二月初五日生

实年:道光十二年壬辰(1832)二月初五日生

征考:《集成》(19—383):"李应莘,字稼门,一字子衡,别字剑生,行五,道光壬辰年二月初五日吉时生,陕西延安府延川县监生,民籍。"官年取此。

李应莘《双桐书屋诗剩》卷七后李崇洸跋:"光绪丁丑,崇洸捷南宫,而哀耗至,叔已于三月卒于汴。……叔生于道光壬辰二月五日,卒于光绪丁丑三月十三日,享年四十有六。"实年取此。

谭钟麟

官年:道光二年壬午(1822)三月十九日生

实年:道光二年壬午(1822)生

征考:《集成》(20—271):"谭钟麟,原名二监,字崇德,号文卿,行三,道光壬午年三月十九日吉时生,湖南长沙府茶陵州学廪生,民籍。"

官年取此。

谭宝箴等《先府君文勤公行状》："三十一年春,若有前知,坚屏药饵。三月十二日亥时,端坐而终。去生年道光二年三月十九日,享年八十有四。"(据《中国家谱资料选编》第4册《传记卷》)《碑传集三编》卷一五国史馆传稿《谭钟麟传》:"(光绪)三十一年,卒。"同卷又有王闿运《太子少保谥文勤谭公碑》:"公讳钟麟,字文卿……卅有一年三月乙酉薨于长沙里第,年八十有四。"此文亦见《湘绮楼诗文集》卷九。由光绪三十一年(1905)逆推,可知其生于道光壬午年(1822)。实年取此。

叶衍兰

官年:道光三年癸未(1823)三月初六日生

实年:道光三年癸未(1823)生

征考:《集成》(20—241):"叶衍兰,字南雪,号兰台,行三,道光癸未年三月初六日吉时生,系广东广州府番禺县学附生,民籍。"官年取此。

叶衍兰写刻本《李长吉集》有叶跋一则,落款署"光绪壬辰仲秋,叶衍兰识。时年七十"。光绪壬辰为1892年,则当生于道光癸未1823年。《如皋冒氏丛书》本《小三吾亭词》有叶衍兰序,落款署"光绪甲午冬,叶衍兰序,时年七十有二"。光绪甲午为1894年,逆推其生年为1823年。叶衍兰写刻本《返生香》有叶跋一则,落款署"光绪二十有二丙申仲春之月,叶衍兰并识。时年七十有四"。光绪二十二年为1896年,逆推其生年为1823年。《番禺县续志》卷二〇《叶衍兰传》曰:"叶衍兰,字兰台,又字南雪,先世浙江余姚人,曾祖谦亨游粤久,遂家焉……中咸丰二年举人,六年成进士……年七十五卒。"可知其卒年为1897年。实年取此。

咸丰己未(1859)科

陈倬

官年:道光六年丙戌(1826)十一月二十八日生

实年:道光六年丙戌(1826)十一月二十八日生

征考:《集成》(21—107):"陈倬,字云章,号培之,行一,道光丙戌年十一月二十八日吉时生,江苏苏州府学廪膳生,元和县民籍。"官年取此。

陈倬《陈培之自订年谱》载其生于"道光六年十一月廿八日"。实年取此。

朱学笃

官年:道光七年丁亥(1827)三月初三日酉时生

实年:道光七年丁亥(1827)生

征考:《集成》(22—153):"朱学笃,字祜堂,号实甫,又号莲舫,行二,道光丁亥年三月初三日酉时生,山东东昌府聊城县廪膳拔贡生,民籍,原籍平阴县。"官年取此。

(宣统)《聊城县志》之《耆献文征》卷又下载有李鸿藻所撰《甘肃宁夏府知府朱公墓志铭》:"公讳学笃,字祜堂,一字实甫,东昌聊城人……以光绪十八年正月二十八日未时卒于里第,享年六十六岁。"由光绪十八年壬辰(1892)逆推,知其生于道光七年丁亥(1827)。实年取此。

田国俊

官年:道光十九年己亥(1839)十一月初十日生

实年:道光十九年己亥(1839)生

征考:《集成》(22—1):"田国俊,字治庭,号鹤樵,一号砚簃,行一,道光己亥年十一月初十日吉时生山西平定州盂县荫生,民籍。"官年取此。

《山西献征》卷一《京卿田敬堂先生事略(子国俊附)》:"子国俊,字炽庭,号研芸,别号双鹤山樵,以咸丰乙卯举于乡,年甫冠也。己未成进士,选翰林,改官工部主事……(光绪)二十八年壬寅卒于家,年六十四岁。"由光绪二十八年壬寅(1902)逆推,知其生年为道光十九年己亥(1839)。实年取此。

咸丰庚申(1860)恩科
祁世长(另见)

官年:道光五年乙酉(1825)六月二十九日生

实年:道光五年乙酉(1825)生

征考:《集成》(22—357):"祁世长,字子禾,号念慈,行一,又行七,道光乙酉年六月二十九日吉时生,系山西平定直隶州寿阳县监生,民籍,一品荫生,工部营缮司候补员外郎。"官年取此。

《续碑传集》卷一五王先谦《诰授光禄大夫经筵讲官工部尚书兼管顺天府事务祁文恪公神道碑》:"公姓祁氏,讳世长,字子禾……以光绪十八年壬辰八月六日卒,距其生道光五年乙酉六月二十九日,年六十八。"实年取此。朱彭寿《安乐康平室随笔》卷一:"实生于道光甲申,然旧时所刻乡会试朱卷,则皆作乙酉生,盖循俗例应试时少填一岁耳。"然朱说有误。据祁寯藻《观斋行年自纪》:"(道光五年乙酉,三十三岁)六月岁科试讫,登衡山,宿祝融峰寺观日出,还长沙。是月,子世长生。"可确证祁世长生于道光五年乙酉(1825)。

同治癸亥(1863)恩科
李嘉乐

官年:道光十三年癸巳(1833)九月二十七日生

实年:道光十三年癸巳(1833)生

征考:《集成》(25—59):"李嘉乐,字德申,号宪之,一号献之,道光癸巳相九月二十七日吉时生,系河南光州附生民籍。"官年取此。

李嘉乐《仿潜斋诗钞》自序:"光绪己丑九日宪之记于京师之鲍庐,时年五十有七。"由光绪己丑年(1889)逆推,可知其生于道光癸巳年(1833)。实年取此。

王綍(另见)

官年:道光十三年癸巳(1833)十月初四日生

实年:道光十三年癸巳(1833)生

征考:《集成》(24—159):"王縡,字德仔,号莘钽,一号星钽,行一,道光癸巳年十月初四日吉时生,江苏常州府无锡县廪贡生,民籍。"官年取此。

薛福成《庸庵文编》卷四《诰授奉直大夫户部云南司主事王君墓志铭(庚辰)》:"(光绪六年)夏四月某日卒,年四十八。"由光绪六年(1880)逆推,可知其生于道光癸巳年(1833)。实年取此。

陆尔熙

官年:道光十五年乙未(1835)十一月二十六日(1836 年 1 月 14 日)生

实年:道光十五年乙未(1835)十一月二十六日(1836 年 1 月 14 日)生

征考:《集成》(25—367):"陆尔熙,字广夒,号善庆,行一,道光乙未年十一月二十六日吉时生,江苏常州府阳湖县学附生,民籍。"官年取此。

陆懋恩《读秋水斋文》卷五《族侄孙广敷太史墓志铭》:"广敷以辛未九月二十五日卒于京师……君名尔熙,号缉斋,广敷其字也……君生以道光乙未,卒以同治辛未,年仅三十有七。"由同治辛未(1871)逆推,可知其生于道光十五年乙未(1835)。实年取此。

同治乙丑(1865)科

王元晋

官年:道光五年乙酉(1825)十月十七日生

实年:道光五年乙酉(1825)生

征考:《集成》(28—149):"王元晋,原名甫晋,字子蕃,号康侯,行五,道光乙酉年十月十七日吉时生,系山西潞安府黎城县附生,民籍。同治乙丑科。"官年取此。

常赞春《山西献征》卷二《都转王英斋先生事略(子元晋附)》:"子元晋,字子蕃,原名甫晋,幼随先生任,道光己酉举于乡……同治乙丑成进士……光绪丙戌,甘回平定……于丁酉卒,年七十三岁。"由光绪二十三年(1897)逆推,知其生于道光五年乙酉(1825)。实年取此。

周铭旂

官年:道光八年戊子(1828)九月初四日生

实年:道光八年戊子(1828)九月初四日巳时生

征考:《集成》(28—171):"周铭旂,原名鸣岐,字懋臣,号海鹤,行三,道光戊子年九月初四日吉时生,山东莱州府即墨县鳌山卫拔贡生,民籍。"官年取此。

(民国)《续修陕西通志稿》卷七〇《名宦七》本传:"二十六年两宫西幸……次年和约成,铭旂年已七十矣。""和约"当指《辛丑条约》,由光绪二十七年辛丑(1901)逆推,似生于道光十二年壬辰(1832)。然此处"七十"不确,据其子周汝霖编、其孙周鸿居续撰的《周海鹤先生年谱》(稿本,山东省委党校图书馆藏,收入《山东文献集成》第四辑),周铭旂"戊子清宣宗道光八年(1828)九月初四日辛丑巳时生",而至民国二年(1913)十一月二十日始卒,享寿八十六岁,则辛丑时其实已七十四岁矣。实年取此。

李用清

官年:道光九年己丑(1829)十月生

实年:道光九年己丑(1829)十月三日生

征考:《未刊》(12—410):"李用清,字澄斋,号菊圃,行二,又行四,道光己丑十月吉日生,山西平定直隶州乐平乡优贡生,民籍。"官年取此。

《续碑传集》卷三〇杨颐《贵州布政使署巡抚李公神道碑铭》:"光绪二十四年二月二日,故陕西布政使司布政使乐平李公以疾终于里第,春秋七十……公生道光九年十月三日。"实年取此。

同治戊辰(1868)科

沈善登

官年:道光十年庚寅(1830)三月二十七日生

实年:道光十年庚寅(1830)生

征考:《集成》(29—79):"沈善登,字尚敦,号谷成,行一,道光庚寅年三月二十七日吉时生,浙江嘉兴府桐乡县增监生,工部学习员外郎,民籍。"官年取此。

上海图书馆藏《耄余诗话》写样本卷首有沈善登题跋:"……光绪壬辰七月廿七日灯下,善登谨识,时年六十有三。"由光绪十八年壬辰(1892)逆推,可知其生于道光十年庚寅年(1830)。实年取此。

陶模(另见)

官年:道光十五年乙未(1835)八月十九日生

实年:道光十五年乙未(1835)生

征考:《集成》(30—427):"陶模,字方之,一字子方,行一,又行三,道光乙未年八月十九日吉时生,浙江嘉兴府秀水县学廪膳生,民籍。"官年取此。

《续碑传集》卷三二陈豪《赠太子少保头品顶戴两广总督陶勤萧公墓志铭》:"光绪二十八年九月九日,两广总督陶公甫受代,薨于广州行馆,春秋六十有八。"由光绪二十八年(1902)逆推,可知其生于道光乙未年(1835)。实年取此。

黄自元

官年:道光十七年丁酉(1837)七月十一日生

实年:道光十七年丁酉(1837)生

征考:《集成》(30—19):"黄自元,派名正玮,字善长,号敬如,一号蕫腴,行一,道光丁酉年七月十一日吉时生,系湖南长沙府安化县学优廪膳生,民籍。"官年取此。

汪曾荫《鲍庵诗剩》卷一丙午年作有《谒座主黄敬舆先生(自元)》,"愿祝期颐酬觊觎"下注"师年七十,精神矍铄,寿征也"。由光绪三十二年丙午(1906)逆推,知其生于道光十七年丁酉(1837)。实年取此。

洪钧

官年:道光十九年己亥(1839)十二月初八日(1840年1月12日)生

实年:道光十九年己亥(1839)十二月初八日(1840年1月12日)生

征考:《集成》(31—367):"洪钧,字陶士,号文卿,行三,道光己亥年十二月初八日吉时生,江苏苏州府吴县附监生,民籍,原籍安徽徽州府歙县候选知县,充国史馆誊录。"官年取此。

《中国家谱资料选编》第4册《传记卷》收顾肇熙《清授光禄大夫赐进士及第兵部左侍郎洪公墓志铭》(原载洪业远纂修《桂林洪氏宗谱》卷二):"公生于道光十九年十二月初八日,年五十有五。"许玉瑑《诗契斋诗钞》卷五《腊八日为洪文卿同年生辰,今年正五十矣,出使德俄,中外旷隔,诗以寄之》:"冬十二月岁纪戊,廿年三度为君寿。"按"岁纪戊"指光绪二十四年戊戌(1898),由此逆推,可知其生于道光十九年己亥十二月初八日。实年取此。

同治辛未(1871)科

陈聿昌(另见)

官年:道光五年乙酉(1825)十二月十七日(1826年1月24日)生

实年:道光五年乙酉(1825)十二月十七日(1826年1月24日)生

征考:《集成》(34—441):"陈聿昌,字尔修,号楚颖,又号樾庄,行一,道光乙酉年十二月十七日吉时生,浙江宁波府镇海县副贡生,民籍。"官年取此。

实年征考见乡试"陈聿昌"条。

陈秉和

官年:道光十五年乙未(1835)七月初十日生

实年:道光十五年乙未(1835)生

征考:《集成》(35—345):"陈秉和,字梅村,号石卿,行二,道光乙未年七月初十日吉时生,山东兖州府曲阜县拔贡生,民籍,充觉罗学正蓝旗官学汉教习。"官年取此。

(民国)《续修曲阜县志》卷八《艺文志·金石碑志》有吴重憙撰《赐同进士出身诰授通奉大夫内阁学士兼礼部侍郎衔署顺天府尹陈公墓志铭》:"公生于道光十五年七月初十日,卒于宣统元年六月初八日,年七十有五。"实年取此。

丁立幹

官年:道光十七年丁酉(1837)八月十八日生

实年:道光十七年丁酉(1837)八月十八日丑时生

征考:《集成》(33—135):"丁立幹,字桐生,号质夫,行一,又行二,道光丁酉年八月十八日吉时生,江苏镇江府丹徒县俊秀监生,民籍。"官年取此。

俞樾《春在堂杂文六编》之五《詹事府詹事桐生丁君墓碑》:"君讳立幹,字桐生,一字质夫……(光绪二十年)五月二日辛巳,卒于官,年五十有八。"由光绪二十年(1894)逆推,可知其生于道光丁酉年(1837)。詹嗣贤《丁公行状》:"公生于道光丁酉八月十八日丑时,卒于光绪甲午五月初五日子时。"实年取此。

劳乃宣(另见)

官年:道光二十三年癸卯(1843)九月二十三日生

实年:道光二十三年癸卯(1843)九月二十三日午时生

征考:《集成》(33—255):"劳乃宣,字季瑄,号玉初,一号玉磋,行二,又行四,道光癸卯年九月二十三日生,浙江嘉兴府桐乡县荫监生,民籍。"官年取此。

劳乃宣《韧叟自订年谱》:"道光二十三年癸卯一岁……九月二十三日午时生于府廨。"实年取此。

季邦桢

官年:道光二十三年癸卯(1843)十二月初十日(1844年1月29日)生

实年:道光二十三年癸卯(1843)十二月(已入 1844 年)生

征考:《集成》(32—215):"季邦桢,字士周,一字耗洲,行二,道光癸卯年十二月初十日吉时生,江苏常州府江阴县监生,民籍。"官年取此。

季芝昌《丹魁堂自订年谱》:"(道光二十三年癸卯,五十三岁)十二月初五日轻装出都,数日孙邦桢生于京寓。"实年取此。

丁立瀛

官年:道光二十四年甲辰(1844)正月初一日生

实年:道光二十四年甲辰(1844)生

征考:《集成》(33—351):"丁立瀛,字伯山,号丽生,行一,道光甲辰年正月初一日吉时生,系江苏镇江府丹徒县俊秀监生,民籍。"官年取此。

《续丹徒县志》卷一二上《人物二》本传:"丁未夏,卒于家,年六十有四。"由光绪三十三年丁未(1907)逆推,知其生于道光二十四年甲辰(1844)。实年取此。

袁善

官年:道光二十四年甲辰(1844)四月十二日生

实年:道光二十四年甲辰(1844)生

征考:《集成》(32—157):"袁善,字心谷,一字莘谷,号亦履,行一,道光甲辰年四月十二日吉时生,江苏镇江府学优廪生,丹徒县民籍。"官年取此。

李恩绶《丹徒县志摭余》卷七《名贤宦绩·袁善》:"辛卯春卒于家,年四十八。"由光绪十七年辛卯(1891)逆推,可知其生于道光二十四年甲辰(1844)。实年取此。

同治甲戌(1874)科

楼杏春

官年:道光十一年辛卯(1831)十二月十八日(1832 年 1 月 20

日)生

实年:道光十一年辛卯(1831,辛卯十二月十八日为 1832 年 1 月 20 日)生

征考:《集成》(36—237):"楼杏春,字裴庄,号芸皋,又号粲尊,行一,道光辛卯年十二月十八日吉时生,金华府学附生,义乌县民籍。"官年取此。

楼杏春《粲花馆诗钞》庚申年所作诗有《三十述怀时落第将南旋六首》,按由咸丰十年庚申逆推,可知其生于道光辛卯年(1831);壬戌年(1862)除夕有诗《呜呼余明年春秋三十有三矣》,亦可为证。实年取此。

黄贻楫

官年:道光十二年壬辰(1832)十一月二十三日生

实年:道光十二年壬辰(1832)生

征考:《集成》(38—253):"黄贻楫,字远伯,号霁川,行一,又行六,道光壬辰年十一月二十三日吉时生,福建泉州府学廪膳生,晋江县民籍,员外郎衔,以应升之缺即升内阁中书,协办侍读,文渊阁检阅,方略馆覆校官,国史馆校对官,管理诰敕房兼管稽宗房事务,本衙门撰文,道衔,候补侍读。"官年取此。

陈棨仁《绾绰堂类稿》卷四《晋江黄霁川先生墓志铭》载黄贻楫卒于"光绪二十一年十月十八日",年六十四。由光绪二十一年乙未(1895)逆推,可知其生于道光十二年壬辰(1832)。实年取此。

徐兆丰

官年:道光十五年乙未(1835)十一月十四日(1836 年 1 月 2 日)生

实年:道光十五年乙未(1835)十一月十四日(1836 年 1 月 2 日)卯时生

征考:《未刊》(14—209):"徐兆丰,字乃秋,号梦鱼,行一,道光乙未年十一月十四日吉时生,江苏扬州府学廪膳生,江都县民籍。"官年取此。

清末石印本《皇清诰授资政大夫二品顶戴赏戴花翎福建延建邵兵备道显考乃秋府君行述》:"府君姓徐氏,讳兆丰,字乃秋……府君生于道光乙未年十一月十四日卯时,卒于光绪戊申年四月十四日卯时,享年七十有四……孤子诵芳泣血谨述。"实年取此。

华金寿

官年:道光十九年己亥(1839)十二月初五日(1840 年 1 月 9 日)生

实年:道光十九年己亥(1839)生

征考:《未刊》(13—452):"华金寿,榜名铸,字铜士,号竹轩,一号祝萱,行十一,又行一,道光己亥年十二月初五日吉时生,直隶天津府天津县府学优行廪膳生,民籍。"官年取此。

《民国天津县新志》卷二一之四:"卒年六十有二。"然未言生年。而同书其族子华学澜条目下又云:"学澜故贫,在京馆金寿家,学洓从而问业。金寿没,学洓奔父丧,学澜为代守家,值拳匪乱,外兵入城,终不肯去。"知金寿卒于光绪二十六年辛丑(1900),由此逆推,知其生于道光十九年己亥(1839)。实年取此。

孙葆田

官年:道光二十年庚子(1840)十一月二十六日生

实年:道光二十年庚子(1840)生

征考:《集成》(36—201):"孙葆田,字仲恒,一字仲垣,号佩南,行二,道光庚子年十一月二十六日吉时生,山东登州府荣成县附贡生,民籍。"官年取此。

《碑传集三编》卷三九毛承霖《孙佩南先生传略》:"孙先生葆田,字佩南,山东登州府荣城人……辛亥正月朔日,以疾卒于潍,年七十有二。"由宣统三年辛亥(1911)逆推,可知其生于道光庚子年(1840)。孙葆田《校经室文集》卷一《孝经郑注附音跋》:"光绪丙申春……今予年五十有七矣。"由光绪二十二年丙申(1896)逆推,亦知其生于道光二十年庚子。实年取此。按《清史稿》卷四七九本传作:"宣统元年,卒,年七十。"误。因为《申报》1910 年 4 月 9 日第 4 版刊载《硕学通儒议员揭晓(北京)》,其名单中尚有"孙葆田,山东,三品卿衔,六十九岁"。《清儒学案》稿本第 316 册孙葆田《佩南学案》上有徐世昌批注:"宣统二年,余至济南勘路,尚与孙佩南、宋晋之两京卿晤谈。"孙葆田《校经室文集》卷五《吕松岩墓表》后署日期为"宣统二年庚戌冬十月表"。可见宣统二年其仍在世。另外,《清儒学案小传》中谓其"宣统三年卒,年七十有三"。也不准确。合生卒干支推算,孙葆田实享寿七十二岁。

陆润庠(另见)

官年:道光二十一年辛丑(1841)五月初四生

实年:道光二十一年辛丑(1841)五月生

征考:《集成》(36—137):"陆润庠,字云洒,号凤石,行三,又行一,道光辛丑年五月初四吉时建生,江苏苏州府元和县优贡生,民籍,朝考一等,钦用知县。"官年取此。

实年征考见乡试"陆润庠"条。

梁肇晋(另见)

官年:道光二十四年甲辰(1844)九月二十九日生

实年:道光二十四年甲辰(1844)生

征考:《集成》(36—335):"梁肇晋,字振康,别字少亭,行四,道光甲辰年九月二十九日吉时生,系广东广州府番禺县学官附生,民籍。"官年取此。

实年征考见乡试"梁肇晋"条。

延清

官年:道光二十六年丙午(1846)三月二十四日生

实年:道光二十六年丙午(1846)三月二十四日生

征考:《集成》(36—393):"(巴哩克氏)延清,字子澄,号小恬,一号梓臣,行一,道光丙午年三月二十四日吉时生,京口驻防优贡生,系蒙古镶白旗德通佐领下人。"官年取此。

延清《锦官堂诗钞》有《五十述怀诗十首》作于乙未春三月二十四日,由光绪二十一年(1895)逆推可知其生于道光丙午年(1846)。另张英麟编《消寒唱和诗》附庚戌(1910)消寒同人纪年:"延铁君学士清,镶白旗蒙古人,年六十五岁。"由宣统二年庚戌(1910)逆推,亦可知其生于道光丙午年(1846)。实年取此。

许涵度

官年:咸丰三年癸丑(1853)二月十八日生

实年:咸丰三年癸丑(1853)生

征考:《同治十三年甲戌科会试同门姓氏朱卷》:"许涵度,字子纯,号橘珊,一号寿严,行四,咸丰癸丑二月十八日吉时生,直隶保定府清苑县学附生。"官年取此。

王树枬《陶庐文集》卷四《清封光禄大夫陕西布政使许公墓志铭》(甲寅):"公讳涵度,字紫莼,姓许氏,直隶清苑人……同治甲戌年二十二成进士……今春入都,而公竟以二月十六日殁于津门旅舍,年六十有二。"由民国三年甲寅(1914)逆推,知其生于咸丰三年癸丑(1853)。实年取此。

光绪丙子(1876)恩科

李士瓒(另见)

官年:道光十四年甲午(1834)五月十六日生

实年:道光十四年甲午(1834)生

征考:《集成》(41—169):"李士瓒,字秬尊,号玉舟,行一,道光甲午年五月十六日吉时生,系江苏苏州府昭文县学廪贡生,民籍。"官年取此。

实年征考见乡试"李士瓒"条。

钱禄泰(另见)

官年:道光十四年甲午(1834)十月十七日生

实年:道光十四年甲午(1834)十月十七日生

征考:《集成》(40—407):"钱禄泰,字鲁詹,号漱青,又号水清,行一,道光甲午年十月十七日吉时生,系江苏苏州府常熟县附贡生,民籍光绪丙子恩科。"官年取此。

《海虞钱氏秀峰公支谱》载其生于"道光十四年十月十七日"。实年取此。

吴重憙①(另见)

官年:道光十八年戊戌(1838)二月初七日生

实年:道光十八年戊戌(1838)二月初七日生

征考:《未刊》(15—426):"吴重憙,字仲怿,一字仲诒,号苏园,行二,道光戊戌年二月初七日吉时生,山东武定府海丰县学廪生。"官年取此。

实年征考见乡试"吴重憙"条。

高赓恩

官年:道光二十年庚子(1840)五月二十六日生

实年:道光二十年庚子(1840)生

征考:《家传》(98—89):"高赓恩,字幼莼,号熙廷,亦号曦亭,行二,道光庚子年五月二十六日吉时生,顺天府宁河县廪生,民籍,功臣馆誊录,议叙知县。"官年取此。

《广清碑传集》卷一五王树枏《宁河高文通公墓表》:"以丁巳二月十三日卒于家,年七十有八。"由民国六年丁巳(1917)逆推,知其生于道光二十年庚子(1840)。实年取此。

朱善祥

官年:道光二十四年甲辰(1844)十一月二十五日(1845年1月3日)生

实年:道光二十四年甲辰(1844)十一月二十五日(1845年1月3日)生

征考:《集成》(39—1):"朱善祥,字履元,号咏裳,又号元叔,行三,道光甲辰年十一月二十五日吉时生,浙江嘉兴府秀水县民籍,选拔贡

---

① 吴重憙该科仅取誊录,然系朱卷履历,故列入统计数据。

生,刑部七品小京官。"官年取此。

朱善祥《红藤馆诗》后附其子朱辛彝所撰《旧德录》称:"先考咏裳公生于道光二十四年十一月二十五日,卒于光绪十八年正月二十一日,享年四十九岁。"实年取此。

荣光世

官年:道光二十五年乙巳(1845)二月初十日生

实年:道光二十五年乙巳(1845)二月初十日生

征考:《集成》(41—121):"荣光世,原名景熙,字咏叔,号樾堂,行三,道光乙巳年二月初十吉时生,江苏常州府无锡县府学增生,民籍。"官年取此。

荣光世《兰言居遗稿》附华鸿模《荣主政传》:"未几而讣遽至,时庚辰十一月也,年三十有六。"《工部都水司主事荣君墓志铭》:"君生道光二十五年乙巳二月初十日,卒光绪六年庚辰十一月初三日。"实年取此。

朱一新(另见)

官年:道光二十六年丙午(1846)十一月初五日生

实年:道光二十六年丙午(1846)十一月初五日生

征考:《集成》(40—57):"朱一新,字鼎甫,号蓉生,行一,道光丙午年十一月初五日吉时生,金华府义乌县学优廪生,内阁候补中书,民籍。"官年取此。

《广清碑传集》卷一六宋慈抱《义乌朱一新传》:"卒于光绪甲午七月,年四十有九。"由光绪甲午(1894)逆推,可知其生于道光丙午年(1846)。朱萃祥《蓉生府君行述》:"府君生于道光二十六年丙午十一月初五日,卒于光绪二十年甲午七月初二日,享年四十有九。"实年取此。

陆宝忠(另见)

官年:道光三十庚戌(1850)七月初六日生

实年:道光三十庚戌(1850)七月初六日生

征考:《集成》(39—333):"陆宝忠,字定生,号伯葵,行一,道光庚戌年七月初六日吉时生,系江苏太仓直隶州监生,民籍,国史馆誊录。"官年取此。

陆宝忠自订、陈宗彝续《陆文慎公年谱》:"道光三十年庚戌一岁。是年七月初六日巳时生于外家嘉定南门内廖氏赐诗堂。"《广清碑传集》卷一六唐文治《陆文慎公墓志铭》:"戊申四月以疾卒于京师,年五十有九。"由光绪三十四年(1908)逆推,亦可知其生年。实年取此。

光绪丁丑(1877)科
吴大衡(另见)

官年:道光十七年丁酉(1837)十二月二十二日(1838年1月17日)生

实年:道光十七年丁酉(1837)十二月二十二日(1838年1月17日)生

征考:《集成》(42—177):"吴大衡,字正之,号谊卿,行三,道光丁酉年十二月二十二日吉时生,系江南苏州府吴县附监生,民籍。"官年取此。

实年征考见乡试"吴大衡"条。

于沧澜

官年:道光二十五年乙巳(1845)八月十四日生

实年:道光二十五年乙巳(1845)八月十四日亥时生

征考:《集成》(42—277):"于沧澜,字海帆,原名志淹,字仲范,号切莽,行二,道光乙巳年八月十四日吉时生,系山东莱州府平度州优廪生,民籍。"官年取此。

(民国)《平度县续志》卷一二上王塽《于海帆墓志铭》:"公讳沧澜,字海帆……生于道光二十五年己巳八月十四日亥时,卒于庚申十二月初九日子时,春秋七十有六。"实年取此。

吴郁生(另见)

官年:咸丰四年甲寅(1854)十一月十二日生

实年:咸丰四年甲寅(1854)生

征考:《集成》(43—337):"吴郁生,字伯唐,号蔚若,一号钝斋,行一,咸丰甲寅十一月十二日吉时生,江苏苏州府元和县附生,民籍,考取咸安宫教习。"官年取此。

朱彭寿《安乐康平室随笔》卷六记所闻见年八十以上者,中云:"此外现时生存诸人(其年龄系以今岁己卯计之),则有直隶候补道、嘉兴周少逸先生冕,现年九十四(道光丙午生)。邮传部侍郎、元和吴蔚若〔刘补:文安〕先生郁生,现年八十六〔刘补:庚辰九月故〕(咸丰甲寅生)。"实年取此。

翁斌孙(另见)

官年:咸丰十年庚申(1860)二月十三日生

实年:咸丰十年庚申(1860)二月十三日生

征考:《集成》(43—115):"翁斌孙,字人豪,号韬夫,行一,咸丰庚申年二月十三日吉时生,系江苏苏州府常熟县荫监生,候选知县,民籍。"官年取此。

《海虞翁氏族谱》:"咸丰庚申二月十三日生。"言敦源《清故直隶提法使翁公墓志铭》:"壬戌十一月二十三日,卒于天津,春秋六十有三。"亦可证其生于咸丰庚申年。实年取此。

光绪庚辰(1880)科

李慈铭(另见)

官年:道光九年己丑(1829)十二月二十七日(1830年1月21日)辰时生

实年:道光九年己丑(1829)十二月二十七日(1830年1月21日)辰时生

征考:《集成》(48—51):"李慈铭,原名模,字炁伯,号越缦,又号霞川,小字尊客,行一,道光己丑年十二月二十七日辰时生,浙江绍兴府会稽县廪贡生,民籍,户部陕西司郎中。"官年取此。

实年征考见乡试"李慈铭"条。

汪宗沂（另见）

官年：道光十七年丁酉(1837)十一月十四日生

实年：道光十七年丁酉(1837)生

征考：《集成》(47—1)："汪宗沂，字仲伊，号咏村，行二，道光丁酉年十一月十四日吉时生，江南徽州府歙县优贡生，民籍。"官年取此。

《广清碑传集》卷一五金天翮《汪宗沂传》："丙午年七十，卒于维扬。"由光绪三十二年丙午(1906)逆推，可知其生于道光十七年丁酉(1837)。实年取此。

曾云章

官年：道光十八年戊戌(1838)十一月初四生

实年：道光十八年戊戌(1838)十一月初四生

征考：《集成》(46—347)："曾云章，字士廷，号芸孙，行一，道光戊戌年十一月初四吉时生，江南苏州府昭文县附生，民籍，同治丁卯补行辛酉本省乡试举人，试用教谕，国子监典籍衔，署丹阳学训导，大挑二等，候选教谕。"官年取此。

《海虞曾氏家谱·世系》："（曾云章）道光十八年十一月初四生，光绪十五年正月二十九卒。"实年取此。

黄思永（另见）

官年：道光二十二年壬寅(1842)正月初五日生

实年：道光二十二年壬寅(1842)正月初五日寅时生

征考：《集成》(48—97)："黄思永，字慎之，号亦瓢，行一，道光壬寅年正月初五日吉时生，江苏江宁府江宁县民籍，拔贡生，礼部七品小京官，额外主事，记名军机章京。"官年取此。

王孝煃《里乘备识》："黄慎之殿撰，亦字瓢生，道光壬寅正月初五日寅时生，为四壬寅，八字甚奇。"《上海图书馆藏赴闻集成》第6册有其子黄中慧等撰《讣闻》："府君讳思永恸于中华民国元年十二月二十九日寅日寿终沪寓正寝，距生于民国纪元前七十年阳历二月十四日即前清道光壬寅年正月初五日寅时,享寿七十有一。"实年取此。

王懿荣(另见)

官年:道光二十五年乙巳(1845)六月初八日生

实年:道光二十五年乙巳(1845)生

征考:《集成》(49—1):"王懿荣,派名贻榘,字正孺,一字莲生,行一,又行十三,道光乙巳年六月初八日吉时生,山东登州府福山县民籍,副榜贡生,户部员外郎衔,候补主事,山西司主稿兼云南司行走,则例馆纂修。"官年取此。

孙葆田《校经室文集》卷四《国子监祭酒王文敏公神道碑铭》:"公讳懿荣,字正孺,一字廉生,福山人……同治元年应顺天乡试,卷已拟魁选,既而以微疵见抑,至十二年始中副榜第一,座主吴县潘文勤公尤重惜之。光绪五年己卯举顺天乡试,明年庚辰成进士,入词林,当是时,公年三十有六矣。"由光绪六年庚辰(1880)逆推,知其生于道光二十五年乙巳(1845)。实年取此。

丁立钧(另见)

官年:咸丰四年甲寅(1854)正月二十三日生

实年:咸丰四年甲寅(1854)生

征考:《集成》(46—271):"丁立钧,字叔衡,号云樵,行三,行六,又行二,咸丰甲寅年正月二十三日吉时生,江苏镇江府丹徒县监生,民籍。"官年取此。

《碑传集补》卷二六郑孝胥《清故沂州府知府丁公之碑》:"壬寅七月卒,年四十九。公讳钧,字叔衡。"由光绪二十八年壬寅(1902)逆推,可知其生于咸丰甲寅年(1854)。实年取此。

陈鼎

官年:咸丰四年甲寅(1854)八月生

实年:咸丰四年甲寅(1854)生

征考:《集成》(47—301):"陈鼎,字刚侯,号伯商,行一,咸丰甲寅年八月吉时生,湖南衡州府衡山县监生,民籍。"官年取此。

《汪康年师友书札各家小传》谓陈鼎："生于清咸丰四年,卒于光绪三十年。"实年取此。

柏锦林(另见)

官年:咸丰九年己未(1859)四月二十六日生

实年:咸丰九年己未(1859)生

征考:《集成》(48—1):"柏锦林,原名锦森,字云卿,号邓园,行一,咸丰己未年四月二十六日吉提生,山东济南府济阳县优廪生,民籍。"官年取此。

(民国)《济阳县志》卷一一《人物志》本传:"十六岁入邑庠,每考景贤书院辄列前茅,二十一岁中举,二十二岁联捷入翰林院……著有《能知止斋文抄》、诗集及日记等,值庚子国难,乱军入宅,书籍尽被毁弃,数十年心血手泽损失殆尽,受惊得病,竟不能起,是年冬去世,仅四十二岁。"由庚子(1900)逆推,知其生于咸丰九年己未(1859)。实年取此。

光绪癸未(1883)科

沈家本(另见)

官年:道光二十年庚子(1840)七月二十二日生

实年:道光二十年庚子(1840)七月二十二日生

征考:《集成》(54—299):"沈家本,字子惇,行二,道光庚子七月二十二日吉时生,浙江湖州府归安县监生,民籍,刑部候补郎中。"官年取此。

王式通《志盦文稿》卷三《吴兴沈公墓志铭》:"以民国二年六月九日薨于京师,距生于道光庚子年七月二十二日,年七十有四。"实年取此。

张预(另见)

官年:道光二十年庚子(1840)九月初四日生

实年:道光二十年庚子(1840)生

征考:《集成》(51—17):"张预,字子虞,号虞盦,一号崑民,行一,道光庚子年九月初四日吉时生,系浙江杭州府钱塘县拔贡生,民籍,同知衔分发补用知县,补用同知直隶州,随带加三级。"官年取此。

《广清碑传集》卷一五唐文治《张子虞先生墓表》(唐文治《茹经堂文集三编》卷八):"先生生于道光二十年庚子某月某日,宣统二年庚戌某月某日卒,春秋七十有一。"实年取此。

葛宝华

官年:道光二十四年甲辰(1844)七月十八日生

实年:道光二十四年甲辰(1844)生

征考:《集成》(54—375):"葛宝华,字振卿,行七,又行十二,道光甲辰年七月十八日吉时生,浙江绍兴府山阴县监生,民籍。"官年取此。

《碑传集补》卷六姚诒庆《清故光禄大夫建威将军赐进士出身紫禁城骑马花翎礼部尚书参预政务大臣署法部尚书镶红旗蒙古都统刑部尚书工部尚书葛勤恪公墓志铭》:"道光甲辰七月十八日,朱夫人生公。"实年取此。

黄葆年

官年:道光二十五乙巳(1845)九月初一日生

实年:道光二十五乙巳(1845)生

征考:《未刊》(17—209):"黄葆年,字锡朋,亦字隰朋,号希平,行三,道光乙巳年九月初一日吉时生,系江苏扬州府学附生,泰州民籍。"官年取此。

(民国)《秦县志》:"光绪三十四年苏抚陈启泰以硕学通儒荐,辞不就,卒年八十。"黄葆年《归群草堂诗集》卷二《甲子元夜》:"八十幸逢重甲子,更从灯月拜新春。"由民国十三年甲子(1924)逆推,知其生于道光二十五年乙巳(1845)。实年取此。

管廷献

官年:道光二十六年丙午(1846)六月十九日生

实年:道光二十六年丙午(1846)生

征考:《集成》(51—281):"管廷献,字士修,号石夫,又号梅园,行一,又行九,道光丙午年六月十九日吉时生,山东沂州府莒州优行廪生,民籍,大挑知县。"官年取此。

《崇祀乡贤录》(管廷献履历):"民国三年三月二十一日卒于家,年六十九岁。"于元芳《清故诰授资政大夫补用道管公家传》:"公讳廷献,字士修,民国三年三月卒于家,年六十九。"由民国三年(1914)逆推,知其生于道光二十六年丙午(1846)。实年取此。

胡景桂

官年:道光二十六年丙午(1846)九月二十二日生

实年:道光二十六年丙午(1846)九月二十二日生

征考:《集成》(54—213):"胡景桂,字月舫,号直生,行一,又行三,道光丙午年九月二十二日吉时生,直隶广平府永年县拔贡生,民籍,肄业保定府莲池书院。"又见《未刊》(17—185、485)(18—86、227)。官年取此。

《大清畿辅先哲传》第三十五卷"胡景桂"条:"(光绪)三十年,服阙,授陕西按察使。明年,没于邯郸道中,年六十。"由光绪三十一年乙巳(1905)逆推,可知其生于道光丙午年(1846)九月二十二日。实年取此。

邵松年(另见)

官年:道光二十八年戊申(1848)十二月十四日(1849年1月8日)生

实年:道光二十八年戊申(1848)十二月十四日(1849年1月8日)生

征考:《集成》(53—185):"邵松年,字伯英,行一,又行三,道光戊申年十二月十四日吉时生,系顺天府宛平县廪膳生,民籍,内阁中书,原籍江苏苏州府常熟县。"官年取此。

邵松年《七十四叟自述诗》一卷:"戊申十二月十四日。"实年取此。

何维栋

官年:咸丰二年壬子(1852)五月初三日生

实年:咸丰二年壬子(1852)生

征考:《集成》(54—322):"何维栋,字承远,号研荪,行一,又行三,咸丰壬子五月初三日吉时生,湖南永州府道州儒学附生,民籍。"官年取此。

何维栋《十六观斋遗集》卷首有其从弟何维棣《从兄刑部君研荪墓志铭》:"光绪十三年十月十一日卒于扬州,年三十六。"由光绪十三年(1887)逆推,知其生于咸丰二年壬子(1852)。实年取此。

蒯光典

官年:咸丰七年丁巳(1857)五月十五日生

实年:咸丰七年丁巳(1857)生

征考:《集成》(53—307):"蒯光典,字礼卿,一字季述,行四,咸丰丁巳年五月十五日吉时生,安徽卢州府附监生,分部行走郎中,合肥县民籍。"官年取此。

《广清碑传集》卷一七程先甲《先师蒯礼卿先生行状》:"(宣统二年)以微疾于十二月九日卒于江宁,春秋五十有四。"由宣统二年(1910)逆推,可知其生于咸丰丁巳年(1857)。实年取此。

朱祖谋

官年:咸丰七年丁巳(1857)七月二十一日生

实年:咸丰七年丁巳(1857)七月二十一日生

征考:《集成》(55—269):"朱祖谋,字藿生,号古微,行一,咸丰丁巳年七月二十一日吉时生,浙江湖州府归安县民籍,国子监生。"官年取此。

《民国人物碑传集》(下)之夏孙桐《清故光禄大夫前礼部右侍郎归安朱公行状》:"辛未十一月廿三日,卒于上海寄庐,距生咸丰丁巳七月廿一日,享年七十有五。"实年取此。

陈冕(另见)

官年:咸丰九年己未(1859)七月初十日生

实年:咸丰九年己未(1859)生

征考:《集成》(51—203):"陈冕,字冠生,一字灌荪,号梦莱,行二,咸丰己未年七月初十日吉时生,顺天府宛平县附生,民籍,祖籍浙江绍兴府山阴县,咸安宫官学教习,国子监学正学录。"官年取此。

孙葆田《校经室文集》卷五《翰林院修撰陈君墓志铭》:"己丑恩科典试湖南,得人称盛;壬辰丁母忧,奉丧返济南;明年五月之浙修祖阡,八月旋京师,遽以疾陨于寓邸,年甫三十有五……君卒于光绪十九年八月十七日。"由光绪十九年癸巳(1893)逆推,可知其生于咸丰己未年(1859)。实年取此。

光绪丙戌(1886)科
冯煦(另见)

官年:道光二十三年癸卯(1843)十二月初一日(1844年1月20日)生

实年:道光二十三年癸卯(1843)十二月初一日(1844年1月20日)生

征考:《集成》(57—1):"冯煦,字梦华,一字蒿庵,道光癸卯年十二月初一日吉时生,江苏镇江府金坛县副贡生,民籍。"官年取此。

蒋国榜《金坛冯蒿庵先生家传》:"丁卯七月六日示微疾,薨于沪寓……以道光癸卯二十三年十二月初一日生,得年八十有五。"实年取此。

吴庆坻(另见)

官年:道光二十八年戊申(1848)十二月二十九日生

实年:道光二十八年戊申(1848)十二月生

征考:《集成》(57—29):"吴庆坻,字稼如,号子修,一字敬强,行四,道光戊申年十二月二十九日吉时生,浙江杭州府钱塘县监生,民籍,原籍安徽休宁县。"官年取此。

姚诒庆《清故湖南提学使吴府君墓志铭》:"以甲子年三月十一日没于学官巷之里第,春秋七十有七。"由民国十三年甲子(1924)逆推,可知其生于道光戊申年(1848)十二月生。实年取此。

刘岳云(另见)

官年:道光二十九年己酉(1849)七月二十五日生

实年:道光二十九年己酉(1849)七月二十五日生

征考:《集成》(59—291):"刘岳云,字佛卿,行一,道光己酉年七月二十五日吉时生,江苏扬州府宝应县廪贡生,候选训导,民籍。"官年取此。

《广清碑传集》卷一六唐文治《刘佛卿先生神道碑》:"生道光己酉七月二十五日,卒夏历丁巳八月二十二日,年六十有九。"实年取此。

鲍心增(另见)

官年:咸丰二年壬子(1852)三月二十四日生

实年:咸丰二年壬子(1852)生

征考:《集成》(57—159):"鲍心增,字川如,号润漪,行二,行五,又行十二,咸丰壬子年三月二十四日吉时生,江苏镇江府学增生,丹徒县民籍。"官年取此。

张锡恭《茹荼轩续集》卷五《赐进士出身诰授朝议大夫特恩诰封通议大夫山东青州知府蜕农鲍公行状》:"公鲍氏讳心增……宣统庚申八月己酉,公以疾卒,享年六十有九。"按鲍虽卒于民国九年庚申(1920),然撰者仍系宣统纪年。由此年逆推,可知其生于咸丰壬子年(1852)。《中国家谱资料选编》第4册《传记卷》收丁仁长《蜕农公传》(原载鲍庆熙纂修《鲍氏承凤派宗谱》卷四):"甫一载而遘辛亥之变,弃官归。归后十年,为今上端居故宫之九年,以忧愤告终于里第,年六十有九。"由民国九年庚申(1920)逆推,知其生于咸丰二年壬子(1852)。实年取此。

王荣商(另见)

官年:咸丰二年壬子(1852)十一月二十七日(1853年1月6日)生

实年:咸丰二年壬子(1852)十一月二十七日(1853年1月6日)生

征考:《集成》(56—323):"王荣商,字友莱,行二,咸丰壬子年十一月二十七日吉时生,系浙江宁波府镇海县廪生,民籍,候补宗室官学汉教习。"官年取此。

王荣商《容膝轩文集》卷七《亡妻乐宜人哀词》:"宜人少余一岁,十四而许字,十九而来归,在余室二十三年,以光绪十九年六月二十七日卒于京邸,春秋四十有一。"由光绪十九年(1893)逆推,可知其妻生于咸丰三年,王荣商自当生于咸丰二年。卷七《从兄两人传》:"余同曾祖兄弟七人,惟两人与余生同岁长同塾……卒于光绪戊子年九月某日,年三十有七。"可知王两人生于咸丰二年,王荣商与之同岁,亦当生于是年。实年取此。

邹嘉来(另见)

官年:咸丰三年癸丑(1853)正月二十二日生

实年:咸丰三年癸丑(1853)生

征考:《集成》(59—389):"邹嘉来,字孟方,号紫东,一号仪若,行一,咸丰癸丑年正月二十二日吉时生,江苏苏州府吴县附贡生,国史馆誊录,候选教职,民籍。"官年取此。

陈三立《散原精舍文集》卷一四《清故光禄大夫外务部尚书邹公神道碑铭》:"岁辛酉九月,薨于苏州里第,享年六十有九。"由民国十年辛酉(1921)逆推,可知其生于咸丰癸丑年(1853)。实年取此。

徐世昌(另见)

官年:咸丰五年乙卯(1855)九月十三日生

实年:咸丰五年乙卯(1855)九月十三日辰时生

征考:《集成》(60—57):"徐世昌,字卜五,号鞠人,一号菊存,行一,咸丰乙卯年九月十三日吉时生,直隶天津府天津县监生,民籍。"官年取此。

贺培新《水竹邨人年谱》稿本上卷:"咸丰五年乙卯一岁。是年九月十三日辰时生于河南卫辉府城内曹营街寓室。"实年取此。

瑞洵

官年:咸丰九年己未(1859)八月初九日生

实年:咸丰九年己未(1859)生

征考:《未刊》(19—292):"(博尔济吉特氏)瑞洵,字景苏,一字信卿,怀远,行一,咸丰己未年八月初九日吉时生,正黄旗满洲立瑞佐领下监生。"官年取此。

《碑传集三编》卷一〇杨钟羲《科布多参赞大臣前翰林院侍读学士瑞洵传》:"瑞洵,字信夫,号景苏,晚自号天乞居士……瑞洵年十七,举光绪元年乡试,户部笔帖式,十二年,成进士……丙子三月卒,年七十有八。"由民国二十五年丙子(1936)逆推,知其生于咸丰九年己未(1859)。实年取此。

张元奇

官年:咸丰十年庚申(1860)三月初三日生

实年:咸丰十年庚申(1860)生

征考:《集成》(58—417):"张元奇,字君常,号珍五,行二,咸丰庚申年三月初三日吉时生,福建福州府学增生,侯官县民籍。"官年取此。

张元奇《知稼轩诗》卷五《岁除日喜晤郑苏堪》诗"坠地同时身易老"句注云:"余与苏堪同庚申生。"庚申为咸丰十年(1860),郑孝胥(苏堪)正生于此年。张元奇民国七年(1918)作《知稼轩诗续刻》自序云:"明年余六十矣。"亦可为证。实年取此。

秦树声

官年:咸丰十一年辛酉(1861)十一月十六日生

实年:咸丰十一年辛酉(1861)生

征考:《集成》(57—183):"秦树声(谱名正毅),字道风,号右衡,一号袖珩,又字小介,咸丰辛酉年十一月十六日吉时生,河南光州固始县附生,民籍。"官年取此。

王树枬《陶庐文集》卷一五《广东提学使固始秦君墓志铭》:"丙寅秋八月十九日,偶感微恙,殁于京邸,春秋六十有六。"由民国十五年丙寅(1926)逆推,可知其生于咸丰十一年辛酉(1861)。实年取此。

光绪己丑(1889)科

孙鼎烈(另见)

官年:道光二十一年辛丑(1841)六月初四日生

实年:道光二十一年辛丑(1841)生

征考:《集成》(64—1):"孙鼎烈,号味荠,又号卡盉,行三,道光辛丑年六月初四日吉时生,江苏常州府无锡县岁贡生,民籍,内阁中书兼办中书科,诰敕事务方略馆校对。"官年取此。

孙鼎烈《四槐寄庐类稿》卷六《寿考录》:"而鼎之生,今亦六十二年……光绪壬寅如月。"由光绪二十八年壬寅(1902)逆推,可知其生于道光二十一年辛丑(1841)。冯煦《清故礼学馆纂修官一品封典按察使衔特旨送部引见浙江补用道孙君墓志铭》:"宣统纪元,援例加级,请三代一品封典。二年二月二十三日卒于里第,距生道光二十一年六月初四日,年政七十。"由宣统二年庚戌(1910)逆推,亦知其生于道光二十一年辛丑(1841)。实年取此。

法伟堂

官年:道光二十三年癸卯(1843)三月十八日生

实年:道光二十三年癸卯(1843)生

征考:《未刊》(20—142):"法伟堂,字容叔,号小山,行四,道光癸卯年三月十八日吉时生,山东莱州府胶州优贡生,民籍。"官年取此。

孙葆田《校经室文集》卷六《法征君墓志铭》:"光绪三十三年冬十月二十三日,胶州法征君卒于金泉精舍之西斋,春秋六十有五。"自光绪三十三年丁未(1907)逆推,知其生于道光二十三年癸卯(1843)。实年取此。

王继香(另见)

官年:道光二十六年丙午(1846)二月十八日丑时生

实年:道光二十六年丙午(1846)生

征考:《集成》(65—53):"王继香,字书林,一字子献,号醉盦,更号止轩,行四,道光丙午年二月十八日丑时生,浙江绍兴府会稽县学优廪生,民籍,湖州府孝丰县学训导。"又见《未刊》(20—379)。官年取此。

实年征考见乡试"王继香"条。

毛庆蕃

官年:道光二十六年丙午(1846)十一月十四日生

实年:道光二十六年丙午(1846)生

征考:《集成》65—27:"毛庆蕃,字伯宣,一字德华,号实君,行一,道光丙午年十一月十四日吉时生,系江西南昌府丰城县监生,民籍,正三品荫生,户部候补员外郎。"《光绪十五年己丑科会试同门姓氏朱卷》亦云:"毛庆蕃,字伯萱,号实君,行一,道光丙午年十一月十四日吉时生,江西南昌府丰城县监生,民籍。"官年取此。

叶玉麟《灵觊轩文钞》之《清故护理陕甘总督甘肃布政使毛公行状》:"公讳庆蕃,号实君,江西丰城县人……由员外郎中同治癸酉举人,官户部,至光绪己丑始成进士……十六年七月终于苏,年七十有九。"由民国十六年丁卯(1927)逆推,似其生于道光二十九年己酉(1849)。然叶记有误,与毛庆蕃相交数十载的挚友陈三立《清故护理陕甘总督甘肃布政使毛公墓志铭》明载:"岁甲子七月九日,吾友前护理陕甘总督甘肃布政使毛公卒于苏州寓庐……公得年七十有九。"由民国十三年甲子(1924)逆推,知毛生于道光二十六年(1846)。实年取此。叶氏所书,当系将"三"讹写作"六"。

杨深秀

官年:道光二十九年己酉(1849)四月初二日戌时生

实年:道光二十九年己酉(1849)生

征考:《未刊》(21—144):"杨深秀,初名毓秀,甲戌改今名,字衣纯,又用里名自号仪村,行一大行二,道光二十九年四月初二日戌时生,山西绛州闻喜县民籍。"官年取此。

杨深秀《雪虚声堂诗钞》卷一《童心小草》有《壬戌元日》(十四岁)、《闻邑竹枝词》(乙丑、十七岁作),由同治元年壬戌(1862)、同治四年乙丑(1865)逆推,均可知杨深秀生于道光二十九年己酉(1849)。常赞春《山西献征》卷四《侍御杨仪村先生事略》:"先生讳深秀,字漪春……(光绪二十四年八月)十三日,则亟命毋庸讯鞫,缚赴市曹处斩,先生时年五十岁。"由光绪二十四年戊戌(1898)逆推,亦可知其生于道光二十九年己酉(1849)。实年取此。

叶昌炽(另见)

官年:道光二十九年己酉(1849)九月十五日生

实年:道光二十九年己酉(1849)九月十五日生

征考:《集成》(61—405):"叶昌炽,字颂鲁,号鞠常,一号缘督,行一,道光己酉年九月十五日吉时生,江苏苏州府长洲县增生,民籍。"官年取此。

《广清碑传集》卷一四曹元弼《皇清诰授通议大夫翰林院侍讲甘肃学政叶公墓志铭》:"公生道光己酉九月十五日,以宣统丁巳九月二十二日卒,年六十有九。"实年取此。

廖平

官年:咸丰二年壬子(1852)二月初九日生

实年:咸丰二年壬子(1852)二月初九日生

征考:《集成》(62—213):"廖平,原名登廷,字季平,号煦陔,行四,咸丰壬子年二月初九日吉时生,四川直隶州资州井研县优廪生,民籍,原籍湖北麻城县,明初入邑籍。"官年取此。

《廖平全集》附录廖平之孙廖宗泽《先王考府君行述》:"先祖姓廖氏,讳登廷,字旭陔,继改名平,字季平……生于清咸丰壬子年二月初九亥时,亡于民国二十一年六月五日,即夏历壬申年五月初二午时,享年八十一岁。"另廖宗泽撰《六译先生年谱》言生卒同《行述》。《民国人物碑传集》(下)卷七王树枏《井研廖先生墓表》:"壬申夏四月,谋刊其所著,亲赴成都,行至嘉定,忽大病,其子在励、成勔亟舆奉以返,行至乐山,卒于河呷坎场,享寿八十有一。"《广清碑传集》卷十六章炳麟《清故龙安府学教授廖君墓志铭》:"年八十一而卒,则民国二十一年六月也。"皆可为证。实年取此。

贾作人

官年:咸丰五年乙卯(1855)七月初四日生

实年:咸丰五年乙卯(1855)生

征考:《未刊》(20—236):"贾作人,字寿林,号朴山,一号伯珊,行一又行十二,咸丰乙卯年七月初四日吉时生,山西泽州府沁水县优廪生,民籍。"官年取此。

景德《沁水贾氏茔庙石刻文稿》收有《清赐进士出身诰授奉政大夫晋赠资政大夫皇考寿林贾府君墓表》:"百药罔效,六月二十一日遂卒,是为光绪二十三年……春秋四十有三。"由光绪二十三年丁酉(1897)逆推,知其生于咸丰五年乙卯(1855)。实年取此。

王绍勋

官年:咸丰七年丁巳(1857)二月二十六日生

实年:咸丰七年丁巳(1857)生

征考:《集成》(65—303):"王绍勋,谱名举奚,字熙陶,号华亭,行三,又行四,咸丰丁巳年二月二十六日吉时生,河南卫辉府学优廪生,辉县民籍。"官年取此。

《中州先哲传》卷一二《王绍勋》:"癸亥七月疽发于趾,遽卒,年六十七。"由民国十二年癸亥(1923)逆推,可知其生于咸丰丁巳年(1857)。实年取此。

孔昭寀

官年:咸丰七年丁巳(1857)九月初七日生

实年:咸丰七年丁巳(1857)生

征考:《集成》(65—103):"孔昭寀,字显弼,号印川,行一,又行二,咸丰丁巳年九月初七日吉时生,系江苏扬州府宝应县学附生,民籍,原籍顺天大兴府。"官年取此。

冯煦《蒿盦类稿》卷二六《孔印川墓志铭》:"光绪十七年三月十四日,长清风山东即用知县孔君出视河溺焉……君名昭寀……君光绪己卯举于乡,十五年成进士。年三十有五。"由其卒时光绪十七年逆推,可知其生于咸丰丁巳年(1857)。实年取此。

王埁

官年:咸丰八年戊午(1858)生

实年:咸丰八年戊午(1858)十月初八日生

征考:《未刊》(20—409):"王埁,字爵生,亦字觉僧,号杏坊,行二,又行四,咸丰戊午年十月初八日吉时生,山东登州府莱阳县附生,民籍,候选教谕。"官年取此。

(民国)《莱阳县志》卷三之三(上)赵录绩《王侍郎埁墓志铭》:"公卒于癸酉年十一月初四日,春秋七十有六。"由民国二十二年癸酉(1933)逆推,知其生于咸丰八年戊午(1858)。实年取此。

江标(另见)

官年:咸丰十年庚申(1860)闰三月十七日生

实年:咸丰十年庚申(1860)生

征考:《集成》(62—411):"江标,初名善寰,字建霞,行三,咸丰十年闰三月十七日生,江苏苏州府元和县增生,民籍。"官年取此。

《广清碑传集》卷一八赵炳麟《江京卿传》:"三岁失怙。"按江标之父江沄卒于同治元年(1862),是年江标三岁,逆推可知江标生于咸丰十年(1860)。实年取此。

周树模

官年:咸丰十年庚申(1860)七月初四日生

实年:咸丰十年庚申(1860)生

征考:《光绪十五年己丑科会试第五房同门姓氏朱卷》:"周树模,字东樵,号孝甄,一号少璞,行二,咸丰庚申年七月初四日吉时生,湖北安陆府天门县拔贡生,民籍。"官年取此。

《辛亥人物碑传集》卷八左绍佐撰《清授光禄大夫建威将军黑龙江巡抚周公墓志》:"君姓周氏,讳树模,字少朴,号沈观,又号孝甄,晚年自号泊园老人,湖北天门县人……君生于咸丰庚申年七月初四日,卒于民国丁丑年八月十一日,享年六十有六。"由民国丁丑(1937)逆推,知其生于咸丰十年庚申(1860)。实年取此。

刘元亮

官年:咸丰十一年辛酉(1861)六月二十三日生

实年:咸丰十一年辛酉(1861)生

征考:《未刊》(20—168、233、301、319、362):"刘元亮,字鞠农,行二,咸丰辛酉年六月二十三日吉时生,系山东济南府章邱县拔贡生,民籍。"官年取此。

孙葆田《校经室文集》卷六《翰林院撰文刘君墓志铭》:"君讳元亮,字菊农……君卒以光绪三十四年正月戊申,年才四十有八。"由光绪三十四年戊申(1908)逆推,知其生于咸丰十一年辛酉(1861)。实年取此。

王祖同

官年:同治元年壬戌(1862)二月二十五日生

实年:同治元年壬戌(1862)生

征考:《光绪十五年己丑科会试同门姓氏朱卷》:"王祖同,字肖庭,一字苢主,号讱庵,行二,同治壬戌年二月二十五日吉时生,系河南归德府鹿邑县拔贡生,民籍。"官年取此。

王树柟《陶庐文集》卷一〇《参议院议员前广西巡按使王公墓志铭》(庚申):"公讳祖同,字讱庵,号肖庭,其先籍山东之诸城,明初迁河南,居鹿邑,遂家焉……己未闰七月二十五日,卒于郑州,春秋五十有八。"由民国八年(1919)逆推,知其生于同治元年壬戌(1862)。实年取此。

汤汝和

官年:同治元年壬戌(1862)七月初九日生

实年:同治元年壬戌(1862)七月初九日生

征考:《集成》(65—263):"汤汝和,字味梅,号拙生,行一,同治壬戌年七月初九日吉时生,系广西桂林府灵川县学附生,民籍。"官年取此。

《同心集》卷一载贵筑人景星(丽山)《七月初九日为味梅世讲初

度,率成绝句四首,书之纨扇以赠(丁丑)》,卷二己未年李芳园有《七月九日为味老五十有八寿辰,补上俚语,用展贺忱》,其二"只觉先庚让后庚"下注"园与君生同岁,特先五月耳"。李又有《庚申春正月念五日为余五十晋九生辰,味梅先生荣以佳章,且感且愧,依韵和之》"我生壬戌与君同"。知汤汝和生于同治壬戌年七月初九日(1862)。实年取此。

喻兆蕃(另见)

官年:同治元年壬戌(1862)闰八月二十二日巳时生

实年:同治元年壬戌(1862)生

征考:《集成》(66—103):"喻兆蕃,派名宽植,字竹孙,一字庶三,号艮麓,行二,总行六,同治壬戌年闰八月二十二日吉时生,江西省袁州府萍乡县拔贡生,民籍。"官年取此。

陈三立《散原精舍文集》卷一二《诰授荣禄大夫署浙江布政使宁绍台兵备道喻君墓志铭》(亦收入《广清碑传集》卷一八):"庚申之岁十一月二日,前署浙江布政使、宁绍台兵备道萍乡喻君卒于里第……君之卒,得年五十有九。"由民国九年庚申(1920)逆推,可知其生于同治壬戌年(1862)。实年取此。

杨增新

官年:同治三年甲子(1864)正月十八日生

实年:同治三年甲子(1864)正月二十八日生

征考:《未刊》(21—170):"杨增新,字静生,号鼎臣,行二,同治甲子正月十八日吉时生,系临安府蒙自县监生,民籍。"官年取此。

金树仁《新疆省政府主席蒙自杨公行状》:"公讳增新,字鼎臣,云南蒙自县人……公生于清同治三年正月二十八日,殁于中华民国十七年七月七日,春秋六十有五。"实年取此。按此处官年与实年生日有"十八"与"二十八"之别,疑官年脱"二"字或实年衍"二"字。

刘尔炘

官年:同治四年乙丑(1865)正月初七日生

实年:同治四年乙丑(1865)正月初七日生

征考:《光绪十五年己丑科会试同门姓氏朱卷》:"刘尔炘,字晓风,行一,同治乙丑年正月初七日吉时生,甘肃兰州府皋兰县廪生,民籍。光绪乙酉科本省乡试中式第六名举人,己丑科会试中式第二百九十名贡士。"官年取此。

刘氏门生王烜撰《刘果斋先生年谱》(据《清代甘肃进士传记资料辑录》):"清同治三年甲子,一岁:次年乙丑正月初七日尚在立春以前,故纪年从甲子始……四年乙丑,二岁:生母徐氏诰赠宜人,生先生于兰州省城河北盐场堡。时正月初七日亥时……(民国二十年)十月初九日亥时卒。"此处言"二岁",即因谱中所言同治四年乙丑正月初七尚在立春以前,故立春前尚算同治三年甲子岁历,立春后又算同治四年乙丑岁历,各算一岁,故曰"二岁"。实年取此。

按路志霄、王干一辑《陇右近代诗钞》"小传"综合《皋兰县新志稿》刘尔炘传及王烜所撰《刘果斋先生事略》《刘果斋先生年谱》等材料,载其生卒云:"卒于民国二十年十月九日(1931年11月18日),距生同治四年正月初七日(1865年2月2日),终年67岁。"此系就实际年数言之。《刘果斋先生年谱》载"二十年辛未,六十八岁……(先生)口占绝命诗云'回头六十八年中'",并作按语云:"此云六十八岁,即以甲子计年也。"《民国人物碑传集》(下)卷五曹英撰《刘尔炘传略》云:"卒于民国二十二年之初冬,年六十有八。"亦系计入立春前之一岁也。

曾广钧

官年:同治五年丙寅(1866)八月初十日生

实年:同治五年丙寅(1866)八月初十日生

征考:《集成》(64—73):"曾广钧,字重伯,号环远,湖南长沙府湘乡县人,同治丙寅年八月初十日吉时生,同治十一年特赏庚午科举人,一体会试。"官年取此。

《民国人物碑传集》(下)之曾昭杭等《(曾广钧)哀启》:"先府君讳广钧,字重伯,号馭庵,以同治丙寅八月十日诞于武昌。"实年取此。

丁宝铨

官年：同治五年丙寅(1866)十月十三日生

实年：同治五年丙寅(1866)生

征考：《光绪十五年己丑科会试同门姓氏朱卷》："丁宝铨，字衡甫，号佩荣，行一，同治丙寅年十月十三日吉时生，江苏淮安府山阳县附生。"官年取此。

唐文治《茹经堂文集四编》卷八《丁恪敏公神道碑铭》(辛巳)："公讳宝铨，字衡甫，号默存，江苏山阳县籍……己未正月八日晨出，忽遇狙击……抵暮卒，至今莫测其由。哀哉！公与余缔交日下，公少余二岁，呼余为兄……公享年五十有一。"由民国八年己未(1919)逆推，其似生于同治八年己巳(1869)。然唐文治生于同治四年，如此丁应生于同治六年(1867)，自相矛盾。郑孝胥《山西巡抚丁恪敏公墓志铭》所载卒年亦为民国八年己未(郑仍用清年号，记以宣统十一年)，然言其"殁时才五十四岁"，郑与丁晚年相处甚密，所言更为可信，如此丁当生于同治五年丙寅(1866)。实年取此。

光绪庚寅(1890)恩科

王塾

官年：咸丰二年壬子(1852)六月二十九日生

实年：咸丰二年壬子(1852)六月二十九日生

征考：《集成》(69—85)："王塾，字符达，号通侯，行一，又行三，咸丰壬子年六月二十九日吉时生，山东登州府莱阳县学增广生，民籍。"官年取此。

孙葆田《校经室文集》卷五《广西补用知府前翰林院检讨王君墓志铭》："遽以壬寅五月二十三日卒，年甫五十有一……君生于咸丰二年六月二十九日。"实年取此。

谷如墉

官年：咸丰三年癸丑(1853)七月十六日生

实年:咸丰三年癸丑(1853)生

征考:《未刊》(21—368):"谷如墉,字崇甫,一字友石,号附堂,又号阜堂,以芙塘行,行一,咸丰癸丑年七月十六日吉时生,系山西宁武府神池县选拔贡生,民籍。"官年取此。

《近代教育先进传略 初集》十《山西省》"谷如墉"条:"清咸丰三年癸丑生,年十六,入县学……年三十二,考取拔贡,三十六,举于乡,次年成进士……入民国后,历任山西民政长,及粤海关监督等职。五年五月十一日,病逝张垣,年六十有四。"其资料据谷思慎《谷芙塘先生家传》。实年取此。

王以慜(另见)

官年:咸丰五年乙卯(1855)六月十四日生

实年:咸丰五年乙卯(1855)六月四日生

征考:《集成》(70—191):"王以慜,字子捷,号梦湘,行四,咸丰乙卯年六月十四日吉时生,系湖南常德府武陵县俊秀监生,民籍,尽先候选知州。"又见《未刊》(22—257)。官年取此。

王以慜《檗坞诗存》卷首《自题词·满江红》"咄咄书空廿六载",据题下注"订近年诗卷自庚午至庚辰,感赋四阕",知庚辰年(1880)其二十六岁,逆推其生年为咸丰乙卯年(1855)。卷三壬午年诗《杂感》其一"二十八年江海客",卷四《除夕》"十三哀时作词客"注云"予丁卯中秋赋诗为先伯父所赏",卷八《元旦口占(己丑)》"生年三十五"等,皆可为证。另《碑传集三编》卷四一收有王乃徵所撰《王梦湘墓志铭》:"辛酉四月二十七日,以疾卒……君生于咸丰乙卯年六月四日,春秋六十有七。"实年取此。

陈宝璐

官年:咸丰七年丁巳(1857)正月十五日生

实年:咸丰七年丁巳(1857)正月十五日生

征考:《集成》(68—217):"陈宝璐,字敬果,号叔毅,行三,咸丰丁巳年正月十五日吉时生,福建福州府闽县岁贡生,民籍。"官年取此。

陈三立《散原精舍文集》卷一二《诰授奉直大夫翰林院庶吉士刑部主事陈君墓志铭》："君讳宝璐,字叔毅,姓陈氏……卒于壬子十二月初七日,享年五十有六。"由民国二年癸丑(1913)逆推,可知其生于咸丰丁巳年(1857)。《中国家谱资料选编》第4册《传记卷》收孙懋豫《先府君行述》(原载陈宝琛等纂修《福州螺江陈氏三修家谱》)："卒于壬子年十二月初七日寅时,生于咸丰丁巳年正月十五日,享年五十有六岁。"实年取此。

刘奋熙

官年:咸丰七年丁巳(1857)八月初十日生

实年:咸丰七年丁巳(1857)生

征考:《集成》(68—265)："刘奋熙,字振翼,号小岩,行三,咸丰丁巳年八月初十吉时生,山西太原府祁县优廪生,民籍。"官年取此。

常赞春《山西献征》卷三《明府刘振翼先生事略》："先生讳奋熙,字振翼……己亥冬殁于家,年四十三岁。"由光绪二十五年己亥(1899)逆推,可知其生于咸丰丁巳年(1857)。实年取此。

刘树屏(另见)

官年:咸丰七年丁巳(1857)九月初九日生

实年:咸丰七年丁巳(1857)生

征考:《集成》(70—1)："刘树屏,原名景琦,字葆良,号补臣,行一,咸丰丁巳年九月初九吉时生,江苏常州府阳湖县学拔贡,民籍。"官年取此。

《清代毗陵名人小传稿》卷九本传："民国六年卒于北京,年六十有一。"由民国六年丁巳(1917)逆推,知其生于咸丰七年丁巳(1857)。实年取此。

李经畬(另见)

官年:咸丰八年戊午(1858)二月二十九日生

实年:咸丰八年戊午(1858)二月二十九日生

征考:《集成》(70—322)："李经畬,字伯雄,号新吾,行一,又行八,咸丰戊午年二月二十九日吉时生,安徽卢州府学廪生,合肥县民籍,官生一品荫生,四品衔兵部员外郎,会典馆纂修。"官年取此。

《合肥李氏宗谱》卷一二:"(李经畬)生于咸丰戊午年二月二十九日巳时。"实年取此。

黄曾源(另见)

官年:咸丰八年戊午(1858)三月初八日生

实年:咸丰八年戊午(1858)生

征考:《集成》(73—1):"黄曾源,字石孙,号立午,行一,咸丰戊午年三月初八日吉时生,汉军正黄旗驻防福州府学附生,旗籍。"官年取此。

《碑传集三编》卷二四吴郁生《二品衔候补道山东济南府知府前礼科给事中翰林院编修黄公行状》:"公讳曾源,字石孙……以丙子十月廿四日卒,春秋七十有九。"由民国二十五年丙子(1936)逆推,可知其生于咸丰八年戊午(1858)。实年取此。

赵渊

官年:咸丰八年戊午(1858)五月二十日生

实年:咸丰八年戊午(1858)生

征考:《集成》(67—361):"赵渊,字子缄,号沣荃,行一,又行二,咸丰戊午年五月二十日吉时生,系山西保德直隶州河曲县乙酉科拔贡生,戊子科举人,民籍。"官年取此。

张友桐《西陉草堂文集》卷六《黑龙江民政司司长醴泉赵公神道碑》:"公讳渊,字醴泉……民国二年长山西民政,为当道迫,非其志也。两阅月病归,卒于家,寿五十六岁。"由民国二年(1913)逆推,可知其生于咸丰八年戊午(1858)。实年取此。

王清穆(另见)

官年:咸丰十年庚申(1860)九月二十日生

实年:咸丰十年庚申(1860)九月生

征考:《集成》(72—1):"王清穆,字希林,号丹揆,行一,咸丰庚申年九月二十日吉时生,江苏太仓州崇明县优行增贡生,民籍。"官年取此。

唐文治《茹经堂文四编》卷七《崇明王丹揆先生传》(又见《民国人物碑传集》[下]卷一三):"咸丰十年九月生先生。"实年取此。

郑锡光

官年:咸丰十年庚申(1860)十二月二十六日(1861年2月5日)生

实年:咸丰十年庚申(1860)生

征考:《未刊》(22—427):"郑锡光,字德津,号友其,行四,又行十三,咸丰庚申年十二月念六日吉时生,福建福州府拔贡生,闽县民籍。"官年取此。

(民国)《闽侯县志》七七《儒行四上》:"辛亥九月中旬中风卒,年五十有二。"由宣统三年辛亥(1911)逆推,知其生于咸丰十年庚申(1860)。实年取此。

张学华

官年:同治二年癸亥(1863)十一月初十日生

实年:同治二年癸亥(1863)十一月初十日巳时生

征考:《集成》(71—183):"张学华,字汉三,行七,同治癸亥年十一月初十日吉时生,广东广州府番禺县学附生,民籍,祖籍江苏镇江府丹徒县。"官年取此。

张澍棠《提法公年谱》:"同治二年癸亥,十一月初十日巳时公生。"实年取此。

籍忠宣

官年:同治六年丁卯(1867)四月十四日生

实年:同治六年丁卯(1867)生

征考:《集成》(73—143):"籍忠宣,字陆侪,号伯言,行一,同治丁卯年四月十四日吉时生,直隶河间府任邱县附生,民籍。"官年取此。

吴闿生《北江文集》卷七《任邱籍君墓碑》:"君讳忠宣,字陆侪……未几卒,光绪三十四年七月也,年四十二耳。"由光绪三十四年(1908)

逆推,可知其生于同治六年丁卯(1867)。实年取此。

蔡元培

官年:同治六年丁卯(1867)十二月十七日(1868年1月11日)生

实年:同治六年丁卯(1867)十二月十七日(1868年1月11日)亥时生

征考:《集成》(69—395):"蔡元培,字仲申,号崔顾,小名宜哥,小字意可,行二,同治六年十二月十七日亥时生,浙江绍兴府山阴县附学生,民籍。"官年取此。

《辛亥人物碑传集》之夏敬观《蔡元培传》:"二十九年卒,年七十四。"由民国二十九年(1940)逆推,可知其生于同治六年(1867)。另《蔡元培自述》:"前清同治六年丁卯十二月十七日亥时,我生于浙江省山阴县城中笔飞弄故宅。"实年取此。

陈懋鼎(另见)

官年:同治九年庚午(1870)十月十六日生

实年:同治九年庚午(1870)生

征考:《集成》(68—1):"陈懋鼎,字泽铉,号徽宇,行一,同治庚午年十月十六日吉时生,福建福州府闽县学附生,民籍。"官年取此。

陈懋鼎《槐楼诗钞》有其弟陈懋解跋:"戊寅暮春,兄年六十有九,南来金陵之陶谷村寓所……庚辰六月,兄病卒京寓,年七十有一。"由民国二十九年庚辰(1940)逆推,可知其生于同治庚午年(1870)。实年取此。

方克猷(另见)

官年:同治九年庚午(1870)八月廿五日生

实年:同治九年庚午(1870)八月生

征考:《方克猷光绪庚寅恩科会试朱卷》(收入方克猷孙女方玫卿主编《天目山房诗文集·西菩山房诗词稿》):"方克猷,字子壮,一字凤池,号祖叔,行一,同治庚午年八月廿五日吉时生,浙江杭州府於潜县选拔贡,候选教谕,民籍。"官年取此。

实年征考见乡试"方克猷"条。

光绪壬辰(1892)科
袁宝璜(另见)

官年:道光二十六年丙午(1846)十月二十三日生

实年:道光二十六年丙午(1846)十月二十三日生

征考:《集成》(75—133):"袁宝璜,字珍夏,号渭渔,一号寄蛣,行一,道光丙午年十月二十三日吉时生,江苏苏州府元和县岁贡生,民籍,方略馆誊录,拣选知县。"官年取此。

《中国家谱资料选编》第4册《传记卷》收袁文凤、袁泽凤《清赐进士出身诰授中宪大夫瑰禹府君行述》(原载袁熙沐等纂修《吴门袁氏宗谱》卷一):"府君卒于光绪丙申十一月十四日,距生于道光丙午十月二十三日,享年五十有一。"实年取此。

李培之

官年:道光三十年庚戌(1850)二月二十三日生

实年:道光三十年庚戌(1850)生

征考:《光绪十八年壬辰科会试同门姓氏朱卷》:"李培之,字心泉,行一,道光庚戌年二月二十三日吉时生,河南开封府汜水县廪生,辛卯科本省乡试中式第五十五名举人。"官年取此。

《中州先哲传》卷一六:"李培之,字心泉,汜水人,光绪十八年进士……民国八年卒,年七十。"由民国八年(1919)逆推,知其生于道光三十年庚戌(1850)。实年取此。

林颐山

官年:道光三十年庚戌(1850)二月廿九日生

实年:道光三十年庚戌(1850)生

征考:《未刊》(23—345):"林颐山,字晋霞,号蒙溪,行一,道光庚戌年二月廿九日吉时生,廪贡生,浙江宁波府慈溪县民籍。"官年取此。

林颐山《鸣阴楼文存》卷前附杨敏曾《林晋霞先生传》:"卒于光绪

丁未年,年六十一。"复旦大学图书馆藏林颐山稿本《蒙溪遗稿》卷首亦有其传:"公讳颐山,字晋霞,别号蒙溪……壬辰成进士,以知县即用……丁未,礼部尚书溥良奏调礼学馆总纂,时公已得喘疾……十一月初四日卒,年六十有一岁。"实年取此。

刘显曾

官年:咸丰元年辛亥(1851)五月十四日生

实年:咸丰元年辛亥(1851)生

征考:《集成》(75—47):"刘显曾,字诚甫,号橙浦,行四,咸丰辛亥年五月十四日吉时生,江苏扬州府仪征县优廪贡生,民籍。"官年取此。

(民国)《江都县新志》:"前富曾七月,以戊辰三月卒,年七十有八。"按其兄刘富曾卒于戊辰十月。据民国十七年戊辰(1928)逆推,知其生于咸丰元年辛亥(1851)。实年取此。

刘可毅

官年:咸丰五年乙卯(1855)十月二十三日生

实年:咸丰五年乙卯(1855)十二月生

征考:《集成》(73—245):"刘可毅,原名毓麟,字葆真,行一,咸丰乙卯年十月二十三日吉时生,江苏常州府学拔贡生,武进县民籍。"官年取此。

刘可毅《刘葆真太史集》附刘树屏《伯兄葆真家传》:"生于咸丰乙卯十二月,卒于光绪庚子五月。"实年取此。按《伯兄葆真家传》所载月份与《集成》不一,疑《家传》误记。

周学海(另见)

官年:咸丰六年丙辰(1856)十二月初三日(1856年12月29日)生

实年:咸丰六年丙辰(1856)十二月初三日丑时生

征考:《集成》(77—221):"周学海,字澂之,号潜初,行一,咸丰丙辰年十二月初三日吉时生,安徽池州府建德县民籍,拔贡生,内阁中书。"官年取此。

陈三立《散原精舍文集》卷六《浙江候补道周君墓志铭》:"君讳学

海,字澄之,改字健之……(光绪)三十二年五月中卒,享年五十一。"由光绪三十二年(1906)逆推,可知其生于咸丰六年丙辰(1856)。《中国家谱资料选编》第4册《传记卷》收周达等《诰授资政大夫二品衔赏戴花翎浙江候补道显考健之府君行述》(原载《安徽建德县纸阮山周氏宗谱》卷一六):"府君生于咸丰六年十二月初三日丑时,殁于光绪三十二年五月初一日亥时,享年五十一岁。"实年取此。

夏孙桐(另见)

官年:咸丰七年丁巳(1857)四月二十二日生

实年:咸丰七年丁巳(1857)四月二十二日生

征考:《集成》(74—297):"夏孙桐,字闰枝,号悔生,行一,咸丰丁巳年四月二十二日吉时生,江苏常州府江阴县监生,民籍,刑部候补主事。"官年取此。

傅增湘(傅岳棻代)《江阴夏闰庵先生墓志铭》:"(辛巳)冬十二月下旬,以感寒病肺,遂致不起,年八十有五。"由民国三十年辛巳(1941)逆推,可知其生于咸丰丁巳年(1857)。朱彭寿《安乐康平室随笔》卷六:"今记诸人生日如左,援《清尊集》例也。江阴夏闰枝孙桐,咸丰丁巳四月二十二日。"实年取此。

杨士晟

官年:咸丰八年戊午(1858)九月二十一日生

实年:咸丰八年戊午(1858)生

征考:《集成》(73—317):"杨士晟,字曙新,号蔚霞,亦号藕船,行三,咸丰戊午年九月二十一日吉时生,安徽泗州附生,民籍。"官年取此。

邓邦述《群碧楼诗钞》卷三丁卯年有《寿杨蔚霞(士晟)七十》。由民国十六年(1927)逆推,可知其生于咸丰八年戊午(1858)。实年取此。

周学铭

官年:咸丰九年己未(1859)八月初八日生

实年:咸丰九年己未(1859)生

征考:《集成》(75—1):"周学铭,字申之,号味西,行二,咸丰己未年八月初八日吉时生,安徽池州府建德县民籍,廪贡生,戊子科副榜,刑部员外郎,江西司帮主稿兼司务厅行走。"又见《未刊》(23—345)。官年取此。

周学熙《自叙年谱》曰:"同治四年乙丑……次兄味西名学铭七岁。""宣统三年辛亥……是年三月,二兄味西故于芜湖,年五十三。"由同治四年(1865)、宣统三年(1911)分别逆推,均可知其生于咸丰九年己未(1859)。实年取此。

汪康年(另见)

官年:咸丰十年庚申(1860)正月初三日生

实年:咸丰十年庚申(1860)正月初三日生

征考:《集成》(74—131):"汪康年,字穰卿,号毅伯,一号直之,行一,又行二,咸丰十年庚申正月初三日吉时生,浙江杭州府钱塘县学优贡生,考取八旗官学教习,商籍,原籍安徽黟县。"官年取此。

汪诒年《汪穰卿先生年谱》:"清咸丰十年庚申正月初三日先生生。"实年取此。

焦志贤

官年:咸丰十年庚申(1860)三月二十四日生

实年:咸丰十年庚申(1860)生

征考:《光绪十八年壬辰科会试同门姓氏朱卷》:"焦志贤,字绍颜,号汉溪,行一,咸丰庚申年三月二十四日吉时生,甘肃秦州直隶州礼县拔贡生。"官年取此。

任承允《桐自生斋文集》卷五《焦君绍颜墓碑》:"君讳志贤,字少颜,一字少渊,世为礼县人……君殁于乙卯岁十月十日,得寿五十有六。"由民国四年乙卯(1915)逆推,知其生于咸丰十年庚申(1860)。实年取此。

朱家宝

官年:咸丰十年庚申(1860)八月二十二日生

实年:咸丰十年庚申(1860)生

征考:《集成》(77—155):"朱家宝,字墨农,号经田,行二,咸丰庚申年八月二十二日吉时生,云南临安府宁州廪生,民籍,咸安宫教习,五品衔候选知县。"又见《未刊》(24—485)。官年取此。

《辛亥人物碑传集》卷九马其昶《云南黎县朱公墓志铭》:"癸亥秋九月五日,宁州朱公年六十四,卒于天津邸舍。"由民国十二年癸亥(1923)逆推,可知其生于咸丰十年庚申(1860)。实年取此。

叶德辉

官年:同治三年甲子(1864)正月十四日生

实年:同治三年甲子(1864)正月十四日寅时生

征考:《未刊》(23—235)(24—243):"叶德辉,字焕彩,行一,同治甲子年正月十四日吉时生,湖南长沙府湘潭县学附生,民籍。"官年取此。

《民国人物碑传集》(下)卷六黄兆枚《叶郋园先生传》:"郋园讳德辉,字焕彬,姓叶氏,郋园其自号……郋园壬辰成进士,官吏曹。"《碑传集三编》卷四一许崇熙《郋园先生墓志铭》:"先生姓叶氏,讳德辉,字奂份,号直山,一号郋园,长沙湘潭人……以丁卯三月初十日加申遇难卒,距其生同治三年甲子岁正月十四日,春秋六十有四。"叶德辉《郋园六十自述》:"余生于同治三年甲子正月十四日寅时。"实年取此。

王仁俊

官年:同治五年丙寅(1866)四月十三日生

实年:同治五年丙寅(1866)生

征考:《集成》(74—29):"王仁俊,字籀鄦,号扞郑,一号幹臣,同治五年四月十三日吉时生,江南苏州府吴县学廪贡生,民籍。"官年取此。

《吴县王扞郑先生传略》:"先生讳仁俊,字扞郑,一字感莼,吴县人……(辛卯)中式本省乡试,其年冬,方伯归道山,张文襄公招之入幕,明年成进士……(癸丑)十二月十四日,竟易簀于兵部洼之石碑胡同寓舍,年四十有八。"由民国二年癸丑(1913)逆推,知其生于同治五年丙寅(1866)。实年取此。

张鹤龄(另见)

官年:同治六年丁卯(1867)三月初一日生

实年:同治六年丁卯(1867)生

征考:《集成》(76—159):"张鹤龄,字诵莱,号小圃,又号箚谱,行二,同治丁卯年三月初一日吉时生,系江苏常州府阳湖县廪膳生,民籍。"官年取此。

《碑传集补》卷二〇谭延闿《奉天提学使阳湖张公墓志铭》:"公讳鹤龄,字筱圃,江苏阳湖人……三十四年九月丁亥卒于官,年四十二。"由光绪三十四年(1908)逆推,可知其生于同治丁卯年生(1867)。实年取此。

吴士鉴(另见)

官年:同治七年戊辰(1868)七月十七日生

实年:同治七年戊辰(1868)七月十七日生

征考:《集成》(74—197):"吴士鉴,字公察,号绚斋,行一,同治戊辰年七月十七日辰时生,浙江杭州府钱塘县学官优廪膳生,民籍。"官年取此。

《民国人物碑传集》据抄本《吴士鉴传》云:"吴士鉴,字绚斋……(同治七年)七月十七日士鉴生。"实年取此。

光绪甲午(1894)恩科

何葆麟

官年:道光二十九年己酉(1849)七月二十二日生

实年:道光二十九年己酉(1849)七月二十一日酉时生

征考:《集成》(79—321):"何葆麟,字颂麒,一字颂圻,行二,道光己酉年七月二十二日吉时生,安徽宁国府南陵县副贡生,民籍,记名军机章京,四品衔刑部遇缺即补主事,前内阁中书。"官年取此。

何葆麟编、何元翰补《悔庵自订年谱》:"道光二十九年己酉七月二十一日酉时,生于京邸。"实年取此。

王照

官年:咸丰九年己未(1859)五月初八日生

实年:咸丰九年己未(1859)生

征考:《集成》(81—83):"王照,字藜青,号小航,行二,咸丰己未年五月初八日吉时生,顺天府宁河县增生,民籍。"官年取此。

王照《小航文存》卷三《李彰久先生事略》下署:"己巳中秋宁河王照撰,时年七十一。"由民国十八年(1929)逆推,可知其生于咸丰九年己未(1859)。实年取此。

郑沅(另见)

官年:同治五年丙寅(1866)七月十五日生

实年:同治五年丙寅(1866)七月十五日生

征考:《集成》(80—365):"郑沅,派名家烋,字叔进,行三,同治丙寅年七月十五日吉时生,湖南长沙府学优廪生,长沙县民籍。"官年取此。

陈诗《凤台山馆诗续钞》卷上《寿郑叔进沅学使七十》题注曰:"乙亥七月望日生辰。"由民国二十四年乙亥(1935)逆推,可知其生于同治丙寅(1866)七月十五日。《漫社三集·特别社友题名》(癸亥年):"郑沅字叔进,湖南长沙人,同治丙寅七月十五日生,五十八岁。"实年取此。

孙雄(孙同康)

官年:同治五年丙寅(1866)七月十七日生

实年:同治五年丙寅(1866)七月十七日生

征考:《集成》(79—85):"孙同康,字师郑,号君培,一字伯元,号寅生,行一,同治丙寅年七月十七日吉时生,江苏苏州府昭文县优廪监生,民籍。"官年取此。

孙雄《旧京诗存》卷一《戊辰七月六十有三初度述怀五古一首》、卷二《己巳七月六十有四初度感赋三律》、卷三《庚午七月六十有五初度自寿诗七律二首》，皆可推出其生于同治丙寅年（1866）七月。《漫社二集社友题名》："孙雄，原名同康，字师郑，号郑斋，江苏常熟人，同治丙寅七月十七日生，五十七岁。"实年取此。

汪声玲（另见）

官年：同治五年丙寅（1866）八月十一日生

实年：同治五年丙寅（1866）八月十一日生

征考：《集成》（79—379）："汪声玲，派名以兴，字筱岩，一字吉人，号龢初，行一，同治丙寅年八月十一日吉时生，系安徽宁国府附生，旌德县民籍。"官年取此。

汪声玲《声玲年谱》："丙寅一岁。清同治五年八月十一日，声玲生于江苏扬州府泰州，本籍安徽宁国府旌德县西乡板桥村。"实年取此。

梁焕奎①

官年：同治七年戊辰（1868）十月生

实年：同治七年戊辰（1868）生

征考：《光绪二十年甲午恩科会试第六房同门姓氏堂备朱卷》："梁焕奎，字璧垣，号刚甫，行一，同治七年十月□日吉时生，湖南长沙府湘潭县学附生，民籍。"官年取此。

梁焕奎《青郊六十自定稿》编于民国十六年丁卯，集中《丁卯六十生日酬座中亲友》亦可证。由民国十六年丁卯（1927）逆推，可知其生于同治七年戊辰（1868）。实年取此。

光绪乙未（1895）科

喻长霖

官年：咸丰七年丁巳（1857）八月初一日生

---

① 按梁未中本科进士（按梁后来中光绪二十九年进士），只挑取堂备，但由于其有本科朱卷履历，故亦列入统计数据。

实年:咸丰七年丁巳(1857)生

征考:《未刊》(26—340):"喻长霖,原名鲸华,字志韶,号潜浦,行二,咸丰七年八月初一日吉时生,台州府黄岩县学廪生,民籍。"官年取此。

喻长霖《惺谡斋初稿》卷二《先府君行述》:"府君生于道光壬辰四月二十五日,卒于同治癸亥四月初六日,享年仅三十有二……时长霖始七岁。"由同治二年癸亥(1863)逆推,知其生于咸丰七年丁巳(1857)。另卷六壬辰年《元旦口占》:"蹉跎三十六,闻道业已迟。"卷九《慎思日录》有辛巳四月记:"少不自立,忽忽蹉跎,今已二十有五年矣。"由光绪十八年壬辰(1892)、光绪七年辛巳(1881)逆推,亦可知其生于咸丰七年。实年取此。

秦锡圭

官年:同治三年甲子(1864)二月二十三日生

实年:同治三年甲子(1864)二月二十三日辰时生

征考:《集成》(83—165):"秦锡圭,字镇国,号介侯,行二,同治甲子年二月二十三日吉时生,江苏松江府上海县增生,民籍。"官年取此。

秦锡田《享帚录》卷二《仲弟介侯行状》:"弟讳锡圭,字镇国,号介侯……同治三年甲子三月二十三日辰时生……(民国)十三年四月二十一日未时,以疾终于里第,春秋六十有一。"同卷又有《仲弟介侯秦君墓志铭》:"弟少予三岁……同治十二年二月二十三日生,民国十三年四月二十一日卒,年六十有一。"实年取此。按此处同治十二年误,当为同治三年。

光绪戊戌(1898)科

王廷材(另见)

官年:咸丰七年丁巳(1857)六月初四日生

实年:咸丰七年丁巳(1857)六月四日生

征考:《集成》(86—1):"王廷材,谱名廷栻,字企张,又字苢臧,号达斋,行三,咸丰丁巳年六月初四日吉时生,江苏松江府娄县附生,民籍,户部候补员外郎,会典馆校对官,保举道员用候选知府。"官年取此。

实年征考见乡试"王廷材"条。

潘鸿鼎(另见)

官年:同治四年乙丑(1865)十月初三日生

实年:同治四年乙丑(1865)生

征考:《集成》(86—31):"潘鸿鼎,字巽来,号铸禹,行三,同治乙丑年十月初三日吉时生,江苏太仓州宝山县副贡生,民籍。"官年取此。

(民国)《宝山县续志》卷一四本传:"民国改元,国务院总理陆徵祥招赴京师,荐任为佥事……逾年遽以风疾卒,年仅四十有九。"民国元年"逾年"为民国二年癸丑(1913),由此逆推,知其生于同治四年乙丑(1865)。实年取此。

王廷扬(另见)

官年:同治五年丙寅(1866)十月十四日生

实年:同治五年丙寅(1866)生

征考:《集成》(87—357):"王廷扬,谱名震福,字维新,一字勇川,又字孚川,行一,同治丙寅年十月十四日吉时生,浙江金华府金华县学附生,民籍。"又见《未刊》(26—387、424)(27—84、119、206)。官年取此。

王廷扬《吴山草堂诗钞》有叶熙序"此前年七十弧辰,诸友权集祝资为镌旧作"。落款:"中华民国二十六年四月春台叶熙谨序。""前年"为民国二十四年(1935),由此逆推,可知其生于同治五年丙寅(1866)。实年取此。

俞陛云(另见)

官年:同治七年戊辰(1868)三月十七日生

实年:同治七年戊辰(1868)三月生

征考:《集成》(86—229):"俞陛云,字阶青,号斐庵,行一,同治七年戊辰三月十七日吉时生,浙江湖州府德清县学附生,民籍。"官年取此。

俞樾《曲园自述诗》:"辰月辰年喜气浓,锦绷绣被护新茸。不知他日能超否,且向怀中抱阿龙。"自注曰:"戊辰三月,二儿妇举一男,余得抱孙矣。以其生于辰年,故小名阿龙。"实年取此。

邓邦述

官年:同治七年戊辰(1868)十二月初六日(1869年1月18日)生

实年:同治七年戊辰(1868)生

征考:《集成》(88—37):"邓邦述,字孝先,号廙斋,又号正闇,行七,同治戊辰年十二月初六日吉时生,江苏江宁府江宁县附生,民籍。"官年取此。

邓邦述《群碧楼善本书录》卷四《七戊篇戊辰元日作》"我生值戊辰,忽忽六十一。"邓邦述、吴曾源等辑《六一消夏词》前附"六一消夏词集同人姓字籍齿录":"沤梦,邓邦述,孝先,江宁,同治戊辰生。"实年取此。

钱能训

官年:同治八年己巳(1869)十二月十六日生

实年:同治八年己巳(1869)生

征考:《未刊》(26—385)(27—362、478)(28—125):"钱能训,字干臣,行二,同治己巳年十二月十六日吉时生,系浙江嘉兴府嘉善县民籍,由附荫生光绪癸巳恩科顺天乡试中式第二百三十六名举人。"官年取此。

《辛亥人物碑传集》收曹秉璋《前国务总理干臣钱公行状》:"按公姓钱氏,讳能训,字干臣,浙之嘉善人……公生于同治八年己巳,春秋五十有六。"实年取此。

光绪癸卯(1903)补行辛丑(1901)壬寅(1902)恩正并科

田毓璠

官年:同治三年甲子(1864)十二月二十四日生

实年:同治三年甲子(1864)生

征考:《集成》(88—347):"田毓璠:字鲁玙,号福生,一号孚庵,行七,同治甲子年十二月二十四日吉时生,江苏淮安府山阳县学附生,民籍,同知直隶州用议叙分省补用知县。"官年取此。

钱同寿《待烹生文集》卷首有田毓璠序云"丙戌秋八十三叟田毓璠"。由民国三十五年(1946)逆推,知其生于同治三年甲子(1864)。实年取此。

钮泽晟(另见)

官年:同治五年丙寅(1866)正月三十日生

实年:同治五年丙寅(1866)正月三十日未时生

征考:《集成》(88—373):"钮泽晟,字稷臣,号寅身,行二,同治丙寅年正月三十日吉时生,浙江湖州府乌程县廪膳生,民籍。"官年取此。

钮泽晟《自述录》:"余生于衣裳街归宅,现开德和馨茶食店之东首也。时同治丙寅年正月三十日未时生。"实年取此。

彭世襄

官年:同治七年戊辰(1868)正月二十日生

实年:同治七年戊辰(1868)正月二十日生

征考:《集成》(89—345):"彭世襄,字应奎,号赞臣,行三,同治戊辰年正月二十日生,江南苏州府吴县优行廪膳生,民籍。"官年取此。

彭岱钟纂修《彭氏宗谱》卷二:"(世襄)年三十有六,生于同治戊辰正月二十日,卒于光绪癸卯九月十二日。"实年取此。

袁嘉谷

官年:同治十一年壬申(1872)七月二十日生

实年:同治十一年壬申(1872)七月二十日卯时生

征考:《集成》(89—175):"袁嘉谷,幼名廷和,字树五,一字南畔,行五,同治壬申年七月二十日吉时生,云南临安府石屏州优贡生,民籍。"官年取此。

《袁屏山先生纪念集》卷二有袁丕元《袁屏山先生年谱》:"清同治十一年壬申公生一岁……七月二十日卯时,公生。"实年取此。

邵章(另见)

官年:同治十一年壬申(1872)七月二十七日生

实年:同治十一年壬申(1872)七月二十七日巳时生

征考:《集成》(89—145):"邵章,谱名孝章,字伯绚,号崇百,别号倬盦,同治壬申年七月二十七日吉时生,浙江杭州府仁和县增贡生,民籍,本省办理蚕学馆、养正书塾、杭州府学堂、杭州藏书楼事务。"官年取此。

邵章《倬盦自订年谱》:"一八七二年(清同治十一年)一岁。是年七月二十七日巳时生。"实年取此。

陈叔通(陈敬第)(另见)

官年:光绪二年丙子(1876)六月十八日生

实年:光绪二年丙子(1876)生

征考:《集成》(89—371):"陈敬第,字叔通,号云麋,行三,光绪丙子年六月十八日吉时生,系杭州府仁和县民籍。"官年取此。

李宣龚《硕果亭文剩》有《陈叔通诗序》:"今余与叔通年俱七十矣……乙酉六月。"李生于1876年。乙酉为民国三十四年(1945),逆推亦可知陈生于光绪二年丙子(1876)。实年取此。

光绪甲辰(1904)恩科
章梫

官年:咸丰十一年辛酉(1861)十一月七日生

实年:咸丰十一年辛酉(1861)生

征考:《集成》(91—211):"章梫,原名桂馨,字一山,咸丰辛酉年十一月七日寅时生,台州府宁海县拔贡生,民籍。"官年取此。

《辛亥人物碑传集》卷一二章乃羹《清翰林院检讨学部左丞宁海章先生行状》:"己丑正月二十日卒,享年八十有九。"由己丑(1949)逆推,可知其生于咸丰十一年辛酉(1861)。实年取此。

潘鸣球(另见)

官年:同治十二年癸酉(1873)二月初八日生

实年:同治十二年癸酉(1873)二月初八日生

征考:《集成》(90—361):"潘鸣球,字颂虞,一字受平,号霞青,又号杏森,别号慰荻,行一,同治癸酉年二月初八日吉时建生,江苏常州府阳湖县廪贡,南菁高等学堂专斋学长,民籍。"官年取此。

潘玙等《潘霞青先生年谱》:"清同治十二年,府君生。府君生于二月初八日卯时,是时寓武进城内织机坊苏宅。"实年取此。

王季烈(另见)

官年:同治十二年癸酉(1873)九月初七日生

实年:同治十二年癸酉(1873)生

征考:《集成》(90—391):"王季烈,字晋余,号君九,行一,同治癸酉年九月初七日吉时生,江苏苏州府长洲县学附贡生,民籍。"官年取此。

王季烈《螾庐未定稿》中有《跋旧抄先文恪公家书》:"右旧抄先文恪公家书五十余通,光绪癸未先资政公得之海王村肆,时烈年十一,未通文义。"由光绪九年癸未(1883)逆推,可知其生于同治十二年(1873)。实年取此。

沈钧儒(另见)

官年:同治十三年(1874)十一月二十五日(1875年1月2日)生

实年:同治十三年(1874)十一月二十五日(1875年1月2日)生

征考:《集成》(90—133):"沈钧儒,字衡山,行二,同治十三年十一月二十五日吉时生,浙江嘉兴府秀水县民籍,附监生。"官年取此。

沈钧儒之女沈谱撰《沈钧儒年谱》:"1975年(清光绪元年)诞生:1月2日,(清同治十三年十一月二十五日),出生于江苏省苏州盘门城内新桥巷通关坊。"实年取此。

张茂炯(另见)

官年:光绪元年乙亥(1875)正月三十日生

实年:光绪元年乙亥(1875)生

征考:《集成》(90—167):"张茂炯,初仲清,号君鉴,行二,光绪乙亥年正月三十日吉时生,江苏苏州府吴县优行廪膳生,民籍。"官年取此。

张茂炯《艮庐自述诗》"我诞先人宦游地"句注:"光绪乙亥生于杭州,迄今甲戌,年六十矣。"邓邦述、吴曾源等辑《六一消夏词》前附"六一消夏词集同人姓字籍齿录":"艮庐,张茂炯,仲清,吴县,光绪乙亥生。"实年取此。

金梁(另见)

官年:光绪四年戊寅(1878)三月十九日生

实年:光绪四年戊寅(1878)三月十九日子时生

征考:《集成》(91—111):"(苏完瓜尔佳氏)金梁,字锡侯,行三,光绪戊寅年生在京正白旗满洲成福佐领下人,杭州驻防附生,曾倡办东文学社泗水蒙学校藏书会。"官年取此。

申权《金公年谱》:"光绪四年戊寅公生。公生三月十九日子时。"实年取此。

陆光熙

官年:光绪四年戊寅(1878)九月初三日生

实年:光绪四年戊寅(1878)生

征考:《集成》(91—61):"陆光熙,原名惠熙,字亮臣,行二,光绪戊寅年九月初三日吉时生,系浙江绍兴府萧山县监生,民籍,丁酉科顺天乡试挑取誊录,寄籍顺天宛平县。"官年取此。

《大清畿辅先哲传》卷七附"陆钟琦、子光熙"条:"陆钟琦……宣统元年,晋布政使。三年,擢山西巡抚。八月,武昌兵变,山西相继难作。九月八日,殉焉……光熙原名惠熙,字亮臣……庚子之变,年甫二十三……死节之年,仅三十四云。"由光绪二十六年庚子(1900)逆推,可知其生于光绪四年戊寅(1878)。实年取此。

乡试

顺天

乾隆丙辰(1736)科

颜崇政

官年:康熙三十四年乙亥(1695)五月初八日生

实年:康熙三十四年乙亥(1695)生

征考:《家传》(91—281):"颜崇政,字正也,号远村,乙亥年五月初八日寅时生,山东兖州府滋阳县廪膳生,民籍,习《诗经》。"官年取此。

牛运震《空山堂文集》卷七《丙辰科举人颜君墓志铭》:"颜君崇政……当乾隆之十三年,而颜君书牍久不至,呜呼,吾友颜君又死矣……年五十四以病终于家。"由乾隆十三年戊辰(1748)逆推,知其生于康熙三十四年乙亥(1695)。实年取此。

乾隆戊午(1738)科

边中宝

官年:康熙三十六年丁丑(1697)九月十四日生

实年:康熙三十六年丁丑(1697)生

征考:《家传》(91—497):"边中宝,字识珍,号竹岩,行九,丁丑年九月十四日生,直隶河间府任邱县拔贡生,民籍,习《诗经》。"官年取此。

边中宝《竹岩诗草》上卷《喜晤萧岁青并寄张瑞图》序云:"萧君岁青,余京学同寅,张瑞图婿也,翁婿俱沈阳人,乾隆戊午夏应举来京,与余聚首数月,相得甚欢,至秋杪东归,明年己未瑞图暨余同以罣去,与二公不通音问者垂三十矣。越甲申,萧以容城分训奉公过访,余一见之,不觉惊喜交集,得晤乃婿,愈悄然念我寅恭友也。志以诗。"诗云:"把袂凝眸思黯然,当时少壮各翩翩。"下注:"初会时萧年廿六,余年四十二。"乾隆戊午(1738)四十二岁,逆推知其生于康熙三十六年丁丑(1697)。实年取此。

储麟趾

官年:康熙四十年辛巳(1701)十一月初八日生

实年:康熙四十年辛巳(1701)十一月初八日生

征考:《家传》(91—415):"储麟趾,字钊复,号勿斋,辛巳年十一月初八日生,江南常州府荆溪县附监生,民籍,习《礼记》。"官年取此。《宜兴丰义储氏分支谱》卷七之二《储梅夫先生传》:"公姓储名麟趾字梅夫……年八十三而薨。"另卷七之二《房世系表》:"麟趾……生康熙辛巳十一月初八日,卒乾隆癸卯十月廿九日,寿八十三。"实年取此。

纪晋

官年:康熙四十二年癸未(1703)十月初九日未时生

实年:康熙四十二年癸未(1703)生

征考:《家传》(91—393):"纪晋,字企瞻,号宽夫,行四,癸未年十月初九日未时生,顺天府霸州文安县廪膳生,民籍,习《易经》。"官年取此。

《李中简先生全集·嘉树山房文集》卷四《故甘泉县尹企瞻纪公墓志铭》:"甲戌秋,予客扬州甘泉县署,经纪故知县纪公之丧,纪公,予中表兄也,予至扬未浃月而公病,又旬日而公卒……寿五十有二。"由乾隆十九年甲戌(1754)逆推,知其生于康熙四十二年癸未(1703)。实年取此。

周人麒

官年:康熙四十四年乙酉(1705)九月初九日生

实年:康熙四十四年乙酉(1705)生

征考:《家传》(91—375):"周人麒,字次游,号月江,行五,乙酉年九月初九日生,直隶天津府天津县民籍,附学生,习《诗经》。"官年取此。

(民国)《天津县新志》卷二一之二本传:"(乾隆)四十九年,年八十卒。"由乾隆四十九年甲辰(1784)逆推,知其生于康熙四十四年乙酉(1705)。实年取此。

宋宗元

官年：康熙四十九年庚寅(1710)六月一日生

实年：康熙四十九年庚寅(1710)生

征考：《家传》(91—341)："宋宗元，字鲁如，号愚公，行二，庚寅年六月初一日生，江南苏州府元和县附监生，民籍，习《礼记》。"官年取此。

彭绍升《二林居集》卷一〇《仲舅光禄公葬记》："公姓宋讳宗元，字鲁儒……公卒以乾隆四十四年五月壬子，年七十。"据乾隆四十四年(1779)逆推，知其生于康熙四十九年庚寅(1710)。实年取此。

陶敦和

官年：康熙五十二年癸巳(1713)四月二十四日生

实年：康熙五十二年癸巳(1713)生

征考：《家传》(91—429)："陶敦和，字叔载，号鲁直，行四，癸巳年四月二十四日生，江南苏州府常熟县民籍，习《书经》。"官年取此。

《国朝耆献类征初编》卷二二四《守令十》"陶敦和"条："卒于乾隆五十四年三月初七日，年七十有七。"据乾隆五十四年(1789)逆推，可知其生于康熙五十二年癸巳(1713)。实年取此。

李棠

官年：康熙五十三年甲午(1714)十月初六日生

实年：康熙五十三年甲午(1714)十月初六日生

征考：《家传》(92—141)："李棠，字召临，号竹溪，行一，甲午年十月初六日生，直隶河间府河间县民籍，壬子副榜，习《书经》。"官年取此。

李棠《思树轩诗稿》卷一《癸未十月六日为余五十初度，马齿渐加，面目依旧，抚时感事，赋此志怀》、卷三《六十岁作》："时届小春侯，吾生属此辰。漫云逢甲午(予生于甲午)，不比降庚寅。"由乾隆二十八年癸未(1763)逆推，可知其生于康熙五十三年甲午十月六日(1714)。实年取此。

阿桂

官年:康熙五十六年丁酉(1717)八月三日生

实年:康熙五十六年丁酉(1717)八月三日生

征考:《家传》(91—467):"阿桂,字广庭,号存朴,丁酉年八月初三日生,正蓝旗满洲都统苏章阿佐领下选拔副榜贡生,大理寺演习,二品荫生,习《诗经》。"官年取此。

那彦成《阿文成公年谱》卷一:"公名阿桂,姓章佳,字广廷,号云岩。始祖穆都巴颜,世居长白山之斐郎阿地方,继迁鄂谟和索罗,国初来归,正蓝旗人,以功升隶正白旗,为正白旗人……康熙五十六年丁酉,八月初三日亥时生。"实年取此。

边继祖

官年:康熙五十九年庚子(1720)三月初一日生

实年:康熙五十九年庚子(1720)生

征考:《家传》(91—509):"边继祖,字绍甫,号桂溪,行二,庚子年三月初一日生,直隶河间府任邱县附学生,民籍,习《书经》。"官年取此。

(道光)《任邱县志续编》卷上《人物上》本传:"十九领乡荐,二十九入词林。"按由乾隆三年戊午(1738)可知其生年为康熙五十九年庚子(1720)年。又边继祖为乾隆十三年(1748)进士,亦可逆推知其生年。实年取此。

钱维城

官年:康熙五十九年庚子(1720)九月二十三日生

实年:康熙五十九年庚子(1720)生

征考:《家传》(91—317):"钱维城,字幼安,号稼轩,行一,庚子年九月二十三日生,江南常州府武进县监生,民籍,习《易经》。"官年取此。

钱维乔《竹初文钞》卷五《先兄文敏公家传》:"公讳维城,字宗磐,一字稼轩,晚自号茶山,先大夫长子也……(乾隆三年)是秋举京兆试,房考编修张公为仪初获公卷,以为耆宿,置之魁……乙丑中进士,廷试第一人,授翰林院修撰,年甫二十有六……壬辰春,闻先大夫讣……十月,吴门有吊者,扁舟往谢,天骤寒雨,主人出,素服请袭,公视非衰疏,弗受,遂益感寒疾,归病革,口授遗疏,既而叹曰:吾不得侍太夫人养矣。遂卒,时年五十有三。"由乾隆三十七年壬辰(1772)逆推,知其生于康熙五十九年庚子(1720)。实年取此。

乾隆辛酉(1741)科
庄培因

官年:雍正元年癸卯(1723)生

实年:雍正元年癸卯(1723)九月十九日生

征考:《未刊》(31—405):"庄培因,十九岁,顺天乡试第七十九名,江南常州府阳湖县监生,民籍。"由乾隆六年辛酉(1741)逆推,知其生于雍正元年癸卯(1723)。官年取此。

光绪元年《毗陵庄氏增修族谱》载其:"生于雍正癸卯九月十九日,卒于乾隆己卯七月十二日。实年取此。

乾隆壬申(1752)恩科
张模

官年:雍正三年乙巳(1725)十一月初五日生

实年:雍正三年乙巳(1725)十一月初五日生

征考:《乾隆十七年壬申恩科顺天乡试礼记一二房同门姓氏朱卷》:"张模,字元礼,号晴溪,行一,乙巳年十一月初五日□时生,顺天府宛平县增广生,民籍,习《礼记》。"又见《未刊》(32—131)。官年取此。

朱珪《知足斋文集》卷三《吏部稽勋司郎中张君墓志铭》:"君讳模,字元礼,号晴溪,顺天宛平人……乾隆壬申春举于乡,秋成进士,改庶吉士……君生雍正乙巳年十月五日寅时,卒于乾隆乙巳年二月二十五日戌时,年六十有一。"实年取此。

乾隆戊申(1788)科
彭希郑(另见)

官年:乾隆二十九年甲申(1764)四月二十一日生

实年:乾隆二十九年甲申(1764)四月二十一日亥时生

征考:《集成》(92—367):"彭希郑,字含英,号苇间,行五,甲申年四月二十一日生,江南苏州府长洲县民籍。"官年取此。

实年征考见会试"彭希郑"条。

嘉庆戊寅(1818)恩科
丁文钊

官年:乾隆五十三年戊申(1788)二月初七日生

实年:乾隆五十三年戊申(1788)生

征考:《集成》(94—173):"丁文钊,字丽生,号慎庵,行五,乾隆戊申年二月初七日吉时生,顺天府通州附生,充内廷国史馆誊录官,民籍。"官年取此。

金望欣《清惠堂集》文卷二《大清敕授文林郎山西长子县知县丁君墓志铭》:"于十四年三月戊子溘逝,春秋四十有七。"由道光甲午(1834)逆推,可知其生于乾隆五十三年戊申(1788)。实年取此。

道光壬午(1822)科
魏源

官年:乾隆五十九年甲寅(1794)三月二十四日生

实年:乾隆五十九年甲寅(1794)三月二十四日辰时生

征考:《集成》(13—367):"魏源,字默深,行二,甲寅三月二十四日吉时生,宝庆府邵阳县民籍。"官年取此。

《广清碑传集》卷一一魏耆《邵阳魏府君事略》:"生于乾隆五十九年甲寅三月二十四日辰时。"实年取此。

道光辛卯(1831)恩科
张际亮(荐卷)①

官年:嘉庆四年己未(1799)生

实年:嘉庆四年己未(1799)生

征考:《未刊》(37—434):"张际亮,嘉庆己未年月日时生,福建建宁府建宁县拔贡生,民籍。"按张际亮是科应顺天乡试。官年取此。

姚莹《东溟文后集》卷一一《张亨甫传》:"张亨甫,名际亮,建宁人……遂卒,年四十五。"姚莹之子姚濬昌《思伯子堂诗集跋》:"《思伯子堂诗集》三十二卷,建宁张亨甫先生之所著也。先生以道光癸卯急先大夫之难,殁于京师。"《清史稿》本传亦云:"二十三年,闻莹以守土事被诬下狱,入都急难,及事白而际亮疾笃,以所著《思伯子堂诗集》嘱莹,遂卒。"由道光二十三年癸卯(1843),知其生于嘉庆四年己未(1799)。实年取此。

道光壬辰(1832)科
顾淳庆

官年:嘉庆九年甲子(1804)八月初一日生

实年:嘉庆九年甲子(1804)八月初一日生

征考:《集成》(96—47):"顾淳庆,字古生,号鹤巢,行五,嘉庆甲子年八月初一日吉时生,浙江绍兴府会稽县附监生,民籍。"官年取此。

顾寿桢《孟晋斋文集》卷四《先考潼关公墓志》:"有清循吏顾府君讳某字古生……其生以嘉庆九年八月朔日,其卒以咸丰十年六月十六日。"实年取此。

道光甲午(1834)科
王肇谦

官年:嘉庆十二年丁卯四月(1807)二十九日生

---

① 张际亮该科仅被荐卷,然系朱卷履历,故列入统计数据。

实年:嘉庆十二年丁卯四月(1807)二十九日卯时生

征考:《集成》(96—307):"王肇谦,字益执,号琴航,一号桐贻,行三,嘉庆丁卯年四月二十九日吉时生直隶定州深泽县廪膳优贡生,民籍。"官年取此。

王肇谦子王用臣《先府君行略》:"先君讳肇谦,字益之,号琴航,直隶深泽人,生于嘉庆十二年四月二十九日卯时,由优贡生中道光甲午科举人,选授福建海澄县调上杭县知县,升补永春直隶州知州,军功保举知府,钦加道衔,赏戴花翎,署漳州府知府、延建邵道,因统领军务,积劳成疾,咸丰七年八月二十九日辰时卒于榕垣寓所……年五十有一。"实年取此。

潘曾莹(另见)

官年:嘉庆十三年戊辰(1808)十一月初四日生

实年:嘉庆十三年戊辰(1808)十一月初四日生

征考:《集成》(96—219):"潘曾莹,字申甫,号星斋,行二,嘉庆戊辰年十一月初四日吉时生,江南苏州府吴县附贡生,翰林院待诏,国史馆誊录,民籍。"官年取此。

实年征考见会试"潘曾莹"条。

道光乙未(1835)恩科

许瀚

官年:嘉庆二年丁巳(1797)五月二十一日生

实年:嘉庆二年丁巳(1797)五月二十一日生

征考:《集成》(97—161):"许瀚,字澜若,一字印林,号培西,行一,大行二,嘉庆丁巳年五月二十一日丑时生,山东沂州府日照县优廪生,民籍。"官年取此。

许瀚《许致和年谱》"嘉庆二年丁巳"条称:"五月二十一日,不孝瀚生。"(崔巍整理《许瀚日记》后附)实年取此。

杜翰

官年:嘉庆十一年丙寅(1806)十二月初三日(1807年1月11日)生

实年:嘉庆十一年丙寅(1806)生

征考:《集成》(97—253):"杜翰,字鸿举,号继园,行一,嘉庆丙寅年十二月初三日吉时生,山东武定府滨州荫生,民籍,候选光禄寺署正。"官年取此。

杜堮编,杜翻等续《杜文端公自订年谱》谓杜堮生于"乾隆二十九年岁在甲申十一月二十四日子时"。其孙杜翰生于嘉庆十一年丙寅:"丙寅,四十三岁,长孙翰生。"实年取此。

道光庚子(1840)恩科
潘曾绶

官年:嘉庆十五年庚午(1810)五月初六日生

实年:嘉庆十五年庚午(1810)五月初六日午时生

征考:《集成》(98—149):"潘曾绶,字崧甫,号绂庭,一号小轩,行三,嘉庆庚午年五月初六日吉时生,江南苏州府吴县贡生,内府光禄寺典簿,乙未恩科挑取内廷誊录,民籍。"官年取此。

潘曾绶《潘绂庭自订年谱》:"嘉庆十五年庚午:五月初六日午时,予生于京师。祖父光禄公名之曰曾鉴,后改名曾绶。"《大阜潘氏支谱》卷六:"(曾绶)生于清嘉庆十五年庚午五月六日,卒于清光绪九年癸未正月二十二日,年七十有四。"实年取此。按《广清碑传集》卷一二李慈铭《诰封光禄大夫追赠三品卿衔内阁侍读潘公墓志铭》:"公生于嘉庆十六年五月六日午时,高年七十有四。"李氏误记,按其所记,潘享年七十有三。

道光癸卯(1843)科
潘遵祁

官年:嘉庆十三年戊辰(1808)五月十二日生

实年:嘉庆十三年戊辰(1808)五月十二日生

征考:《集成》(99—45):"潘遵祁,字觉夫,号顺之,行一,嘉庆戊辰年五月十二日吉时生,江南苏州府吴县优行廪膳生,丁酉科拔贡,分发试用教谕,考验一等,现任内阁候补中书,民籍。"官年取此。

《大阜潘氏支谱》卷六:"(遵祁)生于清嘉庆十三年戊辰五月十二日,卒于清光绪十八年壬辰六月二十一日,年八十有五。"(民国)《吴县志》卷六六下本传:"十八年卒,年八十五。"得年相同。实年取此。

道光丙午(1846)科
谢质卿

官年:嘉庆十四年己巳(1809)四月十三日生

实年:嘉庆十四年己巳(1809)生

征考:《集成》(100—1):"谢质卿,字蔚青,号稚兰,行四,嘉庆己巳年四月十三日吉时生,江西南安府南康县监生,民籍,候选知县。"官年取此。

谢质卿《转蕙轩诗存》卷七《闰生草》注:"同治戊辰四月十三日,为余六旬初度。"由同治七年戊辰(1868)逆推,可知其生于嘉庆十四年己巳(1809)。实年取此。

道光己酉(1849)科
程鸿诏

官年:嘉庆二十五年庚辰(1820)十一月初三日生

实年:嘉庆二十五年庚辰(1820)生

征考:《集成》(100—289):"程鸿诏,字伯勇,号黟农,行一,总行四,嘉庆庚辰十一月初三日生,顺天府大兴县优行廪膳生,甲辰丙午两科副榜,鸡泽县教谕,原籍安徽黟县。"官年取此。

程鸿诏《有恒心斋文》卷一一《程氏家传》:"先妣生于乾隆壬寅五月十三日,道光癸未九月二十四日卒于蜀,封宜人,子鸿诏时年方四岁。"由道光癸未(1823)逆推,可知其生于嘉庆庚辰年(1820)。《有恒心斋诗》卷四己巳年(1869)作有《五十生日》,卷五己未年(1859)作有《四十生日,在羊栈岭防所寄内》,又有壬申年(1872)作《正月朔夜醉书》:"今年五十有三年,马齿虚增倍悚虔。"皆可证其生于嘉庆二十五年庚辰(1820)。实年取此。

江人镜

官年:道光三年癸未(1823)二月初五日生

实年:道光三年癸未(1823)二月初五日午时生

征考:《集成》(100—173):"江人镜,字云彦,号蓉舫,行一,道光癸未年二月初五日吉时生,安徽徽州府婺源县附贡生,候选训导,民籍。"官年取此。

江人镜《知白斋诗钞》卷四《次韵郭子瀞观察五十初度感赋二首》注:"予今年七十有二。"按郭庆藩生于1844年,1893年为五十岁,由该年逆推,知江生于道光二年(1822)年。卷四作于丁亥年的《前诗成闻东台三弟恶耗续此哭之》亦云:"六十六春虚度了,再来春岂胜于斯。"并注云"弟今年六十有二"。由光绪十三年丁亥(1887)逆推,其生年亦为道光二年壬午(1822)。然《知白斋诗钞》卷二《新年述怀》作于光绪四年戊寅(1878)元日,自注"今年已五十有六"。似又生于道光三年(1823)。《中国家谱资料选编》第4册《传记卷》载有江峰青《晓川人镜公传赞》(原载江峰青等纂修《济阳江氏统宗谱》卷四):"家人舁公入寝室,已端坐而逝矣,时光绪庚子三月二十九日辰正三刻也,距生于道光癸未二月初五日午时,享寿七十有八岁。"实年取此。

崇厚(另见)

官年:道光六年丙戌(1826)九月初七日生

实年:道光六年丙戌(1826)九月初七日酉时生

征考:《集成》(100—395):"(完颜氏)崇厚,字子谦,号地山,行二,又行七,道光丙戌年九月初七日吉时生,内务府镶黄旗满洲积庆佐领下副榜贡生,即选直隶州知州。"官年取此。

崇厚自述、衡永编《鹤槎年谱》:"道光六年丙戌壹岁,秋九月初七日酉时,厚生于河南开归道署。"实年取此。

咸丰辛亥(1851)恩科
黄钰
官年:嘉庆二十二年丁丑(1817)五月初六日生

实年:嘉庆二十二年丁丑(1817)五月初六日生

征考:《集成》(101—297):"黄钰,派名金印,字孝侯,号式如,一号穉渔,行二,嘉庆丁丑年五月初六日吉时生,安徽徽州府休宁县民籍,己酉科拔贡生,刑部七品小京官,山西司行走。"官年取此。

《翁同龢日记》同治五年丙寅五月初六日:"是日大考一等、二等人员引见。归祝黄孝侯五十寿,赠以黄莘田研、陈老莲画。"由同治五年丙寅(1866)逆推,知黄钰生于嘉庆二十二年丁丑(1817)。实年取此。

景廉
官年:道光三年癸未(1823)六月二十五日生

实年:道光三年癸未(1823)六月二十五日生

征考:《集成》(101—1):"(颜札氏)景廉,字俭卿,号季泉,一号秋坪,行七,道光癸未年六月二十五日吉时生,正黄旗满洲德顺德佐领下副榜贡生。"官年取此。

李慈铭《越缦堂文集》卷八《诰授光禄大夫建威将军内阁学士颜扎公神道碑铭》:"公讳景廉,字俭卿,一字季泉,颜扎氏正黄旗满洲人……公生于道光癸未六月二十五日,享年六十有三。"实年取此。

铭安
官年:道光八年戊子(1828)十二月十九日生

实年:道光八年戊子(1828)生

征考:《集成》(101—251):"(那拉氏)铭安,字新甫,号鼎臣,行三,又行六,道光戊子年十二月十九日吉时生,内务府镶黄旗满洲文清管领下监生,圆明园笔帖式。"官年取此。

《清史稿》卷四五三本传:"宣统三年,卒,年八十四。"铭安《止足斋诗存》自序:"光绪三十一年八月中浣独醒居士铭安自序,时年七十有八。"又有《壬辰岁暮杂诗》注:"余于五十五岁引疾归里,今年六十五矣。"由宣统三年辛亥(1911)、光绪三十一年乙巳(1905)、光绪十八年壬辰(1892)分别逆推,皆可知其生于道光八年戊子(1828)。实年取此。

咸丰壬子(1852)科
翁同龢(另见)

官年:道光十年庚寅(1830)四月二十七日生

实年:道光十年庚寅(1830)四月二十七日生

征考:《翁同龢咸丰二年壬子科顺天乡试朱卷》:"翁同龢,字叔平,一字㧑夫,号声甫,行六,道光庚寅年四月二十七日吉时生,江苏苏州府学拔贡生,常熟县民籍,刑部七品小京官,充实录馆详校官。"官年取此。

《海虞翁氏族谱》:"同龢,字声甫,号叔平,道光己酉拔贡,朝考一等,刑部七品小京官,候补主事,咸丰壬子顺天举人,丙辰一甲一名进士……道光庚寅四月二十七日生。"实年取此。

咸丰乙卯(1855)科
王荫丰

官年:道光五年乙酉(1825)十一月十一日生

实年:道光五年乙酉(1825)生

征考:《家传》(97—135):"王荫丰,字子京,号石卢,行四,道光乙酉年十一月十一日吉时生,直隶正定府正定县拔贡生,民籍。"官年取此。

王耕心《正定王氏家传》卷四《翰林院检讨从父石庐公家传》:"公姓王氏,讳荫丰,字子京,号石庐……道光己酉拔贡生,中咸丰乙卯举人,己未进士,选翰林院庶吉士,授检讨,充国史馆协修官,性刚而气和,能书,工举业文,居家在官,笃内行,厉品概,而卒以贫病交撼,坎坷以终,年四十有三,时同治六年也。"由同治六年丁卯(1867)逆推,知其生于道光五年乙酉(1825)。实年取此。

咸丰戊午(1858)科
潘观保

官年：道光八年戊子(1828)六月十九日生

实年：道光八年戊子(1828)六月十九日生

征考：《集成》(103—107)："潘观保，字玉生，号辛芝，行一，道光戊子年六月十九日吉时生，江苏苏州府吴县学廪膳生，壬子科优贡，候选国子监学正学录，现任内阁候补中书，民籍。"官年取此。

《大阜潘氏支谱》卷六："(潘观保)生于清道光八年戊子六月十九日，卒于清光绪二十年甲午五月八日，年六十有七。"实年取此。

王文思

官年：道光十一年辛卯(1831)六月初八日生

实年：道光十一年辛卯(1831)六月初八日生

征考：《集成》(103—121)："王文思，字克恭，一字恕堂，号又川，一号安甫，行大，道光辛卯年六月初八日吉时生，江苏太仓直隶州嘉定县廪贡生，民籍。"官年取此。

王文思《恕堂存稿》附《王安甫年谱》："辛卯六月初八日，文思生，一岁。"实年取此。

咸丰辛酉(1861)科
吴唐林

官年：道光十五年乙未(1835)四月二十六日生

实年：道光十五年乙未(1835)四月二十六日生

征考：《集成》(104—165)："吴唐林，字晋士，号西臣，行一，道光乙未年四月二十六日午时生，江苏常州府阳湖县附监生，民籍。"官年取此。

吴礼绅等《皇清诰授资政大夫二品顶戴浙江补用道晋壬府君行述》："府君讳唐林，字晋壬，号子高，年五十后别号苍缘。江苏阳湖县籍……府君生于道光乙未年四月二十六日午时，卒于光绪庚寅年九月十五日未时。享年五十有六岁。"实年取此。

同治壬戌(1862)恩科

王縡(另见)

官年:道光十三年癸巳(1833)十月初四日生

实年:道光十三年癸巳(1833)生

征考:《集成》(104—387):"王縡,字德仔,号莘钼,一号星钼,行一,道光癸巳年十月初四日吉时生,江苏常州府无锡县廪贡生,民籍。"官年取此。

实年征考见会试"王縡"条。

王赓荣

官年:道光二十一年辛丑(1841)正月二十五日生

实年:道光二十一年辛丑(1841)生

征考:《未刊》(45—119):"王赓荣,字向甫,号春舫,一号午樵,行一,道光辛丑年正月二十五日吉时生,系山西朔平府朔州军籍,拔贡生,刑部七品小京官。"官年取此。

常赞春《山西献征》卷三《郡守王向甫先生事略》:"先生讳赓荣,字向甫……乙未以疾卒于太谷,年五十五岁。"由光绪二十一年乙未(1895)逆推,知其生于道光二十一年辛丑(1841)。实年取此。

同治甲子(1864)科

孙玉铭

官年:道光十八年戊戌(1838)九月二十四日生

实年:道光十八年戊戌(1838)生

征考:《未刊》(45—374):"孙玉铭,字竹南,号瑞田,一号鹤君,行一又行五,道光戊戌年九月二十四日吉时生,系直隶保定府清苑县县学优廪生,民籍,肄业莲池书院。"官年取此。

(民国)《清苑县志》卷四《人物上·仕绩》:"孙玉铭,字瑞田,号竹南,南邑人,同治甲子举人……调署合肥县,合肥多豪右,称难治,公时抱病,辞不胜任。上官慰之曰:'但借君重望,卧治足矣。'公辞不获已,三十二年九月赴任,次年三月病故任所,年六十。"由光绪二十三年丁酉(1897)逆推,知其生于道光十八年戊戌(1838)。实年取此。

张人骏(另见)

官年:道光二十六年丙午(1846)正月二十九日生

实年:道光二十六年丙午(1846)生

征考:《集成》(106—169):"张人骏,字揆士,号安圃,行二,道光丙午年正月二十九日吉时生,直隶遵化州丰润县监生,民籍。"官年取此。

实年征考见会试"张人骏"条。

同治庚午(1870)科

陈文𫘧

官年:道光二十年庚子(1840)十二月二十六日(1841年1月18日)生

实年:道光二十年庚子(1840)十二月二十六日(1841年1月18日)生

征考:《集成》(107—431):""陈文𫘧,字仲英,号寿民,一号南孙,行二,道光庚子年十二月二十六日吉时生,顺天府学附生,大兴县民籍,祖贯湖南永州府祁阳县。"官年取此。

《养福斋日札》光绪二十五年己亥十二月廿六日己亥:"余六十诞辰。"由光绪二十五年(1899)逆推,可知其生于道光庚子年十二月廿六日(1840)。实年取此。

邵松年(另见)

官年:道光二十八年戊申(1848)十二月十四日(1849年1月8日)生

实年:道光二十八年戊申(1848)十二月十四日(1849年1月8日)生

征考:《集成》(108—291):"邵松年,字伯英,行三,道光戊申年十二月十四日吉时生,顺天府宛平县廪膳生,民籍,原籍江苏苏州府常熟县。"官年取此。

实年征考见会试"邵松年"条。

丁立钧(另见)

官年:咸丰四年甲寅(1854)正月二十三日生

实年:咸丰四年甲寅(1854)生

征考:《集成》(108—217):"丁立钧,字叔衡,号云樵,行三,又行六,咸丰甲寅年正月二十三日吉时生,系江苏镇江府丹徒县俊秀监生,民籍。"官年取此。

实年征考见会试"丁立钧"条。

同治癸酉(1873)科

殷源

官年:道光十八年戊戌(1838)三月初六日生

实年:道光十八年戊戌(1838)三月初六日生

征考:《集成》(109—369):"殷源,原名葆源,字小谱,号宿海,行一,道光戊戌年三月初六日吉时生,系江南苏州府吴江县监生,民籍。"官年取此。

《江震殷氏族谱》卷五:"(殷源)道光戊戌十八年三月初六日午时生,光绪乙亥元年十二月二十二日辰时卒,年三十八岁。"实年取此。

严玉森

官年:道光十八年戊戌(1838)三月二十九日生

实年:道光十八年戊戌(1838)三月二十九日子时生

征考:《集成》(110—125):"严玉森,字汝成,号鹿溪,行一,道光戊戌年三月二十九日吉时生,江苏扬州府仪征县廪监生,民籍,户部候补主事,云南司行走。"官年取此。

严谦润纂辑《虚阁先生年谱》:"先生讳玉森,字汝成……道光十八年戊戌先生一岁,三月二十九日子时先生生于仪征县城内。"实年取此。

徐致靖

官年:道光二十三年癸卯(1843)九月初八日生

实年:道光二十三年癸卯(1843)生

征考:《未刊》(50—467):"徐致靖,字子静,行二,道光癸卯九月初八日吉时生,顺天宛平县监生,民籍,祖籍江苏宜兴县。"官年取此。

许姬传《许姬传七十年见闻录》中载徐致靖侄仁锷跋语:"先堂伯遗墨,讳致靖,字子静……庚子乱后,赦诏下,寓钱唐十余年,民国六年逝世,寿七十有五。"由民国六年丁巳(1917)逆推,知徐致靖生年为道光二十三年癸卯(1843)。实年取此。

王以慜(另见)

官年:咸丰五年乙卯(1855)六月十四日生

实年:咸丰五年乙卯(1855)六月四日生

征考:《集成》(110—261):"王以慜,字子捷,号幼阶,行四咸丰乙卯年六月十四日吉时生,湖广常德府武陵县俊秀监生,民籍。"官年取此。

实年征考见会试"王以慜"条。

何维棣

官年:咸丰六年丙辰(1856)三月十一日生

实年:咸丰六年丙辰(1856)三月十一日生

征考:《集成》(110—311):"何维棣,字益逊,号棠荪,行三,又行五,咸丰丙辰三月十一日吉时生,湖南永州府道州俊秀监生,民籍。"官年取此。

程颂万《鹿川文集》卷五《何君棠孙墓志铭》:"君生于咸丰六年三月十一日,享年五十有八。"实年取此。

光绪乙亥(1875)恩科

陈名侃

官年:道光二十八年戊申(1848)六月初八日生

实年:道光二十八年戊申(1848)生

征考:《集成》(112—249):"陈名侃,字俶仲,号梦陶,行三,道光戊申年六月初八日吉时生,江苏常州府江阴县附监生,民籍。"官年取此。

《碑传集三编》卷七夏孙桐《三品衔都察院副都御史陈公墓志铭》:"己巳年九月二十七日卒于旧京邸第,享年八十有二。"由民国十八年己巳(1929)逆推,可知其生于道光戊申年(1848)。实年取此。

汪凤池(另见)

官年:道光二十九年己酉(1849)四月二十六日生

实年:道光二十九年己酉(1849)生

征考:《集成》(111—381):"汪凤池,字思赞,号药阶,行一,又行二,道光己酉年四月二十六日吉时生,江苏苏州府元和县民籍,拔贡生,内阁候补中书。"官年取此。

(民国)《吴县志》卷六八:"乙亥恩科顺天乡试举人……光绪辛丑授山东道监察御史,时直隶总督兼北洋大臣袁世凯权势炽盛,疏请裁抑,折留中……己酉正月以疾卒于官,年六十一。"由宣统元年己酉(1909)逆推,知其生于道光二十九年己酉(1949)。实年取此。

陆宝忠(另见)

官年:道光三十年庚戌(1850)七月初六日生

实年:道光三十年庚戌(1850)七月初六日生

征考:《集成》(112—115):"陆宝忠,字定生,号伯葵,行一,道光庚戌年七月初六日吉时生,江苏太仓直隶州监生,民籍,国史馆誊录。"官年取此。

实年征考见会试"陆宝忠"条。

陈冕(另见)

官年:咸丰九年己未(1859)七月初十日生

实年:咸丰九年己未(1859)生

征考:《集成》(112—309):"陈冕,字冠生,号梦莱,行二,咸丰己未年七月初十日吉时生,系顺天府宛平县附生,民籍,祖籍浙江山阴县。"

官年取此。

实年征考见会试"陈冕"条。

光绪丙子(1876)科
冯光元

官年:道光二十一年辛丑(1841)十月三十日生

实年:道光二十一年辛丑(1841)十月三十日辰时生

征考:《集成》(113—163):"冯光元,字叔惠,一字叔蕙,行三,又行二,道光辛丑年十月三十日吉时生,江苏常州府阳湖县副榜贡生,民籍,国史馆誊录官,工部候补主事,虞衡司行走兼都水司行走。"官年取此。

冯光元之子冯学幹、冯学琦、冯学棠撰《诰授资政大夫二品顶带盐运使衔河南彰卫怀兵备道显考叔惠府君行述》:"府君讳光元,字叔惠,又字叔蕙……府君生于道光二十一年辛丑十月三十日辰时,卒于光绪三十四年戊申六月二十九日寅时,享寿六十八岁。"实年取此。

崔舜球

官年:道光三十年庚戌(1850)四月十二日生

实年:道光三十年庚戌(1850)生

征考:《集成》(114—167):"崔舜球,字德雄,别字夔典,行四,道光庚戌年四月十二日吉时生,系广东广州府南海县监生,民籍,户部四川司学习主事。"官年取此。

崔舜球《崔翰林遗集》卷一《疟疾戏作》:"我生廿五年,有病慎防制。甲戌夏五月,疟鬼乃为厉。"由同治甲戌(1874)逆推,可知其生于道光三十年庚戌(1850)。实年取此。

顾肇新

官年:咸丰三年癸丑(1853)正月二十八日生

实年:咸丰三年癸丑(1853)生

征考:《集成》(115—89):"顾肇新,字康民,号鼎卿,行三,咸丰癸丑年正月二十八日吉时生,系江苏苏州府吴县监生,民籍,刑部学习主事,贵州司行走。"官年取此。

曹允源《复盦续稿》卷三《顾侍郎传》:"侍郎讳肇新,字康民,号鼎卿……丙午商部改农工商部,仍为右侍郎,是年十二月初九日以疾薨于京寓,春秋五十有四。"由光绪三十二年丙午(1906)逆推,可知其生于咸丰癸丑年(1853)。实年取此。

光绪己卯(1879)科
王懿荣(另见)

官年:道光二十五年乙巳(1845)六月初八日生

实年:道光二十五年乙巳(1845)生

征考:《未刊》(56—453)(57—182):"王懿荣,字正孺,一字廉生,行一大行十三,道光乙巳年六月初八日吉时生,山东登州府福山县民籍,同治癸酉科顺天第一名副榜,户部候补主事。"官年取此。

实年征考见会试"王懿荣"条。

彭福孙

官年:道光二十六年丙午(1846)十月二十九日生

实年:道光二十六年丙午(1846)生

征考:《集成》(115—323):"彭福孙,字备五,号颂田,行二,道光丙午年十月二十九日生,江苏苏州府长洲县监生,民籍,充方略馆誊录,刑部候补主事,加一级纪录三次,江西司行走。"官年取此。

(光绪)《甘肃新通志》卷五九《职官志》本传:"彭福孙,字颂田,江苏长洲举人……丁未十月卒于家,时年六十有二。"由光绪三十三年丁未(1907)逆推,知其生于道光二十六年丙午(1846)。实年取此。

光绪壬午(1882)科
邹嘉来(另见)

官年:咸丰三年癸丑(1853)正月二十二日生

实年:咸丰三年癸丑(1853)生

征考:《集成》(117—145):"邹嘉来,字孟方,号紫东,一号仪若,行一,咸丰癸丑年正月二十二日吉时生,系江苏苏州府吴县附贡生,民籍,国史馆眷录。"官年取此。

实年征考见会试"邹嘉来"条。

徐世昌(另见)

官年:咸丰五年乙卯(1855)九月十三日生

实年:咸丰五年乙卯(1855)九月十三日辰时生

征考:《集成》(117—169):"徐世昌,字卜五,号鞠人,一号菊存,行一,咸丰乙卯年九月十三日吉时生,直隶天津府天津县监生,民籍。"官年取此。

实年征考见会试"徐世昌"条。

曹允源

官年:咸丰五年乙卯(1855)十二月八日(1856年1月15日)生

实年:咸丰五年乙卯(1855)十二月八日(1856年1月15日)生

征考:《集成》(116—345):"曹允源,字根生,号赓笙,又号耕苏,行二,咸丰乙卯年十二月初八日吉时生,江苏苏州府吴县副贡生,民籍,原籍徽州府歙县。"官年取此。

张一麐《心太平室集》卷三《清光禄大夫湖北襄郧荆兵备道曹君墓志铭》:"君生于清咸丰五年十二月八日,卒于民国十六年二月七日,春秋七十有三。"实年取此。

徐世光

官年:咸丰七年丁巳(1857)四月二十一日生

实年:咸丰七年丁巳(1857)四月二十一日生

征考:《集成》(117—169):"徐世光,字谱生,号友梅,一号剑华,行二,咸丰丁巳年四月二十一日吉时生,直隶天津府天津县监生,民籍。"官年取此。

徐绪正等《先考友梅府君行述》:"府君讳世光,字友梅,一字次徐……府君于清咸丰七年丁巳四月二十一日生于开封之双龙巷……(民国十八年)五月二十五日申刻弃养,享寿七十有三。"实年取此。

光绪乙酉(1885)科

张謇(另见)

官年:咸丰三年癸丑(1853)五月二十五日生

实年:咸丰三年癸丑(1853)五月二十五日卯时生

征考:《集成》(117—385):"张謇,字季直,一字处默,行四,咸丰癸丑年五月二十五日吉时生,江苏通州优贡生,民籍。"官年取此。

张謇《啬翁自订年谱》卷上:"清咸丰三年癸丑五月二十五日卯时,生于海门常乐镇今敦裕堂前进之西室。"另《辛亥人物碑传集》卷八曹文麟《张先生传》:"卒于中华民国十五年阴历七月十七日,年七十有四。"由民国十五年(1926)逆推,亦可知其生于咸丰三年癸丑(1853)。实年取此。

那桐

官年:咸丰七年丁巳(1857)七月二十三日生

实年:咸丰七年丁巳(1857)生

征考:《未刊》(63—211):"(叶赫那拉氏)那桐,字凤栖,号琴轩,行一,咸丰丁巳年七月二十三日吉时生,内务府镶黄旗满洲全安管领下监生,户部候补主事。"官年取此。

《清史稿》本传:"国变后久卧病卒,年六十有九。"据北京大学图书馆藏那晋手写日记,那桐于民国十四年乙丑(1925)五月八日病逝,由此逆推,知其生于咸丰七年丁巳(1857)。实年取此。

张一麐(另见)

官年:同治六年丁卯(1867)十二月二十八日(1868年1月22日)生

实年:同治六年丁卯(1867)生

征考:《集成》(118—51):"张一麐,字峥角,号仲仁,原号颂仁,行二,同治丁卯年十二月二十八日吉时生,江苏苏州府元和县副贡生,民籍。"官年取此。

《心太平室集》卷首黄炎培《张仲仁先生传》:"以清同治六年公元一八六七年先生生……癸卯年三十,江苏巡抚恩寿、陕西学政沈卫均以先生名保荐应试经济特科……三十二年公元一九四三年十月二十四日长逝,年七十有七。"实年取此。

光绪戊子(1888)科

贾品重

官年:道光十六年丙申(1836)九月初七日寅时生

实年:道光十六年丙申(1836)生

征考:《家传》(96—133):"贾品重,字南金,号子石,行一,又行六,道光丙申年九月初七日寅时生,直隶广平府清河县岁贡生,民籍。"官年取此。

(民国)《清河县志》卷一一本传:"字南金,光绪戊子举人……领乡荐时年五十三矣……卒年六十六。"由光绪十四年戊子(1888)逆推,知其生于道光十六年丙申(1836)。实年取此。

雷补同(另见)

官年:咸丰十年庚申(1860)三月十一日生

实年:咸丰十年庚申(1860)三月十一日生

征考:《集成》(121—1):"雷补同,字协臣,号谱桐,行一,本生行二,咸丰庚申年三月十一日吉时生,江苏松江府学拔贡生,华亭县民籍,户部七品小京官,广东司行走。"官年取此。

雷补同《味隐自叙年谱》载其生于"咸丰十年三月十一日"。实年取此。

丁学恭

官年:咸丰十年庚申(1860)七月二十八日生

实年:咸丰十年庚申(1860)生

征考:《丁学恭光绪戊子科顺天乡试朱卷》:"丁学恭,字炳南,号润苏,又号霓仙,行二,咸丰庚申年七月二十八日吉时生,系江苏苏州府昭文县附监生,民籍。"官年取此。

王庆芝《涵春馆诗稿三编》附记《庚申消寒雅记》载丁学恭生于"咸丰十年"。实年取此。

王清穆（另见）

官年:咸丰十年庚申(1860)九月二十日生

实年:咸丰十年庚申(1860)九月生

征考:《集成》(120—393):"王清穆,字希林,号丹揆,行一,咸丰庚申年九月二十日吉时生,江苏太仓州崇明县优行增贡生,民籍。"官年取此。

实年征考见会试"王清穆"条。

赵晋臣

官年:同治元年壬戌年(1862)十二月十二日(1863年1月30日)生

实年:同治元年壬戌年(1862)十二月十二日(1863年1月30日)生

征考:《家传》(95—159):"赵晋臣,原名琳,字乃唐,号蔼棠,行二,同治壬戌年十二月十二日吉时生,奉天昌图府怀德县优附生,民籍,原籍直隶永平府乐亭县。"官年取此。

孙雄《旧京文存》卷二《清故礼部郎中赵君乃唐墓志铭》:"年十九,补学官弟子,中光绪戊子举人……君生于同治元年壬戌十二月十二日,卒于共和十有八年一月十四日。于夏历为戊辰年十二月初四日,年六十有七。"实年取此。

张检

官年:同治三年甲子(1864)七月三十日生

实年:同治三年甲子(1864)七月三十日生

征考:《家传》(95—533):"张检,字士封,一字庚易,一字玉叔,行三,同治甲子年七月三十日吉时生,系直隶天津府南皮县优行增广生,民籍。"官年取此。

(民国)《南皮县志》卷一二《故实志上·金石》有叶尔恺撰《故资政大夫二品衔前江西巡警道署提法使南皮张君墓志铭》："君张氏，讳检，字玉叔……光绪戊子以增广生举于乡，庚寅成进士，授吏部文选司主事……遭辛亥变革归里，越八年，岁次己未八月十四日，以肝疾卒于津门，距生同治甲子年七月三十日，年五十六。"实年取此。

王瑚

官年：同治四年乙丑(1865)二月十六日生

实年：同治四年乙丑(1865)生

征考：《家传》(95—583)："王瑚，字禹功，号铁珊，行三，又行五，同治乙丑年二月十六日吉时生，直隶定州学附生，民籍。"官年取此。

《民国人物碑传集》冯玉祥《近代第一流廉吏王铁珊先生》：生于"公历一八六五年，河北省定县南支合村。"实年取此。按该传又云："光绪十四年，铁珊乡试大捷，高中戊子科举人，正当他二十三岁。"由此知其科第。

傅增湘

官年：同治十一年壬申(1872)九月初八日生

实年：同治十一年壬申(1872)九月初八日生

征考：《集成》(121—51)："傅增湘，字叔和，号润元，行三，同治壬申年九月初八日吉时生，四川泸州直隶州江安县监生，民籍，原籍江西抚州府金溪县。"官年取此。

傅增湘《藏园居士六十自述》："岁在辛未八月十一日，江安傅增湘书于藏园。"由民国二十年辛未(1931)逆推，可知其生于同治壬申年。《漫社三集·特别社友题名》(癸亥年)："傅增湘，字沅叔，四川江油人，同治壬申九月初八日生，五十二岁。"实年取此。

光绪己丑(1889)恩科

金兆蕃

官年：同治七年己巳(1868)八月二十四日生

实年:同治七年己巳(1868)八月二十四日生

征考:《集成》(121—219):"金兆蕃,谱名义襄,字茂赞,号伯匡,又号钱孙,行三,又行一,同治七年八月二十四日吉时生,浙江嘉兴府秀水县民籍,附监生,祖籍休宁,商籍仁和,肄业天津集贤书院。"官年取此。

金兆蕃《安乐乡人诗集》卷一有《赠章式之同年钰》,又有《式之年政五十矣,复投以长歌》云"式之五十鬓未丝,我少三岁霜盈髭",章钰生于1865年,故金生于同治七年(1868)。另《民国人物碑传集》(下)卷七屈强《嘉兴金钱孙先生行状》:"君生于清同治七年戊辰八月,殁于中华人民共和国建国第二年之八月,年八十有三。"朱彭寿《安乐康平室随笔》卷六:"今记诸人生日如左,援《清尊集》例也……秀水金钱孙兆蕃,戊辰八月二十四日。"实年取此。

顾瑗

官年:同治十一年壬申(1872)十月初四生

实年:同治十一年壬申(1872)生

征考:《集成》(121—393):"顾瑗,字亚蘧,行三,堂行五,同治壬申年十月初四日吉时生,河南开封府祥符县附监生,民籍。"官年取此。

顾璜《顾渔溪先生遗集》卷四《显考殿卿府君行述》:"时在同治丁卯戊辰年间,不孝璜甫十一二龄……己卯年,先继祖妣谢世,方挈眷赴都,不孝瓛年始十五,不孝瑗与不孝斑才十龄。"光绪五年己卯(1879)时顾瑗十岁,由此逆推,可知顾瑗生于同治九年庚午(1870)。实年取此。按顾瑗《西征集》卷一辛丑正月作有《次韵和高子衡观察静中吟》:"三十年来悔已迟。"《宿孟县次韵和闰枝同年题壁诗》:"愧我茫茫三十秋。"由光绪二十七年辛丑(1901)逆推,似生于同治十一年壬申(1872),然此系约指,不取其说。

光绪辛卯(1891)科

韩荫桢

官年:咸丰八年戊午(1858)八月二十六日生

实年：咸丰八年戊午（1858）生

征考：《集成》（123—47）："韩荫桢，字济周，号芰洲，行九，咸丰戊午年八月二十六日吉时生，系直隶天津府天津县附贡生，民籍，光禄寺署正衔。"官年取此。

韩荫桢《冬青馆诗存·丁巳生日自遣》："甲子初周齿又加，红尘容易度年华。"由民国六年（1917）逆推，可知其生于咸丰八年戊午（1858）。实年取此。

张茂镛

官年：同治二年癸亥（1863）十一月二十四日（1864年1月3日）生

实年：同治二年癸亥（1863）十一月二十四日（1864年1月3日）未时生

征考：《集成》（124—91）："张茂镛，字申伯，号少勖，行一，同治二年十一月廿十四日吉时生，江苏苏州府吴县监生，通政司知事衔，民籍。"官年取此。

张茂镛《檗庵主人自订年谱》："清同治二年癸亥一岁。是年十一月二十四日未时，余生于上海。"实年取此。

光绪癸巳（1893）恩科

萧应椿

官年：咸丰六年丙辰（1856）九月十八日生

实年：咸丰六年丙辰（1856）生

征考：《集成》（125—107）："萧应椿，号绍庭，行一，咸丰丙辰年九月十八日吉时生，云南府昆明县监生，民籍，分省补用知府。"官年取此。

徐金铭《六慎斋文存》卷三《萧绍庭观察墓志铭》："公自辛亥罢官，越十一年壬戌，卒于济南寓舍，年六十七。"由民国十一年壬戌（1922）逆推，可知其生年为咸丰六年丙辰（1856）。实年取此。

陶喆甡

官年：咸丰十年庚申（1860）生

实年：咸丰十年庚申(1860)生

征考：《家传》(97—595)："陶喆甡,字潜愚,号仲明,行二,又行九,咸丰庚申年生,直隶天津府天津县县学附生,民籍,戊子科试考取算学生。"又见《未刊》(75—155)。官年取此。

(民国)《天津县新志》卷二一之四："字潜愚,号仲明,县学生,考取算学生,光绪十九年举人……二十七年卒,年四十有二。"由光绪二十七年辛丑(1901)逆推,知其生于咸丰十年庚申(1860)。实年取此。

陈恩荣

官年：同治六年丁卯(1867)十月二十八日生

实年：同治六年丁卯(1867)生

征考：《家传》(97—105)："陈恩荣,字柘圃,号泽普,又号季桐,行五,同治丁卯年十月二十八日吉时生,直隶天津府天津县县学附生,民籍。"官年取此。

《益世报》1948年4月17日《陈哲甫教授十八日发引》："(民国)三十五年秋倦游思乡,以八旬老人,孑然由渝飞返津门,犹组丁亥易社,讲授易经,生徒颇众。月来年迈体衰,心脏转弱,医药罔效,竟于本月三日病故旧居,享年八十有二。"由民国三十七年戊子(1948)逆推,知其生于同治六年丁卯(1867)。实年取此。

毛祖模

官年：同治七年戊辰(1868)五月十五日生

实年：同治七年戊辰(1868)生

征考：《集成》(125—25)："毛祖模,字伯镕,号艾孙,又号范吾,行一,同治七年戊辰五月十五日吉时生,顺天府大兴县学附生,民籍,原籍江苏太仓州镇洋县。"官年取此。

《乙亥志稿·人物一》："祖模,字艾孙,学于王祖畬,枕葄经史,中光绪十九年顺天举人,官农工商部郎中,外补签事,国变后任滨江关监督,民国二十四年卒,年六十八。"由民国二十四年乙亥(1935)逆推,知其生于同治七年戊辰(1868)。实年取此。

郭家声

官年：同治九年庚午（1870）生

实年：同治九年庚午（1870）正月二十五日生

征考：《未刊》(74—394)："郭家声，字琴石，号芩室，行九，同治庚午年正月二十五日吉时生，系顺天府宛平县府学廪膳生，民籍。"官年取此。

郭家声《忍冬书屋诗集》卷二首篇《正月二十日有作》："二十五年弹指去，摩挲书剑自依依。"诗作于光绪二十年甲午（1894），逆推可知其生于同治九年庚午（1870）。实年取此。

光绪甲午（1894）科

华学涑

官年：同治十一年壬申（1872）正月十一日生

实年：同治十一年壬申（1872）生

征考：《家传》(94—485)："华学涑，字子奇，号实甫，行一，又行七，同治壬申年正月十一日吉时生，直隶天津府天津县民籍，优附生。"又见《未刊》(80—160)。官年取此。

华学涑《文字系》卷首有《华石斧先生事略》，曰："华先生讳学涑，字实甫，晚自号石斧。先世自江苏无锡迁天津，世为天津望族……光绪二十三年举于乡……先生以民国十六年九月三十日卒，年五十六。"由民国十六年（1927）逆推，知其生于同治十一年壬申（1872）。实年取此。

刘宝慈

官年：同治十二年癸酉（1873）五月初七日生

实年：同治十二年癸酉（1873）五月初七日生

征考：《集成》(126—267)："刘宝慈，字扫云，号竹生，行二，又行六，同治癸酉年五月初七日吉时生，直隶天津府天津县县学附学生，民籍。"官年取此。

娄裕焘《先师刘先生事状》："先生讳宝慈，字扫云，号竹生，天津刘氏……光绪甲午举于乡……生于同治癸酉年五月初七日，卒于辛巳年八月十四日，寿六十有九。"实年取此。

光绪丁酉(1897)恩科

薛俊升

官年：咸丰二年壬子(1852)二月初五日生

实年：咸丰二年壬子(1852)二月初五日子时生

征考：《家传》(94—235)："薛俊升，字凤三，号甫亭，行一，咸丰壬子年二月初五日吉时生，系奉天锦府义州州学廪膳生，民籍。"官年取此。

(民国)《义县志》中卷(十五)《艺文志》下：《茉汀公华孝廉墓志铭》："公讳俊升，字凤三，号甫亭，行一，茉汀其晚年别号也……迨至二十八年丁酉科，春食廪饩，秋登贤书……公生于清咸丰二年壬子二月初五日子时，卒于中华民国十八年己巳夏历正月初一日丑时，享寿七十有八。"实年取此。

光绪癸卯(1903)恩科

史纪常

官年：同治九年庚午(1870)六月二十六日生

实年：同治九年庚午(1870)生

征考：《集成》(130—77)："史纪常，字润生，号曜五，同治庚午年六月二十六日吉时生，江苏常州府宜兴县副贡生，民籍，补用兵马司副指挥。"官年取此。

《中国家谱资料选编》第4册《传记卷》收吴崿《史曜五先生家传》(原载史柏生等纂修《义庄史氏宗谱》卷二〇)："癸亥六月二十一日卒于官，即民国十二年八月三日，春秋五十有四。"由民国十二年癸亥(1923)逆推，知其生于同治九年庚午(1870)。实年取此。

沈钧儒(另见)

官年:同治十三年甲戌(1874)十一月二十五日(1875年1月2日)生

实年:同治十三年甲戌(1874)十一月二十五日(1875年1月2日)生

征考:《集成》(129—407):"沈钧儒,字衡山,行二,同治十三年十一月二十五日吉时生,浙江嘉兴府秀水县民籍。"官年取此。

实年征考见会试"沈钧儒"条。

张寿镛

官年:光绪二年丙子(1876)五月二十九日生

实年:光绪二年丙子(1876)生

征考:《集成》(130—1):"张寿镛,字伯颂,号咏霓,又号咏沂,别号信园,行一,光绪丙子年五月二十九日吉时生,浙江宁波府鄞县附贡生,丁酉科壬寅补行庚子辛丑恩正并科荐卷,江苏补用知县,民籍。"官年取此。

《民国人物碑传集》(下)之吕思勉《张寿镛先生传略》:"生于清光绪二年。"实年取此。

江南

乾隆甲午(1774)科

庄选辰

官年:乾隆十九年甲戌(1754)生

实年:乾隆十九年甲戌(1754)生

征考:《未刊》(33—1):"庄选辰,二十一岁,乾隆甲午科,中式第四十一名,江苏常州府阳湖县监生,民籍。"由乾隆三十九年甲午(1774)逆推,知其生于乾隆十九年甲戌(1754)。官年取此。

赵怀玉《亦有生斋文集》卷一二《内阁中书舍人庄君行状》:"君姓庄氏,讳选辰,字举直……君以乾隆五十年七月七日卒,年三十二。"由乾隆五十年乙巳(1785)逆推,知其生于乾隆十九年甲戌(1754)。实年取此。

乾隆丁酉(1777)科
庄述祖

官年:乾隆十五年庚午(1750)生

实年:乾隆十五年庚午(1750)十二月十三日(1751年1月10日)生

征考:《未刊》(33—36):"庄述祖,二十八岁,乾隆丁酉科中式第八十三名,江苏常州府武进县监生,民籍。"由乾隆四十二年丁酉(1777)逆推,知其生于乾隆十五年庚午(1750)。官年取此。

光绪元年木活字版《毗陵庄氏增修族谱》:"生于乾隆庚午十二月十三日,卒于嘉庆丙子六月二十三日,寿六十有七。"实年取此。

乾隆丙午(1786)科
庄隽甲

官年:乾隆二十六年辛巳(1761)六月二十日生

实年:乾隆二十六年辛巳(1761)六月二十日生

征考:《未刊》(33—223):"庄隽甲,字经饶,行一,乾隆辛巳年六月二十日生,江苏常州府附学生,民籍。"官年取此。

恽敬《大云山房文稿二集》卷四《庄经饶墓志铭》:"庄经饶名隽甲,阳湖人……经饶以县学生乾隆五十一年乡试中式,屡赴会试不第,大挑一等,试知县不就,改教谕,选歙县教谕,在官六年,辞归三年卒,年四十五,嘉庆十三年十月乙亥也。与同岁生张惠言皋文交,皋文言黄叔度汉末第一流,在郭有道之右,若经饶者,可以观古人之概矣。"由嘉庆十三年戊辰(1808)逆推,其当生于乾隆二十九年甲申(1764),然违反官年不会大于实年之常情。今据邓政阳先生赐示庄寿承纂修《毘陵庄氏增修族谱》卷一〇《十一世至十五世》:"隽甲,行一,字经饶,号见山,乾隆丙午举人,乙卯大挑知县,呈改教谕……生于乾隆辛巳六月二十日,卒于嘉庆丙寅十一月初五日。"据此知其实生乾隆二十六年辛巳(1761),实年取此。

嘉庆甲子(1804)科
徐颋
官年:乾隆三十七年壬辰(1772)九月十一日卯时生

实年:乾隆三十七年壬辰(1772)生

征考:《集成》(131—231):"徐颋,字直卿,号少鹤,行一,乾隆壬辰年九月十一日卯时生,江南苏州府长洲县副贡生,民籍。"官年取此。

(民国)《吴县志》卷六八上《列传六》:"道光元年升詹事,充山东乡试正考官,二年升内阁学士兼礼部侍郎,再提督安徽学政,三年,卒于任,年五十二。"由道光三年癸未(1823)逆推,知其生于乾隆三十七年壬辰(1772)。实年取此。

嘉庆戊辰(1808)科
顾元熙
官年:乾隆四十六年辛丑(1781)生

实年:乾隆四十六年辛丑(1781)生

征考:《集成》(131—297):"顾元熙,字丽丙,号耕石,行一,年二十八岁(江南乡试嘉庆戊辰恩科)。"由嘉庆十三年戊辰(1808)逆推,知其生于乾隆四十六年辛丑(1781)。官年取此。

张鉴《雷塘庵主弟子记》卷五:"(道光元年九月)初八日兼署广东学政印,时学政顾公元熙病故也。"《同治苏州府志》卷八九本传:"督学广东,卒于官,年四十一。"由道光元年(1821)逆推,知其生于乾隆四十六年辛丑(1781)。实年取此。

嘉庆庚午(1810)科
李福
官年:乾隆三十四年己丑(1769)六月十二日生

实年:乾隆三十四年己丑(1769)生

征考:《集成》(131—361):"李福,字备之,号子仙,年四十二岁,六月十二日生,江南苏州府吴县岁贡生,卫籍。"由庚午(1810)科逆推,可知其生于乾隆三十四年己丑(1769)六月十二日。官年取此。

李福《花屿读书堂诗钞》卷三《赠吴柳村(锦)兼索其画得五十二韵》"余年肩随君,今刚值四丑"下注:"余己丑岁生。"同卷嘉庆戊辰年(1808)有《四十初度自述六首》,逆推亦可知其生年为乾隆三十四年己丑(1769)。实年取此。

道光辛巳(1821)恩科
叶自庄

官年:乾隆五十八年癸丑(1793)二月二十一日生

实年:乾隆五十八年癸丑(1793)生

征考:《集成》(133—99):"叶自庄,字肃廷,号端斋,一号宿亭,行二,乾隆癸丑年二月二十一日生,江苏太仓州镇洋县附生,民籍,原籍徽州府休宁县。"官年取此。

张履《积石文稿》卷一七《叶君端斋传》:"以二十一年三月卒于京邸,年四十九。"由道光二十一年(1841)逆推,可知其生于乾隆五十八年癸丑(1793)。实年取此。

秦国楠

官年:乾隆五十八年癸丑(1793)十一月三十日辰时生

实年:乾隆五十八年癸丑(1793)十一月三十日生

征考:《集成》(133—53):"秦国楠,字丙南,一字笠渔,行一,乾隆癸丑十一月三十日辰时生,江苏常州府学廪膳生,无锡县民籍。"官年取此。

《锡山秦氏宗谱》卷八中:"字丙南,一字梅屿,号笠渔,郡廪生,中道光辛巳恩科江南乡试……生乾隆癸丑十一月三十,卒道光乙酉正月廿六。"实年取此。

道光壬午(1822)科
袁翼

官年:乾隆五十四年己酉(1789)八月二十八日生

实年:乾隆五十四年己酉(1789)生

征考:《集成》(133—165):"袁翼,字中甫,号谷廉,原名书培,行一,乾隆己酉八月二十八日生,江苏太仓州宝山县附生,民籍。"官年取此。

袁翼《邃怀堂全集》卷首附朱龄《玉山县知县袁公传》:"卒年七十五。"俞廷瑛《江西玉山县知县袁公传》:"同治二年卒于南昌,年七十有五。"由同治二年癸亥(1863)逆推,可知其生于乾隆己酉年(1789)。实年取此。

道光戊子(1828)科
姚光发(另见)

官年:嘉庆四年己未(1799)二月十六日生

实年:嘉庆四年己未(1799)生

征考:《集成》(134—337):"姚光发,字汝铨,号衡堂,行一,嘉庆己未二月十六日吉提生,松江府拔贡生,朝考二等,即用教谕,娄县民籍。"官年取此。

实年征考见会试"姚光发"条。

道光乙未(1835)恩科
李汝峤(另见)

官年:嘉庆五年庚申(1800)十月初五日生

实年:嘉庆五年庚申(1800)十月初五日午时生

征考:《集成》(136—21):"李汝峤,字方壶,号少峰,一号子瀛,行五,嘉庆庚申年十月初五日吉时生,江苏太仓州镇洋县拔贡生,民籍,候选教谕,前任清河县学训导。"官年取此。

实年征考见会试"李汝峤"条。

鲁一同

官年:嘉庆十年乙丑(1805)十月初六日生

实年:嘉庆十年乙丑(1805)生

征考:《集成》(135—291):"鲁一同,字通父,号兰岑,一号季连,行二,又行五,嘉庆乙丑年十月初六日吉时生,江苏淮安府山阳县副贡生,民籍。"官年取此。

《清史稿》卷四九一《文苑传》云其"同治二年卒,年五十九",由同治二年(1863)逆推,知其生于嘉庆十年(1805)。鲁一同《适黄氏姐三十八行略》云:"(适黄氏姊)生于嘉庆七年十月十二日……长一同三岁。"(《通甫类稿续编》,见郝润华校点《鲁通甫集》)亦可证鲁一同生于嘉庆十年。实年取此。按方宗诚《柏堂集续编》卷一二《鲁通甫传》:"君名一同,字通甫,姓鲁氏……同治二年,年六十,卒。"其说略误。

潘希甫

官年:嘉庆十六年辛未(1811)四月初十日生

实年:嘉庆十六年辛未(1811)四月初十日生

征考:《集成》(135—361):"潘希甫,字保生,号补之,行二,嘉庆辛未年四月初十日生,江南苏州府吴县廪膳生,民籍。"官年取此。

冯桂芬《显志堂稿》卷七《员外郎衔升用主事内阁中书潘君墓志铭》:"生于嘉庆十六年四月十日,卒于咸丰八年六月六日,年四十有九。"实年取此。

道光丁酉(1837)科

吴存义

官年:嘉庆七年壬戌(1802)三月初八日生

实年:嘉庆七年壬戌(1802)生

征考:《集成》(136—143):"吴存义,字和甫,号荔裳,行一,又行九,嘉庆壬戌年三月初八日吉时生,江南通州泰兴县副贡生,民籍,徽州府休宁县人。"官年取此。

谭献《复堂文集》卷三《诰授资政大夫封光禄大夫吏部左侍郎吴公行状》:"江苏苏州府泰兴县本贯安徽府休宁县吴存义年六十七状。公字和甫……(同治)七年九月,公卒于泰兴里第。"由同治七年戊辰(1868)逆推,可知其生于嘉庆壬戌年(1802)。实年取此。

柳坤厚

官年:嘉庆八年癸亥(1803)十月十二日生

实年:嘉庆八年癸亥(1803)生

征考:《集成》(136—225):"柳坤厚,字载莘,号静泉,行四,嘉庆癸亥年十月十二日吉时生,安徽凤阳府凤阳县拔贡生,候选教谕,民籍。"官年取此。

(光绪)《凤阳府志》卷一八上之下《人物传》本传:"光绪四年卒,年七十有六。"由光绪四年戊寅(1878)逆推,知其生于嘉庆八年癸亥(1803)。实年取此。

董醇(董恂)

官年:嘉庆十二年丁卯(1807)八月初四日生

实年:嘉庆十二年丁卯(1807)八月初四日卯时生

征考:《集成》(136—175):"董醇,字饮之,号酝卿,行一,嘉庆丁卯年八月初四日吉时生,江苏扬州府甘泉县增生,民籍。"官年取此。

董恂编、董诚补《还读我书室老人手订年谱》:"老人系出江都董氏,名恂,字忱甫,号酝卿……嘉庆十二年丁卯八月初四日卯时生。"实年取此。

道光己亥(1839)科
宋晋

官年:嘉庆七年壬戌(1802)十二月二十六日(1803 年 1 月 19 日)生

实年:嘉庆七年壬戌(1802)十二月二十六日(1803 年 1 月 19 日)酉时生

征考:《集成》(136—327):"宋晋,字锡蕃,一字佑生,号雪帆,行一,嘉庆壬戌年十二月二十六日吉时生,镇江府溧阳县廪贡生,候选训导,壬辰副榜,民籍。"官年取此。

方濬颐《二知轩文存》卷三三《户部左侍郎宋公墓志铭》:"公姓宋

氏,讳晋,字锡蕃……以嘉庆壬戌十二月二十六日生。"宋文蔚撰《宋少司农年谱》载宋晋生于"嘉庆七年壬戌十二月二十六日酉时"。实年取此。

沈曰富

官年:嘉庆十三年戊辰(1808)五月二十五日生

实年:嘉庆十三年戊辰(1808)生

征考:《集成》(136—381):"沈曰富,字沃之,一字文多,别号南一,又号子饶,行二,嘉庆十三年戊辰五月二十五日生,江南苏州府吴江县学附生,民籍。"官年取此。

沈曰富《受恒受渐斋集》卷二《先兄行略》:"先兄讳曰寿,字延之……先兄长于曰富三岁,长于弟曰康六岁,俱正室叶太孺人生。兄之生也……是岁嘉庆十年也。"兄既生于嘉庆十年,减三岁即为沈曰富生年,即嘉庆十三年(1808)。实年取此。

道光庚子(1840)恩科

秦炳文

官年:嘉庆八年癸亥(1803)七月初四生

实年:嘉庆八年癸亥(1803)七月初四辰时生

征考:《集成》(137—173):"秦炳文,原名烽,字艺庭,号谊亭,一号砚云,行大,嘉庆癸亥七月初四日生,江苏常州府增广生,无锡县民籍。"官年取此。

《锡山秦氏宗谱》卷八中:"秦炳文,原名炳甲,又名烽,字谊亭,号研云……生嘉庆癸亥七月初四,卒同治癸酉九月初八,寿七十二。"《上海图书馆藏赴闻集成》第1册有其子秦琪所撰《讣闻》:"府君痛于同治十二年九月初八日酉时寿终于天津寓所正寝,距生于嘉庆八年七月初四日辰时,享寿七十一岁。"实年取此。

道光丙午(1846)科

熊其光(另见)

官年:嘉庆二十二年丁丑(1817)九月二十九日生

实年：嘉庆二十二年丁丑(1817)生

征考：《集成》(139—185)："熊其光，字羽华，号苏林，行一，嘉庆丁丑九月二十九日生，江苏松江府青浦县附生，民籍。"官年取此。

实年征考见会试"熊其光"条。

钱鼎铭

官年：道光五年乙酉(1825)七月初七日生

实年：道光五年乙酉(1825)七月初七日生

征考：《集成》(139—79)："钱鼎铭，字新之，号调甫，行一，道光乙酉年七月初七日吉时生，江苏太仓州附生，民籍。"官年取此。

方濬颐《二知轩文存》卷三三《河南巡抚钱公行状》："公姓钱氏，讳鼎铭……道光五年七月初七日生。"实年取此。

同治甲子(1864)科并补行咸丰戊午(1858)科
许赓飏

官年：道光七年丁亥(1827)五月十一日生

实年：道光七年丁亥(1827)生

征考：《集成》(144—79)："许赓飏，原名玉橡，字虞臣，号鹤巢，又号绩之，行三，道光丁亥年五月十一日吉时生，系江苏苏州府吴县增广生，民籍，复设训导，赏戴蓝翎。"官年取此。

许赓飏《诗契斋诗钞》卷五(丙戌)有《六十初度及门诸君偕诸同乡张乐设宴翌日赋酬并寄舍弟》，由光绪十二年丙戌(1886)逆推，可知其生于道光七年丁亥(1827)。实年取此。

同治丁卯(1867)科并补行咸丰辛酉(1861)科
钱禄泰(另见)

官年：道光十四年甲午(1834)十月十七日生

实年：道光十四年甲午(1834)十月十七日生

征考：《集成》(149—345)："钱禄泰，字鲁詹，号绥卿，又号香民，行一，道光甲午年十月十七日吉时生，系江苏苏州府常熟县附贡生，民籍。"官年取此。

实年征考见会试"钱禄泰"条。

同治庚午(1870)科并补行壬戌(1862)恩科
陆宗郑(另见)

官年:道光四年甲申(1824)三月十八日生

实年:道光四年甲申(1824)生

征考:《集成》(154—317):"陆宗郑,字希樵,一字莆生,行一,道光甲申年三月十八日吉时生,江苏松江府青浦县增贡生,员外郎衔分缺间用中书科中书,民籍。"官年取此。

实年征考见会试"陆宗郑"条。

王鼐

官年:道光八年戊子(1828)二月初七日生

实年:道光八年戊子(1828)二月初七日生

征考:《集成》(155—35):"王鼐,字启庭,行二,道光戊子年二月初七日吉时生,安徽宁国府泾县优贡生,蓝翎,五品衔,分发补用知县,民籍。"官年取此。

钟元赞《还读我书斋钞存》卷四《江西知县王启廷公墓表》:"公生于道光戊子年二月初七日寅时,殁于光绪辛卯年十月二十六日巳时,享年六十有四。"实年取此。

章型

官年:道光九年己丑(1829)正月初三日生

实年:道光九年己丑(1829)正月初三日寅时生

征考:《集成》(150—27):"章型,字敬安,号镜涵,行二,道光己丑年正月初三日吉时生,江苏常州府江阴县优廪贡生,民籍。"官年取此。

《江阴章氏支谱》:"章型,讳诒燕次子,行二十,字敬安,号镜涵,同治丁卯科举人……生道光九年己丑正月初三日寅时,卒光绪十六年庚寅八月初九日丑时,寿六十二。"实年取此。

石镜潢

官年:道光十年庚寅(1830)①八月初八日生

实年:道光十年庚寅(1830)八月初八日子时生

征考:《集成》(151—173):"石镜潢,字宅三,号星渚,一号仙渚,行二,道光庚寅年八月初八日吉时生,系安徽安庆府宿松县附贡生,民籍,刑部候补主事。"官年取此。

《石氏族谱》:"镜潢,希憇次子,字宅三,号星渚,又号心矩、竹醉生,清附贡,刑部直隶司候补主事,清同治庚午(1870年)科举人,光绪丙戌(1886年)进士……生于清道光庚寅八月初八日子时,卒于民国八年己未二月十六日寅时。"实年取此。

柳商贤

官年:道光十四年甲午(1834)二月初九日生

实年:道光十四年甲午(1834)生

征考:《集成》(150—107):"柳商贤,字质卿,又字仰庵,行一,又行十一,道光十四年二月初九日吉时生,江苏苏州府元和县廪膳生,民籍。"官年取此。

柳商贤《莲庵文钞》之《先妣行略》:"己亥九月,先府君病……至明年三月十日,先府君捐馆舍……时不孝商贤才七龄,不孝养贤四龄。"由道光二十年庚子(1840)逆推,可知其生于道光十四年甲午(1834)。《莲庵诗钞》自序:"道光己酉,予年十六,始学诗。"由道光二十九年己酉(1849)逆推,亦可证其生于道光十四年甲午。实年取此。

陆彦珍

官年:道光二十一年辛丑(1841)五月初六日生

实年:道光二十一年辛丑(1841)生

征考:《集成》(153—77):"陆彦珍,字佳士,号心兰,行四,道光辛

---

① 石镜潢会试朱卷未见,但据《光绪十二年丙戌科会试同年齿录》,其生年记为"道光二十二年壬寅(1842)",比乡试时减了十二岁。

丑年五月初六日吉时生,江苏太仓州学附生,民籍。"官年取此。

《乙亥志稿·人物一》本传:"光绪二十八年卒,年六十二。"由光绪二十八年壬寅(1902)逆推,知其生于道光二十一年辛丑(1841)。实年取此。

吴炳祥

官年:道光三十年庚戌(1850)二月二十二日生

实年:道光三十年庚戌(1850)生

征考:《集成》(151—23):"吴炳祥,字吉甫,号梓仙,行二,道光庚戌年二月二十二日吉时生,安徽泗州盱眙学官字廪膳生,民籍。"官年取此。

吴炳祥《怡庐诗钞》有汪达钧序:"今年二月,方为公身五十寿,乃未几,遽以微疾薨于位……光绪己亥十二月上旬六合汪达钧谨序。"由光绪二十五年己亥(1899)逆推,可知其生于道光三十年庚戌(1850)。实年取此。

同治癸酉(1873)科

黄宗起

官年:道光十一年辛卯(1831)七月二十五日生

实年:道光十一年辛卯(1831)生

征考:《集成》(156—391):"黄宗起,字韩钦,别字霞城,行一,道光十一年辛卯七月二十五日吉时生,江苏太仓州嘉定县附生,民籍。"官年取此。

黄宗起《知止庵文集补遗·止庵老人六十岁自叙》:"我先府君之弃养在咸丰戊午九月……余自分于世缘最浅,二十八岁已遭大故……光绪庚寅闰月止庵老人书示世礽并谕世祚。"知黄宗起光绪庚寅(1890)时六十岁,逆推可知其生于道光十一年辛卯(1831),亦合咸丰八年戊午(1858)二十八岁时遭丧父大故。实年取此。

殷树森

官年:道光十九年己亥(1839)六月二十三日生

实年：道光十九年己亥(1839)六月二十三日生

征考：《集成》(157—51)："殷树森,字亭玉,号芝阶,行大,道光己亥年六月二十三日吉时生,江南苏州府昭文县增生,民籍。"官年取此。

殷李尧《退晚堂诗草》卷二《寿芝哥六十》："君今倏忽年六十,生占荷花先一日。"诗作于光绪二十四年戊戌(1898),又言在荷花生日(六月廿四日)前一天,逆推知其生于道光十九年己亥(1839)六月二十三日。实年取此。

殷李尧(另见)

官年：道光二十二年壬寅(1842)十一月二十六日生

实年：道光二十二年壬寅(1842)生

征考：《集成》(157—51)："殷李尧,字寅生,号厚培,行二,道光壬寅年十一月二十六日吉时生,江南苏州府昭文县选拔优廪生,民籍。"官年取此。

实年征考见会试"殷李尧"条。

窦士镛

官年：道光二十四年甲辰(1844)五月初三日生

实年：道光二十四年甲辰(1844)生

征考：《集成》(157—1)："窦士镛,字晓湘,号警凡,行一,道光甲辰年五月初三日吉时生,江苏常州府无锡县附生,民籍。"官年取此。

窦士镛《绮云楼杂著》前有华充宣统纪元岁次己酉仲冬序："己酉六月,吾师窦晓湘先生归道山。"集后又有华之题词《重至淡远轩哭业师窦晓湘先生》其十"年华洛社图中记"下注"师年六十有六"。由宣统元年己酉(1909)逆推,知其生于道光甲辰年(1844)。实年取此。

彭祖润

官年：道光二十五年乙巳(1845)九月十七日生

实年：道光二十五年乙巳(1845)九月十七日生

征考：《集成》(157—209)："彭祖润,字德身,号岱霖,行八,道光乙巳年九月十七日吉时生,江苏苏州府长洲县监生,民籍,光禄寺署正衔,充国史馆誊录。"官年取此。

彭岱钟纂修《彭氏宗谱》卷二:"岱霖公讳祖润,字德身,号岱霖……年四十有八,生于道光乙巳九月十七日,卒于光绪壬辰九月十七日。"实年取此。

归爔

官年:道光二十七年丁未(1847)十一月十一日生

实年:道光二十七年丁未(1847)十一月十一日生

征考:《集成》(157—35):"归爔,字旭如,号叔良,行四,道光丁未年十一月初七日吉时生,江南苏州府常熟县学附生,民籍。"官年取此。

《京兆归氏世谱》卷二载其生于"道光二十七年十一月十一日"。实年取此。

张祖仁

官年:道光二十八年戊申(1848)二月二十六日生

实年:道光二十八年戊申(1848)生

征考:《集成》(158—185):"张祖仁,字相人,号念修,行一,道光戊申年二月二十六日吉时生于京都寓次,系江南苏州府常熟县附生,民籍。"官年取此。

王祖畲《文贞文集》卷七《赣榆训导张君家传》载张祖仁卒于"民国元年九月丁丑",年六十五。据民国元年(1912)逆推,知其生于道光二十八年戊申(1848)。实年取此。

陈允颐

官年:道光二十九年己酉(1849)三月十四日生

实年:道光二十九年己酉(1849)生

征考:《集成》(158—161):"陈允颐,字养原,号南士,行一,道光己酉年三月十四日吉时生,江苏常州府武进县誊录监生,民籍。"官年取此。

《清代毗陵名人小传》卷九陈亮畴传后附传:"允颐,字养原,亮畴长子,监生,同治癸酉举人……(光绪)二十五年岁暮,以中风卒于杭州,年五十一。"由光绪二十五年己亥(1899)逆推,知其生于道光二十九年己酉(1849)。实年取此。

吴郁生(另见)

官年:咸丰四年甲寅(1854)十一月十二日生

实年:咸丰四年甲寅(1854)生

征考:《集成》(157—391):"吴郁生,字伯唐,号蔚若,行一,咸丰甲寅年十一月十二日吉时生,江苏苏州府元和县附生,民籍。"官年取此。

实年征考见会试"吴郁生"条。

吕佩芬

官年:咸丰五年乙卯(1855)三月二十七日生

实年:咸丰五年乙卯(1855)生

征考:《集成》(157—339):"吕佩芬,字晓初,号季兰,一号筱云,行四,咸丰乙卯年三月二十七日吉时生,安徽宁国府旌德县学附生,民籍。"官年取此。

马其昶《抱润轩文集》卷一一《永定河道吕君家传(乙卯)》:"明年癸丑九月三日遂卒,年五十有九。"由民国二年癸丑(1913)逆推,可知其生年为咸丰五年乙卯(1855)年。实年取此。

光绪乙亥(1875)恩科

王寿栴

官年:道光二十年庚子(1840)五月廿九日生

实年:道光二十年庚子(1840)生

征考:《集成》(161—49):"王寿栴,字范九,号介眉,一号稼梅,行二,道光庚子年五月廿九日吉时生,江苏太仓直隶州镇洋县学增生,民籍。"官年取此。

《乙亥志稿·人物一》:"光绪二十年卒,年五十五。"由光绪二十年甲午(1894)逆推,知其生于道光二十年庚子(1840)。实年取此。

光绪丙子(1876)科
汪宗沂(另见)

官年:道光十七年丁酉(1837)十一月十四日生

实年:道光十七年丁酉(1837)生

征考:《集成》(163—195):"汪宗沂,字仲伊,号咏村,行二,道光丁酉年十一月十四日吉时生,江南徽州府歙县优贡生,民籍。"官年取此。

实年征考见会试"汪宗沂"条。

杜学谦

官年:道光二十四年甲辰(1844)八月三十日生

实年:道光二十四年甲辰(1844)八月三十日生

征考:《集成》(166—239):"杜学谦,字子拗,号琴史,行一,道光甲辰年八月三十日吉时生,江苏常州府附生,无锡县民籍。"官年取此。

《锡山杜氏宗谱》卷二《杜广文传》:"君姓杜氏,讳学谦,字子拗;剩荨,晚年自号也……以丙辰十一月二十八日卒于家,距生于道光二十四年八月三十日,享年七十有三。"实年取此。

金尔相

官年:道光二十六年丙午(1846)正月二十八日生

实年:道光二十六年丙午(1846)生

征考:《集成》(166—161):"金尔相,字玉音,号琢之,又号君梅,行一,道光丙午正月二十八日吉时生,系江苏苏州府常熟县学附生,民籍。"官年取此。

金鹤翀《金村小志》卷三《人物》:"金尔相,字琢之,光绪丙子科举人。"卷二《诗文·金氏九老图》:"壬子之春,金氏九老摄影宝善堂之下。鹤翀曰,此金氏之盛事也。乃为文序之。九老者,吾父,年七十有三……其左为族叔琢之先生,年六十有七。"由民国元年壬子(1912)逆推,可知其生于道光二十六年丙午(1846)。实年取此。

王颂蔚(另见)

官年:道光二十八年戊申(1848)十月十四日生

实年:道光二十八年戊申(1848)十月十四日生

征考:《集成》(165—101):"王颂蔚,原名叔炳,字笔佣,号芾卿,又号蒿隐,行三,道光戊申年十月十四日吉时生,江南苏州府长洲县优廪生,民籍。"官年取此。

实年征考见会试"王颂蔚"条。

叶昌炽(另见)

官年:道光二十九年己酉(1849)九月十五日生

实年:道光二十九年己酉(1849)九月十五日生

征考:《集成》(165—25):"叶昌炽,字颂鲁,号鞠常,行一,道光己酉年九月十五日吉时生,江苏苏州府长洲县增生,民籍。"官年取此。

实年征考见会试"叶昌炽"条。

翁斌孙(另见)

官年:咸丰十年庚申(1860)二月十三日生

实年:咸丰十年庚申(1860)二月十三日生

征考:《集成》(163—165):"翁斌孙,字韬夫,号人豪,行一,咸丰庚申年二月十三日吉时生,江苏苏州府常熟县荫监生,民籍,候选知县。"官年取此。

实年征考见会试"翁斌孙"条。

光绪己卯(1879)科

刘恭冕

官年:道光四年甲申(1824)九月初七日生

实年:道光四年甲申(1824)生

征考:《集成》(168—187):"刘恭冕,字叔俛,号勉斋,行二,道光甲申年九月初七日吉时生,江苏扬州府宝应县附监生,民籍。"官年取此。

《碑传集三编》卷三三刘岳云《族兄叔俛事略》:"族兄叔俛,名恭冕……年六十岁,以风疾殁于家,时维光绪癸未六月。"由光绪九年癸未(1883)逆推,可知其生于道光四年甲申(1824)。实年取此。

刘岳云(另见)

官年:道光二十九年己酉(1849)七月二十五日生

实年:道光二十九年己酉(1849)七月二十五日生

征考:《集成》(168—59):"刘岳云,字佛卿,行一,道光己酉年七月二十五日吉时生,江苏扬州府宝应县廪贡生,候选训导,民籍。"官年取此。

实年征考见会试"刘岳云"条。

光绪壬午(1882)科

冯煦(另见)

官年:道光二十三年癸卯(1843)十二月初一日(1844年1月20日)生

实年:道光二十三年癸卯(1843)十二月初一日(1844年1月20日)生

征考:《集成》(169—245):"冯煦(榜名熙),字梦华,一字蒿庵,道光癸卯年十二月初一日吉时生,江苏镇江府金坛县副贡生,民籍。"官年取此。

实年征考见会试"冯煦"条。

袁宝璜(另见)

官年:道光二十六年丙午(1846)十月二十三日生

实年:道光二十六年丙午(1846)十月二十三日生

征考:《集成》(168—321):"袁宝璜,字珍夏,号渭渔,又号环禹,一号寄蛄,行一,又行二,道光丙午年十月二十三日吉时生,江南苏州府元和县岁贡生,民籍。"官年取此。

实年征考见会试"袁宝璜"条。

鲍心增(另见)

官年:咸丰二年壬子(1852)三月二十四日生

实年:咸丰二年壬子(1852)生

征考:《集成》(169—145):"鲍心增,字川如,号润漪,行二,行五,又行十二,咸丰壬子年三月二十四日吉时生,江苏镇江府增生,丹徒县民籍。"官年取此。

实年征考见会试"鲍心增"条。

沈保宜

官年:咸丰三年癸丑(1853)二月十三日生

实年:咸丰三年癸丑(1853)生

征考:《集成》(170—273):"沈保宜,原名秉仁,字子振,一字佑臣,行一,咸丰癸丑年二月十三日吉时生,系江苏常州府武进县优行廪膳生,民籍。"官年取此。

《清代毗陵名人小传稿》:"沈保宜,字祉臻,晚号饴斋,武进人……(民国)己卯殁于上海,年八十有七。"由民国二十八年己卯(1939)逆推,知其生于咸丰三年癸丑(1853)。实年取此。

章际治(另见)

官年:咸丰五年乙卯(1855)五月七日生

实年:咸丰五年乙卯(1855)五月七日生

征考:《集成》(169—191):"章际治,字琴若,一字芩石,行一,咸丰乙卯年五月初七日吉时生,江苏常州府江阴县学廪膳生,民籍。"官年取此。

实年征考见会试"章际治"条。

夏孙桐(另见)

官年:咸丰七年丁巳(1857)四月二十二日生

实年:咸丰七年丁巳(1857)四月二十二日生

征考:《集成》(171—189):"夏孙桐,字闰枝,一字润之,号龙高,行一,咸丰丁巳年四月二十二日吉时生,江苏常州府江阴县监生,民籍,分部主事。"官年取此。

实年征考见会试"夏孙桐"条。

李经畬(另见)

官年:咸丰八年戊午(1858)二月二十九日生

实年:咸丰八年戊午(1858)二月二十九日生

征考:《集成》(170—333):"李经畬,字伯雄,号新吾,又号潏洲,行一,咸丰戊午年二月二十九日吉时生,安徽卢州府学廪生,合肥县民籍,官生,一品荫生,四品衔,特用员外郎,签分兵部武选司行走。"官年取此。

实年征考见会试"李经畬"条。

光绪乙酉(1885)科

金还

官年:咸丰七年丁巳(1857)二月十六日生

实年:咸丰七年丁巳(1857)二月十六日生

征考:《集成》(175—1):"金还,字仍珠,号花仲,又号拙巢,行二,咸丰丁巳年二月十六日吉时生,江苏江宁府上元县学优廪生,民籍。"官年取此。

《辛亥人物碑传集》卷八叶景葵《金君仍珠家传》:"君生于咸丰七年二月十六日……溘然长逝,时在庚午六月十二日,享年七十四岁。"实年取此。

姚文枬(另见)

官年:咸丰七年丁巳(1857)九月初九日生

实年:咸丰七年丁巳(1857)九月九日未时生

征考:《集成》(172—221):"姚文枬,字子让,一字尔梅,又字农盦,行二,咸丰丁巳年九月初九日吉时生,江苏松江府上海县优贡生,录用知县,民籍。"官年取此。

姚兆里编,秦翰才抄本《先祖考子让公年谱》云姚文枬生于"咸丰七年"。《上海图书馆藏赴闻集成》第20册有其孙姚兆里所撰《讣告》:"太府君痛于中华民国二十二年十二月二十六日下午九时十分寿终正

第五章　清代科举文人官年与实年相同者丛考　473

寝,距生于清咸丰七年丁巳九月九日未时,享寿七十有七。"实年取此。

归棠

官年:咸丰十年庚申(1860)闰三月二十六日生

实年:咸丰十年庚申(1860)闰三月二十六日生

征考:《集成》(175—179):"归棠,原名祖培,字湛修,号鹤舫,行二,咸丰庚申年闰三月二十六日吉时生,系江苏苏州府常熟县附生,民籍。"官年取此。

《京兆归氏世谱》卷二载其生于"咸丰十年闰三月二十六日"。实年取此。

程炳熙

官年:同治三年甲子(1864)六月十一日生

实年:同治三年甲子(1864)生

征考:《集成》(175—133):"程炳熙,字子炎,一字光辅,同治甲子年六月十一日吉时生,江苏常州府武进县学附生,民籍。"官年取此。

《清代毗陵名人小传》卷一〇:"炳熙,字芝岩,武进人,光绪(己)[乙]酉举人……宣统三年病卒,年仅四十七岁。"由宣统三年辛亥(1911)逆推,知其生于同治四年乙丑(1865),然违反官年不会大于实年之常情,疑误。今据《蒋维乔日记》宣统二年十一月十一日:"阴,晨八时三刻,到校上课,讲《庄子·胠箧篇》,未毕。九时五十分到所,是日撰教授法。午后四时半,偕练如往送程芝岩之殓。芝岩病瘟月余,换于中医,竟不起,身后萧条,至可悲惨。"可证程炳熙卒于宣统二年,则其应生于同治三年甲子(1864)。实年取此。

光绪戊子(1888)科

赵元益

官年:道光二十年庚子(1840)六月二十八日生

实年:道光二十年庚子(1840)生

征考:《集成》(176—217):"赵元益,字袁甫,号望岵,又号静涵,行二,又行四,道光庚子年六月二十八日吉时生,江苏苏州府新阳县附生,民籍。"官年取此。

《碑传集补》卷四三华世芳《表兄赵静涵小传》:"表兄姓赵,氏讳元益,字静涵……辛酉秋,余姑病卒,兄年已二十二矣……壬寅冬,复以译事力疾之京,十一月二十五日,卒以腹泻之疾殁于前孙公园锡金会馆居易斋之东房。"由咸丰十一年辛酉(1861)逆推,可知其生于道光二十年庚子(1840)。实年取此。

孙鼎烈(另见)

官年:道光二十一年辛丑(1841)六月初四日生

实年:道光二十一年辛丑(1841)生

征考:《集成》(177—113):"孙鼎烈,号味莕,又号乐盃,行三,道光辛丑年六月初四日吉时生,江苏常州府无锡县岁贡生,民籍。"官年取此。

实年征考见会试"孙鼎烈"条。

孙祖烈

官年:咸丰四年甲寅(1854)六月十三日生

实年:咸丰四年甲寅(1854)生

征考:《集成》(177—113):"孙祖烈,号虎峰,又号寅清,行六,咸丰甲寅年六月十三日吉时生,江苏常州府无锡县优行附生,民籍。"官年取此。

孙鼎烈《四槐寄庐类稿》卷七《六弟虎峰合葬墓志铭》:"竟以光绪二十五年三月二十日卒于差次,春秋四十有六。弟名祖烈,字寅清,虎峰其号。"由光绪二十五年(1899)逆推,可知其生于咸丰四年甲寅(1854)。实年取此。

周学海(另见)

官年:咸丰六年丙辰(1856)十二月初三日(1856年12月29日)生

实年:咸丰六年丙辰(1856)十二月初三日丑时生

征考:《集成》(176—271):"周学海,字澂之,号潜初,行一,咸丰丙辰年十二月初三日吉时生,安徽池州府建德县拔贡生,内阁中书,官生,民籍。"官年取此。

实年征考见会试"周学海"条。

恽毓龄

官年：咸丰七年丁巳(1857)七月初六日生

实年：咸丰七年丁巳(1857)生

征考：《集成》(177—421)："恽毓龄，字季申，一字茅村，号景房，行四，咸丰丁巳年七月初六日吉时生，系江苏常州府阳湖县廪膳生，民籍。"官年取此。

朱彭寿《安乐康平室随笔》卷六记所闻见年八十以上者云："安徽候补道、阳湖恽季申姻丈毓龄，八十(咸丰戊午生，丁丑年卒)。"然如此不合官年不大于实年之常情。查恽炳孙《澹如轩诗钞》后有恽毓龄跋："光绪纪元乙亥，毓龄年十九。"由光绪元年(1875)逆推，知其生于咸丰七年丁巳(1857)。实年取此。

刘树屏(另见)

官年：咸丰七年丁巳(1857)九月初九日生

实年：咸丰七年丁巳(1857)生

征考：《集成》(179—13)："刘树屏，原名景琦，字葆长，行一，咸丰丁巳年九月初九日吉时生，江苏常州府阳湖县学拔贡生，民籍。"官年取此。

实年征考见会试"刘树屏"条。

张士珩

官年：咸丰七年丁巳(1857)十二月十七日生

实年：咸丰七年丁巳(1857)生

征考：《集成》(176—295)："张士珩，字楚实，号豸卿，行四，咸丰丁巳年十二月十七日吉时生，安徽卢州府合肥县职附贡生，民籍。"官年取此。

程先甲撰《清授光禄大夫四品卿衔张公墓表》(《程一夔文甲集续编》卷三；收入《民国人物碑传集》[下]卷四)云其"民国六年正月卒于

津寓,年六十一"。由民国六年(1917)年逆推,可知其生于咸丰七年丁巳(1857)。实年取此。

江云龙

官年:咸丰八年戊午(1858)七月二十八日生

实年:咸丰八年戊午(1858)生

征考:《集成》(176—111):"江云龙,谱名盛诚,字静斋,号润生,又号石琴,行三,咸丰戊午年七月二十八日吉时生,安徽卢州府优廪生,合肥县民籍。"官年取此。

吴闿生《北江先生文集》文四《合肥江君墓志铭》:"君字潜之,厥讳云龙……甲辰九月,年四十七,歼我良人,志士同惜。"由光绪三十年(1904)逆推,可知其生于咸丰八年戊午(1858)。实年取此。

秦坚

官年:咸丰九年己未(1859)十月十一日生

实年:咸丰九年己未(1859)十月十一日生

征考:《集成》(178—297):"秦坚,字叔固,号畏磷,行三,又行二,咸丰己未年十月十一日吉时生,江苏常州府金匮县附生,民籍。"官年取此。

《锡山秦氏宗谱》卷八中:"秦坚,家驹次子,字叔固,号畏磷,邑庠生……生咸丰己未十月十一,卒光绪癸巳八月廿三。"实年取此。

宗舜年

官年:同治四年乙丑(1865)十二月初四日生

实年:同治四年乙丑(1865)生

征考:《集成》(178—343):"宗舜年,字子戴,一字畔虞,同治乙丑年十二月初四日吉时生,江苏江宁府上元县附生,民籍。"官年取此。

邓邦述《上元宗君墓志铭》:"君讳舜年,字子戴,号耿吾……以癸酉七月寝疾卒于常熟悒园旧第,春秋六十有九。"由民国二十二年癸酉(1933)逆推,知其生于同治四年乙丑(1865)。实年取此。

姚永概

官年:同治五年丙寅(1866)十月二十日生

实年:同治五年丙寅(1866)生

征考:《集成》(175—399):"姚永概,字叔节,号幸孙,行三,同治丙寅年十月二十日吉时生,安徽安庆府桐城县学附生,民籍。"官年取此。

《民国人物碑传集》(下)之姚永朴《叔弟(姚永概)行略》:"二十有三,应光绪戊子科乡试……以癸亥年六月十九日卒,年五十有八。"由民国十二年癸亥(1923)逆推,知其生于同治五年丙寅(1866)。实年取此。

赵椿年

官年:同治七年戊辰(1868)二月五日生

实年:同治七年戊辰(1868)二月五日生

征考:《集成》(176—401):"赵椿年,字剑秋,号春木,行一,同治戊辰年二月初五日吉时生,系江苏常州府阳湖县优行廪生,民籍。"官年取此。

《民国人物碑传集》(下)卷二夏仁虎《武进赵公椿年暨元配吕夫人合葬墓志铭》:"君生于同治戊辰二月五日,卒于民国三十一年,岁在壬午二月七日,春秋七十有五。"实年取此。

光绪己丑(1889)恩科

吴鸣麒

官年:咸丰十一年辛酉(1861)正月二十二日生

实年:咸丰十一年辛酉(1861)生

征考:《集成》(179—335):"吴鸣麒,字麐伯,行一,咸丰辛酉年正月二十二日吉时生,江南江宁府上元县廪生,民籍。"官年取此。

吴鸣麒《蘧然觉斋骈体文》卷首《然觉斋骈体文录排印缘起》:"癸酉五月江宁吴鸣麒识于城东仓门口之吴氏小圃,时年七时(十)有三。"由民国二十二年癸酉(1933)逆推,可知其生于咸丰十一年辛酉

(1861)。实年取此。
徐汝翼
官年:同治五年丙寅(1866)十一月二十九日(1867年1月4日)生

实年:同治五年丙寅(1866)生

征考:《未刊》(68—106):"徐汝翼,字瀛升,一字筠孙,号凤墀,行一,同治丙寅年十一月二十九日吉时生,江苏常州府附生,武进县民籍。"官年取此。

徐震《复驾说斋文初编》卷三《族父寅生君家传》:"君讳汝翼,字寅生,自号筠孙,生于清同治五年,卒于民国十五年夏历九月,年六十一岁。"实年取此。

张鹤龄(另见)
官年:同治六年丁卯(1867)三月初一日生

实年:同治六年丁卯(1867)生

征考:《集成》(179—275):"张鹤龄,字诵莱,号小圃,行二,同治丁卯年三月初一日吉时生,江苏常州府阳湖县学廪膳生,民籍。"官年取此。

实年征考见会试"张鹤龄"条。

张澄
官年:同治六年丁卯(1867)四月十四日生

实年:同治六年丁卯(1867)四月十四日生

征考:《集成》(180—1):"张澄,字映南,号师曾,行二,同治丁卯年四月十四日吉时生,系江南苏州府常熟县附生,民籍。"官年取此。

《清河世谱·万十公派世表》载其生于"同治六年四月十四日"。实年取此。按张澄又名张鸿。

邱景章
官年:同治十一年壬申(1872)十月十六日生

实年:同治十一年壬申(1872)生

征考:《未刊》(68—1):"邱景章,字端甫,号桐苏,行四,同治壬申年十月十六日吉时生,江南安徽滁州直隶州全椒县学廪膳生,民籍。"官年取此。

(民国)《全椒县志》卷一〇《人物志》:"邱景章,字端甫,号苏斋,生九岁而孤,十六食廪饩,十八中乡试第二名,后成进士。"由光绪十五年己丑(1889)逆推,知其生于同治十一年壬申(1872)。实年取此。

方尔咸

官年:同治十二年癸酉(1873)八月初六日生

实年:同治十二年癸酉(1873)生

征考:《集成》(179—43):"方尔咸,字泽山,号二舲,行二,同治癸酉年八月初六日吉时生,江苏扬州府江都县附生,民籍。"官年取此。

《民国人物碑传集》(下)卷九陈懋森《方泽山传》:"君年十二,与兄地山尔谦同补诸生。越三年,光绪己丑,举江南乡试第一……君兄地山,长君一岁……君卒以丁卯正月十九日,享年五十有五。"由民国十六年丁卯(1927)逆推,可知其生于同治十二年癸酉(1873)。实年取此。

光绪辛卯(1891)科

庄鼎彝

官年:咸丰五年乙卯(1855)二月十六日生

实年:咸丰五年乙卯(1855)二月十六日未时生

征考:《集成》(184—421):"庄鼎彝,字调甫,又字筱夔,号耷予,行二,又行五,咸丰乙卯年二月十六日吉时生,江苏常州府优附生,武进县民籍。"官年取此。

庄鼎彝《一壖草堂诗钞》附《庄公苕甫墓志铭》:"生于咸丰五年二月十六日,卒以宣统元年八月十一日,得年五十有五。"卷前有蒋维乔《庄苕甫先生传》:"先生竟以宣统元年己酉八月罹疫而卒,享年仅五十有五。"亦可为证。《上海图书馆藏赴闻集成》第19册亦附墓志铭与传,且有顾玉振撰《墓表》:"公生于咸丰五年乙卯二月十六日丑时,卒于宣统元年八月十一日未时,享年五十有五。"实年取此。

胡玉缙

官年:咸丰九年己未(1859)七月二十五日生

实年:咸丰九年己未(1859)七月二十日生

征考:《未刊》(70—322):"胡玉缙,字缙臣,号绥之,又号鄦庵,行六,咸丰己未年七月二十五日生,江苏苏州府元和县咨部优行廪膳生,民籍。"官年取此。

《胡绥之先生讣告》:"绥之府君痛于中华民国二十九年庚辰,古历六月初十日亥时寿终正寝,距生于清咸丰九年己未七月二十日午时,享寿八十有二岁。"实年取此。

陆尔奎

官年:同治元年壬戌(1862)二月二十六日生

实年:同治元年壬戌(1862)生

征考:《集成》(185—369):"陆尔奎,字浦生,一字补笙,号炜士,行一,同治壬戌年二月二十六日吉时生,系江苏常州府阳湖县学廪生,民籍。"又见《未刊》(70—372)。官年取此。

《清代毗陵名人小传》卷九:"民国二十四年无疾而终,年七十四。"由民国二十四年乙亥(1935)逆推,知其生于同治元年壬戌(1862)。实年取此。

汪声玲(另见)

官年:同治五年丙寅(1866)八月十一日生

实年:同治五年丙寅(1866)八月十一日生

征考:《集成》(186—1):"汪声玲,原名生陵,派名以兴,字筱岩,一字吉人,号龢初,行一,同治丙寅年八月十一日吉时生,系安徽宁国府附生,旌德县民籍。"官年取此。

实年征考见会试"汪声玲"条。

翁顺孙

官年:同治五年丙寅(1866)十一月五日生

实年：同治五年丙寅(1866)十一月五日生

征考：《未刊》(70—425)："翁顺孙，字幼渊，号寅臣，行三，同治丙寅年十一月初五日吉时生，系江苏苏州府常熟县附贡生，民籍，现充方略馆誊录通判职衔。"官年取此。

《海虞翁氏族谱》："(翁顺孙)曾源三子，同治丙寅十一月五日生。"实年取此。

翁炯孙

官年：同治十年辛未(1871)六月六日生

实年：同治十年辛未(1871)六月六日生

征考：《集成》(184—315)："翁炯孙，字又申，号樵孙，行七，同治辛未年六月初六日吉时生，系江苏苏州府常熟县职监生，民籍，充国史馆誊录。"官年取此。

《海虞翁氏族谱》："(炯孙，原名)燿孙，曾禧三子，同治辛未六月六日生。"实年取此。

庄纶仪

官年：同治十三年甲戌(1874)九月初三日生

实年：同治十三年甲戌(1874)九月初三日生

征考：《集成》(183—331)："庄纶仪，字经郐，号纫秋，行一，同治甲戌年九月初三日吉时生，江苏常州府阳湖县附生，民籍。"官年取此。

《毗陵庄氏增修族谱》卷一三："纶仪，行一，同治甲戌九月初三日生。"实年取此。

光绪癸巳(1893)恩科

姚日新

官年：同治二年壬戌(1862)闰八月初二日生

实年：同治二年壬戌(1862)生

征考：《集成》(190—239)："姚日新，字子盘，号西坪，行二，同治壬戌闰八月初二日吉时生，安徽池州府贵池县廪膳生，民籍。"官年取此。

(民国)《续修盐城县志》卷一二《人物》"姚冠湖、姚子新":"日新字子盘,冠湖族子,光绪癸巳举人……民国十二年卒,年六十有二。"由民国十二年癸亥(1923)逆推,知其生于同治二年壬戌(1862)。实年取此。

唐浩镇

官年:同治三年甲子(1864)正月二十七日生

实年:同治三年甲子(1864)正月二十七日生

征考:《集成》(187—435):"唐浩镇,字傅郑,一字辅程,号养吾,行一,同治甲子年正月二十七日吉时生,江苏常州府无锡县学优行廪膳生,民籍。"官年取此。

唐文治《茹经堂文集二编》卷八《宗兄郙郑墓志铭(辛酉)》:"君讳浩镇,字郙郑……君以同治甲子正月二十七日生,迄于辛酉七月二十一日卒。"实年取此。

汪钟霖

官年:同治六年丁卯(1867)九月十六日生

实年:同治六年丁卯(1867)生

征考:《集成》(189—1):"汪钟霖,字岩徵,号甘卿,一号蟠隐,同治六年丁卯九月十六日吉时生,江南苏州府吴县学附生,民籍,祖籍安徽休宁。"官年取此。

邓邦述《群碧楼诗钞》卷三《费韦斋肃政(树蔚)招集艺圃观荷,席间有诗,兼为张仲仁、汪甘卿诸君六十寿,不佞滥与其列,实五十九岁人也。不可无诗,依韵答谢》其二:"卯君(诸君皆丁卯生)且尽殷勤意,我在潜龙(余生年值辰)勿用中。"按丁卯为同治六年丁卯(1867)。实年取此。

徐乃昌

官年:同治七年戊辰(1868)十二月十一日生

实年:同治七年戊辰(1868)十二月十一日酉时生

征考:《集成》(189—165):"徐乃昌,字积余,又字蓺余,号鄦斋,行一,又行二,同治七年十二月十一日生,安徽宁国府南陵县民籍,廪贡生,花翎,候选知府。"官年取此。

《徐乃昌日记》民国十年辛酉(1921)十二月十一日载:"生辰,年五十四。"由此逆推,可知其生于同治七年戊辰十二月十一日生(1868)。《上海图书馆藏赴闻集成》第37册收有其子徐崇辑徐乃昌讣告、哀启和行述。《讣告》:"府君恸于夏历癸未年正月廿八日申时寿终正寝,距生于同治七年戊辰十二月十一日酉时,享寿七十六岁。"《行状》:"公生于同治七年戊辰十二月十一日酉时,卒于共和癸未年正月二十八日申时,享年七十有六。"实年取此。

钱振锽

官年:光绪元年乙亥(1875)六月十七日生

实年:光绪元年乙亥(1875)六月生

征考:《集成》(187—293):"钱振锽,一名鑫,字振之,号梦鲸,行一,光绪乙亥六月十七日吉时生,江苏常州府学附生,阳湖县民籍。"官年取此。

《广清碑传集》卷二○本传:"父讳响杲,原名福孙,字仲谦,号鹤岑。光绪建元乙亥恩科第四名举人。是年六月振锽生。"《苕岑吟社尚齿表》(聊园半野草堂编,民国十二年):"钱振锽,名山,四十九,江苏武进,常州白家桥。"由民国十二年癸亥(1923)逆推,亦可知其生于光绪元年(1875)。实年取此。

光绪甲午(1894)科

章钟亮

官年:道光二十五年乙巳(1845)五月二十六日生

实年:道光二十五年乙巳(1845)五月二十六日亥时生

征考:《集成》(193—243):"章钟亮,字恂斋,号虞钦,行三,道光乙巳年五月二十六日吉时生,江苏常州府江阴县优廪贡生,民籍。"官年取此。

《江阴章氏支谱》卷四:"章钟亮,讳坊三子,行三,又行二十三,字恂斋,号虞卿……光绪甲午科举人……生道光二十五年乙巳五月二十六日亥时,卒宣统元年己酉十一月二十七日酉时。"实年取此。

黄世礽

官年：咸丰七年丁巳(1857)九月二十三日生

实年：咸丰七年丁巳(1857)生

征考：《集成》(191—1)："黄世礽，字云孙，又字韵生，别字浚初，行一，咸丰丁巳九月二十三日吉时生，系江苏太仓州嘉定县优行廪生，民籍。"官年取此。

黄宗起《知止庵文集补遗·止庵老人六十岁自叙》："我先府君之弃养在咸丰戊午九月……辛亥春嫁吾姊于太原，冬为余娶彭城汝母金来归，未及三载，甲寅六月病逝，丙辰冬又娶于汪……丁巳抱孙之后始稍有喜色……且汝四岁失母。"按黄世礽为黄宗起长子，即文中所述丁巳所生之"孙"，据《自叙》汪氏亡于咸丰庚申，即黄世礽"四岁失母"之时。可知黄世礽生于咸丰七年丁巳(1857)。实年取此。

王家枚

官年：同治五年丙寅(1866)十月二十一日生

实年：同治五年丙寅(1866)生

征考：《集成》(193—291)："王家枚，字寅伯，号吉臣，行一，同治丙寅年十月二十一日吉时生，江苏常州府学优廪生，江阴县民籍。"官年取此。

《广清碑传集》卷一九缪荃孙《王生吉臣家传》："卒于光绪丁未十二月十五日，距生于同治丙寅，得年四十有二。"实年取此。

廉泉

官年：同治七年戊辰(1868)二月十三日生

实年：同治七年戊辰(1868)二月十三日生

征考：《集成》(191—29)："廉泉，字惠卿，号扁笑，同治戊辰年二月十三日生，江苏常州府金匮县学附生，民籍，承荫，县主簿，注册候铨。"官年取此。

廉建中编《南湖居士年谱》稿本载廉泉生于"同治七年二月十三日"。实年取此。

刘世珩

官年：光绪元年乙亥（1875）九月初五日生

实年：光绪元年乙亥（1875）生

征考：《集成》（194—181）："刘世珩，字聚卿，号继庵，亦号季芝，行五，光绪乙亥年九月初五日吉时生，安徽池州府贵池县学附贡生，民籍，花翎，分发直隶试用道。"官年取此。

《广清碑传集》卷二〇金天翮《刘世珩传》："越十五年丙寅，为其父修佛事于杭州，归发咯血旧疾，遂卒，年五十有二。"由民国十五年（1926）逆推，可知其生于光绪元年乙亥（1875）。实年取此。

光绪丁酉（1897）科

潘鸿鼎（另见）

官年：同治四年乙丑（1865）十月初三日生

实年：同治四年乙丑（1865）生

征考：《集成》（198—319）："潘鸿鼎，字巽来，号铸禹，又号铸渔，行三，同治乙丑年十月初三日吉时生，江苏太仓州宝山县副贡生，民籍，就职直隶州州判，现肄业龙门书院。"官年取此。

实年征考见会试"潘鸿鼎"条。

吴曾源

官年：同治九年庚午（1870）九月二十日生

实年：同治九年庚午（1870）生

征考：《集成》（197—249）："吴曾源，字守经，号伯渊，又号九珠，行一，同治庚午年九月二十日吉时生，苏州府学优廪生，吴县民籍。"官年取此。

邓邦述、吴曾源等辑《六一消夏词》前附"六一消夏词集同人姓字籍齿录"："九珠，吴曾源，伯渊，吴县，同治庚午生。"实年取此。

吴兴让

官年：同治十一年壬申（1872）正月二十五日生

实年：同治十一年壬申(1872)正月二十五日生

征考：《集成》(199—133)："吴兴让，字再伯，号祝龄，行一，同治壬申正月二十五日吉时生，江苏苏州府吴县副贡生，民籍。"官年取此。

吴兴让《城隐庐诗钞》有《戊辰元旦》诗："五十愧无闻，况吾又加七。"由民国十七年戊辰(1928)逆推，可知其生于同治十一年(1872)。又有《辛未正月廿五日六十生辰，病居京寓，即事言怀》，由民国二十年辛未(1931)逆推，可知其生于同治十一年壬申(1872)正月二十五日生。实年取此。

张茂炯(另见)

官年：光绪元年乙亥(1875)正月三十日生

实年：光绪元年乙亥(1875)生

征考：《集成》(197—375)："张茂炯，字珊珊，且字仲清，别号忏盦，行二，又行三，光绪乙亥年正月三十日吉时生，江苏苏州府吴县学廪膳生，癸巳恩科本省乡试房荐，甲午科堂备，本年陪取选拔科备取优行科，民籍，肄业苏州紫阳书院、正谊书院、学古堂、上海求志书院、杭州诂经精舍、宁波辨志精舍，调住江阴南菁书院。"官年取此。

实年征考见会试"张茂炯"条。

光绪壬寅(1902)补行庚子(1900)辛丑(1901)恩正并科

周宝鋆

官年：同治三年甲子(1864)十一月初六日生

实年：同治三年甲子(1864)生

征考：《未刊》(83—382)："周宝鋆，字芷生，号铸台，行二，同治甲子年十一月初六日吉时生，江苏扬州府江都附生，民籍。"官年取此。

(民国)《江都县新志》卷一〇《人物传五》："以己巳冬卒，年六十有六。"由民国十八年己巳(1929)逆推，知其生于同治三年甲子(1864)。实年取此。

章锡奎

官年：同治八年己巳(1869)正月初三日生

实年:同治八年己巳(1869)正月初三日卯时生

征考:《集成》(203—199):"章锡奎;号星颉,字仰苏,一字松盦,行一,又行六十四,同治己巳年正月初三日吉时生,江苏常州府江阴县附生,民籍。"官年取此。

《江阴章氏支谱》卷四:"章锡奎,讳永基子,行四,又行六十四,字仰苏,号松盦……光绪壬寅补行庚子辛丑恩正科举人……生同治八年己巳正月初三日卯时。"实年取此。

潘鸣球(另见)

官年:同治十二年癸酉(1873)二月初八日生

实年:同治十二年癸酉(1873)二月初八日生

征考:《集成》(203—369):"潘鸣球,字颂虞,一字受平,号霞青,又号杏森,别号慰荻,行一,同治癸酉年二月初八日吉时建生,江苏常州府阳湖县廪贡,南菁高等学堂专斋生,民籍。"官年取此。

实年征考见会试"潘鸣球"条。

王季烈(另见)

官年:同治十二年癸酉(1873)九月初七日生

实年:同治十二年癸酉(1873)生

征考:《集成》(201—203):"王季烈,字晋余,号君九,行一,同治癸酉年九月初七日吉时生,江苏苏州府长洲县学附贡生,双月选用通判,民籍。"官年取此。

实年征考见会试"王季烈"条。

黄炎培

官年:光绪四年戊寅(1878)九月初六日生

实年:光绪四年戊寅(1878)九月初六日生

征考:《集成》(203—341):"黄炎培,字楚南,行一,光绪戊寅年九月初六日吉时生,江苏松江府上海县附生,川沙厅民籍,肄业南洋公学特班。"官年取此。

《八十年来——黄炎培自述》:"我是一八七八年夏历九月六日出

生的。那天是公历十月一日。"知其生于光绪四年戊寅九月初六日（1878）。实年取此。

光绪癸卯（1903）恩科

王宗毅

官年：同治二年癸亥（1863）四月二十三日生

实年：同治二年癸亥（1863）三月二十四日亥时生

征考：《集成》（205—243）："王宗毅，字屋生，号緌笙，又号切盦，行七，同治癸亥年四月二十三日吉时生，江苏松江府上海县拔贡生，民籍。"官年取此。

王宗毅《鹤寮遗稿》第五卷五律《病小愈起而揽镜瘦态可怜兄冰臣病况未退静坐半晌感触万端记之以诗四首》其四："五十不为夭，吾今多四年。"知此年五十四岁。此前诗为《甲寅重九登高遇雷雨有感》《九月十六日晡雷雨复大作非时也因纪以诗》，则该诗亦似为民国三年甲寅（1914）作，由此逆推，其当生于咸丰十年辛酉（1861）。但该书按诗体排列，相邻两诗时间跨度往往较大，如第七卷七绝《壬寅之秋三首》后接《咏水仙花》《丙午正月十四日偕九弟子维由京往济南省六哥病，行役所见纪之以诗十二首》。该书第九卷《笔记》有《自述》："忆九岁，先母葛恭人每见予临帖，辄奖曰……十五岁出继，南归……年十八县试以第一名游庠。"又《都门笔记（二则）》其二："乙巳元旦午后，步至厂肆……余幼随先君友篯公在京及十稔，丙子出嗣伯考衡南公回南，至戊戌拔贡朝考，重至京师。而先慈已隔岁见背，先君亦于四月得噎嗝疾，日重一日，延至五月二十七日见背，未及朝试，至十月随六哥扶父母并大哥企曾公榇南归。癸卯乡试获隽，甲辰六月再至京师，七月廿五日考取内阁中书，八月初八日引见点用，九月十九日自京回南，十二月初八日自沪北上。计自七岁进京，十六岁回南，至三十四岁又进京，是年奉讳旋里，及至四十二岁进京，已三度春明矣。"对应年龄为甲辰（1904）四十二岁，戊戌（1898）三十四岁，丙子（1876）十六岁；逆推生年分别应为 1863 年、1865 年、1861 年。甲辰四十二岁之说离写作时间乙巳年最近,最可信。又查王焕功纂修《王氏族谱》卷三"世传"第七世:"厚生公讳宗毅,原名宗铖,字切盦……生于清同治二年癸亥三月二十四日亥时,殁于中华民国五年七月二十日即丙辰六月二十一日酉时,寿五十有四。"可确证王宗毅实生于同治二年癸亥(1863)之说。实年取此。

章寿椿

  官年:光绪十年甲申(1884)二月初八日生

  实年:光绪十年甲申(1884)二月初八日申时生

  征考:《集成》(205—181):"章寿椿,字寄周,一字骥追,行一,光绪甲申年十二月初八日吉时生,江苏常州府学附生,江阴县民籍。"官年取此。

  《江阴章氏支谱》卷四:"章寿椿,名仁,治长子,行一,又行七,字寄周,一字骥追……光绪癸卯恩科举人……生光绪十年甲申二月初八日申时。"实年取此。

何雯

  官年:光绪十年甲申(1884)十月十七日生

  实年:光绪十年甲申(1884)生

  征考:《集成》(206—75):"何雯,原名震,字筱石,号雨辰,一字雷溪,行二,光绪甲申年十月十七日吉时生,系安徽安庆府学附生,怀宁县民籍。"官年取此。

  何雯《澄园诗集·燕尘前集引》:"余以弱冠就礼部试于开封,遂来上都。"由其就礼部试江南乡试光绪癸卯(1903)恩科逆推,知其生于光绪十年甲申(1884)。实年取此。

山西

咸丰辛亥(1851)恩科

祁世长(另见)

  官年:道光五年乙酉(1825)六月二十九日生

实年:道光五年乙酉(1825)生

征考:《集成》(209—113):"祁世长,字子禾,号念慈,行一,又行七,道光乙酉年六月二十九日吉时生,系山西平定直隶州寿阳县监生,民籍,一品荫生,户部陕西司学习员外郎。"官年取此。

实年征考见会试"祁世长"条。

咸丰辛酉(1861)科
董文灿

官年:道光十九年己亥(1839)八月十二日生

实年:道光十九年己亥(1839)八月十二日生

征考:《集成》(209—159):"董文灿,字藜辉,号芸龛,行三,道光己亥年八月十二日吉时生,山西平阳府洪洞县优贡生,民籍。"官年取此。

潘祖荫《董文灿墓志铭》:"光绪丙子出闱,疾复作,七月益剧,遂不起,以其年九月二十五日卒京寓,距生于道光十九年八月十二日,年仅三十有八。"实年取此。

光绪己卯(1879)科
侯汝宽

官年:道光二十六年丙午(1846)三月十六日生

实年:道光二十六年丙午(1846)生

征考:《未刊》(58—143):"侯汝宽,字敬五,号敷庵,一号梅臣,行一又行三,道光丙午年三月十六日吉时生,山西太原府榆次县。"官年取此。

(民国)《榆次县志》第十七《文儒录·清》:"以光绪二十九年卒,年五十八岁。"由光绪二十九年癸卯(1903)逆推,知其生于道光二十六年丙午(1846)。实年取此。

光绪丁酉(1897)科
乔尚谦

官年:同治四年乙丑(1865)闰五月初四日生

实年:同治四年乙丑(1865)五月初四日寅时生

征考:《未刊》(81—91):"乔尚谦,字筱山,号云樵,行三,又行六,同治乙丑年闰五月初四日吉时生,山西太原府祁县优廪生,民籍。"官年取此。

乔尚谦《息影园诗存》卷首有常赞春所撰《清陆军部主事筱山乔君墓志铭》:"君讳尚谦,字筱山……君生以同治四年乙丑五月初四日寅时,卒以中华民国十六年六月三号,仍为五月初四日寅时……享寿六十有三岁。"实年取此。

山东

同治壬戌(1862)恩科并咸丰辛酉(1861)正科

毕茂昭

官年:嘉庆十九年甲戌(1814)十月初五日生

实年:嘉庆十九年甲戌(1814)生

征考:《集成》(216—1):"毕茂昭,字存朴,号静山,行二,嘉庆甲戌年十月初五日吉时生,山东登州府今登县廪贡生,民籍,候选训导。"官年取此。

孙葆田《校经室文集》卷四《大挑知县加三级毕君墓表》:"竟以十六年五月十五日卒,享寿七十有七。"由光绪十六年庚寅(1890)逆推,可知其生于嘉庆十九年甲戌(1814)。实年取此。

同治庚午(1870)科补行丁卯(1867)科

蒋离明

官年:道光十七年丁酉(1837)九月十六日卯时生

实年:道光十七年丁酉(1837)生

征考:《未刊》(48—222):"蒋离明,字南侯,号怡堂,行二,道光丁酉年九月十六日卯时生,山东武定府阳信县廪生,民籍。"官年取此。

（民国）《阳信县志》卷五《人物志·宦迹》："年八十有九,以民国十四年月日卒。"由民国十四年乙丑(1925)逆推,知其生于道光十七年丁酉(1837)。实年取此。

郭杭之

官年:道光十八年戊戌(1838)九月十三日生

实年:道光十八年戊戌(1838)生

征考:《未刊》(48—144):"郭杭之,本名舟之,字子方,号湘帆,行五又行六,道光戊戌年九月十三日吉时生,山东莱州府潍县咨部优行附贡生,民籍。"官年取此。

孙葆田《校经室文集》卷六《议叙同知乡谥敏端郭君墓志铭》："君讳杭之,字子方,一字湘帆……君年六十有三,竟以哀毁卒于是乡……君卒于光绪三十四年四月辛巳,春秋七十有一。"由光绪三十四年戊申(1908)逆推,知其生于道光十八年戊戌(1838)。实年取此。

王珠裕

官年:道光二十三年癸卯(1843)六月二十五日生

实年:道光二十三年癸卯(1843)六月二十五日生

征考:《未刊》(49—361):"王珠裕,字还浦,号胡山,行一,道光癸卯年六月二十五日吉时生,山东济南府章邱县优廪膳生,民籍。"官年取此。

孙葆田《校经室文集》卷五《同知衔汤阴县知县王君碑铭》："君讳珠裕,字还浦……君卒矣,光绪二十五年四月五日也……君生于道光二十三年六月二十五日,享年五十有七。"实年取此。

同治癸酉(1873)科

郭翊

官年:道光二十六年丙午(1846)二月初五日生

实年:道光二十六年丙午(1846)生

征考:《未刊》(51—421):"郭翊,榜名翊廷,字苌卿,一字侠卿,行五,道光丙午年二月初五日吉时生,济南府学选拔贡生,历城县民籍。"官年取此。

何家琪《天根文钞》卷三《郭苠卿墓志铭》:"死年四十……苠卿讳翊,初名翊廷,一字侠卿……卒十一年八月壬辰。"由光绪十一年乙酉(1885)逆推,知其生于道光二十六年丙午(1846)。实年取此。

光绪己卯(1879)科
柏锦林(另见)

官年:咸丰九年己未(1859)四月二十六日生

实年:咸丰九年己未(1859)生

征考:未刊(58—208):"柏锦林,原名锦森,字云卿,号邓园,行一,咸丰己未年四月二十六日吉时生,山东济南府济阳县优廪生,民籍。"官年取此。

实年征考见会试"柏锦林"条。

光绪壬午(1882)科
张仪村

官年:道光二十年庚子(1840)九月二十七日生

实年:道光二十年庚子(1840)生

征考:《未刊》(61—190):"张仪村,字嘉会,号敬之,行三,道光庚子年九月二十七日吉时生,山东济南府临邑县廪生,民籍。"官年取此。

(光绪)《阳谷县志》卷三《地物篇二》:"宣统三年十二月廿四日以微疾捐馆舍,春秋七十有三。"由宣统三年辛亥(1911)逆推,知其生于道光二十年庚子(1840)。实年取此。

光绪乙酉(1885)科
李步沆

官年:咸丰八年戊午(1858)六月二十四日生

实年:咸丰八年戊午(1858)生

征考:《未刊》(64—274):"李步沆,字又匏,号荷生,行一,咸丰八年六月二十四日吉时生,山东济宁直隶州金都县优附生,民籍。"官年取此。

魏元旷《潜园文集》卷四《李君幼匏墓表》:"宣统三年冬十二月逊位前旬日,君以微疾卒于官……君讳步沆,字幼匏,姓李氏……卒年五十有四。"由宣统三年辛亥(1911)逆推,知其生于咸丰八年戊午(1858)。实年取此。

河南

嘉庆丁卯(1807)科

曹瑾

官年:乾隆五十二年丁未(1787)九月二十六日生

实年:乾隆五十二年丁未(1787)生

征考:未刊(34—213):"曹瑾,字怀朴,号□□,丁未相九月二十六日辰时生,河南怀庆府河内县附生,民籍。"官年取此。

《续碑传集》卷四三《守令四》有李棠阶《曹君怀朴墓志铭》:"君讳瑾,字怀朴,号定庵,卒于道光二十九年闰四月十八日,年六十有三。"由道光二十九年己酉(1849)逆推,知其生于乾隆五十二年丁未(1787)。实年取此。

咸丰辛亥(1851)恩科

孙树

官年:道光六年丙戌(1826)正月二十三日生

实年:道光六年丙戌(1826)生

征考:《集成》(222—329):"孙树,字兰舫,一字竹樵,别号友琴,行三,道光丙戌相正月二十三日吉时生,河南开封府学附生,祥符县民籍。"官年取此。

方宗诚《柏堂集续编》卷一一《孙太史传》："君名树,字友琴……辛酉十月二十五日卒,年三十六。"由同治十一年辛酉(1861)逆推,可知其生于道光六年丙戌(1826)。实年取此。

咸丰戊午(1858)科
高文铭
官年:道光十三年癸巳(1833)十一月二十五日生

实年:道光十三年癸巳(1833)生

征考:《集成》(222—407):"高文铭,字仲新,号筠初,一号菱舫,别号湘帆,行一,又行三,道光癸巳年十一月二十五日吉时生,河南开封府祥符县廪贡生,民籍,候选训导。"官年取此。

李宏谟《高仲新传(壬申)》:"高仲新,名文铭,河南祥符人……是年十二月初七日,文宗显皇帝实录告成,皇上升殿受书。仲新以详校官与执事各官捧书进,是早仲新偶不爽,会寒甚,益不支,执事者欲代其役,属先归。仲新曰:吾自恭校实录以来,风雨无间,五年于兹,今幸值告成,典礼攸关,敢以微疾不终厥职。礼成而归,遂病,越日竟死之……仲新死时年三十四,遗一幼女,一子才数月,名庆沅,今七岁矣。"按《咸丰实录》告成于同治五年十二月,高文铭即病卒于本月;另李文撰于同治十一年壬申(1872),高之子七岁,倒推亦可知其卒于同治五年(1866)。由此逆推,可知其生于道光十三年癸巳(1833)。实年取此。

光绪丁酉(1897)科
靳志
官年:光绪三年丁丑(1877)五月初三日生

实年:光绪三年丁丑(1877)生

征考:《集成》(228—325):"靳志,原名项曾,字仲云,行二,光绪丁丑相五月初三吉时生,系河南开封府府学优廪膳生,祥符县民籍。"官年取此。

《咫社词钞》附《咫社词钞作者姓名录》(辛卯秋编,以齿为序):

"靳志,仲云,河南,七十五。"由1951年辛卯逆推,知其生于光绪三年丁丑(1877)。靳志《居易斋诗存》自序:"吾今年四十又六……民国十一年四月七日大梁靳志自序。"由民国十一年壬戌(1922)逆推,亦可知其生于光绪三年丁丑(1877)。实年取此。

陕西

咸丰乙卯(1855)科

李应莘(另见)

官年:道光十二年壬辰(1832)二月初五日生

实年:道光十二年壬辰(1832)二月五日生

征考:《集成》(230—33):"李应莘,字稼门,一字子衡,别字剑生,行五,道光壬辰年二月初五日吉时生,陕西延安府延川县监生,民籍。"官年取此。

实年征考见会试"李应莘"条。

浙江

康熙戊子(1708)科

查祥

官年:康熙十六年丁巳(1677)六月初十日生

实年:康熙十六年丁巳(1677)六月初十日生

征考:《未刊》(30—413):"查祥,字星南,号谷斋,行八,丁卯年六月初十日生,嘉兴府秀水县增广生。"官年取此。

《海宁查氏族谱》卷四《世次三集》载:"(查祥)字星南,号谷斋,一号云在,秀水增生,中康熙戊子科举人,戊戌进士,翰林院编修……生于康熙丁巳六月初十日未时,卒于乾隆丁丑七月初二日巳时。"实年取此。

乾隆戊申(1788)科
何豫

官年:乾隆二十三年戊寅(1758)九月初二日生

实年:乾隆二十三年戊寅(1758)九月初二日寅时生

征考:《集成》(232—41):"何豫,字定素,一字亦怡,号荇洲,行二,戊寅年九月初二日生,金华府东阳县学附生,民籍。"官年取此。

何豫《一鸣集》前附《荇州先生传》:"生于乾隆戊寅年九月二日寅时。"实年取此。

道光辛巳(1821)恩科
赵庆熺

官年:乾隆五十七年壬子(1792)正月十五日生

实年:乾隆五十七年壬子(1792)正月十五日生

征考:《集成》(234—271):"赵庆熺,字继扬,号秋舲,行一,乾隆壬子年正月十五日生,杭州府学廪膳生,民籍。"官年取此。

汪远孙辑《清尊集》卷首:"仁和赵庆熺,秋舲,乾隆壬子正月十五日生。"实年取此。

道光乙未(1835)恩科
汪藻

官年:嘉庆十九年甲戌(1814)三月二十五日生

实年:嘉庆十九年甲戌(1814)三月二十五日子时生

征考:《集成》(237—305):"汪藻,字翰辉,号鉴斋,又号小珊,行四,嘉庆甲戌年三月二十五日生,浙江杭州府学附生,商籍。"官年取此。

汪藻《静怡轩诗钞》卷首钱振纶《诔》:"维咸丰十有一年夏六月己巳,我同年诰授资政大夫工部屯田司郎中盐运使衔候补道鉴斋汪公以疾终于沪城寓馆,春秋四十有八。"其子汪体椿《诰授资政大夫显考鉴斋府君行实》:"府君生于嘉庆十九年甲戌三月二十五日子时,殁于咸丰十一年辛酉六月十二日午时,年四十有八。"实年取此。

咸丰戊午(1858)科
鲍存晓

官年:道光二年壬午(1822)六月初三日生

实年:道光二年壬午(1822)生

征考:《集成》(247—111):"鲍存晓,字寅初,行一,道光壬午年六月初三日吉时生,浙江绍兴府会稽县廪贡生,候选复设训导,前肄业敷文书院。"官年取此。

鲍存晓《鲍太史诗集》自序附跋:"忆道光丁酉,余十六年矣。"由道光十七年丁酉(1837)逆推,知其生于道光二年壬午(1822)。实年取此。

咸丰己未(1859)恩科
陈尔幹

官年:道光十二年壬辰(1832)五月二十三日生

实年:道光十二年壬辰(1832)生

征考:《集成》(248—381):"陈尔幹,字仲桢,号柏堂,行二,道光壬辰年五月二十三日吉时生,浙江绍兴府山阴县学廪膳生,民籍。"官年取此。

陈尔幹《柏堂剩稿》有《水调歌头·甲子初度》:"三十已称壮,过此又三年。"由同治三年甲子(1864)逆推,可知其生于道光十二年壬辰(1832)。该书后附汪学瀚《陈柏堂遗事述》:"同治八年十月十一日丑时病卒四川督署,年三十八。"由同治八年(1869)逆推亦可证。实年取此。

同治乙丑(1865)补行咸丰辛酉(1861)科并同治壬戌(1862)恩科
沈家本(另见)

官年:道光二十年庚子(1840)七月二十二日生

实年:道光二十年庚子(1840)七月二十二日生

征考:《集成》(251—195):"沈家本,字子惇,行二,道光庚子年七月二十二日吉时生,湖州府归安县监生,民籍,刑部学习郎中,直隶司行走。"官年取此。

实年征考见会试"沈家本"条。

劳乃宣(另见)

官年:道光二十三年癸卯(1843)九月二十三日生

实年:道光二十三年癸卯(1843)九月二十三日午时生

征考:《集成》(251—215):"劳乃宣,字季瑄,号玉初,一号玉磋,行四,道光癸卯九月二十三日吉时生,嘉兴府桐乡县荫监生,民籍。"官年取此。

实年征考见会试"劳乃宣"条。

同治丁卯(1867)科并补行甲子(1864)科

陶模(另见)

官年:道光十五年乙未(1835)八月十九日生

实年:道光十五年乙未(1835)生

征考:《集成》(256—333):"陶模,字方之,一字子方,行一,又行三,道光乙未年八月十九日吉时生,浙江嘉兴府秀水县学廪膳生,民籍。"官年取此。

实年征考见会试"陶模"条。

张预(另见)

官年:道光二十年庚子(1840)九月初四日生

实年:道光二十年庚子(1840)生

征考:《集成》(257—71):"张预,字孟凯,一字子虞,号南孙,又号慕陔,行一,道光庚子年九月初四日吉时生,浙江杭州府拔贡生,钱塘县民籍。"官年取此。

实年征考见会试"张预"条。

同治庚午(1870)科
沈璋宝
官年:道光二十四年甲辰(1844)六月廿二日生

实年:道光二十四年甲辰(1844)生

征考:《集成》(259—1):"沈璋宝,字步欧,号达夫,行二,道光甲辰六月廿二日吉时生,浙江嘉兴府秀水县学增广生,民籍。"官年取此。

《广清碑传集》卷一六沈曾植《沈达夫先生墓志铭》:"余少于达夫六年……(卒)年四十八。"沈曾植生于1850年,故沈璋宝当生于道光二十四年甲辰(1844)。实年取此。

童祥熊(另见)
官年:道光二十四年甲辰(1844)九月二十三日生

实年:道光二十四年甲辰(1844)生

征考:《集成》(258—245):"童祥熊,字小镕,号次仙,行八,道光甲辰年九月二十三日吉时生,浙江宁波府鄞县学附生,官字民籍。"官年取此。

实年征考见会试"童祥熊"条

朱一新(另见)
官年:道光二十六年丙午(1846)十一月初五日生

实年:道光二十六年丙午(1846)十一月初五日生

征考:《集成》(258—69):"朱一新,字鼎甫,号蓉生,行一,道光丙午年十一月初五日吉时生,金华府义乌县学咨部优行廪膳生,民籍,肄业诂经精舍。"官年取此。

实年征考见会试"朱一新"条。

同治癸酉(1873)科
王藻墀
官年:道光二十年庚子(1840)四月十八日生

实年:道光二十年庚子(1840)生

征考:《集成》(261—49):"王藻墀,谱名利墀,字升兰,号振之,又号鹤井,行一,道光庚子年四月十八日生,浙江嘉兴府学拔贡生,庚午科提考优贡,秀水县民籍。"官年取此。

《江震人物志初稿》之《王家鼎(子藻墀、泽圻)》:"子藻墀,字振之,少颖悟,博通六艺……光绪己丑卒,年五十。"由光绪十五年己丑(1889)逆推,知其生于道光二十年庚子(1840)。实年取此。

光绪乙亥(1875)恩科
陈伟(另见)

官年:道光十九年己亥(1839)十一月三十日(1840年1月4日)生

实年:道光十九年己亥(1839)生

征考:《集成》(263—99):"陈伟,幼名汤玮,字耐安,行二,道光己亥年十一月三十吉时生,浙江省绍兴府诸暨县选拔贡生,民籍,前肄业诂经精舍。"官年取此。

陈伟《耐安类稿》有陈瀚跋:"己丑礼闱报罢,笑谓余曰,余比多疾,惧不寿,幸性若少年,或借兹得苟延。余时亦姑应之,讵知是年秋,余乞假南旋,而耐安病作矣……乃不数日而赴者遝至,年仅五十有一……光绪二十二年冬仲梅叔瀚跋。"由光绪十五年己丑(1889)逆推,知其生于道光十九年己亥(1839)生。实年取此。

光绪丙子(1876)科
吴承志

官年:道光二十四年甲辰(1844)二月初十日生

实年:道光二十四年甲辰(1844)生

征考:《集成》(265—363):"吴承志,原名培元,字逊斋,号祁甫,行一,道光甲辰年二月初十吉时生,浙江杭州府钱塘县优行贡生,民籍,朝考取用知县。"官年取此。

(民国)《平阳县志》卷二七《职官志六》本传:"民国改元,退居岭门……六年夏历正月六日疾卒,年七十有四。"由民国六年丁巳(1917)逆推,知其生于道光二十四年甲辰(1844)。实年取此。

吴庆坻（另见）

官年：道光二十八年戊申（1848）十二月二十九日生

实年：道光二十八年戊申（1848）十二月生

征考：《集成》（265—79）："吴庆坻，字子修，号稼如，行四，道光戊申年十二月二十九日吉时生，盐提举衔杭州府钱塘县监生，民籍，肄业诂经精舍。"官年取此。

实年征考见会试"吴庆坻"条。

光绪乙卯（1879）科
夏庚复

官年：道光三十年庚戌（1850）十一月二十二日生

实年：道光三十年庚戌（1850）十一月二十二日生

征考：《集成》（268—55）："夏庚复，字也白，号松孙，行一，道光庚戌年十一月二十二日吉时生，浙江杭州府仁和县廪贡生，国史馆誊录，议叙训导，商籍。"官年取此。

夏庚复《先考子松府君年谱》："（道光）三十年庚戌，二十岁。十一月二十二日，不孝庚复生。"实年取此。

光绪壬午（1882）科
黄卿夒

官年：咸丰元年辛亥（1851）八月十九日生

实年：咸丰元年辛亥（1851）八月十九日生

征考：《集成》（270—197）："黄卿夒，字尧卿，行二，咸丰辛亥年八月十九日吉时生，金华府义乌县学优行廪膳生，兼袭云骑尉，民籍。"官年取此。

黄卿夒《石古斋集》卷末附黄侗、黄佣《清故奉政大夫兼袭云骑尉历任四川三台彰明等县知县先考尧钦府君行述》："府君讳卿夒，字尧钦……生于咸丰元年八月十九日，卒于光绪三十三年十一月十三日，得年五十有七。"实年取此。

王荣商(另见)

官年:咸丰二年壬子(1852)十一月二十七日(1853年1月6日)生

实年:咸丰二年壬子(1852)十一月二十七日(1853年1月6日)生

征考:《未刊》(61—477)(62—2、20、39):"王荣商,字友莱,行二,咸丰壬子年十一月二十七日吉时生,系浙江宁波府镇海县廪生,民籍。"官年取此。

实年征考见会试"王荣商"条。

光绪乙酉(1885)科
陈谟

官年:道光十五年乙未(1835)十月初八日生

实年:道光十五年乙未(1835)十月初八日生

征考:《集成》(275—55):"陈谟,字福谦,一字懋斋,又字竹川,行一,道光乙未十月初八日吉时生,绍兴府新昌县副贡生,民籍,试用教谕,前署严州淳安县教谕,癸酉诂经精舍监院。"官年取此。

(民国)《新昌县志》卷一二《人物·文苑》本传:"字福谦,竹川其别号也……光绪乙酉科,副主师潘衍桐得其卷,奇赏之……始举正榜,年已五十矣。"由光绪十一年乙酉(1885)逆推,知其生于道光十六年丙申(1836),然违反官年不会大于实年之常情,今据邓政阳先生赐示民国《陈氏宗谱》"康三十一公后":"谟,字福谦,一字懋斋,又字竹川,生道光乙未十月初八,邑庠生,同治乙丑补行辛酉科并壬戌恩科副榜,循例以教谕用……光绪乙酉科举人,经文进呈御览,例授文林郎,卒光绪丁亥六月初二。"实年取此。《新昌县志》"五十"当系以实岁计年。《宗谱》又收有民国二年九月俞浚鉴撰《竹川公传》,云其"卒以丁亥六月,年五十二云"。亦当以实岁计年。

查燕绪

官年:道光二十三年癸卯(1843)八月二十日生

实年:道光二十三年癸卯(1843)生

征考:《集成》(274—1):"查燕绪,字贻美,号翼甫,一号槛亭,行二,道光癸卯年八月二十日吉时生,杭州府海宁州学优行廪膳生,民籍。"官年取此。

查燕绪《柳下集》有《自叙》诗:"道光癸卯秋,吾生嘉禾宅。光绪癸卯春,吾返姑苏驿。悠悠六十年,往事难重核……"知其生于道光二十三年癸卯(1843)。实年取此。

黄鼎瑞

官年:咸丰五年乙卯(1855)十一月廿八日(1856年1月5日)生

实年:咸丰五年乙卯(1855)十一月廿八日(1856年1月5日)生

征考:《集成》(274—141):"黄鼎瑞,字盛征,号菊襟,又号纫秋,行三,咸丰乙卯年十一月廿八日吉时生,浙江温州府乐清县学咨部优行增广生,民籍。"官年取此。

刘绍宽《厚斋诗文续集》卷五《知漳平县事黄公菊襟墓志铭》:"公卒清宣统辛亥……闰六月二十七日卒,距生于咸丰五年十一月二十八日,年才五十有七。"实年取此。

俞陛云(另见)

官年:同治七年戊辰(1868)三月十七日生

实年:同治七年戊辰(1868)三月生

征考:《集成》(272—161):"俞陛云,字阶青,号台孙,行一,同治七年戊辰三月十七日吉时生,浙江湖州府德清县学附生,民籍。"官年取此。

实年征考见会试"俞陛云"条。

光绪戊子(1888)科

江迥

官年:咸丰七年丁巳(1857)十二月十九日(1858年2月2日)生

实年:咸丰七年丁巳(1857)十二月十九日(1858年2月2日)生

征考:《集成》(278—1):"江迥,谱名辅铭,字逊人,号后邨,又号凫亶,行一,咸丰丁巳年十二月十九日吉时生,浙江宁波府奉化县学廪膳生,民籍,本科提考优贡。"官年取此。

袁惠常《雪野堂文稿》上《艮园先生传》:"年八十,以民国廿五年七月三日寿终甬上寓次。"由民国廿五年(1936)逆推,知其生于咸丰七年丁巳(1857)。实年取此。

夏曾佑

官年:同治二年癸亥(1863)十月二十九日生

实年:同治二年癸亥(1863)十月生

征考:《集成》(276—53):"夏曾佑,字穗生,号穗卿,行二,同治癸亥年十月二十九日吉时生,杭州府学廪膳生,钱塘县商籍,肄业紫阳书院。"官年取此。

《民国人物碑传集》有夏循垍所撰《传略》:"先生讳曾佑,字穗卿,号碎佛,浙江杭县人,生于前清同治癸亥年十月。"实年取此。

黄同寿

官年:同治三年甲子(1864)正月初九日生

实年:同治三年甲子(1864)生

征考:《集成》(275—395):"黄同寿,字子契,一字新庄,行二,同治甲子年正月初九日吉时生,浙江绍兴府萧山县咨部优行廪生,民籍,肄业敷文、崇文、紫阳三书院,并诂经精舍。"官年取此。

(民国)《萧山县志稿》卷一九《人物·列传六》:"十七年辛卯病卒,年二十八。"由光绪十七年辛卯(1891)逆推,知其生于同治三年甲子(1864)。实年取此。

楼守愚(另见)

官年:同治五年丙寅(1866)九月十七日生

实年:同治五年丙寅(1866)九月十七日巳时生

征考:《集成》(275—199):"楼守愚,字亿铨,号木安,行一,同治丙寅年九月十七日吉时生,浙江绍兴府诸暨县附生,民籍。"官年取此。

实年征考见会试"楼守愚"条。

光绪己丑(1889)恩科

汪大燮

官年:咸丰九年己未(1859)十月二十七日生

实年:咸丰九年己未(1859)十月生

征考:《集成》(281—209):"汪大燮,原名尧俞,字伯棠,行一,咸丰己未年十月二十七日吉时生,浙江杭州府钱塘县学附贡生,商籍,原籍安徽黟县。"官年取此。

《碑传集补》卷末王式通《故国务总理汪公墓志铭》:"共和十七年戊辰十一月,前国务总理杭县汪公卒于旧都邸第……公生于咸丰十年己未十月,春秋七十。"按己未为咸丰九年,此处"十年"误。实年取此。按《中国家谱资料选编》第4册《传记卷》收汪诒年《伯唐公事略》(原载汪怡等纂修《平阳汪氏迁杭支谱》卷五):"十五年,直奉联军入京。十七年,革命军入京……次年一月五日,遽以喘疾卒,依旧历计之,年正七十也。"此次的一月五日,系公历日期,夏历为民国十七年十一月廿五日。

汪康年(另见)

官年:咸丰十年庚申(1860)正月初三日生

实年:咸丰十年庚申(1860)正月初三日生

征考:《集成》(278—187):"汪康年,字穰卿,行一,又行二,咸丰十年庚申正月初三日吉时生,浙江杭州府钱塘县学优贡生,考取八旗官学教习,商籍,原籍安徽黟县,本省书局襄校,肄业诂经精舍、紫阳书院。"官年取此。

实年征考见会试"汪康年"条。

吴士鉴(另见)

官年:同治七年戊辰(1868)七月十七日生

实年:同治七年戊辰(1868)七月十七日生

征考:《集成》(279—259):"吴士鉴,字公督,号炯斋,行一,同治戊辰年七月十七日辰时生,浙江杭州府钱塘县学优行廪膳生,官字民籍,原籍安徽休宁县,肄业诂经精舍、紫阳书院、东城讲舍。"官年取此。

实年征考见会试"吴士鉴"条。

徐珂

官年:同治八年己巳(1869)十一月十二日生

实年:同治八年己巳(1869)生

征考:《集成》(280—157):"徐珂,字仲玉,行二,同治己巳年十一月十二日吉时生,浙江杭州府学附生钱塘县民籍,有桐云阁诗眠琴馆词待删。"官年取此。

《民国人物碑传集》(下)卷一一夏敬观《徐仲可墓志铭》:"年六十,以戊辰二月十一日卒。"由民国十七年(1928)逆推,可知其生于同治八年己巳(1869)。实年取此。

光绪甲午(1894)科

王廷扬(另见)

官年:同治五年丙寅(1866)十月十四日生

实年:同治五年丙寅(1866)生

征考:《集成》(289—257):"王廷扬,谱名震福,字维新,号勇川,行一,同治丙寅年十月十四日吉时生,浙江金华府金华县学增广生,民籍。"官年取此。

实年征考见会试"王廷扬"条。

叶景葵

官年:同治十三年甲戌(1874)七月十四日生

实年:同治十三年甲戌(1874)七月十八日生

征考:《未刊》(79—374):"叶景葵,字存晦,号揆初,行一,同治甲戌年七月十四日吉时生,浙江杭州府仁和县附生,民籍。"官年取此。

《民国人物碑传集》卷四顾廷龙《杭州叶公揆初行状》:"今年三月中旬,偶患感冒,寝至肺炎、肾炎,及心脏扩大,竟尔不起,时中华民国三十八年四月二十八日,即阴历己丑四月初一日,距生于清同治十三年甲戌七月十八日,享年七十有六。"实年取此。

光绪丁酉(1897)科
董良玉

官年:道光二十六年丙午(1846)四月十六日生

实年:道光二十六年丙午(1846)生

征考:《集成》(292—73):"董良玉,谱名元炽,字楚生,行三,道光丙午年四月十六更吉时生,绍兴府山阴县附贡生,民籍,乙亥乙酉科荐卷,壬午科堂备卷。"官年取此。

董良玉《楚生文存·添丁小酉之庐诗草》中有《生日志感》:"潞国生平同丙午,灵均初度又庚寅。"知其生于丙午,诗作于光绪十六年庚寅。又有《乙未三月,颖川君妹复归于予,是为四娶,予年盖五十矣,时前颖川君子士娘已不幸先夭,感成二律》。又《楚生文存·添丁小酉之庐记》:"至庚子仲冬,予乃迁回,时年五十有五。"皆可证其生于道光二十六年丙午(1846)。实年取此。

钮泽晟(另见)

官年:同治五年丙寅(1866)正月三十日生

实年:同治五年丙寅(1866)正月三十日未时生

征考:《集成》(291—395):"钮泽晟,字稷臣,号寅身,行二,同治丙寅年正月三十日吉时生,浙江湖州府乌程县廪膳生,民籍。"官年取此。

实年征考见会试"钮泽晟"条。

光绪壬寅(1902)补行庚子(1900)辛丑(1901)恩正并科
邵章(另见)

官年:同治十一年壬申(1872)七月二十七日生

实年:同治十一年壬申(1872)七月二十七日巳时生

征考:《集成》(300—57):"邵章,谱名孝章,字伯䌹,号崇百,别号倬盦,同治壬申年七月二十七吉时生,浙江杭州府仁和县增贡生,入册委用教谕,兼袭云骑尉世职,民籍,本省前蚕学馆馆正,杭州府学堂监督,现杭州藏书楼监理。"官年取此。

实年征考见会试"邵章"条。

许宝蘅

官年:光绪元年乙亥(1875)十一月二十三日子时生

实年:光绪元年乙亥(1875)十一月二十三日子时生

征考:《集成》(296—319):"许宝蘅,字季湘,别号发公诚,又号巢云簃,行四,光绪元年乙亥十一月二十三日子时生,仁和县学附生,候补中书科中书,民籍。"官年取此。

许宝蘅《夬庐居士年谱》:"光绪元年乙亥十一月二十三日丙辰子时,居士生于汉口郭家巷宅。"实年取此。

陈叔通(陈敬第)(另见)

官年:光绪二年丙子(1876)六月十八日生

实年:光绪二年丙子(1876)生

征考:《集成》(298—189):"陈敬第,字叔通,号云麇,行三,光绪丙子年六月十八日戌时生,杭州府仁和县廪膳生,民籍。"官年取此。

实年征考见会试"陈叔通"条。

金梁(另见)

官年:光绪四年戊寅(1878)三月十九日生

实年:光绪四年戊寅(1878)三月十九日子时生

征考:《集成》(296—211):"(苏完瓜尔佳氏)金梁,以氏行,字锡侯,号复卢,行三,光绪戊寅年三月十九日吉时生,系在京正白旗满洲成福佐领下人,杭州府学旗籍附生,丁酉科荐卷,曾倡办杭州东文学堂。"官年取此。

实年征考见会试"金梁"条。

张礼幹

官年:光绪四年戊寅(1878)十月二十九日生

实年:光绪四年戊寅(1878)生

征考:《集成》(296—133):"张礼幹,字柏贞,号椒生,别号雪亚,行二,光绪戊寅年十月二十九日吉时生,浙江绍兴府山阴县学廪膳生,民籍。"官年取此。

(民国)《绍兴县志资料》第一辑《人物列传》本传:"……抗词不屈,遂堕水以殉,时宣统三年十月十一日也……卒年三十有四。"由宣统三年辛亥(1911)逆推,知其生于光绪四年戊寅(1878)。实年取此。

光绪癸卯(1903)恩科
胡宗楙(另见)
官年:同治七年戊辰(1868)正月廿四日生

实年:同治七年戊辰(1868)生

征考:《集成》(302—31):"胡宗楙,原名宗楚,字季樵,号岘山,行四,同治戊辰年正月廿四日吉时生,浙江金华府永康县副贡生,民籍。"官年取此。

胡宗楙《梦选楼诗文钞》有诗《丁卯孟春六十生日自寿》,由民国十六年丁卯(1927)逆推,可知其生于同治七年戊辰(1868)。实年取此。按其诗又有《五十口占》:"十一唱刀环,扁舟溯江汉。"下注"光绪丙子从先君子归杭。"由光绪二年丙子(1876)逆推,似应生于同治五年丙寅(1866)。然其文《甲戌自述》又云"十龄从先大夫里旋",与"十一唱刀环"矛盾。今不取其说,而依从《丁卯孟春六十生日自寿》。

谢抡元
官年:同治十一年壬申(1872)六月廿五日酉时生

实年:同治十一年壬申(1872)生

征考:《集成》(303—41):"谢抡元,字榆孙,又字緄卢,同治壬申年六月廿五日酉时生,浙江余姚县廪贡生,中式本省癸卯恩科乡试第七十八名,考取国子监算学,期满议叙以知县用,补用兵马司副指挥。"官年取此。

朱孝臧等撰《沤社词钞·沤社词集同人姓字籍齿录》:"緄卢,谢抡元,榆孙,余姚,同治壬申生。"实年取此。

钱锦孙

官年:光绪四年戊寅(1878)七月初七日生

实年:光绪四年戊寅(1878)七月初七日生

征考:《集成》(302—65):"钱锦孙,字磊云,号伯愚,行一,光绪戊寅年七月初七日丑时生,浙江嘉兴府嘉兴县学优行廪贡生,民籍,花翎,分部员外郎。"官年取此。

《民国人物碑传集》(下)卷四俞陛云《原任全国烟酒事务署署长嘉兴钱公墓志铭》:"于民国丁丑十二月初五日疾终于北平邸舍,距生于清光绪戊寅七月初七日,享年六十。"《上海图书馆藏赴闻集成》第55册有徐沅所撰《嘉兴钱公行状》:"民国二十六年丁丑岁十二月初五日疾终于北京邸舍,距公初生盖六十年,而其降辰则在光绪龙集戊寅七月初七日也。"实年取此。

江西

道光庚子(1840)恩科

李联琇

官年:嘉庆二十五年庚辰(1820)十二月初八日(1821年1月11日)生

实年:嘉庆二十五年庚辰(1820)十二月初八日(1821年1月11日)生

征考:《集成》(304—219):"李联琇,字季莹,叫小湖,行七,嘉庆庚辰年十二月初八日生,抚州府临川县监生,民籍。"官年取此。

李联琇《好云楼二集》卷首李翊煌《皇清诰授通议大夫晋资政大夫大理寺卿加十级随带加五级纪录八次显考小湖府君行述》:"府君生于嘉庆二十五年十二月初八日,殁于光绪四年正月初七日,春秋五十有九。"实年取此。

光绪己卯(1879)科
李盛铎

官年:咸丰九年己未(1859)五月二十日生

实年:咸丰九年己未(1859)五月二十日未时生

征考:《集成》(310—87):"李盛铎,字巘樵,号木斋,行一,咸丰己未年五月二十日吉时生,九江府德化县学优廪生,德化乡卫籍。"官年取此。

中国国家图书馆藏《李盛铎先生讣告》:"不孝家湘等罪孽深重,不自殒灭,祸延显考,木斋府君痛于中华民国二十六年二月四日即丙子年十二月二十三日丑时寿终津寓正寝,距生于咸丰九年己未五月二十日未时,享寿七十八岁。"另有其子家溱等所撰《行状》,生年同《讣告》。实年取此。

光绪乙酉(1885)科
喻兆蕃(另见)

官年:同治元年壬戌(1862)闰八月二十二日巳时生

实年:同治元年壬戌(1862)生

征考:《集成》(310—287):"喻兆蕃(谱名宽植),字竹孙,一字祝荪,号庶三,行二,总行六,同治壬戌年闰八月二十二日巳时生,袁州府萍乡县选拔贡生,民籍。"官年取此。

实年征考见会试"喻兆蕃"条。

湖北

同治庚午(1870)科
柯逢时

官年:道光二十五年乙巳(1845)六月初八生

实年:道光二十五年乙巳(1845)六月初八生

征考:《集成》(317—69):"柯逢时,谱名益敏,字楸修,号荪安,道光乙巳年六月初八日吉时生,经义治事学舍肄业,上舍生第一名,系武昌府武昌县学优廪生,灵六里民籍。"又见《未刊》(17—278)、(18—1、244、375)。官年取此。

殷应庚等《鄂城柯尚书年谱》:"公讳逢时,字懋修,号钦臣,一号逊庵。湖北武昌县人。今县鄂城柯氏祖籍江西瑞昌……道光二十五年乙巳,公一岁。公于六月初八日午时,生于里第……(民国元年)壬子,公六十八岁。五月,公以风疾得麻木症不瘳。二十八日亥时,公薨于汉皋寓次。"实年取此。

光绪丙子(1876)科
左绍佐(另见)

官年:道光二十七年丁未(1847)七月初十日生

实年:道光二十七年丁未(1847)七月十日生

征考:《集成》(318—27):"左绍佐,派名绍赞,字季云,号笏卿,亦号悔孙,行五,又行九,道光丁未年七月初十日吉时生,湖北德安府应山县拔贡生,刑部贵州司学习七品小京官,仁义里民籍。"官年取此。

左绍佐稿本日记多自载年岁,如民国十三年七月十日自记七十八岁,民国十四年七月十日自记七十九岁,民国十五年七月十日自记八十岁,民国十六年七月十日自记八十一岁,可知其生于道光二十七年丁未(1847)七月十日。《民国人物碑传集》(下)卷九傅岳棻《应山左笏卿先生墓碑》:"丁卯八月,所患剧发,遂以不起,年八十有二。"由民国十六年丁卯(1927)逆推,为道光二十六年丙午(1846),大约卒时七月十日生日已过,即多计一岁,生年仍当为道光二十七年。实年取此。

光绪丁酉(1897)科
施煃

官年:同治六年丁卯(1867)十二月初一日亥时

实年:同治六年丁卯(1867)十二月初一日亥时

征考:《集成》(319—299):"施煋,号仲鲁,亦号悔盦,行二,同治丁卯年十二月初一日亥时生,湖北武昌府江夏县民籍,附贡生,原籍浙江绍兴府会稽县。"官年取此。

施佶等《会稽施仲鲁先生讣告》:"显考仲鲁府君痛于民国二十一年一月二十五日即夏历辛未十二月十八日午时寿终正寝,距生于清同治六年十二月初一日亥时,享寿六十五岁。"实年取此。

湖南

道光乙未(1835)恩科

彭申甫

官年:嘉庆十二年丁卯(1807)六月二十九日生

实年:嘉庆十二年丁卯(1807)六月二十九日子时生

征考:《集成》(322—149):"彭申甫,派名正鎣,以字行,号丽生,一号丙蕃,行一,排行十八,嘉庆丁卯年六月二十九日吉时生,湖南长沙府长沙县监生,候选通判,民籍。"官年取此。

《诰封朝议大夫显考丽崧府君年八十有七行状》:"府君姓彭氏,讳申甫,少字丙蕃,乡举后更字丽崧,晚筑别墅,自号朵园、朵叟……卒于光绪十九年癸巳九月初十日己丑子时,距生于嘉庆十二年丁卯六月二十九日己亥子时,年八十有七。"实年取此。

同治甲子(1864)科补行咸丰辛酉(1861)科

王朝弼

官年:道光十一年辛卯(1831)十月二十五日生

实年:道光十一年辛卯(1831)生

征考:《未刊》(46—190、194):"王朝弼,字肖梅,号右卿,行一,道光辛卯十月二十五日生吉时生,湖南衡州府衡阳县廪膳生,民籍。"官年取此。

《碑传集补》卷二五载有曾廉所撰《故江津知县王公家传》："举同治甲子乡试第七名……十三年五月卒官,年五十七。"由光绪十三年丁亥(1887)逆推,知其生于道光十一年辛卯(1831)。实年取此。

同治丁卯(1867)科
童兆蓉

官年:道光十八年戊戌(1838)闰四月二十二日生

实年:道光十八年戊戌(1838)闰四月二十二日生

征考:《集成》(323—375):"童兆蓉,派名绰勋,字芙初,号绍辅,行四,道光戊戌年闰四月二十二日吉时生,宁乡县学增生,民籍,肄业城南书院。"官年取此。

孙诒让《籀庼遗文》上《诰授光禄大夫浙江温处兵备道童公神道碑》:"光绪三十一年七月温处兵备道宁乡童公卒于位……公生于道光戊戌闰四月二十二日,卒于光绪乙巳七月十六日,年六十有八。"同卷《诰授光禄大夫头品顶戴二品衔赏戴花翎浙江温处兵备道童公墓志铭》亦云:"公生于道光戊戌闰四月二十二日,卒于光绪乙巳七月十六日,年六十有八。"实年取此。

光绪丙子(1876)科
周銮诒

官年:咸丰九年己未(1859)五月初十日生

实年:咸丰九年己未(1859)生

征考:《集成》(325—403):"銮诒,字季罃,号荟生,行三,又行七,咸丰己未年五月初十日吉时生,湖南永州府永明县学优廪生,考优正取,民籍,肄业岳麓书院。"官年取此。

程颂藩《程伯翰遗集》卷六《周季罃哀词》:"光绪十一年典试广东,十二年九月卒于京师,年二十八。"由光绪十二年丙戌(1886)逆推,可知其生于咸丰九年己未(1859)。实年取此。

光绪辛卯(1891)科
郑沅(另见)
官年：同治五年丙寅(1866)七月十五日生

实年：同治五年丙寅(1866)七月十五日生

征考：《集成》(327—327)："郑沅，派名家烒，字叔进，行三，同治丙寅年七月十五日吉时生，湖南长沙府学优廪生，长沙县民籍，肄业岳麓书院及湘水校经堂。"官年取此。

实年征考见会试"郑沅"条。

光绪丁酉(1897)科
易顺豫
官年：同治四年乙丑(1865)闰五月十五日子时生

实年：同治四年乙丑(1865)生

征考：《集成》(328—303)："易顺豫，字由甫，一字叔由，号虑盦，行三，又行六，同治乙丑年闰五月十五日子时生，常德府学龙阳县廪生。"官年取此。

易顺鼎、程颂万辑《湘社集》卷首易顺豫序："顺豫亦自念年二十七。"《湘社集》编于光绪十七年辛卯(1891)，逆推可知其生于同治四年乙丑(1865)。实年取此。

郭立山
官年：同治十年辛未(1871)十月十四日生

实年：同治十年辛未(1871)生

征考：《集成》(330—149)："郭立山，字仁甫，号复初，行六，同治十年辛未岁十月十四日生，湖南长沙府儒学优廪生，湘阴县民籍。"官年取此。

《广清碑传集》卷一九黄兆枚《翰林院编修郭君墓志铭》："以宣统辛亥后越十六年丁卯八月卒，春秋五十有七。"民国十六年丁卯(1927)逆推，知其生于同治十年辛未(1871)。实年取此。

光绪癸卯(1903)恩科
蔡传奎

官年:同治十一年壬申(1872)十一月十五日生

实年:同治十一年壬申(1872)十一月十五日生

征考:《集成》(331—127):"蔡传奎,字斗南,号文甫,小字孝庆,行三,同治壬申十一月十五日吉时生,系湖南长沙府湘潭县学附生,民籍,原籍江苏吴县洞庭西山。"官年取此。

蔡传奎《缦庐遗集》卷首附许崇熙所撰《交通部佥事湘潭蔡君墓志铭》:"君讳传奎,字斗南……生于同治十一年壬申岁十一月十五日,迄今甲子岁九月二十六日猝感风疾,卒于京师广宁伯街私第,得年五十有三。"实年取此。

袁思亮

官年:光绪五年己卯(1879)十二月十四(1880年1月25日)生

实年:光绪五年己卯(1879)生

征考:《集成》(331—99):"袁思亮,字伯夔,一字苏孙,行一,光绪己卯年十二月十四吉时生,湖南长沙府湘潭县民籍,附贡生,花翎,二品顶戴,指分江苏试用道。"官年取此。

《民国人物碑传集》(下)之李国松《湘潭袁君墓志铭》:"以己卯岁十二月十日卒,年六十有一。"由民国二十八年己卯(1939)逆推,可知其生于光绪五年己卯(1879)。朱孝臧等撰《沤社词钞·沤社词集同人姓字籍齿录》:"蘉庵,袁思亮,伯夔,湘潭,光绪己卯生。"实年取此。

四川

光绪己卯(1879)科
宋育仁

官年:咸丰八年戊午(1858)十一月廿三日生

实年：咸丰八年戊午(1858)生

征考：《集成》(332—289)："宋育仁，字子晟，号芸岩，行一，又行三，咸丰戊午年十一月廿三日吉时生，叙州府富顺县廪膳生，民籍。"官年取此。

《碑传集三编》卷三五萧月高《宋芸子先生传》："宋育仁，字芸子，一字芸岩，四川富顺人……辛未通志稿成，力瘁而卒，时年七十有四。"由民国二十年(1931)逆推，可知其生于咸丰八年戊午(1858)。实年取此。

光绪壬午(1882)科
赵增瑀

官年：同治二年癸亥(1863)九月十五日生

实年：同治二年癸亥(1863)九月十五日生

征考：《集成》(332—373)："赵增瑀，字鸿开，一字聘玙，行二，又行十八，同治癸亥年九月十五日吉时生，四川叙州府宜宾县附生，民籍，原籍浙江宁波府鄞县。"官年取此。

赵增瑀《鹅山文稿》卷首高僖敬《鹅山先生传》："君以同治癸亥年九月十五日生，今七十矣。"实年取此。按《传》作于民国二十二年癸酉(1933)四月初一，是年赵增瑀当为七十一岁，此处可能误用实岁计年。

福建

同治癸酉(1873)科
林贺峒(另见)

官年：道光二十二年壬寅(1842)七月十二日生

实年：道光二十二年壬寅(1842)七月十二日生

征考：《集成》(337—391)："林贺峒，号访西，行一，道光壬寅年七月十二日吉时生,福州府优贡生,教习训导,侯官县民籍。"官年取此。

林贺峒《味雪堂遗草》附其子林源焴《行述》:"(丁未)八月十一日,乡人有娶妇者,衣冠往,旋复大泻兼吐,医药无效,夜十钟气息渐微,弃不孝等而长逝矣……春秋六十有六。"由光绪三十三年丁未(1907)逆推,知其生于道光二十二年壬寅(1842)。实年取此。

光绪戊子(1888)科
黄曾源(另见)

官年:咸丰八年戊午(1858)三月初八日生

实年:咸丰八年戊午(1858)生

征考:《集成》(339—51):"黄曾源,字石孙,号立午,行一,咸丰戊午年三月初八日吉时生,汉军正黄旗驻防福州府学附生,旗籍。"官年取此。

实年征考见会试"黄曾源"条。

光绪己丑(1889)恩科
陈懋鼎(另见)

官年:同治九年庚午(1870)十月十六日生

实年:同治九年庚午(1870)生

征考:《集成》(339—99):"陈懋鼎,字泽铉,号徵宇,行一,同治庚午年十月十六日吉时生,福建福州府闽县学附生,民籍。"官年取此。

实年征考见会试"陈懋鼎"条。

广 东

光绪己丑(1889)恩科
汪兆镛

官年:咸丰十一年辛酉(1861)四月二十八日生

实年:咸丰十一年辛酉(1861)四月二十八日未时生

征考：《集成》（345—1）："汪兆镛，字伯序，一字憬吾，行一，咸丰十一年四月二十八日吉时生，广东广州府番禺县优贡生，民籍，学海堂专课生，祖籍浙江绍兴府山阴县。"官年取此。

汪兆镛《微尚老人自订年谱》："咸丰十一年辛酉一岁。四月二十八日未时生于广州城北天官里寓舍。"实年取此。

光绪辛卯（1891）科

傅维森

官年：同治三年甲子（1864）十一月十五日生

实年：同治三年甲子（1864）十一月十五日生

征考：《未刊》（74—205）："傅维森，字君实，别字志丹，行一，同治甲子年十一月十五日吉时生，广东广州府番禺县优行廪膳生，民籍。"官年取此。

傅维森《缺斋遗稿》附傅澂钧《先考志丹府君行述》："府君姓傅氏，讳维森，字君实，号志丹……郑宜人恭俭静默，礼义不愆，同治甲子年十一月十五日生府君于广州。"实年取此。

广　西

道光丙午（1846）科

苏时学

官年：嘉庆十九年甲戌（1814）九月初七日生

实年：嘉庆十九年甲戌（1814）生

征考：《集成》（346—185）："苏时学，字敩元，号琴舫，别号莲裳，行二，嘉庆甲戌年九月初七日吉时生，梧州府藤县副榜贡生，民籍。"官年取此。

苏时学《宝墨楼诗册》卷一《丙申元旦述怀》末句曰："匆匆诗酒债，还我廿三年。"由道光十六年丙申（1836）逆推，可知其生于嘉庆十九年甲戌(1814)。实年取此。

贵州

道光辛卯(1831)恩科
莫友芝

官年：嘉庆十六年辛未(1811)五月三日生

实年：嘉庆十六年辛未(1811)五月三日午时生

征考：《莫友芝道光十一年乡试朱卷》："莫友芝，字则心，号香庄，行五，嘉庆辛未年五月初三日吉时生，贵州都匀府独山州附生，民生，原籍江南江宁府上元县。"官年取此。

莫祥芝《清授文林郎先兄邵亭先生行述》："其生以嘉庆十六年辛未五月初三日午时，春秋六十有一。"实年取此。

光绪丁酉(1897)科
姚华

官年：光绪二年丙子(1876)四月二十六日生

实年：光绪二年丙子(1876)生

征考：《未刊》(82—67)："姚华，派名嘉祥，字崇光，号棠蕚，一号塘鸮，行一，光绪丙子年四月二十六日吉时生，贵州贵阳府贵筑县学廪膳生，民籍，原籍江西抚州府。"官年取此。

《辛亥人物碑传集》卷一〇有邵章《故参议院议员姚君之碑》："君讳华，字重大约，号一鄂，又号茫父，贵州贵筑人也……民国十九年庚午五月初八日病殁于寓舍，春秋五十有五。"由民国十九年庚午(1930)逆推，知其生于光绪二年丙子(1876)。实年取此。

副贡
顺天

道光己亥(1839)科
邵亨豫

官年:嘉庆二十二年丁丑(1817)十二月二十二日(1818年1月28日)生

实年:嘉庆二十二年丁丑(1817)生

征考:《集成》(353—361):"邵亨豫,字子立,号汴生,行三,嘉庆丁丑年十二月二十二日吉时生,顺天府宛平县监生,民籍,祖籍江苏常熟县。"官年取此。

俞樾《春在堂杂文四编》三《吏部左侍郎邵公墓志铭》:"(光绪)九年夏,偶触热发宿疾,五月甲辰,犹力疾入内,至六月辛亥,自知不起,草遗疏,并言时政数事。明日,遗疏闻,有'持躬勤慎'之谕,赐祭葬如例。公卒年六十七。"由光绪九年癸未(1883)逆推,知其生于嘉庆二十二年丁丑(1817)。实年取此。

道光甲辰(1844)恩科
崇厚(另见)

官年:道光六年丙戌(1826)九月初七日生

实年:道光六年丙戌(1826)九月初七日酉时生

征考:《集成》(353—377):"(完颜氏)崇厚,字子谦,号地山,行二,又行七,道光丙戌年九九初七日吉时生,内务府镶黄旗满洲积庆佐领下俊秀贡生,候选直隶知州。"官年取此。

实年征考见乡试"崇厚"条。

光绪戊子(1888)科
宋文蔚(另见)

官年:咸丰四年甲寅(1854)正月二十六日生

实年:咸丰四年甲寅(1854)正月二十六日寅时生

征考:《集成》(354—317):"宋文蔚,字澄之,一字彬儒,行二,咸丰甲寅年正月二十六日吉时生,江苏镇江府溧阳县优廪贡生,光禄寺署正衔候选训导,民籍。"官年取此。

实年征考见乡试"宋文蔚"条。

光绪癸巳(1893)恩科

胡宗楸(另见)

官年:同治七年戊辰(1868)正月廿四日生

实年:同治七年戊辰(1868)生

征考:《集成》(355—93):"胡宗楸,字季樵,号岘山,行四,同治戊辰年正月二十四日吉时生,系浙江金华府永康县监生,民籍,肄业诂经精舍、敷文书院。"官年取此。

实年征考见乡试"胡宗楸"条。

光绪丁酉(1897)科

潘承谋

官年:同治十三年甲戌(1874)八月一日生

实年:同治十三年甲戌(1874)八月一日生

征考:《集成》(355—169):"潘承谋,字聪彝,号轶仲,行一,同治甲戌年八月初一日吉时生,江苏苏州府吴县附监生,民籍,祖籍安徽徽州府歙县。"官年取此。

《大阜潘氏支谱》卷六:"(潘承谋)生于清同治十三年甲戌八月一日。"邓邦述、吴曾源等辑《六一消夏词》前附《六一消夏词集同人姓字籍齿录》:"瘦叶,潘承谋,省安,吴县,同治甲戌生。"实年取此。

江南

同治丁卯(1867)科并补行咸丰辛酉(1861)科
钱选

官年:道光二年壬午(1822)正月初七日生

实年:道光二年壬午(1822)正月初七日生

征考:《集成》(357—63):"钱选,字浩南,号巽卿,又号小笑山,行二,道光壬午正月初七日生,江苏松江府华亭县增广联系,民籍。"官年取此。

钱同寿《待烹生文集》卷四《先府君行略》:"府君讳选字浩南号小山,生于道光二年正月七日,殁于光绪五年九月二十三日,春秋五十有八。"实年取此。

汪之昌

官年:道光十七年丁酉(1837)八月初三日生

实年:道光十七年丁酉(1837)八月初三日生

征考:《集成》(357—17):"汪之昌,字平叔,号荣虎,又号振民,行三,又行九,道光丁酉年八月初三日吉时生,江南苏州府新阳县学优行增监生,光禄寺署正加一级随带加三级,民籍。"官年取此。

章钰《四当斋集》卷八《新阳汪先生墓表》曰:"先生讳之昌,字振民,先世自歙迁吴,五世祖捐建昆山文庙,奉旨入籍,新阳为昆山分县,后人皆以新阳应试,故先生仍之。先生入学后一充同治丁卯补行辛酉科副贡,遂谢举业,以闭户读书为事……生道光十七年八月戊申,卒光绪二十一年六月壬辰,年五十有九。"实年取此。

光绪壬午(1882)科
张一麐(另见)

官年:同治六年丁卯(1867)十二月二十八日(1868年1月22日)生

实年:同治六年丁卯(1867)生

征考:《集成》(358—339):"张一麐,字颂仁,号峥角,行二,同治丁卯年十二月二十八日吉时生,江南苏州府元和县附生,民籍。"官年取此。

实年征考见乡试"张一麐"条。

光绪乙酉(1885)科
顾忠宣

官年:咸丰元年辛亥(1851)七月九日生

实年:咸丰元年辛亥(1851)七月九日生

征考:《集成》(359—73):"顾忠宣,字郇雨,号旬侯,行一,本生行四,咸丰辛亥七月初九日吉时生,江苏松江府南汇县优行廪生,民籍。"官年取此。

徐守清《梅村老人明经顾先生年谱》:"咸丰元年辛亥七月初九日申时生。"实年取此。

光绪甲午(1894)科
顾次英

官年:同治十一年壬申(1872)六月二十九日生

实年:同治十一年壬申(1872)六月二十九日生

征考:《集成》(360—183):"顾次英,字冰畦,行二,同治壬申年六月二十九日吉时生,江苏松江府学增生,南汇县民籍。"官年取此。

《顾冰一先生七十以前自述》载其生于"同治十一年六月二十九日"。实年取此。

光绪丁酉(1897)科
丁传靖

官年:同治九年庚午(1870)四月二十日生

实年:同治九年庚午(1870)四月二十日巳时生

征考:《集成》(360—355):"丁传靖,字秀甫,号岱思,一字湘舲,行一,又行三,同治庚午年四月二十日吉时生,江苏镇江府优行附生,丹徒县民籍。"官年取此。

《广清碑传集》卷一九陈宝琛《丁君闇公墓志铭》:"同治庚午四月二十日巳时生。"丁传靖《闇公诗存》卷一《己酉十一月纪事》前为《四十生辰家人摄影》,亦可证其生于同治九年。实年取此。

光绪癸卯(1903)科
张开圻

官年:同治六年丁卯(1867)十二月十一日(1868年1月5日)生

实年:同治六年丁卯(1867)十二月十一日(1868年1月5日)生

征考:《集成》(207—131):"张开圻,原名开藩,字星聚,号鹤衔,又号啸嵋,行二,同治丁卯年十二月十一日吉时生,江苏松江府娄县廪膳生,民籍。"官年取此。

《云间张啸嵋先生赴告》:"不孝应龄等侍奉无状,显考啸嵋府君痛于中华民国三十二年十二月十七日丑时寿终正寝,距生于清同治丁卯年十二月十一日子时,享寿七十有七。"实年取此。

浙江

光绪辛卯(1891)科
陆佐勋

官年:同治三年甲子(1864)八月二十一日生

实年:同治三年甲子(1864)生

征考:《集成》(365—301):"陆佐勋,字饮和,行一,同治甲子年八月二十一日生,杭州府学廪生,仁和县民籍。"官年取此。

谭献《复堂文续》卷四《陆生传》:"生名佐勋,字饮和……乃岁甲午之夏,懋勋又下第南旋,六月,生感疫疠,犹在塾,不欲旷生徒读,比舆归,已剧,阅七日竟殁……年三十一。"由光绪二十年(1894)逆推,可知其生于同治三年甲子(1864)。实年取此。

光绪甲午(1894)科
张美翊

官年:咸丰七年丁巳(1857)二月八日生

实年:咸丰七年丁巳(1857)二月八日生

征考:《集成》(366—179):"张美翊,字让三,号简硕,行二,咸丰丁巳二月初八日吉时生,同知衔江苏补用知县,前奏调出使英、法、义、比国随员,浙江宁波府鄞县廪贡生,民籍。"官年取此。

冯开《回风堂文》卷二《张君行述》:"君讳美翊,字让三,一字简硕……春秋六十有八,以民国十三年夏正七月十日卒。"由民国十三年(1924)逆推,可知其生于咸丰七年丁巳(1857)。另据《甬上青石张氏家谱》卷二《系录》,张美翊生于为咸丰七年(1857)二月初八日,卒于民国十三年七月初十日,享年68岁。实年取此。

优贡

顺天

光绪辛卯(1891)科
言有章

官年:同治四年乙丑(1865)十二月二十四日(1866年2月9日)生

实年:同治四年乙丑(1865)十二月二十四日(1866年2月9日)生

征考:《集成》(369—95):"言有章,字光甲,号朦士,又号謇博,行二,同治乙丑十二月廿四日吉时生,顺天府宛平县优廪生,祖籍江苏苏州府常熟县贤裔,肄业保定莲池书院、天津集贤书院、学海堂。"官年取此。

《坚白室诗草》前附《常熟言氏家乘八十一世小传》:"生于同治乙丑十二月二十四日某时。"实年取此。

江南

道光戊子(1828)科
乔守敬

官年:嘉庆八年癸亥(1803)六月二十三日生

实年:嘉庆八年癸亥(1803)生

征考:《集成》(369—229):"乔守敬,字靖卿,号蔗生,行二,嘉庆癸亥年六月二十三日辰时生,江苏扬州府宝应县增广生,民籍。"官年取此。

乔守敬《绿阴山馆吟稿》有王凯泰序:"咸丰戊午秋,忽闻先生以微疾归道山,为之怆然。"其子乔福舆跋:"先君享年五十有六。"由咸丰八年戊午(1858)逆推,可知其生于嘉庆八年癸亥(1803)。实年取此。

同治癸酉(1873)科
邓嘉缉

官年:道光二十五年乙巳(1845)五月二十日生

实年:道光二十五年乙巳(1845)生

征考:《未刊》(86—39):"邓嘉缉,字熙之,行十三,道光乙巳年五月二十日吉时生,江苏江宁府江宁县学廪生,并袭云骑尉,民籍。"官年取此。

王嘉诜《养真室文后集·邓熙之先生诔》:"维宣统元年乙酉十月,江宁邓先生卒,年六十有五。"由宣统元年己酉(1909)逆推,知其生于道光二十五年乙巳(1845)。实年取此。

光绪丙子(1876)科
徐敦仁

官年:道光九年己丑(1829)十一月二十一日生

实年:道光九年己丑(1829)生

征考:《集成》(370—297):"徐敦仁,字厚伯,号爱杉,一号小崦,行一,道光己丑年十一月二十一日吉时生,系江苏苏州府吴县优行廪膳生,民籍。"官年取此。

徐敦仁《日损斋日记》:"同治七年岁次戊辰,时年四十。"由同治七年(1868)逆推,知其生于道光九年己丑(1829)。又《日损斋文稿·祭周君文(有序)》:"周君名锡禄,字静甫,吴县诸生,以实录馆誊录议叙盐大使,同治丙寅某月日卒于京师,其生也在戊子,长余一年。"戊子为道光八年(1828),亦可知徐生于道光九年己丑(1829)。实年取此。

光绪己卯(1879)科
张謇(另见)

官年:咸丰三年癸丑(1853)五月二十五日生

实年:咸丰三年癸丑(1853)五月二十五日卯时生

征考:《集成》(371—29):"张謇,原名育才,字树人,今字季直,号处默,行四,咸丰癸丑年五月二十五日吉时生,江苏通州廪膳生,民籍。"官年取此。

实年征考见乡试"张謇"条。

光绪壬午(1882)科
姚文栴(另见)

官年:咸丰七年丁巳(1857)九月初九日生

实年:咸丰七年丁巳(1857)生

征考:《集成》(371—215):"姚文栴,字子让,一字尔梅,又字农盦,行二,咸丰丁巳年九月初九日吉时生,江苏松江府上海县学廪生,民籍。"官年取此。

实年征考见乡试"姚文栴"条。

光绪戊子(1888)科
范本礼

官年:咸丰四年甲寅(1854)十一月二十二日生

实年：咸丰四年甲寅(1854)生

征考：《集成》(372—1)："范本礼，字荔泉，号涤新，行三，咸丰甲寅年十一月二十二日吉时生，江苏松江府上海县廪膳生，民籍。"官年取此。

(民国)《上海县续志》卷一八《人物》"范本礼"条："甲午七月闻继母讣，冒海警归，以毁卒，年止四十有一。"由光绪二十年甲午(1894)逆推，可知其生于咸丰四年甲寅(1854)。实年取此。

江标(另见)

官年：咸丰十年庚申(1860)闰三月十七日生

实年：咸丰十年庚申(1860)生

征考：《未刊》(86—90)："江标，原名善寰，字建霞，行三，咸丰十年闰三月十七日生，江苏苏州府元和县民籍，本科优贡生。"官年取此。

实年征考见会试"江标"条。

陈庆年

官年：同治元年壬戌(1862)十二月十五日(1863年2月2日)生

实年：同治元年壬戌(1862)十二月十五日(1863年2月2日)生

征考：《集成》(372—63)："陈庆年，字善馀，号学存，行二，同治壬戌年十二月十五日吉时生，江苏镇江府丹徒县学优行廪生，民籍。"官年取此。

唐文治《茹经堂文集三编》卷八《孙君善馀墓志铭》："君姓陈氏，讳庆年，字善馀……君以同治元年十二月十五日生，民国十八年六月三日卒，享寿六十有八。"实年取此。

光绪辛卯(1891)科

王学渊

官年：咸丰十一年辛酉(1861)正月初八日生

实年：咸丰十一年辛酉(1861)正月初八日生

征考：《集成》(372—307)："王学渊，字惺三，一字源泗，行二，咸丰辛酉年正月初八日吉时生,江苏徐州府优行廪膳生,铜山县民籍。"官年取此。

孙雄《旧京文存》卷八《铜山王惺三先生墓表》:"君生于咸丰十一年辛酉正月,卒于共和纪元十七年夏历七月,年六十有八。"实年取此。

光绪癸卯(1903)科

章钟祚

官年:同治五年丙寅(1866)正月十一日生

实年:同治五年丙寅(1866)正月十一日辰时生

征考:《集成》(373—235):"章钟祚,字砚芳,号畊复,行三,同治丙寅年正月十一日生,江苏常州府江阴县廪膳生,民籍,肄业南菁高等学堂。"官年取此。

《江阴章氏支谱》卷四:"章钟祚,讳型三子,行八,又行六十二,字砚芳,号耕复……生同治五年丙寅正月十一日辰时。"实年取此。

陕西

光绪己卯(1879)科

宋伯鲁

官年:咸丰四年甲寅(1854)十一月二十四日(1855年1月12日)生

实年:咸丰四年甲寅(1854)十一月二十四日(1855年1月12日)生

征考:《集成》(375—33):"宋伯鲁,字子钝,号竹心,行一,咸丰四年十一月二十四日吉时生,系西安府醴泉县学优廪生,民籍。"官年取此。

宋伯鲁《海棠仙馆诗钞》卷二九《海尘集》丙辰年有《十一月二十四日为予六十又三初度……》。由民国五年丙辰(1916)逆推,知其生于咸丰四年(1854)甲寅十一月二十四日。另卷八《南游集》戊戌有《四十五初度》。卷六《悼亡诗》"我之初度日,卿之绝命时",下注:"乙未十一月二十四日张宜人殁,遂殡于下斜街妙光阁。"《漫社三集·特别社友题名》(癸亥年):"字芝田,陕西醴泉人,七十岁。"亦可为证。实年取此。

浙江

道光辛卯(1831)恩科
俞兴瑞
官年:嘉庆元年丙辰(1796)九月十七日生

实年:嘉庆元年丙辰(1796)生

征考:《集成》(375—259):"俞兴瑞,字吉晖,号霞轩,行一,嘉庆丙辰年九月十七日吉时生,浙江杭州府海宁州廪生,民籍。"官年取此。

俞兴瑞《翏莫子杂识·翏莫子自识》:"今年二十五……嘉庆二十五年三月十六日灯下书。"由嘉庆二十五年(1820)逆推,知其生于嘉庆元年丙辰(1796)。实年取此。

同治庚午(1870)科
陈豪
官年:道光十九年己亥(1839)十一月十二日生

实年:道光十九年己亥(1839)十一月十二日亥时生

征考:《集成》(376—143):"陈豪,原名钟锜,字蓝洲,又字迈盦,行一,道光己亥年十一月十二日吉时生,浙江杭州府仁和县学咨部优行廪膳生,同治丁卯科备取优贡,肄业诂经精舍,民籍。"官年取此。

《碑传集补》卷二六吴庆坻《陈蓝洲先生家传》:"庚戌夏,疾甚,自为挽章,神明湛然,七月十九日,遂卒,年七十二。"由宣统二年庚戌(1910)逆推,可知其生于道光十九年己亥(1839)。《上海图书馆藏赴闻集成》第5册有其子陈汉第撰《显考蓝洲府君事略》:"生于道光十九年十一月十二日亥时。"实年取此。

光绪戊子(1888)科
汪康年(另见)

官年:咸丰十年庚申(1860)正月初三日生

实年:咸丰十年庚申(1860)正月初三日生

征考:《集成》(377—41):"汪康年,字穰卿,行一,又行二,咸丰十年庚申正月初三日吉时生,浙江杭州府钱塘县学咨部优行廪膳生,商籍,原籍安徽黟县,本省书局襄校,肄业诂经精舍、紫阳书院。"官年取此。

实年征考见会试"汪康年"条。

光绪丁酉(1897)科
夏辛铭

官年:同治七年戊辰(1868)五月初一日生

实年:同治七年戊辰(1868)五月初一日生

征考:《集成》(377—219):"夏辛铭,字陞升,号颂椒,又号榆庐,行四,同治戊辰年五月初一日吉时生,浙江嘉兴府桐乡县学廪膳生,民籍,肄业崇文、紫阳、鸳湖、桐溪、立志、翔云书院、诂经精舍、江苏紫阳正谊书院、学古堂,己丑癸巳恩科甲午暨本科荐卷。"官年取此。

夏辛铭自订、夏祖年等补《榆庐年谱》:"戊辰一岁(清同治七年),五月初一日丁丑朔寅时生。"实年取此。

湖北

光绪甲午(1894)科
王葆心

官年:同治七年戊辰(1868)十二月初七日生

实年:同治七年戊辰(1868)生

征考:《集成》(379—233):"王葆心,宗谱派名茂桂,字季馨,一字季芗,行四,又行十九,同治七年十二月初七日吉时生,湖北黄州府罗田县学优行增生,民籍,前肄业经心书院,今肄业两湖书院。"官年取此。

《民国人物碑传集》有佚名稿本《王葆心传》:"以民国三十三年四月十三日终于罗田东安乡青垞私宅,寿七十有七。"由民国三十三年(1944)逆推,知其生于同治七年戊辰(1868)。实年取此。

湖南

同治庚午(1870)科
李辅耀

官年:道光二十八年戊申(1848)五月二十九日辰时生

实年:道光二十八年戊申(1848)生

征考:《集成》(380—37):"李辅耀,字补孝,号幼梅,行一,道光戊申年五月二十九日辰时生,湖南长沙府湘阴县学廪膳生,民籍。"官年取此。

李辅耀《玩止水斋遗稿》卷首吴庆坻《通奉大夫二品顶带浙江候补道李君墓志铭》:"归三年而卒,丙辰七月初四日也,春秋六十有九。"由民国五年丙辰(1916)逆推,知其生于道光二十八年戊申(1848)。实年取此。

光绪戊子(1888)科
胡元玉

官年:咸丰九年己未(1859)十二月廿一日(1860年1月13日)生

实年:咸丰九年己未(1859)生

征考:《集成》(380—57):"胡元玉,字子瑞,行六,咸丰九年十二月廿一日生,湖南长沙府学优廪生,湘潭县民籍,肄业校经书院。"官年取此。

胡元玉《孤吟感梦词》注:"余之龄今已五十有八……时丙辰中秋

后四日也。"由民国五年丙辰(1916)逆推,可知其生于咸丰九年己未(1859)。实年取此。

福建

同治乙丑(1865)补行甲子(1864)科
林贺峒(另见)

官年:道光二十二年壬寅(1842)七月十二日生

实年:道光二十二年壬寅(1842)七月十二日生

征考:《集成》(380—277):"林贺峒,号访西,行一,道光壬寅年七月十二日吉时生,福州府学增广生,侯官县民籍。"官年取此。

实年征考见乡试"林贺峒"条。

光绪癸卯(1903)科
沈觐平

官年:光绪五年己卯(1879)六月初七日生

实年:光绪五年己卯(1879)六月七日戌时生

征考:《集成》(381—1):"沈觐平,字丹元,号澹源,行一,光绪己卯年六月初七日吉时生,福建福州府学优行廪生,侯官县民籍。"官年取此。

(民国)《闽侯县志》七二《文苑下》:"字丹元,曾祖葆桢,父翊清皆已有传。葆桢督两江时入都述职,病中得家讯,喜得长曾孙,命名曰觐平,言朝觐平安也……己亥随父往日本观秋操,成日记一书,久之,患心脏病,足肿气逆,卒年仅四十有八。"按沈葆桢两江总督任上抱病入都述职事在光绪五年己卯(1879),此即为沈觐平生年。《上海图书馆藏赴闻集成》第56册有沈觐宸所撰《丹元先伯兄行略》:"兄生于己卯六月七日戌时,春秋四十有七……中华民国十四年九月实乙丑七月期服弟觐宸、觐宸、觐冕、珂、觐愙、觐笏泣述。"实年取此。

沈觐宸

官年:光绪七年辛巳(1881)二月十二日生

实年:光绪七年辛巳(1881)二月十二日生

征考:《集成》(381—1):"沈觐宸,字笋玉,号肩洪,行二,光绪辛巳年二月十二日吉时生,福建福州府侯官县学优行廪生,民籍。"官年取此。

沈觐宸之孙沈吕宁撰《沈觐宸小传》(收入沈吕宁《沈葆桢家书考》):"祖父是沈翊清的次子,生于光绪七年(1881)夏历二月十二花朝日,卒于一九六二年夏历正月十五元宵日,享年八十一岁。"实年取此。

拔贡

顺天

光绪乙酉(1885)科

苗宗瀚

官年:咸丰八年戊午(1858)五月十一日生

实年:咸丰八年戊午(1858)生

征考:《家传》(96—533):"苗宗瀚,字润田,号海门,行一,咸丰戊午年五月十一日吉时生,直隶保定府新城县优廪生,民籍。"官年取此。

(民国)《新城县志》卷一〇《人物·文学》:"民国八年,年六十二卒。"由民国八年己未(1919)逆推,知其生于咸丰八年戊午(1858)。实年取此。

江南

道光乙酉(1825)科

姚光发(另见)

官年:嘉庆四年己未(1799)二月十六日生

实年:嘉庆四年己未(1799)生

征考:《集成》(381—409):"姚光发,字汝铨,号衡堂,行一,嘉庆己未年二月十六日生,江苏松江府学优廪生,娄县民籍。"官年取此。

实年征考见会试"姚光发"条。

道光己酉(1849)科
翁同龢(另见)

官年:道光十年庚寅(1830)四月二十七日生

实年:道光十年庚寅(1830)四月二十七日生

征考:《未刊》(86—450):"翁同龢,字叔平,一字切夫,号声甫,行六,道光庚寅年四月二十七日吉时生,江苏苏州府学优廪生,常熟县民籍。"官年取此。

实年征考见乡试"翁同龢"条。

同治癸酉(1873)科
朱培源

官年:道光十四年甲午(1834)十二月初十日(1835年1月8日)生

实年:道光十四年甲午(1834)十二月初十日(1835年1月8日)生

征考:《集成》(384—65):"朱培源,字君孚,号镜夐,又号怡云,行二,道光甲午年十二月初十日吉时生,江苏苏州府新阳县学咨部优行廪膳生,民籍。"官年取此。

朱培源《介石山房遗稿》卷首有长洲沈修《校官朱先生传》:"光绪卅四年六月廿五日考终里门,寿七十五,以道光十四年十二月十日生。"实年取此。

黄思永(另见)

官年:道光二十二年壬寅(1842)正月初五日生

实年:道光二十二年壬寅(1842)正月初五日寅时生

征考:《集成》(383—347):"黄思永,字亦瓢,号慎知,行一,道光壬寅年正月初五日吉时生,江苏江宁府江宁县优廪生,民籍。"官年取此。

实年征考见会试"黄思永"条。

林端仁

官年:道光二十二年壬寅(1842)九月十三日生

实年:道光二十二年壬寅(1842)生

征考:《集成》(384—199):"林端仁,字虚受,号望之,又号味苏,行一,道光壬寅年九月十三日吉时生,江苏松江府奉贤县学咨部优行廪膳生,民籍。"官年取此。

林端仁《风敲竹·三十自述》(收入杨文斌编《海滨酬唱词》)为辛未年所作。据同治十年辛未(1871)逆推,可知其生于道光二十二年壬寅(1842)。实年取此。

汪凤池(另见)

官年:道光二十九年己酉(1849)四月二十六日生

实年:道光二十九年己酉(1849)生

征考:《集成》(384—41):"汪凤池,字思赞,号药阶,行一,又行二,道光己酉年四月二十六日吉时生,江苏苏州府元和县优附生,民籍。"官年取此。

实年征考见乡试"汪凤池"条。

光绪乙酉(1885)科

刘树屏(另见)

官年:咸丰七年丁巳(1857)九月初九日

实年:咸丰七年丁巳(1857)生

征考:《集成》(387—1):"刘树屏,原名景琦,字葆良,号补臣,行一,咸丰丁巳年九月初九日吉时生,江苏常州府阳湖县学优廪生,民籍。"官年取此。

实年征考见会试"刘树屏"条。

雷补同(另见)

官年:咸丰十年庚申(1860)三月十一日生

实年:咸丰十年庚申(1860)三月十一日生

征考:《集成》(386—193):"雷补同,字协臣,号谱桐,行一,本生行二,咸丰庚申年三月十一日吉时生,江苏松江府学优行廪膳生员,华亭县民籍。"官年取此。

实年征考见乡试"雷补同"条。

光绪丁酉(1897)科

于鬯

官年:咸丰四年甲寅(1854)三月十八日子时生

实年:咸丰四年甲寅(1854)三月十八日子时生

征考:《集成》(389—1):"于鬯,字香草,一名东箱,字醴尊,咸丰四年三月十八日子时生,江苏松江府南汇县廪膳生,戊子副取优科,民籍。"官年取此。

缪荃孙《艺风堂文漫存·辛壬稿》卷二《于香草墓志铭》:"宣统庚戌七月十二日卒,年五十有七。"由宣统二年庚戌(1910)逆推,知其生于咸丰四年甲寅(1854)。实年取此。

秦树锽

官年:同治元年壬戌(1862)闰八月十八日生

实年:同治元年壬戌(1862)闰八月十八日生

征考:《集成》(389—151):"秦树锽,字乐庭,号凤岩,一号松石,行四,同治壬戌年闰八月十八日吉时生,江苏常州府无锡县优廪生,民籍。"官年取此。

《锡山秦氏宗谱》卷八中:"字乐廷,生同治壬戌闰八月十八。"实年取此。

夏仁虎

官年:同治十三年甲戌(1874)四月初九日生

实年:同治十三年甲戌(1874)生

征考:《集成》(388—117):"夏仁虎,字蔚如,号啸庵,行四,又行十二,同治甲戌年四月初九日吉时生,江苏江宁府学优廪膳生,上元县民籍。"官年取此。

夏仁虎《啸庵词·丁稿》有《沁园春·己酉四月三十六初度》,据宣统元年己酉(1909)逆推,可知其生于同治十三年甲戌(1874)。实年取此。按《许宝蘅日记》丙戌(民国三十五年,1946年)三月初三日戊申(4月4日):"三时赴张伯驹约修禊,至者卅余人……夏蔚如(七十四)",由此逆推,则其生于同治十二年癸酉(1873),与夏氏自述不合,然文献矛盾时,一般自述更可采信。

刘师苍

官年:同治十三年甲戌(1874)八月初三日生

实年:同治十三年甲戌(1874)生

征考:《集成》(389—349):"刘师苍,字张侯,一字张仲,行一,又行二,同治甲戌年八月初三日吉时生,江苏扬州府仪征县学优廪生,民籍。"官年取此。

《碑传集补》卷五二袁镳《刘张侯传》:"壬寅科送良甫子及诚甫子应省试,过江乘轮船,于八月初三日夜半溺,即君生日也,年二十有九。"由光绪二十八年壬寅(1902)逆推,知其生于同治十三年甲戌(1874)。实年取此。

王树声

官年:光绪二年丙子(1876)十一月十八日生

实年:光绪二年丙子(1876)生

征考:《集成》(389—367):"王树声,字获百,号亦秋,又号立吾,行三,光绪丙子年十一月十八日吉时生,江苏太仓州崇明县学优行增广生,民籍。"官年取此。

王春林《海滨文集》卷二《王君获百行状》:"君讳树声,字获百……君生于光绪二年某月某日,殁于宣统二年三月某日,春秋十三有五。"实年取此。

宣统己酉(1909)科

孙肇圻

官年:光绪七年辛巳(1881)十二月十一日(1882年1月30日)生

实年:光绪七年辛巳(1881)生

征考:《集成》(391—53):"孙肇圻,号朴园,又号北蘐,行二,光绪辛巳十二月十一日吉时生,江苏常州府学优行附生,无锡县民籍。"官年取此。

《锡金游庠同人自述汇刊》之光绪二十八年壬寅科案《孙肇圻自述》:"生于逊清光绪七年辛巳。"实年取此。

王枚功

官年:光绪八年壬午(1882)九月初一日生

实年:光绪八年壬午(1882)九月初一日巳时生

征考:《集成》(391—1):"王枚功,原名茂功,字仲熙,一字吉臣,号桐孙,行二,光绪壬午年九月初一日吉时生,江苏松江府上海县学优行附生,民籍,前肄业上海广方言馆、震旦学院。"官年取此。

王焕功纂修《王氏族谱》卷三《世传》第八世:"枚功字仲熙,号桐孙……生于清光绪八年壬午九月初一日巳时,殁于中华民国三十七年十二月一日即戊子十一月初一日申时,寿六十有七。"实年取此。

浙江

道光丁酉(1837)科

贡璜(另见)

官年:嘉庆十一年丙寅(1806)十一月初四日生

实年:嘉庆十一年丙寅(1806)生

征考:《集成》(394—1):"贡璜,字以黼,号荆山,一号堂梅,行一,嘉庆丙寅年十一月初四日生,金华府汤溪县学咨部优行廪膳生,民籍。"官年取此。

实年征考见会试"贡璜"条。

咸丰辛酉(1861)科

潘树棠

官年:嘉庆十三年戊辰(1808)二月初一日生

实年:嘉庆十三年戊辰(1808)生

征考:《集成》(396—1):"潘树棠,字憩南,号西卢,行一,嘉庆戊辰年二月初一日生,浙江金华府永康县学咨部优行廪膳生,民籍,诂经精舍肄业。"官年取此。

潘树棠《寻乐轩遗稿》中有多篇寿序,后皆署年龄,如《钱翁纯圭寿序》署"光绪十有四年……八十一老人潘树棠撰"。《曹母贤杞妻翁安人传赞》后署"时光绪十有五年二月上旬之吉,候选教谕拔贡时年八十有二西庐氏潘树棠拜撰"。由光绪十四年(1888)、光绪十五年(1889)分别逆推,皆可知其生于嘉庆十三年戊辰(1808)。实年取此。

同治癸酉(1873)科

陈伟(另见)

官年:道光十九年己亥(1839)十一月三十日(1840年1月4日)生

实年:道光十九年己亥(1839)生

征考:《集成》(396—415):"陈伟,幼名汤玮,字耐安,行二,道光己亥年十一月三十日吉时生,浙江省绍兴府诸暨县学咨部优行廪膳生,民籍,前肄业诂经精舍。"官年取此。

实年征考见乡试"陈伟"条。

宣统己酉(1909)科

诸以仁

官年:光绪二年丙子(1876)四月十九日申时生

实年:光绪二年丙子(1876)四月十九日生

征考:《集成》(402—181):"诸以仁,原名以艮,号季迟,字兰孙,一字煦堂,光绪丙子年四月十九日申时生,浙江省杭州府钱塘县学附生,民籍。"官年取此。

《许宝蘅日记》1955 年(乙未)6 月 4 日:"十四日丙申,午饭后小睡,起到西长安街邮局取上海汇款,便到季迟寓。季迟十九八十生日,同人为之公祝,集者二十余人。"同书 1957 年(丁酉)5 月 18 日:"(四月)十九日庚寅,十一时到丰泽园,公请诸季迟作生日,宾主十四人,季迟八十二、季迟之女六十三、夬翁八十三、彦和八十二、蔚文八十二、铸生八十一、涵清八十一、心如八十、冕之七十五、仰放七十三、娄生七十一、砺甫六十八、伯驹六十、卓人五十八,共一千〇卅九岁。"据之逆推,知诸以仁生于光绪二年丙子(1876)四月十九日。实年取此。

湖北

同治癸酉(1873)科
左绍佐(另见)

官年:道光二十七年丁未(1847)七月初十日生

实年:道光二十七年丁未(1847)七月十日生

征考:《集成》(405—395):"左绍佐,派名绍赞,字季云,号笏卿,亦号悔孙,行五,又行九,道光丁未年七月初十日吉时生,湖北德安府应山县廪膳生,民籍。"官年取此。

实年征考见乡试"左绍佐"条。

贵州

道光己酉(1849)科
莫庭芝

官年:嘉庆二十二年丁丑(1817)八月二十四日

实年:嘉庆二十二年丁丑(1817)八月十七日

征考:《莫庭芝道光二十九年拔贡朱卷》:"莫庭芝,字子直,号芷升,行六,嘉庆丁丑年八月二十四日吉时生,系贵州都匀府独山州学优行廪膳生员,民籍。"官年取此。

莫绳孙《莫氏书札摘要》:"六叔,嘉庆丁丑八月十七日生。"实年取此。按万大章《独山莫贞定先生年谱》云莫庭芝生于嘉庆丁丑八月二十四日,此依莫绳孙所记。

岁贡

江南

咸丰丙辰(1856)科
贾履上

官年:嘉庆十三年戊辰(1808)十月初五日生

实年:嘉庆十三年戊辰(1808)十月初五日丑时生

征考:《集成》(409—21):"贾履上,字季超,号云偕,行四,嘉庆戊辰年十月初五日吉时生,松江府上海县优廪生,民籍。"官年取此。

齐学裘《劫余诗选》卷八有《南园遣兴即和贾君云阶履上六十述怀四律原韵》,诗作于同治六年丁卯(1867)十月、十一月间,据此逆推,知其生于嘉庆十三年戊辰(1808),实年取此。另张文虎《舒艺室诗存》六《次韵贾云阶明经履上》,有句云"怅我齐年衰已甚",自注"君与予同庚",张氏生于嘉庆十三年,与之正合。《上海图书馆藏赴闻集成》第1册有其子贾勋、贾登所撰《行状》:"府君生于嘉庆十三年戊辰十月初五日丑时,享年七十有六。"实年取此。

同治丁卯(1867)科
姚济

官年:嘉庆十二年丁卯(1807)六月初十生

实年：嘉庆十二年丁卯（1807）生

征考：《集成》(409—221)："姚济，字子清，号铁梅，行一，原名大本，嘉庆丁卯六月初十日吉时生，江苏松江府学廪膳生，娄县民籍。"官年取此。

姚济《一树梅花老屋诗》有张文虎序："子齿少我一年耳。"按张文虎生于嘉庆十三年戊辰（1808），按此推姚济应生于嘉庆十四年己巳（1809）。然张文虎此处记不确。姚济《一树梅花老屋诗》有《己巳元旦郭友松以除夕诗见示，即步原韵》："频年身世叹劳薪，六十三回岁又新。"由同治八年己巳（1869）逆推，知姚济生于嘉庆十二年丁卯（1807），比张文虎齿长一岁。实年取此。

同治庚午（1870）科
胡传

官年：道光二十一年辛丑（1841）二月十九日生

实年：道光二十一年辛丑（1841）二月十九日戌时生

征考：《集成》(409—369)："胡传，字守三，号铁花，行一，道光辛丑二月十九日吉时生，安徽徽州府学廪生，民籍。"官年取此。

潘光旦《胡钝夫年谱》："道光二十一年岁在辛丑二月十九日戌时，钝夫生。"实年取此。

光绪庚辰（1880）科
陆应梅

官年：道光十五年乙未（1835）十二月二十六日（1836年2月12日）生

实年：道光十五年乙未（1835）生

征考：《集成》(410—285)："陆应梅，字宝枝，号雪香，行一，道光乙未十二月二十六日吉时生，江苏松江府南汇县学廪膳生，民籍。"官年取此。

秦锡田《享帚录》卷二《川沙陆府君墓表》："君讳应梅，字宝枝，号雪香，姓陆氏……光绪二十二年三月某日晦，感微疾坐逝，春秋六十有二。"由光绪二十二年(1896)逆推,知其生于道光十五年乙未(1835)。实年取此。

恩贡

江南

嘉庆己巳(1809)科
倪元坦

官年:乾隆二十一年丙子(1756)七月二十六日生

实年:乾隆二十一年丙子(1756)生

征考:《集成》(416—101):"倪元坦,字省吾,号畲香,行一,乾隆丙子年七月二十六日生,江苏松江府学廪膳生,华亭县民籍。"官年取此。

倪元坦《畲香草存续刻·济宁州舟次自叙》:"乾隆二十一年丙子,元坦生松江郡城北郊。"实年取此。

咸丰壬子(1852)科
何其超

官年:嘉庆八年癸亥(1803)七月初七日生

实年:嘉庆八年癸亥(1803)生

征考:《集成》(416—323):"何其超,字超群,号古心,行一,嘉庆癸亥年七月初七日吉时生,江苏松江府青浦县增广廪膳生,民籍。"官年取此。

何其超《藏斋诗钞》有其弟子李龄寿同治戊辰冬序,谓其"是年已六十有六"。由同治七年戊辰(1868)逆推,知其生于嘉庆八年癸亥(1803)。实年取此。

主要参考文献

说明:每类文献先以著述者朝代为次归类,每朝代中又以著述者姓名的汉语拼音音序为次,不详姓名或以集体名义署名者以刻印时间先后为次,印刻时间亦不明或外籍作者次于本朝代最后。

一、古人著述(方志、家谱另列)

[汉]应劭撰,王利器校注:《风俗通义校注》,中华书局,1981年。
[宋]洪迈:《容斋随笔》,上海古籍出版社,1996年。
[宋]刘敞:《公是集》,《文渊阁四库全书》本,上海古籍出版社,1987年。
[宋]马永卿编,[明]王崇庆解:《元城语录解》,《文渊阁四库全书》本。
[宋]孙奕:《示儿编》,《文渊阁四库全书》本。
[宋]徐鹿卿:《清正存稿》,《文渊阁四库全书》本。
[宋]杨万里:《诚斋集》,《文渊阁四库全书》本。
[宋]姚勉:《雪坡集》,《文渊阁四库全书》本。
[宋]岳珂:《愧郯录》,《四部丛刊续编》本。
[宋]朱熹:《晦庵集》,《四部丛刊初编》本。
[宋]不详撰人:《群书会元截江网》,《文渊阁四库全书》本。
[元]脱脱等:《宋史》,中华书局1977年。
[明]顾清:《东江家藏集》,《文渊阁四库全书》本。
[明]海瑞:《备忘集》,《文渊阁四库全书》本。
[明]黄佐撰:《南雍志》,《续修四库全书》本。
[明]焦竑辑:《国朝献征录》,《文渊阁四库全书》本。

［明］李东阳:《怀麓堂集》,《文渊阁四库全书》本。

［明］李东阳:《怀麓堂文续稿》,《文渊阁四库全书》本。

［明］李乐:《见闻杂纪》,《四库全书存目丛书》本。

［明］林俊:《见素集》,《文渊阁四库全书》本。

［明］邵宝:《容春堂续集》,《文渊阁四库全书》本。

［明］申时行:《赐闲堂集》,《四库全书存目丛书》本。

［明］申时行等修:《明会典》,《文渊阁四库全书》本。

［明］孙绪:《沙溪集》,《文渊阁四库全书》本。

［明］陶安:《陶学士集》,《文渊阁四库全书》本。

［明］王鏊等修纂:《姑苏志》,《文渊阁四库全书》本。

［明］王世贞:《弇州四部稿·续稿》,《文渊阁四库全书》本。

［明］徐学聚:《国朝典汇》,书目文献出版社,1996年。

［明］杨士聪:《玉堂荟记》,《四库全书存目丛书》本。

［明］俞汝楫编:《礼部志稿》,《文渊阁四库全书》本。

［明］张朝瑞:《皇明贡举考》,《四库全书存目丛书》本。

［明］张志淳:《南园漫录》,《文渊阁四库全书》本。

［明］朱国桢:《涌幢小品》,《四库全书存目丛书》本。

［明］《明实录》,"中研院"历史语言研究所校勘本,1962年。

［明］不详撰人:《万历起居注》,明抄本,中国国家图书馆文献缩微复制中心藏胶卷。

［清］曹秉哲:《紫荆吟馆诗集》,《清代诗文集汇编》本。

［清］曹福元:《花萼交辉阁集》,民国刻本。

［清］曹允源:《复盦续稿》,民国十一年(1922)刻本。

［清］陈鼎:《东林列传》,《文渊阁四库全书》本。

［清］陈奂:《师友渊源记》,清光绪十二年(1886)钱塘汪氏函雅堂刻本。

［清］陈继训:《獧庵文草》,《清代诗文集汇编》本。

［清］陈劢:《运甓斋文稿续编》,《清代诗文集汇编》本,上海古籍出版社2010年。

［清］陈三立:《散原精舍文集》,上海中华书局铅印本,1949年。

［清］陈衍:《石遗室文续集》,清末刻本。

［清］陈作霖:《可园文存》,《清代诗文集汇编》本。

[清]戴殿泗：《风希堂诗集》，《清代诗文集汇编》本。
[清]邓邦述、吴曾源等辑：《六一消夏词》，民国十八年（1929）石印本。
[清]邓邦述：《群碧楼诗钞》，民国十九年（1930）刻本。
[清]邓梦琴：《楸亭文稿》，《四库未收书辑刊》第10辑。
[清]丁寿昌：《睦州存稿》，《清代诗文集汇编》本。
[清]董沛：《正谊堂文集》，《清代诗文集汇编》本。
[清]杜贵墀：《桐华阁丛书》，清光绪刻本。
[清]范当世：《范伯子文集》，清光绪三十四年（1908）浙西徐氏刻本。
[清]方克猷、方幼壮：《天目山房诗文集·西菩山房诗词稿》，方玫卿主编，2004年自印本。
[清]方濬颐：《二知轩文存》，沈云龙主编《近代中国史料丛刊》（第49辑），台北，文海出版社，1973年。
[清]方宗诚：《柏堂集续编》，清光绪七年（1881）刻本。
[清]费寅：《复斋先生遗集》，民国二十三年（1934）石印本。
[清]龚显曾：《薇花吟馆诗存》，清光绪七年（1881）刻本。
[清]龚镇湘：《静园词钞后集》，清宣统二年（1910）铅印本。
[清]顾璜：《顾渔溪先生遗集》，民国二十五年（1936）北平文楷斋刻本。
[清]顾莲：《素心簃文集》，《清代诗文集汇编》本。
[清]顾森书辑：《勤斯堂诗汇编》，清光绪二十二年（1896）刻本。
[清]顾炎武：《日知录》，上海古籍出版社，2006年。
[清]顾云臣：《抱拙斋集》，《清代诗文集汇编》本。
[清]郭嵩焘：《养知书屋文集》，清光绪十八年（1892）刻本。
[清]韩荫桢：《冬青馆诗存》，民国十八年（1929）天津高凌雯刻本。
[清]何耿绳：《退学诗斋诗集》，清同治十二年（1873）刻本。
[清]何如璋：《茶阳三家文钞·何少詹文钞》，民国十五年（1926）铅印本。
[清]何熙绩：《月波舫遗稿》，《清代诗文集汇编》本。
[清]何忠万：《何子清先生遗文》，清光绪八年（1882）刻本。
[清]贺涛：《贺先生文集》，民国三年（1914）刻本。
[清]洪昌燕：《务时敏斋存稿》，清光绪二十年（1894）刻本。
[清]黄锡彤：《芝霞庄诗存》，《清代诗文集汇编》本。

［清］江人镜:《知白斋诗钞》,《清代诗文集汇编》本。
［清］蒋元庆:《鲫楼烬余稿》,常熟瞿凤起抄本。
［清］金文田辑:《国朝天台耆旧传》,清光绪刻本。
［清］金兆蕃:《安乐乡人诗集》,民国二十年(1931)铅印本。
［清］金兆蕃:《安乐乡人文》,1951年铅印本。
［清］礼部纂:《钦定科场条例》,台北,文海出版社,1973年影印版。
［清］李慈铭:《越缦堂日记》,广陵书社,2004年。
［清］李恩绶等编纂:《丹徒县志摭余》,民国七年(1918)刻本。
［清］李果:《在亭丛稿》,《清代诗文集汇编》本。
［清］李桓辑:《国朝耆献类征初编》,清光绪十七年(1891)刻本。
［清］李元度:《天岳山馆文钞》,清光绪六年(1880)刻本。
［清］林颐山:《蒙溪遗稿》,复旦大学图书馆藏稿本。
［清］刘凤苞:《晚香堂古近体诗》,清光绪二十七年(1901)刻本。
［清］刘坤一:《刘坤一奏疏》,陈代湘、何超凡、龙泽黯、李翠校点,岳麓书社,2013年。
［清］刘声木:《苌楚斋随笔 续笔 三笔 四笔 五笔》,中华书局,1998年。
［清］刘廷枚:《慊斋诗钞》,《清代诗文集汇编》本。
［清］刘修鉴辑:《清芬丛钞》,中国国家图书馆藏抄本。
［清］鲁曾煜:《秋塍文钞》,《清代诗文集汇编》本。
［清］陆陇其:《三鱼堂外集》,《文渊阁四库全书》本。
［清］陆廷黻:《镇亭山房诗集》,《清代诗文集汇编》本。
［清］罗振玉:《辽居稿》,民国二十年(1931)石印本。
［清］吕凤岐:《静然斋杂著》,民国铅印本。
［清］马其昶:《抱润轩文集》,《清代诗文集汇编》本。
［清］闵萃祥:《式古训斋文集》,《清代诗文集汇编》本。
［清］缪荃孙:《艺风堂文漫存·辛壬稿》,清宣统二年(1910)刻本。
［清］缪荃孙辑:《续碑传集》,清宣统二年(1910)江楚编译书局刻本。
［清］聂铣敏:《蓉峰诗话》,清嘉庆间文德堂刊本。
［清］潘文熊:《宝砚斋诗稿·易安吟稿》,民国十九年(1930)铅印本。
［清］庞钟璐撰,庞鸿文等补:《知非录》,清光绪刻本。

[清]彭浚:《赐砚堂诗集》,《清代诗文集汇编》本。
[清]平步青:《樵隐昔寱》,民国六年(1917)刻本。
[清]钱同寿:《待烹生文集》,民国三十八年(1949)铅印本。
[清]钱仪吉编:《碑传集》,清光绪十九年(1893)刻本。
[清]秦锡田:《享帚录》,民国二十年(1931)铅印本。
[清]沈祥龙:《乐志簃文录》,清光绪二十六年(1900)刻本。
[清]盛炳纬:《养园剩稿》,民国二十六年(1937)张氏约园刻本。
[清]孙葆田:《校经室文集》,《清代诗文集汇编》本。
[清]孙德祖:《寄龛文存》,《清代诗文集汇编》本。
[清]孙鼎烈:《四槐寄庐类稿》,《清代诗文集汇编》本。
[清]谭献:《复堂文续》,《清代诗文集汇编》本。
[清]陶玉珂:《兰薰馆遗稿》,民国七年(1918)铅印本。
[清]汪远孙辑:《清尊集》,清道光十九年(1839)刻本。
[清]王季烈:《螾庐未定稿》,民国二十三年(1934)石印本。
[清]王荣商:《容膝轩文集》,清光绪二十一年(1895)刻本。
[清]王士禛:《池北偶谈》,《文渊阁四库全书》本。
[清]王式通:《志盦文稿》,民国二十七年(1938)刻本。
[清]王树枏:《陶庐文集》,民国三年(1914)刻本。
[清]王治:《木兰书斋诗钞》,清咸丰九年(1859)刻本。
[清]王宗毅:《鹤寮遗稿》,民国十五年(1926)铅印本。
[清]魏元旷:《潜园文集》,民国二十二年(1933)刻本。
[清]温仲和:《求在我斋集》,《清代诗文集汇编》本。
[清]翁曾翰:《翁曾翰日记》,张方整理,凤凰出版社,2014年。
[清]翁同龢:《翁同龢日记》,翁万戈编,翁以钧校订,中西书局,2012年。
[清]翁心存:《翁心存日记》,张剑整理,中华书局,2011年。
[清]吴宝镕:《茧蕉盦诗钞》,中国社会科学院文学研究所藏稿本。
[清]吴曾祺:《漪香山馆二集》,民国二十五年(1936)刻本。
[清]吴闿生:《北江文集》,《民国文集丛刊》本,台中,文听阁图书有限公司,2008年。
[清]吴汝纶撰:《吴汝纶全集》,黄山书社,2002年。

［清］吴士鉴:《含嘉室文存》,上海图书馆藏武林叶氏抄本。
［清］谢章铤:《赌棋山庄文又续集》,清光绪二十四年(1898)刻本。
［清］谢质卿:《转蕙轩诗存》,清光绪元年(1875)刻本。
［清］徐金铭:《六慎斋文存》,清光绪元年(1875)刻本。
［清］徐琪:《诵芬咏烈编》,清光绪十六年(1890)刻本。
［清］徐时栋:《烟屿楼笔记》,民国十七年(1928)鄞县徐氏蘧学斋刻本。
［清］徐时栋:《烟屿楼文集》,《清代诗文集汇编》本。
［清］许景澄:《许文肃公外集》,《清代诗文集汇编》本。
［清］许玉瑑:《诗契斋诗钞》,《清代诗文集汇编》本。
［清］薛福成:《庸庵海外文编》,《清代诗文集汇编》本。
［清］严辰:《墨花吟馆诗钞》,《清代诗文集汇编》本。
［清］杨文莹:《幸草亭诗稿》,民国抄本。
［清］姚椿:《晚学斋文集》,《清代诗文集汇编》本。
［清］姚济:《一树梅花老屋诗》,清光绪四年(1878)松韵草堂刻本。
［清］叶昌炽:《奇觚廎文集》,民国十年(1921)潘氏江苏刻本。
［清］叶大庄:《写经斋文稿》,清光绪刻本。
［清］英汇修:《科场条例》,清咸丰刻本。
［清］俞樾:《春在堂杂文三编》《春在堂杂文四编》《春在堂杂文五编》《春在堂杂文六编》《春在堂杂文六编补遗》,清光绪末年增修本。
［清］袁鹏图:《袁太史诗文遗钞》,清宣统三年(1911)铅印本。
［清］允禄编:《世宗宪皇帝上谕内阁》,《文渊阁四库全书》本。
［清］恽炳孙:《澹如轩诗钞》,清光绪二十四年(1898)刻本。
［清］张集馨:《道咸宦海见闻录》,中华书局,1981年。
［清］张鸣珂:《寒松阁骈体文续》,清光绪二十年(1894)刻本。
［清］张恕:《南兰文集》,清光绪五年(1879)刻本。
［清］张廷玉等:《明史》,中华书局,1974年。
［清］张廷玉等:《清朝文献通考》,商务印书馆,1936年。
［清］张惟骧:《清代毗陵名人小传》,民国三十三年(1944)铅印本。
［清］张文虎:《覆瓿集续刻·鼠壤余蔬》,《清代诗文集汇编》本。
［清］张锡恭:《茹荼轩续集》,《清代诗文集汇编》本。

[清]张一麐:《心太平室集》,民国三十六年(1947)铅印本。
[清]张英麟编:《消寒唱和诗》,清宣统二年(1910)排印本。
[清]张元奇:《知稼轩诗》,清光绪三十三年(1907)铅印本。
[清]张之洞:《张之洞全集》,苑书义、孙华峰、李秉新主编,河北人民出版社,1998年。
[清]章梫:《一山文存》,清宣统元年(1909)铅印本。
[清]章钰:《四当斋集》,民国二十六年(1937)铅印本。
[清]赵怀玉:《亦有生斋文集》,《清代诗文集汇编》本。
[清]赵熙:《赵熙集》,王仲镛主编,浙江古籍出版社,2014年。
[清]周春:《耄余诗话》,上海图书馆藏写样本。
[清]周光祖:《耻白集》,清光绪五年(1879)刻本。
[清]朱昌颐:《鹤天鲸海焚余稿》,同治五年(1866)海盐朱氏德馨堂刻本。
[清]朱方增:《求闻过斋文集》,《清代诗文集汇编》本。
[清]朱彭寿:《安乐康平室随笔》,中华书局,1982年。
[清]朱壬林:《小云庐晚学文稿》,清光绪二十六年(1900)朱氏刻本。
[清]朱彝尊:《经义考》,《文渊阁四库全书》本。
[清]诸可宝:《畴人传三编》,清光绪十二年(1886)刻本。
[清]《(雍正)江西通志》,《文渊阁四库全书》本。
[清]《清实录》,中华书局,1987年影印本。
[清]《咸丰三年避寇日记》,中国国家图书馆藏抄本。

二、近人和今人著述(方志、家谱另列)

卞孝萱、唐文权编:《辛亥人物碑传集》,团结出版社,1991年。
卞孝萱、唐文权编:《民国人物碑传集》,团结出版社,1995年。
常赞春编纂:《山西献征》,民国二十五年(1936)铅印本。
陈建华、王鹤鸣主编:《中国家谱资料选编》第4册《传记卷》,上海古籍出版社,2013年。
陈尚敏:《清代甘肃进士传记资料辑录》,甘肃人民出版社,2013年。
陈诗:《凤台山馆诗续钞》,民国二十五年(1936)铅印本。
陈垣:《通鉴胡注表微》,科学出版社,1958年。

邓之诚辑:《骨董续记》,中华书局,2008年。
邸永君:《清代翰林院制度》,社会科学文献出版社,2007年。
方树梅纂辑,李春龙等点校:《滇南碑传集》,云南民族出版社,2003年。
傅增湘:《藏园遗稿》,1962年油印线装本。
顾廷龙主编:《清代朱卷集成》,台北,成文出版社,1992年。
黄炎培:《八十年来——黄炎培自述》,文汇出版社,2000年。
江庆柏:《清代人物生卒年表》,人民文学出版社,2005年。
蒋士栋等编:《锡金游庠同人自述汇刊》,民国二十年(1931)铅印本。
来新夏主编:《清代科举人物家传资料汇编》,学苑出版社,2006年。
李德龙、董玥主编:《未刊清代朱卷集成》,学苑出版社,2019年。
李时灿等编:《中州先哲传》,民国刻本。
李宣龚:《硕果亭文剩》,上海商务印书馆,1950年。
闵尔昌录:《碑传集补》,台北,文海出版社,1980年。
钱仲联主编:《广清碑传集》,苏州大学出版社,1999年。
沈吕宁、沈丹昆编著,沈祖湜审校:《沈葆桢家书考》,福建省音像出版社,2007年。
孙雄:《旧京文存》,民国二十年(1931)铅印本。
孙雄辑:《漫社三集·特别社友题名》,民国十二年(1923)铅印本。
唐文治:《茹经堂文集》《茹经堂文集二编》《茹经堂文集三编》《茹经堂文集四编》,
　　民国铅印本。
唐文治:《乙亥志稿》,民国二十五年(1936)铅印本。
汪兆镛辑:《碑传集三编》,台北,文海出版社,1980年。
王庆芝:《涵春馆诗稿三编》,民国二十年(1931)常熟铅印本。
熊治祁编:《湖南人物年谱》(第5册),湖南人民出版社,2013年。
徐凌霄、徐一士:《凌霄一士随笔》,山西古籍出版社,1997年。
徐世昌:《大清畿辅先哲传》,北京古籍出版社,1993年。
许宝蘅:《许宝蘅日记》,许恪儒整理,中华书局,2010年。
许全胜:《沈曾植年谱长编》,中华书局,2007年。
叶参、陈邦直、党庠周合编:《郑孝胥传》,民国刊本。
张杰:《清代科举家族》,社会科学文献出版社,2003年。
赵尔巽等:《清史稿》,中华书局,1977年。

周邦道编撰:《近代教育先进传略》,台北,中国文化大学出版部,1981年。
朱彭寿编著,朱鳌、宋苓珠整理:《清代人物大事纪年》,北京图书馆出版社,2005年。
朱孝臧等撰:《沤社词钞·沤社词集同人姓字籍齿录》,民国二十二年(1933)铅印本。
《尚贤堂纪事》(期刊),民国五年(1916)铅印本。
聊园半野草堂编:《苔岑吟社尚齿表》,民国十二年(1923)铅印本。
咫社编:《咫社词钞》,1953年油印本。
中国人民政治协商会议鲁山县委员会文史资料研究委员会编印:《鲁山文史资料》(第二辑),1986年。
中国人民政治协商会议天津市委员会文史资料研究委员会编:《天津文史资料选辑》(第三十五辑),天津人民出版社,1986年。
中国人民政治协商会议浙江省绍兴县委员会文史资料工作委员会编:《绍兴文史资料选辑》(第五辑),1987年。
中国人民政治协商会议灌阳县委员会文史资料委员会编:《灌阳文史资料》(第一辑),1990年。
北京图书馆金石组编:《北京图书馆藏中国历代石刻拓本汇编》,中州古籍出版社,1989。
中国社会科学院"近代史资料"编辑部主编:《民国人物碑传集》,四川人民出版社,1997。
中国人民政治协商会议鄂州市文史资料委员会编:《鄂州籍辛亥革命志士》(鄂州文史资料·第十四辑),2001年。
国家图书馆编:《中华历史人物别传集》,线装书局,2003年。

三、方志

[清]陈其元等修,[清]熊其英等纂:(光绪)《青浦县志》,清光绪五年(1879)刻本。
[清]金吴澜修,[清]汪堃纂:(光绪)《昆新两县续修合志》,清光绪六年(1880)刻本。
[清]李蔚修:(同治)《六安州志》,清光绪三十年(1904)刻本。
[清]李兆霖等增修:(光绪)《滋阳县志》,清光绪十四年(1888)刻本。
[清]彭润章修,[清]叶廉锷纂:(光绪)《平湖县志》,清光绪十二年(1886)刻本。

[清]秦簧修,[清]唐壬森纂:(光绪)《兰溪县志》,清光绪十五年(1889)刻本。

[清]王明璠等纂修:(同治)《萍乡县志》,清同治十年(1871)刻本。

[清]杨泰亨、冯可镛纂:(光绪)《慈溪县志》,清光绪二十五年(1899)刻本。

[清]张廷珩等修,[清]华祝三纂:(同治)《铅山县志》,清同治十二年(1873)刻本。

[清]郑等修,[清]桂坫纂:(宣统)《南海县志》,清宣统三年(1911)刻本。

曹允源纂修:(民国)《吴县志》,民国二十二年(1933)铅印本。

常之英修,刘祖幹纂:(民国)《潍县志》,民国三十年(1941)铅印本。

陈懋森等纂修:(民国)《江都县新志》,民国二十六年(1937)刻本。

丁燮、薛达修,戴鸿熙纂:(民国)《汤溪县志》,民国二十年(1931)铅印本。

高凌雯纂修:(民国)《天津县新志》,民国二十年(1931)刻本。

韩光裕、吴怀清修,陈愈愚、魏子征纂:(民国)《增修山阳县志》,民国十八年(1929)修二十五年(1936)抄本。

汉阳县县志编纂委员会编:《汉阳县志》,武汉出版社,1989年。

洪锡范修:(民国)《镇海县志》,民国二十年(1931)上海蔚文印刷局铅印本。

胡为和修:(民国)《丹阳县续志》,民国十五年(1926)刻本。

金良骥修:(民国)《清苑县志》,民国二十三年(1934)铅印本。

毛承霖修,赵文运纂:(民国)《续修历城县志》,民国十五年(1926)铅印本。

苏州地方志编纂委员会:《苏州史志资料选辑》(总第二十八辑),2003年。

绍兴县修志委员会编辑:(民国)《绍兴县志资料》第一辑,民国二十六年(1937)铅印本。

《中国地方志集成》编辑委员会编:《中国地方志集成·江西府县志辑》,江苏古籍出版社,1996年。

宋大章修:(民国)《涿县志》,民国二十五年(1936)铅印本。

王毓琪纂:(民国)《开原县志》,民国十九年(1930)铅印本。

吴馨、姚文枏纂修:(民国)《上海县志》,民国二十五年(1936)铅印本。

项葆祯修,李经野纂:(民国)《单县志》,民国十八年(1929)石印本。

萧家修修,欧阳绍祁纂:(民国)《分宜县志》,民国二十九年(1940)石印本。

杨虎城、邵力子修:(民国)《续修陕西通志稿》,民国二十三年(1934)铅印本。

姚莹俊纂,杨士龙续纂,彭延庆修:(民国)《萧山县志稿》,民国二十四年(1935)铅印本。

俞庆澜修:(民国)《宿松县志》,民国十年(1921)木活字本。
张敬颢修,常麟书等纂:(民国)《榆次县志》,民国二十九年(1940)铅印本。
朱之英修:(民国)《怀宁县志》,民国四年(1915)铅印本。

四、家谱、族谱

[清]曹锦堂纂修:《曹氏族谱》,常熟清同治抄本。
[清]陈赓笙重修:《海宁渤海陈氏宗谱》,民国二至七年(1913—1918)海宁陈氏义庄刻本。
[清]归令瑜纂修:《京兆归氏世谱》,清同治八年(1869)刻本。
[清]刘修鉴等编:《献陵刘氏家乘》,清末抄本。
[清]潘承谋等纂修:《大阜潘氏支谱》,清光绪三十四年(1908)石印本。
[清]王宗耆纂修:《王氏续编宗谱》,清光绪十二年(1886)木活字本。
[清]未详撰人:《洞泾吴氏支谱》,民国四年(1915)木活字本。
[清]翁同龢编:《海虞翁氏族谱》,清同治十三年(1874)刻本。
[清]杨沂孙编:《常熟恬庄杨氏家乘》,清抄本。
[清]章仁基纂修:《江阴章氏支谱》,清光绪五年(1879)刻本。
[清]周志靖等纂修:《国山周氏世谱》,民国四年(1915)木活字本。
[清]庄寿承纂修:《毗陵庄氏增修族谱》,光绪元年(1875)木活字本。
北京图书馆编:《北京图书馆藏珍本年谱丛刊》第107册,北京图书馆出版社,1999年。
郭庆湘纂修:《宁波鄞县郭氏宗谱》,宣统二年刻本。
李经方等纂修:《合肥李氏宗谱》,民国十四年(1925年)铅印本。
刘琛纂修:《武进西营刘氏家谱》,民国十八年(1929)铅印本。
彭岱钟纂修:《彭氏宗谱》,民国十一年(1922)衣言庄活字印本。
钱昌毂纂修:《海虞禄园钱氏振鹿公支谱》,民国十九年(1930)石印本。
秦敦世纂修:《锡山秦氏宗谱》,民国十五年(1926)九修本。
田佽纂修:《[河南祥符]田氏家谱》,清同治德蔚堂刻本。
王孝绮编:《西清王氏重修族谱》,民国二十四年(1935)重修本。
徐益藩纂修:《崇德徐氏家谱》,民国三十年(1941)铅印本。
许恪儒、许以祺、许以和、许以林纂修:《高阳许氏家谱系表》,2018年。

曾达文纂修:《海虞曾氏家谱》,民国十三年(1924)常熟曾氏义庄铅印本。

五、年谱类

[清]丁立中编:《先考松生(丁丙)府君年谱》,光绪二十六年(1900)刻本。
[清]高觐昌:《葵园遯叟自订年谱》,《北京图书馆藏珍本年谱丛刊》本,北京图书馆出版社,1999年。
[清]何兆瀛:《心公自订年谱》,南京图书馆藏清抄本。
[清]黄光焯:《黄光焯年谱》,《上海图书馆藏珍本年谱丛刊续编》本,国家图书馆出版社,2019年。
[清]季芝昌:《丹魁堂自订年谱》,《北京图书馆藏珍本年谱丛刊》本。
[清]潘曾绶:《潘绂庭自订年谱》,《北京图书馆藏珍本年谱丛刊》本。
[清]钱世铭:《钱警斋公年谱》,清宣统三年(1911)镇洋钱氏刻本。
[清]唐鼎元编:《清大司马蓟门唐公年谱》,民国铅印本。
[清]夏慎大:《山城菊隐自编年谱》,安徽省博物院藏稿本。
[清]徐景轼:《草心阁自订年谱》,《北京图书馆藏珍本年谱丛刊》本。
[清]张茂新等:《先温和公年谱》,清同治刻本。
[清]赵昀编,赵继元等补:《遂翁自订年谱》,《北京图书馆藏珍本年谱丛刊》本。
吴天任:《何翔高先生年谱》,《新编中国名人年谱集成》本,台北,台湾商务印书馆,1981年。
王焕功纂修:《王氏族谱》,上海图书馆藏1955年稿本。
张人凤、柳和城编著:《张元济年谱长编》,上海交通大学出版社,2011年。

附 录

一 官年与实年相异者科年目录

会试

康熙四十二年癸未(1703)科
汪份　秦源宽　唐执玉　赵殿最
葛斗南　吴瞻淇　陈世倌

康熙五十一年壬辰(1712)科
谢济世

乾隆十七年壬申(1752)科
邓梦琴

嘉庆元年丙辰(1796)恩科
戴殿泗　俞日灯

嘉庆六年辛酉(1801)恩科
朱方增

嘉庆十年乙丑(1805)科
习家駪　彭浚　聂铣敏

嘉庆十三年戊辰(1808)科
杨岳东(另见)

嘉庆十六年辛未(1811)科
莫焜　朱壬林　汤储璠

嘉庆二十二年丁丑(1817)科

赵柄　邵堂

嘉庆二十五年庚辰(1820)科
陆沅　张祥河　陈銮

道光二年壬午(1822)恩科
何熙绩　何耿绳　王藻
郭熊飞　徐栋

道光三年癸未(1823)科
王广荫　黄光焯(另见)

道光六年丙戌(1826)科
朱昌颐　顾夔

道光九年己丑(1829)科
许正绶　俞树风　钱福昌　朱兰

道光十二年壬辰(1832)恩科
吴钟骏

道光十三年癸巳(1833)科
陈光绪　宗元醇　金树本　王锡九　姚承恩　方大淳

道光十五年乙未(1835)科
孙铭恩　乔松年(另见)

道光十六年丙申(1836)恩科
庄缙度　蔡振武

道光十八年戊戌(1838)科
钱以同(另见)

道光二十年庚子(1840)科
卜葆龢(另见)　姚光发(另见)　范梁

道光二十一年辛丑(1841)科
王瑞庆　彭涵霖

道光二十四年甲辰(1844)科
吴元甫　莫炽　华日新　方濬颐
贾世陶

道光二十五年乙巳(1845)恩科
何桂芬　贡璜(另见)　吴昌寿(另见)
刘书年　金鹤清

道光二十七年丁未(1847)科
傅培峰　何兆瀛(另见)　雷封(另见)
叶维藩　唐壬森　沈桂芬　刘其年
何璟　熊其光(另见)　许彭寿(另见许寿身)　丁寿昌　潘斯濂　李德仪
李鸿章　庞钟璐　张修府(另见)

道光三十年庚戌(1850)科
季念诒　陆增祥(另见)　崇实(另见)
杨庆麟

咸丰二年壬子(1852)恩科
胡履吉　郭长清　张鼎辅　杨光仪(另见)　俞奎垣(另见)　陈承裘

咸丰六年丙辰(1856)科
秦赓彤　洪昌燕　韩钦　徐景轼
沈秉成　盛植型

咸丰己未(九年)科(1859)

周光祖　严辰　黄锡彤　孙家鼐(另见)　孙念祖(另见)　周家楣

咸丰十年庚申(1860)恩科
刘滋年　林天龄　徐致祥

同治元年壬戌(1862)科
仇炳台　谭钧培　翁曾源　徐郙(另见)

同治二年癸亥(1863)恩科
白桓　廖寿恒(另见)　龚显曾(另见)

同治四年乙丑(1865)科
刘凤苞　李嘉宾　顾云臣　费延釐
汪鸣銮(另见)　张英麟　曹秉哲(另见)　唐景崧

同治七年戊辰(1868)科
刘廷枚　赵继元(另见)　郑贤坊　陈以咸　陈钦铭　吴大澂　崔国榜　何如璋　龚镇湘　嵩申　潘衍桐　沈镕经　许景澄　陈启泰　张人骏(另见)

同治十年辛未(1871)科
钱振常(另见)　赵环庆　陆继辉(另见)　陆廷黻(另见)　田我霖(另见)
陈康祺　张佩纶(另见)　瞿鸿机

同治十三年甲戌(1874)科
陆宗郑(另见)　李兆梅　张景祁(另见)　王兰升　杨钦琦　周晋麒(另见)　翟伯恒　诸可炘　谭宗浚

光绪二年丙子(1876)恩科
王炳燮　李廷实　陈履亨　殷李尧(另见)　冯文蔚　吴传绂　赵曾重(另见)　陶方琦(另见)　缪荃孙(另见)　袁昶　闵荷生　陈琇莹　陈邦瑞

（另见） 顾璜（另见）

光绪三年丁丑(1877)科

曹庆恩（另见） 董沛 杨文莹 吕凤岐 冯锡仁（另见） 李崇浣（另见） 王骧 蒋式芬 张嘉禄

光绪六年庚辰(1880)科

徐宝谦 顾莲（另见） 顾绍成（另见） 袁鹏图 王颂蔚 沈曾植（另见） 杨崇伊（另见杨同桂） 志锐 黄绍箕 何乃莹 李经世（另见） 于式枚 郭曾炘 徐琪（另见） 盛炳纬（另见） 梁鼎芬

光绪九年癸未(1883)科

顾曾烜（另见） 王祖畲 葛金烺 贺福元 张九章 包宗经（另见） 杨履晋 方铸 张亨嘉 李梦莹 秦绶章（另见） 田恂 刘尚伦 童祥熊（另见） 李葆实 周锡恩 孙传栻 曹福元（另见） 荣庆 严修 陈荣昌

光绪十二年丙戌(1886)科

王守训 贺涛 鹿瀛理 李翊煌 陈田 盛沅 邹福保（另见） 沈曾桐 陈遹声 曾福谦 高觐昌（另见） 于齐庆 吴品珩（另见） 姚丙然（另见） 史绪任

光绪十五年己丑(1889)科

赵继泰 柯劭憼 温仲和（另见） 文明钦 吴丙湘（另见） 郑永贞 杨德鏮（另见） 戚扬 王同愈（另见） 金蓉镜（另见） 于宗潼 恽毓鼎

光绪十六年庚寅(1890)恩科

吴荫培（另见） 汪庆生 王庆平（另见） 黄绍第 江仁徵（另见） 米毓瑞 吴怀清 刘瞻汉（另见） 杨家骥（另见）

光绪十八年壬辰(1892)科

吴宝镕（另见） 孙培元（另见） 张心镜（另见） 陈伯陶 屠寄（另见） 陆廷桢（另见） 谢甘盘 汤寿潜 张其淦 施启宇（另见） 张镇芳 李希圣（另见） 程利川（另见） 陈乃赓 何藻翔 黄炳元 熊希龄 张元济（另见） 彭谒陔

光绪二十年甲午(1894)恩科

王会釐 陶世凤（另见） 江春霖 杨士燮（另见） 吴式钊 吴筠孙（另见） 夏启瑜（另见） 李祖年 顾祖彭 楼守愚（另见） 叶泰椿 沈同芳 刘廷琛 关冕钧 章华（另见）

光绪二十一年乙未(1895)科

袁绪钦 赵鹤龄 姚炳熊（另见） 吕传恺 胡峻 朱彭寿（另见） 李瑞清（另见） 赵炳麟

光绪二十四年戊戌(1898)科

章际治（另见） 李福简（另见） 江志伊（另见） 杨增荦 周应昌（另见） 蒋炳章（另见） 王世相 王仪通（王式通） 石光遹 孟锡珏

光绪二十七年辛丑(1901)并二十八年壬寅(1902)科

王世澂

光绪二十九年癸卯(1903)补行二十七年辛丑(1901)二十八年壬寅(1902)恩正并科

章钰(另见)　袁祖光　金兆丰(另见)
郭则沄(另见)

光绪三十年甲辰(1904)恩科

章圭瑑(另见)　忻江明(另见)　周之桢　王鸿烒(另见)　章祖申(另见)

乡试

顺天

康熙五十六年丁酉(1717)科

张揆方

乾隆三年戊午(1738)科

孙梦逵　陆广霖　庄有恭　庄熊芝　魏大名

乾隆十七年壬申(1752)恩科

钱大培

道光五年乙酉(1825)科

赵德潾

道光十一年辛卯(1831)(

陈潮　张佐堂

道光十二年壬辰(1832)科

程祖诰

道光十四年甲午(1834)科

乔松年(另见)

道光十七年丁酉(1837)科

袁修谦

道光二十年庚子(1840)恩科

钱世铭

道光二十三年癸卯(1843)科

徐宗勉　崇实(另见)

道光二十四年甲辰(1844)恩科

华翼纶　孙衣言

道光二十六年丙午(1846)科

何兆瀛(另见)　袁保恒

道光二十九年己酉(1849)科

俞奎垣(另见)

咸丰元年辛亥(1851)恩科

孙家鼐(另见)　孙楫

咸丰二年壬子(1852)科

杨光仪(另见)　恽彦琦

咸丰八年戊午(1858)科

陆懋宗

咸丰九年己未(1859)恩科

赵继元(另见)　徐郙(另见)　戴燮元

咸丰十一年辛酉(1861)科

廖寿恒(另见)

同治元年壬戌(1862)恩科

嵇有庆

同治三年甲子(1864)科

汪鸣銮(另见)

同治九年庚午(1870)科

李士瓒(另见)　张兆兰　赵赓麟　张佩纶(另见)　王仁堪

同治十二年癸酉(1873)科

刘玉璋　陆润庠(另见)　许祐身　沈曾植(另见)　王宗沂

光绪元年乙亥(1875)恩科

冯文蔚(另见)

光绪二年丙子(1876)科

徐树兰　王仁东　程恩培　吴焘

光绪五年己卯(1879)科

张铨　秦绶章(另见)　宋承庠(另见)
翁葆昌

光绪八年壬午(1882)科
陶玉珂(另见)

光绪十一年乙酉(1885)科
徐鄂　钱骏祥　屠寄(另见)　王同愈
(另见)　施启宇(另见)　华学澜　刘
瞻汉(另见)

光绪十四年戊子(1888)科
温仲和(另见)　史恩培　吴丙湘(另
见)　杨士燮(另见)　俞明震　吴筠孙
(另见)　金蓉镜(另见)　孟怀谦　葛
嗣溁(另见)　毕光祖　何成浩

光绪十九年癸巳(1893)恩科
华世奎　章华(另见)

光绪二十年甲午(1894)科
庄清华　邓岚　杨恩元

光绪二十三年丁酉(1897)恩科
沈钊　何宗逊(另见)　吴昌绶

**光绪二十八年壬寅(1902)补行二十六
年庚子(1900)二十七年辛丑(1901)恩
正并科**
杨朝庆(杨圻)　王鸿兟(另见)

江南

康熙四十四年乙酉(1705)科
陈厚耀

康熙五十二年癸巳(1713)科
储龙光

乾隆四十八年癸卯(1783)恩科
赵佩湘

乾隆五十四年己酉(1789)恩科
许嗣茅

嘉庆六年辛酉(1801)科
张兴镛

嘉庆十二年丁卯(1807)科
梅春　王庆麟

嘉庆十三年戊辰(1808)恩科
刘彦矩

嘉庆十八年癸酉(1813)科
沈巍皆　刘枢　陆旦华

嘉庆二十三年戊寅(1818)恩科
戴寿南

嘉庆二十四年己卯(1819)科
朱大韶

道光八年戊子(1828)科
朱右曾

道光十二年壬辰(1832)科
李清凤

道光十五年乙未(1835)恩科
庄缙度　钱以同(另见)

道光二十三年癸卯(1843)科
雷尃(另见)

道光二十四年甲辰(1844)恩科
陈克家　陆增祥(另见)

道光二十六年丙午(1846)科
张修府(另见)

道光二十九年己酉(1849)科
尹耕云

咸丰元年辛亥(1851)恩科
黄昌辅　黄家麟

咸丰二年壬子(1852)科
邵琛　顾瑞清　陈亮畴

咸丰九年己未(1859)恩科并补行五年乙卯(1855)正科
王承坝　沈树镛

同治三年甲子(1864)科并补行咸丰八年戊午(1858)科
徐凤鸣　杨恒福　吴大衡(另见)

同治六年丁卯(1867)科并补行咸丰十一年辛酉(1861)科
宗廷辅　陈宝　秦际唐　顾莲(另见)　庞鸿治

同治九年庚午(1870)科并补行元年壬戌(1862)恩科
杨长年　周桓　丁士涵　庞钟瑚　蒋士骧　邵震亨　李慎传　顾曾烜(另见)　陆继辉(另见)　潘文熊　朱赓尧　庞鸿文　章成义　赵曾重(另见)　王庆平(另见)　王庆善　杨同桂(另见杨崇伊)　吴荫培(另见)

同治十二年癸酉(1873)科
曹庆恩(另见)　何延庆　华鸿模(另见)　杨楫　许文勋

光绪元年乙亥(1875)恩科
曾之撰　庞鸿书　黄元芝　孙培元(另见)　薛培树　杨志濂　朱绍颐　蒋尊顾绍成(另见)

光绪二年丙子(1876)科
李经世(另见)　李经邦

光绪五年己卯(1879)科
缪巩　邹福保(另见)　杨德镆(另见)　裴景福(另见)　朱家驹

光绪八年壬午(1882)科
朱孔彰　王鉴　杨同登　曹福元(另见)　周尔润　李经方　张心镜(另见)　王廷材(另见)　唐文治

光绪十一年乙酉(1885)科
高觐昌(另见)　杨士骧　葛绳正　孙启泰

光绪十四年戊子(1888)科
沈嘉澍　严崇德　刘法曾　王铁珊　朱锟　李曾麟

光绪十五年己丑(1889)恩科
陶世凤(另见)　庄兴　桂邦杰　孙宝书　陆廷桢(另见)　杨振录　李经藩　章钰(另见)　周应昌(另见)

光绪十七年辛卯(1891)科
孙国桢　董毓兰　程松生　胡炳益　沈惟贤　程先甲　姚鹏图　曾朴　彭谡庠(另见)

光绪十九年癸巳(1893)恩科
蒋炳章(另见)　王嘉宾　王凤璘　钮永建

光绪二十年甲午(1894)科
宋文蔚(另见)　江志伊(另见)　曹元忠　沈恩孚　钱同寿　夏庆绂　徐公修　高煌　汪曾武　赵继椿　钱树声　冒广生　许承尧

光绪二十三年丁酉(1897)科
俞钟銮　袁希涛　钱寿琛　归宗郕　何震彝

光绪二十八年壬寅(1902)补行二十六年庚子(1900)二十七年辛丑(1901)恩正并科

章圭璩(另见)

山西

同治元年壬戌(1862)科

田延年

山东

乾隆五十四年己酉(1789)科

杨岳东(另见)

道光十七年丁酉(1837)科

孔宪彝

咸丰元年辛亥(1851)恩科

林牟贻

咸丰八年戊午(1858)科

严组璋

咸丰九年己未(1859)科

楚登鳌

同治元年壬戌(1862)恩科并咸丰十一年辛酉(1861)正科

李兆梅(另见)　张兆楷　吴重熹(另见)

同治九年庚午(1870)科并补行六年丁卯(1867)科

柯劭忞

同治十二年癸酉(1873)科

孙文楷

光绪八年壬午(1882)科

张僖

光绪十七年辛卯(1891)科

刘彤光　周彤桂

河南

同治三年甲子(1864)科

田我霖(另见)

光绪元年乙亥(1875)恩科

顾璜(另见)

光绪二年丙子(1876)科

熊起磻

光绪十四年戊子(1888)科

杨敬秩

光绪二十三年丁酉(1897)科

张嘉谟

光绪二十九年癸卯(1903)科

谢霈

陕西

嘉庆二十三年戊寅(1818)恩科

王治

光绪二年丙子(1876)科

李崇洗(另见)

光绪十四年戊子(1888)科

霍勤燡

浙江

道光十一年辛卯(1831)恩科

邵懿辰

道光十二年壬辰(1832)科

叶元墀　陆以湉

道光十四年甲午(1834)科

姚燮

道光十九年己亥(1839)科

卜葆鈖(另见)

道光二十年庚子(1840)科

陈持敬 钱宝青

道光二十三年癸卯(1843)科

王大经 周绍濂 徐时楝(另见)
陈德纯 王思沂

道光二十四年甲辰(1844)科

许寿身(另见许彭寿)

道光二十六年丙午(1846)科

钟文烝

道光二十九年己酉(1849)科

孙念祖(另见)

咸丰元年辛亥(1851)恩科

吴翰 孙福清(另见) 王文韶
傅钟麟

咸丰二年壬子(1852)科

陈烺 颜宗仪 沈宝森

咸丰八年戊午(1858)科

邵允昌 杨泰亨

咸丰九年己未(1859)恩科

王泰东 陈懋量 朱逌然

同治四年乙丑(1865)补行咸丰十一年辛酉(1861)科并同治元年壬戌(1862)恩科

陈聿昌(另见) 张景祁(另见) 洪衍庆 陈汉章 王继香(另见)

同治六年丁卯(1867)科并补行三年甲子(1864)科

郭传璞 钱振常(另见) 蔡篯 张天翔 朱彭年 周福清 孙德祖 陶方琦(另见)

同治九年庚午(1870)科

胡撝中 黄炳垕 陈继聪 赵铭 李慈铭(另见)

同治十二年癸酉(1873)科

钱锡寀 王仁厚(王迪中)

光绪元年乙亥(1875)恩科

蒋学溥 虞申嘉 丁立诚 陈邦瑞(另见)

光绪二年丙子(1876)科

查光华

光绪五年己卯(1879)科

任塍 包宗经(另见) 孙礼煜 姚丙然(另见) 盛炳纬(另见) 包显达(包履吉)

光绪八年壬午(1882)科

谢烺枢 吴品珩(另见)

光绪十一年乙酉(1885)科

张儒珍 吴宝镕(另见) 许淮祥 李福简(另见) 程良驭 杨家骥(另见) 曹元弼(另见)

光绪十四年戊子(1888)科

刘锦藻 朱彭寿(另见)

光绪十五年己丑(1889)恩科

陈虬 程利川(另见) 夏启瑜(另见) 张元济(另见) 方克猷(另见)

光绪十七年辛卯(1891)科

丁立中

光绪二十年甲午(1894)科

李景祥　朱仁寿

光绪二十三年丁酉(1897)科

郑永禧　陈其谦　蔡汝霖(另见)

光绪二十八年壬寅(1902)补行二十六年庚子(1900)二十七年辛丑(1901)恩正并科

王毓岱　费寅　金兆丰(另见)　忻江明(另见)　章祖申(另见)

光绪二十九年癸卯(1903)恩科

洪承鲁(另见)

江西

道光十七年丁酉(1837)科

萧浚兰

咸丰元年辛亥(1851)科

陈宝箴

同治元年壬戌(1862)恩科并补行咸丰八年戊午(1858)正科

甘常俊

同治六年丁卯(1867)科

程志和

光绪元年乙亥(1875)恩科

胡湘林

光绪十九年癸巳(1893)恩科

李瑞清(另见)　胡思敬

湖北

同治元年壬戌(1862)恩科并补行咸丰十一年辛酉(1861)科

杨守敬

光绪二年丙子(1876)科

左绍佐(另见)

光绪二十八年壬寅(1902)补行二十六年庚子(1900)二十七年辛丑(1901)恩正并科

万廷献　傅岳棻

湖南

道光二十三年癸卯(1843)科

李杭

道光二十九年己酉(1849)科

黄式度

同治十二年癸酉(1873)科

欧阳中鹄

光绪二年丙子(1876)科

李瀚昌　粟奉之　冯锡仁(另见)

光绪十七年辛卯(1891)科

李希圣(另见)

光绪十九年癸巳(1893)恩科

王礼培

光绪二十三年丁酉(1897)科

黄兆枚　黄纯垓

光绪二十九年癸卯(1903)恩科

黄逢元

四川

同治六年丁卯(1867)科带补元年壬戌(1862)恩科

缪荃孙(另见)

福建

咸丰九年己未(1859)恩科并补行八年

戊午(1858)正科

龚显曾(另见)

同治四年乙丑(1865)补行三年甲子(1864)科

陈宝琛

光绪十七年辛卯(1891)科

郑孝柽

光绪十九年癸巳(1893)科

林旭

光绪二十年甲午(1894)科

李宣龚

光绪二十八年壬寅(1902)补行二十六年庚子(1900)二十七年辛丑(1901)恩正并科

郭则沄(另见)

广东

咸丰元年辛亥(1851)科

邓华熙

同治元年壬戌(1862)恩科并补行咸丰九年己未(1859)恩科

曹秉哲(另见)

同治九年庚午(1870)科

梁肇晋(另见)

同治十二年癸酉(1873)科

沈锡晋

光绪五年己卯(1879)科

吴桂丹

光绪二十年甲午(1894)科

徐绍桢

光绪二十三年丁酉(1897)科

冯愿

广西

同治十二年癸酉(1873)科

周炳蔚

光绪十五年己丑(1889)科

陆辅清

副贡

顺天

同治三年甲子(1864)科

陆廷黻(另见)　周晋麒(另见)

同治六年丁卯(1867)科

孙凤钧

光绪十一年乙酉(1885)科

王福曾

光绪二十八年壬寅(1902)补行二十六年庚子(1900)二十七年辛丑(1901)恩正并科

顾迪光

江南

嘉庆二十三年戊寅(1818)恩科

黄光焯(另见)

道光二十年庚子(1840)恩科

雷崶(另见)

道光二十三年癸卯(1843)科

倪骏煦(倪若驹)

同治六年丁卯(1867)科并补行咸丰十一年辛酉(1861)科

陈士翘

同治九年庚午(1870)科并补行元年壬戌(1862)恩科
黄文涛
光绪十一年乙酉(1885)科
李祖锡

浙江
同治六年丁卯(1867)科并补三年甲子(1864)科
王咏霓
同治十二年癸酉(1873)科
范寅
光绪二年丙子(1876)科
吴品珩(另见)
光绪五年己卯(1879)科
江仁徵(另见)

优贡

江南
嘉庆三年戊午(1798)科
王蔚宗
同治六年丁卯(1867)补行咸丰五年乙卯(1855)八年戊午(1858)十一年辛酉(1861)同治三年甲子(1864)科
沈祥龙
同治九年庚午(1870)科并补行六年丁卯(1867)科
钱溯耆　潘庆澜　李经世(另见)
光绪二年丙子(1876)科
秦绶章(另见)

光绪十一年乙酉(1885)科
李钟珏
光绪十四年戊子(1888)科
何宗逊(另见)　何声焕
光绪十七年辛卯(1891)科
金鉽

浙江
同治三年甲子(1864)科
李宗庚　朱采
同治九年庚午(1870)科
徐多鈖
光绪五年己卯(1879)科
陶玉珂(另见)
光绪十七年辛卯(1891)科
王祖询
光绪二十八年壬寅(1902)科补行二十六年庚子(1900)科
洪承鲁(另见)

湖南
咸丰五年乙卯(1855)科补试二年壬子(1852)科
易佩绅
同治六年丁卯(1867)科
谭鑫振

拔贡

江南
乾隆四十二年丁酉(1777)科
陈廷庆

道光十七年丁酉(1837)科
叶法　王承基
道光二十九年己酉(1849)科
冯晋昌　赵崇庆
同治十二年癸酉(1873)科
章耒(章汝梅)　王有赞　吴从庚　华鸿模(另见)　刘至健　杨同武　俞钟颖　宋承庠(另见)　吴引孙　裴景福(另见)
光绪十一年乙酉(1885)科
何广生　杨同颖　夏慎大　恽炳孙　徐乃枬　陈浏　曹元弼(另见)
光绪二十三年丁酉(1897)科
汪荣宝
宣统元年己酉(1909)科
徐秉成　宗威

山东
光绪二十三年丁酉(1897)科
孔繁裕

浙江
道光十七年丁酉(1837)科
陈劢　吴昌寿(另见)　陈景高　朱泰修
道光二十九年己酉(1849)科
孙福清(另见)　陈政揆
咸丰十一年辛酉(1861)科
张景祁(另见)　张鸣珂　沈景修
同治十二年癸酉(1873)科
詹嗣曾

光绪元年乙亥(1875)恩科
徐琪(另见)
光绪十一年乙酉(1885)科
姚炳熊(另见)　葛嗣浵(另见)
光绪二十三年丁酉(1897)科
傅振海　蔡汝霖(另见)

江西
同治十二年癸酉(1873)科
李有棻

湖北
同治十二年癸酉(1873)科
左绍佐(另见)

贵州
咸丰十一年辛酉(1861)科
袁思韠

岁贡
江南
同治十一年壬申(1872)科
顾炳
光绪十八年壬辰(1892)科
苏绍柄

恩贡
江南
光绪十八年壬辰(1892)科
杨思义

二　官年与实年相同者科年目录

会试

康熙四十二年癸未(1703)科
查慎行　吴廷桢　刘岩　宋至　陈嵩
乾隆七年壬戌(1742)科
窦光鼐
乾隆十七年壬申(1752)恩科
林有席
乾隆三十六年辛卯(1771)恩科
方昂
乾隆四十年乙未(1775)科
赵钧彤
乾隆四十六年辛丑(1781)科
汪长龄
乾隆五十四年己酉(1789)科
彭希郑(另见)
嘉庆四年己未(1799)科
郝懿行
嘉庆六年辛酉(1801)恩科
丁步曾　秀宁
嘉庆七年壬戌(1802)科
王楚堂　卿祖培
嘉庆十三年戊辰(1808)科
茅润之
嘉庆十六年辛未(1811)科
周天爵　易良俶
嘉庆十九年甲戌(1814)科
贺熙龄

道光二年壬午(1822)恩科
吉年
道光六年丙戌(1826)科
程庭桂
道光九年己丑(1829)科
汪本铨
道光十六年丙申(1836)恩科
何绍基　李汝峤(另见)　沈兆霖　郭沛霖　王启曾
道光二十年庚子(1840)科
刘宝楠　冯桂芬
道光二十一年辛丑(1841)恩科
赵畇　潘曾莹(另见)
道光二十四年甲辰(1844)科
王家璧　何秋涛
道光二十五年乙巳(1845)恩科
徐时檞(另见)　李仁元
道光二十七年丁未(1847)科
任瑛　廖宗元　李宗羲
道光三十年庚戌(1850)科
吴可读　高钦中　成琦
咸丰二年壬子(1852)恩科
潘祖荫
咸丰六年丙辰(1856)科
蒋彬蔚　卓景濂　李应莘(另见)　谭钟麟　叶衍兰
咸丰九年己未(1859)科

陈倬　朱学笃　田国俊

咸丰十年庚申(1860)恩科

祁世长(另见)

同治二年癸亥(1863)恩科

李嘉乐　王綮(另见)　陆尔熙

同治四年乙丑(1865)科

王元晋　周铭旂　顾云臣　李用清

同治七年戊辰(1868)科

沈善登　陶模(另见)　黄自元　洪钧

同治十年辛未(1871)科

陈聿昌(另见)　陈秉和　丁立幹　劳乃宣(另见)　季邦桢　丁立瀛　袁善

同治十三年甲戌(1874)科

楼杏春　黄贻楫　徐兆丰　华金寿　孙葆田　陆润庠(另见)　梁肇晋(另见)　延清　许涵度

光绪二年丙子(1876)恩科

李士璨(另见)　钱禄泰(另见)　吴重熹(誊录、另见)　高赓恩　朱善祥　荣光世　朱一新(另见)　陆宝忠(另见)

光绪三年丁丑(1877)科

吴大衡(另见)　于沧澜　吴郁生(另见)　翁斌孙(另见)

光绪六年庚辰(1880)科

李慈铭(另见)　汪宗沂(另见)　曾云章　黄思永(另见)　王懿荣(另见)　丁立钧(另见)　陈鼎　柏锦林(另见)

光绪九年癸未(1883)科

沈家本(另见)　张预(另见)　葛宝华　黄葆年　管廷献　胡景桂　邵松年

(另见)　何维栋　蒯光典　朱祖谋　陈冕(另见)

光绪十二年丙戌(1886)科

冯煦(另见)　吴庆坻(另见)　刘岳云(另见)　鲍心增(另见)　王荣商(另见)　邹嘉来(另见)　徐世昌(另见)　瑞洵　张元奇　秦树声

光绪十五年己丑(1889)科

孙鼎烈(另见)　法伟堂　王继香(另见)　毛庆蕃　杨深秀　叶昌炽(另见)　廖平　贾作人　王绍勋　孔昭窠　王垿　江标(另见)　周树模　刘元亮　王祖同　汤汝和　喻兆蕃(另见)　杨增新　刘尔炘　曾广钧　丁宝铨

光绪十六年庚寅(1890)恩科

王塾　谷如墉　王以慜(另见)　陈宝璐　刘奋熙　刘树屏(另见)　李经畲(另见)　黄曾源(另见)　赵渊　王清穆(另见)　郑锡光　张学华　籍忠宣　蔡元培　陈懋鼎(另见)　方克猷(另见)

光绪十八年壬辰(1892)科

袁宝璜(另见)　李培之　林颐山　刘显曾　刘可毅　周学海(另见)　夏孙桐(另见)　杨士晟　周学铭　汪康年(另见)　焦志贤　朱家宝　叶德辉　王仁俊　张鹤龄(另见)　吴士鉴(另见)

光绪二十年甲午(1894)恩科

何葆麟　王照　郑沅(另见)　孙雄(同康)　汪声玲(另见)　梁焕奎(堂备)

光绪二十一年乙未(1895)科

喻长霖　秦锡圭

光绪二十四年戊戌(1898)科

王廷材(另见)　潘鸿鼎(另见)　王廷扬(另见)　俞陛云(另见)　邓邦述　钱能训

光绪二十九年癸卯(1903)补行二十七年辛丑(1901)二十八年壬寅(1902)恩正并科

田毓璠　钮泽晟(另见)　彭世襄　袁嘉谷　邵章(另见)　陈叔通(陈敬第)(另见)

光绪三十年甲辰(1904)恩科

章梫　潘鸣球(另见)　王季烈(另见)　沈钧儒(另见)　张茂炯(另见)　金梁(另见)　陆光熙

乡试

顺天

乾隆元年丙辰(1736)科

颜崇政

乾隆三年戊午(1738)科

边中宝　储麟趾　纪晋　周人麒　宋宗元　陶敦和　李棠　阿桂　边继祖　钱维城

乾隆六年辛酉(1741)科

庄培因

乾隆十七年壬申(1752)恩科

张模

乾隆五十三年戊申(1788)科

彭希郑(另见)

嘉庆二十三年戊寅(1818)恩科

丁文钊

道光二年壬午(1822)科

魏源

道光十一年辛卯(1831)恩科

张际亮(荐卷)

道光十二年壬辰(1832)科

顾淳庆

道光十四年甲午(1834)科

王肇谦　潘曾莹(另见)

道光十五年乙未(1835)恩科

许瀚　杜翰

道光二十年庚子(1840)恩科

潘曾绶

道光二十三年癸卯(1843)科

潘遵祁

道光二十六年丙午(1846)科

谢质卿

道光二十九年己酉(1849)科

程鸿诏　江人镜　崇厚(另见)

咸丰元年辛亥(1851)恩科

黄钰　景廉　铭安

咸丰二年壬子(1852)科

翁同龢(另见)

咸丰五年乙卯(1855)科

王荫丰

咸丰八年戊午(1858)科

潘观保　王文思

咸丰十一年辛酉(1861)科

吴唐林

同治元年壬戌(1862)恩科

王綍(另见)　王赓荣

同治三年甲子(1864)科

孙玉铭　张人骏(另见)

同治九年庚午(1870)科

陈文䮢　邵松年(另见)　丁立钧(另见)

同治十二年癸酉(1873)科

殷源　严玉森　徐致靖　王以慜(另见)　何维棣

光绪元年乙亥(1875)恩科

陈名侃　汪凤池(另见)　陆宝忠(另见)　陈冕(另见)

光绪二年丙子(1876)科

冯光元　崔舜球　顾肇新

光绪五年己卯(1879)科

王懿荣(另见)　彭福孙

光绪八年壬午(1882)科

邹嘉来(另见)　徐世昌(另见)　曹允源　徐世光

光绪十一年乙酉(1885)科

张謇(另见)　那桐　张一麐(另见)

光绪十四年戊子(1888)科

贾品重　雷补同(另见)　丁学恭　王清穆(另见)　赵晋臣　张检　王瑚　傅增湘

光绪十五年己丑(1889)恩科

金兆蕃　顾瑗

光绪十七年辛卯(1891)科

韩荫桢　张茂铺

光绪十九年癸巳(1893)恩科

萧应椿　陶喆甡　陈恩荣　毛祖模　郭家声

光绪二十年甲午(1894)科

华学涑　刘宝慈

光绪二十三年丁酉(1897)恩科

薛俊升

光绪二十九年癸卯(1903)恩科

史纪常　沈钧儒(另见)　张寿镛

江南

乾隆三十九年甲午(1774)科

庄选辰

乾隆四十二年丁酉(1777)科

庄述祖

乾隆五十一年丙午(1786)科

庄隽甲

嘉庆九年甲子(1804)科

徐颋

嘉庆十三年戊辰(1808)科

顾元熙

嘉庆十五年庚午(1810)科

李福

道光元年辛巳(1821)恩科

叶自庄　秦国楠

道光二年壬午(1822)科

袁翼

道光八年戊子(1828)科

姚光发(另见)

道光十五年乙未(1835)恩科

李汝峤(另见)　鲁一同　潘希甫

道光十七年丁酉(1837)科

吴存义　柳坤厚　董醇(董恂)

道光十九年己亥(1839)科

宋晋　沈曰富

道光二十年庚子(1840)恩科

秦炳文

道光二十六年丙午(1846)科

熊其光(另见)　钱鼎铭

同治三年甲子(1864)科并补行咸丰八年戊午(1858)科

许赓飏

同治六年丁卯(1867)科并补行咸丰十一年辛酉(1861)科

钱禄泰(另见)

同治九年庚午(1870)科并补行元年壬戌(1862)恩科

陆宗郑(另见)　王鑫　章型　石镜潢　柳商贤　陆彦珍　吴炳祥

同治十二年癸酉(1873)科

黄宗起　殷树森　殷李尧(另见)　窦士镛　彭祖润　归燨　张祖仁　陈允颐　吴郁生(另见)　吕佩芬

光绪元年乙亥(1875)恩科

王寿栩　**光绪二年丙子(1876)科**

汪宗沂(另见)　杜学谦　金尔相　王颂蔚(另见)　叶昌炽(另见)　翁斌孙(另见)

光绪五年己卯(1879)科

刘恭冕　刘岳云(另见)

光绪八年壬午(1882)科

冯煦(另见)　袁宝璜(另见)　鲍心增(另见)　沈保宜　章际治(另见)　夏孙桐(另见)　李经畬(另见)

光绪十一年乙酉(1885)科

金还　姚文枬(另见)　归棠　程炳熙

光绪十四年戊子(1888)科

赵元益　孙鼎烈(另见)　孙祖烈　周学海(另见)　恽毓龄　刘树屏(另见)　张士珩　江云龙　秦坚　宗舜年　姚永概　赵椿年

光绪十五年己丑(1889)恩科

吴鸣麒　徐汝翼　张鹤龄(另见)　张澄　邱景章　方尔咸

光绪十七年辛卯(1891)科

庄鼎彝　胡玉缙　陆尔奎　汪声玲(另见)　翁顺孙　翁炯孙　庄纶仪

光绪十九年癸巳(1893)恩科

姚日新　唐浩镇　汪钟霖　徐乃昌　钱振锽

光绪二十年甲午(1894)科

章钟亮　黄世祓　王家枚　廉泉　刘世珩

光绪二十三年丁酉(1897)科

潘鸿鼎(另见)　吴曾源　吴兴让　张茂炯(另见)

光绪二十八年壬寅(1902)补行二十六年庚子(1900)二十七年辛丑(1901)恩正并科

周宝銮　章锡奎　潘鸣球(另见)　王季烈(另见)　黄炎培

光绪二十九年癸卯(1903)恩科

王宗毅　章寿椿　何雯

山西

咸丰元年辛亥(1851)恩科

祁世长(另见)

咸丰十一年辛酉(1861)科

董文灿

光绪五年己卯(1879)科

侯汝宽

光绪二十三年丁酉(1897)科

乔尚谦

山东

同治元年壬戌(1862)恩科并咸丰十一年辛酉(1861)正科

毕茂昭

同治九年庚午(1870)科补行六年丁卯(1867)科

蒋离明　郭杭之　王珠裕

同治十二年癸酉(1873)科

郭翊

光绪五年己卯(1879)科

柏锦林(另见)

光绪八年壬午(1882)科

张仪村

光绪十一年乙酉(1885)科

李步沆

河南

嘉庆十二年丁卯(1807)科

曹瑾

咸丰元年辛亥(1851)恩科

孙树

咸丰八年戊午(1858)科

高文铭

光绪二十三年丁酉(1897)科

靳志

陕西

咸丰五年乙卯(1855)科

李应莘(另见)

浙江

康熙四十七年戊子(1708)科

查祥

乾隆五十三年戊申(1788)科

何豫

道光元年辛巳(1821)恩科

赵庆熺

道光十五年乙未(1835)恩科

汪藻

咸丰八年戊午(1858)科

鲍存晓

咸丰九年己未(1859)恩科

陈尔幹

同治四年乙丑(1865)补行咸丰十一年辛酉(1861)科并同治元年壬戌(1862)恩科

沈家本(另见)　劳乃宣(另见)

同治六年丁卯(1867)科并补行三年甲子(1864)科

陶模(另见)　张预(另见)

同治九年庚午(1870)科

沈璋宝　童祥熊(另见)　朱一新(另见)

同治十二年癸酉(1873)科

王藻墀

光绪元年乙亥(1875)恩科

陈伟(另见)

光绪二年丙子(1876)科

吴承志　吴庆坻(另见)

光绪五年己卯(1879)科

夏庚复

光绪八年壬午(1882)科

黄卿夔　王荣商(另见)

光绪十一年乙酉(1885)科

陈谟　查燕绪　黄鼎瑞　俞陛云(另见)

光绪十四年戊子(1888)科

江迥　夏曾佑　黄同寿　楼守愚(另见)

光绪十五年己丑(1889)恩科

汪大燮　汪康年(另见)　吴士鉴(另见)　徐珂

光绪二十年甲午(1894)科

王廷扬(另见)　叶景葵　光绪二十三年丁酉(1897)科

董良玉　钮泽晟(另见)

光绪二十八年壬寅(1902)补行二十六年庚子(1900)二十七年辛丑(1901)恩正并科

邵章(另见)　许宝蘅　陈叔通(陈敬第)另见　金梁(另见)　张礼幹

光绪二十九年癸卯(1903)恩科

胡宗楙(另见)　谢抡元　钱锦孙

江西

道光二十年庚子(1840)恩科

李联琇

光绪五年己卯(1879)科

李盛铎

光绪十一年乙酉(1885)科

喻兆蕃(另见)

湖北

同治九年庚午(1870)科

柯逢时

光绪二十三年丁酉(1897)科

施煇

湖南

道光十五年乙未(1835)恩科

彭申甫

同治三年甲子(1864)科补行咸丰十一年辛酉(1861)科

王朝弼

同治六年丁卯(1867)科

童兆蓉

光绪二年丙子(1876)科

周銮诒

光绪十七年辛卯(1891)科

郑沅(另见)

光绪二十三年丁酉(1897)科

易顺豫　郭立山

光绪二十九年癸卯(1903)恩科

蔡传奎　袁思亮

四川

光绪五年己卯(1879)科

宋育仁

光绪八年壬午(1882)科

赵增瑀

福建

同治十二年癸酉(1873)科

林贺峒(另见)

光绪十四年戊子(1888)科

黄曾源(另见)

光绪十五年己丑(1889)恩科

陈懋鼎(另见)

广东

光绪十五年己丑(1889)恩科

汪兆镛

光绪十七年辛卯(1891)科

傅维森

广西

道光二十六年丙午(1846)科

苏时学

贵州

道光十一年辛卯(1831)恩科

莫友芝

光绪二十三年丁酉(1897)科

姚华

副贡

顺天

道光十九年己亥(1839)科

邵亨豫

道光二十四年甲辰(1844)恩科

崇厚(另见)

光绪十四年戊子(1888)科

宋文蔚(另见)

光绪十九年癸巳(1893)恩科

胡宗楙(另见)

光绪二十三年丁酉(1897)科

潘承谋

江南

同治六年丁卯(1867)科并补行咸丰十一年辛酉(1861)科

钱选　汪之昌

光绪八年壬午(1882)科

张一麐(另见)

光绪十一年乙酉(1885)科

顾忠宣

光绪二十年甲午(1894)科

顾次英

光绪二十三年丁酉(1897)科

丁传靖

光绪二十九年癸卯(1903)科

张开圻

浙江

光绪十七年辛卯(1891)科

陆佐勋

光绪二十年甲午(1894)科

张美翊

优贡

顺天

光绪十七年辛卯(1891)科
言有章

江南

道光八年戊子(1828)科
乔守敬

同治十二年癸酉(1873)科
邓嘉缉

光绪二年丙子(1876)科
徐敦仁

光绪五年己卯(1879)科
张謇(另见)

光绪八年壬午(1882)科
姚文枏(另见)

光绪十四年戊子(1888)科
范本礼　江标(另见)　陈庆年

光绪十七年辛卯(1891)科
王学渊

光绪二十九年癸卯(1903)科
章钟祚

陕西

光绪五年己卯(1879)科
宋伯鲁

浙江

道光十一年辛卯(1831)恩科
俞兴瑞

同治九年庚午(1870)科
陈豪

光绪十四年戊子(1888)科
汪康年(另见)

光绪二十三年丁酉(1897)科
夏辛铭

湖北

光绪二十年甲午(1894)科
王葆心

湖南

同治九年庚午(1870)科
李辅耀

光绪十四年戊子(1888)科
胡元玉

福建

同治四年乙丑(1865)补行三年甲子(1864)科
林贺峒(另见)

光绪二十九年癸卯(1903)科
沈觐平　沈觐宸

拔贡

顺天

光绪十一年乙酉(1885)科
苗宗瀚

江南

道光五年乙酉(1825)科

姚光发(另见)

道光二十九年己酉(1849)科

翁同龢(另见)

同治十二年癸酉(1873)科

朱培源　黄思永(另见)　林端仁　汪凤池(另见)

光绪十一年乙酉(1885)科

刘树屏(另见)　雷补同(另见)

光绪二十三年丁酉(1897)科

秦树镗　夏仁虎　刘师苍　于邕　王树声

宣统元年己酉(1909)科

孙肇圻　王枚功

浙江

道光十七年丁酉(1837)科

贡璜(另见)

咸丰十一年辛酉(1861)科

潘树棠

同治十二年癸酉(1873)科

陈伟(另见)

宣统元年己酉(1909)科

诸以仁

贵州

道光二十九年己酉(1849)科

莫庭芝

岁贡

江南

咸丰六年丙辰(1856)科

贾履上

同治六年丁卯(1867)科

姚济

同治九年庚午(1870)科

胡传

光绪六年庚辰(1880)科

陆应梅

恩贡

江南

嘉庆十四年己巳(1809)科

倪元坦

咸丰二年壬子(1852)科

何其超

三　第四章、第五章人名音序索引

阿桂/425

白桓/107,108

柏锦林/385,493

包显达(包履吉)/291

包宗经/142,290

鲍存晓/498

鲍心增/390,470,471
毕光祖/210
毕茂昭/491
边继祖/425
边中宝/422
卜葆鈖/85,272
蔡传奎/517
蔡箎/283
蔡汝霖/298,299,344
蔡元培/172,406
蔡振武/84
曹秉哲/111,313,314
曹福元/146,242
曹瑾/494
曹庆恩/129,234
曹元弼/158,255,294,337,395
曹元忠/255
曹允源/150,158,442,443
陈邦瑞/129,288,289
陈宝/227
陈宝琛/120,210,310,318,403,526
陈宝璐/402
陈宝箴/301,302
陈秉和/372
陈伯陶/163,315
陈潮/189
陈承裘/100
陈持敬/272
陈德纯/274
陈鼎/384,385

陈恩荣/450
陈尔幹/498
陈光绪/80
陈汉章/281
陈豪/371,532
陈厚耀/214,215
陈继聪/286
陈景高/340
陈康祺/120
陈克家/221
陈烺/277,278
陈亮畤/224,466
陈浏/337
陈履亨/125
陈銮/75
陈劢/339,341,361
陈懋鼎/406,519
陈懋量/279,280
陈冕/388,440,441
陈名侃/439,440
陈谟/503
陈乃赓/166
陈其谦/298
陈启泰/117,386
陈钦铭/113
陈庆年/530
陈虬/295
陈荣昌/147
陈士翘/320
陈世倌/68

陈叔通(陈敬第)/419,509
陈嵩/349
陈田/149
陈廷庆/330
陈伟/501,542
陈文骙/437
陈琇莹/128
陈以咸/113
陈聿昌/280,372
陈遹声/151
陈允颐/466
陈政揆/341
陈倬/366,367
成琦/364
程炳熙/473
程恩培/202
程鸿诏/431
程利川/166,295
程良驭/293
程松生/251
程庭桂/356
程先甲/252,388,475
程志和/302
程祖诰/190
崇厚/432,522
崇实/97,192
储麟趾/423
储龙光/215
楚登鳌/263
崔国榜/114

崔舜球/441
戴殿泗/69,70
戴寿南/219
戴燮元/196
邓邦述/409,417,421,476,482,485,523
邓华熙/313
邓嘉缉/528
邓岚/212
邓梦琴/69,350
翟伯恒/123
丁宝铨/401
丁步曾/353
丁传靖/525,526
丁立诚/288
丁立幹/373
丁立钧/384,438
丁立瀛/374
丁立中/288,297
丁士涵/229
丁寿昌/94
丁文钊/427
丁学恭/445,446
董醇(董恂)/459
董良玉/508
董沛/113,130,271,339
董文灿/490
董毓兰/250,251
窦光甭/350
窦士镛/465
杜翰/429,430

杜学谦/468

法伟堂/393

范本礼/529,530

范梁/85

范寅/322

方昂/350

方大淳/82

方尔咸/479

方濬颐/83,87,88,92,189,301,459,461

方克猷/296,406,407

方铸/142

费延釐/110

费寅/299

冯光元/441

冯桂芬/358,359,458

冯晋昌/331

冯文蔚/126,201

冯锡仁/131,307,308

冯煦/108,247,389,393,396,470

冯愿/315,316

傅培峰/90

傅维森/520

傅岳棻/305,409,513

傅增湘/409,447

傅振海/344

傅钟麟/109,277,342

甘常俊/302

高赓恩/379

高煌/257

高觐昌/151,152,244

高钦中/363

高文铭/495

葛宝华/386

葛斗南/67

葛金烺/141

葛绳正/244,245

葛嗣浲/210,343,344

龚显曾/108,310

龚镇湘/115

贡璜/89,541,542

谷如墉/401,402

顾炳/345,346

顾淳庆/428

顾次英/525

顾迪光/319

顾夔/78

顾莲/106,133,228,229

顾瑞清/224

顾绍成/133,134,238,239

顾元熙/455

顾瑷/448

顾云臣/110

顾曾烜/139,140,230,231

顾肇新/441

顾忠宣/525

顾祖彭/172

关冕钧/174

管廷献/386,387

归棠/473

归爔/466

归宗郫/260
桂邦杰/248
郭长清/98
郭传璞/282
郭杭之/492
郭家声/451
郭立山/516
郭沛霖/357,358
郭熊飞/76
郭翙/492
郭则沄/138,183,184,312
郭曾炘/137,138
韩钦/101
韩荫桢/448,449
郝懿行/352
何葆麟/412,413
何成浩/210
何耿绳/76
何广生/335
何桂芬/88
何璟/93
何乃莹/136
何其超/546
何秋涛/360
何如璋/114
何绍基/356,357
何声焕/326
何维棣/388,439
何维栋/387,388
何雯/489

何熙绩/75
何延庆/234
何豫/497
何藻翔/166,167
何兆瀛/90,91,193
何震彝/260
何宗逊/213,325
贺福元/141
贺涛/85,115,148
贺熙龄/355
洪昌燕/101,281
洪承鲁/300,301,328,329
洪钧/372
洪衍庆/101,281
侯汝宽/490
胡炳益/251
胡传/545
胡擂中/285
胡景桂/387
胡峻/176
胡履吉/98
胡思敬/303,304
胡湘林/303
胡玉缙/480
胡元玉/534
胡宗楙/510,523
华鸿模/234,235,333,380
华金寿/376
华日新/87
华世奎/211

华学澜/206,207,376

华学涑/451

华翼纶/192

黄葆年/386

黄炳㘧/285

黄炳元/167

黄昌辅/223

黄纯垓/309

黄鼎瑞/504

黄逢元/309

黄光焯/77,319

黄家麟/223

黄卿夔/502

黄绍第/159

黄绍箕/136

黄世礽/484

黄式度/306

黄思永/383,537

黄同寿/505

黄文涛/320

黄锡彤/103

黄炎培/260,445,487

黄贻楫/375

黄钰/433

黄元芝/236

黄曾源/404,519

黄兆枚/308,309,411,516

黄自元/371

黄宗起/464,484

霍勤燡/269,270

嵇有庆/197

吉年/355,356

籍忠宣/405

纪晋/423

季邦桢/373,374

季念诒/96

贾履上/544

贾品重/445

贾世陶/88

贾作人/395,396

江标/397,530

江春霖/169

江迥/504

江人镜/432

江仁徵/159,322

江云龙/476

江志伊/178,179,255

蒋彬蔚/364

蒋炳章/180,253

蒋萼/238

蒋离明/491

蒋士骥/230

蒋式芬/132

蒋学溥/287,288

焦志贤/410

金尔相/468

金鹤清/90

金还/472

金梁/421,509

金蓉镜/157,205,209

金鉽/326

金树本/81

金兆蕃/157,236,252,298,447,448

金兆丰/183,300

靳志/495,496

景廉/433

瞿鸿禨/121

柯逢时/512,513

柯劭憼/154

柯劭忞/264

孔繁裕/338,339

孔宪彝/262

孔昭寀/396

蒯光典/388

劳乃宣/144,373,499

雷补同/445,538,539

雷尃/91,221,319,320

李葆实/145

李步沆/493,494

李崇洸/131,269,365

李慈铭/103,286,382,383,430,433

李德仪/94,95

李福/455,456

李福简/178,293

李辅耀/534

李瀚昌/306,307

李杭/305

李鸿章/95,139,313

李嘉宾/109,277,342

李嘉乐/368

李经邦/239

李经藩/249

李经方/242,243

李经世/137,239,324,325

李经畬/403,404,472

李景祥/297

李联琇/511

李梦莹/143

李培之/407

李清凤/220

李仁元/361

李汝峤/357,457

李瑞清/177,303

李慎传/230

李盛铎/512

李士瓒/197,378

李棠/424

李廷实/125

李希圣/165,308

李宣龚/312,419

李翊煌/149,511

李应莘/365,496

李用清/370

李有棻/344

李曾麟/247

李兆梅/121,122,263,264

李钟珏/325

李宗庚/326,327

李宗羲/362

李祖年/171,172

李祖锡/321

廉泉/484

梁鼎芬/139

梁焕奎/414

梁肇晋/314,377

廖平/395

廖寿恒/108,196

廖宗元/362

林端仁/538

林贺峒/518,519,535

林牟贻/262

林天龄/105

林旭/311

林颐山/407,408

林有席/350

刘宝慈/451

刘宝楠/358

刘尔炘/399,400

刘法曾/246

刘奋熙/403

刘凤苞/108,109

刘恭冕/469

刘湘年/105

刘锦藻/294

刘可毅/408

刘其年/92,93

刘尚伦/144

刘师苍/540

刘世珩/485

刘书年/89,93

刘枢/218

刘树屏/403,408,475,538

刘廷琛/173,304

刘廷枚/112

刘彤光/266

刘显曾/408

刘岩/349

刘彦矩/217

刘玉璋/199,200

刘元亮/398

刘岳云/389,390,469,470

刘瞻汉/161,207

刘至健/333

柳坤厚/459

柳商贤/359,463

楼守愚/172,505

楼杏春/374,375

鲁一同/457,458

陆宝忠/380,381,440

陆旦华/218,219

陆尔奎/480

陆尔熙/369

陆辅清/316

陆光熙/421

陆广霖/186,187

陆继辉/119,231

陆懋宗/195

陆润庠/200,377

陆廷黻/119,317

陆廷桢/163,249

陆彦珍/463

陆以湉/271

陆应梅/545

陆沅/74

陆增祥/96,97,222

陆宗郑/121,462

陆佐勋/526

鹿瀛理/148

吕传恺/176

吕凤岐/130

吕佩芬/467

毛庆蕃/394

毛祖模/450

茅润之/354

冒广生/159,252,258

梅春/216,217

孟怀谦/209

孟锡珏/181

米毓瑞/160

苗宗瀚/536

闵荷生/128

铭安/433

缪巩/239

缪荃孙/126,127,310,484,539

莫炽/87

莫焜/72

莫庭芝/543,544

莫友芝/521

那桐/444

倪骏煦(倪若驹)/320

倪元坦/546

聂铣敏/71

钮永建/254

钮泽晟/418,508

欧阳中鹄/143,306

潘承谋/523

潘观保/435

潘鸿鼎/416,485

潘鸣球/419,420,487

潘庆澜/324

潘树棠/542

潘斯濂/94

潘文熊/198,231

潘希甫/458

潘衍桐/115,503

潘曾绶/364,430

潘曾莹/359,360,429

潘祖荫/364,490

潘遵祁/430

庞鸿书/197,236

庞鸿文/95,232

庞鸿治/228

庞钟瑚/229

庞钟璐/95

裴景福/240,335

彭福孙/442

彭涵霖/86

彭浚/71

彭申甫/514

彭世襄/418

彭希郑/352,427

彭谥庠/168,253

彭祖润/465

戚扬/156

祁世长/368,489,490

钱宝青/272

钱大培/188

钱鼎铭/461

钱福昌/79

钱锦孙/511

钱骏祥/205

钱禄泰/378,461,462

钱能训/417

钱世铭/191

钱寿琛/260

钱树声/258

钱溯耆/324

钱同寿/256,418,524

钱维城/425

钱锡宷/287

钱选/524

钱以同/84,221

钱振常/117,118,282,283

钱振锽/253,483

乔尚谦/490,491

乔守敬/528

乔松年/83,190

秦炳文/460

秦赓彤/100

秦国楠/456

秦际唐/227

秦坚/476

秦绶章/143,146,204,324,325

秦树锽/539

秦树声/392

秦锡圭/162,415

秦源宽/66

卿祖培/354

邱景章/478,479

仇炳台/106

任塍/289

任瑛/362

荣光世/380

荣庆/146

瑞洵/391,392

邵琛/223,224

邵亨豫/522

邵松年/387,437,438

邵堂/74

邵懿辰/270

邵允昌/278,279

邵章/419,508,509,521

邵震亨/230

沈宝森/278

沈保宜/471

沈秉成/102

沈恩孚/255

沈桂芬/92

沈家本/385,498,499

沈嘉澍/245

沈觐宸/535,536
沈觐平/535
沈景修/342
沈钧儒/420,453
沈镕经/116
沈善登/370,371
沈树镛/225
沈同芳/82,173
沈巍皆/218
沈惟贤/251
沈锡晋/314
沈祥龙/323,331
沈曰富/460
沈曾桐/150
沈曾植/89,135,201,500
沈璋宝/500
沈钊/212,213
沈兆霖/357
盛炳纬/138,290,291
盛沅/149,150
盛植型/102
施煃/513,514
施启宇/165,206
石光暹/181
石镜潢/463
史恩培/207
史纪常/452
史绪任/153
嵩申/115
宋伯鲁/531

宋承庠/204,334
宋晋/377,459,460
宋文蔚/254,460,522,523
宋育仁/517,518
宋至/349
宋宗元/424
苏绍柄/346
苏时学/520
粟奉之/307
孙宝书/248,249
孙葆田/106,148,155,264,266,376,
　　377,384,389,393,398,401,491,492
孙传奭/145
孙德祖/104,279,284
孙鼎烈/392,393,474
孙凤钧/317
孙福清/276,340
孙国桢/250
孙楫/194
孙家簠/104,194,313
孙礼煜/290
孙梦逵/186
孙铭恩/83
孙念祖/104,276
孙培元/162,237
孙启泰/245
孙树/494
孙文楷/265
孙雄(孙同康)/165,183,206,214,230,
　　250,258,259,316,413,414,446,531

孙衣言/192

孙玉铭/436

孙肇圻/541

孙祖烈/474

谭钧培/106,107

谭鑫振/329

谭钟麟/313,365

谭宗浚/124

汤储璠/73

汤汝和/398,399

汤寿潜/164

唐浩镇/482

唐景崧/111,112

唐壬森/92

唐文治/124,143,162,178,210,243,244,252,333,381,386,390,401,405,482,530

唐执玉/67

陶敦和/424

陶方琦/127,285

陶模/134,371,499

陶世凤/169,237,248

陶玉珂/149,205,328

陶喆甡/449,450

田国俊/367

田我霖/119,120,267

田恂/144

田延年/261

田毓璠/256,257,417,418

童祥熊/144,500

童兆蓉/515

屠寄/163,206

万廷献/304

汪本铨/356

汪长龄/351

汪大燮/506

汪份/66

汪凤池/440,538

汪康年/410,506,533

汪鸣銮/110,197

汪庆生/158

汪荣宝/337

汪声玲/414,480

汪藻/497

汪曾武/257

汪兆铺/139,246,519,520

汪之昌/524

汪钟霖/482

汪宗沂/383,468

王葆心/145,533

王炳燮/124,125

王朝弼/514

王承基/331

王承埙/225

王楚堂/353,354

王大经/273

王凤璘/254

王福曾/318

王赓荣/436

王广荫/77

王鸿犹/185,214

王瑚/447

王会釐/168,169

王季烈/135,146,420,487

王继香/281,282,393

王家璧/360

王家枚/484

王嘉宾/253

王鉴/241

王兰升/122

王礼培/308

王枚功/541

王启曾/358

王清穆/404,446

王庆麟/217

王庆平/159,233

王庆善/233

王仁东/202

王仁厚(王迪中)/287

王仁俊/411

王仁堪/199

王荣商/166,280,390,391,503

王瑞庆/86

王绍勋/396

王世澂/182

王世相/180

王守训/147,148

王寿栯/254,467

王塾/401

王树声/540

王思沂/274,275

王颂蔚/135,468,469

王泰东/279

王铁珊/246

王廷材/243,415,416

王廷扬/416,507

王同愈/156,157,206

王蔚宗/323

王文韶/277

王文思/435

王锡九/81

王骧/131,132

王垿/351,381,397

王学渊/530

王仪通(王式通)/152,180,181,385,506

王以慜/402,439

王懿荣/384,442

王荫丰/434

王咏霓/321

王有赞/332

王毓岱/299

王元晋/369

王绰/368,369,436

王藻/76

王藻埤/500

王照/413

王肇谦/428,429

王治/269

王珠裕/492

王鑫/462

王宗沂/201

王宗毅/488,489

王祖同/398

王祖询/328

王祖畲/140,450

魏大名/188

魏源/427

温仲和/154,207

文明钦/154

翁葆昌/204

翁斌孙/195,382,469

翁炯孙/481

翁顺孙/480,481

翁同龢/96,434,537

翁曾源/107

吴宝镕/161,162,292

吴丙湘/155,208

吴炳祥/464

吴昌寿/89,339

吴昌绶/213,214

吴承志/501

吴传绂/126

吴从庚/332,333

吴存义/458

吴大澂/114,226

吴大衡/226,381

吴焘/203

吴桂丹/315

吴翰/276

吴怀清/160

吴筠孙/171,209

吴可读/363

吴鸣麒/477

吴品珩/152,178,291,292,322

吴庆坻/130,136,389,502,532,534

吴士鉴/152,296,412,506,507

吴式钊/170

吴唐林/247,435

吴廷桢/348

吴兴让/485,486

吴荫培/158,234

吴引孙/171,334,335

吴郁生/200,381,382,404,467

吴元甫/86,87

吴曾源/417,421,485,523

吴瞻淇/68

吴钟骏/80

吴重憙/264,373,379

习家骒/70,71

夏庚复/502

夏启瑜/171,295,296

夏庆绂/256

夏仁虎/477,539,540

夏慎大/336

夏孙桐/241,388,409,440,471

夏辛铭/533

夏曾佑/505

萧浚兰/301

萧应椿/449

谢甘盘/164

谢济世/68
谢焜枢/291
谢抡元/291,510,511
谢霈/268,269
谢质卿/431
忻江明/184,300
熊其光/93,460,461
熊起磻/267
熊希龄/167,168
秀宁/353
徐宝谦/133
徐秉成/338
徐栋/77
徐敦仁/528,529
徐多鉁/327
徐鄂/205
徐凤鸣/225,226
徐郙/107,196
徐公修/256,257
徐景轼/101,102
徐珂/507
徐乃昌/482,483
徐乃栩/336
徐琪/138,343
徐汝翼/478
徐绍桢/315
徐时樑/273,274,361
徐世昌/377,391,443
徐世光/443
徐树兰/202

徐颐/455
徐兆丰/375
徐致靖/439
徐致祥/106
徐宗勉/191,192
许宝蘅/509
许承尧/259
许赓飏/461
许淮祥/292,293
许涵度/378
许瀚/429
许景澄/116,141
许彭寿(许寿身)/93,94,275
许嗣茅/216
许文勋/235
许祐身/200
许正绶/78,79
薛俊升/452
薛培树/237
延清/377
严辰/102,103,272
严崇德/245,246
严修/147
严玉森/198,438
严组璋/263
言有章/527
颜崇政/422
颜宗仪/278
杨长年/228
杨朝庆(杨圻)/214

杨崇伊(杨同桂)/135,233

杨德镶/155,156,240

杨恩元/212

杨光仪/99,194,195

杨恒福/226

杨楷/235

杨家骧/161,293,294

杨敬秩/268

杨履晋/142

杨钦琦/123

杨庆麟/97

杨深秀/394

杨士晟/409

杨士骧/244

杨士燮/170,208

杨守敬/304

杨思义/346,347

杨泰亨/279

杨同登/242

杨同武/333,334

杨同颖/335,336

杨文莹/130

杨岳东/72,261,262

杨增荦/179

杨增新/399

杨振录/249

杨志濂/237

姚丙然/152,290

姚炳熊/175,343

姚承恩/82

姚光发/85,457,536,537

姚华/155,521

姚济/544,545

姚鹏图/252

姚日新/481

姚文枏/243,472,529

姚燮/271

姚永概/477

叶昌炽/110,200,332,395,469

叶德辉/411

叶法/330,331

叶景葵/472,507

叶泰椿/173

叶维藩/91

叶衍兰/366

叶元墀/270

叶自庄/456

易良俶/355

易佩绅/329

易顺豫/516

殷李尧/125,126,465

殷树森/464,465

殷源/438

尹耕云/222

于沧澜/381

于邑/539

于齐庆/152

于式枚/137

于宗潼/157

俞陛云/162,416,504,511

俞奎垣/99,100,193,194
俞明震/208
俞日炘/70
俞树风/79
俞兴瑞/532
俞钟銮/259,335
俞钟颖/237,334
虞申嘉/288
喻长霖/414,415
喻兆蕃/399,512
袁宝璜/407,470
袁保恒/193
袁昶/128
袁嘉谷/418
袁鹏图/134
袁善/374
袁思铧/345
袁思亮/517
袁希涛/259
袁修谦/191
袁绪钦/175
袁翼/456,457
袁祖光/182,183
恽炳孙/336,475
恽彦琦/195
恽毓鼎/157,158
恽毓龄/336,475
曾福谦/151
曾广钧/400
曾朴/252

曾云章/383
曾之撰/235,236
查光华/289
查慎行/348
查祥/496
查燕绪/503,504
詹嗣曾/342
张澄/478
张鼎辅/98,99
张鹤龄/412,478
张亨嘉/143
张际亮/428
张嘉禄/132
张嘉谟/268
张检/446
张謇/123,202,444,529
张景祁/122,280,281,341
张九章/141
张开圻/526
张揆方/186
张礼幹/509,510
张茂炯/420,421,486
张茂镛/449
张美翊/527
张鸣珂/109,277,341,342
张模/426
张佩纶/120,199
张其淦/164
张铨/203
张人骏/117,437

张儒珍/292

张士珩/475

张寿镛/132,159,171,453

张天翔/283

张僖/265

张祥河/74,75

张心镜/162,243

张兴镛/216

张修府/96,222

张学华/210,405

张一麐/161,162,443,444,524,525

张仪村/493

张英麟/111,137,378

张预/385,499

张元济/168,296

张元奇/392

张兆楷/264

张兆兰/198

张镇芳/165

张祖仁/466

张佐堂/189,190

章成义/232

章圭瑑/184,261

章华/174,211

章际治/178,471

章耒(章汝梅)/332

章梫/129,419

章寿椿/489

章锡奎/486,487

章型/462

章钰/182,249,250,264,448,524

章钟亮/483

章钟祚/531

章祖申/185,300

赵柄/73

赵炳麟/177,178,316,397

赵崇庆/331,332

赵椿年/477

赵德潾/189

赵殿最/67

赵赓麟/198

赵鹤龄/175

赵环庆/118

赵继椿/258

赵继泰/153

赵继元/112,118,127,154,195,196,258,359

赵晋臣/446

赵钧彤/351

赵铭/286

赵佩湘/215

赵庆熺/497

赵渊/404

赵元益/473

赵昀/112,118,127,154,258,359

赵曾重/126,127,232,233

赵增瑀/518

郑锡光/405

郑贤坊/112,113

郑孝柽/311

郑永禧/298

郑永贞/155

郑沅/174,413,516

志锐/136

钟文烝/275

周宝鋆/486

周炳蔚/316

周尔润/242

周福清/284

周光祖/103

周桓/229

周家楣/104

周晋麒/123,317

周銮诒/515

周铭旂/370

周人麒/423

周绍濂/273

周树模/397

周天爵/354,355

周彤桂/266

周锡恩/145

周学海/408,474,475

周学铭/409,410

周应昌/179,180,250

周之桢/185

朱采/327

朱昌颐/78

朱大韶/219

朱方增/70

朱赓尧/231,232

朱家宝/411

朱家驹/241

朱孔彰/95,241

朱锟/246,247

朱兰/80

朱培源/537

朱彭年/283,284

朱彭寿/156,164,175,177,182,289,
   294,295,305,313,368,382,409,
   448,475

朱壬林/73,74,79

朱仁寿/297,298

朱善祥/379,380

朱绍颐/238

朱泰修/340

朱学笃/367

朱一新/380,500

朱逌然/280

朱右曾/220

朱祖谋/388

诸可炘/123,124

诸以仁/542,543

庄鼎彝/479

庄缙度/83,220,221

庄隽甲/454

庄纶仪/481

庄培因/426

庄清华/211,212

庄述祖/454

庄兴/248

庄熊芝/187
庄选辰/453
庄有恭/187
卓景濂/365
宗舜年/476
宗廷辅/226,227

宗威/338
宗元醇/81
邹福保/150,240
邹嘉来/391,442,443
左绍佐/397,513,543

后 记

本书是在我 2010 年申报的国家社科基金项目"清代文人官年实年丛考研究"(项目编号：10BZW054)结项成果的基础上修订完成的。一晃十年，人事鞅掌，直至疫情期间始得闭门董理旧稿，然公共图书馆亦闭门谢客，检索史料，诸多不便。幸而东海西海，求道之心攸同；遂得天南地北诸多友朋相助，或代检资料，或赐示信息，或疑义共析，使书稿修订终获蒇功，感何如之。此处虽未一一开列名单，然中心藏之，岂能忘之。

课题结项时提供的官年与实年俱可考知者为 849 人，之后陆续有得。特别是李德龙、董玥主编的洋洋 90 大册的《未刊清代朱卷集成》(学苑出版社 2009 年 12 月版)，承该书总策划董光和先生慷慨相借一套，得以新补官年与实年俱可考者近百人，遂使此次列入统计数据的人数达到 1091 人。数据虽有不少增加，但并没有动摇原来的基本结论，反而使其更加稳固，笔者于此深感安慰。至写后记之时，又考得若干人，然各项统计数据已经完成，牵一发而动全身，而本书心眼亦不在单纯之人物生年考证，故不再补入。

蒙申丹教授、陈平原教授、廖可斌教授青眼，俾拙著列入"北京大学人文学科文库"，学者对各种恩情的最好回报，我想就是自强不息，多出态度认真的学术成果吧。

本书涉及史料甚夥，这意味着责编徐迈女士要付出更多的辛劳，我对此非常感激。博士生潘悦帮助整理本书书后参考文献，在此一并致谢。

限于学养，本书一定存在不少错谬之处，敬祈方家教正。

张剑
2020 年 8 月 26 日于中关园寓所